CASWE

中国社会工作教育协会

China Association for Social Work Education

中国社会工作教育协会三十年

马凤芝　彭华民　顾东辉　主编

華東理工大學出版社
EAST CHINA UNIVERSITY OF SCIENCE AND TECHNOLOGY PRESS
·上海·

图书在版编目（CIP）数据
中国社会工作教育协会三十年 / 马凤芝，彭华民，
顾东辉主编. -- 上海 ：华东理工大学出版社，2024.
11. -- ISBN 978-7-5628-7606-9
Ⅰ. D632
中国国家版本馆CIP数据核字第20242JA517号

项目统筹　刘　军　牟小林
责任编辑　章斯纯　秦静良　藕　园　孟媛利　刘　军
责任校对　章斯纯　王雪飞
装帧设计　肖祥德
出版发行　华东理工大学出版社有限公司
地址：上海市梅陇路130号，200237
电话：(021) 64250306
网址：press.ecust.edu.cn
邮箱：zongbianban@ecustpress.cn
印　　刷　上海盛通时代印刷有限公司
开　　本　890mm × 1240mm　1/16
印　　张　36.5
字　　数　700千字
版　　次　2024年11月第1版
印　　次　2024年11月第1次
定　　价　180.00元

谨以此书纪念　　中国社会工作教育协会成立三十周年

1994—2024

献给　　为中国社会工作教育事业

不懈奋斗的广大同仁

三十年砥砺奋进　新征程再谱华章

——庆祝中国社会工作教育协会成立三十周年

今年是中国社会工作教育协会成立三十周年。时光荏苒，白驹过隙。转眼间，从“孩提赤子”到“弱冠年华”，再到“而立之年”，协会与全国社会工作教育界踔厉奋发、步履铿锵、风雨兼程、砥砺前行，在社会工作学科建设、人才培养和推动社会工作事业发展中，走过了充满艰辛和挑战、坚韧不拔的勇气和奋斗、欢歌前行和硕果累累的不平凡历程。

一

中国社会工作教育协会诞生于1994年。与改革开放相伴而生的社会问题与需求催生了社会工作专业在1987年恢复重建。20世纪90年代，中国正处于一个历史性大转型的时代，一个改革开放后的变革与繁荣交织的波澜壮阔的年代。社会工作专业重建之初遇到的挑战与困难，让社会工作专业教育发展之路充满荆棘。那个年代，既是充满机遇的年代，也是社会工作专业教育重建的先行者们激情勃发的年代。先行者们对中国社会工作教育事业的投身与承诺，留下了努力拼搏的时代足迹。

三十年前，中国社会工作教育协会伴随着改革开放的大潮应运而生。当时，雷洁琼教授等社会工作前辈顺应我国改革开放之大势，在20世纪80年代中期高瞻远瞩地与国家教育委员会和民政部推进了我国社会工作专业教育恢复重建之进程。在袁方教授等多方共同努力下，1994年12月，中国社会工作教育协会正式成立。回首过去，在雷洁琼教授和袁方教授等的指导和领导下，协会班子艰苦创业、拓荒前行，协会成员团结奋斗、守正创新，有力地促进了中国社会工作教育事业的发展，形成了学科、学术、学人、行业“四位一体”的发展格局，以及社会工作教育与社会工作事业互促并进的大好局面。至今，以社会工作教育培养服务国家社会建设和社会治理需要的人才，推进社会工作服务和制度建设的“中国社会工作教育发展模式”逐步成形，社会工作教育走上繁荣发展的道路。

二

三十年砥砺奋进，三十年春华秋实。岁月的长河中流淌着太多社会工作教育群体的奋斗记忆，留下了永不磨灭的闪光足迹……

由小到大。中国社会工作教育协会在社会工作学科建设中不断壮大，发挥着越来越重要的作用。1994年协会成立之际，全国开办社会工作专业的院校不足10所、协会会员单位仅20余家。截至2024年10月，全国开办社会工作专业的院校已近400所，协会会员单位达到367家。目前，协会已成为凝聚全国社会工作专业院校力量推进学科建设的重要平台，为社会工作专业院校进行课程体系建设、师资能力建设、人才培养与教育教学方法改革创新提供了重要支持和服务。

从无到有。中国社会工作教育协会推动设计和打造了符合中国国情的社会工作课程体系，出版了自主编写的系列教材，创办了社会工作专业学术刊物。这些专业发展的"基础设施"带动并推进了学科建设和师资队伍建设，为社会建设和社会治理领域人才培养夯实了基础。

坚持不懈。中国社会工作教育协会积极倡导和参与创设社会工作制度，积极探索、创新民生服务和社会治理的路径与方法。在困弱群体服务和民生发展、脱贫攻坚反贫困、新冠疫情防控、基层社会治理、社区矫正、未成年人司法保护、信访社会工作、医务社会工作、学校和青少年社会工作等诸多领域，发挥社会工作专业优势，引领服务创新。

主动担当。中国社会工作教育协会勇于担当，创造性地以社会工作专业服务参与重大公共事件的治理，解决其中的社会–心理问题，满足社会需要，获得社会认可。在四川汶川地震、云南鲁甸地震、上海静安大火、江苏水灾、天津港爆炸事件、河南水灾、甘肃积石山地震以及新冠疫情等重大突发事件中，协会与全国社会工作院校运用社会工作专业方法进行危机干预，参与灾后重建，提升了专业社会工作参与问题解决的治理效能。

不畏艰难。中国社会工作教育协会积极响应党中央号召，参与脱贫攻坚行动，协会与会员单位克服困难，执行国务院扶贫办、财政部和民政部制定的社会工作教育对口扶贫计划，主动参与国家乡村振兴重点帮扶县"牵手计划"，创新方法，扶贫扶志；链接资源，满足需要；培养人才，增能固基。在新冠疫情防控中，主动自发，迅速集结，回应社会需要，科学服务解决民众急难愁盼问题。

虚心学习。中国社会工作教育协会理性开放，积极组织国际学术交流合作，借鉴国际社会工作教育先进经验促进自我发展，让国际同行听到中国声音，让中国社会工作成为世界社会工作体系的有机组成部分。

主体自觉。中国社会工作教育协会在教育教学和服务实践中，理性地对待外来理论和经验，以我为主，文化自觉、实践自觉，坚持专业化与本土化相结合，努力总结本土经验，建构本土知识，逐步形成有中国特色的社会工作理论与实践模式。

教育先行。中国社会工作教育协会以其敬业精神和培养硕果，支撑和推动了我国社会工作事业的发展。我国的社会工作教育体系不断完善，形成了大专—本科—硕士—博士的完整培养体系，为中国式现代化新进程中社会工作事业的发展奠定了人才基础。

我国社会工作实践和社会工作教育事业的发展，显示了党的领导和政府主导的重要性，也彰显了社会工作教育群体的主体性。我国社会工作和社会工作教育的发展正在创造一种世界奇迹，一种社会工作快速发展的中国经验。

三

回望三十年发展历程，中国社会工作教育协会积极有为，全国社会工作专业院校团结奋进，取得了傲人成绩。

三十年砥砺前行，每一份成就都凝聚着前辈们和社会工作教育同仁的智慧与汗水，每一份荣耀都见证了我们的努力与奋斗。

中国社会工作教育群体是一个非常特殊的群体。我们可以自豪地说，协会三十年走过的历程和足迹，印证着中国社会工作教育群体与国家发展进步同频共振的历史轨迹。爱党爱国是这个群体的本色，遵从社会主义核心价值观、为人民服务是这个群体自觉的本分行动，主动作为、踏实勇进、责任担当是这个群体的突出特点。

三十年历程中，中国社会工作教育群体的努力与合作成就了协会的光荣存在；协会作为一个团结奋斗的组织，为社会工作教育群体开展学科建设和服务国家重大战略提供了坚实有力的组织支持。协会是中国社会工作教育群体共有的大家庭。

协会三十年的发展历程，可谓“三十而立”，硕果累累。三十年来，协会经历了起步的筚路蓝缕、前进的风雨兼程，更充满了发展的雄心大志。三十年的跋涉历程，既是一部社会工作事业艰苦创业、薪火相传的奋斗史，更是一部满怀理想、不懈追求的发展史。

岁月如歌。三十而立，峥嵘岁月载史册；金秋硕果，教育同仁襄盛举。三十而立，是坚毅的奋斗跃进铸就出今日的辉煌成就，是逝去的青春积累锤炼出今天的走向成熟。看今朝，我们仍需要志存高远，承上启下做中流砥柱。三十而立，接续的是四十的“不惑”，五十的

“优雅”。三十而立，立的就是一份对事业的坚持。实现它，可能还需要更多光阴，但是，只要我们全力以赴、矢志不渝地尽心去做，“立”也将是水到渠成的事！让我们不忘初心，业精于勤，脚踏实地，铸就未来。

四

伟大的事业靠的是众志成城、万众一心的奋斗。

中国社会工作教育协会三十年发展，其间能够突破一个又一个难关，不断茁壮成长，并服务于国家经济社会发展，靠的是一批批对社会工作教育充满热忱的前辈先贤和对社会工作事业孜孜以求的社会工作教育者。协会的发展，中国社会工作教育事业的进步，也离不开国（境）内外各方同仁和朋友的大力支持。值此中国社会工作教育协会成立三十周年之际，衷心感谢全体社会工作教育同仁，致敬在其中努力同行的每一个人！

三十而立正青春，乘风破浪续荣光。展望未来，进入而立之年的协会，将再踏新征程。在中华民族伟大复兴的新征程中，我们满怀信心与希望，意气风发、斗志昂扬。我们将一如既往，秉承协会优良传统，不忘初心，团结全国社会工作教育界、实务界和社会各界力量，以飒爽英姿共同迎接新的机遇和挑战，努力提升社会工作教育水平，致力于构建中国社会工作自主知识体系。我们将继续努力，加强协会的自身建设，为我国社会工作教育事业发展，为助力国家治理体系和治理能力现代化作出社会工作教育群体应有的贡献。我们将继续加强与国际社会工作界的交流，为全球社会工作教育发展、为增进人类福祉作出中国社会工作教育界的贡献。

雄关漫道真如铁，而今迈步从头越。三十而立是“重任在肩”，是“壮志满怀”，也是“初心不渝”。三十载风雨同舟，愿我们携手共进，继续书写社会工作教育事业更多“春天的故事”。在这个三十而立的美好时刻，让我们共同祝愿协会：生日快乐！新征程再谱华章！

马凤芝

中国社会工作教育协会会长

北京大学社会学系教授

2024 年 10 月

目录

Contents

第一编

中国社会工作教育重建与发展特色

第二编

中国社会工作教学与人才培养

第三编

中国社会工作研究

第四编

聚焦国家重大战略的社会工作服务

第五编
疫情防控社会工作

第六编

中国社会工作教育协会专委会与片区工作

第七编

中国社会工作教育协会国际和境外合作项目

第一编

中国社会工作教育重建与发展特色

中国社会工作教育的发展伴随着中国式现代化的历史进程。本编从中国社会工作教育的历史起源追溯社会工作教育的历史遗产与中国社会工作教育重建的时代背景，呈现改革开放与中国社会学重建背景下中国社会工作教育重建的缘起与发展的宏大历程，系统描述了中国社会工作教育重建历程和发展中政府和教育界多方合作的努力，列举中国社会工作教育重建中的重要事件，呈现了中国社会工作教育发展的特色，以及中国特色社会工作教育和实践体系的建构过程。

第一章

中国社会工作教育的历史遗产与重建的时代背景

社会工作教育在我国出现至今已近百年，中间既有初创时的困难和曲折，也有专业发展进程的中断，以及社会工作实践的替代性发展。中国社会工作教育的发展是时代的产物，它的发展进程和状态，受到国家经济、政治和社会状况的重要影响。

第一节 社会工作教育在中国的肇始与初期发展

社会工作是现代社会的产物，社会工作教育是社会工作走向规范化、制度化、专业化的重要举措。我国的社会工作教育是在20世纪上半叶社会工作教育遗产的基础上，特别是在改革开放、中国式现代化的新进程中不断发展的。关于我国社会工作教育的发展历程，特别是社会工作教育恢复重建至2012年的基本情况，中国社会工作教育协会成立20年的纪念专著中有所介绍（王思斌、阮曾媛琪、史柏年，2014），本编从更宽的角度、更长的时间跨度，对我国社会工作教育的发展做一些介绍和分析。

一、社会工作进入中国时的社会状况

在西方发达国家，社会工作发端于19世纪末期，它先在欧洲产生，后来在美国得到较快发展。产生于西方的社会工作进入中国，是与西方列强入侵走向没落的清王朝帝国相联系的。1840年以后，中国遭受帝国主义的经济、军事和文化侵略，中国从一个封闭的、以小农经济为主的封建帝国，变为半封建、半殖民地国家。国家主权逐渐丧失，社会衰败，民族危亡。面对民族危机，一些先进的知识分子开始向西方寻求救国救民的道理，力图“师夷长技以制夷”，其中包括向西方学习自然科学、现代制造技术和社会科学。中国先进知识分子和开明人士向西

方学习，西方势力与日俱增地向中国渗透，造成了长时间的西学东渐现象。在此过程中，西方的自然科学、医学、教育学和一些社会科学大规模进入中国。一些西方宗教势力借机来华传教，希望在民族文化和价值上改变中国，也使得产生于西方的社会工作在挟裹之中进入中国。

二、从来华传教到开办社会工作教育

西方宗教势力（主要是基督教）来华活动要更早一些，并在近代以来逐渐深入。比较成规模和系统地进入中国则以开办医院和开办学校为载体。中国数千年的农业文化传统，以儒家和道家思想为主，后来加上本土化的佛教思想，形成了面对现实生活的意识形态。西方的基督教文化强调信奉上帝和服从上帝，难以与中国主流文化相容和被广泛接受。1909 年，作为后来中国社会工作教育开创者的步济时，以美国传教士的身份来到中国传教，并担任了北京基督教青年会干事，主要是组织北京的青年开展社会服务活动，在其间传播基督教。创立于 1912 年的北京社会实进会即是此类组织。另外，美国在华开办的大学也以不同方式组织学生进行社会服务，上海沪江大学开办的沪东公社即属此类。中国的年轻人有参与社会服务的热情，但对于基督教却比较淡漠。传教士们希望传播的是基督教的“社会救赎”，而中国青年所关心的是“国家”。正如步济时所说，中国青年对于宗教没有兴趣。于是，他向教会建议，通过开办教育来传播宗教、影响中国青年。这一建议得到了教会的同意和支持。1916 年美国美以美会、公理会、美北长老会和英国伦敦会将三所在北京的教会学校合并，1919 年正式命名为燕京大学。1922 年，当时在燕京大学教授宗教社会学的步济时创办了燕京大学社会学系，并任系主任；1925 年，该系更名为社会学和社会服务学系，招收本科生和研究生，这标志着系统的社会工作专业教育在中国建立。

三、社会工作教育的学科发展

燕京大学社会学和社会服务学系在建设初期，几乎完全由美国人包办。其教师都是来华的美国人。在社会工作教育方面，几乎搬用了当时美国通行的做法：社会工作课程体系基本上照搬美国，注重社会服务和专业实习。1924—1925 学年，燕京大学社会学和社会服务学系开设的课程有：社会工作史、机构参观、基督教青年会及其工作、男童社会工作理论与实践、男童工作者的问题、男青年会工作、女青年及女青年会工作、贫困与救济、家庭个案工作、医院社会服务、医疗社会服务、犯罪学与违法者的处置、福利工作的人事管理、组织性的教会工作、公共卫生、社区问题、社区组织、教区社会问题、娱乐与游戏、社会研究方法、大学生毕业社会服务实习，等等（胡杰容，2010）。可以看出，上述课程在很大程度上是围绕基督教服务展开的，是为基督教组织和服务培养人才。当然我们也可以看到，上述课程中有一些在美国已经是正在建设的专业课程，如社会工作理论、个案工作、社区组织、医院社会工作以及儿童社会工作等。如果只从课程设置、教学方法、课程设计思想等方面看，燕京大学的社会工作教育是相当先进或前卫的，几乎与美国的社会工作教育同步。不过，燕京大学的美国教师当时所依据的主要是美国的状况。外国教会在华开办社会工作教育在上海、南京、济南、长沙等地也有一定发展，这只能说是社会工作在中国的发展，还不是中国社会工作的发展。

教育权是一个国家的重要权力。20 世纪 20 年代初，中国民间和政府提出了外国（教会）在华办学的教权问题，即政府应该收回外国在中国办学的权力。包括燕京大学在内的教会学校的转型和去留受到了挑战。燕京大学放弃了在学生中传教的做法，其美国教师也陆续回国。于是，招聘中国教师并讲授中国需要的社会学和社会工作就成为新的课题。从 1924 年开始，燕京大学社会学系陆续聘任中国社会学家任教，许仕廉、李景汉等陆续在 1924 至 1926 年间进入燕京大学社会学系执教。1926 年，许仕廉成为燕京大学社会学和社会服务学系系主任，他提出，中国社会学教学的宗旨在于为本国培养专门的社会学理论家、研究家和高等的社会服务专门人才。社会学的课程设置与教材要结合本国的实际，并提倡多用“国货”，少用“洋货”。要进行社会实地调查，使学生明了中国现实社会的情况。在许仕廉的主持下，言心哲、杨开道、吴文藻、雷洁琼等中国学者陆续受聘燕京大学，并开始了“清河实验”，燕京大学的社会学和社会工作教育走向本土化。

四、社会研究与社会工作服务的互相促进和发展

从燕京大学社会学和社会服务学系在 20 世纪 20 年代中后期至以后的发展看，中国社会学与社会工作教学研究实现了紧密结合，这从许仕廉的办系方针中就可以看得比较清楚。许仕廉指出，“清河实验”主要围绕两个目的：其一，在清河镇进行实验，把教学训练与科学研究融合在一起，为社会服务专业学生提供实习场地，培养领袖人才，为科学研究提供实验场所，发展理论知识；其二，积极服务社会，根据实际情况，改进农村社会工作技术方法，组建地方社会组织，力争把清河镇建成一个模范示范镇（许仕廉，1934）。实际上，“清河实验”也成为燕京大学社会学与社会服务乃至与其他学科合作的结合点。后来，雷洁琼教授等曾经把当时的社会工作服务看成应用社会学。“清河实验”对于燕京大学的“社会学的中国学派”的形成，有直接促进作用。

燕京大学的社会工作教育在专业和与社会学研究相结合的方向上发展。1925 年，张鸿钧从燕京大学毕业，之后赴美学习社会工作和社会行政硕士课程，毕业后即回到燕京大学任教，并参与和负责“清河实验”的社会服务方面的工作，是我国第一代社会工作学者。雷洁琼 1931 年

到燕京大学任教后，带领学生参加“清河实验”的学术和实践活动，参与民办福利机构香山慈幼院的服务及行政工作。燕京大学的社会工作（社会服务）教育，为协助各机关团体开展社会福利事业与社会救济工作，培训和输送社会服务专业人才，作出了重要的贡献（雷洁琼、水世琤，1991）。其他学校的社会工作教育也与中国实际密切结合，在社会服务、参与乡村建设等方面作出了贡献。

五、国民政府推动社会工作教育的努力

对于外国教会在华举办社会工作教育，中国政府并无很大兴趣。20 世纪 20 年代政府收回教权，实际上是对外国宗教势力进入中国教育的一个限制。中国自己开办的大学对开设社会工作教育兴趣不足。到 1949 年，中国自己开办的大学只有中央大学（1928 年中央大学社会学系设置社会工作专科）等少数开办了社会工作教育，这既与中国当时的落后和动乱国情有关，也与国人对社会工作的认识有关。20 世纪 40 年代，国民政府出于对解决社会问题、组织和管理民众的要求，对发展社会工作有所重视。时任教育部高等教育司司长的孙本文主持发展社会工作教育，主持编写并出台了教育部部颁大学社会工作专业课程标准，孙本文还主持编写了社会行政丛书。总体而言，社会工作专业教育在 1949 年以前发展缓慢。但还是给后来社会工作的恢复重建留下了一些遗产，包括：比较现代的社会工作课程体系，社会工作关心基层民生的精神，社会工作与社会学的结合，一些老社会工作学者的专业精神。

民国期间一些社会工作教材和著述相继出版，进入 20 世纪 40 年代，社会工作著作和教材比较集中地出版。言心哲的《现代社会事业》具有新意和比较系统，吴榆珍、张鸿钧、柯象峰、蒋旨昂、邹玉阶、宋思明等人的著作在社会工作教材本土化方面也取得了明显进展（杨雅彬，2001）。

第二节　社会工作教育的中断与实践替代

一、中国共产党革命成功与社会改造运动

1949 年中国共产党赢得了革命胜利，并着手建立社会主义国家。经过多年的内战和天灾人祸，中国共产党接手的是一个经济落后、民族分裂、贫困失业、社会衰败、满目疮痍的国家。战争的伤痕需要治疗，城乡社会需要稳定，社会混乱状况需要治理，城乡人民生活需要

有序恢复。这样，繁重的经济恢复和建设任务就摆在了中国共产党和中国人民面前，政治和社会需要稳定，社会的痈疽需要医治，这些都考验着刚刚执政的中国共产党。

面对旧社会遗留和连年战争创伤形成的社会问题，一方面需要快速恢复经济，另一方面要尽快解决失业、流民、吸毒等社会问题。于是，政府花大力量恢复城市经济、安排失业者就业、维持城市一般居民的家庭经济生活，并对长期流浪失业者、吸毒人员、卖淫人员等社会腐败现象进行社会改造。新政府对这些处于社会底层的越轨和失足人员的改造，没有完全使用强制的、制裁的、惩罚的方法，而是在对其进行约束的基础上，加强对他们的思想教育和自食其力的生产、生活教育，安排有能力者参加生产、自食其力，管教吸毒者戒毒，引导和鼓励他们重新做人、做新社会的新人（卢谋华，2007）。由政府运用和动员强大力量实施的社会改造活动，就是行政性的社区矫正和社会矫正，应该看作中国本土的、行政性的社会工作。通过近 3 年的恢复生产和社会改造运动，上述关乎底层群体、边缘群体的基本生活得到了保障，也维护了社会秩序和社会稳定。再加上 1950 年 12 月至 1951 年 10 月在全国范围内进行的清查和镇压反革命分子的政治运动，社会治安得到了显著改善，新政权得以稳定建立。

二、大学改造——社会工作教育的消失

中华人民共和国的建立需要建设自己的文化，发展自己的教育事业。在基本上实现了新政权稳定之后，国家开始了高等教育的调整和改革。中央政府对全国范围内高等学校实施接管和社会主义改造，并在整体上重新布局各高校院系专业。1952 年实施全国范围内院系大调整，通过统一调配东北、华北、华东等地区高等教育资源，“以培养工业建设人才和师资为重点，发展专门学院，整顿和加强综合性大学”。当时的社会学学科被认为是来自西方，甚至社会学调查有为外国收集社会情报之嫌。在上述学科调整和建设思想的主导下，所有外国在华开办的学校都被收归国有，一些社会科学学科（如法学）被合并到一些专门学校，而社会学学科（包括社会工作专业）却不知所终地被取消。从此，在高等学校发展了 30 年的社会工作教育被停止。

在第一次院系调整基础上，我国于 1954 年建立了第一个专业目录——《高等学校专业目录分类设置（草案）》。该专业目录具有典型的中央高度集中管理和为国家经济建设服务的特征：（1）把国家建设需要作为高校专业目录制定的根本依据；（2）大学设置的专业是按照国家建设部门加以分类的，如工业部门、建筑部门、运输部门、农业部门；（3）257 种专业主要是以产品和职业为依据设置的，只有少数专业以学科分类为依据，如社会科学、自然科学各专业（王晓玲、张德祥，2019）。这种专业目录设立的特征也反映了社会学（社会工作）这类综合性社会科学学科的可能命运。中华人民共和国成立之后，大学的改造是一个复杂的过程，

费孝通的《大学的改造》（费孝通，2017）记录了清华大学在“大学改造”中的一些重要活动。

1952 年院系调整后，包括社会工作教育在内的社会学被取消，从事社会工作教育的高校教师被分配到新的学校和岗位，从事与社会学（社会工作）有些关系或无关的工作。如雷洁琼被分配到北京政法学院做副教务长，言心哲在华东师范大学教育系担任翻译工作，关瑞梧到北京师范大学保育系、教育系工作，等等。一些社会学家则被分配到民族学院、师范学院、劳动学院等高校从事与社会学相关或不相关的工作，专业性的社会学（社会工作）教育和研究基本终止。1956 年，借中央强调“双百方针”之机，一些社会学家倡导恢复社会学研究，但很快被 1957 年的反右派斗争淹没。

三、社会工作实践的替代

1952 年，高等学校院系调整，社会工作教育被停止之后，专业的社会工作服务也随之停止。但是，当时的中国也有这样或那样的社会问题、民生问题需要解决。于是，在逐渐形成的自上而下的高度集中的计划经济体制下，开始了由政府及其代理人（工作单位）运用行政方法解决上述问题的做法。除了上述所说的中华人民共和国建立初期对旧社会遗留下来的问题进行整治外，在全国逐渐实现集体化、计划经济，特别是在实行“单位制”后，民生方面的问题基本上由各级政府、群团组织、作为政府代理人的城市企事业单位、农村地区政社合一的生产单位，根据上级政策和地方实际，加以解决。于是形成了依据国家政策、由政府部门或其代理人实施的行政性社会工作。这种行政性社会工作由党和政府统一领导，以宏观的“为人民服务”为指导思想，类别化地处理民生方面的困难，并辅之以思想政治工作，形成了中国独特的社会工作实践（王思斌，1995）。

计划经济体制形成之后，中国基本上实现了充分就业，各种公共服务也在力所能及的情况下，由政府及其代理人按照平均主义的思路提供。国家普及基础教育，实施男女平等的就业政策和社会政策，医疗卫生事业较快发展，社会上普遍存在艰苦奋斗、自力更生的意识形态，而且国家实行比较封闭的高度集中的经济-社会制度。这就形成了中国以政府行政系统推动和实施的独特的社会工作模式。

由于我国是在独特的政治经济制度和社会背景下，用自己的制度安排和方法解决了民生问题，所以我们将之称为社会工作的中国实践或本土社会工作实践。这套制度和系统实践，强调依据执政党的执政理念，强调国家或集体的有限责任和个人的自助责任与社会互助，强调依据相关政策和政府系统，群体性、低水平地解决基本民生问题，基本上属于社会工作的社会行政模式（王思斌，1995）。

第二章

中国社会工作教育重建的教育改革背景

中国社会工作教育重建既是解决复杂的、积累起来的社会问题的需要，更是我国改革开放寻求新的发展的需要。党和国家的改革开放政策直接推动了社会学和社会工作教育的重建，相关政府部门特别是民政部、教育部的积极进取，加快了社会工作教育重建的进程。

第一节　改革开放与中国高等教育改革发展的起步

一、改革开放与中国高等教育的再起步

1952 年国家进行院系调整，是与我国发展经济、建立社会主义工业国的战略目标相一致的。国家主要发展与国民经济建设直接相关的理工农医等学科，比较有力地促进了我国经济的快速发展，对于建立比较完整的工业体系和社会主义工业国，具有重大战略意义。同时，党的领导人对于文科和社会科学所包含的政治意识形态的关注，也影响着哲学社会科学的发展。而后来产生的影响极其广泛的、严重破坏正常社会秩序的“文化大革命”，则导致了高等教育“停摆”。之后一段时期，党和国家领导人对发展高等教育特别是哲学社会科学仍缺乏积极性，从培养社会主义事业接班人的角度，支持工农兵上大学，而且在办大学问题上，主要是指“理工科大学还要办”。

一个社会不可能没有社会问题，要解决社会问题，不是只靠发展自然科学和发展经济就能解决的。“文化大革命”期间产生并积累了大量经济和社会问题。党的十一届三中全会决定实行改革，1977 年党中央决定恢复高考。1979 年邓小平《坚持四项基本原则》的讲话指出，社会学等学科“要赶快补课”。自 1952 年起停办了 27 年的社会学学科得以恢复重建，社会工作也迎来了重建的机会。

二、国家发展计划对改善民生的期盼与社会学学科的发展

一个学科的发展基于社会的需要，包括经济、政治、社会和文化发展的需要。“文化大革命”后，我国的政治学、法学、社会学以及世界政治的研究“要赶快补课”，也是来自我国经济社会发展和国际交往的需要。

我国的经济和社会发展是在国家计划下进行的。过去我国的五年计划名称一般为“国民经济发展计划”。从“六五计划”开始，变为“国民经济和社会发展计划”，表明了党和国家对社会发展的重视。《中华人民共和国国民经济和社会发展第六个五年计划（1981—1985）》（以下简称《国家六五计划》）指出，第六个五年计划的制定和实施，是实现二十年宏伟目标的一个重大步骤。在这五年内，要采取有力的措施，求得经济的稳定并有一定的增长速度，同时为以后经济和社会的更好发展准备条件。在加强哲学社会科学研究部分，指出要加强对马克思主义理论的研究，对社会科学各门学科的研究，特别要加强对我国社会主义现代化建设迫切需要解决的重大理论问题和实际问题的研究，用创造性的研究成果为建设高度文明、高度民主的社会主义国家服务，为全面开创社会主义现代化建设的新局面作出贡献。《国家六五计划》提出了哲学社会科学重点研究的 12 个方面，其中就包括“社会学的研究”。

《国家六五计划》的新意还在于列出第五编“社会发展计划”的题目，内容包括：人口、劳动、居民收入和消费以及社会福利事业，反映了国家对与社会学和社会工作相关领域的关注。

三、社会保障制度建设与社会工作的发展机遇

我国社会工作的发展与国家社会保障制度的建设直接相关。

《中华人民共和国国民经济和社会发展第七个五年计划（1985—1990）》（以下简称《国家七五计划》）提出了经济发展和社会发展的新目标，指出要实现这些目标，需要在经济建设的战略布局和主要方针，科学、教育和文化事业，对外经济贸易和技术交流，经济体制和调节手段，人民生活和社会保障等方面，提出符合实际的要求，采取一系列适应新形势新任务的正确决策。

值得提出的是，《国家七五计划》对建立社会保障制度给予了特别关注，认为建立社会保障制度是保证经济体制改革顺利进行和取得成功的重要条件，也是社会安定和国家长治久安的根本大计。《国家七五计划》指出要适应对内搞活经济、对外实行开放的新情况，认真研究和建立形式多样、项目不同、标准有别的新的社会保障制度。

社会保障工作要坚持社会化管理与单位管理相结合，以社会化管理为主的改革方向。鉴于建立社会保障制度涉及许多复杂问题，所以，“七五”期间的任务是建立起社会保障制度的雏形。社会保障资金应由国家、企业和个人合理负担。以企业和有收入的事业单位承担为主，改变过去全部由国家包下来的办法。在逐步建立新的社会保障制度的同时，要继续发扬我国家庭、亲友和邻里间互助互济的优良传统。

建立新的社会保障制度关系到千家万户的基本生活，社会学学科也从保障基本民生的角度参与了相关讨论。当时，北京大学社会学系的袁方教授、卢淑华教授等参与了社会保障制度建设研究。

关于发展高等教育，《国家七五计划》指出，必须充分挖掘现有院校的潜力，加强高等学校同生产科研和社会其他方面的联系，提高它们主动适应经济、科技和社会发展需要的积极性和能力。要继续调整高等教育的专业科类和层次结构，加快短缺学科和薄弱学科的发展，扶植新兴、边缘学科的成长。要继续改变专业划分过细的状况，调整专业设置。这与我国社会工作学科专业的建立直接相关。或者可以说，我国社会工作学科专业的建立，就是在这一文件内容的基础上开启的。

第二节　改革开放与中国社会学的重建

一、中国社会学恢复的背景

从历史上来看，我国的社会工作专业是社会学学科的组成部分。如前所述，社会工作被称为应用社会学。实际上，这并非我国所独有的现象。在美国，早期的社会工作教育也在社会学系。社会工作专业教育作为解决社会问题的专业，受到社会学的影响，因为社会学在很大意义上是解决社会问题的，似乎社会学与社会工作有天然的联系。这种情况也反映在燕京大学社会服务专业的设置和教学过程中。社会学相对于社会工作是比较成熟的学科，在很多情况下，社会工作专业教育的发展要依靠社会学学科的支持。而社会学学科的重建和发展就成为社会工作教育发展的前提。

中国社会学学科的正式重建和发展起始于改革开放之后党中央对加强社会科学研究的重视。“文化大革命”期间，法学、政治学、社会学、国际关系研究以及人口学的研究都被终止，使得我国对上述领域的情况缺乏科学的了解和对策。

邓小平1979年3月30日的《坚持四项基本原则》讲话在谈及加强理论研究时说：什么是我国今天最重要的新情况，最重要的新问题呢？当然就是实现四个现代化，或者像我在前面说的，实现中国式的现代化。深入研究中国实现四个现代化所遇到的新情况、新问题，并且作出有重大指导意义的答案，这将是我们思想理论工作者对马克思主义的重大贡献，对毛泽东思想旗帜的真正高举。……哲学、社会科学同自然科学一样，决不能忽视基础理论的研究。……我们已经承认自然科学比外国落后了，现在也应该承认社会科学的研究工作（就可比的方面说）比外国落后了。我们的水平很低，好多年连统计数字都没有，这样的情况当然使认真的社会科学的研究遇到极大的困难。因此，我们的思想理论工作者必须下定决心，急起直追，一定要深入专业，深入实际，调查研究，知彼知己，力戒空谈（邓小平，1983）。

实际上，邓小平的讲话表达了改革开放背景和建设中国式现代化目标下对社会科学研究的迫切要求，也是党中央深思熟虑的决策。在这之前，1979年春节，时任中国社会科学院院长的胡乔木约见费孝通教授，请他主持中国社会学的恢复重建和社会学研究所的筹建工作。1979年3月15—18日，社会学座谈会在北京举行。胡乔木到会讲话，代表党中央为社会学平反，恢复名誉，并就若干重要的社会理论问题作了讲话。1979年3月中国社会学研究会（后改为“中国社会学会”）成立，费孝通任会长，雷洁琼等任副会长，研究会主要由1952年社会学被停办之前、当时仍健在的社会学家组成，一些有社会工作研究经历的老学者也当选为理事。接着，社会学研究会与社会学研究所联合于1980年和1981年举办了两期社会学讲习班，课程中也包括社会工作的内容。

二、社会学恢复重建中的社会工作教育

社会学研究会与社会学研究所联合举办的社会学讲习班，是以高等学校和各省的社会科学研究机构的学者为学员的社会学普及班或师资班，由我国社会学界的老一辈学者及聘请的境外学者讲授相关课程。在第一期讲习班上，雷洁琼讲授了“社会工作”课程，成为改革开放以来中国大陆地区第一个讲授社会工作课程的学者。她在讲课中指出，社会工作是工业化和城市化的产物，愈来愈会成为一个独立的专业和学科；随着中国改革开放的推进，工业化、城市化和现代化程度不断提高，中国的社会工作必然会有空前的大发展（王青山，2005）。之后，她还在不同场合讲授“社会工作”课程，积极倡导建立社会工作专业。

在社会学学科得以重建、社会工作专业尚未重建的时间里，一些学校和研究机构也非制度化地开设了社会工作课程。由教育部批准建立的南开大学社会学专业班（1981年2月—12

月）的《社会学概论》（试用本）中就有《社会工作》一章；北京大学社会学系系主任袁方教授曾邀请老一辈社会工作学者吴桢教授为1981、1982级硕士研究生讲授“个案工作方法”；除此之外，民政部的卢谋华教授曾受邀于1984年在中共中央党校讲授“社会工作”课程，当时为普及社会学而成立的“中国社会学函授大学”也开设了相关课程（卢谋华，2007）。这样，社会工作就作为社会学的一部分在社会学学科的恢复重建中存在着。

第三节　中国社会工作教育重建的萌生

一、民政部的“重建”与专业化的任务

在社会工作专业重建和发展的过程中，作为主要对口政府部门和社会工作事业的积极推动者的民政部门功不可没。而民政部对社会工作专业教育的支持又与党中央关于干部“四化”的要求有关。“文化大革命”的十年动乱，给高等教育带来了重大损失，也使我国的干部队伍结构显得有些失衡。1978年改革开放、拨乱反正后，面对各级党政干部严重老化的现实，干部年轻化、专业化成为一个重要的、迫切需要解决的问题。

1980年12月25日，邓小平在中央工作会议的讲话中指出，要在坚持社会主义道路的前提下，使我们的干部队伍年轻化、知识化、专业化，并且要逐步制定完善的干部制度来加以保证。提出年轻化、知识化、专业化这三个条件，当然首先是要革命化，所以说要以坚持社会主义道路为前提（邓小平，1983）。1982年9月，中国共产党第十二次全国代表大会通过的《中国共产党章程》中明确规定：“党按照德才兼备的原则选拔干部……努力实现干部队伍的革命化、年轻化、知识化、专业化。”（中国共产党中央委员会，1982）由此，“四化”方针成为新时期党的干部工作的基本方针，用以指导各级领导班子和整个干部队伍的建设。

中央的干部“四化”要求催促各党政部门加快培养本系统的干部。民政部门作为主管社会救助、社会福利、社会事业的主要政府部门，其干部“四化”的要求十分迫切，从而也就促使其在干部的社会工作专业素养上有更多考虑。

二、民政工作专业化与社会工作的关系

民政部的前身是成立于1949年的“中央人民政府内务部”，1954年改称“中华人民共和

国内务部”。1966年5月“文化大革命”开始后，内务部机关搞起了运动。1969年初经国家领导人批准，内务部被撤销。1978年设立“中华人民共和国民政部”。1982年5月4日，五届全国人大常委会第二十三次会议任命崔乃夫为民政部部长。1983年4月召开的第八次全国民政会议进一步明确了民政工作的地位和作用，强调民政工作是政权建设工作的一部分，是社会保障工作的一部分，是行政管理工作的一部分。鉴于以往民政干部多是退伍军人出身的状况，民政部开始大力推进干部的专业化、知识化建设。由于民政业务比较繁杂，难以找到一个具体的专业作为其专业支撑，民政部领导和专家经过境内外考察，认为社会学和社会工作可以成为民政干部的主要的专业知识支撑。

1983年1月，雷洁琼教授受邀在全国民政工作理论讨论会上作长篇学术报告，指出社会工作是一个专业，现在我们还没有条件建立社会工作学科，将来我们的大学要办社会工作系。她还发表了“民政工作是中国特色的社会工作”的著名论断（雷洁琼，1994）。在这之后，民政部积极推进社会工作教育的发展，如：1983年12月3日，经民政部决定，教育部、国家计委同意，成立民政部管理干部学院，开展民政部干部培训；民政部积极推进与高校社会学、社会工作领域的合作，开办了“社会学大篷车”，邀请高校的社会学、社会工作专家在民政系统巡回讲授社会学和社会工作知识。后来，民政部召开“社会工作教育发展论证会”，论证创办“中国社会工作学院”的必要性和可能性，积极推动我国社会工作专业教育的发展。实际上，我国社会工作教育的发展是与民政部门的努力紧密相关的。

三、教育体制改革与老一辈社会工作学家催促建立社会工作专业

在我国，开办社会工作高等教育的管辖权在教育部，由教育系统论证建立该专业的必要性和可能性是必经之路。

前述《国家七五计划》提出要继续调整高等教育的专业科类和层次结构，加快短缺学科和薄弱学科的发展，扶植新兴、边缘学科的成长。这正是社会工作专业发展的机会。中共中央于1985年5月27日发布的《中共中央关于教育体制改革的决定》指出要改变政府对高等学校统得过多的管理体制，在国家统一的教育方针和计划指导下，扩大高等学校的办学自主权，加强高等学校同生产、科研和社会其他各方面的联系，使高等学校具有主动适应经济和社会发展需要的积极性和能力。高等教育的结构，要根据经济建设、社会发展和科技进步的需要进行调整和改革。要改变高等教育科类比例不合理的状况，加快财经、政法、管理等类薄弱学科和专业的发展，扶持新兴、边缘学科的成长。

上述文件精神，正符合社会工作专业的设置条件：它是与经济建设、社会发展密切相关的，属于管理类，也是边缘性学科。

为了推动落实《中共中央关于教育体制改革的决定》，当时的国家教育委员会（以下简称“国家教委”）要求各高校加强讨论和研究，提出自己的落实意见。全国已经成立的高校社会学系也积极参加研究，提出自己的意见。当时，北京大学社会学系在系主任袁方教授的领导下，多次就新专业设置问题展开讨论，雷洁琼教授也参加了讨论（直接到北大参会，或由教师到其住处报告系里的讨论情况，听她的意见）。结合国家改革和经济社会发展的迫切任务以及《中共中央关于教育体制改革的决定》指引的方向，北京大学社会学系教师集体讨论的初步结果是建议设立两个新专业：一是社会现代化与发展，二是社会发展计划与管理。后者包括社会工作的内容。在集体讨论的基础上，由年轻教师执笔撰写专业设置论证报告，之后再经全系教师讨论，最后将论证报告上交国家教委。据悉，其他学校的社会学系也就设立新专业进行了认真讨论，并提出新专业设置意见。建议设置的新专业有社会调查方法、社会心理学、社会工作、社会管理等。

雷洁琼教授一直十分关心社会工作学科的建设和发展，在当时的中国社会学会内，雷洁琼是社会工作学科的代表，她多次在不同场合呼吁加快社会工作专业建设。在征求了社会学办学单位意见的基础上，1985 年 12 月，国家教委在广东召开社会学专业建设与发展工作会，一是总结过去几年高校社会学专业的发展情况，二是研究新学科专业的设置问题。会议特邀费孝通、雷洁琼参加。在设立新专业问题上，雷洁琼、袁方等教授极力赞成设立社会工作专业。雷洁琼说，我国的社会学专业恢复重建已经 6 年，但是社会工作作为一门学科还没有真正恢复，更谈不上重建。希望国家教委能前瞻性地发展社会工作专业。经过讨论，增设社会工作专业的意见得到了大多数与会者的赞同。只是为了概括不同专家的意见，由会议秘书苏驼教授将这个专业的名称写成“社会工作与管理”，也得到与会者的赞同。会后，即开始对该专业进行正式论证，并在全国范围内征求意见。

四、建立社会工作专业的建议及论证

广州会议对于设立新的本科专业也有不同的意见，这种有所迟疑的意见来自对当时社会学发展状况的某种担忧。会议内容分两部分：第一阶段的内容是总结社会学恢复重建以来的发展情况，第二阶段是讨论设置新专业的问题。在第一阶段，与会者普遍认为社会学学科自恢复重建以来取得了不少成绩，但是还存在着不少问题。费孝通教授对社会学学科的建设有

“五脏六腑”的说法，意思是说，社会学学科建立后要成为一个学科，要具备“五脏”和“六腑”。“五脏”指的是要具备五个“设施”方面的条件：一是学会，二是学科的研究机构——研究所，三是培养人的社会学系，四是图书馆，五是刊物、出版社。“六腑”指的是社会学要开出六门必修课，即“社会学理论”“社会调查方法”“西方社会学学说史”“社会心理学”“比较社会学”“城乡社会学”等。

按照当时全国社会学的发展状况，建立社会学系的只有几家，“五脏”基本具备，六门课也可以开出，但是质量并不高。归根结底是社会学学科重建时间短，专业人员不足。当时全国社会学教师共 99 人，其中教授 2 人，副教授 11 人，讲师 24 人，助教 50 人。主持会议的国家教委高等教育司负责人认为，社会学学科的发展要本着积极稳妥的方针，师资条件成熟后再办系；学科专业不是大发展的时期，要分期分批上，扩大范围（王思斌、阮曾媛琪、史柏年，2014）。但是参会者认为，设置新专业是一个机会：一是社会有需要，二是专业目录调整几年一次，错过这次机会可能导致专业发展滞后。于是大家基本同意申请设置“社会工作与管理”“社会心理学”等专业。国家教委高等教育司负责人责成南开大学、上海大学就社会学人才需求情况进行调查，提出咨询报告；北京大学、中山大学分别提出社会学专业设置和教学改革的咨询报告（国家教委高教司文科处，1995）。

接下来，一方面是对拟设置的社会工作与管理、社会心理学两个专业的论证，二是了解社会学毕业生的就业和政府、社会对社会学人才的需求状况。这两项工作从 1986 年初开始，到 1987 年暑假基本结束，基本形成了在社会学学科内增设“社会工作与管理”“社会心理学”两个专业的意见。后经民政部组织的马甸会议及政府有关部门和专家的支持，增设“社会工作与管理专业”的意见进一步确立。

五、民政部马甸会议的支持与社会工作与管理专业的设置

由于我国的高等教育是公办的，所以特别强调毕业生与用人单位的对口。在新专业设立之初，国家的教育管理和规划部门就要了解政府部门和社会对新专业人才的需求情况。在关于社会学人才的需求调查中，民政部门、劳动部门、卫生医疗部门、工青妇等都表示了积极的意向，特别是民政部，其建立社会工作专业、培养社会工作专业人才的意愿十分迫切。

民政部于 1987 年 9 月在北京马甸桥附近的北京对外经济交流中心大厦召开“社会工作教育发展论证会”，主要是论证民政部创办中国社会工作学院的必要性和可行性。会议中的一项附加成果是，民政部与北京大学联合办学。民政部出资支持北京大学开办社会工作与管理专

业，北京大学为民政部培养社会工作专业研究生等（双方的实际协议《民政部 北京大学“合作”办学协议书》于1988年4月签署，具体包括民政部出资，北京大学为民政部培养研究生、举办领导干部培训班等内容）。

通过论证和征求各方意见，国家教育委员会于1987年12月公布《普通高等学校社会科学本科专业目录》，“社会工作与管理”和“社会心理学”成为带星号（*）的试办本科专业。

第三章

中国社会工作教育重建的历程

中国社会工作教育的重建具有复杂的学科专业建设和社会实践要求的背景。根据国家改革发展的战略部署，社会学和社会工作学者在重建社会工作教育中积极努力，民政部等政府部门对社会工作教育的发展给予了大力支持，国（境）外同行的支持也发挥了重要作用。

第一节　中国社会工作教育重建的基本历程

一、社会工作与管理专业的初建阶段

1987年《普通高等学校社会科学本科专业目录》公布后，国家教委批准北京大学、中国人民大学和吉林大学试办社会工作与管理本科专业。吉林大学最积极，调集教师，从其他专业调剂本科生，于1988年9月开办该专业（后因某些原因有所中断）。北京大学则在本系建立了规模最大的社会工作与管理专业教研室，并于1989年秋季开始招收该专业本科生和该方向的硕士研究生。中国人民大学则因为种种原因推迟了招生。

北京大学的社会工作与管理专业在学校、本系教师的努力和各方支持下，聚集力量，坚持办学，在社会工作与管理专业的培养目标、课程设计、教学方式方法和专业实习方面持续进行了积极探索。

应该指出的是，一些没有获准开办社会工作与管理专业的学校，在社会工作教学方面也进行了探索。中山大学于1986年开始策划、1987年实施与香港大学合作，开办一学期的社会工作多门课程教学，请香港大学教师来中山大学授课。厦门大学则在哲学系内设置了“社会工作与管理专门化”，开展相关教学。

接下来，中国青年政治学院于1992年设立该专业并成立社会工作与管理系，云南大学于1991年决定设立该专业并于1993年正式招收该专业本科生，厦门大学于1993年设立该专业。1994年，中国社会工作教育协会成立，社会工作与管理专业进入组织化、制度化建设阶段。

二、社会工作与管理专业的初期建设

由于社会工作专业在我国大陆地区停顿了30多年，所以缺教师、缺教材、缺教学实习条件成为该专业重建初期遇到的必须解决的问题。组建教师队伍，各校都是从社会学和其他专业转过来的。在该专业获得批准并决定于1989年招收本科生之后，北京大学在雷洁琼、袁方等教授的直接指导下，开始该专业的学科建设。社会学系组建了由具有社会学、哲学、经济学学术背景的年轻教师为主的"社会工作与管理"教研室，规模近10人，并由副系主任兼任专业负责人，教师们阅读学校图书馆的社会工作书籍，搜集境外学校的社会工作专业教学方案，翻译社会工作的学术资料，准备课程，其中包括将社会学专业的课程转化为社会工作专业的课程。

在此过程中，社会工作与管理专业的建设得到了亚太区社会工作教育协会的大力支持，以香港社会工作学者为主的该协会中国工作小组的工作，大大促进了我国内地学者对国际社会工作专业发展的了解。1987年6月，北京大学社会学系袁方、夏学銮、王思斌受邀到香港理工学院（现香港理工大学）访问，参访香港大学、香港中文大学等学校，了解香港社会工作课程体系；1988年11月，北京大学与亚太区社会工作教育协会联合在北京大学召开"亚太区社会工作教育研讨会"，雷洁琼副委员长、崔乃夫部长、丁石孙校长、夏自强司长等出席会议，来自亚太区11个国家和港台地区的60多位社会工作教育者和实务工作者，以及中国大陆50多名老一辈、年轻一代社会工作教师、实际工作者和政府官员，共118名正式代表参加会议，对于聚集大陆地区社会工作教育资源，了解境外社会工作教育发展状况，推进我国的社会工作学科建设，发挥了十分重要的作用。

20世纪80年代末90年代初，在境外社会工作同仁和基金会的支持下，内地社会工作教师多次到中国香港和其他国家短期学习，参加培训，有力地支持了内地社会工作师资水平的提升。

民政部等政府部门对社会工作与管理专业的发展给予了大力支持。民政部部长崔乃夫与北京大学校长丁石孙代表双方签约，民政部拨款100万元人民币支持北京大学建立该专业，指派民政部有较高学术造诣的专家参加北京大学社会工作与管理专业学术委员会，共同研究社会工作学科建设问题。

另外，为了解决北京大学教师的社会工作专业知识不足的问题，该专业在招收本科生和研究生之后，还邀请香港理工大学教师和民政部专家讲授社会工作课程。

三、社会工作与管理专业发展的基本原则与方向的确立

虽然社会工作与管理专业在其申请设立时，都有明确培养目标和发展方向、课程设置等方面的要求，但是，在真正开办专业、招生授课时，还会有具体的开办专业的原则和发展方向方面的问题。由于社会工作与管理专业重建是在我国对外开放的大势和民政部等政府部门、群团组织对现代人才的迫切要求的背景下开始的，所以，该专业的重建和发展既要回应政府和社会的需要，又要跟上国际发展的形势。在这方面，北京大学社会学系首先进行了探索。在聘请相关教师授课、了解学生对开设专业意见及国际交流的基础上，进一步明确了该专业的发展方向。在 1992 年召开的“90 年代的中国社会工作”理论研讨会上，北京大学学者提交了《社会工作教育的国际通则与我们的选择》的论文，指出我国的社会工作要学习国际经验走专业化道路，包括价值观教育和专业工作方法，同时又要面对我国现实的社会问题，在治疗－发展、微观－宏观的结合上设计课程和专业实习（王思斌，1993）。马凤芝提交的论文阐述了社会工作专业实习教学的目标，实习教学应涵盖的具体内容，在专业制度未建立情况下，应将社会工作实习教学与拓展专业实践领域及推动社会工作机构发展结合起来，要与有关政府人群服务部门和社会组织建立伙伴关系，发掘资源、建立社会工作实习教学基地；论文还介绍了设计和实施三段式实习教学（法）方案与具体操作安排（马凤芝，1996）。这是比较符合我国实际的，也成为后来开办社会工作专业学校的基本共识。

四、中国社会工作教育协会的建立及其作用

马甸会议后和 20 世纪 90 年代初，民政部对发展社会工作事业表现出极大的积极性。1991 年，中国社会工作者协会成立，并成为国际社会工作者联合会会员。之后，中国社会工作者协会负责人了解到国际上还有社会工作教育学校的联盟，进而建议中国也成立全国社会工作教育的学术组织。

北京大学等高校建立社会工作与管理专业以后，又有中国青年政治学院、云南大学、厦门大学等建立了该专业，民政部管理干部学院、民政部所属的几所民政干部学校（中专）、全国妇联管理干部学院积极开设社会工作方面的课程，民政部社会工作教育中心也积极推动社会工作教育。在这种背景下，几所开办社会工作与管理专业的院校，以北京大学为主，也

借助包括民政部相关司局负责人在内的北京大学社会工作与管理专业学术委员会，动议筹办中国社会工作教育协会。成立协会的筹备工作从1993年年中开始，原以为年底或第二年初即可获得民政部主管部门的批复。实际上，中国社会工作教育协会直到1994年年底才获批成立。

中国社会工作教育协会在筹备过程中也做了一些工作，最重要的是1994年4月与亚太区社会工作教育协会联合召开了“亚太区社会工作教育发展学术研讨会”，这也是在北京大学召开的第二次社会工作国际学术研讨会。在研讨会上，王思斌做了题为《中国社会工作的经验与发展》的主旨报告，获得了与会者的好评。

协会成立之后，进一步着手推进学科建设。亚太区社会工作教育协会帮助申请凯瑟克基金支持中国社会工作教育协会编写《社会工作概论》教科书。

五、社会工作专业的转正与保留

中国社会工作教育协会成立之后，社会工作教育得到了进一步发展。一是开办社会工作专业的学校增加。1995年至1999年高校扩招之前（1995—1998年），开办社会工作与管理专业的高校逐步增多，从12所增加到17所。二是一些理工科院校和师范院校开始开办此专业。如南京理工大学（1994年）、华东理工大学（1995年）、南京师范大学（1996年）、安徽师范大学（1996年），南开大学（1997年）也开办该专业。相比1999年高校扩招而产生的社会工作专业的大批涌现，较早开办此专业的学校显得更加理性，而且这些学校的社会工作专业办得都比较好。在高校扩招、社会工作专业大发展前的时段，协会主要开展的是课程研讨和师资培训等工作，包括组织相关院校的社会工作教师到境外学习和考察，通过协会举办的会议和借助于全国高校社会学系主任联席会研究课程设置和教学中的问题，为该专业的发展打下了比较坚实的基础。

这一时间段，我国的社会工作专业还遇到了三件重要的事情：专业改名、专业转正和专业保留。专业改名即由原来的“社会工作与管理专业”改为“社会工作专业”，这是在与国际规范相比较的情况下进行的；专业转正是指从原来的试办（带*号）专业变为正式开办的专业，这与社会工作与管理专业的办学效果及专业保留相关；专业保留是指在国家教委统一布置的、削减高校本科专业的过程中，“社会工作专业”从险些被“砍掉”到保留下来的过程。之所以说这些事件重要，是因为它们几乎都不同程度地涉及社会工作专业的生死存亡。好在历经坎坷，通过各方协同努力，社会工作专业得到保留并获得新的发展。至于该专业的“保留”过程，本编将在后面做较详细介绍。

第二节　中国社会工作教育重建的专业发展

一、社会工作教学课程体系的确立

按照国际经验，社会工作既是教育上的专业，也是职业上的专业。职业上的专业以教育上的专业为基础，二者结合和互相促进，使社会工作成为一个完整的专业。中国社会工作的重建和发展主要是在教育系统发生的，社会工作首先作为一个学科专业，在高等学校恢复重建，之后开始专业化发展。1987 年，“社会工作与管理”作为一个专业被确立后，接下来的是社会工作教育的专业化和制度化。北京大学等院校试办社会工作与管理专业的过程和经验，为该专业的初步制度化发展奠定了基础。主要内容包括：课程体系的设计、课程内容的设计、专业实习的设计等。就课程设计而言，当时北京大学社会工作与管理专业考察了境外诸多大学的做法，并聘请香港地区和英国等大学的专家授课和咨询，结合最初几年的专业教学实践，形成了自己的课程体系。之后，在国家教委的指导下，经过国内社会学专业、社会工作与管理专业学术共同体（系主任联席会和全国高等学校社会学教学指导委员会）的比较深入细致的研讨，形成了社会学、社会工作两个专业基础相同、专业不同的各自 10 门必修课，社会工作专业课程体系的基础结构得以形成。社会工作专业的这 10 门课是：社会工作概论（两专业共用）、社会学概论（两专业共用）、社会调查研究方法（两专业共用）、社会心理学（两专业共用）、个案社会工作、小组社会工作、社区工作、社会行政（社会政策）、社会保障、社会福利思想。此外，还有 800 小时的社会工作专业实习。社会工作专业主干课程及专业实习课程的确立，实现了课程设置上的制度化，也形成了我国高等教育界关于社会工作专业的共同认可的基本规范。

二、专业教材的编写

由于社会工作专业教育在我国大陆地区中断了 30 多年，所以在恢复重建该专业时并没有教材，而没有教材的大规模的专业教育是不可想象的。于是，在该专业重建之初，教材建设就是必须解决的问题。较早开办专业的学校和协会采取了如下应对方法：

一是从原有的、专业被取消之前的教科书中寻找可用者，但其效果不大，因为 1952 年之前我国的社会工作专业教材很少，而且显得“老化”；

二是从境外引进教材。在各院校外汇紧张的情况下，少数学校自己购买境外出版的中外文图书。在这方面，协会在凯瑟克基金支持下，为约 280 所开办该专业的学校提供整套社会工作图书，大大缓解了教科书（参考书）严重缺乏的问题；

三是协会自编教材。协会于1996年就在亚太区社会工作教育协会和凯瑟克基金支持下，着手组织编写《社会工作概论》。袁方教授确定了“以我为主”的编写思想，组织了由王思斌任主编，由已开办社会工作与管理专业并有一定教学经验的5所院校的14名教师组成的作者队伍，集体研究和编写《社会工作概论》，历经3年，于1999年由高等教育出版社出版。这本《社会工作概论》建构了一个中外理论与思想相结合、以专业理论和方法为主线、注重中国经验的内容框架，在一定程度上实现了创新。2021年，这本教材的第三版还获得了国家教材委员会颁发的首届全国教材建设奖“全国优秀教材二等奖”，这也是全国社会工作教材唯一获得的最高奖。它也为后来协会组编社会工作专业主干系列教材奠定了良好基础。在凯瑟克基金的支持下，从2002年起，协会组织多方专家，借鉴国际经验、梳理本国经验，编写了8本主干教材、13本专业领域的教材，初步实现了社会工作教材的“本土化”。

教育部通过和公布社会工作专业主干课程框架后，教材编写采用了“一纲多本”的策略。除了协会组织外，各地社会工作院校也有组织起来编写教材的做法。

三、师资培训

懂专业的、合格的教师队伍的缺乏是社会工作专业教育发展的最大困难。除了该专业重建初期，北京大学和中国社会工作教育协会在香港同仁和基金会的支持下，到境外参加培训、参加会议以外，有的学校主动与境外学校建立交流关系。协会召开年会、组织学术会议、以会代训，专门组织新进教师进行培训，在每次年会后都举行学术培训和交流，系统地讲授每门课的内容、教法，成为快速提高教师专业知识水平的重要方式。协会还根据教师教学和学术发展的需要，组织多种类型、多种内容的师资培训班，将国际上最新的理论、知识、方法引进来（如多次举办萨提亚培训班等），逐步地、比较有效地解决教师的任课能力问题。

四、出版专业刊物和年会论文集

为了发展社会工作学术研究，支持社会工作专业的发展，协会注重会员的学术发表。2002年，协会在凯瑟克基金的支持下，创办了以书代刊的专业学术刊物——《中国社会工作研究》，每年一辑。该刊物由王思斌任主编，一些资深教授组成编委会，发表社会工作教育、社会工作实践、社会政策等领域的学术研究成果。《中国社会工作研究》评审认真，学术要求较高，具有创新性，对我国社会工作学科和专业的发展产生了一定推动作用，取得了较好效果。《中国社会工作研究》多年来连续被南京大学中国社会科学评价中心评为CSSCI收录集刊，被中国社会科学评价研究院评为本领域核心刊物，也被一些学校的社会工作专业认可为"顶级刊物"，在华人社会工作界也有较高学术声望。

多年来，协会将一些重要年会的论文编辑出版，保留了社会工作教育和研究发展的痕迹和宝贵的参考资料。

第三节　社会工作教育重建和发展中的多方合作与协同努力

一、国家改革开放与社会工作教育的发展

中国的高等教育机构绝大多数是政府兴办的，因此会受到国家政策的直接影响，社会工作专业教育的发展也是如此。社会工作专业的设立，社会工作人才的培养目标，课程体系、教师的配备和招生及学生毕业，都受国家政策直接指导。因此，国家和社会的需要，是社会工作教育发展的重要影响因素。具体到社会工作专业的重建和发展以及过程中的重要事件，无不与中国最大的国情——政治制度、发展中国家的改革开放、中国式现代化的进程息息相关。

1952 年，社会学和社会工作教育被取消，与那个时期中国的政治氛围、经济发展主要目标直接相关。1978 年改革开放后，社会学的重建和之后的社会工作教育的重建，也与当时我国改革开放所要解决的问题相关。"文化大革命"积累了一些包括基本民生在内的社会问题，引进市场经济体制也会产生新的社会问题，中国要走现代化道路也有人们的生活水平提高和追求社会进步的要求。这些不能只靠发展经济、加强社会管理来解决，于是发展社会工作就成了比较实际的、解决民生问题的一种选择。社会工作重建之后，在解决基本民生、创新社会治理方面所做的工作，与国家改革开放进程比较一致，说明了党和政府发展社会工作教育和事业的决策的正确性。

更具体地来说，民政部门大力推进社会工作和社会工作教育的发展，与社会工作在加强和创新新时期民政工作中的作用直接相关。虽然民政部门有很多业务，但是履行基本社会保障、基层社会治理、基本社会服务职能是其重点。20 世纪 90 年代初期，民政部要把社会工作理论和方法作为其主要基础专业知识并加以强化。社会工作专业服务对做好民政工作的贡献，也说明政府的民生服务和社会治理工作与社会工作有很强的亲和性。社会工作专业知识和方法与政府的民生服务、社会治理政策的契合性，使得社会工作能在实施政府政策的过程中不断得到发展。

二、社会工作教育与国家的“同步”发展

发展社会工作是现代化国家建设的重要组成部分，也是重要的社会事业。社会工作也在服务国家与社会的过程中得到发展。社会工作的实务特征使得它贴近社会发展的进程，并以自己的实践促进社会的发展，同时自己也得到了发展。

反映在教育体系上，我国的社会工作课程体系做了以专业化、本土化为方向的选择，通过专业实习和社会实践，社会工作教育积极参与各种社会服务。协会的历次年会都以回应国家的重大发展战略和社会政策为主题，协会还组织动员会员参与了国家的一系列重大公共事件治理，如四川汶川 5·12 地震救灾重建、脱贫攻坚、新冠疫情防控，社会工作教育群体都最大限度地贡献了自己的专业力量。

中国社会工作教育协会及其成员还以各种方式，参与社会工作的相关社会政策制定和实施。地区和国家层面的社会工作人才队伍建设一直有社会工作教育群体的积极参与，一些地区的社区矫正工作在政府部门与社会工作专业群体的共同努力下推进，高校教师响应政府号召，领办社会工作机构协助政府解决社会治理和民生改善方面的问题成绩显著，社会工作教育、专业实践已积极融入国家经济社会发展的进程中。

在服务国家发展战略和社会的过程中，社会工作教育也得到了发展。社会工作教育群体将书本上的理论运用于实践，检验了理论的适用性，通过比较研究，获得了新的、与本地实践密切结合的知识；社会工作的教学体系进一步完善并逐步形成具有中国特色的知识体系，社会工作教育和实践以及基于实践的科学研究促进了社会政策和社会工作制度建设，这些又都属于社会工作教育自我完善的组成部分。社会工作专业人才的培养，中国特色的社会工作知识体系的建构，社会工作专业教育和实践与政府的协同关系的建构，都是在社会工作群体参与国家社会建设的过程中发展和逐步走向制度化的。

三、社会工作教育群体的积极建构

在中国社会工作事业的发展中，社会工作教育群体发挥了不可替代的服务、倡导的积极建构作用。虽然我国社会工作教育的重建是时势使然，但是如果没有社会工作教育群体的积极推动，这一过程可能要延缓很久，我国社会工作人才队伍建设、社会工作专业化的进程也不会如此快地发展。20 世纪 80 年代初，雷洁琼、袁方等教授积极促进社会工作专业的建立；1988 年和 1994 年亚太区社会工作教育协会与北京大学、中国社会工作教育协会（筹）联合举办的两次社会工作教育国际学术研讨会，都得到雷洁琼、袁方、励天宇、吴桢、何肇发、苏驼等老一代社会学和社会工作学者的大力支持和积极参与。2000 年以后，社会工作教育协会

以组织的形式，参与国家社会工作人才队伍建设，发挥了关键作用。社会工作教育界积极推进我国社会工作本科教育水平的提高和社会工作专业学位研究生教育的发展。社会工作教育协会与全国高等学校社会学类教学指导委员会、全国社会工作专业学位研究生教育指导委员会合作，主动对会员单位的师资、教学、学生培养、实习和就业等情况进行调查评估，大大地推动了我国社会工作教育的发展。

我国的许多社会工作政策和制度都是在地方先行先试、取得经验的基础上制定和推广实施的。在先行先试的过程中，社会工作教育群体的作用功不可没。无论是2003年上海市社会工作“三大社团”的建立和运作，深圳市社会工作的专业组织推动，社会工作教育群体参与四川汶川5·12地震救灾和重建，广东省社会工作“双百计划”的实施，还是社会工作群体以其专业优势参与脱贫攻坚对口扶贫和新冠疫情防控，社会工作群体都发挥了理论与实践相结合、相比照、相促进的不可替代的专业优势，促进了公共事件的治理和社会工作事业的发展。中国社会工作教育群体能动地参与特殊的中国实践，有力地促进了中国特色社会工作理论和实践体系的发展和完善。这也是我国社会工作的“教育先行”模式的优势之所在。

四、通过与境外合作推进我国社会工作教育发展

由于我国社会工作专业教育是中断了30多年之后的重建，而这一时期国际上社会工作教育和专业的发展取得了重要进展，所以，我国社会工作教育及专业的重建，既要适应国情和现代化发展的要求，又要借鉴国际经验、争取国际支持，并在合作中共同发展。

在北京大学召开的两次亚太区社会工作教育国际学术研讨会，是中外合作的典范。20世纪80年代初至中期，我国的社会工作教育的重建还在酝酿之中，对外交流有限。是亚太区社会工作教育协会（特别是中国联络工作小组和香港社会工作院校）对促进中国内地的社会工作教育的重建发挥了重要作用。该协会组织人员、申请经费、进行国际宣传、与内地院校（主要是北京大学等）合作建立会务组，保障了会议的顺利进行。内地社会工作教育界在知识获得、办学经验、扩大国际交流等方面收获良多，也向国际同仁发出了中国声音。

在后来的合作中，香港社会工作教育界，特别是香港理工大学在与北京大学的合作中，将英国、德国、美国等国及香港地区的社会工作资源引入内地，惠及社会工作相关高校和政府部门，巩固了社会工作教育基础队伍的发展，促进了政府对社会工作专业的了解和认可。香港的社会工作院校通过为内地培养社会工作博士和硕士，直接支持了内地社会工作教育的发展。香港等境外资深社会工作教育专家也以院系或个人等身份，通过多种方式，与内地学校建立起信任关系，努力支持相关院校社会工作专业教育的发展。

香港社会工作教育界对内地社会工作教育重建和发展的支持是多方面的，最突出的是帮助内地培养社会工作师资和各种专业人才，为内地社会工作教育发展提供经费支持和网络支持。香港大学、香港中文大学、香港理工大学、香港城市大学等都在与内地社会工作院校的合作（如教师互访、合作开办培训项目、接待内地社会工作学生实习、联合培养研究生）中，伸出援助之手，对内地社会工作专业教育的发展意义重大。

亚太区社会工作教育协会还积极联系在港基金会，对内地社会工作教育予以图书方面的支持，以免费、协会配资、购买者出资协会服务三种方式，向 280 所开办社会工作专业的大学，每校提供价值 1 万元港币 / 人民币的专业图书及服务，解决了内地社会工作教育发展的急迫需要。

在联合培养研究生、开展社会工作实践研究等方面，香港理工大学与北京大学的合作卓有成效。从 2001 年开始，两校联合为内地培养了 7 届共 234 名社会工作硕士研究生，其中主要是高校教师，直接支持了内地社会工作教育的发展。两校还联合建立了北京大学－香港理工大学中国社会工作研究中心，建立思善项目，推动社会工作的行动研究、实践研究；建立林护社会工作杰出学人、学生和服务项目奖励项目，推动全国社会工作教育和专业实务的发展。

香港社会工作教育界同仁还积极支持中国社会工作教育协会代表参与国际社会工作学校联盟的活动，扩大我国社会工作教育界的交流空间，增强中国社会工作教育的国际影响。尤其值得提出的是，在上述合作中，香港同仁一直以平等的姿态、务实的行动促进合作，从而也实现了共同发展。

第四章

中国社会工作教育重建中的重要事件

中国社会工作教育的重建和发展并不是线性平稳前进的，其中有一些重要事件直接影响了社会工作教育重建的进程和面貌。这些重要事件并不是突生性的，而是一定时期经济、政治、社会因素共同作用的结果。中国社会工作教育协会应运而生，大大促进了中国社会工作教育的发展。

第一节　教育体制改革与社会学发展座谈会

一、教育体制改革

社会工作教育恢复重建是国家改革开放的结果，也是1985年5月发布的《中共中央关于教育体制改革的决定》的“直接”成果。这一文件指出，教育体制改革的根本目的是提高民族素质，多出人才，出好人才；高等学校应该拥有8项基本自主权，包含招生、自主调整专业、自主编写和选用教材、自主安排经费和建设、自主开展学术交流以及“提名任免副校长和任免其他各级干部”的人事权。

在这种背景下，需要“尽快补课”，国家急缺的、应用型的社会学和社会工作专业教育的重建获得了机会。当时的国家教育委员会也积极慎重地思考高校自主调整专业的工作。

二、社会学从恢复重建到广州座谈会

关于社会学的恢复重建，前面已经简要介绍了。实际上，社会学在中断27年之后恢复重建（费孝通教授认为应该叫“重建”，以与民国时期的社会学相区别），是一代人的时间，因

此社会学师资也就断档，社会学亟需培养师资。按照费孝通教授的说法，一个学科可以挥之即去，不可能召之即来。于是，社会学学科的建设只能“先有后好”。社会学如此，社会工作学科专业也是如此。

1985 年 12 月，国家教委在广州召开“社会学专业建设与发展工作会”，由国家教委高等教育司司长夏自强主持，其中一个议题是讨论社会学学科的新专业设置问题。有的学者认为社会学虽然恢复了，但水平不高，新增专业还不是时候。社会学学科虽然基本上具有了“五脏六腑”，但是确实还比较弱。在这种情况下再分化出一个或几个新专业，确有困难。更多学者认为，有机会就应该上新专业，因为时不我待。在讨论增设哪些专业时，有多种意见。北京大学社会学系系主任袁方教授认为首先应该增设“社会工作”专业，也有的学者认为可以学习苏联，设立社会管理方面的专业，等等。在有多种意见的情况下，作为会议秘书的南开大学社会学系系主任苏驼教授把大家的意见整合为“社会工作与管理”专业，得到了与会者的赞同（来自王思斌等对苏驼的访谈）。专家们从长远发展着眼，同意将设立“社会工作与管理”专业的意见上报国家教委。实际上，夏自强司长内心也是同意设立社会工作专业的。他是燕京大学毕业，对社会工作与社会学的关系、社会工作专业的作用也比较了解。当时他只是担心社会学学科力量太弱，怕担不起来，表示条件好了可以再设新专业。

第二节 民政部的促进与马甸会议

一、民政部发展社会工作教育的努力

正如前面已经说过的，崔乃夫担任民政部部长以来，对用现代专业理论武装民政队伍一直十分关心。崔乃夫来民政部之前任兰州大学党委宣传部部长、教务长，所以他任民政部部长后被称为“学者部长”，他对中国民政事业的现代发展作了大胆的理论创新和实践探索。在民政部门工作的原来多是退伍军人，他们政治觉悟高、办事能力强，但理论水平较弱。在这种情况下，要落实中央关于干部“四化”的要求，经过部长、司局长及学者们到加拿大、美国、北欧等国家及香港地区访问和研究，认为社会工作是最靠近民政工作的专业学科，于是有了在民政系统发展社会工作教育的想法。1984 年，民政部开办了几所民政学校（中专），但是还不符合民政部干部专业化的要求。于是，由民政部创建大学层次的社会工作院校就成

为一种愿望，并付诸实践。当时的这项工作主要由时任民政部人事教育司司长、后任民政部副部长的李宝库负责，做了大量卓有成效的工作。

二、马甸会议

1987 年 9 月，民政部在北京马甸地区召开“社会工作教育发展论证会”（马甸会议），这一会议在中国社会工作教育发展史上占有重要地位。该会议的主要任务是论证民政部创办中国社会工作学院的必要性与可行性。与会者有民政部领导，受邀参加的国家计委、国家教委司局领导，高校社会学系负责人，社会学界的专家等。按照当时参会者的记录，崔乃夫部长在 9 月 10 日的开幕式致辞中再次强调了在民政系统加强民政干部的理论修养的重要性，同时也希望在民政部办学方面得到教育部等政府部门的支持。会议讨论了民政部拟设立的社会工作学院的专业名称和课程设置，与会者总体上给予支持。

虽然马甸会议不是关于高校是否设置社会工作专业的专家会议（国家教委的广州会议在方向上解决了这一问题），但是，此次会议中间形成了一个对支持高等学校设置社会工作与管理专业的重要成果，即民政部表示愿意实际地支持北京大学建立社会工作与管理专业。国家教委在 1985 年 12 月广州会议后，经过一年多的论证和多方征求意见，在普通高等学校的社会学学科内，增设“社会工作与管理”本科专业的意见已经形成，这从 1987 年 12 月国家教委印发的《普通高等学校本科专业目录》中载有“社会工作与管理”专业就能说明。当然，马甸会议对于我国高等院校设置“社会工作与管理”专业的实际推动作用是不可低估的。它明确了民政部对在高等学校设置社会工作与管理专业的支持，并表达了其迫切性；形成了民政部在资金上支持北京大学设置该专业、北京大学为民政系统培养高级专业人才的十分重要的意见；形成了建立民政部“社会工作教育研究中心”的意见，并促进了民政系统与高校系统在社会工作教育方面的互相支持。

1987 年 12 月国家教委印发《普通高等学校本科专业目录》后，1988 年 2 月国家教委批准北京大学试办“社会工作与管理”本科专业，1988 年 4 月民政部部长崔乃夫与北京大学校长丁石孙共同签署了《民政部 北京大学“合作”办学协议书》，主要内容包括：民政部出资支持北京大学建立“社会工作与管理专业”，北京大学社会学系聘请民政部专家参加系学术委员会；北京大学从 1989 年起为民政系统举办研究生班，举办干部培训或师资进修班；北京大学向民政部门输送社会工作与管理专业本科生、硕士和博士研究生；民政部为北京大学学生提供实习机会。

第三节　中国社会工作教育协会的建立与专业活动

一、中国社会工作者协会的建立与对社会工作教育的促进

成立协会，以民间的形式推进社会事业的发展，是党和政府20世纪80年代的一项战略部署。社会工作与管理专业重建后，我国建立了两个全国性社会工作团体，统筹、组织和推动社会工作的发展。

中国社会工作者协会于1991年成立，并于次年被接纳为国际社会工作者联合会会员。协会第一任会长由民政部部长崔乃夫担任，雷洁琼为名誉会长，民政部有关领导、高校社会学系的有关专家如袁方、何肇发等被选为副会长，李宝库为秘书长。该协会的成立进一步促进了民政部与社会工作教育界的密切合作。

崔乃夫老部长在中国社会工作者协会成立20周年纪念会上所做的题为《探索中国社会工作的切入点》的讲话，反映了该协会建立的初衷。崔部长指出：

民政工作在中国有一段比较长的历史了，但相对于民政实践来说，民政理论发展较为滞后，一直处于探索之中。随着民政工作的逐步开展以及对外交流的扩大，我们逐步认识到民政理论与社会学、社会工作密不可分。因此，20世纪80年代，研究民政理论的落脚点逐步落实到研究社会学、社会工作理论，并在此基础上提出民政工作要和社会工作理论相结合。这就是当时成立中国社会工作者协会的一个起点。对于中国社会工作者协会的成立，我们当时寄希望于其能发挥两个作用：一是在教育方面，希望协会的成立，能使大家重视社会学和社会工作的研究；二是发挥凝聚作用，希望协会的成立，能够团结从事社会学和社会工作研究的人们，帮助民政部在理论上、实践上有所突破。因此，在中国社会工作者协会成立后，我们当时主要抓的是教育工作。最重要的是在北大建立了社会工作专业。希望以此为契机，充分发挥北大的引领作用，带动其他高校开展社会工作教育，并最终提高民政系统工作人员的理论水平。同时，社会工作教育的发展，也能向民政系统输送具有社会学和社会工作知识的人才，提高民政系统工作人员的业务水平（崔乃夫，2011）。

崔乃夫部长的上述讲话，清楚地说明了当时民政工作发展与社会工作教育的相互促进关系。中国社会工作者协会成立，吸纳了一批高校社会工作教育者参加，社会工作教育者在中国社会工作者协会召开的学术和实务研讨会的学术讨论中，发挥了积极作用。中国社会工作教育协会也借社会工作者协会成立和发展之势而得以建立。

二、中国社会工作教育协会建立及活动

中国社会工作教育协会的成立既有中国社会工作者协会的支持，也是社会工作教育发展的必然要求。中国社会工作者协会成立后，我国代表通过参加国际活动了解到国际上还有一个社会工作教育方面的组织——国际社会工作学校联盟，于是向北京大学社会工作与管理专业建议成立全国性的教育协会。

时任北京大学社会学系学术委员会主任袁方教授对此十分上心，于1993年年中，联合了当时已开办社会工作本专科教育和成人教育的在京院校的负责人商讨此事，并以会议或通信方式了解民政学校、老社会工作专家的意见，得到了积极支持。当时，以在京开办社会工作专业院校为主，成立了中国社会工作教育协会筹备小组，征集了包括开办社会工作与管理专业的高校、民政学校、社会福利研究组织及知名社会工作专家在内的43位会员，向民政部社会组织管理部门提交建立协会的申请。由于北京大学社会学系社会工作与管理专业学术委员会聘请的民政部专家中有时任民政部管理干部学院院长的刘伟能教授，所以筹备小组分工由刘伟能具体负责催办此事。此时，亚太区社会工作教育协会得知我们申请成立社会工作教育协会的消息，也希望与中国大陆合作再次举办社会工作教育国际学术研讨会，并草拟了时间表。原以为该协会的组成人员及业务与民政部有较多联系，申请符合协会成立条件，又有民政部官员做催办人，协会会较快得到批准成立。但是，因为种种原因，到1994年初，仍未收到民政部准予成立协会的批复。这样，1994年4月在北京大学召开的第二次华人地区社会工作教育学术研讨会只能以“中国社会工作教育协会（筹）”的名义召开。

1994年12月底，在多次催促下，中国社会工作教育协会终于获得批复，可以成立。第一届协会会长为袁方教授，雷洁琼教授为名誉会长，副会长有：刘伟能（民政部管理干部学院院长）、陆士桢（中国青年政治学院副院长）、贾秀总（全国妇联管理干部学院副院长）、王思斌（北京大学社会学系系主任），王思斌兼任协会秘书长。

社会工作教育协会成立之后，没有频繁地举办学术活动，而是由秘书处组织相关学校和学者开展活动。1997年，协会第一届学术年会在民政部管理干部学院召开。1996年，协会接受凯瑟克基金资助开始着手编写教材，并于1999年出版了国内第一本统编教材《社会工作概论》，它还被纳入“面向21世纪课程教材”。该教材由中国社会工作教育协会组编，王思斌任主编，史柏年、王婴、李洪涛任副主编。雷洁琼教授、袁方教授分别为该书作序，高度评价了其学术水平。

协会于1999年换届，袁方教授因年龄原因不再担任协会会长和法人，经选举由王思斌接任协会第二任会长并担任法人代表。副会长为：王来柱（民政管理干部学院院长）、陆士桢（中国青年政治学院党委书记）、张李玺（中华女子学院院长）、徐永祥（华东理工大学公共管

理学院院长），秘书长为史柏年（中国青年政治学院社会工作与管理系系主任）。协会因得到香港凯瑟克基金资助要开展很多项目，于是，2001 年协会聘请秦小峰为协会秘书处办公室专职人员。这一阶段，协会会员快速增加，也面临着推动社会工作教育专业化、制度化的艰巨任务。秘书处的工作紧张有序。

协会致力于中国社会工作教育的专业化、制度化、本土化，制度化地开展多种学术活动。在协会领导班子的主持下，协会努力打造专业化、学术化、本土化的教学队伍，发展符合中国实际需要的高水平的社会工作专业教育。

协会制定了会徽，这是一个由七个逐渐增大的亮点向上延伸形成的 S 形图案。它的寓意是三个 S——精神（spirit）、服务（service）、团结（solidarity）。它象征着社会工作教育是不断发展和向上的，其背景是社会工作者喜欢的绿色。多年来，中国社会工作教育协会努力把自己建成这样一个学术共同体。

第四节　社会工作专业的去留与保护行动

一、社会工作专业的去留原因和政策要求

大约从 20 世纪 80 年代中期开始，国家教委就有一个高校学科专业过多、分得太细，希望合并专业的思路。但是对于办学单位来说，保留和增加专业就意味着招生领域的扩大。在《中共中央关于教育体制改革的决定》提出高校改革将向市场化转型的背景下，保留或增减新专业就意味着招生量的多少，更甚者，学科专业的去留与教师岗位的多寡和是否转行有关。继 1987 年进行学科目录调整后，1993 年和 1998 年国家教委进行了新的《高等学校学科专业目录》调整。在 1993 年公布的学科目录中，“社会工作与管理”作为试办专业存在。在接下来的学科目录调整中，国家教委作出了将当时的 504 个学科专业砍去一半左右的比较硬性的决定，并按学科类别执行。此时，社会学类只有社会学、社会工作与管理两个本科专业，若砍掉一半，大概率是轮到社会工作与管理专业头上，但是社会工作与管理又是新建专业，需要发展。这样就出现了社会工作学科专业去留的问题。全国社会学系主任联席会和后来成立的高等学校社会学学科教学指导委员会都不想砍掉哪一个，但是，上面的压力依然存在。实际上，社会工作与管理专业被取消的可能性相对是比较大的，于是出现了保留社会工作与管理专业的“学术行动”。

二、保留社会工作专业的特殊努力

国家教委把各学科砍掉一半专业的任务压给了教学指导委员会和系主任联席会，但它们难以完成该项“自断手臂”的任务。经过讨论，社会学界的意见和策略是：有关负责人再向国家教委反映大家的意见，另外各有关院系也向上面反映对去留专业的意见。后来，明显影响社会工作与管理专业去留的有两个“行动”。宋林飞在为其主编的《社会工作丛书》的“序”中写道，在初步研讨社会学类专业设置方案时，保留两个专业是社会学界的共同呼声，教指委主任、副主任的态度明确。1996 年，国家教委在北京召开专业目录审定会，他参加了。其间，国家教委副主任、高教司司长征求他对“有的人认为社会学只设一个专业（取消社会工作专业）”这种观点的意见。宋林飞论证了保留社会工作专业的理由，得到上述国家教委负责人的理解，并同意保留社会工作专业（宋林飞，2001）。中国社会工作教育协会采取了另一种争取保留专业的“集体行动”。协会领导层形成保护社会工作与管理专业不被砍掉的意见，然后由各主要成员单位向自己的行政上级报告，请行政上级向国家教委表达保留社会工作与管理专业的意见。同时，协会将有雷洁琼、袁方签字的协会保留该专业的请示报告直接送国家教委高教司，王思斌执行了这项任务并当面向高教司有关领导陈述了保留该专业的意见。经过多方努力，社会工作与管理专业被保留下来。后来（1999 年 1 月），王思斌与阮曾媛琪、李明堃对当时的教育部高等教育司副司长刘凤泰进行访谈。在谈到此事时，他说：“我们请了一些专家（对去留专业问题）进行论证，王思斌坚决支持保留社会工作，后来又交了一份报告。我们又听了专家的意见，认为尽管专业目录要砍掉 50%，但是还要保留这个（社会工作）专业。去年，我们正式颁布的专业目录为 249 个。”（来自王思斌等对刘凤泰的访谈）

为承认而斗争。社会工作专业保住了，后来得到较快发展，证明当时保留社会工作专业的努力是正确的。社会工作专业保住了，对社会学类专业的限制也在变化。表 4-1 是专业限制的变化情况。

表 4-1　1998 年颁布目录与原目录比较

原专业目录及名称（1993 年）	新专业目录及名称（1998 年）
030301　社会学	030301*　社会学
030302*　社会工作	030302　社会工作
030202　人口学（部分）	

资料来源：国家教育委员会高等教育司：《普通高等学校本科专业目录和专业简介》，高等教育出版社，1993 年；教育部高等教育司：《普通高等学校本科专业目录和专业介绍》（1998 年颁布），高等教育出版社，1998。

第五章

中国社会工作教育发展的特色

中国社会工作教育的重建既是对国际社会工作的学习借鉴的专业化过程，也是基于我国国情自我创新的本土化过程。与实践相比，中国社会工作的发展呈现出“教育先行”的特点，社会工作教育群体以其专业自觉在推进社会工作事业发展方面发挥了积极的能动作用。党和政府对社会工作事业的领导使中国社会工作教育呈现出明显的中国特色。

第一节　社会工作教育重建初期的“拿来主义”“中体西用”与初步本土化

一、“拿来主义”的含义及其背景

“拿来主义”是对本来属于外面的知识或技术照搬过来使用的现象的一种概括性说法。由于我国的社会工作专业教育中断了30多年，国际上的社会工作教育和实践又发展迅速，我们要想适应国家改革开放和现代化的需要，比较快地重建社会工作专业教育，就要借鉴甚至“搬用”国际上已有的比较先进的东西，学者们称之为“拿来主义”（王思斌，1995）。“拿来主义”是从无到有的必然一步，其原因有以下几个方面：一是因为社会工作教育发展的迫切需要，我国不可能靠自己的本土的实践积累形成理论和知识体系，时间来不及。二是20世纪50年代社会工作学被取消时现仍健在的社会工作教育者已为数不多，而且早已不在教学岗位。三是重建期那些年轻的“创业者们”基本上没有真正受过社会工作专业训练，大多转行而来，他们首先需要知识的武装。四是高校学生需要系统的知识和专业训练，社会工作教育者在这方面不能“误人子弟”。于是，“拿来主义”成为社会工作教育恢复初期不得不选择的一条道路。

二、社会工作教育发展初期的“中体西用”

实际上，所谓“拿来主义”也不是完全地照搬照抄，因为取之者在“拿来”之时，必然会有这样那样的想法或选择。有意识地“选择性拿来”就不是不顾一切、没有任何判断力地“拿来”。把别人创造的、自己认为有用的知识技术，有所选择地拿过来使用，就是中国历史上西风东渐时，一些中国学者或官僚的“自觉选择”。中体西用的本意是将别人的拿过来为我所用，当然在使用上是以我为主体，外来的东西是工具，为我所用。至于每一个人如何实施“中体西用”，要看使用者的理解、他的自觉性，看他对社会工作的了解程度，对教育对象学习知识的需求。“中体西用”有程度上的不同：理性的和比较自信的，部分理性半自信的，缺乏知识和选择力的，等等。社会工作教育重建之初，以及后来新建专业院校的教师学习现代社会工作理论和知识的过程，并不是基于自己的好恶选择，而是集体选择加个人选择。

三、社会工作教育重建初期的“自我逼迫选择”与国情下的自觉

我们可以把社会工作教育重建初期，已经招生但是专业教师不足，必须借鉴或有选择地“拿来”的状况称为“自我逼迫选择”，即我们不得不如此。但是，我们还是在已有知识和对社会工作知识“恶补”的基础上，学习新的专业知识。社会工作专业教育的重建是从“试办专业”开始的，选择在几个社会学、社会哲学研究比较强的学校试办，其中大概包括对这些学校社会学、社会哲学教师的知识与社会工作比较接近状况的考虑。社会工作从前被称为应用社会学，社会学教师应该对社会工作有较好的适应性。所以，那种“自我逼迫选择”也是因人而异、因校而异的。

高校社会工作教育和知识体系的选择，还与教育者对外来知识、本土实践知识同高等教育的目标及与现实需求的相关程度的理解，与整个教育系统在改革开放中的定位选择有关。改革开放之初，不管是自然科学还是社会科学，都大量引入外来知识，对于这些新颖的知识和理论，教师们多是欣赏的、想借鉴的。但是这里必须有对国情的自觉，特别是对于社会工作这种比较务实、面对民众基本生活的应用社会科学来说，更要考虑社会结构、文化等因素。以北京大学为例，社会工作专业的课程体系的确定，经历了请外部教师来校讲课的“拿来主义”，本系教师以拿来为主的较少建构，到集体讨论增加外来知识体系与现实教育和实践需求的契合性，其中也包括将自己所学的原有专业的相关知识尝试性地纳入社会工作课程体系的过程。所以，我国社会工作专业教育知识体系的建设，是借鉴与建构并存的过程，在不同阶段，它们所占的比重有不同，这也表现为我国社会工作的专业化发展方向与本土化努力的共进过程。我们可以把主要是借鉴和选择，在此基础上增加我国国情社情的考虑，进而使社会

工作知识和课程接近教学需要的过程称为“初步本土化”。“初步本土化”的现实表现可以大略地看作社会工作专业十门主干课及其基本内容的确定。

第二节 中国社会工作发展的“教育先行”

一、“教育先行”的含义及提出

对于我国重建社会工作专业教育或专业社会工作，学界和政府部门一般有“教育先行”的看法（史柏年，2004）。所谓教育先行是指社会工作教育走在了实践的前面，先有社会工作专业教育，再有具有一定专业性质的社会工作服务。

就具体含义而言，对“教育先行”有如下不同理解：第一种理解，从我国社会工作专业重建的角度看，我们是先发展了社会工作教育，培养社会工作专业人才，再去促进社会工作专业实践的发展。这是一种事业发展过程意义上的“教育先行”。第二种理解，从社会工作教育者介入实践的角度看，社会工作教育者的专业理念和方法都领先于我国现有的、本土的实践，社会工作教育有引领功能。第三种理解，没有好的合格的社会工作教育，就不可能有专业的社会工作实践，所以要教育先行，要先抓好社会工作教育。第四种理解，认为我国的社会工作教育远远走在前头，超越实际，不太管用。一般说来，社会工作教育界是在第一和第二种含义上理解“教育先行”的，即它是一个正面的说法，有积极的意义。

第一种和第二种意义上的“教育先行”是社会工作“要补课”的反映，也是社会工作要走向现代化的意义表达。如果教育和理论不能引领实践、指导实践，还是经验主义的做法，社会工作的专业化就无从谈起。因为中国的专业社会工作中断了30多年，社会工作的本土实践缺乏理论性和科学操作性。发展专业社会工作教育，培养专业人才，并实现本土化，在社会工作实践中运用更先进和适用的方法，处理现实问题，有助于满足现代化进程中解决社会问题的需要。

至于批判意义上的“教育先行”或认为理论脱离实际，是社会工作教育界应该重视的。社会工作教育要有一定的超前性，但不能在整体框架上脱离实际，不能就教育谈教育。社会工作教育的目的是培养合格的社会工作专业人才，其目的是提供好的社会服务。所以，社会工作教育所提供的理论和知识，能否指导社会工作实践和在一定程度上引领社会工作实践的发展，是衡量“教育先行”的价值标准。

二、我国的社会工作专业教育与本土实践的关系

我国社会工作教育重建，基本上是借鉴国际经验、按照专业化方向、立足本国现实问题的思路发展的；这既符合改革开放初期国家教育体制改革的要求，也能参与国际交流，通过专业化、本土化的努力，加上对本土经验的梳理总结，逐渐建立起中国特色的社会工作教育体系和服务体系。在教育领域，专业化和本土化的发展思路比较明确，而且基本得到了执行，这与社会工作教育重建初期，学科建设的“一穷二白”有直接关系。一方面，我国的社会工作专业教育已经中断了30年，重建时既没有以往积累起来的经验可以“继承”，也没有与已经快速发展的外部同行相交流。至于本土实践，还主要是计划经济时期形成的单位体制的做法，而这种做法与当时改革的思路和趋势有很大差别。因而，在计划经济时期形成的本土社会工作实践和方法，虽然可以参考，但是在很多方面已不太适用，更不用说我国本土社会工作的做法，经验式做法多、经验的系统梳理少、理论提升更弱，难以满足社会工作高等教育的要求。

我国的改革是自我完善的过程，社会工作作为改革发展的组成部分，既不能照搬外来的理论，也不能固守原来过时的经验，社会工作的专业知识、理论和方法应该适用于现实的服务实践，所以，社会工作教育的专业化、社会工作的本土化与对改革发展中本土社会工作实践的经验梳理、理论提升相结合，就成为社会工作教育界的一项重要课题。

第三节　党和政府政策对社会工作教育发展的主导作用

一、党和政府对社会工作教育发展的领导和指导

我国开办社会工作专业的高等院校大多数是公办的，公办教育以落实党和政府的政策和战略部署为基本遵循。同时，我国作为社会主义国家，对教育的政治性有明确的要求，立德树人成为党和政府兴办教育的基本目标。这样，党和政府对社会工作教育的政治要求就是必然的，更不用说，社会工作是充满价值的活动和道德实践，其中最重要和最现实的是社会工作教育要满足党和政府的政治要求。

我国的社会工作教育由政府兴办，并在党和政府的政策指导下发展。党和政府通过明确办学方向、规范教育过程、拨付教学经费、评价教育效果等，对社会工作教育实现政治上的领导和行政上的指导。

实际上，在诸多涉及社会工作的政策文件中，都有对社会工作专业队伍的要求。那些关于发展社会工作人才队伍、发展社会工作教育、政府购买社会工作服务的政策文件，都有对社会工作者的明确的政治和业务水平的要求，从而实现党和政府对社会工作和社会工作教育的领导和指导。

党和政府对社会工作教育的领导和指导，主要是通过教育行政系统，通过党和政府的教育行政主管部门—高等学校—院系的行政系统实现的，作为民间组织的社会工作教育协会通过组织会员参与教学、科研和服务实践，也配合行政系统或在一定程度上相对独立地促进党和政府对社会工作教育进行领导和指导功能的实现。中国社会工作教育协会一直坚持正确的政治方向，协助政府解决社会问题，推进社会工作事业发展，这也是协会稳步发展的重要原因。

二、社会工作教育界的能动性

在社会工作重建和发展的过程中，社会工作教育界（当然包括其代表者社会工作教育协会）表现出巨大和持续的能动性。作为一个民间学术团体，其生存和发展，一要靠有利的环境，二要靠自己的努力。天时地利人和也是中国社会工作教育协会发展的内外条件。没有改革开放的环境和国家对现代化的追求，很难说有社会工作教育的重建；没有政府与社会组织关系的调整，作为社会力量而存在的社会工作教育协会也难有持续的发展。然而，总的来说，社会工作教育协会的发展更多的是靠自己的努力。正是因为我们不等不靠，坚韧努力，做出真正的创新性的成绩，才赢得了政府的信任、境内外同行的尊敬和支持。社会工作专业是“后发型”的（陈树强，1996），甚至不被学科同行看好。有的好心人甚至怕社会工作专业一哄而上会“办乱了”，会拖学科同行的后腿。但是，社会工作教育的建设者，在协会的组织、带领、支持下，加强团结、加强互相支持，创造共同发展的机会，努力进取，走出了重建初期和快速膨胀期的困难，社会工作教育事业得到比较稳步的发展。中国社会工作教育协会成为有强烈社会责任感、最团结、具有活力、勇于创新的学术团体之一。

社会工作教育不是在象牙塔里面壁做学问，它的本质要求至今关心社会现实，而且包括参与对社会问题进行干预的实践。主动参与国家重大公共事件的治理，发挥自己的专业优势；关心困弱群体、边缘群体并施以援手，全面关怀；保持社会敏感性，理性和负责任地进行政策倡导，帮忙不添乱；与政府部门保持良好的协同关系，客观积极地看待现实和改变；这些都是社会工作教育界的积极的能动性的表现。一些工作是各会员单位做的，有的是会员们的集体努力。可以说，中国社会工作教育协会这个积极进取、具有活力的学术和事业共同体的存在，是会员们成功进取的组织体系背景。中国社会工作教育协会作为一种力量、作为一个符号、作为一种象征，在我国社会工作事业的发展中扮演着不可替代的重要角色。

在边缘地带处境下社会工作专业得以建立和保留，在教育扩张、市场竞争激烈的条件下艰难而有序地走过来，从政府和社会的不知不觉到在政府和社会上逐渐有了地位，从开始的几家学校试办专业到形成大专—本科—硕士—博士培养体系，都有国家发展的背景，也都有社会工作教育群体包括社会工作教育协会的不懈努力。社会工作教育群体的能动性是坚韧和努力，是有成效的。

第四节　中国特色社会工作教育和实践体系的建构

一、基本发展框架的现实作用

改革开放以来，我国社会工作事业的发展大体受到三个重要因素的影响：党和政府推动的社会工作人才队伍建设的政策，社会工作专业教育的制度性发展，社会工作的本土实践。三个方面既有相对独立性，又密切联系，共同支持和推动着我国社会工作以自己独有的特点不断演进和发展。

党和政府通过发布具有连续性的相关政策，有效地推动了社会工作人才队伍建设，从规模和基本导向上促进社会工作的现代发展，这以党的十六届六中全会精神，中央 18 部门和 19 部门文件为代表。坚持社会工作发展的专业化、本土化、职业化方向，立足国情社情实际解决具体问题，强调社会工作的实践性，在专业理念和方法与本土实践的关系中，找到结合点，实现在岗社会工作人员的专业转换，广泛普及了社会工作的专业知识，逐渐提高政府和社会对专业社会工作的认知，专业社会工作的理论和方法在不同领域、不同程度地发挥作用。

不断完善的社会工作教育，在我国社会工作事业发展中发挥着专业引领作用。改革开放以来我国的社会工作走的基本上是朝向专业化的道路。无论专业人才的培养，专业服务的示范和发展，社会工作教育群体都是现代专业思想的引领者、传播者和实践者。没有社会工作教育群体的积极能动作用，很难想象我国的社会工作事业会有今天的状态。

本土社会工作实践一直是我国社会工作发展的基础，尽管它仍需要进行专业转换。但是本土社会工作实践的经验和渐进改革中对社会问题处理的现实路径，对本土社会工作实践具有很大依赖性。这也使得，本土社会工作在大量的民间事务处理、社会治理方面，显示出其他力量难以替代的地位。现在所缺乏的是本土社会工作实践的经验梳理和理论提升，使之学理化和“专业化”。

二、在理论和实践的密切结合上发展社会工作教育

党的十八大和十九大期间，正是落实中央 18 部门、19 部门关于“社会工作专业人才队伍建设”的文件的阶段，社会工作教育在参与完善、执行和推动社会工作专业人才队伍建设方面发挥了十分重要的作用。社会工作的基本功能是为困弱群体服务，促进社会公平正义。党的十八大以后，党中央把实现“国家治理体系和治理能力现代化”提升到新高度，社会工作也适应形势的发展，把加强和创新社会治理作为自己的重要工作内容，在参与基层社会治理上进行新探索，并形成初步经验。在政府与社会关系的实践上，也形成“嵌入性发展”“互嵌性格局”“协同性治理”“服务型治理”等概念和工作模式。在中国社会工作教育协会的组织动员下和经过各地会员的主动积极努力，社会工作教育界参与了一系列全国性、地方性公共事件的治理。社会工作教育界在响应党和政府的战略部署和政策实施中，依靠自己的优势，出色地完成任务，通过扎实的和具有创新性的服务，自己也得到充实和发展。这反映了我国社会工作教育的发展有很好的适应性和发展性。

在改革发展的进程中，国家进入现代化发展新阶段，社会工作教育界一直面向党和国家的重大发展战略，面向人民发展的需要，发展社会工作专业，促进社会工作事业发展。协会适应学科发展的新进展、新要求，建立了若干个以促进专业教学为目的的专业委员会，形成了“社会工作教育片区”，并发挥了积极作用。根据我国社会工作教育事业的发展状况，协会调整和完善自己的治理结构。2016 年 10 月，协会换届产生了第六届理事会，由徐永祥（华东理工大学）接任会长，副会长为关信平（南开大学）、马凤芝（北京大学）、刘梦（中华女子学院）、陈树强（中国青年政治学院）、王婴（民政管理干部学院）、顾东辉（复旦大学）、彭华民（南京大学）、向德平（武汉大学 / 华中科技大学）、张和清（中山大学）、庄勇（贵州大学），马凤芝兼任秘书长；王思斌为名誉会长。协会第七届理事会于 2023 年 12 月成立，经选举由马凤芝接任协会第四任会长并担任协会法人代表，副会长为顾东辉（复旦大学）、彭华民（南京大学）、向德平（华中科技大学）、庄勇（贵州大学）、何雪松（华东理工大学）、童敏（厦门大学），顾东辉兼任秘书长；关信平为监事长，王思斌为名誉会长。

三、新的党政机构改革对社会工作专业教育的影响

在国家的整体改革中，党中央、国务院一直致力于党和政府部门的改革，以理顺关系，

提高工作效率，提升治理效能。同时也关注和推动建立新型政社关系。党的十八大以来，行业协会商会与行政机关脱钩，中央社会工作部及其系统的建立等党政机构的新改革，对我国社会工作及中国社会工作教育协会的工作有明显影响。

2015 年 7 月，中共中央办公厅、国务院办公厅印发了《行业协会商会与行政机关脱钩总体方案》。2016 年，中国社会工作教育协会接到通知，成为需脱钩的社会团体。教育协会要与自成立以来就作为主管单位的教育部脱钩，也就意味着与挂靠单位北京大学的行政事务脱钩。由于教育协会当时并不完全具备脱钩后进入中央和国家机关工委管辖领域的条件，而与教育部脱钩后协会就无主管上级单位，协会的一些工作无法进行，所以，协会的工作一时陷入困境。2022 年下半年，协会具备了进入中央和国家机关工委管辖领域的条件；随着中央社会工作部的成立，协会在党建上直接接受中央社会工作部领导和指导。

2023 年 3 月 16 日，中共中央、国务院印发的《党和国家机构改革方案》指出，深化党和国家机构改革，目标是构建系统完备、科学规范、运行高效的党和国家机构职能体系。深化重点领域机构改革，是要推动党对社会主义现代化建设的领导在机构设置上更加科学、在职能配置上更加优化、在体制机制上更加完善、在运行管理上更加高效。该方案载明，组建中央社会工作部，负责统筹指导人民信访工作，指导人民建议征集工作，统筹推进党建引领基层治理和基层政权建设，统一领导全国性行业协会商会党的工作，协调推动行业协会商会深化改革和转型发展，指导混合所有制企业、非公有制企业和新经济组织、新社会组织、新就业群体党建工作，指导社会工作人才队伍建设等，作为党中央职能部门。中央社会工作部划入民政部的指导城乡社区治理体系和治理能力建设、拟订社会工作政策等职责……划入中央精神文明建设指导委员会办公室的全国志愿服务工作的统筹规划、协调指导、督促检查等职责。

中央社会工作部的成立和职能的明确，实际上构建了“大社会工作”格局。与以往社会工作教育界所从事的专业社会工作（可以看作“狭义的社会工作”）不同，党的社会工作所涉及的是“大社会工作”，基本上是指党在社会领域的社会性工作。党对社会工作的全面领导包含对作为学科的社会工作专业教育的领导，中央社会工作部的成立将实现党对各方面社会工作的全面领导。作为学科专业的社会工作教育要在党的领导下实现新的发展。

党的社会工作部建立后，基于“大社会工作”被确认的事实，社会工作教育领域的专家、学者以及学生，对社会工作专业可能的地位和变化有不同理解和看法。有的认为这是我国社会工作发展的大好时机，有的认为社会工作的“专业性”可能会被稀释、专业地位可能会降低，有的认为专业社会工作与党的大社会工作必须融合发展，也有的认为应该确定专业社会工作在“大社会工作”中的重要地位。以上看法都表现了对我国社会工作事业发展的关心。

中国社会工作教育协会在党建方面已经进入中央社会工作部的直接领导范围并接受直接指导，中国社会工作及其发展进入新的社会生态系统，并面临新的发展（王思斌，2024）。协会将落实党中央关于发展社会工作的战略决策和政策精神，主动接受党的领导，做好协会的各项工作。同时，协会按照教育部门的专业发展要求，创新教育教学方式，加强立德树人，发展社会工作学科和学术研究，服务党和社会的需要，将教学、学术研究与社会服务紧密结合起来，继续推动社会工作专业化、本土化、职业化的发展，努力建构中国特色的社会工作教育体系，促进建构与中国式现代化相适应的社会工作制度体系。

中国社会工作教育将以其 30 多年的奋斗历程和发展经验，再接再厉，与发展环境良性互动，不断进取，求实创新，在中国式现代化新进程中获得更加全面的发展。

（撰稿人：王思斌）

第二编

中国社会工作教学与人才培养

中国社会工作教育已有百年历史。改革开放后中国社会工作教育有了多层次发展，包括社会工作专科、社会工作本科、社会工作专业硕士、社会工作方向博士（或社会学及其他专业一级学科博士点下自设社会工作二级博士点）、社会学或其他专业一级学科博士后流动站中的社会工作方向博士后。经过多年的发展，已形成具有中国特色的社会工作教学和人才培养体系。同时，在社会工作专业招生和就业去向等方面得到国家政策的支持，招生规模扩大，就业内容丰富。教育部、全国社会工作专业学位硕士研究生教育指导委员会和教育部社会学类专业教学指导委员会、中国社会工作教育协会等对社会工作核心课程建设、社会工作专业教材建设、社会工作专业实习以及师资队伍建设都提出了具体要求。各校也积极提升社会工作教育水平，中国社会工作教育开始迈入高质量发展的新时代。

第六章

社会工作教学点的发展与总体状况

社会工作教学点在不同维度的发展变化是我国社会工作专业教育的基础信息。自 1994 年中国社会工作教育协会成立以来，尤其是 21 世纪初以来，我国的社会工作职业院校教学、本科教学、专业硕士教学、博士层面教育均取得了良好发展，“教育先行”也曾被视为我国社会工作实践的阶段特性。梳理此领域概貌无疑是审视中国社会工作教育与人才培养的关键任务。

第一节 职业院校教学点的发展与分布

职业院校是社会工作教育体系的组成部分。根据“全国职业院校专业设置管理与公共信息服务平台”的最新信息，全国 25 个省级行政区在 78 个职业院校中设立了社会工作专业（参见附录 6-1）。

设立社会工作专业的职业院校地域分布不太平衡（参见表 6-1）。（1）广东省、山东省和北京市设立社会工作专业的职业院校数分列前三位，合计占院校总数的近 40%；其中，广东以 19 所职业院校居首，占全国总数的约 1/4。（2）六成职业院校分布在七个省级行政区。除了前述三者之外，安徽、福建、河南、新疆均有 4 所职业院校设立了社会工作专业。（3）拥有 1～2 所职业院校的省级行政区占 1/4；其中，广西等 9 个省级行政区拥有 1 所职业院校，吉林等 5 个省级行政区拥有 2 所职业院校。（4）从片区分布看，中南地区设立社会工作专业的职业院校数量居首，合计有 29 所职业院校且分布在每个省级行政区；华东地区居次，有 23 所职业院校；西北地区居第三位，有 9 所职业院校；华北地区（8 所）、西南地区（7 所）和东北地区（2 所）依次随后。（5）除了香港特别行政区、澳门特别行政区和台湾地区之外，天津、山西、辽宁、黑龙江、江苏、西藏、青海等 7 个省级行政区还没有设立社会工作专业的职业院校。

表 6-1　设立社会工作专业的职业院校分布

省　份	院校数 / 所	省级行政区数 / 个	小计 / 所	占比 /%	累计占比 /%
广东	19	1	19	24	24
山东	7	1	7	9	33
北京	5	1	5	6	39
安徽、福建、河南、新疆	4	4	16	21	60
浙江、重庆、上海、湖南	3	4	12	15	75
吉林、江西、贵州、河北（新疆生产建设兵团）	2	5	10	13	88
广西、海南、湖北、内蒙古、宁夏、陕西、甘肃、四川、云南	1	9	9	12	100
合计		25	78	100	

职业院校网站的信息完整程度从某个角度看反映了专业建设的精细状况。以专业网站是否包含设置年份信息为例。其一，查阅 78 家职业院校的网站，只有 17 家包含社会工作专业设立年份信息，占院校总数的 1/4。在拥有院校数 2 家以上的省级行政区中，上海市以 2/3 院校、北京市以 3/5 院校的网站包含社会工作专业设立信息而列前两位；社会工作发展强省广东省的该指标只有 1/19。其实，网站作为学校学科建设和专业管理的重要平台，其信息丰富程度和完整情况一定程度上反映了该校的学科建设状况。从这个视角审视，职业院校社会工作专业建设的规范程度总体而言还需提升。其二，在 1994—2024 年三十年间，如果以五年为时段审视 17 家职业院校，1996—2000 年期间有 5 家职业院校，2021—2005 年期间有 4 家职业院校设立了社会工作专业。2006 年以后只有 7 所职业院校设立了社会工作专业，其设置数与党的十六届六中全会中提出建设宏大社会工作人才队伍战略之后的社会工作人才建设大势没有很好呼应。

总体而言，职业院校的社会工作专业已有一定规模，分布不均应该是多种因素共同作用的合理结果。通过结构和分布的外在表象，审视其内在实力并动态自省自强，无疑是职业院校更好发挥对社会工作专业积极贡献的前提。

第二节　本科教学点的发展与分布

大学之所以成为大学，根本特征在于有本科教学，社会工作本科教学点因此可以被视为其教育体系的核心部分。自社会工作专业 20 世纪 80 年代后期在大学恢复重建以来，我国的社会工作本科教学点数量总体在稳步发展，2023 年年底达到 332 所（占全国本科高校数的 26%），并呈现出一定的结构特征。

一、稳进中微调是基本做法

20 世纪末，社会工作本科专业在我国高校中已有一定规模。根据中国社会工作教育协会秘书处的资料，1999 年我国有 28 所本科院校开设社会工作专业。根据主管部门进行划分，有教育部高校（如北京大学）、其他部委高校（如华南农业大学）、群团系统高校（如中国青年政治学院）、地方高校（如上海师范大学）等小类。根据类型进行划分，有综合性大学（如复旦大学）、理工类大学（如武汉理工大学）、师范类（如南京师范大学）等小类。从地域进行划分，这些高校分布在 15 个省级行政区，其中，北京市（5 所）、上海市（3 所）和湖北省（3 所）列前三位。这些都是我国早期社会工作教育的参与者和见证者。

21 世纪初以来，逐年增加、稳中有调是我国社会工作本科教学点发展的基本态势。

其一，每年均有新增本科专业。2000 年，新设了中国政法大学等 27 所学校；此后每年或多或少都有新设社会工作本科专业；2023 年，西安文理学院等 4 所高校加入社会工作大家庭。

其二，不同时段增设幅度差异明显。（1）增加数量最多的年份是 2001—2002 年，2001 年新增了南京大学等 36 所高校，2002 年新增了山西医科大学等 35 所高校；2000 年、2003 年、2004 年和 2012 年增加了 20～29 所高校；2019—2022 年每年只增加 1～2 所高校。（2）如果以五年为时段进行比较，2000—2004 年增加数量最多，达到 145 所，平均每年增加 29 所；2005—2009 年、2010—2014 年增加数量相近，分别是 65 所和 70 所；2015—2019 年总增加数降低为 43 所；2020—2023 年增幅最小，只有 8 所。（3）审视时段数据，我国社会工作本科专业设置分为三个时段。2000—2004 年为快速增长期，平均每年 20 所以上高校新设该专业；2005—2017 年为较快增长期，平均每年 10 多所高校新增该专业；2018 年以来为总量稳定期，平均每年 5 所以下高校设置该专业。（4）如果以十六届六中全会“建设宏大的社会工作人才队伍”战略提出年份为关键时点，审视其前后设置数量，前两年和后几年的情况相近。这表明利好政策并未带来社会工作本科专业设置的利好结果，其原因机制值得回溯式探究。

其三，小幅调整是过去十多年的基本特征。根据中国社会工作教育协会秘书处的资料，2008 年，北京联合大学在社会工作专业成立五年之后撤销了该专业。此后多年，全国高校一直未有撤销此专业的情况。2014 年，辽宁省某高校撤销了已成立 9 年的社会工作专业；此后，每年均有高校撤销该专业，其中 2020—2022 年每年撤销数较多，一般在 7～9 所之间。2008—2023 年，在纳入全国社会工作教育协会统计的高校中，36 所撤销了该专业；专业成立年限最短者 3 年，最长者 22 年；平均成立年限 11.4 年，中位成立年限 10 年，众数成立年限 7 年。其中，江西省和陕西省各有 1 所学校撤销成立三年的社会工作专业，这应该与专业成立基础较弱有关；北京市、福建省、山东省、广西壮族自治区各有 1 所高校撤销了 2000—2021 年成立的社会工作专业，已持续 20 年的资深专业被撤销，其背后原因应该进行解读以启迪同行和启示未来。

根据初步统计，自我国社会工作专业恢复重建以来，最高峰时有 377 所本科高校设立社会工作本科专业，后因撤销（43 所）、停招（2 所）等原因，至 2023 年年底设有 332 所，占全国本科高校总数的 1/4 强。

二、不均衡分布是客观事实

设立社会工作本科专业的高校地域分布，一定程度上反映了这些地区的社会工作整体发展状况。多维审读中国社会工作教育协会秘书处关于 2023 年年底 332 所本科高校的原始资料，可以对高校分布有大致把握。

地域分布。如果参照中国社会工作教育协会的既有地域划分，华北片区和华南片区拥有的社会工作本科高校最多，均达到 51 所，其中包括北京大学、中国人民大学、南开大学等国内名校；沪浙片区和山东片区的数量最少，均为 23 所，其中包括复旦大学、山东大学等 985 学校。如果把拥有高校数量接近的片区进行归类，则分成三种情况，华北、华南、华中、西南等四个片区各拥有 50 所左右高校，东北、苏皖、西北等片区各拥有 30 所左右高校，沪浙和山东等片区各拥有略多于 20 所高校。可见，片区之间的社会工作本科高校数量存在一定差异。

省级行政区分布。其一，如果从省级行政区角度审视，名列前三位的高校是广东省（30 所）、山东省（23 所）和江苏省（21 所），均在 20 所以上。在拥有 15 所以上高校的省份中，河南省（19 所）和湖北省（15 所）都属于华中片区，其余省级行政区分处华南、山东、苏皖、华北和西南等片区。低于 5 所高校的有新疆（5 所）、天津（4 所）、海南（2 所）、青海（2 所）、宁夏（2 所）和西藏（1 所），西北地区占比很高且都位处倒数几位。其二，如果从省级行政区拥有社会工作专业高校数占该省份本科高校数比例审视，名列前三位的是内蒙古（58.8%）、青海（50%）和广东（43.5%），排名后三位的是天津、湖南、辽宁。其三，如果从省级行政区拥有社会工作专业高校数排序与GDP总数和人均GDP排序比较（参见表6-2），可以发现，高校数排名前三位的广东省、山东省和江苏省，其GDP总量排序也处于前三位，高校数排名最后四位的青海、海南、宁夏和西藏的人均GDP总数排序也处于后四位。这显示，社会工作专业的设立与当地经济发展总体状况似乎有所关联。

表6-2 省级行政区的社会工作专业高校数、本科高校数与GDP情况

省级行政区	社会工作高校数		本科高校数			GDP	
	数量/所	排序	数量/所	占比/%	占比排序	总数排序	人均排序
广东	30	1	69	43.5	3	1	7
山东	23	2	70	32.9	10	3	11
江苏	21	3	78	26.9	16	2	3
河南	19	4	58	32.8	11	6	25
北京	18	5	67	26.9	16	13	1
四川	15	6	53	28.3	15	5	20
湖北	15	6	68	22.1	21	7	9
云南	13	8	32	40.6	4	18	23
广西	13	8	38	34.2	6	19	29
黑龙江	13	8	39	33.3	7	25	30
上海	13	8	40	32.5	12	10	2
河北	13	13	60	21.7	22	12	26
吉林	12	12	37	32.4	13	26	27
浙江	10	14	60	16.7	26	4	5
内蒙古	10	14	17	58.8	1	21	8
重庆	9	16	27	33.3	7	17	10
贵州	9	16	29	31.0	14	22	28
江西	9	16	45	20.0	23	15	21
安徽	9	16	46	19.6	24	11	13
陕西	9	16	58	15.5	27	14	12
甘肃	8	21	22	36.4	5	27	31

续　表

省级行政区	社会工作高校数		本科高校数			GDP	
	数量 / 所	排序	数量 / 所	占比 /%	占比排序	总数排序	人均排序
辽宁	7	22	63	11.1	31	16	19
山西	6	26	34	17.6	25	20	16
福建	6	23	39	15.4	28	8	4
湖南	6	23	52	11.5	30	9	14
新疆	5	25	19	26.3	18	23	15
天津	4	27	31	12.9	29	24	6
青海	2	28	4	50.0	2	30	24
宁夏	2	28	8	25.0	19	29	18
海南	2	28	9	22.2	20	28	17
西藏	1	31	3	33.3	7	31	22
总计	332		1 275				

类型分布。设立社会工作本科专业的985高校有16所，在设立社会工作本科专业的高校中占5%，占985高校数（39所）的41%。设立社会工作本科专业的211高校有44所，在设立社会工作本科专业的高校中占13%，占211高校数（112所）的39%。

纵览全貌，20世纪80年代后半期北京大学、中国人民大学、吉林大学、厦门大学设置社会工作与管理专业，标志着社会工作本科专业在我国的恢复重建。此后，我国社会工作本科专业的设立先后经历了小步慢进（20世纪80年代后期—1999年）、快速增长（2000—2004年）、较快增长（2005—2017年）、总量稳定（2018年以来）等四个阶段。虽然设立社会工作本科专业高校在不同地区还不平衡，但是，总体上已达较大规模，并在全国本科高校中占有一定比例。

第三节　专业硕士授权点的发展与分布

专业硕士旨在培养社会工作专业的高级应用型人才。21世纪初，经国务院学位委员会办公室批准，复旦大学于2001年开始与香港大学合作举办培养社会工作硕士项目和培养社会行政管理硕士项目（学位办〔2001〕24号），北京大学2002年开始与香港理工大学合作培养社会工作文学硕士（中国社会工作）（学位办〔2002〕68号）。社会工作专业硕士教育在内地就此得以启动。

一、较扎实准备是自设基础

十六届六中全会提出建立宏大的社会工作人才队伍战略之后，社会工作教育界开始谋划社会工作硕士专业学位的设置工作。

其一，召开专家小组论证会。2007年11月16日，国务院学位办呼应中科院路甬祥院长年初关于加快社会工作硕士专业学位论证的建议，在北京市香山金源商旅酒店成立了社会工作硕士专业学位（MSW）论证专家小组，召开了第一次工作会议，拥有社会学一级学科博士点和二级学科博士点的15位专家学者参会。会议对第二次专家小组论证会时间、设置论证报告结构、课程方案、社会工作硕士专业学位进入学科目录等形成了基本设想。2007年12月28日，国务院学位办在中国人民大学举行了社会工作硕士专业学位论证专家小组第二次工作会议。专家组对《社会工作硕士专业学位论证报告》进行了修订，就“社会工作硕士专业学位设置方案”、社会工作硕士专业学位设置进度等达成了共识。

其二，批复专业学位设置方案。2008年12月29—30日，国务院学位委员会第二十六次会议审批并原则通过了《社会工作硕士专业学位设置方案》，社会工作硕士专业学位的培养目标、招生对象、入学考试、教学内容、教学方式、教师能力、学位论文、学位授予条件等得以确定。

其三，设置专业学位授权点。2009年3月，专家小组以中国社会工作教育协会的名义，向国务院学位办提出了确定第一批试点学校入选资格的基本原则、学位授予权及社会工作培养经验、师资队伍、实践条件等遴选标准，以及遴选第一批试点学校的方法建议。2009年6月30日—7月1日，根据学位办〔2009〕41号文件要求，在北京香山金源商旅酒店召开了社会工作硕士专业学位申报单位答辩会议，43所高校进行了汇报。2009年7月，国务院学位办批准在33所研究生培养单位开展社会工作硕士专业学位教育的试点工作（学位办〔2009〕44号文件）。我国自设的社会工作专业学位研究生教育正式开启。

其四，成立专业学位教育指导委员会。2009年9月15日，国务院学位委员会、教育部在有关单位推荐的基础上，选聘了来自民政部和研究生培养单位的19位专家，成立了全国社会工作硕士专业学位教育指导委员会（学位办〔2009〕45号文件）。2009年12月7日，国务院学位办、教育部学位管理与研究生教育司在北京召开全国社会工作硕士专业学位教育指导委员会成立会议（参见学位办〔2009〕66号），对全国社会工作硕士专业学位教育指导委员会的章程、秘书处工作章程、财务管理制度、2010年工作计划，以及社会工作硕士专业学位的指导性培养方案、教学基本要求等文件提出了修改意见。至此，我国自设社会工作硕士专业学位的各项工作得以完成。

二、分批次设立是基本做法

从纵向维度审视，分批次、分年度设立是社会工作硕士专业学位授权点建设的基本特征（参见附录6-2）。

首批试点单位的评审由全国层面专家小组承担。2009年6月30日—7月1日，43个申请单位分博士点单位和硕士点单位两组进行申报汇报。20个省级行政区的33个研究生培养单位被批准开展试点（学位办〔2009〕44号）；其中，北京以6家居首，包括北京大学、中国人民大学等高校；湖北其次，包括武汉大学、华中科技大学等4家高校；上海第三，包括复旦大学、华东理工大学等3所高校。地理区域、高校类型、高校层次分布较广是首批试点单位的基本特征。

此后多个批次主要由地方教育厅负责评审工作，部属高校则进行直接审批。2010年，来自17个省级行政区的25个研究生培养单位被批准设立社会工作硕士专业学位授权点，其中，江苏以新设南京理工大学、南京师范大学等5家单位而数量居首。根据教育部学位和研究生教育司提供的最新资料（参见附录6-2），2014年、2016年、2018年、2019年、2020年和2021年又分别设立了43所、1所、47所、3所、1所和29所。经过多年发展，2023年年底，全国已设立MSW授权点183家；省级行政区拥有该授权点数量的平均数是6家，中位数是7家，众数是4家和5家。

作为一种实践探索，三家非硕士学位授予权单位也被设为社会工作硕士专业学位授权点。在第1、2批次以具有硕士研究生教育为基本申请资格之外，2011年，国务院学位办探索在非硕士学位授予权单位试点MSW教育。中华女子学院、北京城市学院、井冈山大学因此成为MSW教育大家庭的成员。其中，中华女子学院和井冈山大学此后经专家评审而于2021年正式成为授权点。

从横向维度审视，省级行政区拥有社会工作硕士专业学位授权点的情况大致分四类。第一类是北京，拥有20家单位，数量接近平均数的3.5倍，接近于最后9个省级行政区拥有数的合计。第二类包括江苏、湖北、吉林、上海、山东和广东等六个省级行政区，拥有数大致是平均数的1.5～2.0倍（10家左右授予点）。第三类是拥有等于或少于平均数一半（3家）

的省级行政区，共 8 个，其中不少属于西北地区。第四类是其他省级行政区，授权点数量在 4～7 家，是平均数的 0.6～1.2 倍。MSW 授权点在省级行政区分布不平衡，是一个客观现实。

三、教育指导委员会引领是重要策略

教育指导委员会是社会工作硕士专业学位教育的指导组织。根据学位办〔2009〕45 号文件精神，其主要任务是探索我国社会工作应用型高层次专门人才的培养模式，指导、协调全国社会工作硕士专业学位教育活动，加强高等学校与实际部门的联系，推动我国社会工作硕士专业学位教育的顺利发展和教育水平的不断提高。

2009 年以来，国务院学位委员会和教育部成立了三届教育指导委员会。第一届成立于 2009 年 9 月 15 日，名称为全国社会工作硕士专业学位教育指导委员会，委员数 19 人；第二届更名为全国社会工作专业学位研究生教育指导委员会，成立于 2013 年 12 月 3 日，委员数 21 人；第三届成立于 2019 年 11 月 5 日，在第二届委员结构的基础上增加了来自社会组织的委员，委员数 27 人。三届教育指导委员会的主任委员分别由时任民政部有关领导出任，副主任委员分别是民政部社会工作司司长和若干培养单位的专家，秘书处设在北京大学。教育指导委员会主要采用如下策略引领社会工作的专业硕士教育。

其一，以行政会议承上启下。

教育指导委员会按其章程要求，召开“全国社会工作专业学位研究生（MSW）教育指导委员会及 MSW 教育中心主任会议”，传达、讨论和落实国务院学位委员会关于专业学位教育发展的指示精神，交流各校办学经验，布置各项规定和自设工作任务，助力了授权点工作的良好开展和全国此领域事务的整体进步。

其二，以制度建设引领发展。

制定“全国 MSW 考试指导范围”。此举是第一届教育指导委员会成立后的首项事务，于 2009 年 10 月完成。委员们经深入讨论交流，决定采用“统一课程、各校命题”的模式安排招生考试，科目包括社会工作原理和社会工作实务；前者包括社会工作基础知识和社会学基础知识，后者涉及社会工作实务方法及社会调查研究方法。

编写“社会工作硕士学位的基本要求”。第一届教育指导委员会完成了 2013 年版《社会工作硕士学位基本要求》，对获本专业学位应具备的基本素质、应掌握的基本知识、应接受的实践训练、应具备的基本能力、学位论文等提出了具体要求。这些要求保证了我国 MSW 教育的良好进行。2023 年年初，国务院学位委员会发布了《关于开展研究生教

育学科专业简介及其学位基本要求编写 / 修订工作的通知》(学位办〔2022〕23 号)，第三届教育指导委员会完成了“社会工作专业学位类别简介”(专业学位的类别概况、类别内涵、服务面向、培养目标)、“硕士专业学位基本要求”(基本素质、基本知识、实践训练、基本能力、学位论文)的制定。此文件无疑将指引此后相当长时期的 MSW 教育工作。

修订学位授权点申请的基本条件。第一届教育指导委员会成立前后，专家小组就提过确定第一批试点学校入选资格的基本原则、培养经验、师资队伍、实践条件、遴选方法等具体要求。根据国家对社会工作人才的需要及中国社会工作教育发展的需求，第二届教育指导委员会对学位授权点申请的基本条件(第一版)进行了讨论和修改，形成学位授权点申请的基本条件讨论修改稿。2023 年，第三届教育指导委员会根据学位办〔2023〕2 号文件要求，在前两届教育指导委员会工作的基础上修订了社会工作硕士专业学位授权点的申请条件，就专业特色、人员规模、人员结构、骨干教师、课程与教学、培养质量、科研水平、实践教学等方面提出了明确要求。该文件已由国务院学位办正式发布，并将成为此后 MSW 学位授权点申请的核心指引。

其三，以评估核验赋能高校。

2015 年，根据学位〔2014〕17 号文件要求，第二届教育指导委员会制定了《2014 年社会工作硕士专业学位授权点专项评估工作方案》和《社会工作硕士专业学位授权点专项评估指标体系》(10 大类一级评估指标和 26 类二级评估指标)，确定了参加专项评估的 58 个授权单位，制定了专项评估指标体系及其评分标准。2015 年，教育指导委员会在审读被评估单位自评报告的基础上，组织专家组进行了实地考察，向国务院学位办递交了被评估单位的评价性建议，并向每个单位反馈了专家意见。

2023 年，根据学位〔2023〕22 号文件要求，第三届教育指导委员会组织了学位授权点的专项核验，对授权点是否达到并持续满足正在执行的学位授权点申请的基本条件，是否不断凝聚学科专业特色，是否拥有德才兼备的师资队伍，是否服务国家和区域经济社会发展等进行了专门评测，并向国务院学位办递交了被评估单位的不同等级评价结果建议。

此外，教育指导委员会还以专业案例为核心抓手积极赋能师生。针对教师，多次组织案例教育的培训，开展案例教材的编写；针对学生，多次举办“全国 MSW 案例大赛”。这些都很好地助力了 MSW 教育的能级提升。

综上所述，MSW 学位点的设立在我国已有一定规模。在教育指导委员会统领下，经过十多年的自主建设、学习借鉴和自省发展，MSW 专业学位授权点因其规模较大和日益专精而成为我国社会工作教育社群的关键力量，助力了所在高校的学科建设和所在地域的实践推进，并会在我国未来社会工作发展中发挥重要作用。

第四节　博士层次教学点的发展与分布以及博士后方向

博士教学是社会工作教育的最高层次。自 21 世纪初以来，经过 20 多年的建设，在广度、深度等方面呈现出良好发展态势（参见附录 6-3）。

一、博士层次教学点的发展

我国的社会工作博士层面教育始于 21 世纪初。21 世纪初前后，北京大学、南开大学在社会学学科下进行了社会工作博士层面的招生培养工作。21 世纪前十年，除了前述两所学校之外，只有中山大学（2003 年）、南京大学（2005 年）、武汉大学（2005 年）、厦门大学（2006 年）、复旦大学（2007 年）在社会学学科下设置了社会工作方向（参见附录 6-3），担任博士生导师的教师人数不足 10 人。

2011 年以后，社会工作博士层面教育得到了良好发展。表现之一是高校数量较快增长。在此期间，华东理工大学、吉林大学等 20 所高校先后设置了博士层面的社会工作教育，其中，2011—2020 年设置该层面社会工作教育的高校有 19 所，并有 16 所高校正式招生。截至 2023 年年底，全国有 25 所高校已设置了社会工作方向或社会工作二级博士点。表现之二是自设社会工作二级博士点的学校不断增加。南京大学（2011 年 / 江苏）、华东理工大学（2011 年 / 上海）、南开大学（2013 年 / 天津）、华东师范大学（2016 年 / 上海）、复旦大学（2017 年 / 上海）先后完成了社会工作二级博士点的设置。表现之三是博导人数快速增长。此域的在职在编博士生导师人数由 21 世纪前十年的不足 10 人增到 2023 年年底的 93 位，如果再加上已退休者、离职者和过世者，21 世纪初以来担任过此域博士生导师的人数则接近 100 位。他们合计已招生 541 位，其中已毕业 251 位。

二、博士层次教育的分布

社会工作博士教学单位的研究方向、依托学科、所处行政区等信息值得关注。其一，某些方向名称用得较多。在25个教学点中，社会工作、社会工作与社会政策（或社会政策与社会工作）的名称较受欢迎。前者有复旦大学、厦门大学、华中科技大学等8所高校，后者有南开大学、南京大学、云南大学等9所高校。此外，还有一些高校分别以社会政策、社会工作与社会治理（或社会治理与社会工作）、医务社会工作、多元文化社会工作、社会管理与社会政策等为方向名称。

其二，社会学学科是主要依托学科。在25所高校中，依托社会学一级学科（设置方向，或自设二级博士点）或社会学二级学科（设置方向）的高校有21所，方向名称则各有特色。这体现了社会学与社会工作的紧密关系。此外，有高校依托（与社会学关系紧密的）民族学学科或者交叉学科设置了社会工作方向，前者如兰州大学依托民族学学科设置了多元文化社会工作方向，后者如山西医科大学依托人文医学二级学科交叉学科设置了医务社会工作方向，西南大学依托哲学一级学科的治理学二级博士点设置了社会工作与社会治理方向。

其三，25所高校在省级行政区中分布较散。这些高校分别在16个直辖市和省份，15个省级行政区（包括全部自治区）没有社会工作的博士教学高校。其中，上海、北京和湖北列前三位，分别有3～4所；江苏和安徽各有2所。这5个省级行政区合计有14所博士教学高校，占总数50%；有在职博导53人，占总数近60%；已招生350人左右，占总数65%；已毕业180多人，占70%。

三、博士后工作的基本情况

在拥有社会工作博士方向或二级博士点的26个单位中，16个单位在其博士后流动站中设有社会工作方向，占2/3；其中，1个设在哲学一级学科博士后流动站下，其余设在社会学博士后流动站下。经初步梳理，大致有如下信息：上海地区在博士后流动站下设置社会工作方向的高校最多，有复旦大学、华东师范大学、华东理工大学和上海大学等4所；湖北、江苏地区居次，各2家；9个博士点所在学校没有博士后流动站或没有在流动站下设置社会工作方向。从出站人数看，16个博士后流动站的社会工作方向共出站49人。可见，即使加上社会工作方向或二级博士点的毕业生数，我国有过博士以上层次社会工作教学的人数还是不多。

综上所述，在前四节分述社会工作教育职业院校教学点、本科教学点、专业硕士授权点和博士层次教学基本情况的基础上，可以再整体审视其教育全貌。为了科学合理地进行比较，可以结合教学点数量及其排序作出简要说明（参见表6-3）。

截至 2023 年年底，我国具有社会工作专业的职业院校教学点 78 个、本科教学点 332 个、专业硕士授权点 183 个、博士层次教学单位 25 个，合计教学点 618 个。鉴于博士点高校基本都有 MSW 教学和本科教学，再考虑某些非本科高校系统的设点情况，我国的社会工作教育单位应该在 420 个左右。

省级行政区中社会工作本科教学点数量、MSW 授权点数量是反映该地区社会工作教育能级的关键指标。其依据在于，在分别计算社会工作本硕教学点小计数、本硕博教学点小计数、职本硕博教学点小计数之后，数量名列前 1/4 和后 1/4 的省级行政区分布比较一致，与社会工作本科教学点数、MSW 授权点数的省级行政区分布也比较一致。

若干类型的教学点值得学界关注。（1）博士教学单位。进行社会工作博士层面教学的高校，除个别情况之外，都同时进行 MSW 教学和本科教学。这些学校本身就较易得到学界和业界的认可，本硕博三层面教学又可以互相协同，故此，其社会工作教学与其他高校相比较为厚实。（2）职本硕博教学点按各自数量排序的头尾省份值得关注。资料显示，职本硕博四个层面教学点数量均名列前 1/4（列前八位）的省级行政区有广东、北京和山东，均名列后 1/4（列前八位）的省级行政区有辽宁、海南、宁夏、青海和西藏。因此，如何进一步发挥博士层面教学单位的积极性。如何进一步发挥社会工作教育强省的利他作用，如何进一步激发社会工作教育弱省的自强功能，均值得社会工作教育界的深入思考。

表 6-3　省级行政区设立社会工作教学点及其 GDP 情况

省份	职业院校		社工高校		MSW 授权点		博士教学点 / 方向		教学点合计		GDP	
	数量 A	排序	数量 B	排序	数量 C	排序	数量 D	排序	数量 E	排序	总量排序	人均排序
广东	19	1	30	1	9	4	1	6	59	1	1	7
北京	5	3	18	5	20	1	3	2	46	2	13	1
山东	7	2	23	2	9	4	1	6	40	3	3	11
江苏	0	25	21	3	13	2	2	4	36	4	2	3
湖北	1	16	15	6	12	3	3	2	31	5	7	9
河南	4	4	19	4	7	8	0	18	30	6	6	25
上海	3	8	13	8	9	4	4	1	29	7	10	2
吉林	2	12	12	12	9	4	1	6	24	8	26	27
四川	1	16	15	6	7	8	1	6	24	8	5	20

续 表

省份	职业院校		社工高校		MSW 授权点		博士教学点 / 方向		教学点合计		GDP	
	数量 A	排序	数量 B	排序	数量 C	排序	数量 D	排序	数量 E	排序	总量排序	人均排序
浙江	3	8	10	14	7	8	1	6	21	10	4	5
安徽	4	4	9	16	5	14	2	4	20	11	11	13
云南	1	16	13	8	5	14	1	6	20	11	18	23
黑龙江	0	25	13	8	7	8	0	18	20	11	25	30
重庆	3	8	9	16	5	14	1	6	18	14	17	10
河北	2	12	13	8	3	23	0	18	18	14	12	26
广西	1	16	13	8	4	18	0	18	18	14	19	29
福建	4	4	6	23	6	12	1	6	17	17	8	4
江西	2	12	9	16	6	12	0	18	17	17	15	21
内蒙古	1	16	10	14	5	14	0	18	16	19	21	8
陕西	1	16	9	16	5	13	1	6	16	19	14	12
贵州	2	12	9	16	4	18	0	18	15	21	22	28
甘肃	1	16	8	21	4	18	1	6	14	22	27	3
湖南	3	8	6	23	4	18	0	18	13	23	9	14
新疆	4	4	5	26	3	23	0	18	12	24	23	15
辽宁	0	25	7	22	4	18	0	18	11	25	16	19
山西	0	25	6	23	3	23	1	6	10	26	20	16
天津	0	25	4	27	3	23	1	6	8	27	24	6
海南	1	16	2	28	2	27	0	18	5	28	28	17
宁夏	1	16	2	28	1	28	0	18	4	29	29	18
青海	0	25	2	28	1	28	0	18	3	30	30	24
西藏	0	25	1	31	1	28	0	18	2	31	31	22
新疆兵团 *	2											
合计	78		332		183		26		619			

附录 6-1　省级行政区设立社会工作专业的职业院校情况

序号	省　份	学 校 名 称	年　限	成立年限
1	安徽省（4家）	安徽城市管理职业学院	3	
2		安徽林业职业技术学院	3	
3		合肥信息技术职业学院	3	
4		安徽卫生健康职业学院	3	2012
5	北京市（5家）	北京京北职业技术学院	3	
6		首都经济贸易大学密云分校	3	
7		北京城市学院	2	1999
8		北京青年政治学院	3	1999
9		北京社会管理职业学院	3	1994
10	重庆市（3家）	重庆城市管理职业学院	3	
11		重庆青年职业技术学院	3	
12		重庆护理职业学院	3	
13	福建省（4家）	闽西职业技术学院	3	2024
14		湄洲湾职业技术学院	3	
15		福建幼儿师范高等专科学校	3	
16		闽江师范高等专科学校	3	
17	甘肃省（1家）	甘肃警察职业学院	3	
18	广东省（19家）	广东轻工职业技术学院	3	
19		私立华联学院	3	
20		广东新安职业技术学院	3	
21		广东科学技术职业学院	3	
22		广东行政职业学院	3	
23		广东机电职业技术学院	3	
24		广东岭南职业技术学院	3	
25		广东司法警官职业学院	3	
26		广东省外语艺术职业学院	3	

续 表

序号	省　份	学 校 名 称	年　限	成立年限
27	广东省（19家）	江门职业技术学院	3	
28		茂名职业技术学院	3	
29		珠海城市职业技术学院	3	
30		广东理工职业学院	3	
31		广州城市职业学院	2	2013
32		广东工程职业技术学院	3	
33		广州科技贸易职业学院	3	
34		中山职业技术学院	3	
35		惠州城市职业学院	3	
36		湛江幼儿师范专科学校	3	
37	广西壮族自治区（1家）	广西幼儿师范高等专科学校	3	
38	贵州省（2家）	六盘水职业技术学院	3	
39		贵阳幼儿师范高等专科学校	3	
40	海南省（1家）	海南健康管理职业技术学院	3	
41	河北省（2家）	河北政法职业学院	3	2008
42		承德应用技术职业学院	3	
43	河南省（4家）	郑州升达经贸管理学院	3	2022
44		郑州黄河护理职业学院	3	
45		三门峡社会管理职业学院	3	
46		河南女子职业学院	3	
47	湖北省（1家）	武汉民政职业学院	3	1999
48	湖南省（3家）	长沙民政职业技术学院	3	1999
49		湖南司法警官职业学院	3	
50		湖南劳动人事职业学院	3	
51	吉林省（2家）	长春师范高等专科学校	3	
52		长春光华学院	3	2015

续　表

序号	省　份	学 校 名 称	年　限	成立年限
53	江西省（2家）	景德镇艺术职业大学	3	
54		江西青年职业学院	3	
55	内蒙古自治区（1家）	内蒙古师范大学	3	
56	宁夏回族自治区（1家）	宁夏警官职业学院	3	
57	山东省（7家）	临沂大学	3	
58		山东女子学院	3	1996
59		东营科技职业学院	3	
60		菏泽家政职业学院	3	
61		齐鲁师范学院	3	2005
62		山东青年政治学院	3	2003
63		潍坊护理职业学院	3	
64	陕西省（1家）	神木职业技术学院	3	
65	上海市（3家）	上海城建职业学院	3	2004
66		上海科学技术职业学院	3	
67		上海邦德职业技术学院	3	2008
68	四川省（1家）	泸州医疗器械职业学院	3	
69	新疆生产建设兵团（2家）	新疆生产建设兵团兴新职业技术学院	3	
70		铁门关职业技术学院	3	
71	新疆维吾尔自治区（4家）	乌鲁木齐职业大学	3	
72		新疆职业大学	3	
73		新疆师范高等专科学校	3	
74		新疆科技职业技术学院	3	
75	云南省（1家）	昆明艺术职业学院	3	
76	浙江省（3家）	浙江工商职业技术学院	3	
77		义乌工商职业技术学院	3	2005
78		浙江广厦建设职业技术大学	3	

资料来源：全国职业院校专业设置管理与公共信息服务平台（https：//zyyxzy.moe.edu.cn/），访问日期2024年8月24日。

附录 6-2　省级行政区分批次设立社会工作硕士专业学位授权点的情况

省份地区	第一批 2009 年 33 所 34 点	第二批 2010 年 24 所	第三批 2011—2012 年 3 所	第四批 2014 年 43 所	第五批 2016 年 1 所	第六批 2017 年 43+2 所	第七批 2018—2019 年 2+4	第八批 2020 年 27 所	第九批 2024 年 33 所
北京	北京大学 中国人民大学 北京师范大学 北京师范大学社会发展与公共政策学院 中国社会科学院 首都经贸大学 清华大学	中央民族大学	北京城市学院 中华女子学院 （2012 批）	北京工业大学 北京科技大学 北京建筑大学 中国政法大学 中国青年政治学院 国家行政学院		首都师范大学 中央财经大学 北京农学院		华北电力大学 中国劳动关系学院 （动态增列） 中国农业大学 （动态增列）	北京城市学院
天津	南开大学			天津理工大学		天津师范大学			
河北		河北大学						河北科技大学	
山西				太原科技大学 山西医科大学			山西大学 （2018 动态增列）		陕西师范大学
内蒙古	内蒙古师范大学			内蒙古大学	内蒙古工业大学	内蒙古科技大学 （原包头钢铁学院）		内蒙古农业大学	内蒙古财经大学
辽宁		辽宁大学 沈阳师范大学		沈阳化工大学 大连海事大学					鞍山师范学院
吉林	吉林大学 长春工业大学	吉林农业大学		长春理工大学 东北师范大学 中国吉林省委党校		北华大学		吉林建筑大学 长春师范大学	

续 表

省份地区	第一批 2009 年 33 所 34 点	第二批 2010 年 24 所	第三批 2011—2012 年 3 所	第四批 2014 年 43 所	第五批 2016 年 1 所	第六批 2017 年 43+2 所	第七批 2018—2019 年 2+4	第八批 2020 年 27 所	第九批 2024 年 33 所
黑龙江				哈尔滨工程大学 东北石油大学 哈尔滨工业大学		东北林业大学 黑龙江省社科院 黑龙江大学	黑龙江科技大学（2018 动态增列）		
上海	复旦大学 华东理工大学 上海大学	华东师范大学		上海师范大学 华东政法大学		上海政法学院		上海应用技术大学 上海财经大学	上海海洋大学 上海商学院
江苏	南京大学 苏州大学	南京航空航天大学 南京理工大学 河海大学 南京农业大学 南京师范大学		扬州大学 东南大学		江苏师范大学		常州大学 南京邮电大学 中共江苏省委党校	江南大学 南通大学 淮阴师范学院 南京财经大学 淮阴工学院 南京工程学院
浙江	浙江师范大学			杭州师范大学 浙江大学		浙江理工大学 浙江工商大学 中共浙江省委党校		浙江财经大学	
安徽	安徽大学	安徽师范大学				安徽工程大学		安徽农业大学 安庆师范大学	合肥工业大学
福建	厦门大学 福建师范大学	福州大学				集美大学 闽南师范大学		福建医科大学	
江西	江西财经大学		井冈山大学	江西师范大学		赣南师范大学 南昌大学 （动态增列）	华东交通大学（2019 动态增列）		南昌航空大学

续 表

省份地区	第一批 2009 年 33 所 34 点	第二批 2010 年 24 所	第三批 2011—2012 年 3 所	第四批 2014 年 43 所	第五批 2016 年 1 所	第六批 2017 年 43+2 所	第七批 2018—2019 年 2+4	第八批 2020 年 27 所	第九批 2024 年 33 所
山东	山东大学			青岛大学		青岛科技大学 青岛理工大学 鲁东大学		山东建筑大学 山东财经大学 中共山东省委党校济南大学（动态增列）	山东理工大学 山东第一医科大学 临沂大学 山东工商学院
河南	郑州大学			郑州轻工业学院		河南师范大学 河南财经政法大学	河南农业大学（2018 动态增列）	中原工学院 信阳师范学院	河南大学 安阳师范学院
湖北	华中科技大学 华中农业大学 武汉大学 华中师范大学	武汉科技大学 中南民族大学		湖北师范学院 中南财经政法大学		长江大学 武汉理工大学 江汉大学	湖北文理学院		
湖南		中南大学		湖南师范大学 湘潭大学		中共湖南省委党校			湖南工商大学
广东	中山大学			广州大学 深圳大学 华南理工大学 华南农业大学		广东工业大学 广东外语外贸大学 华南师范大学		东莞理工学院	广东医科大学 岭南师范学院 广东财经大学
广西	广西师范大学					广西科技大学 广西医科大学			广西民族大学
海南							海南热带海洋学院	三亚学院（动态增列）	
重庆	西南大学	重庆大学				重庆师范大学 四川外国语大学 重庆工商大学			

续　表

省份地区	第一批 2009 年 33 所 34 点	第二批 2010 年 24 所	第三批 2011—2012 年 3 所	第四批 2014 年 43 所	第五批 2016 年 1 所	第六批 2017 年 43+2 所	第七批 2018—2019 年 2+4	第八批 2020 年 27 所	第九批 2024 年 33 所
四川	四川大学	西南财经大学		成都信息工程学院 西华大学 西南石油大学				西南民族大学 四川省社会科学院	成都理工大学 四川农业大学 川北医学院 宜宾学院 中共四川省委党校
贵州	贵州大学					贵州财经大学 贵州师范大学 贵州民族大学			
云南		云南大学 云南民族大学				云南农业大学 云南财经大学 云南师范大学 （动态增列）			曲靖师范学院
西藏						西藏民族大学（陕西咸阳办学）			
陕西	西北大学	陕西师范大学 西北农林科技大学		西安交通大学		西北政法大学			
甘肃	西北师范大学	兰州大学 西北民族大学		甘肃政法学院					甘肃农业大学 兰州财经大学
青海				青海师范大学					
宁夏						宁夏大学			
新疆				新疆大学 新疆师范大学				石河子大学	

附录 6-3　社会工作博士方向、博士点和博士后流动站信息

大　学	方　向	二级博士点	依托博士点	设置年份	招生年份	招生数（截至 2023 年年底）	社会学博士后流动站下方向
北京大学	社会工作（组织社会学）		社会学		1996	47	
南开大学	社会政策与社会工作	是	社会学	2001 2013	2001 2016	36	2003
中山大学	社会工作		社会学	2003	2003	40	2006
武汉大学	社会工作与社会政策		社会学	2005	2005	29	无
厦门大学	社会工作		社会学	2006	2007	9	2012
复旦大学	社会工作	是	社会学	2007 2017	2009	23	2009
南京大学	社会工作与社会福利	是	社会学	2004 2011	2005 2012	36	2003
华东理工大学	社会工作	是	社会学	2011	2013	90	2009
吉林大学	社会工作与社会政策		社会学	2014	2014	34	无
上海大学	社会工作		社会学	2014	2015	42	2003
华东师范大学	社会工作与社会政策	是	社会学	2016	2017	17	2003
浙江大学	社会政策		社会学		2017	24	2023
山东大学	社会工作		社会学	2018	2018	13	2024
华中师范大学	社会工作与社会政策		社会学	2018	2018	15	2010
山西医科大学	医务社会工作		人文医学二级学科交叉学科	2017	2018	3	无
河海大学	社会工作、社会管理与社会政策		社会学	2019	2019	15	2021
云南大学	社会工作与社会政策、社会服务与管理		社会学	2018	2019	12	2022
兰州大学	多元文化社会工作		民族学	2019	2019	5	无
安徽大学	社会管理与社会政策		社会学	2019	2019	8	无

续 表

大　学	方　向	二级博士点	依托博士点	设置年份	招生年份	招生数（截至2023年年底）	社会学博士后流动站下方向
西南财经大学	社会治理与社会工作		社会学		2019	8	无
西南大学	社会工作与社会治理		治理学二级点（哲学一级）	2019	2020	7	（哲学一级学科流动站）2020
中国社会科学院大学	社会政策（社会工作）		社会学	2019	2020	13	2014
华中科技大学	社会工作		社会学	2020	2021	5	2020
安徽师范大学	社会工作与社会政策		社会治理与社会发展	2020	2022	6	无
中国人民大学	社会工作与社会政策		社会学		2022	12	无
合计		5				549	

（撰稿人：顾东辉、庄勇）

第七章

社会工作专业的招生状况与就业去向

无论对于什么层面的社会工作教学，招生工作都是起步任务，学生就业都是最终环节。为了全面了解社会工作教学单位的招生、就业等信息，2024 年 4—5 月，协会秘书处办公室专门向会员单位发放了调查问卷，162 家会员单位进行了回复，回复高校数占协会高校会员数的 47%，占全国社会工作教学单位数的 39%。因此，该调查可以大致反映我国社会工作的教学情况。本编第七、八章的分析也主要以该问卷调查所得数据为说明依据。

第一节　职业院校招生的基本状况

职业院校设置社会工作专业旨在培养具有社会工作基本知识和实务的应用型技能人才。从时间看，郑州大学于 1988 年最早设置高职高专层面的社会工作专业。20 世纪 90 年代开始，职业院校在特色学校中发展较快。中华女子学院（1993 年）、北京社会管理职业学院（1994 年）、山东女子学院（1996 年）、北京青年政治学院（1999 年）纷纷加入。这些特色学校积极呼应复杂多元的社会问题，设置社会工作专业，以回应社会群体对社会服务和社会治理的现实需求。21 世纪初，山东理工大学（2001 年）、临沂大学（2002 年）、山东青年政治学院（2003 年）、上海城建职业学院（2004 年）、上海科学技术职业学院（2004 年）、义乌工商职业技术学院（2004 年）、深圳职业技术大学（2007 年）也先后设立社会工作专业。社会工作就此成为 21 世纪以来职业教育领域快速发展的专业。

随着人民群众的需求多元化和社会问题治理的紧迫性不断加强，越来越多的职业院校回应时代需求，纷纷设立社会工作专业。从地理分布来看，东部、南部等经济发达地区的此类院校发展相对集中。这些学校的社会工作专业积极开展教育教学、校企合作和社会实践，主动回应商业伦理、城市社区治理等现实需求，为培养具有较强创新思维能力和实践能力的应用型人才发挥了特殊作用。

2021—2023 年，职业院校社会工作专业的招生人数逐渐增长（参见表 7-1）。2021 年，职业院校社会工作专业招生 770 人，平均每校 61 人。2022 年，招生人数 829 人，平均每校 64 人。2023 年，招生人数 1 151 人，平均每校 89 人。这似乎显示由于党和政府积极关注民生福祉和民众生活质量，社会各界对社会工作专业人才的需求正在增加。

表 7-1 全国社会工作专业职业院校的招生人数（2021—2023 年）

单位：人

省级行政区	2021 年	2022 年	2023 年
北京	114	89	122
广东	199	228	472
湖南	42	46	50
山东	119	116	80
上海	141	154	189
浙江	85	85	135
重庆	70	111	103
总计	770	829	1 151

2021—2023 年，职业院校社会工作专业招生呈现出一定地域性。北京、广东、湖南、山东、上海、浙江、重庆等 7 个省市成为职业院校招生的重要地区。其中，广东招生最多，2021 年招生 199 人，2022 年招生 228 人，2023 年招生 472 人；湖南招生最少，三年招生人数分别为 42 人、46 人和 50 人。上海和浙江的招生人数持续上升，前者 2021—2023 年分别招生 141 人、154 人和 189 人，后者三年分别招生 85 人、85 人和 135 人。职业院校社会工作专业招生人数是与社会治理水平有关，与政府政策导向有关，还是与其他什么因素有关，应该是学界进行探究的专业议题。

第二节　本科学校招生的基本状况

本科教学是社会工作教育和学科发展的核心板块，是培养高素质社会治理和社会服务人才的重要途径。1988 年，在民政部支持下，北京大学、中国人民大学和吉林大学率先试办社会工作与管理本科专业，我国社会工作本科人才培养正式启动。

从整体情况看，社会工作专业本科招生在增长。问卷调查显示，162 所高校在 2021—2023 年招收社会工作专业本科生 19 457 人。其中，2021 年招生 6 193 人，平均每校招生 53 人；2022 年招生 6 636 人，比上年增加 443 人，增长率 7.1%，平均每校招生 56 人；2023 年招生 6 628 人，总数虽略有下降但各校平均招生增至 59 人，比 2021 年增长 11.3%。可见，2021—2023 年的社会工作专业本科招生总体呈现出增长态势。

不同片区高校分布与招生人数有关（参见图 7-1）。2021—2023 年，国内所有片区高校社会工作专业本科招生都在持续上升。（1）华南、华北和西南三个片区分列前三位。华南片区 2021—2023 年本科招生分别为 986 人、982 人和 956 人，华北片区的该指标分别为 854 人、859 人和 892 人，西南片区的该指标分别为 828 人、966 人和 912 人。这显示这些区域的社会工作本科招生势头比较强劲。（2）山东片区社会工作本科专业招生在持续增长，2021—2023 年分别招生 532 人、736 人和 938 人。（3）2021—2023 年，华中片区社会工作本科专业招生分别有 893 人、841 人和 791 人。（4）西北片区和东北片区的招生规模较小。在西北片区，2021—2023 年分别招生 524 人、481 人和 415 人；东北片区的三年招生人数分别为 453 人、459 人和 449 人。如此状况可能与两个片区的人口外流、社会工作教育资源匮乏等宏观环境有一定关系。

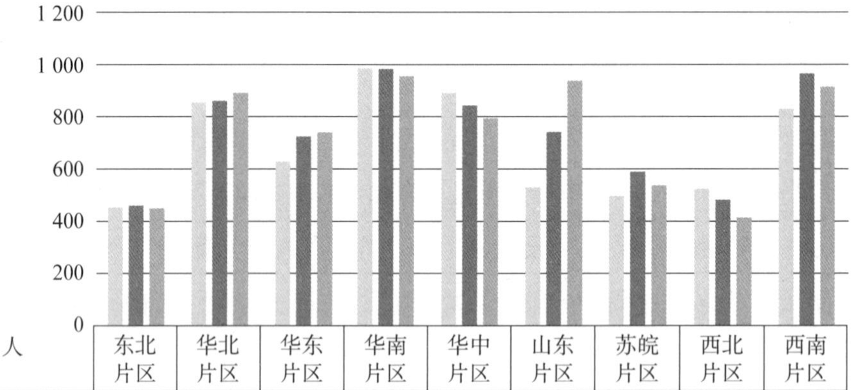

	东北片区	华北片区	华东片区	华南片区	华中片区	山东片区	苏皖片区	西北片区	西南片区
本科 2021 年招生人数	453	854	631	986	893	532	492	524	828
本科 2022 年招生人数	459	859	725	982	841	736	587	481	966
本科 2023 年招生人数	449	892	739	956	791	938	536	415	912

图 7-1　各片区社会工作本科招生情况（2021—2023 年）（单位：人）

学校性质与招生人数也有一定关系。2021—2023 年，“双一流”高校社会工作本科专业招生总计 3 388 人（参见图 7-2）；其中，2021 年为 1 118 人，2022 年为 1 192 人，2023 年为 1 078 人，招生人数略有下降。这究竟是与宏观教育政策有关，与社会发展有关，与生源质量有关，还是与其他因素有关，需要进行专门研究。

2021 年—2023 年，非“双一流”高校社会工作本科专业招生总计 16 069 人。其中，2021

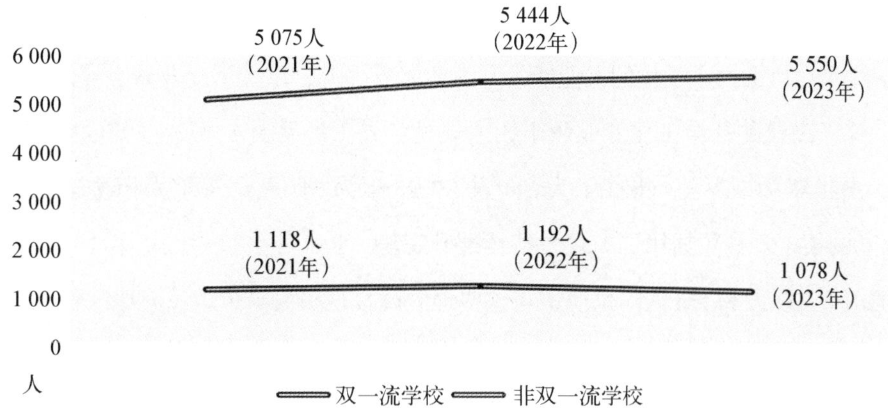

图 7-2 高校性质与社会工作本科招生规模

年为 5 075 人，2022 年为 5 444 人，2023 年为 5 550 人，呈现持续上升趋势。非“双一流高校”的本科招生人数远大于“双一流”高校，体现出社会工作本科教育的普惠性和大众化，应该有利于社会工作教育的全面发展。

第三节 硕士授权点招生的基本状况

在社会工作硕士教育方面，部分高校在设置社会工作硕士（MSW）专业学位点之前就探索在社会学等学术学位点设置社会工作方向。随着社会工作学科和行业的发展，以及社会工作硕士被列入专业硕士学位目录，社会工作硕士层面的招生人数得以持续增长。

其一，社会工作学术硕士招生规模有限。问卷调查显示，2021 年，社会工作学术硕士招生人数为 87 人，平均每校 10 人；2022 年该两个指标分别为 100 人和 11 人，2023 年该两个指标分别为 107 人和 11 人。虽然学术硕士培养人数不多，但是，在学术硕士中设立社会工作方向无疑是灵活智慧的做法。这一定程度上促进了早期的社会工作研究生教育，也为社会工作专业本科毕业生提供了深造空间。

其二，社会工作专业硕士招生稳定。2009 年，我国自设了社会工作硕士专业学位（MSW）授权点，2010 年开始列入全国硕士研究生统一招生计划体系，首批 33 所高校（部属院校 18 所和地方院校 15 所）启动了社会工作硕士专业学位教育试点工作。根据问卷调查资料，2021—2023 年，参与问卷调查的 162 所高校的社会工作硕士专业学位累计招生 10 085 人。其中，2021 年招生 3 163 人，平均每校 40 人；2022 年招生 3 397 人，平均每校 41 人；2023 年招生 3 525 人，平均每校 38 人。稳中有升是社会工作硕士专业学位招生的特点之一。与此同时，日益完善的特色课程和实践课程也助力了学生的专业能力和综合素养提升，增加了专业硕士学位的吸引力。

其三，片区高校的社会工作专业硕士招生规模各异（参见图 7-3）。（1）招生规模最大者是华北片区，2021 年为 567 人，2022 年为 544 人，2023 年为 541 人，三年来招生规模略有下降。（2）西南片区的招生规模位居第二，且呈持续上升态势。2021 年，该片区招生 468 人，2022 年和 2023 年分别招生 539 人和 554 人。这应该与这些地区高校积极参与少数民族地区脱贫攻坚、乡村振兴等国家服务项目有一定关联。（3）东北片区的招生体现出稳定增长的特点。2021 年为 462 人，2022 年为 454 人，2023 年为 492 人。随着东北振兴战略的深入发展，高校会更加积极参与其中，社会工作教育也因此会得到更多投入。（4）西北片区的招生相对较少。2021—2023 年分别招生 377 人、401 人和 347 人。该数据体现出西北片区高校社会工作硕士招生出现较大波动的特点。

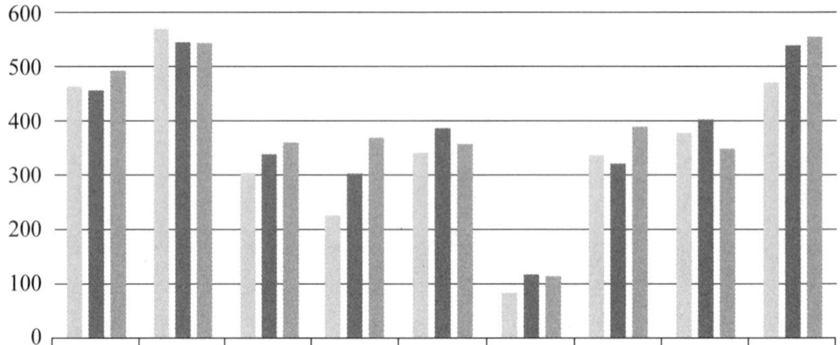

人	东北片区	华北片区	华东片区	华南片区	华中片区	山东片区	苏皖片区	西北片区	西南片区
MSW2021 年招生人数	462	567	303	225	339	85	337	377	468
MSW2022 年招生人数	454	544	338	302	384	115	320	401	539
MSW2023 年招生人数	492	541	360	368	356	117	390	347	554

图 7-3　各片区社会工作硕士（MSW）招生情况（2021—2023 年）（单位：人）

第四节　博士层次学校招生的基本状况

社会工作博士教育体现出灵活性和多元化的特点。部分高校为了适应政府和社会对高层次社会治理人才的需求，早就尝试在社会学博士学位点设置社会工作、社会工作与社会政策等研究方向。问卷调查显示，2021—2023 年，社会工作方向博士招生 174 人，其中 2021 年 57 人，平均每校 4 人；2022 年 60 人，平均每校 4 人；2023 年 57 人，平均每校 4 人。可见，社会工作的博士层面教育总体规模较小。2024 年 7 月，国务院学位办启动了新增社会工作专业博士学位授权点审核，全国若干高校已成功设置社会工作博士专业学位（DSW）。社会工作博士层面教育的小规模问题将逐渐解决，社会工作博士专业学位教育也将成为中国社会工作教育的划时代事件。

第五节　社会工作专业学生的就业简况

完成专业学习，走向社会就业，是与招生呼应的最终环节，也是完成社会工作专业教学闭环的必需手段和反映社会工作专业教学质量的核心指标。关于社会工作学生的就业情况，可以根据问卷调查信息，对就业去向、代表性毕业生状况作简要说明。

其一，总体就业去向。

根据参与此次问卷调查的高校反馈信息，2021—2023 年，社会组织、考研、公务员或事业单位、企业是社会工作专业毕业生的主要就业领域。在问卷关于就业去向的多项选择中，回复上述四个选项的高校比例分别是 75.93%、73.46%、72.84% 和 71.6%。根据这些数据，可以认为：第一，社会组织因其服务性、公共性、灵活性而契合社会工作特性，从而日益成为社会工作专业毕业生重要的就业领域；第二，社会工作专业学生通过考研来提升就业竞争力，已成为学生个人和所在高校的理性选择；第三，公务员或事业单位等体制内单位仍然具有较高吸引力，这与我国的大学生就业状况也是总体呼应的；第四，企业仍然是社会工作毕业生愿意进入的就业方向，企业社会责任、文化建设、人力资源管理等很多部门都可以借助社会工作专业技能来拓展空间和提升能级。此外，出国留学、自主创业等也是社会工作专业毕业生的方向，这也体现了毕业生就业的多样性和对现实社会的参与性。

其二，代表性毕业生的就业领域。

社会工作专业代表性毕业生的就业领域既可以反映其职业发展，也可以反映高校社会工作教育质量和当地社会治理状况。调查问卷设计了关于代表性毕业生情况的开放性问题，要求高校自行填写 5 位代表性毕业生的就业单位和职业。基本情况如下：

（1）代表性毕业生的就业集中于地方党政机关（包括街道办事处，乡镇政府、司法机关）和公共事业单位（儿童福利院、社会福利院、党校、民政部培训中心、学校）等体制内单位。这显示，在高校社会工作教师看来，体制内就业依然是值得称道的好事。

（2）专业对口程度较高的事业单位，如社区事务受理服务中心、社会组织社区、社工人才服务中心、残疾人就业康复服务中心，也是代表性毕业生较多从业的领域。这显示，在高校社会工作教师看来，学以致用也是重要的评价毕业生是否优秀的指标。

（3）养老服务企业（老年护养中心、健康养老服务有限公司）有不少社会工作专业的代表性毕业生。这显示，在我国老龄化加剧的大背景下，银龄产业正吸引社会工作毕业生进入，并因其专业技能可以在地应用而自身得到良好表现。

（4）社会组织孕育了一些社会工作专业优秀毕业生。具体包括社会工作机构、公益慈善组织（如宋庆龄基金会、红十字会、慈善总会）、行业协会（如中国社会工作教育协会、社会工作协会、社会工作者协会）等不同组织机构。既体面又对口无疑是高层次社会组织吸引社会工作专业毕业生的特殊长项。事实上，这些组织也应该成为社会工作专业毕业生的重要就业场所，并应该在此有所作为。

（5）高校是社会工作优秀毕业生的就业渠道。问卷调查显示，有些社会工作专业优秀毕业生进入了医学院、广播电视大学、体育大学等高校从事专业教师、学生事务和行政工作。其实，这正是学校社会工作的在地实操。

（6）医院逐步成为社会工作优秀毕业生就业的新方向。例如，复旦大学附属儿科医院、上海市瑞金医院、川大华西医院的社会工作部、医务部等涉及患者服务、医院管理、公共卫生研究等部门就乐意招收社会工作毕业生从事医务社会工作、医院行政等工作。事实上，全人健康、人文医学是医疗的本来特性，随着大健康战略的不断推进，社会工作会因其协助患者及其家庭、医护人员乃至医院系统的常态发展的专业长项，而在医务健康系统拥有更大的发展空间。

总体而言，随着国家和社会对于社会工作专业人才的需求不断增强，无论是职业院校招生、社会工作本科招生、硕士授权点招生，还是博士层次招生，招生情况都总体向好。当然，各方对社会工作专业的专业化要求也在快速提升。目前，社会工作专业博士授权点工作已经启动，这会在很大程度上激发社会工作专业招生乃至整体教育的更好发展。

与招生对应，学生就业去向也是社会工作专业的重要指标。总体而言，社会工作专业毕业生的就业去向多元。他们既追求体制内的稳定性，也注重社会组织的专业性，还关注考研对自身的助力功能，此外，还关注企业这个值得参与的就业领域。

社会工作专业的招生状况和学生毕业去向，给予我们启迪，社会工作专业教育应该依托社会工作特有智慧，在培养学生专业能力的基础上，协助其提升综合素养，以更好地适应社会需求，面向未来发展。

（撰稿人：芦恒）

第八章

社会工作专业教育的核心内容建设

社会工作专业教育在完成招生之后，需要进行专业教育的实操。其中，课程体系、教材建设、实习安排和师资建设是保证教育质量从而达到立德树人目标的关键板块。本章将结合相关文献和中国社会工作教育协会秘书处办公室于2024年4—5月进行的问卷调查资料，对这些方面情况作简要说明。

第一节　社会工作专业的课程体系

课程体系是社会工作专业落实培养目标、进行立德树人的具体抓手。社会工作教育协会的顶层设计和统筹推进，在一定程度上影响了高校社会工作教育的发展；各校社会工作专业课程体系的内容、结构、逻辑则很大程度上反映了其基础和特色。

一、教育协会规定的专业课程

1988年，原国家教委批准北京大学、中国人民大学、吉林大学和厦门大学恢复和重建社会工作专业，社会工作专业课程建设就此开始。1994年，中国社会工作教育协会成立。协会积极推动国内社会工作专业形成共同体意识，通过动员和组织专业教师出境访学、学习进修和参加会议，助力了社会工作专业化，对推动社会工作课程的正式化和系统化发挥了重要作用。但是，由于大部分社会工作专业萌发于社会学系，不少社会学课程嵌入社会工作专业的课程体系，系统性和整体性不强就成为早期社会工作专业课程体系的特点之一。

1997年是社会工作专业的划时代年份，全国性标准化课程规范和课程体系得以形成。

1996 年 11 月，国家教委聘任专家成立了高等学校社会学学科教学指导委员会，委托该教学指导委员会研究社会工作本科专业的主干课设置，并确定了社会工作本科专业的 10 门主干课：社会工作概论、社会学概论、社会调查研究方法、社会心理学、个案工作、小组工作、社区工作、社会行政或社会政策、社会保障、社会福利思想。此外，还提出了对社会工作专业实习的基本要求，开设了儿童社会工作、老人社会工作、残疾人社会工作、社区服务等选修课程。后来，国家教委以正式文件形式确定了社会工作专业的课程体系，深化了社会工作专业课程的体系性、系统性和专业性。

在推动社会工作专业课程体系标准化的进程中，中国社会工作教育协会将全国社会工作专业的负责人、学科带头人、专家学者组织起来，形成了专业合力，助力了课程体系的建设。该课程体系侧重介绍国外的社会工作理论和实务知识，虽然还没有结合中国社会现实需求进行内容设计，但是，在当时场景下已很好规范了社会工作专业的发展。

2011 年，教育部再次修订本科专业目录，形成了《普通高等学校社会工作本科专业介绍》。其主干课程与国际接轨，并以国际学界公认的社会工作基础课“人类行为与社会环境”替代“社会福利思想”，更好地提升了社会工作课程体系的专业性。

2018 年，教育部高等学校教学指导委员会编写了《普通高等学校本科专业类教学质量国家标准》，将社会学、社会工作、人类学、女性学、家政学等专业归为社会学类。其中，“社会工作概论”被纳入专业基础课程。社会工作专业课程模块包括“社会工作理论”“社会工作研究方法”“社会工作伦理”“人类行为与社会环境”“社会心理学”“社会福利思想”“社会保障概论”“社会政策”“社会工作法规与政策”“社会行政”“创新管理”“社会管理 / 社会治理”“社会组织管理”“社会服务”“个案工作”“小组工作”“社区工作”“社区发展”“社会工作评估”“质性研究方法”。“社会福利思想”被重新纳入，此外还增加了“社会保障概论”“社会服务”等体现社会工作福利性和服务性的课程。

二、各层次学校的课程开设状况

我国社会工作专业教育课程体系分为职业院校、本科、硕士等三个层次。中国社会工作教育协会围绕不同层次的课程体系，通过举办课程培训、师资培训班等形式积极推动课程体系的专业化和正规化。此次调查按照职业院校、本科、硕士等层次考察专业课的开设情况，并以教育部规定的专业课程和专业特色课程开设情况为主要指标。

表 8-1、8-2、8-3 的统计结果显示，国内社会工作专业教育集中于本科和研究生阶段，相较于职业院校，本科和研究生的课程体系更加正规和专业。在参与问卷调查的 162 所院校中，大多数院校在本科层次（78.39%）和研究生层次（61.11%）能开齐教育部规定的 10 门课程，还有院校（本科层次 56.79%，硕士层次 46.3%）开设了一些特色课程（参见表 8-4）。

表 8-1　社会工作职业院校课程开设情况

类　别	频　数	百分比 /%	累计百分比 /%
能开齐教育部规定的专业课程，并有自己的专业特色课程	11	6.79	6.79
能开齐教育部规定的专业课程	11	6.79	13.58
尚未开齐教育部规定的专业课程	1	0.62	14.2
无本科课程	139	85.8	100

表 8-2　社会工作本科课程开设情况

类　别	频　数	百分比 /%	累计百分比 /%
能开齐教育部规定的专业课程，并有自己的专业特色课程	92	56.79	56.79
能开齐教育部规定的专业课程	35	21.6	78.39
尚未开齐教育部规定的专业课程	3	1.85	80.24
无本科课程	32	19.76	100

表 8-3　社会工作硕士课程开设情况

类　别	频　数	百分比 /%	累计百分比 /%
能开齐教育部规定的专业课程，并有自己的专业特色课程	75	46.3	46.3
能开齐教育部规定的专业课程	24	14.81	61.11
尚未开齐教育部规定的专业课程	1	0.62	61.73
无本科课程	62	38.27	100

表 8-4　专业特色课程开设情况

片区	大学名称	职业院校特色课程	本科特色课程	硕士特色课程
东北地区	吉林大学			贫困与发展
	大连科技学院		社会调查与研究方法、专业服务规划与设计	

片区	大学名称	职业院校特色课程	本科特色课程	硕士特色课程
东北地区	哈尔滨工程大学			
	黑龙江八一农垦大学		社会工作实务	
	黑龙江工程学院		社会工作项目策划与开发、社会工作项目宣传与推广、心理咨询理论与实践、社会交往与社会适应、社会创新与公益创业、新媒体文案创意与传播	
	黑龙江省社会科学院			地方文化与社会
	吉林建筑大学		心理咨询	建筑企业管理、心理咨询
	吉林省委党校			基层党建与社会工作
	辽宁大学			社会工作实务前沿专题、社会工作文献综述与论文写作、公益慈善与社会组织管理、危机干预与应急管理
	长春理工大学		企业社会工作、西方社会学理论、社会工作伦理	企业社会工作、社会工作伦理
	长春工业大学		社会工作项目管理与评估	社会工作项目管理与评估
	长春师范大学		小组工作双语线上线下混合课	医院社会工作
	大连海事大学		海事社会工作	海事社会工作
	长春工业大学		社会工作项目管理与评估	社会工作项目管理与评估
	沈阳师范大学		家庭社会工作	家庭治疗
华东片区	华东政法大学		司法社会工作概论、基层司法服务与社会治理、法律与社会、法律心理学、社会法概论	司法社会工作、精神健康社会工作
	上海财经大学			金融社会工作、企业社会工作
	浙江财经大学		社区工作实务课程	
	浙江理工大学		实务特色	社会工作项目
	复旦大学		医务社会工作、法律与社会工作、自我认知与自我成长	家庭治疗理论与实务、贫困与家庭资产建设、高级医务社会工作

续 表

片区	大学名称	职业院校特色课程	本科特色课程	硕士特色课程
华东片区	杭州师范大学		社会工作专业综合实训	
	上海科学技术职业学院	社区宣传设计		
	上海商学院		金融社会工作、慈善信托实务、公益基金会运营	
	上海应用技术大学		智慧社区建设、数字鸿沟与社会	特殊群体社会工作理论与实务、基层智慧治理专题研究
	上海政法学院		司法社会工作方向课程、戒毒戒瘾社会工作、人民调解心理学	心理咨询与治疗方向、社会基层治理方向系列课程
	浙江财经大学东方学院		社区工作实务课程	
	浙江树人学院		健康社会工作	
华南片区	广西民族大学		小组工作实务	
	广州城市职业学院	社区禁毒实务、成瘾心理学、社区禁毒法规与政策		
	桂林理工大学		社区治理与营造	
	华南农业大学		心理咨询与沙盘治疗、心理学概论全英课程	残障社区康复与社会工作、长者社区照顾与社会工作、减贫与社区治理等社区工作课程群
	岭南师范学院		禁毒社会工作、社区治理	
	仲恺农业工程学院		农村社会工作	
	广东工业大学		老年社会工作	禁毒社会工作
	广东警官学院		矫正社会工作、禁毒社会工作、人民矛盾调解、司法社会工作	
	安阳师范学院		司法社会工作	
	集美大学		聚焦城乡社区服务与治理、健康照护社会工作、司法社会工作三个方向形成人才培养特色	聚焦城乡社区服务与治理、健康照护社会工作、司法社会工作三个方向形成人才培养特色
	五邑大学		侨务社会工作、心理咨询实务、居家养老前沿	

续 表

片区	大学名称	职业院校特色课程	本科特色课程	硕士特色课程
华南片区	北京师范大学-香港浸会大学联合国际学院			以香港浸会大学社会工作硕士（精神健康方向）课程为蓝本
	赣南师范大学			
华中片区	湖南女子学院		女性学	
	华中农业大学		农村社会工作	
	华中师范大学			公益慈善导论
	河南财经政法大学		司法社会工作、金融社会工作	司法社会工作
	湖北文理学院		社会工作项目策划与文案写作、自我探索与成长、社会工作前沿专题	
	湖南人文科技学院		司法社工、老年社工（医养结合）、农村社工	
	华中科技大学		老年、儿童、社区治理	老年、儿童、社区治理
	黄冈师范学院		司法社会工作、犯罪心理学	
苏皖片区	安徽农业大学		农村社会工作 / 乡村振兴研学与社会服务	农村社会工作
	东南大学			老年社会工作、医务社会工作
	安徽师范大学		社会工作艺术素养课程	高级社会工作实务
	河海大学			移民社会工作、环境社会工作
	淮南师范学院		项目策划与执行	
	南京财经大学		司法社会工作、金融社会工作等	
	苏州科技大学		专业认知与学业发展、品牌项目与传播、公益与慈善	
	扬州大学			社区党建与三社联动专题、社会工作法律法规专题
西北片区	西北农林科技大学		农村社会工作	农村社会工作
	青海民族大学		民族社会工作	

续 表

片区	大学名称	职业院校特色课程	本科特色课程	硕士特色课程
西北片区	青海师范大学		学校社会工作、农牧区社会工作、司法社会工作	学校社会工作、农牧区社会工作
	榆林学院		萨提亚家庭治疗理论与方法	
	甘肃政法大学		司法社会工作	司法社会工作、社区治理
	乌鲁木齐职业大学	新增语言类、礼仪类、手工制作等实务工作中重要的技能培训课程		
	西北师范大学		学校社会工作、社区社会工作、民族社会工作、社会行政与政策	学校社会工作、社区社会工作、民族社会工作、社会行政与政策
	西北政法大学	司法社会工作、社区矫正	司法社会工作、社区矫正	司法社会工作、社区矫正
	新疆大学			生态社会工作、边疆社区治理
西南片区	西南财经大学			儿童青少年社会工作与服务学习、公益慈善组织财务管理、农村社会工作与乡村振兴、临终关怀社会工作
	西南石油大学		灾害社会工作等	灾害社会工作理论与实务、慈善与公益专题等
	云南师范大学		禁毒社会工作、毒品与艾滋病预防教育	禁毒社会工作、禁毒政策法规
	重庆护理职业学院			
	云南财经大学			司法社会工作
	保山学院		青少年性健康教育	
	贵阳学院		社工项目	
	贵州大学		结合教师专业背景和学院优势开设人口学概论、性社会学、教育社会学等选修课程	结合教师专业背景和学院优势开设社区发展、儿童与家庭社会工作等课程
	四川外国语大学		涉外社会工作、国际社区社会工作	

片区	大学名称	职业院校特色课程	本科特色课程	硕士特色课程
山东片区	青岛科技大学		老年社会工作、残障社会工作、矫治社会工作方向课程	司法社会工作、老年社会工作、健康社会工作、社区治理方向课程
	山东财经大学		自我探索与沟通技巧	精神健康社会工作研究、金融社会工作专题、司法社会工作专题
	山东大学		残疾人社会工作、司法社会工作、儿童与青少年社会工作等	残疾人社会工作、司法社会工作、儿童与青少年社会工作等
	山东工商学院		公益慈善项目管理与能力开发	
	山东女子学院		儿童社会工作	
华北片区	北京工业大学		社会组织与社会创新、医务社会工作、青少年社会工作	社区营造、服务学习与领导力、国际社会福利与服务、优势视角的理论与实务
	北京理工大学		中国化马克思主义与社会工作、自我探索与专业成长	
	河北大学		中国社会工作历史	
	南开大学		循证社会工作	
	内蒙古科技大学		城乡社区治理、青少年社会工作、老年社会工作	城乡社区治理、青少年社会工作、老年社会工作
	天津理工大学			
	中国青年政治学院			青少年社会工作领域相关课程
	中央财经大学		金融社会工作	金融社会工作
	北京工业大学耿丹学院		医务社会工作、家庭社会工作、学校社会工作	
	北京农学院		农村社会工作	农村社会工作、老年社会工作
	北京青年政治学院	社会工作法律实务（北京市精品课程）		
	北京社会管理职业学院	主持教育部职业教育社会工作专业教学资源，开设19门在线课程，老年社会工作实务或北京市精品在线课程		

续　表

片区	大学名称	职业院校特色课程	本科特色课程	硕士特色课程
华北片区	内蒙古师范大学			牧区社会工作、民族社会工作
	内蒙古医科大学		医务社会工作	
	首都经济贸易大学		企业社会工作、老年社会工作、青少年与家庭社会工作	劳动社会学、企业社会工作、健康社会工作

根据表 8-4，在职业院校特色课程中，两所非司法类高校开设“社区禁毒实务”“社会工作法律实务”，体现出职业院校社会工作教育呈现精细化、专业化特点；在本科特色课程中，部分高校立足沿海地域开设“海事社会工作”“侨务社会工作”等课程，立足高校行业优势开设“金融社会工作”“慈善信托实务”“灾害社会工作”“农村社会工作”等课程；在硕士特色课程中，党校类高校立足优势开设“基层党建与社会工作”，少数民族地区高校开设“牧区社会工作”“民族社会工作”等课程。

特色课程意味着社会工作专业的教育和科研方向。近年来，无论是医学背景院校还是综合性院校，在健康中国战略大背景下，都积极挖掘学校的医学背景，链接医院资源，结合社会健康管理人才需求，开设“医务社会工作”“精神健康社会工作”“健康社会工作实务”等课程。中国社会工作教育协会也发挥专业委员会的作用，开展各类课程培训，助力凝聚共识，链接专业资源。值得关注的是，开设“禁毒社会工作”“禁毒政策法规”等课程的高校日益增加，这体现出社会工作教育对禁毒教育、社区禁毒、政社校三位一体禁毒宣传等领域的日益关注。

随着社会工作在助力民生保障、社会发展、社区治理等方面的作用日益显著，社会工作在各个层次课程体系的系统性、专业性、精细化、地方化不断加强。中国社会工作教育协会作为行业组织，为推动社会工作课程体系优化发挥了重要作用。随着社会工作博士专业学位（DSW）授权点的设立，社会工作课程体系建设将得以更好协同，社会工作教育对实践的助力作用也会更加巨大。

第二节　社会工作专业的教材建设

教材与课程一样，也是社会工作专业传授知识和教书育人的重要载体。多年来，中国社会工作教育协会一直把教材建设作为重要责任，很好指引了高校社会工作专业教育的推进。

一、教育协会编写教材的情况

21 世纪以来，随着社会工作本科专业在全国铺开和专业学位授权点的增加，专业教材编写成为推动社会工作教育的重要手段。

2004 年，中国社会工作教育协会开始组织编写“社会工作核心课程教材”。高等教育出版社先后出版了《社会工作导论》（王思斌主编）、《个案工作》（许莉娅主编）、《小组工作》（刘梦主编）、《社区工作》（徐永祥主编）、《现代社会福利思想》（钱宁主编）、《社会保障概论》（史柏年主编）、《残障社会工作》（马洪路主编）、《社会行政》（王思斌主编）、《社会政策概论》（关信平主编）等专业教材。此套教材形成了社会工作主干课程体系的内容框架，奠定了中国社会工作教育的理论和实务基础，成为推动中国社会工作教育课程体系建设的关键标志。

2008 年开始，协会组织编撰“社会工作实务”系列教材。高等教育出版社出版了《妇女社会工作》（张李玺主编）、《工业社会工作》（钱宁主编）、《医务社会工作导论》（刘继同主编）、《农村社会工作》（张和清主编）、《矫正社会工作》（张昱主编）、《儿童青少年社会工作》（陆士桢主编）、《社区工作》（徐永祥主编）、《社区工作实务》（徐勇主编）、《家庭社会工作》（朱东武、朱眉华主编）、《学校社会工作》（许莉娅主编）、《社会工作评估》（顾东辉主编）等教材。此套教材在对象群体上覆盖了妇女、儿童青少年等群体，在实务场域上涉及工业、农村、社区、家庭、学校等社会工作技术，在功能作用上涉及矫正、医务、评估等特定领域，成为推动社会工作实务教育的标志性成果。

二、高校自编专业教材的情况

高校专家领衔编写、出版社主动出版或协同出版逐渐成为社会工作教材建设的重要方式。较典型的是中国人民大学出版社的“21 世纪社会工作系列教材”“21 世纪中国高校社会工作专业系列教材”“社会工作硕士（MSW）系列教材”“新编 21 世纪研究生系列教材・社会工作硕士（MSW）”“21 世纪社会工作案例教材”“21 世纪社会工作实务系列教材”“创新中国社会工作实务模式丛书”等系列教材。

21 世纪社会工作系列教材。首本出版于 2004 年，2015 年升级为“新编 21 世纪社会工作系列教材”。该系列定位为本科教材，已出版 35 种。代表作品有《社会工作概论》（李迎生主编，已更新至第三版）、《个案工作》（隋玉杰主编，已更新至第二版）、《社会工作行政》（时立荣主编，2024 年即将推出第三版）等。

21世纪中国高校社会工作专业系列教材。作者主要是武汉地区社会工作专业教学团队，已出版5种，包括《社会保障概论新编》（丁建定主编）、《社会管理》（周长城主编）等。本系列中部分作品修订后加入“新编21世纪社会工作系列教材”。

社会工作硕士（MSW）系列教材。该系列教材为MSW教材的早期尝试，出版于2016—2019年，已出版3种，包括《社会工作伦理案例分析》（张会平主编）、《社会理论》（林聚任主编）、《社会工作专业实习》（田国秀主编）。

新编21世纪研究生系列教材·社会工作硕士（MSW）。2023年开始，中国人民大学出版社将面向研究生层次的社会工作专业教材升级系列，已出版《当代社会政策分析》（李迎生等著），继续开放出版中。

21世纪社会工作案例教材。该系列已出版6种，代表作品有《小组工作案例教程》（刘梦主编）、《社区工作案例教程》（高琦、李卫华主编）等。

21世纪社会工作实务系列教材。已出版2种，分别为《学校社会工作实习指导手册》（刘梦主编）、《学校社会工作实务教程》（石彤主编）。

创新中国社会工作实务模式丛书。由彭华民主编，已出版2种，分别为《服务学习：社工督导志愿服务新模式》（彭华民主编）、《理解与服务：民族社会工作实务》（储庆、库少雄编著）。

其他辅助社会工作专业教学的作品。如“明德群学·社会治理与社会政策”系列丛书，已出版《医务社会工作服务研究》（王阳著），待出版《儿童社会工作案例》《老年社会工作案例》等。

社会科学文献出版社自行策划出版部分教材。较典型的是用作本科生教材的社会工作丛书（宋林飞主编）。第一辑出版于2001年，共14本；代表作品有《个案社会工作》（翟进、张曙编著）、《社会保险学》（任正臣著）、《团体社会工作》（范克新、肖萍编著）、《社会工作行政》（张曙编著）、《社会工作实务》（库少雄编著）、《社区社会工作》（周沛著）、《社会福利思想》（陈红霞编著）、《社会政策与法规》（花菊香著）、《人类行为与社会环境》（徐愫编著）。此外，陈洪涛组织编写、中国社会出版社出版的“社会工作专业系列规划教材”，分册包括《救助社会工作实务》（宋爽）、《老年社会工作实务》（张斐）、《社区社会工作实务》（郑佚、周良才）、《残障社会工作实务》（金娜）、《心理学原理与应用》（刘慧玲、王晓丽）、《社会学原理与应用》（袁光亮）、《儿童青少年社会工作实务》（苏敏）。

高等教育出版社出版高等学校社会工作专业主干课程教材。具体包括《人类行为与社会环境》（彭华民主编，第三版）、《社会工作模式：理论与应用》（文军）、《社会工作价值与伦理》(陈钟林、黄晓燕)、《自我认识与成长》(编写组)等。

依托大学和专项项目编写教材也成为建设方式。较典型的是复旦大学顾东辉组织编写、复旦大学出版社2008年开始陆续出版的“复旦博学·社会工作系列教材”，其主干课程教材为《社会工作概论》《社会工作伦理》《社会工作理论》《微观社会工作》《宏观社会工作》，其中前两本已出版；实务课程教材为《农村社会工作》《企业社会工作》《老年社会工作》《司法社会工作》《健康社会工作》《学校社会工作》。再如，韩晓燕、何雪松组织编写、格致出版社于2017年开始出版“社会工作精品教材”(“十一五”上海市重点图书)，共计9册，包括《老年社会工作：从理论到实践》(梅陈玉婵、林一星、齐铱著)、《社会工作理论》(何雪松著)、《家庭社会工作实务》(于晶利、刘丽艳编著)、《青少年社会工作理论与实践》(于晶利、刘世颖编著)、《人类行为与社会环境》(韩晓燕、朱晨海著)、《社会福利》(黄晨熹著)、《中国社会工作案例》(何式凝主编)、《社会工作行政》(曾群著)、《社会项目评估》(方巍等著)。此外，首都经济贸易大学杨河清组织编写、中国劳动社会保障出版社于2008年出版“全国高等学校社会工作专业新编系列教材”，共计3本分册，包括《职业生涯规划》(杨河清)、《人口社会学》(王树新)、《个案工作的理论与实务》(高万红、吕新萍)。

可见，中国社会工作教育协会在编写教材和推动社会工作教育方面发挥了关键作用，为社会工作领域的教育和实践提供了重要支撑。高校也积极发挥本校优势，积极参与教材编制工作。教材的编写和出版为学生提供了很好的知识传播载体，助力了社会工作教育的专业化，也为社会工作实践提供了有力支撑。

第三节　社会工作的专业实习

专业实习是社会工作教学的组成部分，是协助学生融知识于实践的重要工具，是助力学生在把握社会问题“是什么”和“为什么”基础上回答“怎么办”的必需环节。社会工作专业正是有了专业实习，才体现出其知行合一的专业特性。

一、实习教学要求

社会工作专业实习旨在通过社会工作实践活动，协助学生将理论知识与实际操作相结合，锤炼社会服务能力、实务操作能力、人际交往能力、团队协作能力、问题解决能力、政策理解能力，并体验社会工作专业利他主义，为未来职业发展打下坚实基础。

专业实习内容包括专业能力和职业素养等方面。专业能力提升是指学生在实习导师指导下，参与社会工作实务过程中，不断学习和提升自己的专业知识、技能和方法；职业素养提升是指学生树立正确的职业观念、良好的职业道德和优秀的团队合作精神。

本次问卷调查涉及实习时数、实习形式等社会工作专业实习的基本内容。

关于社会工作实习时数。中国社会工作教育协会参照国际社会工作专业的要求，提出社会工作专业的学生实习时数为 800 小时。问卷调查显示（参见表 8-5），参与问卷调查高校的实习时数平均值是 747.78 小时；其中实习时数 600 小时的学校占 4.73%，800 小时的占 59.46%，800 小时以上的占 7.36%，其他的占 28.45%。值得注意的是，部分学校的实习时间较短或不在常规范围内。对此，无论是这些高校还是教育协会都应该予以足够重视。

表 8-5　社会工作实习时数

类　别	百分比 /%	实习时数（均值）/ 小时
600 小时	4.73	747.78
800 小时	59.46	
800 小时以上	7.36	
其　他	28.45	
合　计	100	

关于社会工作实习安排形式（参见表 8-6），常见的社会工作实习形式是同步实习和集中实习。同步实习指进行课程教学的同时安排学生围绕教学内容进行专业实践，以同步内化和检验学生掌握知识的程度：主要针对低年级学生，采用课堂讨论、机构参访、案例分析、角色扮演等方式，促使学生在学习的同时积累经验。集中实习指教学任务完成或部分完成的基础上，学生利用相对集中时间进行专业实践，以协助学生将课堂所学用到社会工作服务之中。集中实习安排学生在实习机构或社区机构参与全过程实务操作，促使学生在实践中了解社会工作运作。对学生实践进行专门督导是社会工作专业实习的基本要求。

表 8-6　社会工作实习安排形式

类　别	频　数	百分比 /%
集中实习	50	30.86
同步实习	5	3.09

续 表

类　别	频　数	百分比 /%
两者兼有	96	59.26
其　他	11	6.79
合　计	162	100

此次问卷调查显示（参见表 8-6），大部分社会工作院校在实习形式上兼有集中实习和同步实习，占比近六成；30.86% 的院校安排集中实习，单独采取同步实习和其他类型的形式较少。对于两者的比重，虽然无统一法则，但是，制定完整实习手册并贯彻执行，无疑是确保专业实习质量的不二法门。

二、实验室建设

实验室教育是社会工作教育的重要部分，是学生从课堂参与在地实践的过渡环节。社会工作实验室能够在提升学生专业技能、实践教学、社会服务模拟、专业伦理教育、跨界合作交流等方面发挥课堂和实习机构不可替代的重要作用。

此次问卷调查显示，在 162 所参与问卷调查的高校中，150 所高校设立了社会工作教学实验室，占比 92.59%；面积总计 8 980 平方米，平均每校 199.56 平方米。资料也显示，高校为了推动教学方式创新、更好服务社会工作教育，在实验室建设方面愿意加强资金、设备和专业实验教学人员的投入。但是，少数高校存在社会工作实验室不足的问题，限制了实践教学开展和学生实务能力培养。当然，实验室是否设立和面积如何只是硬件，如何运用实验室助力学生内化知识才是社会工作实验室建设的软件所在。

三、实习基地建设

实习基地是培养社会工作专业人才的重要平台。本次问卷调查显示，在 162 所高校中，实习基地共计 3 326 个，平均每校 20.53 个。其中，最少者只有 2 个实习基地，最多者有 73 个实习基地。不同地区、不同类型高校中实习基地数量的非均衡性，可能与各地经济社会发展水平、政策支持力度、学校重视程度等方面有一定关系。

关于实习点建立最早年份，有的学校 1998 年就开始重视社会工作实习基地建设。资料显示，实习点成立时长 6～10 年的高校占比 27.78%，11～15 年的高校占比 22.84%，16～20 年的高校占比 18.52%，20 年以上的高校占比 16.05%。与此同时，新建实习点仍占一定比例。这体现了不同学校对社会工作专业发展的洞察力和前瞻性上的差异。

从实习基地类型来看，多项选择结果显示：（1）社会工作机构占比 96.3%，这一定程度上反映了社会工作机构近年的蓬勃发展；（2）社会组织占比 85.8%，这体现出公益慈善、社会救助、社区发展等组织的状况；（3）社区居委会占比 75.31%，这体现出社区逐渐成为社会工作的重要载体；（4）社会福利服务机构占比 75.31%，政府部门占比 69.75%，社会工作站占比 62.35%，这表明高校已认识到社会工作与多类组织机构的工作关联。此外，医院（50%）、基金会（34.57%）也成为社会工作实习基地的重要类型。此外，还有高校以境外福利机构为实习基地，这一定程度上反映了这些高校的国际互动状况。

四、督导教师情况

督导教师是对社会工作学生进行行政性支持、情绪性支持和知识性支持的关键主体，是社会工作学生专业实习质量的重要保证。

问卷调查显示，督导教师人数达到 5 人及以上的高校占比 67.28%，表明大多数高校重视配备实习督导教师。督导教师达到 4 人的高校占比 8.02%，达到 3 人的高校占比 4.94%，达到 2 人的高校占比 5.56%。与此同时，无督导教师的高校也占 6.79%，这种情况显然不利于社会工作的专业实习和专业建设，应该尽快予以改变。

问卷调查显示，在督导教师的学科背景方面，社会工作专业背景的教师占 87.65%，这无疑是应该的和合理的。社会学专业背景的教师占 64.81%，心理学 / 教育学专业背景的教师占 44.44%，社会保障专业背景的教师占 33.33%，管理学专业背景的教师占 24.69%。跨专业虽在社会工作专业建设初期有其不得已之原因，并因此被理解，但是，显然不能长此以往，应该尽快予以改变。

问卷调查显示，在实习督导形式方面，选择个别督导的高校为 75.31%，其原因应该在于其针对性和个性化方面的优势；选择团体互动的高校为 66.67%，说明此方式正成为重要督导形式。采用集体会议督导形式的高校占比 58.64%，采用书面交流形式督导的高校占比 38.27%。从互动载体看，个别学校还采取线上线下相结合督导、学校与机构联合督导、定岗实习全年陪伴式督导等督导方式，这些都体现出社会工作实习督导的多元性和灵活性。

可见，国内社会工作专业的实习时数接近国际标准，但仍存在部分学校实习时数较短的情况。在实验室建设方面，总体体现出数量增长、形式多样等特点。在实习基地建设方面，基地建设发展迅速，多元化、专业化、整体化日益明显。在实习督导方面，大多数高校重视配备实习督导教师。在社会工作实习领域，具有社会工作专业背景的教师占据主导地位，但如何进一步提升督导教师能力依然值得关注。

第四节　师资队伍建设

教师是社会工作专业学生的行动伙伴。社会工作的知行合一特性，要求教师除了具有其他专业教师的教学和科研角色之外，还应该发挥服务国家和社会的特殊功能。动态提升能级，既是每个教师的责任，又是每个专业的任务，还是中国社会工作教育协会的使命。

一、专业师资的基本结构

社会工作是以利他价值引领、理论-实践融通的专业，师资队伍的专业素养、教学理念、实务经验是专业高质量发展的重要基础。下面根据本次问卷调查的 162 所高校的数据，对于与师资相关的一些指标进行简要说明。

关于师资队伍。有编专职教师有 2 374 人，平均每校 14.65 人。这体现了高校师资数量总体而言处于中等规模。与此同时，部分高校师资相对较少，有些学校只有有编专职教师 5 人。教师规模过小，较难保证各项教学工作的顺利推进，这一情况必须尽快改善。问卷调查还显示，非全职授课教师、行业导师等兼职教师有 988 人，平均每校 6.14 人。兼职教师参与一方面可以扩大专业教学力量，另一方面可以提高专业教学的多样性和前沿性。故此，兼职教师尤其来自实务界的兼职教师就十分重要。

关于教师年龄结构。专职教师中 35 岁及以下者计 450 人，平均每校 2.78 人，占 18.96%，这有利于带来新知识和新思想。36～50 岁教师共计 1 479 人，平均每校 9.13 人，占 59.77%。该年龄段教师具有较丰富的教学、人才培养经验和社会工作专业素养，是社会工作教学和科研的中坚力量。51 岁以上教师共计 422 人，平均每校 2.6 人，占 17.78%，发挥他们的传帮带作用无疑是社会工作专业的应有安排。总体而言，社会工作教师的平均年龄较传统专业而言相对年轻，从而使得该专业更加充满朝气。

关于教师的学位分布。专职教师中，博士学位人数共计 1 658 人，平均每校 10.23 人，占 69.84%。可见，高学历、高学位教师在社会工作教育领域中占据了主导地位，这对于推动社会工作教育高质量发展十分重要。参加调查的 162 个高校中，硕士学位教师 671 人，平均每校 4.14 人，占 28.26%。这部分教师有些是因相对年长而当初没有继续深造。与此同时，由于社会工作专业的博士毕业生较少、高校所在地缺乏吸引力、可供资源较少等原因，相关高校只能扩大招聘对象范围，从而部分年轻硕士就加入了教师团队。面对如此情况，如何协助年轻硕士学位教师提升能级，也是高校应该关注的工作议题。

关于职称分布。在专职教师中，助教共计 71 人，平均每校 0.44 人，占 2.99%。他们通常承担辅助教学的角色；讲师共计 880 人，平均每校 5.43 人，占 37.07%，这说明讲师是高校社会工作专业不可或缺的重要力量；副教授共计 918 人，平均每校 5.67 人，占 38.67%，这是社会工作专业教师中最大群体，在教学、科研、实习等方面可以发挥核心作用；教授共计 517 人，平均每校 3.19 人，占 21.78%；发挥其“关键少数”的作用，使其成为引领人才培养、科学研究、社会服务的特殊力量，可以很好促进社会工作专业教育乃至社会工作学科整体提升。

关于学科背景分布。在专职教师中，拥有社会工作专业训练背景者共计 637 人，平均每校 3.93 人，占 26.83%。可见，如何尽快扩大这部分教师的比例，已经成为紧迫任务。拥有社会学专业背景的教师 931 人，平均 5.75 人，占 39.22%。该类教师人数多于前者，可见社会学与社会工作的特殊关系，两者互鉴互长因此就十分重要。心理学、教育学专业背景教师 193 人，平均 1.19 人，占 8.13%，其原因在于这两个专业的理论和方法于社会工作专业而言是他山之石，可以在教学和实务中得以应用。社会保障专业背景教师 93 人，平均 0.57 人，占 3.92%；管理学、经济学相关背景教师 207 人，平均 1.28 人，占 8.72%；哲学、历史等人文学科背景教师 223 人，平均 1.38 人，占 9.39%；其他专业背景（如新媒体传播、公共卫生）教师 117 人，平均 0.72 人，占 4.93%。师资背景多元，呼应了社会工作“人在境中”框架，体现了社会工作“一专多能”的整体品性。尽管如此，吸纳更多拥有社会工作专业背景的教师加入师资队伍，依然是未来相当长时期的重要任务。

二、师资队伍培养

师资队伍动态增能是社会工作专业不断进步进而实现高质量发展的基础。教师个人自主学习、高校主动作为和行业组织积极推动都是助力教师能级提升的重要途径。

中国社会工作教育协会是师资队伍培养的重要主体。协会历来注重依托年会助力教师成长。问卷调查显示，社会工作专业高校教师的年会参与率为 95.05%。大家在此平台进行学术交流，了解最新教育和科研成果，切磋实务经验。与此同时，年会还经常进行实务技术专门培训。问卷调查显示，社会工作专业高校教师的培训参与率达 74.07%，从某个角度而言，这说明了教师的自我提升动机和对实务技术的真切渴望。细而言之，参与过年会案例教育培训的教师有 48.77%，参与过专项培训的教师有 47.53%，参与过论文写作培训的教师有 25.31%。

此外，还有海外交流等方式。这些都说明协会在促进社会工作教师专业技术提升方面的特殊作用。

社会工作高校是专业培训的重要平台。问卷调查显示，社会工作教师参加过所在高校人才培训的比例为67.28%，这表明了高校对社会工作专业教师成长的重视，体现了高校应有的使命责任。问卷调查显示，参加过实务技术培训、理论知识培训、督导培训、项目管理培训、社会工作法律法规培训、社会工作职业道德培训的教师比例分别为65.43%、63.58%、47.53%、39.51%、33.33%、29.63%。还有35.8%参加过继续教育培训，部分高校还举行社会工作师职业资格考试考前培训、社会工作案例工作坊等培训活动。这些都从不同角度提升了高校教师的教学能力。

专业教师积极参与国家社会工作职业水平认定考试，也是专业训练的一种途径。问卷调查显示，87.04%的高校有教师参加过此类考试，将参与职业水平评价考试，作为增强教师专业能力、了解社会工作整体情况的重要手段。此外，高校还积极资助教师参与国内专业培训或会议，建立研究生导师培训内部交流机制，资助教师参加境外专业培训或会议；问卷调查显示，社会工作专业教师参与过该三类培训的比例分别为85.8%、45.68%和36.42%。可见，注重对教师的多元训练，已成为促进师资水平提升的主要手段。

三、教师开办机构及相关情况

社会工作教师参与开办社会工作机构是我国社会工作发展过程中的特殊现象。他们擅长社会工作的理论和实务，能够整合高校教师、学生和政策资源，可以将理论知识直接运用于实务项目，并以此领域实践反哺课堂教学。调查数据显示，高校社会工作教师最早在2007年2月就开办了社会工作机构，迄今为止已有174家，平均每校1.07家。

关于开办形式。问卷调查显示，在162所参与调查的高校中，100所高校举办了社会工作机构，占比超过60%。细而言之，高校教师独立开办机构48家，占29.63%。其主要原因在于可以激活高校教师的专业能力和人力资源，更好控制发展方向和服务质量，确保自主性。高校教师合伙开办社会工作机构44家，占27.16%，成为仅次于独立开办的机构形式。这有利于整合专业、教学、政策等多方资源，以及跨学科、跨高校的合作交流。问卷调查中，回答既有独立开办机构又有合伙开办机构的高校有8家，占4.94%。这说明少数高校举办了多家社会工作机构，兼顾机构独立性，希望探讨多元性，可能是其动机所在。高校与所开办社会工作机构的合作，因此成为同行交流的重要内容。

关于开办机构面临的问题。问卷调查显示，高校关注如下一些具体细节：（1）教师从事的社会服务不能纳入学校考核体系（56.17%），这说明社会服务与教学、科研、职称等方面的衔接欠缺。（2）学校没有给予实质性支持（49.38%）。（3）政府购买服务的经费较少（48.15%），这一方面显示政府对于社会服务的认识，另一方面也启迪这些机构应该更多依托慈善组织、企业合作等方式获得资源。（4）员工流动性大（35.8%），这说明这些机构的人才现状，也与员工待遇和福利等因素有关。（5）市场竞争不规范（35.19%），这说明社会工作领域尚未形成统一的市场规则，也缺乏完善的监管机制。

可见，国内高校社会工作教师师资规模日益增大，兼职教师也是不可忽视的重要教学资源。中国社会工作教育协会的专门训练、高校自身主办的日常训练、参与全国社会工作职业水平认定考试都是社会工作教师提升专业能力的重要途径。与此同时，高校社会工作教师开办社会工作机构是值得关注的特殊现象，有其助力社会工作实务进步、反哺专业教育，也面临制度支持、经费资源等方面的约束。

总体而言，我国社会工作教育的课程体系、教材建设、专业实习和师资建设已有了良好基础，并很好指引了社会工作专业的过去发展，助力了社会工作行业的长足进步，“教育先行”也因此成为我国社会工作发展某个时段的重要特色。但是，与社会工作作为一个专业的理想境界相比，与社会工作自主知识体系建设的现实要求相比，我国的社会工作教育现状还有较大上升空间。

直面现实，勇担责任，是社会工作教师的应有勇气和应担责任。

（撰稿人：芦恒）

第九章

国家本科一流专业和一流课程状况

国家一流本科专业和一流本科课程的认定工作是教育部于2019年启动的重要工作。坚持扶强扶特，引导优秀专业的引领示范作用，打造一批高水平课程，助力“双一流”建设和新文科建设是其宗旨。几年来，在教育部统筹下，社会学类专业的国家一流本科专业认定顺利完成，一流本科课程建设也取得阶段性成效。社会工作作为社会学类专业中数量最多的成员专业，也积极参与了前述工作；其中的多元信息和过程感悟无疑对社会工作专业发展有很好启迪。

第一节　一流专业的基本情况

2019年4月2日，《教育部办公厅关于实施一流本科专业建设“双万计划”的通知》（教高厅函〔2019〕18号）正式发布。此通知的主要任务是在2019—2021年建设10 000个左右国家级一流本科专业点和10 000个左右省级一流本科专业点，突出示范领跑、分“赛道”建设、“两步走”实施等是其基本原则。

高等学校社会学类专业教学指导委员会受委托承担了本专业类国家一流本科专业认定的前期事务。根据前述通知，社会学类设置国家级本科一流专业95个。教学指导委员会发出了申报通知，说明了需具备条件、报送办法等细节。相关学校的社会学、社会工作、女性学、家政学等专业根据《国家级一流本科专业建设点信息采集表》递交材料，报告基本情况、负责人基本情况、近3年毕业生就业（升学）情况、近3年获省部级及以上奖励和支持情况、专业定位和历史沿革及特色优势、深化专业综合改革的主要措施和成效、加强师资队伍和基层教学组织建设的主要举措及成效、加强专业教学质量保障体系建设的主要举措和成效、毕业生培养质量的跟踪调查结果和外部评价、下一步推进专业建设和改革的主要思路及举措等信息。

高等学校社会学类专业教学指导委员会2019年、2020年和2021年分三次召开教学指导委员会委员全体会议。根据中央赛道和地方赛道的专业数额度，综合考虑申报专业的整体实力、大学类型、各种分布等信息，进行了专家投票。根据教育部最终公布的专业名单，112个专业入选。审视社会工作国家一流本科专业的情况，至少体现了如下信息。

其一，获评国家一流本科专业的社会工作专业数量和比例均逐年增加（参见表9-1）。从绝对数看，2019—2021年，社会工作专业成功获评者分别有10个、23个和30个，年增速度明显。从相对数看，社会工作专业获评数在社会学类专业获评总数中分别占33%、58%和71%，而且无论是中央赛道还是地方赛道，总体上也呈现稳步增长态势。从占比看，社会工作专业三年总共获评63个国家一流本科专业，其数量占社会学类专业获评总数的56%。虽然占比过半，但是如果考虑拥有社会工作专业的本科高校数和参评数，该专业的获评比例还不高。

表9-1 社会工作国家一流本科专业基本信息

年份	赛道	社会工作专业获评数		社会学类专业获评总数	社会工作专业占比/%
2019	中央	3	华东理工大学、南京理工大学、华中农业大学	16	19
	地方	7	沈阳师范大学、江苏师范大学、江西财经大学、济南大学、东莞理工学院、广西师范大学、青海民族大学	14	50
	小计	10		30	33
2020	中央	9	北京大学、中国人民大学、北京科技大学、吉林大学、复旦大学、华东师范大学、华中师范大学、郑州大学、贵州大学	24	38
	地方	14	首都经济贸易大学、天津理工大学、内蒙古工业大学、长春理工大学、上海大学、南京邮电大学、浙江师范大学、杭州师范大学、山东理工大学、山东青年政治学院、郑州轻工业大学、华南农业大学、重庆工商大学、西北师范大学	16	88
	小计	23		40	58
2021	中央	17	首都师范大学、中央财经大学、中国劳动关系学院、南开大学、河北大学、华东政法大学、南京大学、安徽师范大学、集美大学、江西师范大学、山东大学、华中科技大学、华南师范大学、西南大学、四川大学、西南石油大学、云南大学	27	63
	地方	13	北京工业大学、天津师范大学、沈阳化工大学、东北石油大学、常州大学、南京晓庄学院、浙江财经大学、山东女子学院、湖北文理学院、湘南学院、黔南民族师范学院、甘肃政法大学、青海师范大学	15	87
	小计	30		42	71

续 表

年份	赛道	社会工作专业获评数		社会学类专业获评总数	社会工作专业占比 /%
总计	中央	29		67	43
	地方	34		45	76
	合计	63		112	56

其二，社会工作专业的强校获评数量较多。2019 年和 2020 年中央赛道的获评社会工作专业都来自 985、211 或双一流高校，2021 年也有近 2/3 专业来自此类高校。在 29 个中央赛道获评学校中，来自前述三类学校者有 24 个，占 83%。在 34 个地方赛道获评学校中，有 4 个专业来自前述三类学校，其余学校也因历史悠久、拥有特色、基础扎实等而总体实力良好。资料显示，有 10 所 985 高校、23 所 211 高校和 27 所双一流高校的社会工作专业被列为国家一流专业，分别占这三类高校总数的 26%、21% 和 18%。这显示，社会工作专业在 1/5～1/4 的优质学校中得到积极关注。

其三，社会工作国家一流本科专业的地域分布不太平衡。表 9-2 显示，北京和江苏分别以获评 8 所和 6 所名列前两位，6 个省级行政区此指标为 0。经过测算，省级行政区拥有社会工作国家一流专业的平均数是 3.6 个，中位数是 2 个，众数是 2 个。超过平均数的省级行政区只有湖北、山东、上海、江苏和北京，低于平均数一半（1.8 个）的省级行政区有 14 个。可见，社会工作国家一流专业数量分布很不平衡。如果参照全国社会工作教育协会此前所划片区，华北片区以获评 13 所居首，西北片区居最后位次。

表 9-2　社会工作国家一流本科专业地域分布

获评专业数	0 所	1 所	2 所	3 所	4 所	5 所	6 所	8 所
省级行政区数	6	8	9	3	1	2	1	1
省级行政区	陕西、新疆、宁夏、西藏、山西、海南	安徽、黑龙江、湖南、云南、河北、内蒙古、福建、广西	吉林、辽宁、河南、江西、甘肃、青海、贵州、四川、重庆	广东、天津、浙江	湖北	山东、上海	江苏	北京
获评专业数	4 所	5 所	7 所	8 所	13 所			
片区数	1	2	4	1	1			
片区	西北	东北、山东	华南、华中、西南	沪浙	华北			

综上，被认定的社会工作国家一流本科专业总体上良好反映了该专业的建设状况，地区分布不平衡也是一个客观现实。无论参报专业是否最终获评，审读上报表格的指标状况，分析专业的基本情况、专业负责人基本情况、近3年本专业毕业生就业（升学）情况等信息，发现其专业定位、管理规范、改革成效、师资力量、培养质量中哪些方面存在不足并剖析其原因，应该是社会工作专业动态增能的前提。

第二节　一流课程的基本情况

课程是人才培养的核心要素，其质量直接决定立德树人的成效。2019年10月24日，《教育部关于一流本科课程建设的实施意见》（教高〔2019〕8号）正式发布，其目的是让课程优起来、教师强起来、学生忙起来、管理严起来、效果实起来，进而形成中国特色、世界水平的一流本科课程体系。同时公布的《“双万计划”国家级一流本科课程推荐认定办法》则希望经过三年左右时间建成10 000门左右国家级和10 000门左右省级一流本科课程。具体事务由教育部统筹进行。

迄今为止，教育部已公布了两批国家级一流本科课程的认定结果。经过对两个批次五个类型共计10 866门课程的名称审读，比对主建单位是否全国社会工作教育协会会员和国家一流专业，同时查阅课程负责人所在的院系专业，最终确定第一批次4门课程和第二批次11门课程属于被认定的社会工作国家一流本科课程（参见表9-3）。

其一，社会工作国家一流本科课程的类型分布值得关注。第一批次4门课程分属四个类型，具体而言，线上一流课程是华东师范大学的“社会工作概论”，线下一流课程是华中科技大学的“社会福利思想”，线上线下混合式一流课程是华中师范大学的“家庭社会工作”，社会实践一流课程是南京理工大学的“矫正社会工作”。在第一批次中，没有社会工作课程被认定为虚拟仿真实验教学一流课程。第二批次11门课程分线下一流课程和社会实践一流课程两类，前者有6门，主要是社会工作概论或社会工作导论；后者有5门，类型相对较多。整体审视两个批次的被认定课程情况，虚拟仿真实验教学、线上、线上线下混合式等三类课程较少，其共性是课程一定程度上依赖于电子技术。这一点值得关注。

其二，全国协会会员、国家一流本科专业、高品质学校的教师在被认定的社会工作国家一流本科课程中角色重要。资料显示，15门课程占全部国家一流本科课程数的千分之一；涉

表 9-3　社会工作国家一流本科课程的基本信息

	批次	类型	门数	名称	负责人	性别	职称	专业	团队其他主要成员	主建单位	开课平台	会员	一流专业	省份	大学类型
1	1	线上	1 873	社会工作概论	吴　同	男	副	社会工作	韩晓燕	华东师范大学	爱课程（中国大学MOOC）	是	是	上海	985+211+ 双一流
2	1	线下	1 463	社会福利思想	丁建定	男	正	社会工作	柯卉兵、郭林	华中科技大学		是	是	湖北	985+211+ 双一流
3	1	社会实践	184	矫正社会工作	张　曙	女	正	社会工作	赵斌、李学斌、王宇红、陈伟	南京理工大学		是	是	江苏	211+ 双一流
4	1	线上线下混合式	868	家庭社会工作	顾永红	女	副	社会工作	郑广怀、徐晓军、程玲、徐燕	华中师范大学		是	是	湖北	211+ 双一流
5	2	线下	2 076	社会工作概论	杨　晶	女	正	社会工作	庄勇、李凌霞、胡晓、何昕	贵州大学		是	是	贵州	211+ 双一流
6	2	线下	2 076	社会工作导论	卓彩琴	女	正	社会工作	贾昕珊、唐晓容、马林芳、张兴杰	华南农业大学		是	是	广东	双一流
7	2	线下	2 076	社会工作导论	顾东辉	男	正	社会工作		复旦大学		是	是	上海	985+211+ 双一流
8	2	线下	2 076	社会工作概论	吴宗友	男	正	社会学	张军、赵捷、范慧、牛津	安徽大学		是	否	安徽	211+ 双一流
9	2	线下	2 076	青少年社会工作	王玉香	女	正	社会工作	孙成键、宋婷、温欣	山东青年政治学院		是	是	山东	
10	2	线下	2 076	中国社会思想史	田毅鹏	男	正	社会学	陈鹏	吉林大学		是	是	吉林	985+211+ 双一流
11	2	社会实践	307	社区服务实务	尹木子	女	副	社会学	刘梦、周绍斌、李伟梁、胡全柱	浙江师范大学		是	否	浙江	
12	2	社会实践	307	矫正社会工作	林欢欢			社会学	周琴、王钠、颜三忠、何东	江西师范大学		是	是	江西	
13	2	社会实践	307	社区工作	李　敏	女	正	社会工作	郝彩虹、陈伟杰、刘焱	中华女子学院		是	否	北京	
14	2	社会实践	307	社会工作实务	霍晓丽	女	副	社会工作	曾富生、王武林、毛尉	贵州财经大学		是	否	贵州	
15	2	社会实践	307	禁毒社会工作	李　霞	女	正	社会工作	王曙文、刘志宏	云南警官学院		是	否	云南	

及 15 个高校，占全国社会工作本科高校数的约 5%。显然，上述两个指标均有较大上升空间。这 15 门课程的负责人全部来自协会会员单位，其中，10 门课程负责人来自 2019—2021 年教育部认定的社会工作国家一流本科专业，其余 5 门课程负责人来自社会工作的老校名校强校。如果再审视这 15 个学校的层级，可以发现，无论是线上一流课程、线下一流课程还是线上线下混合式一流课程，其主建单位都是 985、211 或双一流高校；社会实践一流课程的 6 个主建单位中只有 1 所属于上述三类高校。这一点也值得探究分析。

其三，这些课程的其他信息也值得关注。从课程类型看，线下一流课程和社会实践一流课程是两大主打类型；从课程名称看，入门引领课程“社会工作概论”或“社会工作导论”较多，占总数的三分之一；从性别看，女性负责人是男性负责人的 2 倍；从负责人职称看，正高级职称负责人数量是其他职称的负责人数量的 2 倍；从负责人专业背景看，来自社会工作专业的负责人占 2/3 强；从地域看，15 个主建单位来自 12 个省级行政区，其中，贵州、湖北、上海各有 2 家。值得关注的是，具有公共管理背景的教师也被认定了一些与社会工作有关的国家一流本科课程。例如，第二批中多个学校被认定了社会保障类课程，还有多所高校被认定了社区服务管理、社会福利等社会实践课程。与此同时，国家一流本科课程中还有若干心理学类课程。基于此，社会工作既应该优化本领域专业课程以拓展本体知识，也应该关注与人有关的行为课程和与场景有关的公共管理课程，还应该注重本体知识和基础知识的协同共进。

第三节　一流专业与一流课程的整合分析

一流国家本科专业和一流国家本科课程都是反映高校社会工作教学质量的重要指标。为了进一步审视这些信息，可以将前述两节内容作进一步分析，并参照省级行政区的情况进行说明（参见表 9-4）。

首先，将不同地域的社会工作一流本科专业数与社会工作本科高校数进行整合分析。简单计算前者与后者的相较结果并按由高到低排序，可以发现，青海和天津位列所有省级行政区的前两位。如此状况与这两个省份社会工作本科高校数排序的反差较大。可以这样理解，这些地区虽然设立社会工作本科专业的高校较少，但这些高校对社会工作专业建设比较关注。此外，北京、上海、江苏、湖北、吉林、安徽等地的占比排序与高校数排序大致相近，另外五个省级行政区的占比排序和高校数排序也相近且均位列最后，这两种情况应该说都是合理且可理解的。

表 9-4　省级行政区社会工作的一流国家本科专业和一流国家本科课程情况

省级行政区	一流本科专业数			社会工作本科高校数		一流本科课程数				
	数量	在社工高校数中占比	在社工高校数中占比排序	数量	排序	数量	在一流专业数中占比	在一流专业数中占比排序	在社工高校数中占比	在社工高校数中占比排序
青海	2	1	1	2	28	0	0.00	13	0.00	13
天津	3	0.75	2	4	27	0	0.00	13	0.00	13
北京	8	0.44	3	18	5	1	0.13	12	0.06	9
上海	5	0.38	4	13	8	2	0.40	7	0.15	2
浙江	3	0.3	5	10	14	1	0.33	8	0.10	6
江苏	6	0.29	6	21	3	1	0.17	11	0.05	10
辽宁	2	0.29	6	7	22	0	0.00	13	0.00	13
湖北	4	0.27	8	15	6	2	0.50	4	0.13	3
甘肃	2	0.25	9	8	21	0	0.00	13	0.00	13
山东	5	0.22	10	23	2	1	0.20	10	0.04	11
贵州	2	0.22	10	9	16	2	1.00	1	0.22	1
江西	2	0.22	10	9	16	1	0.50	4	0.11	4
重庆	2	0.22	10	9	16	0	0.00	13	0.00	13
吉林	2	0.17	14	12	12	1	0.50	4	0.08	7
福建	1	0.17	14	6	23	0	0.00	13	0.00	13
湖南	1	0.17	14	6	23	0	0.00	13	0.00	13
四川	2	0.13	17	15	6	0	0.00	13	0.00	13
河南	2	0.11	18	19	4	0	0.00	13	0.00	13
安徽	1	0.11	18	9	16	1	1.00	1	0.11	4
广东	3	0.1	20	30	1	1	0.33	8	0.03	12
内蒙古	1	0.1	20	10	14	0	0.00	13	0.00	13
云南	1	0.08	22	13	8	1	1.00	1	0.08	7
广西	1	0.08	22	13	8	0	0.00	13	0.00	13

续 表

省级行政区	一流本科专业数			社会工作本科高校数		一流本科课程数				
	数量	在社工高校数中占比	在社工高校数中占比排序	数量	排序	数量	在一流专业数中占比	在一流专业数中占比排序	在社工高校数中占比	在社工高校数中占比排序
黑龙江	1	0.08	22	13	8	0	0.00	13	0.00	13
河北	1	0.08	22	13	13	0	0.00	13	0.00	13
陕西	0	0	26	9	16	0			0.00	13
山西	0	0	26	6	26	0			0.00	13
新疆	0	0	26	5	25	0			0.00	13
宁夏	0	0	26	2	28	0			0.00	13
海南	0	0	26	2	28	0			0.00	13
西藏	0	0	26	1	31	0			0.00	13
合计	63			332		15				

其次，将不同地域的社会工作一流本科课程数、一流本科专业数和本科高校数再进行整合分析。根据社会工作一流本科课程数 / 社会工作一流本科专业数的计算结果，并结合省级行政区情况，可以发现，贵州、云南和安徽在省级行政区中列前三位，湖北、江西、吉林随后跟进。这显示，这些地区虽然大多不是社会工作本科教育强省，但是其社会工作国家一流本科专业比较重视本科课程的建设。再测算社会工作一流本科课程数 / 社会工作本科高校数，可以发现，贵州、湖北、上海、江西、安徽的排序较前。如果再整体比较各个省级行政区的一流本科专业数在社会工作高校数中占比排序、一流本科课程数在一流专业数中占比排序、一流本科课程数在社工高校数中占比排序等三个指标，并以三个指标均名列省级行政区前 1/3（前 10 名）为参照标准，那么，上海、湖北、贵州、江西的情况相对较好。

总体而言，高校社会工作专业及其教师能够呼应教育部关于一流本科专业和一流本科课程的“双万计划”要求积极参与，被认定的 63 个一流本科专业和 15 门一流本科课程一定程度上呼应了教育部对提升高阶性、突出创新性等方面的要求。让教学热起来，专业强起来，教师优起来，课程好起来，课堂活起来，不但应该是社会工作专业回应“双万计划”的积极行动，而且应该是学科日常建设的应有策略。

（撰稿人：顾东辉、庄勇）

第三编

中国社会工作研究

中国社会工作研究是一个宏大的研究主题，是中国社会工作教育协会三十年发展的一个缩影。本编首先从中国社会工作学科、理论和能力发展研究开始，呈现了中国社会工作教育界学者对中国社会工作学科建设的多阶段研究观点和成果，分析了中国社会工作理论借鉴和本土化研究，同时展示了中国社会工作能力建设研究成果。其次，从三个方面展示了服务国家战略的重大项目以及创新成果。再次，将社会工作实务和社会工作研究整合，展示了国家战略导向的主题服务案例项目及研究成果。最后，从中国社会工作宏观领域和微观领域呈现了多主题的研究成果。全编以中国特色社会工作研究为核心，以时间为阶段路线，以多领域为板块，展示了蓬勃发展的中国社会工作研究领域成果。

第十章

中国社会工作学科、理论与能力建设研究

第一节　中国社会工作学科建设研究

在中国社会工作恢复重建与发展的近四十年的历程中，学科建设始终是一个备受关注的核心议题。社会工作学科建设实际上是学科制度政策建设、高校学科专业建设、专业学会网络建设、学科建设、学术研究互为支持的整体。本部分以前三者为背景，以学科建设学术研究为重点，主要回溯以雷洁琼在1983年第一届民政工作理论讨论会上提出“民政工作是有中国特色的社会工作”（雷洁琼，1994）、1988年标志中国社会工作重建的马甸会议和1994年中国社会工作协会成立这三个起点开始的学科建设研究成果。

中国社会工作教育协会通过年会等活动推动社会工作学科建设。最初理念是教育为先，1997年第一届年会主题是面向21世纪的中国社会工作教育，第二届年会的主题仍是面向21世纪的中国社会工作教育。第三届年会从教育为先转向专业化和职业化并重，旨在推动转型与变迁中的中国社会工作的专业化和职业化发展。第四届年会第一次把当前我国社会工作专业学科建设作为会议重要主题之一，嵌入中国社会工作与社会工作教育理论与实践学术研讨会之中。2008年，年会开始凸显社会工作研究意义，以职业化背景下中国社会工作研究与实务发展为主题。第七届年会的主题是社会工作评估指标体系，专业学科建设中的评估方法内容成为主题。第八届年会主题是社会工作人才发展规划与社会工作教育使命，积极回应国家社会工作专业人才培养战略。2013年，第九届年会以现代社会工作制度建设为主题，强调社会工作学科建设的制度支持。2015年，年会以社会治理与专业社会工作发展为主题。2016年，年会再次明确强调加快我国社会工作学科体系建设，有效完善社会工作学科体系，推动社会工作教育事业的发展。2017年，年会强调社会治理创新与我国社会工作学科发展的关系，强调学科建设应与国家治理相结合。2018年，年会主题是走向新时代的中国社会工作理论与实践。2019年、2020年、2021年、2022年、2023年这五年的年会主题紧密结合国家战

略，主题分别是新时代我国社会工作高质量发展、全面建成小康社会背景下社会工作研讨会、中国特色社会主义社会工作发展、中国式现代化与社会工作新使命、中国式现代化新阶段社会工作与社会治理现代化等，不断深化中国特色的社会工作学科建设研讨和实践。综上，年会主题显示中国社会工作教育协会年会具有明显的教育为先、专业化与职业化、学科与制度建设、服务国家战略强化学科建设的阶段特色（参见本书附录一）。

费孝通先生早在四十年前就提出学科建设“五要素”论：成立学会开展学术研究；建立专业研究机构发挥学术交流作用；成立学系培养专门人才；建立图书资料中心服务教学研究；创办专业刊物与专门出版机构服务专业教材建设和学术成果出版（费孝通，1994）。由此衍生出具有中国特色的社会工作学科核心要素：学科自主性、学科核心理念、学科知识体系、学科共同体和学科成果 / 载体（彭华民，2017）。鉴于社会工作学科的专业特性，其学科制度结构可由职业化和专业化的研究者、研究机构和学术交流网络、规范的学科培养计划、权威的出版物和科研资助基金构成。在中国知网（CNKI）主题栏输入“社会工作学科”共搜索到 172 篇期刊论文，其中 40 篇为核心期刊论文；在全文栏中输入“社会工作学科”共搜索到 1 281 篇期刊论文，其中 340 篇为核心期刊论文（2024 年 6 月 30 日查询），除了中文论文外，还有相关主题的研究专著以及英文论文；可见学者们对社会工作学科建设开展了广泛研究，积累了较为丰富的学术成果。综上，纵观中国社会工作学科建设与学术研究的思想理路与演进历程，学科建设研究可以分为学科恢复重建初期、学科快速发展期、学科体系化建设期、学科自主性成长期几个阶段。

一、恢复重建初期的社会工作学科定位建设研究

从理论上构建社会工作学科建设与发展的路径、方向与目标成为中国社会工作学科恢复重建第一阶段的学术研究焦点。在这一时期，最为紧迫的工作是如何开展有效重建学科工作，如何准确界定其学科属性和学科归属。由于 1952 年国家在高校院系调整中中断了社会学和社会工作学科建设和专业教育，因而在 1979 年社会学学科重建后如何推进社会工作学科恢复重建是一个全新的议题。在学科恢复重建初期，费孝通、雷洁琼、袁方等关心和支持社会工作专业发展的老一代学者们发挥着主力作用，一方面积极推动社会工作课程和教材建设，另一方面与教育、民政等政府部门达成积极推动“专业社会工作”教育发展与人才培养的共识和决策。

雷洁琼先生是推动社会工作学科恢复重建与学科教育启航的领军人物。民政部于 1983 年 1 月 5 日至 15 日在北京召开了首届全国性民政工作理论讨论会，雷老在会上报告时鲜明地阐述了社会工作的学科属性，她认为从学科价值层面来说“社会工作是解决社会问题的”，从学

科关系来说“社会工作属于应用社会学”，并提出“民政工作是有中国特色的社会工作”的著名观点（雷洁琼，1994；卢谋华，2011）。后来，费孝通先生也针对雷老关于社会工作学科属性的观点做了积极呼应，他在主编《社会学概论》教材时，将社会工作作为专章编写，并重点阐述了社会工作与民政工作的紧密关系（费孝通，1984）。由于中国社会工作教育中断时间过长，导致这一时期民政、劳动、公安、卫生和教育等政府部门以及工会、妇联和共青团这些群团组织的社会工作长期处于经验层次，大多数社会工作从业人员缺乏基本的专业理论与方法训练，当时全国12万民政干部中接受过专业学校训练的不足1%（袁方，1997）。由此可见，民政部作为社会工作学科恢复重建的主推力量具有其内生驱动力。

政校联合启动社会工作学科重建工作。1987年在北京马甸组织召开的“社会工作发展论证会”（史称“马甸会议”）正式拉开高校社会工作学科教育恢复序幕并产生了三项重要成果：一是教育行政部门确认了社会工作的学科地位；二是民政部成立社会工作教育中心开启社会工作课程教学和教材编写；三是民政部决定资助北京大学开设社会工作专业（彭秀良，2017）。1988年年初，国家教委批准北京大学、中国人民大学、吉林大学、厦门大学四所高校设置社会工作与管理本科专业（王思斌、阮曾媛琪、史柏年，2014：22）。1982年上海大学社会学系开始开设社会工作课程（黄渭梁，1988a）。1990年民政部社会工作教育中心王青山与上海大学袁华音编写了由黄河出版社出版的《社会工作概论》，被民政部认定为民政系统院校社会工作教材。

在社会工作学科恢复重建初期，学者们注意到社会工作的实践生态是依托社会福利事业共生的，其特征是以经验性社会工作为主导，因而社会工作学科恢复建设的重要方向是快速恢复和发展社会工作学科教育，以发展专业社会工作为主要任务。值得关注的是，早年间，学者们针对社会工作教育恢复重建初期资金不足、师资短缺、教材空缺、学科偏见等问题提出两步走路径，第一步是将社会工作教育合并到社会学教育体系中谋求生存空间，第二步是在高校教育体制中设置社会工作系（黄渭梁，1988a）。有学者还提出政府和社会工作院系专业之间建立良好的伙伴合作关系是社会工作学科发展的重要支持力量。合作包括政校资源共享、政府人才政策和教育部学科发展规划等内容（马凤芝，1997）。在社会工作“有无理论”的论争上，黄渭梁认为社会工作在理论开放性上具有兼容并包其他学科理论和在实践应用性上具有注重微观操作性理论应用的双重特点（黄渭梁，1988b）。在社会工作实务层面，学者还就社会工作实习教学进行了专业讨论，将社会工作专业实习规范在地化，厘清社会工作专业实习和一般性社会服务实践的区别，强调中国经验的重要性，提出专业实习是社会工作人才培养和学科建设中国化的路径（马凤芝，1996）。

二、学科快速发展期的社会工作学科建设研究

学者们对社会工作学科发展模式的研究强调了中国化特色。在这一时期，在工业化加速、体制改革推进、社会问题丛生、社会发展加快四重因素影响下，中国社会工作迎来快速发展的历史机遇期。王思斌结合中国社会工作发展经验，将发展形态划分为“非专业、半专业和专业”三种模式，他采用制度变迁理论对中国的行政性半专业社会工作与学科化专业社会工作“同期共生”发展的社会情境进行了分析，认为社会工作专业发展既要以自身积累来获得社会认同，同时也要借势国家体制改革的机遇性环境（王思斌，1996）。他还指出行政性社会工作有其自身局限性，主要表现在“重政治动员、轻社会参与，重视思想教育引导、轻实际福利提供，重一般性工作原则、轻个别化服务技巧”，因此中国社会工作在推进专业化进程中需要处理好国外经验与本土经验的“中体西用”与“移植变换”两种关系，而比较理性的发展路径是既要总结提炼中国本土经验与理论，又要借鉴吸收外国经验与理论（王思斌，1995）。还有的学者认为中国社会工作学科是在有效回应社会转型与体制改革现实需求中获得发展空间的（丛晓峰、唐斌尧，2003）。

学者们对社会工作学科发展模式的研究突出了发展特征。史柏年（2004）将1988—2003年中国社会工作学科恢复重建状态概括为“后生快发、教育先行、师资滞后、拿来即用”四大特征，他认为新世纪的中国社会工作，应该在学科专业发展目标上坚持职业化与专业化并行，在学科发展模式上融通国际通则与本土经验，在学科建设定位上鼓励规范化与多样化相结合，在人才培养上支持低阶学历教育通才培养与高阶学历教育专才培养并行，在学科师资队伍建设上鼓励兼具理论素养与实务素养。另外，本土化也是核心研究议题。马凤芝（2002）指出中国社会工作存在对社会学学科路径依附和定量实证主义方法依赖的问题，就社会工作研究方法进行了创新性发展策略讨论，提出中国社会工作研究方法必须重视服务对象需要，重点开拓诠释性定性研究，突破定量实证主义的限制。夏学銮（1999）明确指出要去除学术界的泛本土化思维，应该遵循社会工作学科的科学性、艺术性和专业性发展规律，需要重点做好专业课程评估、建设社会工作实验室、做好社会工作实习教学、启动社会工作职业资格评价、提升社会工作专业师资素养、增强社会工作组织学术权威。

教育部在该时期的政策支持在一定程度上提升了社会工作学科的地位认同。国家教委1998年印发的《普通高等学校社会科学本科专业目录》去掉了“社会工作与管理”的“试办”专业身份，解决了社会工作学科的正式“户口”问题，从而促使社会工作教育获得了加速发展的机会。当时社会工作教育主要采取“两条腿走路”的发展原则：一方面是利用民政、妇联、共青团系统所属院校加强从业人员的专业培训和继续教育；另一方面是支持教育部门

主管高校发展社会工作专业人才的学历教育（袁方，1997）。1997年教育部学位管理与研究生教育司发布的《授予博士、硕士学位和培养研究生的学科、专业目录》没有设立独立的社会工作学科，其重要原因是当时社会工作学科还缺乏清晰明确的界定，未能对社会工作学科性质形成一致认识（李军、欧百钢、朱瑞，2007）。由于当时实施的学位与研究生教育制度尚未设置独立的社会工作学科，导致高校无法在一级学科、二级学科层面开展学科建设，甚至无法设置独立的学科专业点。

社会工作共同体建设推动学科自主性的研究。1994年成立的中国社会工作教育协会在推动中国社会工作学科建设与研究上发挥了巨大作用。中国社会工作教育协会成立之初仅有34个会员单位，包括普通高等学校、民政、共青团以及妇联系统院校，这对重点领域社会工作人才以及推进高等教育体制中的社会工作学科体制建设具有重要意义。1999年中国社会工作教育协会召开第二届年会暨“面向21世纪的中国社会工作教育”学术研讨会，袁方在会上指出中国社会工作学科建设在“教育先行”情境下得到发展，其体现在开设社会工作专业（课程）的高校增多，社会工作师资队伍不断壮大，社会工作专业教材和学术成果产出增多（袁方，1999）。2003年中国社会工作教育协会召开第四届年会暨“中国社会工作与社会工作教育理论与实践”学术研讨会，将社会工作专业学科建设列为大会主题，来自全国135个开设社会工作专业的高校300多名学者参加了会议。在会议上，学者们形成了一个共识，即社会工作作为社会学二级学科的这种学科地位缺乏自主性的问题严重制约了社会工作的发展，因而提出要通过强化社会工作教育、实务、研究三位一体的专业教学目标和教师角色定位，发挥中国社会工作教育协会在社会工作专业评估、课程认证和师资培训方面的规范引导作用，加强完善社会工作学历教育体制、社会工作职业资格认证制度和开发社会工作职业岗位等路径提升社会工作学科的规范化发展水平（尹利民，2004）。

三、学科体系化建设期的社会工作学科建设研究

社会工作学科建设的宏观人才政策支持。2006年中共十六届六中全会基于实现构建社会主义和谐社会的战略任务目标做出“建设宏大的社会工作人才队伍”战略部署。该政策奠定了社会工作学科发展的历史意义和重要地位，为社会工作学科建设提供了制度保障（王思斌、阮曾媛琪，2009）。随后民政部开始着手重点研究建立健全以社会工作人才培养、评价、使用、激励为主体内容的制度保障措施（李学举，2006），人事部和民政部出台《社会工作者职业水平评价暂行规定》和《助理社会工作师、社会工作师职业水平考试实施办法》（人社部、民政部，2006），标志着社会工作人才队伍建设进入实质性发展轨道（郑杭生，2007），同时

拓展了社会工作人才的就业通道。2011年中央组织部、民政部、教育部等19个部门联合下发《社会工作专业人才队伍建设中长期规划（2011—2020年）》（中央组织部等，2011），从人才类型上明确要发展服务、管理、教育与研究三类重点人才，从人才培养结构上明确了初级、中级和高级社会工作专业人才的培养数量目标。2012年民政部和财政部联合发布《关于政府购买社会工作服务的指导意见》（民政部等，2012），以"项目购买"和"经费支持"为手段为社会工作的职业化和专业化提供了全新路径。

社会工作学科建设的教育政策支持。教育部在2007年成立"高等院校社会工作人才培养体系及社会工作专业学科建设"课题组，由时任副部长的吴启迪牵头，教育部及国务院学位办相关司局领导，还有社会工作领域专家组成。教育部学位管理与研究生教育司收到专家们有关社会工作学科建设的相关建议，即在社会学一级学科中设置与社会学二级学科相并列的社会工作二级学科，制订学科建设发展规划，推进学科硕士、博士学位授权点基础建设，提升专业理论研究、学术队伍集聚、人才培养方面的学科支撑（李军、欧百钢、朱瑞，2007）。社会工作学科建设的重要支持政策是2008年国务院学位委员会审议通过的《社会工作硕士专业学位设置方案》（国务院学位委员会，2008），2009年国务院学位办发布《关于开展社会工作硕士专业学位教育试点工作的通知》并批准33所高校开展试点（教育部学位管理与研究生教育司，2010）。2009年全国社会工作硕士专业学位教育指导委员会成立。这一时期，社会工作硕士教育的开启与规模增长对于提升社会工作学科地位产生了积极的影响。2011年国务院学位委员会和教育部对学科目录进行了修订，发布《授予博士、硕士学位和培养研究生的学科、专业目录（2011年版）》（国务院学位委员会、教育部，2011），该目录单列了"0352社会工作"，进一步推进了中国社会工作学科的制度化建设。但是社会工作学科建设与硕士教育也存在不少挑战，如专业师资严重不足、本土化学科模式探索不足等（谢立中，2017）。

在国家构建现代社会治理体系的战略格局下，社会工作作为以服务见长的柔性治理技术和力量获得空前的发展动力，也为学科建设与职业制度互构性发展提供了现实路径（冯元、彭华民，2017）。这种互构、共生、并行的制度安排，强化了高校学科和职业实践两个体系中培养"能力为本"社会工作人才的理念（尹保华，2008）。2006年中国青年政治学院在全国高校中成立首个社会工作学院，通过这种学院建制能够更好地整合相关学科力量推动社会工作学科建设发展（王琦，2008）。学者们在讨论中国社会工作学科建设中，也更多关注学科专业化与职业化实践互构与共生议题。在推进中国社会工作由"行政性"向"专业性"转型过渡中，可以采取"渗透式""新生式"和"嵌入式"三种策略（李迎生、方舒，2010）。系列社会工作职业化的制度环境向好，一方面激发了社会工作群体自身的专业自信和实践自觉，另一方面这种社会性和制度性的专业承认也提升了社会工作学科的社会地位和影响力（王思斌，2013）。

强政策支持中的弱学科地位。然而，中国社会工作学科地位仍然处于相对边缘和弱势状态。一是在现行国家学科体系中尚未取得“独立”学科地位，如在国家社科基金项目等课题申报体系中，社会工作属于“社会学其他学科”“应用社会学”“福利社会学”等，学术型社会工作硕士与博士尚未独立设置；二是现行高校与学术机构对社会工作师生和研究人员主要采用社会学一级学科或公共管理评价标准，导致学科地位边缘化和师生专业认同疏离化；三是独立的社会工作学术期刊数量极少，尚未进入 CSSCI 期刊系列，导致社会工作学科建设者的成果发表缺少专业通道，不能有效展示学科建设的优秀成果；四是全国社会工作教学指导委员会尚未设立，380 多家设有社会工作专业的大学没有独立的学科共同体平台与相关部门沟通对话等等（李迎生，2017）。

四、学科自主性成长期的社会工作学科建设研究

深化建构社会工作学科的自主性和本土化讨论。这是中国社会工作学者需要深入研究的议题。这一时期学者们的社会工作学科自主性建设意识明显增强。2017 年时任中国人民大学副校长、《社会建设》主编的洪大用教授邀请了中国社会工作教育协会会长徐永祥担任笔谈主持人，中国社会工作学会荣誉会长王思斌与副会长关信平、彭华民和刘梦以及李迎生等学者在第 4 期发表“社会工作学科建设”专题笔谈，他们的论文题目分别为《我国社会工作学科建设的重要意义及重要议题》《社会工作学科创新刍议》《当前我国社会工作的内在能力建设》《中国社会工作学科建设标准与论争》《社会工作学科建设的几点思考》《也谈社会工作的学科定位》等。徐永祥对社会工作学科的内涵与要素进行了厘清，认为社会工作学科建设应该谋求“有独立的学科地位，有创新理论研究能力和学术评价机制，有自身理论体系和学术话语权，有符合国际规范和切合本土特色的专业设置和课程教材，有高标准的教研队伍，有专业学术研究刊物”（徐永祥，2017）。彭华民（2017）在梳理西方社会工作学科建设中的百年学术论争后，引入有关社会工作专业特征的分析框架，提出中国社会工作学科建设在学科准入、专业理论、高等教育、成果发表、行业组织、伦理守则和职业报酬、进取目标等方面已经取得成绩，社会工作学科体系基本建立但基础还比较薄弱。这是一次高水平、影响大的学科建设笔谈。之后具有重要影响的笔谈是 2023 年《社会工作》6 期推出了“社会工作学科建设的本土化”笔谈，包括马凤芝的《中国式现代化新发展阶段社会工作的任务与挑战》、文军的《挑战与回应：发展的不确定性与社会工作学科体系建设》、李迎生的《扩展社会工作的传统界限》等，2024 年《社会工作》1 期继续组织了“社会工作学科建设的本土化”笔谈，包括童敏的《生活实践：中国社会

工作自主知识体系》、陈树强的《论社会工作学科体系本土化建设的三大关系》、徐道稳的《中国特色社会工作学科体系的基本结构和主要内容的考察》。以上六篇论文的作者在长期的社会工作学科建设工作基础上，以知识生产成果论证了中国社会工作学科知识的自主性和地位。沿用费孝通有关社会学学科建立的“五脏六腑”标准，学者们认为，中国社会工作学科体系已经建立，但其独立性缺乏显著表现在“社会工作尚不是一级学科”（徐道稳，2024）。

马克思主义社会工作的研究为学科建设提供了理论支持。坚持以马克思主义为指导，是中国哲学社会科学研究的基本思想遵循和根本出发点；坚持马克思主义的核心指导地位应当成为中国特色社会工作体系的鲜明特色（李芳、赵一红、李明，2020）。马克思主义社会科学方法论是在充分汲取与总结前人经验的基础上发展而来的；该方法论体系是一个创造性的开放体系；其包含以实践为基础的研究方法、社会矛盾研究方法、社会系统研究方法、社会过程研究方法、社会认知与评价方法等，均是社会工作科学方法论的核心部分（王艳，2020）。尽管马克思主义对社会工作的影响经历了马克思主义社会工作、结构社会工作、反排斥与反歧视社会工作和批判社会工作等不同的发展阶段，但是，它们都认同“人是历史社会结构中的人”这一马克思主义社会工作的基本观点。我们要围绕“变化”重新理解历史社会结构中的人，将马克思主义与社会工作的场景实践整合起来，以过程唯物论作为社会工作实践的理论基础（童敏、刘芳，2019）。社会工作存在着专业伦理和现实发展困境，因此，要从马克思主义中国化的经验视角，提出科学化、实践化、创新化和大众化的策略加以推进（周丹红，2011）。回顾马克思主义和社会主义女性主义两种理论文献，我们发现结合这两种理论的视角才能更好地解释和研究现时中国女性福利的问题（雷杰，2008）。

集中研讨具有中国特色的社会工作学科建设路径。学者们提出了不同的富有创见的路径和策略。彭华民（2017）指出中国社会工作学科建设要重视两个基本路径，即学术层面的学科建设和实践层面的学科建设，要注意实践性学科的社会工作重在提供优质的专业服务以满足社会需要和解决社会问题，而学术性学科的社会工作要发展中国特色的本土社会工作理论体系和建构平等独立的学术话语体系。陈树强（2024）认为，在中国式现代化的新情境下社会工作面临的是“教育滞后”的问题，其采用“科学化过程”的分析框架，认为当前中国社会工作学科建设需要处理好“科学要求与实践要求”“自身学科与其他学科”以及“通用知识与专用知识”三种关系。文军（2023）则认为在“不确定性”的社会变迁和社会发展情境下，中国社会工作学科建设在教育、实务、伦理、研究等具体领域面临一系列的新挑战，提出中国社会工作学科自主性建设的重要任务是推进反思性专业教育、构建情境性实务服务模式，建立包容性伦理体系，建构与“不确定性”社会相适应的研究共同体。刘振和徐选国（2021）

则认为，实践自主、学科自立与学术自信是构建中国社会工作学科自主性的实践逻辑，需要在国际规范与本土经验上采取“嵌合性”发展策略，在学科制度结构、学科价值认识等层面形成主体性意识，构建具有中国特色的社会工作学科结构与学科文化。

升华中国社会工作学科建设研究的理念。马凤芝（2022）从国家“新文科”建设的宏观目标视角，结合习近平总书记关于“构建中国特色的哲学社会学科”的指导思想，认为中国社会工作学科建设需要有效体现“继承性和民族性、原创性和时代性、系统性和专业性”相结合的原则与思想，认为新时代中国社会工作学科建设要把握两个着力点，一个是加快形成具有原创能力的自主知识体系，一个是创新能够回应数字智能科技时代的教育与实务模式。从国际经验而言，社会工作学科与社会学、政治学、经济学、心理学等一级学科是并行平等的关系，但我国社会工作作为社会学二级学科的存在与独特的中国国情有关，因而如何处理好社会工作学科与其他学科的科际关系，逐步确立独立的学科地位将需做长期的努力（李迎生，2019）。这些论述有利于让政府、高校和实务界更清晰地认识社会工作学科建设的目标和要求。谋求学科独立性是社会工作群体坚持不懈的努力目标。有学者特别关注到社会工作学科建设中的专业理论发展问题，将持续 35 年讨论的“社会工作科学化”理解为“学科科学化”和“职业科学化”两个面向，认为在学科构建过程中存在的一个关键性问题是缺乏对社会工作自我理解的独立反思，因而中国社会工作学科的“自主性”建设的紧迫性任务是加强理论建设，要建构自身的专业理论以厘清中国社会工作功能定位与发展方向等基础性问题（张威，2017）。何雪松（2015）也认为中国社会工作学科自主性不足在于我们的专业理论建设缺乏“体系精神”，导致现实中人们只能以独特“价值观”来辨别学科差异，他认为在推进学科自主性建设中既需要验证吸收西方社会工作理论，也需要在中国实践中生产本土理论，专业共同体应以“科学”之名与政府、社会和民众进行互动沟通，并加强与其他学科的“理论对话”。同样，当前我们对于“什么是学科体系、学科体系的主要内容有哪些”的基础理论研究非常薄弱，需要在“大社会工作”的中国情境下，在把握实践智慧、科学研究、本土思想和制度传统四种来源的基础上构建中国特色的社会工作理论体系（徐道稳，2024）。还有学者指出“相关方面对社会工作者以及社会工作专业有些偏见乃至批评”的重要原因是社会工作的学科研究严重不足，社会难以认识到社会工作学科的学科地位和学科属性，因而需要加快“社会工作学”创建探索，促进社会工作学科知识体系与研究方法的体系化，构建中国特色的社会工作学科知识体系（陈涛，2020）。

新时期中国社会工作学科建设政策和制度的强支持。国务院学位委员会和教育部（2022）联合印发《研究生教育学科专业目录（2022 年）》和《研究生教育学科专业目录管理办法》，规定大学通过自设和申报批准可以设社会工作专业博士点，具有开办专业博士学位教育的资格。2024 年 7 月 31 日，国务院学位委员会办公室发布新增博士硕士学位授权审核专家核查及评议结果。此前，各省共有 18 所高校获荐社会工作专业博士点，最终有 7 所高校成功获批，包括中国青年政治学院、华东理工大学、河海大学、深圳大学、西南财经大学、贵州大学、云南大学。同时，清华大学、浙江大学、复旦大学、南京大学等自设社会工作专业博士点，组成中国第一批社会工作专业博士点大学团队。社会工作专业硕士点有 33 所高校成功获批，全国社会工作专业硕士点达到 215 家。

2023 年中共中央和国务院印发《党和国家机构改革方案》，明确要求设立中央社会工作部。2024 年 1 月以来各地地方党委全面启动了社会工作部门的设置工作。为中国社会工作学科自主性建设迈出了行政支持学科发展的里程碑式的一步。在社会治理新格局和机构改革新生态中，社会工作学科的价值和优势将更加受到重视，为社会工作学科的自主性发展提供了更加广阔的空间。今后一段时间，中国社会工作学科发展需要在“大社会工作”的现实情境和制度环境中谋求专业社会工作的发展优势（王思斌，2024）。同时，中国社会工作教育协会在中央社会工作部的领导下，整合优质资源，提升专、本、硕、博人才培养质量，继续打造社会工作学科高质量建设的中国特色。

中国社会工作学科建设中科研资助基金资源。科研项目支持从少到多，从一般项目向重点项目和重大项目发展，数量增加明显，为学科建设成果提供了重要支持。检索“国家社科基金项目数据库”（2023 年 2 月 15 日检索），检索项目的立项时间不限。以“社会工作”与“社工”为检索词，最终得到有效项目 189 项：在基本特征方面，国家社科基金社会工作研究项目立项数量波动增长，在学科分布上以社会学为主；在研究力量方面，该领域形成了一批核心作者与研究机构，在地域上呈现出“东多西少”的不均衡分布状态；在研究主题方面，相关项目主要围绕本土化与理论探索、社会工作与社会治理、专业人才队伍建设与实务研究四个方面展开；在研究趋势方面，我国社会工作研究经历了萌芽与起步、探索与发展和拓展与深化三个阶段，“新时代”与“乡村振兴”是未来的研究重点与前沿问题。总体而言，国家社科基金一般项目和青年项目较为快速增长，近三十年来我国社会工作研究取得了较为丰硕的成果（程子航，2023）。

社会工作研究的一般项目多，重大项目总量还是偏少，集中优势力量研究服务国家战略和社会工作学科建设项目尤其少。根据协会组织的问卷调查，社会工作研究国家社会科学重大项目和教育重大课题攻关项目 6 项，社会福利与社会保障项目 10 项，社会政策与社会治理项目 14 项，其他 9 项重大项目中也包括了社会工作学科建设的内容，为学科建设提供了学术精品，为学科研究提供了高水平平台，为学科发展提供了有力支持。

中国社会工作学科建设成果载体之学术期刊。社会工作期刊总量较少，期刊级别还不能满足学科发展的要求，但在大家的努力支持下，期刊数量在不断增加，质量也在提高，包括《中国社会工作研究》（中国社会工作教育协会主办，CSSCI 辑刊）、英文期刊 *China Journal of Social Work*（北京大学－香港理工大学社会工作中心主办）、《中国社会工作》（中国社会报社主办，北大核心）、《社会福利》（民政部主管主办）、《社会建设》（中国人民大学主办、中国人民大学社会学理论与方法研究中心编辑策划，CSSCI 期刊扩展版）、《社会工作》（江西省民政厅主管主办，CSSCI 期刊扩展版）、《城市社会工作》（上海大学社会工作系主办，CSSCI 辑刊）、《中国社会工作学刊》（中国社会工作学会主办）、《社会工作与管理》（广东工业大学学报编辑部主办）、《社会服务研究》（北京社会管理职业学院主办）、《社会工作评论》（复旦大学社会工作系主办）、《社会福利评论》（南京大学社会学院 MSW 中心主办）、《福利中国》以及人大复印资料《社会工作》等等。学术期刊不断增多，发表学科研究论文水平不断提高，为中国社会工作学科建设提供了有力的支持。

中国社会工作学科建设成果之丛书系列。通过中国社会工作教育协会组织的问卷调查和出版社提供的相关信息，我们收集到了较为丰富的社会工作学科建设丛书成果。丛书系列为开放接受社会工作最新研究成果、推出本土社会工作研究成果提供了平台，记录和积累社会工作学人在学科建设中走过的艰辛和阶段性路程，本部分第一次总结和展示丛书形式的学科成果。在借鉴与建设、批判与发展、实践与理论的关系中，多种类型的丛书丰富了中国社会工作学科建设内容（教材丛书参见本书第二编）。

类型之一：服务国家战略，协会领衔，专业组织的丛书。

中国社会工作教育协会支持，彭秀良主编 / 整理校订《社会工作学术文库》第一辑 4 本和第二辑 4 本（河北教育出版社联合出版）、马凤芝主编《社会工作抗疫丛书》6 本（华东理工大学出版社）等等。

类型之二：专家领衔，出版社主 / 协动。

中国人民大学出版社出版的社会工作丛书。彭华民主编的《创新中国社会工作实务模式丛书》，顾东辉《明德群学 · 社会治理与社会政策》系列丛书等。另外还出版了影响广泛的隋玉杰主编的《社会工作经典译丛》33 种（“十五”国家重点图书出版规划项目），刘梦主编的《社会工作实务译丛》8 种，等等。

社科文献出版社出版的社会工作丛书。包括出版社自行策划社会工作研究文库 13 种，彭华民主编的《民生智库》丛书 3 本，杨静主编的《社会工作行动研究系列》丛书 3 本，卜长莉主编的《社会工作参与社会治理研究智库》丛书 4 本，华东政法大学社会发展学院主编的《社会工作译库》8 本，彭华民主编的《光华社会学 / 社会工作文库》7 本，等等。

华东理工大学出版社出版的社会工作丛书。包括徐永祥主编的《社会工作理论与实务丛书》6 册；何雪松主编的《新时代社会工作与创新社会治理丛书》3 册；徐永祥、何雪松主编的《社会工作与社会政策智库论丛》10 册；马伊里、吴铎主编的《社会工作理论流派案例研究丛书》（“十一五”国家重点图书）10 册；马伊里、吴铎主编的《社会工作案例研究丛书》（“十一五”国家重点图书）9 册；向德平主编的《反贫困社会工作丛书》23 册；向德平主编的《中国减贫方案与全球贫困治理丛书》（“十四五”重点出版规划 / 国家出版基金）6 册；徐永祥主编的《社会工作流派译库》33 册；徐永祥、何雪松主编的《玛丽·埃伦·里士满社会工作全集》8 本（国家社科基金出版资助项目）；何雪松主编的《社会政策前沿译库》6 册；等等。

中国社会出版社出版的社会工作丛书。该出版社直属民政部领导。出版了景天魁、彭华民主编的《社会福利思想与制度丛书》4 本（国家“十二五”重点出版图书）；彭华民主编，顾东辉、陈树强副主编的《社会福利服务与管理丛书》4 本；高鉴国主编的《海外社会工作介绍丛书》6 本；高鉴国、黄智雄主编的《社会福利研究》专辑 3 本（中国社会出版社）；等等。

类型之三：依托大学、专项项目支持，专家为主编核心团队的丛书。

邓伟志、沈关宝主编的《社会和谐与发展》丛书 5 本（上海大学出版社）；史传林主编的《新时代城乡基层治理前沿问题研究》丛书 5 本（中国农业出版社）；邓广良、彭华民主编的《三一社会工作文库》6 本（上海人民出版社）；彭华民主编的《社会福利评论》3 本（中国社会科学出版社，江苏省优势学科建设等项目）；彭华民主编的《解析福利：社会问题、政策与实践》丛书 6 本（上海人民出版社、格致出版社）；曾守锤主编的《社会工作研究方法指导译丛》10 本（上海教育出版社）；等等。

上述丛书从一个侧面说明了中国社会工作学科建设百花齐放的格局基本形成。从早期社会工作系列教材具有比较强的拿来主义色彩到现在具有鲜明中国特色的系列教材，从单一课程教材到中国特色实务-案例教材，主题多元化，内容专业化；从早期出版引进版丛书到现在的出版经典社会工作作品翻译系列，定位是全面系统地介绍在西方已有上百年历史的社会工作专业的核心知识，为建立中国自己的社会工作知识体系作参考；社会工作研究丛书相对上述两个板块的丛书数量较少，但也展示了中国社会工作研究发展和特色，特别是《反贫困社会工作丛书》系列由中国社会工作教育协会反贫困专业委员会组织，基于服务而研究的特色突出。

（撰稿人：彭华民、冯元）

第二节　中国社会工作理论借鉴与本土化研究

自 1994 年中国社会工作教育协会成立以来，经过三十年的发展，中国社会工作理论研究在协会的组织、引导下，围绕中国社会福利体制改革、社会建设、国家重大战略和重大事件，借鉴吸收国际经验，与中国改革发展的具体实际相结合，与中华优秀传统文化相结合，全面融入中国民生保障、公共服务、国家治理现代化进程，并在农村扶贫、社区治理、灾害重建、疫情防控、禁毒矫治、残疾人康复等重点领域取得了显著成绩，逐步形成中国社会工作的本土理论和自主知识体系。

一、中国社会工作理论自主知识创新的重点领域

1. 脱贫攻坚、乡村振兴等农村发展领域：协会支持的“双百工程”农村社会工作、协会组织的精准扶贫社会工作等都在农村社区发展领域进行持续的耕耘。

2. 司法社会工作领域：2003 年开始的社区矫正试点，为社会工作参与矫正、禁毒、违法犯罪未成年帮教提供了机会，上海三大社团等多个社会工作机构提供了社工参与司法工作的经验。

3. 灾后重建领域：2008 年的四川大地震、2010 年的青海玉树地震、2014 年的云南鲁甸地震的灾后重建工作，中国社会工作教育协会迅速组织高校老师开展灾害社会工作服务，也检验了中国社会工作的实践能力和研究能力。

4. 城市社区治理和家庭综合服务领域：2010 年广州市民政局购买社会工作服务参与家庭综合服务中心，提供了社会工作参与专业社区服务的机会。

5. 疫情防控领域：2020 年年初新冠疫情暴发之后，中国社会工作教育协会也发挥了不可忽视的作用，组织全国社会工作教育界支持本地的疫情防控，提出了线上辅导、社区互助等疫情防控模式。

二、中国社会工作自主知识体系理论研究的主要成果

经过了三十年的发展，中国社会工作教育协会组织全国高校社会工作教师积极参与国家重大战略和重要任务的专业服务，在民生保障、基本公共服务、基层治理等方面积极参与本土实践，并通过行动研究策略，产生了一些标志性的研究成果，逐步形成中国社会工作自主知识体系。

1. 围绕中国福利体制改革，提出了中国多元福利模式，奠定了中国社会福利社会化的理论基础。党的十四大提出了社会主义市场经济体制，并且把社会保障制度作为社会主义市场经济体制的重要组成部分。党的十五大以后，为配合国有、集体经济改革，我国加快了社会保障体制改革步伐，逐步形成了社会福利社会化的思路。中国社会福利社会化一方面是为了改革单位制下的企事业单位的社会负担，形成国家、单位、个人共同负担的社会保障筹资模式，另一方面是为了扩大原来民政部门负责的“无劳动能力、无法定抚养人、无生活来源的老年人、残疾人和未成年人”等“三无”对象服务范围，鼓励通过官办民营、民营公助等方式来扩大社会福利服务的供给主体。所以，中国的福利多元主义主要是围绕社会福利的供给侧改革，增加社会福利的多元供给主体，避免对单位福利依赖，同时发扬传统家庭与社区在福利供给中的作用，培育民间社会组织提供福利供应（彭华民、黄叶青，2006；钱宁，2003）。中国的社会福利社会化并不是要削减政府的责任，而是要通过政府的社会投资作用，来带动民间社会福利的供应（张秀兰，徐月宾，2006）。

2. 围绕民生为本的社会建设，逐步形成了适度普惠型社会福利和发展型社会政策观。党的十六大提出了科学发展观，构建和谐社会，相应的公共政策也由改革前期的“效率优先、兼顾公平”转向“更加注重社会公平、使全体人民共享改革发展成果”。鉴于此，中国社会政策学者提出了社会政策时代到来的说法（李培林、王思斌、梁祖彬、周弘、张秀兰，2004）。在讨论中国社会政策总体目标和策略时，大家一致认为中国的社会政策应该结合中国国情，汲取西方福利国家的经验教训，走发展型社会政策和适度普惠型社会福利。发展型社会政策或者社会投资型政策，主要是改变福利支出形式，由弥补缺陷到资产建设，尤其是针对儿童及其成长的家庭环境，通过预防性措施来支持家庭平衡工作与家庭生活、积累家庭资产用于人力资本投资，从而提升人们的发展能力（张秀兰、徐月宾，2003）。适度普惠型社会福利是指以人的基本需要为导向，形成需要为本的社会福利目标定位体系（彭华民，2010）。适度普惠型社会福利也要由特定群体扩大到全体国民，实行广覆盖、多层次、社区为本、城乡一体的社会福利体系（林闽钢，2011）。而且，适度普惠型社会福利不能仅仅依靠政府责任，而是要依靠政府责任、企业社会责任、家庭福利责任、社会福利机构等形成混合福利供应体系（王思斌，2009）。

3. 围绕脱贫攻坚战、乡村振兴战略和共同富裕的发展目标，逐步形成了托底性民生保障理论和救助性社会工作服务模式。党的十八大以来，为全面建成小康社会，习近平总书记提出要打赢脱贫攻坚战，解决绝对贫困问题。2013 年在分析上半年经济形势、部署下半年经济工作的会议上，习近平总书记第一次提出“坚持宏观政策要稳、微观政策要活、社会政策要托底，努力实现三者有机统一”的新思路，后来进一步发展为“宏观政策要稳、产业政策要准、微观政策要活、改革政策要实、社会政策要托底”。围绕托底性社会政策，中国学者形成了一系列学理上的阐述，有学者提出托底性社会政策要托保障和改善民生的底、托全面建成小康社会的底、托社会和谐稳定的底、托转变经济发展方式的底（关信平，2016）。有学者提出，托底性社会政策的核心在于保民生，“而民生为本的社会政策建设是中国的创新”，社会工作者是民生为本的社会政策建设的重要力量（彭华民，2013）。还有学者提出，托底性社会政策并不是消极被动的托底，而是要在发展基础上走向积极的社会政策托底，托住贫困对象社会参与和发展的底，把其当作解决问题的主体，尽可能激发、培育、增强其发展能力（王思斌，2017）。

2014 年国务院颁布的《社会救助暂行办法》第五十五条规定，县级以上地方人民政府应当发挥社会工作服务机构和社会工作者的作用，为社会救助对象提供社会融入、能力提升、心理疏导等专业服务。为贯彻落实这一规定，民政部、财政部于 2015 年 5 月 4 日联合发布了《关于加快推进社会救助领域社会工作发展的意见》（民发〔2015〕88 号），明确提出了社会救助领域的五种社会工作服务：社会融入服务、能力提升服务、心理疏导服务、资源链接服务、宣传倡导服务。有学者提出，救助性社会工作服务要增强救助对象的社会功能、提升救助对象的能力和为救助对象进行政策倡导，避免社会救助中的福利依赖和福利欺诈等消极作用（马凤芝，2017；杨荣，2014）。

4. 围绕基本公共服务均等化，逐步形成了嵌入式、互构性社会工作发展模式。2005 年 10 月党的十六届五中全会通过的《中共中央关于制定国民经济和社会发展第十一个五年规划的建议》，要求“按照公共服务均等化原则，加大国家对欠发达地区的支持力度，加快革命老区、民族地区、边疆地区和贫困地区经济社会发展”。2006 年 10 月党的十六届六中全会通过的《中共中央关于构建社会主义和谐社会若干重大问题的决定》进一步提出，“完善公共财政制度，逐步实现基本公共服务均等化”。围绕基本公共服务均等化，财政部和民政部提出了通过政府购买社会工作岗位 / 服务的机制，我国社会工作专业终于找到了一条嵌入式发展道路（王思斌，2011）。随着专业社会工作服务的嵌入，一方面社会工作专业机构通过专业服务提升了基层公共服务的专业化水平，另一方面基层公共服务体制也对中国社会工作专业服务形成了约束条件和发展路径，使得双方实现相互适应和改变，发生双向嵌入、协同演变、互构性发展模式（王思斌，2020；徐选国、尹阿雳、徐永祥、赵环，2013）。

5. 经过嵌入式、互构性发展，中国社会工作实务模式逐渐形成了社区为本的综合服务的专业特征。最早推动社区为本的综合服务模式的一个政策是 2013 年民政部和财政部联合下发的《关于加快推进社区社会工作服务的意见》（民发〔2013〕178 号），该文首次提出了“三社联动”的说法：建立健全社区、社会组织和社会工作专业人才联动服务机制。2020 年年初暴发的新冠疫情，给了中国社会工作参与解决疫情防控的机会，社会工作专业发挥资源链接、志愿者培训等优势，进一步促进了社会组织、社会志愿者和慈善资源参与社区疫情防控的五社联动机制（任敏、吕江蕊，2023）。随后在2021年中共中央、国务院联合颁发的《关于加强基层治理体系和治理能力现代化建设的意见》中，明确提出了“五社联动”的说法：创新社区与社会组织、社会工作者、社区志愿者、社会慈善资源的联动机制。但是有人考证，在正式文件提出“三社联动”前，已经有学者和民政部官员讨论和推动“三社联动”的说法，主要是为了回应社会主义和谐社会建设，尤其是城乡社区建设的需要（顾东辉，2016）。基于社会工作专业在农村社区开展的实习实践项目，有人提出从优势视角来挖掘当地的文化资源，进行社区资产建设，推动少数民族地区传统生计智慧的传承发扬（张和清、古学斌、杨锡聪，2008）。在社会工作服务灾后重建、脱贫攻坚、“老、少、边三区人才”计划、疫情防控等一系列国家重大战略任务过程中，中国社会工作逐渐形成了社区为本的综合服务模式。社区为本的综合服务模式，强调的是以案主生活的社区场域为基础，注重挖掘案主及其生活场域中的优势、资源，尤其是社会关系（社会资本）的重整，培力困境人员及其家庭的抗逆力，从而实现人与环境的协同改变，实现城乡社区居民的生计、生活、生态的整体改善（张和清，2016；刘玉兰、彭华民，2016）。对于社会关系的强调，这一方面是中国社会的基本属性，更是社会工作的干预焦点（陈锋、陈涛，2017；何雪松、王天齐，2021）。从四川地震后的灾害重建中，中国社会工作就注重通过社会关系的重建，来恢复灾民的生计与生活（张昱，2008；徐永祥，2009）。在云南鲁甸地震之后的灾害重建中，中国社会工作在社会关系重建基础上，进一步强调要通过对灾民的社会记忆的干预，变消极悲观为积极主动，实现社会文化上的增能（文军、吴越菲，2015；文军、何威，2016）。在此基础上，中国社会工作逐步形成了发展型社会工作流派，强调从社会关系、社会文化、社区资产、社会公正等社会属性方面，来促进社区发展（陈涛、杨锡聪、陈锋，2018；马凤芝，2014；腾芸、向德平，2019；向荣、陆德泉、陈韦帆，2018；王小兰、陈涛，2017）。中国社会工作对社会性的强调，纠正了西方社会工作过度强调心理治疗和行为矫正进而丢失社会性的倾向（郑广怀、孟祥哲、刘杰，2021）。

6. 在嵌入式、互构性发展和社区为本的综合服务基础上，中国社会工作逐渐形成了实践自觉和理论自觉的双重自觉，提出了反思实践为本的情境动力社会工作干预实践理论。中国社会工作自主知识体系的另一个特色是，提出了实践为本的反思实践策略，解决了西方社会工作长期存在的人与社会的双重焦点的分裂趋势（郭伟和，2022）。有关社会工作干预策略的讨论，分为证据为本的行为主义干预实践导向和情境-过程为本的干预实践导向两种不同思路。北美的干预实践主要是沿着行为主义思路，通过实证主义科学实验积累有效干预证据，而北欧的社会工作实践策略强调实践过程性知识和复杂性实践智慧。中国社会工作学者在借鉴吸收两种实践研究流派基础上，逐渐形成了理论和实践双重自觉的反思性实践策略（郭伟和，2019）。比如有关企业社会工作的研究，中国学者就强调采用“扩展临床视角”，从微观和宏观两个层次的人与环境互动角度来建构企业社会工作模式（郑广怀、刘焱，2011）。而对于禁毒、社区矫正等社会工作领域，中国学者也提出了要从布迪厄的场域-惯习的理论视角来分析社会工作者的实践策略（洪佩、费梅苹，2015），提出了“扩展循证矫正”实务模式（郭伟和，2017）。更有学者提出把实践智慧带入专业实践过程，而不是依照实证主义的研究证据，生硬照搬科学证据（侯利文、徐永祥，2018；卢培伟、郭伟和，2022）。基于不同领域的社会工作实践经验，中国学者提出了基于情境动力的场景化解决问题策略（童敏，2023；童敏、周晓彤，2023）。

总之，经过了三十年的发展历程，中国社会工作教育理论界走过了借鉴吸收国际经验、本土化实验和制度化试点的阶段，最终实现专业教育和专业服务融合发展、全面融入中国民生保障、基本公共服务体系和社会治理体制。在参与社会治理体制创新、托底性社会政策执行和服务灾害重建、脱贫攻坚、疫情防控等一系列重大任务中，逐步形成了中国特色的社会工作本土理论和自主知识体系。中国特色的社会工作实务模式可以概括为社区为本的综合服务模式，把西方社会工作因为偏重心理辅导而丢失的社会性找了回来，并且在科学证据的基础上，注重实践智慧，形成了实践自觉的情境动力机制，重新恢复了社会工作的社会性和关系性，扩展了西方社会工作基于行为主义实证科学范式的狭隘的行为治疗模式，形成了微观与宏观、个体与环境的多维复杂互动干预策略。中国社会工作理论研究刚刚迈入而立之年，将会在中国式现代化全面推进中华民族伟大复兴的道路上，不断增强“四个自信”，进一步完善自主知识体系，向世界社会工作界贡献中国智慧、中国方案、中国模式。

（撰稿人：郭伟和、彭华民）

第三节　中国社会工作能力建设研究

一、中国社会工作能力建设的内涵与外延

中国社会工作学科建设取得诸多成就，建立了社会工作研究机构，完善了社会工作高等教育体系，建立了社会工作的学术组织，出版了社会工作专业成果，构建本土社会工作理论

话语体系和支持体系（彭华民，2017）。中国社会工作能力建设既是社会工作学科建设的核心议题，又是完善社会工作学科建设的重要路径之一。2023 年，中国社会工作教育协会批准了华东理工大学、中山大学、北京理工大学研究团队的中国社会工作专业核心能力框架和指标课题，凝练社会工作专业核心能力，推动社会工作教育的发展。教育部“第二批产学合作协同育人项目立项名单”中有多项关于社会工作能力建设的项目，项目类型包括师资培训、实践条件和实践基地建设、教学内容和课程体系改革三种类型。这些课题采用多元理念与方式促进社会工作专业学生和教师的能力提升，如“OEB 理念下社会工作专业师资产教融合的能力提升研究”“校企协同提升社会工作专业师资实务能力的模式建构研究”“基于美亚联创平台的社会工作仿真试验教学研究”等。

关于何谓社会工作（专业）能力，学术界从内涵和外延两个方面做了界定。在内涵方面，一是从综合视角提出，社会工作专业能力是社会工作专业机构以及专业社会工作者应当具备的综合能力，如可持续性资源调动能力、熟练运用方法与技能、专业价值和专业伦理等（关信平，2017）。二是从整合视角提出，社会工作专业能力是专业认同、专业知识和专业实务三维结构的整合（彭华民、崔宝琛、王梦龙，2022）。在外延方面，一是基于教育的能力建设，强调教育过程要围绕专业能力展开，以专业能力为培养目标，以专业能力为核心设计培养模式，并以专业能力为考核标准（王晔安、杨铃、张欢，2019）。研究的重点是探讨社会工作专业本科生和硕士生应该具备的能力类型。二是基于职业的能力建设，探讨专业的社会工作者应具备的通用能力或在儿童社会工作、老年社会工作等某一服务领域的专有能力。三是基于服务的能力建设，探讨专业社会工作机构的能力构成，以及依托社会工作专业方法促进服务对象能力提升的议题。

二、20 世纪 90 年代以来中国社会工作能力建设的发展脉络与发展特色

以“社会工作能力”为主题词在中国知网进行全文检索，结果显示 1991 年至 2023 年，共有 550 份中文文献中展示了社会工作能力主题。从文献年度增长数据与主题内容分析中发现，我国社会工作能力建设经过了沉寂期、审视期和自主体系建设期三个阶段。第一，沉寂期（1991 年至 2006 年），表现为：研究数量少；研究内容单一，仅涉及社会工作人才培养中课程体系、实习资源、专业教材等不足问题（史柏年，1999）。总之，此时对社会工作能力建设的关注讨论声音较弱，参与者不多，但反映了社会工作教育者对早期专业教育能力不足的担忧。第二，审视期（2007 年至 2016 年），表现为研究内容更加丰富和多元，很多研究立足我国社会工作教育、服务与职业的具体经验，试图探究本土化的能力建设问题（沈黎、刘斌

志，2011）。专业能力培养的讨论拓展至学生不同能力类型的培养，如：学生社区服务能力、就业能力、以服务学习方法进行能力培养；以生活教育理论为基础的技巧能力。2008 年汶川地震后，社会工作界开始思考农村社会工作能力建设（张和清、杨锡聪、古学斌，2008）、灾区重建中的社区能力建设（朱孔芳，2008）、专业社会工作人才能力框架等议题。但此时在能力建设指标和建设方法上，虽有本土化经验，但仍然大量借鉴发达地区和国家的框架。第三，自主体系建设期（2017 年至 2023 年），着力于总结和形成我国社会工作能力建设的自主知识体系，其中雷杰（2023）提出了未成年人救助保护机构能力建设的"最佳实践"。张威、陈曦明（2021）提出了"基础能力"社会工作理论，认为社会工作最根基、最核心的任务在于：推动服务对象形成基础能力（助人），进而形成实用能力（自助），使其能较好地掌控过日子、渡难关的生活历程。彭华民、崔宝琛、王梦龙（2022）提出外部推动-个体主动的三维专业能力以及提升路径。

中国社会工作能力建设有诸多特色：第一，社会工作能力建设嵌入中国社会工作目标论争之中。早期中国社会工作能力建设处于技术理性阶段，将心理辅导或治疗混同于社会工作服务，很少展现社会工作改变环境的潜力和实现社会结构性改善的能力（陈锋、陈涛，2017）；注重各类实务技巧和知识的培训，强调实务和具体技术，缺乏社会性（郑广怀，2020）。从 2016 年开始，越来越多的研究者开始意识到社会工作"社会性"的重要性，提出社会工作追求"专业化"不能以放弃"社会性"为代价（郑广怀、向羽，2016）。社会工作"社会性"发展可以通过专业理论及专业价值限制专业方法的滥用（程玲、肖桂春，2022）。受此影响，社会工作能力建设也发生了"社会性转向"，认为社会工作的职业能力包含在一个职业领域内把技巧和知识以及转移到新情境的具身化能力（郭伟和，2021）。社区能力建设中要包含政治参与、生计发展、社会互助、文化认同、环境友好"五位一体"的构想。这些都标志着我国社会工作能力建设由专注个体化、技术化转向个体与社会的结合、技术与价值的整合。

第二，社会工作能力建设与中国社会工作发展模式紧密相关。早期中国社会工作发展采用的是"教育先行""先有后好"的模式，借鉴港台、欧美等地区和国家的经验发展社会工作高等教育。这一过程中所发现的专业师资匮乏、专业实习基地不足等问题开启了关于专业教育的能力建设议题。从 2015 年社会工作首次被写入《政府工作报告》起，中国社会工作发展呈现由政府主导与社会参与相结合的模式（黄晨熹，2023）。这促使我国社会工作能力建设跳脱出西方思想，形成了中国社会工作能力建设自主知识体系，提出了"灵活专业主义""教育降维""三维能力模型""三重能力建设"等具有本土化特色的理论。

三、基于“教育-职业-服务”的中国社会工作能力建设探索

1. 基于教育的中国社会工作能力建设

1988 年北京大学开设社会工作与管理专业，标志着社会工作专业教育在中国内地恢复重建。专业教育兴办之初，研究者就提出基于教育的能力建设问题，指出专业教材建设滞后、实习的专业性不明显、专业实验教学差等因素是制约我国社会工作专业本科学生能力培养最突出的问题（史柏年，1999）。李林凤（2005）还指出了职业化的体制障碍、本土化理论欠缺、课程设置和实务训练缺乏能力导向问题。此后社会工作界致力于探索本土化的社会工作专业人才培养体系。此类研究大致包含两个维度：

一是讨论社会工作专业学生应该具备的核心能力。刘斌志（2013）认为社会工作专业核心能力包含维护个人尊严与社会正义的价值、理解人类需要和多元文化的价值、运用人类行为与社会环境的知识、运用社会工作理论与方法的知识、社会工作服务的规划与执行技巧、掌握建立专业关系与资源整合的技巧等六个方面。林诚彦、卓彩琴（2012）提出了问题建构、资源链接、伦理反思、建立关系、嵌入服务五项能力。周健（2022）提出 MSW 匹配政策-融入机构-掌握方法-具备帮助服务对象的同理心方面的四维社会服务能力框架等。二是提出促进社会工作专业教育中能力建设的方法，倡议建立“能力为本的社会工作教育模式”（孙静琴，2009）、“就业能力导向的人才培养模式”（谢敏，2010）、“能力建设视角下的社工专业能力培养模式”（邓玮、杨贵华、巨东红，2013）、“能力为本的儿童福利社会工作教育模式”（刘玉兰、彭华民，2021）等各种模式。近年来，受到循证理念的影响，提出了标准化案主、证据为本的专业教育的重要性（雷杰、李学斌、苏振浩，2023；臧其胜，2018）；倡导案例教学方法和案例库建立（仰和芝、陈杰，2022）；形成了本土的能力为本的社会工作案例集（彭华民，2018）。

在众多能力中，学生反思能力和文化敏感能力的培养广受关注。卢玮、傅秀峰、徐蕾（2023）指出，当前的专业实习忽视了学生在实践体验中的反思能力成长，未来应开启学生结构性批判思维。古学斌（2011）提出社会工作教育的能力建设是一个包含教育学 / 学习者、学习者 / 教育者、社区主体 / 服务对象三类主体不断循环的反思批判过程，意识觉醒是核心目标。何龙韬、吴汉（2022）则指出先知先行、知行合一和反思内化，三者的融合是探究我国社会工作伦理教育本土化模式的重要方法。

2. 基于职业的中国社会工作能力建设

社会工作作为一项职业的能力建设议题的研究大致包括两条研究路径：一是界定社会工作者应具备的通用能力。蔡屹、何雪松（2012）基于机构-岗位-能力的三维模型，其中能

力维度包括核心价值观、社会服务管理能力、直接服务能力和实务性能力。周宏、付尚媛、梁楠（2009）提出了不同层次的社会工作者的能力框架，其中初级包含观察分析、学习和判断能力；中级包含社会协调、沟通和自我控制能力；高级包含创新、管理和科研能力。董云芳（2011）则认为专业社会工作者的职业胜任力包含基本能力、专业实践能力、文化能力、自我能力、创新能力。2018年，民政部、人力资源和社会保障部联合印发的《高级社会工作师评价办法》发布，高级社会工作师的能力内涵也成为学术界关注的新内容，提出要考评结合，严把高级社会工作师职业能力关（史柏年，2018）。王颖、马烨（2022）将高级社会工作师的能力分为显性和隐性能力素质，其中前者包括社会工作专业知识、直接服务能力、督导能力、服务管理能力和研究能力；后者包括社会角色的认同与专业坚守、价值观的契合与自我认知、学习力特质和反思力驱动。二是界定社会工作者应具备的某一领域的专有能力。例如，在灾害社会工作领域，社会工作者的专业能力包括强调以关系建立、救灾资源整合、创伤后身心支持、社会支持网络构建、不同阶段社会工作者被期待的角色和功能理解、探索生命意义和死亡议题、强调对"人"的关怀与关注（张粉霞、张昱，2013）。在青少年社会工作领域，社会工作者的能力包括了解案主情况、诊断案主问题的能力、社会工作三大方法的系统化综合运用、社区资源整合、改善服务对象生活环境、协调政府和非政府之间的合作等（费梅苹，2007）。

基于职业的能力建设自主性问题的研究，孙斐、黄锐认为在我国政府购买服务项目不断推进的背景下，我国社会工作者的核心能力构成不能简单地照搬其他国家和地区，而应包括：在项目申请阶段提出实用、可操作、可持续、有影响力的新的项目构想，在项目执行阶段能够开展综融性项目服务与管理，在项目评估与总结阶段规范、真实、客观而有效地呈现项目服务成效以及进行建设性的批判反思（孙斐、黄锐，2020）。雷杰、黄婉怡（2017）基于广州市家庭综合服务中心社会工作者的分析，发现我国社会工作者专业能力存在"实用专业主义"的倾向，本土社工专家不认同国际社会工作的基本价值观，更偏好体现"技术化""犬儒思想""去政治化"的能力。张威（2017）指出在社会工作者的核心职业能力构成中需要凸显反思能力和反思意识，以此改善社会工作服务效果和提升服务质量。

3. 基于服务的中国社会工作能力建设

此类研究的重点是从优势视角、增权理论、可行能力等理论出发，探讨在农村社会工作、灾害社会工作、社区社会工作等领域中服务对象能力提升问题。张和清、杨锡聪、古学斌（2008）认为依据能力建设视角的社会工作服务，有助于突破传统的"问题为本"的干预模式，进而促进服务对象的能力提升和主体性发挥；完整的助人自助不能仅仅是救济式的助人行动，更应该包含服务对象自助能力建设的社会工作干预（张和清，2010）。钱宁（2007）提出在应对少数民族农村社区的贫困问题时，社区能力建设模式在促进农村社区内源能力发展中具有积极作用。王思斌（2016）认为在我国反贫困工作中，社会工作者要具备反贫困能力，包括综合理解农村贫困问题的复杂性、跨文化工作的能力、坚持和妥协能力，从而对贫困群体的个体、人际和政治层面予以赋权，能够有效地提升贫困群体的可行能力（李文祥、田野，2018）。在众多服务能力议题中，文化能力在我国社会工作本土化探寻过程中具有积极意义（焦若水、张宇，2014；何乃柱，2014）。

2017年，民政部等部委办联合印发《关于支持社会工作专业力量参与脱贫攻坚的指导意见》，精准扶贫和后脱贫时代背景下的贫困群体社会工作服务成为具有中国特色的社会工作自主知识。王思斌（2016）率先提出脱贫攻坚需要整合可行能力，即贫困群体所拥有的，并能在走出贫困中发挥实际作用的、相互整合的各种政策、条件以及自己的内在能力的组合，并提出了“金融增能”的概念（王思斌，2019）。除此以外，研究者还重点关注了大学生金融能力提升议题，提出金融能力是个体能够获得的金融知识和金融机会以实现其金融福祉及生活机会的能力，包含了技能和机会两个层面的含义（邓锁，2018）。在当前大学生群体普遍面临金融认知程度不高、金融技能相对不足和金融服务环境有待改善等问题下，提升大学生金融能力的策略需要强化大学生的金融风险防范意识，开展金融知识教育，倡导变革金融服务环境（栗学钟、马文娟，2019）；出台金融能力与资产建设导向的社会政策，开展全民金融知识和能力的训练，向陷入金融风险青年提供法律咨询和其他救助等（周晓春、邹宇春、黄进，2019）。

总之，我国社会工作能力建设是伴随着社会工作专业自主性的探寻过程而不断深化的，经历了外部移植、意识觉醒到自主知识体系建设的发展历程。在新本土化的倡议下，未来研究应在中国式现代化的时代背景下探究具有中国特色的能力建设理论、教育和行动体系。

（撰稿人：彭华民、刘玉兰）

第十一章

服务国家战略的重大项目及创新成果

第一节　中国社会工作制度与理论研究

通过中国社会工作教育协会问卷调查等方式收集的资料显示，多位社会工作学者担任重大项目首席专家，国家社科基金项目重大项目和教育部重大课题攻关项目汇集优秀研究团队研究社会工作学科建设、社会工作模式和历史等，发表了多项优秀成果，助推、成就社会工作学科自主体系建设。本节内容主要包括以下六项：

王思斌担任首席专家的教育部哲学社会科学研究重大课题攻关项目“中国特色社会工作制度和模式研究”（09JZD0026）。课题设计包括如下 6 项基本内容：（1）社会工作制度与模式的理论研究；（2）中国社会福利传统与社会工作实践的发展研究；（3）改革开放以来中国社会工作的实践经验研究；（4）中国社会工作制度建设研究；（5）我国社会工作的基本模式研究；（6）中国特色的社会工作制度与模式探索。这是一项实践经验与理论分析相结合的学术研究，也是对我国快速发展着的社会工作的实践研究。课题进行中，研究重心有向正在发展着的社会工作发展进程的适当调整，以回应我国社会工作发展的现实需要。课题的实地调查于 2010—2012 年进行，在北京市、上海市、广东省、云南省、陕西省五省市，各抽取 200—350 人左右的专业社会工作者和 100—150 人左右的本土社会工作人员进行问卷调查，并对一定数量的两类人员进行访谈，之后完成了各自的统计分析。课题主要着眼于对正在进行的社会工作发展状况和制度建设的研究。通过实地调查、召开研讨会、座谈会和访谈等方式获得最新的一手资料，进行理论分析，并提出政策建议。课题的结项报告主要包括如下内容：课题的任务与研究方法，中国社会工作制度与模式发展的含义及研究的理论框架，中国的社会保障制度与社会工作重建的基础，中国社会工作制度建构与发展的基本过程，我国社会工作制度建设的多领域实践，中国社会工作制度建设的基本分析，中国社会工作服务的基本模式，中国社会工作制度发展的总体分析，中国特色社会工作的新发展与前瞻。课题组已发表相关

学术论文80余篇。（王思斌）

李培林担任首席专家的国家社会科学基金重大招标项目“中国特色社会工作理论和制度体系建设研究”（09&ZD056）。项目结项成果是李培林、王春光主编的《当代中国社会工作总论》，由社会科学文献出版社于2014年出版。全书共28章，83万字，“总论”分为社会工作理论与发展、社会工作制度与人才、社会工作方法、面向个体的社会工作、面向群体的社会工作、面向社会组织的社会工作以及社会工作与社会建设等七个部分。具体内容涉及社会工作的内涵与领域、历史与走向、理论与流派、价值和伦理，社会工作制度、人才，社会个案工作、社会小组工作、社区工作以及社会工作行政，社会救助、医疗社会工作、矫正社会工作、老年社会工作、儿童社会工作、残疾人社会工作、流动人口社会工作、移民社会工作，社会工作与家庭、社区、企业、灾害管理以及农村发展的关系，以及社会工作与社会福利、慈善事业、社会政策以及社会管理和中国经验的关系等。该成果囊括了社会工作研究的主要方面，既有基本理论知识的探讨，又有社会工作专业方法的讲解，以及面向不同领域的社会工作具体实践分析，在广泛意义上探讨社会工作内涵和功能，并在实践环节将西方社会工作的基本理论同中国社会实际情况结合起来，分主题系统阐述社会工作专业知识和方法同社会治理的中国实践相结合的可行模式选择和行动建议，具有一定的前瞻性、系统性和实践性，对推动社会工作本土化有着重要的价值。（李培林、王春光）

何雪松担任首席专家的国家社会科学基金重大项目“社会治理背景下我国社会工作行动本土化理论框架与实践体系研究”（16ZDA084）。其成果主要创新点有：1. 体系化、体制化与数字化是社会工作高质量发展的三个主题。体系化、体制化、数字化三者紧密关联，构建一个更有利于社会工作发挥专业优势的行业内外相互关联的生态，能够回应当前社会工作发展不平衡不充分这一现实议题。2. 技术治理下的社工机构日益行政化。以往研究着重关注其整体管理的行政化，而忽视了服务管理行政化。社工机构呈现出较强的标准化趋势，体现为管理架构趋同化、定向购买常态化和服务管理技术化。这一方面提升了社工机构的效率，从而更好对接政府的需求，另一方面又带来技术治理的困境-结构惰性、行政效率和多重管理，影响社会工作的专业发展。3. 社会工作教育正在进入一个新的、高质量创新发展阶段，这一阶段的任务就是要克服当前“教”“学”“用”三个方面的挑战，主动承担责任。4. 运用“结构-行动”视角在改革开放四十年的时代背景下理解中国社会工作发展，其理论意义超越“嵌入”视角。四十年来改革开放推动的社会转型为社会工作的兴起提供了社会、政治、行政和管理层面的发展空间。在这个特定的结构转型时期，社会工作者为了推动社会政策的改变和社会服务体系的建设而开展的积极的、集体性的、建构性的专业实践，可以称之为“社会工作行动”。尽管这样的行动是有限度的，但中国社会工作的发展需要确立一个结构目标——建立有力的社会，社会有力意味着活力、平衡和团结。5. 政治关联性、文化敏感性与实践反思性构成中国社会工作本土化的三要素。社会工作本土化的纷争实质是关于围绕社会工作本质的论争，在科学、政治与艺术三位一体的特质下，中国社会工作既需要借鉴西方社会工作科学知识，更要从中国政治文化实践脉络构建中国特色的知识体系，这恰恰是社会工作走向国际化的前提。

顾东辉担任首席专家的国家社会科学基金重大项目“中国特色社会工作制度体系研究”（19ZDA144）。该项目的主要创新点有：1. 行动研究是中国社会工作发展的理性策略。行动研究是中国社会工作发展应该采用的理性策略，因为直面最新信息而微调过程技术正是社会工作之重要特性。2. 不同助人利他行为的发源逻辑相同，实践框架一致，并在促进民众幸福的共同目标下并存互动。在当代，应该认清中国的方位特色，领悟助人利他的目标特性，助力各类助人利他行为的各自增能和互尊协同；同时，必须回归性倡导自力更生的行动文化。我们应该尊重专业但摒弃专业霸权，基于专业又超越专业。美人之美与美美与共应成为利他行业协同的实践智慧。3. 基层（地理）社区在当代中国有特殊地位，实现“正和”或“零和”是社区治理推进的前提。在基层治理中，“区而不社”是值得关注的现象，多元共治也是近年热点议题，两者均具有社区成员弱参与特性。社区成员弱参与现象至少与社区成员的利益预期、居委会的参与制度安排、政府的政策设计、社会转型中单位制惯性等因素有关。4. 社会工作存在功能迷思、本性迷思、专业迷思与概念迷思。

林顺利担任首席专家的教育部哲学社会科学研究重大课题攻关项目“中国社会工作通史研究”（22JZD026）。项目主要创新点在于：1. 该研究旨在从历史维度界定中国社会工作的本土特性，进一步明确中国社会工作的历史起源，理清中国社会工作的历史分期、主要线索、历史成就与经验。2. 该研究将中国社会工作历史分为社会工作前史或古代史、民国时期与中华人民共和国成立至今的“共和国”时期三个阶段，辅之以香港、澳门和台湾地区的社会工作发展简史支线，解决了中国社会工作历史的断代问题，形成完整的通史体系架构。民国时期社会工作自西方教会组织引入与推展后，形成了社会工作实务、专业教育和学术研究三条线路并进的局面；直到南京国民政府改设“社会部”并在地方设置分支机构，由政府统辖社会工作组织管理，才形成了现代意义上的社会工作系统机制的雏形。3. 该研究综合运用历史研究、文献分析、口述史、比较分析等多种方法对既有史料进行了系统整理与开发。4. 该研究首次提出中国社会工作史的三重起源论和三阶段论，填补了学科史研究空白，在夯实学科历史研究基础上对本土社会工作的“中国特色”进行历史溯源，为构建中国特色社会工作的

学科、学术和话语体系提供历史支撑。（林顺利）

关信平主持的教育部哲学社会科学研究重大专项项目“中国式现代化与中国社会工作与社会政策自主知识体系建构研究”（2024JZDZ036）。项目目前提出的观点是：社会工作知识是围绕社会工作实践行动体系的系统性知识，主要包括关于社会工作对象的知识体系、关于社会工作环境的知识体系，以及关于社会工作行动的知识体系。推动社会工作本土话语体系构建，要基于政府公共话语、民众日常话语和学术界话语三套话语体系，构建本土社会工作概念及专业话语体系，并注重我国社会工作话语的本土应用与国际传播。

第二节　社会福利与社会保障研究

通过中国社会工作教育协会问卷调查等方式收集的资料显示，多位学者担任社会福利和社会保障国家社科基金项目重大项目和教育部重大课题攻关项目的首席专家，研究成果汇集了中国社会福利和社会保障制度和服务、中外社会福利理论、社会质量和公共服务、反贫困和乡村振兴等内容，发表了多项优秀成果，创新和丰富了社会工作学科自主体系建设的内容。本节内容主要包括以下十个项目：

景天魁担任首席专家的国家社会科学基金重大招标项目“普遍型社会福利体系的基础和设计研究”（09&ZD061）。结项成果以景天魁、高和荣、毕天云著，2014年出版的《普遍整合的福利体系》（中国社会科学出版社）为核心。该书入选2013年度《国家哲学社会科学成果文库》，并获评“2014年度中国社会科学出版社好书”。主要创新点：该书在对中外社会福利理论批判性继承基础上，探索社会福利普遍整合的底线公平基础，阐述了底线公平理论含义、主题及适用范围，提出“普遍整合福利体系”和“普遍整合福利模式”概念，系统论述了“普遍整合福利模式”的理论基础、基本特征、科学依据、制度构成和运行机制，梳理了社会福利体系建设的西方经验和亚洲经验，深入全国各地调查和了解广大民众的社会福利需求，探讨了社会福利体系普遍整合的制度设计，为推进各项社会福利制度的普遍整合提供了现实性、针对性和操作性的对策建议。（景天魁、高和荣、毕天云）

彭华民担任首席专家的教育部哲学社会科学重大课题攻关项目“中国适度普惠型社会福利理论与制度建构研究”（10JZD0033）。主要代表成果是彭华民主编的《中国社会福利理论与制度构建》，由北京科技出版社于2018年出版。该书获江苏省社会科学优秀成果一等奖、教育部社会科学优秀成果三等奖。主要创新点：项目成果突破了传统社会福利制度理论限制，首次提出中国社会福利制度构成要素理论。福利需要、福利态度、福利责任、福利政策、福利治理、福利体制、福利提供、福利组织和福利接受是社会福利制度的基本构成要素。为社会福利制度发展拓展理论空间、政策空间和服务空间，为中国组合式普惠型社会福利转型提供了强有力的理论支持。该研究首次提出共享型组合普惠社会福利理论，其包括四个逻辑相关的制度内容：功能组合。制度必须有安全网功能、需要-资源再分配功能、共享-整合功能。发展组合。整合经济社会的发展，实施市场经济制度和社会福利制度双向发展，实施相互促进的双向运动，帮助弱势群体满足福利需要，同时帮助全体公民防范和应对社会风险，共享发展成果。收入组合。市场收入和社会收入双重收入并行和互补，通过市场工资和社会工资两种截然不同的分配方式动态提升弱势群体的社会获得，有效地共享发展红利。特殊和普惠组合。共享发展的组合式安排有针对特殊人群的特殊福利提供，还要与普惠全体人民的福利结合。在共享改革成果原则的指引下，建立有差别、有层次、有分标的多种福利组合的普惠型社会福利制度，快速、动态、高质地提升人民福祉。（彭华民）

范明林担任首席专家的教育部哲学社会科学研究重大课题攻关项目“推进以保障和改善民生为重点的社会体制改革研究”（13JZDO25）。主要创新点有：1. 以民本主义、官本主义、人本主义和事本主义为分析框架，审视已有的社会政策，并强调以民本和人本为核心推动社会政策制定与发展；2. 推行“区管社区”的城市体制改革，降低城市管理成本，提升城市公共与社会服务效益；3. 加强枢纽型社会组织建设，以枢纽型社会组织为桥梁，通过多种形式建立起党和政府与基层社区、基层民众的良性、有序、健康的联系。（范明林）

陈光金担任首席专家的国家社会科学基金重大项目“中国社会质量基础数据库建设”（16ZDA079），结项成果是中国社会质量基础数据库建设。社会质量指标体系通过对涉及社会活动的物质保障、价值凝聚、群体包容和公众赋权等多个维度的测量和评价，实现对社会整体发展水平进行综合性、科学性的全面描述，这也成为社会质量指标体系的突出特点。“中国社会质量基础数据库平台”是国内首个以“社会发展质量”为主题的综合性数据研究与服务平台，旨在建设成国内最大的社会质量数据研究与服务平台，实现研究数据的开放共享，为学术研究和政策咨询提供翔实有力的数据支撑，大力推动社会质量研究领域的学术生产力建设。该数据平台的研发工作由中国社会科学院社会学研究所组织的专家团队承担。“中国社会质量基础数据库平台”集基础性、综合性、应用性于一体，管理“中国社会状况综合调查”纵向数据库，发布“中国社会质量指标”数据。平台（一期）于2018年7月完成，包含中国社会状况综合调查2006—2015年历次调查数据，社会质量指标体系的统计汇总数据、外部数据资源等共享数据资源，以及社会质量相关的文献资料及研究成果。提供数据采集、数据清理、在线分析、数据存储与管理、数据发布与应用等功能。同年入选“中国社会科学院创新工程 2018 年度重大科研成果”。（陈光金）

向德平担任首席专家的国家社会科学基金重大项目“精准扶贫战略实施的动态监测与成效评价研究”（16ZDA022）。结项成果是精准扶贫战略实施的动态监测与成效评价研究。主要创新点：1. 民营企业扶贫是中国特色扶贫开发事业的重要组成部分，是党中央、国务院为加快扶贫攻坚进程、构建社会主义和谐社会做出的一项重大战略决策，也是我国政治优势和制度优势的重要体现。2.《反贫困社会工作导论》运用社会工作理论和方法来分析贫困问题，阐述反贫困社会工作的价值观，介绍反贫困社会工作的理论，分析反贫困社会工作的要素、内容和过程，梳理中国反贫困政策的发展轨迹，探索中国反贫困社会工作的模式与方法。3. 新时代中国精神扶贫思想是摆脱贫困与提升脱贫质量的关键，要兼顾贫困人口与扶贫干部、坚持扶贫与扶志扶智相结合，同时注重转变传统扶贫方式。在新时代脱贫攻坚阶段，中国特色扶贫思想系统回答了精神扶贫“为什么”“扶持谁”“扶什么”“怎么扶”等一系列理论和实践问题，丰富了新时代中国精神扶贫的内涵，拓展了中国扶贫开发理论模式，为进一步打赢打好脱贫攻坚战提供了实践指引。

曹现强担任首席专家的国家社会科学基金重大项目“中国基本公共服务供给侧改革与获得感提升研究”（16ZDA081）。代表成果的主要观点：公共管理领域新理论的发展认为公众可以且应该被视为公共服务的重要合作生产者，鼓励公众参与到公共服务的设计与递送中。将公众定义为合作生产者，意味着公共服务改革应充分鼓励公众的参与。以合作生产要素环理论为基础，公共服务部门可以通过塑造认知和累积信任，减少公众资源投入或补贴公共资源、优化产出与结果三个层面，更多地将公众引入公共服务过程中。“获得感”以发展为前提，以民生为重中之重，以人民政治权利的实现为保障。“获得感”的提出明确了发展和改革的目标、落脚点和突破口，解决了发展质量、改革成败的评价标准问题。“获得感”是发展、改革的动力源。推动包容性发展、改善民生、实现公民政治权利是提高公民“获得感”三个不同层面但又紧密相关的途径：发展是前提，改善民生是主要内容，而实现公民政治权利是“获得感”落实的保障。我国基本公共服务标准取向下的公民获得感测评体系的测评维度，包括便利可及感、服务公平感、服务质量感、服务持续感等，然后，通过指标偏离度、因子贡献度多元回归拟合，形成基本公共服务公民获得感诊断模型。

丁建定担任首席专家的国家社会科学基金重大项目“西方社会保障制度史（多卷本）”（19ZDA234）。主要创新点：项目成果是关于西方国家社会保障制度发展进程的研究著作。作者将西方国家社会保障制度的发展划分为早期慈善救济与济贫法制度的出现、现代社会保障制度的出现、社会保障制度的初步发展、社会保障制度的快速发展、社会保障制度的改革等五个阶段，通过对这五个阶段发展脉络的梳理，系统阐述了西方国家社会保障制度产生、发展与改革的历史进程，社会保障制度从西欧国家扩展到其他西方国家的基本过程，社会保障制度从以社会保险制度为主逐步发展到社会保险制度与社会救助制度相结合的历史进程，以及社会保障制度从低水平保障到高水平保障乃至走向福利国家的过程。同时，《西方国家社会保障制度史》还结合中国社会保障制度发展的现实，讨论了西方国家社会保障制度发展的经验与教训及其对中国的启示，具有很强的现实针对性。注意剖析西方国家社会保障制度产生和发展的政治、经济和文化环境，注意剖析西方国家社会保障制度的内在发展机制和历史发展脉络，是《西方国家社会保障制度史》的突出特色。

彭华民担任首席专家的教育部重大项目“西方社会福利理论前沿：批判与重构”（19JHQ011）。主要创新点：在全球化过程和理论逻辑中分析了欧洲福利国家、后发东亚国家地区面对新自由主义意识形态的挑战、金融资本的国际流动和人力资本的国际流动，所形成的国家福利提供、国家干预的被动改变以及积极融入和选择性改变。通过福利危机的奥菲悖论对资本和劳工的对抗和自我保护分析，发现社会政策植根于国家和市场、资本盈利和劳工运动对抗的体系之中。对福利态度和福利治理理论的研究发现福利态度是福利提供选择的社会基础，福利治理的多元主体共同推动福利改革。人的可行性能力与需要是发展指标设计的基础和评估原则。贫困问题的深层原因在于权利缺失，需要通过赋权来化解贫困问题。福利权利是社会成员获得福利的政治、法律和社会基础。权利和权力常常发生冲突。权利需要保护。另外，基本收入保障、应对风险的社区抗逆力、东亚福利体制等领域也有理论创新。理论的批判和重构的关键点是中国的社会福利与社会政策与欧洲福利国家不在一个起点上，福利水平和福利体制也不相同；其次，中国改革开放四十年来经济高速发展是独特模式；最后，中国社会福利以中国儒家文化家庭照顾为基础，低水平、广覆盖，形成中国特色福利体制理论。（彭华民）

关信平担任首席专家的国家社科基金重大项目“当前我国普惠性、基础性、兜底性民生建设研究”（20ZDA068）。项目主要创新观点有：1. 在现阶段，民生保障制度建设的主要任务应集中在优化民生保障的主体结构、对象结构和内容结构上。其中，优化主体结构主要是要处理好政府责任与社会力量参与的关系，以及优化政府体系内容层级间和部门间的分工合作；优化对象结构的重点是优化普惠性和选择性民生保障方式的比例与衔接关系；优化内容结构要注重完善分层分类的民生保障体系。此外，民生保障结构的理论视角有利于更全面和深入地理解中央提出的“加强普惠性、基础性、兜底性民生建设”的理论意义及其实施的基本要求。共同富裕的基本路径是各方面的去障碍，主要着力点是夯实各方面的基本保障，扩大公共服务和提高基本公共服务均等化水平，以及加强能力建设等方面。2. 未来推动我国民生建设的战略方向包括：在发展中不断提高保障和改善民生水平；坚持走共同富裕道路，促进社会公平与社会和谐；以民生建设促进高质量发展；建立更加合理的福利结构和更高效率的运行机制。在具体行动路径上，应该继续提高民生建设的投入；重点加强基础性、普惠性、兜底性民生建设；更加公平地提供民生保障和社会服务；实行积极的社会政策行动；优化民生保障结构；实现福利机制与市场机制的有效结合。

向德平担任首席专家的教育部重大课题攻关项目“中国特色反贫困理论与脱贫攻坚精神研究”（21JZD015）。主要创新点：1. 当下的乡村建设行动与乡村建设学派的理论和实践具有理论内核的延续性、行动理念的契合性、乡建目标的一致性以及乡建内容的承继性。乡村建设行动应当坚持以人为本、尊重伦理、重建团结、理论与实践相结合的行动理念和实践策略，从而推进乡村振兴的高效实施。2. 脱贫攻坚时期所构筑的社会政策体系仍面临“临时性”与“碎片化”、“过渡性”与“衔接性”，以及福利身份区隔的挑战。为实现“脱贫攻坚”与“乡村振兴”的有效衔接，需完善发展型社会政策体系，以积极兜底、普惠发展的社会政策全面惠及“三农”；以包容发展、多元参与的理念推动乡村综合发展；以整合性与一体化的思维助力乡村全面振兴。3. 新征程乡村治理转型必须嵌于中国式现代化的大框架，要在目标上强调全面均衡发展，在内容上突出人的现代化，在主体上倡导多元合作，在方式上注重内生式发展；要统筹协调城乡经济社会文化领域，走经济共促、社会共商、文化共建、城乡共治的创新之路。

第三节　社会政策与社会治理研究

通过中国社会工作教育协会问卷调查等方式收集的资料显示，多位学者担任社会政策和社会治理国家社科基金项目重大项目和教育部重大课题攻关项目。社会政策和社会治理是宏观社会工作的重要内容。该部分的研究团队发表了多项优秀成果，呈现了社会工作学科自主体系建设的中国特色。本节内容主要包括以下十四个重大项目：

关信平、彭华民、徐月宾担任首席专家的教育部哲学社会科学重大课题攻关项目暨马克思主义理论研究和建设过程重点教材编写专项《社会政策概论》（10JZDMG041）。代表成果：马工程教材《社会政策概论》，高等教育出版社，2022年。主要观点：本书主要向社会工作、社会学和其他相关专业的本科学生介绍当代各国社会政策的基础理论和基本知识。主要目标是帮助社会政策制定者、执行者和研究者，特别是社会工作、社会学、社会政策等专业学生理解当代社会政策的基本概念，了解各国社会政策的发展历史，了解我国和当代各国社会政策的结构、过程、环境和运行机制，以及我国社会政策各个领域的基本情况。（关信平、彭华民、徐月宾）

崔月琴担任首席专家的国家社会科学基金重大项目“社会组织管理模式创新和推进路径研究”（12&ZD061）。主要创新点：1. 价值属性是影响社会组织发展和参与社会治理的重要因素，正确引导组织的价值取向是社会组织管理模式创新的内在导向。2. 中国社会组织的发育路径对其内部治理机制与外部治理结构都有着关键性的影响。为了推动社会组织发展与社会治理转型，自下而上型社会组织应从精英人治转向制度化运作，自上而下型社会组织应逐步完成去行政化的过渡，外部输入型组织应从外部制度的生硬嫁接迈向外部制度与本土情境的融合。3. 社会组织管理创新是要从国家治理的角度推动社会组织健康有序发展。不仅要突破制约社会组织发展的障碍，更应该给予社会组织发展必要的资源与支持。4. 社会治理的建构不仅是多元主体的协同，在本质上更是公共性的重构。5. 社会创新正在成为社会组织发展的强劲动力，支持促进社会创新应当成为社会组织管理创新的重要内涵与现实举措。6. 社会组织管理模式创新的推进路径应当是多元并举的。因时因势，因地制宜。

徐永祥担任首席专家的国家社会科学基金重大项目“中国特色社会体制改革与社会治理创新研究”（16ZDA078）。主要创新点：社会发展变迁使得我国传统社会服务体系面临着一系列的挑战及实践困境，这些挑战和困境成为推动社会服务体系理论、实践创新的逻辑起点。从原先以注重效率、经济理性为核心的工具理性范式向以社会利他、社会规范和集体利益为核心的社会理性范式转换，应成为创新社会服务体系的理论基石。在社会理性视角下，建构新社会服务体系的实践路径是：社会政策的社会理性范式创新是构建新社会服务体系的根本保障；新社会组织的发展是构建和实现新社会服务体系的重要抓手和组织化行动者；社会服务的社会化、专业化以及“社区为本”的本质属性是构成新社会服务体系的内在要求和实质内容。在治理体系现代化的视角下引入“社区韧性”概念，指社区治理体系能承受风险冲击并在非常态下保障治理功能持续、有效发挥的潜力，并指出韧性社区应具有能动性、冗余性和敏捷性三大特征。项目研究成果拓展了对第三次分配的理解，将其界定为丰裕社会的财富流向如何适应个体精神追求并达成人民美好生活的命题；随后在与初次分配和再分配相比较的基础上分析了第三次分配的特征。

张广利担任首席专家的国家社会科学基金重大项目“特大城市社会风险系统治理研究”（16ZDA083）。主要创新点：1. 特大城市社会心态风险是指特大城市中社会成员内心攒聚的不良心理态势对城市良性运行造成损失的不确定性，复杂性、隐蔽性、冲突性、持续性、暴发性、快速传播性与颠覆性是其主要特征。特大城市开发进程中对不同阶层弱势群体的持续性社会排斥是社会心态风险发生的根源；怨式情感的累积及其对弱势身份的强化所造成的情感区隔是社会心态风险发生的具体机制；特大城市的空间属性是社会心态风险发生的催化剂。包容性发展理念是根治特大城市社会心态风险的理念前提；包容性的制度安排是治理社会心态风险的核心举措；情感治理是修复特大城市社会心态风险的润滑剂。2. 针对高度复杂、更加不确定和后果危害巨大的现代风险，我们需要从现代风险责任与风险分配观，全险种、全领域、全过程、全社会系统治理观以及强化专家责任伦理、重塑风险治理的专家系统等方面，分析现代风险的治理理念及原则。

张海东担任首席专家的国家社会科学基金重大项目“新社会阶层的社会流动与社会政治态度研究”（17ZDA111）。主要创新点：从结构特征上来看，大部分新社会阶层具有体制外中间阶层的特点，新社会阶层规模的扩大促进我国社会结构向橄榄型社会转变；从组织化特征来看，新社会阶层的组织化程度日益提高，尤其是自组织化特征极为明显，当前自上而下推动的他组织化使新社会阶层组织化程度进一步提高；从发展趋势上来看，新社会阶层的规模将持续壮大，实力不断增强，社会影响力日益显著，进而成为我国经济社会发展中一支重要的力量。新社会阶层既是促进我国阶层关系和谐稳定的关键群体，也是构建社会治理共同体的重要力量。而作为一种创新统战工作的机制和方法，新的社会阶层人士联谊会在积极引导新社会阶层进行政治参与等方面具有重要作用。但不可否认，当前新的社会阶层人士联谊会发展还存在一些问题亟待解决。为了更好发挥新的社会阶层人士联谊会的凝聚作用，需要处理好“精英”与“草根”、“治理对象”与“治理主体”以及“自组织”与“他组织”的关系。社会治理的精细化要着力于解决以下五个方面的治理机制问题：一是风险应对的组织协调机制问题；二是风险应对的专业化协作机制问题；三是风险应对的动员机制问题；四是风险应对的信息发布机制；五是风险应对的常态化机制。

田毅鹏担任首席专家的国家社会科学基金重大项目“东亚乡村振兴的社会政策比较研究”（18ZDA119）。主要创新点：1. 在世界现代化推进的过程中，既存在“全球一体”的演进趋势，也存在“区域关联”的真实进程，推进以国家为单位的现代化必须嵌入上述两个进程。我们在构建中国式现代化知识体系的过程中，既要努力彰显中国社会发展的“自性”，也要注意在东亚区域关联的视域下，探索出其特有的运行规律及演进趋势，为21世纪中国现代化理论体系和知识体系的构建提供真实有效的支持。2.社会政策的实施过程是一个充满了复杂的关系协调和多重利益冲突的过程，往往面临一系列不确定性的挑战。在东亚语境下，乡村政策传递主要是指由政府制定的各种乡村社会政策，通过政府行政系统和村民自治组织、社会组织等，传递到村组织和村民等政策对象身边的过程。社会政策的传导阻滞、由信息不对称和人为干预所引发的政策变形、政策对象“可行能力”不强等都对乡村社会政策传递产生了较大影响。3.东亚国家将乡村振兴社会政策作为其社会政策体系中的重要内容。以乡村振兴为总体目标，形成了包括总体性社会政策、领域性社会政策、发展型社会政策在内的庞大的社会政策体系。

何明升担任首席专家的国家社会科学基金重大项目“中国特色网络内容治理体系及监管模式研究”（18ZDA316）。结项成果：中国特色网络内容治理体系及监管模式研究。主要创新点：智慧社会是人类集成运用互联网、物联网和人工智能技术构建的一种以“智慧管理器”为中介系统的智能化社会活动场域和自主回应型社会运行样态。提出了解释网络内容治理体系及监管模式的“安全-发展分析框架”，认为网络内容治理的深层问题是国家安全和社会发展的关系。由于“安全”和“发展”是网络内容治理的两个基本价值向度，它们同等重要但不一定可以兼得。二者之间排序不同，其监管模式也不同。理论研究类包括网络内容治理的理论基础，网络内容监管的法理问题；机制研究类包括网络内容监管模式及路径选择，网络实名制下的隐私权保护，突发事件中的网络内容治理；对策研究类包括网络内容治理结构与法律构造，网络内容治理能力与工具适用。要塑造符合我国网络内容治理实际需求的主体结构，关键是确定各治理主体的位置以及他们之间的功能性分权，其中最重要的是确定广义政府的位置。同时，在治理结构塑造的过程中，要针对不同的治理对象设置不同的结构，并建立起结构之间变换的制度性机制。

黄晓春担任首席专家的国家社会科学基金重大项目“特大城市社会治理现代化的实现路径研究”（20ZDA083）。主要创新点：1.在我国完善共建共治共享社会治理制度的改革进程中，党建引领已成为推动多方主体协同共治和提升基层治理体系整体治理能力的重要制度安排。2.在连锁性风险治理中，存在“看不见成效”悖论、部门整合与协同难题、社会支持机制与参与难题。当代中国风险治理体系构建的重要路径包括：风险治理纳入法治化轨道；构建紧密协同的风险治理体系；为社会力量参与风险治理提供系统支持。3资源汲取理论视角可以从社会组织的资源依赖结构、对资源环境的认知能力、资源竞争水平等维度研判不同类型社会组织的发展特征及其面临的深层挑战。它弥补了既有研究过于强调宏观制度环境约束而疏于分析社会组织具体运行机制的不足，也可以更好检视由国家、市场、社会多方力量编织的社会组织资源支持体系中蕴含的深层问题，从而找到推动中国社会组织健康发展的有效路径。

蓝宇蕴担任首席专家的国家社会科学基金重大项目“中国特色郊区社区社会形态研究”（21&ZD175）。主要创新点：1. 从资源视角出发，分析社区参与主体的资源相互依赖关系，探讨社区参与中的资源发掘路径，有助于破解社区居民参与困境。研究发现，拓展资源枢纽型组织的资源发掘路径、利用政府在社区资源配置中的主导性地位、建构多元化与多层次的社区资源供给体系，是缓解社区参与不足、最终走出社区参与困境的可行路径。2. 引入并拓展了“嵌入”理论，从空间规划、尺度重组、要素组织三个角度构建分析框架，揭示了地方政府在大都市区演化中提升自身在区域中的竞争力的行为逻辑。

陈绍军担任首席专家的国家社会科学基金重大项目“跨县搬迁社区治理与后期扶持研究”（21&ZD183）。主要创新点：要突破“无主体半融入社会”秩序重建困境，必须遵循易地扶贫搬迁的基本规律，聚焦搬迁户主体性再造与安置、社区公共性重塑，从产业培育、就业帮扶、社区治理和权益保障等方面协同发力、整体推进，既要转变治理理念，从“物”的单向建设到“人”的全面发展；又必须强化治理资源空间联动，实现工作体制和政策制度衔接、组织结构转型及常态化治理体系重建。从地域格差与空间变迁、地域生活与要素配置、地域治理与主体重塑、地域秩序与制度融合四个维度，构建易地搬迁社区全生命周期演化的核心议题与分析框架，并将其划分为搬迁动员、稳定脱贫、主体发展和融合共享四个阶段，系统阐释它们在空间联动、要素整合、扶持机制、主体重塑、制度变迁等实践导向上的扶持政策瞄准和阶段演化趋势。结合我国新时期新形势的发展战略，基于扶持主体、扶持方式、扶持资源三位一体理论框架，提出水库移民后期扶持政策的转换路径。

贾玉娇担任首席专家的国家社会科学基金重大项目“从发展性社会政策到共同富裕政策研究”（22&ZD182）。主要创新点：1. 构建共同富裕型社会政策。在凝练出共同富裕的社会主体性、共享压缩性、整体均衡性和可持续性意涵的前提下，阐释共同富裕型社会政策所具有的社会凝聚、社会赋能和社会共享的理论内涵，构建起包括社会经济保障政策、社会赋能政策、社会凝聚政策、社会共享政策、社会整体均衡发展政策在内的共同富裕型社会政策体系，并探讨向其转型升级的实践路径。2. 在梳理马克思关系分析理论的基础上，构建基本分析逻辑与话语分析工具，结合中国共产党百年社会保障制度实践历程，揭示社会保障制度实践的关系本质。3.“安全规范”是党中央对社会保障制度体系建设做出的最新规定。由于对社会保障制度的“社会性”关注不足，忽视了社会保障制度黏合社会共同体的作用，从而产生多元主体关系失衡的社会保障制度安全危机。为此，在百年未有之大变局的背景下，应当着眼于社会保障制度的“社会性”，进行社会凝聚、社会赋能与社会共享等类型的社会保障制度建设。

周林刚担任首席专家的国家社会科学基金重大项目“健康中国战略背景下残疾人社会组织创新发展研究”（22&ZD185）。主要创新点：该项目的阶段性成果提出两个粤港澳大湾区残障社会组织需要共同思考的问题，一是以服务精准化、精细化、多元化、专业化为目标，如何让更多元的专业力量嵌入残障人士的社会支持；二是残障社会组织如何通过服务模式的创新回应个人需求、社会问题和社会资源的相互作用。在社交媒体时代，助残社会组织不可避免地卷入其中，社交媒体正为助残社会组织的组织运作和组织变革带来深刻影响。而在此背景下，如何充分发挥社交媒体对助残社会组织的赋能作用，是残障理论研究和实践工作必须正视的议题。

文军担任首席专家的国家社科基金重大项目“新形势下我国社会发展面临的不确定性及其应对机制研究”（22&ZA183）。主要创新点：1. 在从“确定的不确定性”转向“不确定的不确定性”过程中，城市韧性治理在本体论层面面临着概念模糊与目标保守的困境，在认识论层面受制于时间认知的滞后性与空间认知的异质性，在方法论层面受到不均衡实施及其依赖量化与功能性评价的挑战。2. 通过对比传统工业化时代“不稳定工作”与数字化时代“不确定性工作”在劳动空间、劳动时间、劳动主体、劳动关系、劳动过程和劳动结果六个维度的发展转型，勾勒出数字化时代“不确定性工作”的发展特征与基本内涵。3. 中国城乡关系的变迁路向表现为：国家意志上的城乡分治与一国两策的制度安排、社会形态上的城市崛起与农村消逝的同步并行、个体选择上的城市化取向及其对农村的疏离。国家、社会与个体的三种不同力量及其相互作用，使得当代中国城乡关系呈现出了“规训”“偏向”与“重塑”三种不同的面向。当代中国的城乡关系实质上始终处于这三种不同力量的结构性张力之中，并最终表现出以城市为本位的城市中心主义的兴起。（文军）

赵晓峰担任首席专家的国家社会科学基金重大项目“建设共建共治共享的社会治理制度研究”（22ZDA101）。主要创新点：1. 随着数字中国建设的有序推进，数字平台逐步成为乡村治理现代化的重要实现载体。大数据时代，乡村治理的数字化转型成为一种发展趋势。这既是现代信息技术赋能乡村治理，推动乡村治理方式迈向技术化、数字化的应有之义，又是新时代加强国家基础权力建设的重要举措。中国特色社会治理格局的初步形成、乡村社会结构的质性变迁与农民数字素养的持续提升为数字乡村治理提供了历史性的发展机遇。在农村社区自发城镇化的过程中，拥有主体性的村集体发挥了重要的组织载体作用，村庄社会保持开放性是有效融合内外部资源、实现持续发展的重要手段，村庄逐步突破了“城-镇-村”格局中以城镇为发展中心的“核心-边缘”梯度发展模式，走出了一条自发城镇化的发展道路，村庄的变迁也丰富了中国新型城镇化的实现形态。

与服务国家重大战略的社会工作主题相关的项目还有：关信平主持的教育部哲学社会科学研究重大课题攻关项目“流动人口管理和服务对策研究”（04JZD00020），张文宏主持的国家社会科学基金重大项目“社会分层流动的和谐互动研究”（11&ZD035），施国庆主持的国家社会科学基金重大项目“移民工程的跨学科研究”（13&ZD172），任丽新主持的教育部人文社会科学重点研究基地重大项目“宗教信仰与流动人口的社会融入研究”（13JJD730002），文军主持的国家社科基金重大项目“有序推进农业转移人口市民化研究”（13&ZD043），文军主持的教育部重点研究基地重大项目“大都市的底层社会及其公共治理研究”（13JJD840009），刘少杰主持的国家社会科学基金重大项目“实施数字乡村行动研究”（21ZDA057），刘成斌主持的国家社会科学基金重大项目“人口高质量发展视角下积极应对老龄化问题研究”（23&ZD187），王越平主持的国家社会科学基金重大项目“多民族国家民族事务治理模式的国际比较研究”（23&ZD201），等等。

（本章根据中国社会工作教育协会问卷和臧其胜收集的资料编写）

（撰稿人：彭华民、臧其胜）

第十二章

国家战略导向的主题服务案例项目及研究成果

2020 年以来，教育部学位与研究生教育发展中心开始面向全国研究生培养单位开展主题案例征集工作，强调扎根中国大地、聚焦时代热点、汇聚各方力量，开发具有时代性、引领性、学理性、创新性的高质量主题案例。国内各社会工作培养单位积极申报，围绕抗疫模式、脱贫攻坚、乡村振兴、社区治理、共同富裕、区域协作、中华文化传承等主题，开展社会工作助力国家战略的案例调研以及模式和理论总结提炼工作，丰富了社会工作硕士案例教学资源，拓宽了社会工作硕士的理论视野，提升了专业认同感和社会责任感，为促进社会工作研究生培养高质量发展发挥积极作用。同时，国家战略导向的社会工作主题服务案例项目也成为我国社会工作三十年专业教育发展的重要标志性项目，体现了我国社会工作学科鲜明的人民性、服务性、发展性。

第一节　抗疫社会工作服务主题案例及成果

一、国际社区抗疫社会工作与志愿服务行动

2020 年教育部专业学位主题案例项目“国际社区抗疫社会工作与志愿服务行动”（ZT20201037）由南京大学彭华民教授担任首席专家，项目成果包括四个长文字案例、四个配套的教学指导手册、四个视频案例以及配套的教学指导手册。国际社区抗疫行动案例具有五社联动、跨文化国际社区服务、宏观社会工作模式、多重资源整合等创新点。该项目案例内容丰富，结构严谨，是中国抗击疫情、服务国际社区的优秀案例。项目团队获得国际社会工作教育联盟（IASSW）、中国社会工作教育协会和政府部门的多项表彰荣誉。

《国际社区抗疫行动：以社会倡导提升社区抗逆力》（文字案例编号 2022000110031，彭华民、许云云、柴雪、曹志禹、古瑶）。该案例以社会倡导理论以及社区抗逆力理论为指导，建

立了国家、社会工作者（海内外高校、社会组织、国际社区）和国际社区居民为行动主体的行动框架，组建政策倡导团队、南京大学国际抗疫课程团队、深圳南风社会工作服务社、重庆国际社区抗疫服务团队和中韩国际社区抗疫行动的韩国大邱团队，开展高校与社会组织、社区合作共同领导下的社会倡导行动。该行动有效协助国际社区应对疫情防控和治理工作，向世界展示了中国的国际视野和专业情怀，在世界范围内提供了一套重大公共危机事件中的倡导模式，也构建了本土社会倡导的实践框架，同时提升社区抗逆力，社会工作参与的国际社区治理对于基层社会治理模式的完善具有重要意义。配套视频案例《国际社区抗疫行动：多元倡导 推动服务》（视频案例编号 2022000130004，肖彦、彭华民）。

《国际社区抗疫行动：中韩跨文化整合型介入模式》（文字案例编号 2022000110016，金英爱、彭华民、喻传洋、刘姝伶、胡述耀、杨伟迪）。在 2020 年 3 月由中国社会工作教育协会和中国社会学社会福利研究专委会联合发起的国际社区抗疫社会工作–志愿行动中，韩国大邱项目组在面向韩国大邱地区 3 600 余名在韩华人开展跨国界志愿服务干预初期、中期、后期的不同时序中，基于行动研究视角，依据整体性治理理论，构建“公助 + 互助 + 自助”系统干预机制，通过对组织结构、功能以及系统进行一体化整合，将来自不同地区、专业、类别、层次的志愿者进行分类筛选和有机融合，实现了有限的“人力 + 物资”资源和无形的“线上 + 线下”服务的最优配置，其较强的系统性、适用性和可操作性，为开展国际社会工作的教学、研究和服务积累了宝贵的经验。配套短视频案例《国际社区抗疫行动：游子处近忧 家国自远方》（视频案例编号 2022000140003，金英爱、彭华民、杨伟迪、喻传洋、刘姝伶、石苗苗）。

《国际社区抗疫行动：重庆国际社区抗逆力提升服务》（文字案例编号 2022000110025，彭华民、穆莉萍、徐杉杉、齐少杰）。国际化社区人口的个体化和流动性加剧了新冠疫情的蔓延，国际社区在稳定内部疫情的同时，也需防控外地病例的输入，防控治理任务的艰巨远远超过其他社区基层的工作负荷。该文以重庆市 ×× 国际社区的“政社联动”抗疫行动为案例，在倡导“与风险共存”的治理理念下，基于社区抗逆力理论，将“问题视角”转向“优势视角”，综融理论和实务，分析了国际社区抗疫行动的介入机制，保护因素对风险的防御和适应能力，进而评估了国际社区抗逆力水平。研究发现，在政府主导下，社会工作作为辅助力量参与到国际社区抗疫行动中的“政社联动”模式，有效地强化了社区保护因素，从而抵御了风险因素的破坏，提升了国际社区抗逆力水平。这一研究发现对于构建国际社区抗逆力理论，创建本土化的国际社区抗逆力社会工作实务，创新国际社区疫情期间社区治理策略积累了宝贵经验。配套视频案例《国际社区抗疫行动：最美逆行者》（视频案例编号 2022000130003，肖彦、彭华民）。

《国际社区抗疫行动：深圳南风社工涉外抗疫服务的专业实践》（文字案例编号2022000110001，何珊珊、王淑娟、李小锋、叶志豪、彭华民）。深圳南山区聚集了深圳市四分之一的外籍人口，涉外防疫压力巨大。作为在深圳外国人服务领域首屈一指的社工机构，南风社会工作服务社在新冠疫情防控工作早期主动作为，将南山区防疫工作的覆盖面扩展至外籍居民群体；海外疫情暴发后，南风配合南山区外事局迅速组建了外事专干队伍、涉外社工队伍和国际志愿者队伍，在入境人员转运、隔离人员安置、外籍人员上户走访、政策材料翻译、多语线上支持等工作中发挥社工专业和涉外服务专业优势，在“双工联动”和社会支持网络下多方联动的基础上积极介入危机干预，表现突出，得到了各级政府、专家学者和外籍居民的广泛好评，成为深圳政社合作下的多主体治理体系和治理能力现代化的鲜活案例。配套视频案例《国际社区抗疫行动：深圳南风社工涉外抗疫专业实践》（视频案例编号2022000130002，何珊珊、王淑娟、李小锋、叶志豪、彭华民）。

二、回迁与商品房混居型社区的抗疫案例研究

2020年教育部专业学位主题案例项目“‘1331一体两翼’抗疫模式：‘回迁与商品房混居型’社区的抗疫案例研究”（ZT20201024）由吉林大学芦恒教授担任首席专家，项目成果包括1个长文字案例、3个小微文字案例、4个配套的教学指导手册、3个视频案例以及配套的教学指导手册。回迁与商品房混居型社区抗疫案例包括党建引领混居社区整合资源，链接多元主体，联防联控促进抗疫党建模式创新等创新特点。该项目案例选题新颖，突出抗疫模式的复杂性和多样性，论证得当，是中国抗击疫情、探索混居型社区治理的优秀案例。

长文字案例《“1331一体两翼”抗疫模式：“回迁与商品房混居型”社区的抗疫案例研究》聚焦于“回迁房与商品房混居社区”的居委会如何克服空间和社会层面的复杂性和多元性等困难，并运用“社区抗逆力”中的RATA评估框架来整体展示社区抵抗逆境的能力。RATA框架除了强调社区资源的储备性和动员之外，还挖掘多元主体之间互动和作用机制和制度化路径，及其动态调整过程。该社区在此框架下体现出的社区抗逆力表现在面对比单一社区更为复杂严峻的新冠疫情形势时，形成“1+3+3+1一体两翼”抗疫模式。即社区居委会以基层党建为切入点，以变通形式分别在回迁房小区和商品房小区推广网格长、楼栋长、单元长“三长制”，并发挥物业公司非公党支部的先锋作用，将五老志愿者、物业管家、网格长、楼栋长、单元长等诸多主体联结在一起，形成联防联控的治理网络。但该社区抗逆力是一个动态的形成过程，抗疫初期，回迁房小区和商品房小区也是各自为战，社区居委会运用“基层党建”的机制迅速将商品房小区物业公司非公党支部纳入“抗疫党建”体系之中。随

着疫情的发展，“柔性三长制”应运而生。社区居委会没有直接重新在商品房小区设置楼栋长和单元长，而是采用弹性处理的方式保留物业公司原有的“楼栋管家”职务，对其进行培训，并将其纳入到抗疫党建体系之中。值得注意的是，随着疫情后期的缓解，“战时状态”下形成的机制终究带有“临时性”，须进一步以党建引领为切入点深化“适应性管理”，加强社区多元主体的功能角色界定，积极培育社区公共精神，真正在疫情防控和预防等不同周期内形成一个“闭环”，形成新时期社区公共治理体系来联结混居社区的不同主体。配套视频案例《“1331 一体两翼”抗疫模式：“回迁与商品房混居型”社区的抗疫案例研究》(芦恒、苏博)。

小微案例《混居社区基层党建扎深根，抗疫行动齐头进》。长春市东莱南街社区形成了“党建引领，一体两翼”的抗疫党建模式。一方面，回迁小区的党支部成为社区抗疫“核心”，“硬核”党员干部和党员志愿者坚守防疫一线。另一方面，商品房小区的物业公司非公党支部快速反应齐心抗疫。基层党建对于混居社区等复杂社区抗疫和治理具有重要意义。混居社区的党建引领就是发挥党支部总揽全局，协调各方的核心作用，积极协调和调动回迁小区和商品房小区的各方资源，共同行动，形成合力。抗疫党建成为夯实社会治理共同体的重要契机。抗疫时的特殊党建模式既在抗疫的非常时期协调社区各类主体，又可以以此为契机，进一步在常态时期营造社会治理共同体。混居社区党建助力城市基层社区党建创新。混居社区的基层党建体现出的综合性、复杂性、动态性、可持续性等特点，应成为城市基层社区党建创新的典范进行推广。配套短视频案例《抗疫党建篇》(芦恒、苏博)。

小微案例《单位社区显优势，五老志愿者齐抗疫》。长春市东莱南街社区是由单位型社区改造而来的混居社区，尽管体现出回迁小区和商品房小区混居的复杂性特点，但是回迁小区内居住的原国企单位人依然是抗疫工作的重要组织资源。在疫情危机下，以离退休老党员、老劳模、老干部、老专家、老战士为主的“五老志愿者”积极投身于设卡站岗的抗疫行动之中，并发挥其在居民中的威望，积极协助居委会宣传防疫知识，其对促进社区居民在抗疫中形成社区家园感和社区抗逆力起到至关重要的作用。配套视频案例《回迁小区篇》(芦恒、苏博)。

小微案例《临危受命抗疫情，商品房小区物业公司在行动》。长春市南关区东莱南街社区除了回迁小区的单位优势被激活之外，其商品房小区的抗疫模式也呈现出新特点。物业公司将疫情作为重要契机，充分挖掘物业管家、非公党建党支部等组织内部优势，成为抗疫的重要力量。一方面，物业公司以疫情为契机，主动加入党建引领的抗疫体系，重新定位，实现组织创新。另一方面，商品房物业公司积极挖掘内部自身的组织优势，逐渐形成社区抗逆力的重要内生动力。因此，在后疫情时代，商品房小区物业公司的组织创新和政治定位成为基层社会抗疫和治理的重要内容。配套视频案例《商品房小区篇》(芦恒、苏博)。

第二节　反贫困服务及社区治理主题案例及成果

一、多元参与视角下的贫困长效治理机制

2021 年教育部专业学位主题案例项目“多元参与视角下的贫困长效治理机制”由南开大学关信平教授担任首席专家。课题组在文献研究的基础上，在 2020 年 9 月和 10 月分别到成都市武侯区和陕西省宁强县开展调研，广泛了解了地方上的反贫困行动，围绕着案例编写的要求收集资料。经过充分调研，课题组编写好了文字案例。随后于 2021 年 10 月再赴成都市武侯区，摄制视频资料，制作了视频案例。本课题最终形成了 3 份文字案例和 2 个视频案例。

长文字案例《成都市武侯区“三位一体”社会救助体系创新案例》。该案例介绍和分析了成都市武侯区构建以政府救助为主体、慈善帮扶为补充、关爱援助为抓手的“三位一体”社会救助体系，较全面地反映了武侯区在应对新形势下城市贫困问题特点发生改变的情况下，通过社会救助制度改革，发展“三位一体”社会救助制度体系的理论思考与实践创新。

长文字案例《陕西省宁强县发挥本地优势促进贫困地区农村经济社会持续发展》。该案例以陕西省宁强县为调研地，总结了该地区“社区工厂”“社区讲习所”“家庭农场”“庭院经济”等案例，旨在为专业学位的教学提供丰富的实践材料，引导学生思考我国农村地区巩固脱贫攻坚成果及乡村振兴，并利用地方成熟经验来思考新时代的贫困长效治理机制。

小微案例《成都市武侯区社会关爱援助中心参与贫困治理的行动》。该案例主要介绍武侯区社会关爱援助中心参与贫困治理的行动，并由此分析社会组织参与贫困治理的理论与实践。

视频案例《成都市武侯区“三位一体”社会救助体系创新案例》。该视频案例与成果一的文字案例内容大致一致。其主要特点是通过视频的方式，通过各方面人员的介绍和现场情境而更加直观生动地反映出成都市武侯区创新“三位一体”社会救助体系的理论思考和实践行动。

短视频《履行企业社会责任，积极参与困难群众救助帮扶行动——武侯区与企业合作开展“雪中送炭”项目案例》。该项成果是通过短视频的方式展示武侯区与平安财险四川公司合作，专门针对武侯区困难群众的实际需求而量身定制保险方案。由此反映出政府与企业合作，扩展社会救助行动，推动社会力量参与困难群众救助帮扶的理论与实践创新。

二、推动共同富裕背景下金融赋能与资产建设的社会工作实践案例开发

2021 年教育部专业学位主题案例项目“推动共同富裕背景下金融赋能与资产建设的社会

工作实践案例开发”由中央财经大学方舒教授担任首席专家。项目背景在于，当前我国已迈进推动共同富裕伟大新征程，处理好“富口袋”和“富脑袋”关系，促进人的全面发展和社会全面进步是一个重要议题。项目成果包括社会工作者和金融从业人员面向儿童青少年、社区老年人、大学生、乡村创业女性等群体开展金融赋能实践的5个案例成果。该项目案例集中体现了金融社会工作在金融赋能与资产建设视角下，以造血方式实现个人发展与经济效益双重效应，成为推动共同富裕不可或缺的新生力量。该项目案例获得“北京市金融教育示范基地”“中央财经大学产教融合实践基地”等荣誉。

该案例项目的主要内容包括：（1）探讨在推动共同富裕背景下金融赋能与资产建设何以可为，以金融赋能与资产建设为贯穿主线，通过“干预行动–案例开发–教学反思–再实践”的路径，聚焦农村妇女、青少年、大学生、老年人等经济脆弱人群，通过设计开发、系统整理、总结呈现面向不同人群金融赋能专业干预行动的过程及成效，在专业干预行动基础上整理形成教学案例，着力打造金融社会工作专业硕士的教学案例，并重点呈现知识及其行动的“螺旋式”交互关系，探索金融社会工作与实现共同富裕之间的功能衔接与实践印证，为金融社会工作教育教学提供鲜活教研实例，也为相关实务发展提供强有力的支撑。（2）坚持立德树人根本任务和推进金融社会工作教育–实务–研究“三位一体”创新发展两个维度考虑，即考虑从“培养什么样的金融社会工作专业人才”“如何培养高质量金融社会工作专业人才”两个方面出发，通过专业行动、实践教学全面提升（金融）社会工作专业硕士研究生的专业水平与创新能力，使学生心怀“国之大者”、富有社会责任感、助力经济公平，实现三全育人。（3）通过专业干预形塑在推动共同富裕背景下金融社会工作何以可为的一系列实际行动（金融社会工作教学、行业人才学习培训、经济社会重点领域实践），这些社工干预实践在新时代下具有广阔应用前景。

三、社区基金：福利治理视域下的社区工作机制创新

2021年教育部专业学位主题案例项目“社区基金：福利治理视域下的社区工作机制创新”由四川大学何明洁副教授担任首席专家，项目成果包括1个长文字案例、2个小微文字案例。回迁与商品房混居型社区抗疫案例包括党建引领混居社区整合资源，链接多元主体，联防联控促进抗疫党建模式创新等创新特点。该项目案例选题新颖，突出抗疫模式的复杂性和多样性，论证得当，是中国抗击疫情、探索混居型社区治理的优秀案例。

文字案例《从爱心纽带到治理参与：社区基金的福利治理机制分析》。在基层治理现代化转型中，社区社会工作亟须破解社区资源缺乏、公众参与不足的困境，以社会创新的思维帮

助社区可持续发展。“社区基金”是近年城乡社区涌现的一种新的工作机制，它由社区联合社会各界在基金管理平台设专项账户，通过专项基金运营实现发起人的社区捐赠意愿。该案例以成都市近年来大力推动的社区基金为主题，借助福利治理的视角从融资、规制和提供三方面梳理社区基金的管理运行，阐释其福利治理的机制和效果，以及实现共同富裕目标的路径。案例显示，社区基金由邻里互济的民间慈善起源，以动员本地资源、调动本地人、服务本地需求为宗旨，通过专项基金运营促进居民参与、联动利益相关方协作、营造社区公益慈善生态，正逐步从慈善工具向公益平台转型进阶。社会工作助推社区基金融入社区发展治理，是对“五社联动”工作机制的探索落实，对于打通社会工作参与基层治理共同体建设的实务路径意义重大。

小微案例 1《宁江夜话聚民意：城市社区基金案例分析》聚焦城市社区基金，以宁江社区的基金为例，从社区资源建设运动和社会策划模式分析基金对城市老旧单位制社区的作用。宁江社区从邻里慈善入手破题，建立社区慈善微基金，将社区协商议事品牌项目“宁江夜话”与基金运行管理有机结合，推动基金常态化健康运行，将居民和驻区单位吸纳到基金相关的公共事务中，实现了汇聚爱心、赋能公共参与、构造多元共治的良好局面。宁江社区基金的案例为社会工作整合既有治理机制，开展社区资源动员、提升社区福利水平提供了范例，也为单位社区社会化转型、城市老旧社区焕新指出了一条可资借鉴、切实可行的办法思路。

小微案例 2《季家林盘变形记：农村社区基金案例分析》侧重农村社区基金，以成都西郊季家林盘依托社区基金开展林盘自主改造、带动全村实现人居环境改善的故事为主线，分析社区基金如何重建乡土链接，让村民和资源重新凝聚起来，恢复乡村活力。借助地区发展模式的分析框架，案例揭示出农村社会工作要秉持对乡土文化的敏感性，充分利用熟人社会调动邻里参与，共同富裕的实现有赖于培育乡村自主能力以实现社区重整。

第三节　乡村振兴与传承文化主题案例及成果

一、社会工作助力乡村新内生发展：基于云南寻甸县的案例研究

2023 年教育部专业学位主题案例项目“社会工作助力乡村新内生发展：基于云南寻甸县的案例研究”由华东师范大学文军教授担任首席专家。该项目从社会工作实践和理论两个层

面着手，整合主体、需求、目标、资源等要素，提炼兼具实践性和理论性的教学型案例和研究型案例。一方面，通过个案、小组、社区等社会工作基本工作方法，借助优势视角、资源链接、沟通访谈等社会工作实务技巧，立足云南寻甸县的现实情境，总结包括文字案例、小微案例、视频案例等多种形式的教学型案例，强化学生的社会工作意识，提升他们的社会工作理解能力、实务能力以及综合运用能力。另一方面，通过对寻甸县整体以及Z社区的考察，从个体 / 家庭、组织、社区三个层面凝练具有多层次多领域的农村社会工作服务案例，并同步构建上下联动、内外共生的乡村发展新案例，以此开展社区为本的农村社会工作研究和乡村新内生发展模式探讨，并编写案例研究论文，进一步推动社会工作理论发展。社会工作深度介入乡村发展，对社会工作理论与话语的构建、新内生发展实践模式的拓展、社会工作人才培养和课程体系的探索均具有重要的学理价值。

教学型案例包含 3 个具体案例。（1）社会工作助力乡村行动者网络建构及多元介入。该案例旨在借助社会工作沟通访谈等实务技巧，建立对话协商机制，打造以地方社区为单位的行动者网络。一是在制度支持和政策倡导方面构建政府联结，二是推进社区产业、人才、资本、信息等要素的充分流动，三是推进社区居民间的内部协商和整合。（2）社会工作助力城乡内外资源的整合开发。该案例的重点在于发挥社会工作在资源链接方面的专业优势，实现社区内外资源的平衡。一是根据社区需求提供相应的外部资源，二是推动横向部门间的资源联动和整合，三是以特色产业推动资源持续再生。（3）社会工作助力乡村产业建设与社区化实践。该案例呈现了社会工作推动产业社区化的过程。一是加强特色文化建设，为社区成员提供特色身份和符号；二是推动社区组织化建设，加强居民的公共性培育；三是加强社区居民内部间的关联互动。

研究型案例包含 2 个具体案例。（1）社区为本的农村社会工作研究。在个体 / 家庭层面，形塑农民主体性，提升家庭抗逆力。在组织层面，打造特色自组织，培育情感共同体。在社区层面，改善社区产业结构，营造良好乡村风气。（2）乡村新内生发展模式研究。一方面，以新内生发展理论为指导，以乡村社区整体为单位，拓展社会工作方法；另一方面，通过社会工作实务的整合介入，挖掘社区内生动力，从形式和内涵两个方面总结乡村新内生发展模式。

二、校地定点帮扶的县域社会工作实践体系建设

2023 年教育部专业学位主题案例项目“校地定点帮扶的县域社会工作实践体系建设”由华东理工大学何雪松教授担任首席专家。

该主题案例依托华东理工大学社会工作专业2017年以来积极参加中国社会工作教育协会实施的社会工作教育对口扶贫计划，主动加入学校对云南省寻甸县的定点帮扶工作，立足县域，有规划、有步骤地在专业人才培育、社会组织孵化、社工服务站点建设、社区治理创新等方面积极探索，聚焦社会工作参与共建、校地联动共治、发展成果共享，推动县域社会工作实践体系，致力于打造西部县域社会工作发展实验区和中国式现代化共享发展的县域乡村振兴模式。

华东理工大学社会工作专业先后有50余名本硕博学生长期驻点服务，20余名教师持续督导培训。建成了“校县社会工作人才联合培养基地”和“社会组织孵化中心”，打造了“坝者社区服务工作站”“塘子社区社会工作服务实践基地”和“六哨中心学校社会工作服务站”3个社会工作服务示范基地，寻甸社会工作人才培养和组织孵化卓有成效。参与建设的“一镇带三村”乡村振兴示范项目被央视、央广网等主流媒体报道，参与打造的塘子村社区乡村振兴示范点获评第八届教育部直属高校精准帮扶典型项目。首席专家及团队成员围绕主题案例获得1项国家社科基金重大项目、3项国家社科基金一般项目和多项省部级课题立项，出版专著2部，发表高水平学术论文20余篇，指导完成30余篇社会工作学士、硕士、博士学位毕业论文，指导参加“挑战杯”“互联网+”等各类大赛获国家、省部级奖项20余项，经央视、解放日报、央广网等主流媒体报道100余次。

三、东西协作社会合力团模式助力乡村振兴与区域协调发展

2023年教育部专业学位主题案例项目“东西协作社会合力团模式助力乡村振兴与区域协调发展”由江苏师范大学魏晨教授担任首席专家。该案例项目提炼出一种“东西协作社会合力团模式”，是指在助力区域发展过程中形成的社会领域基金会、商会、产业协会、社工机构、志愿组织等社会力量运用产业链、价值链、组织链合作的方式，在助力精准脱贫、乡村振兴、区域协调发展中取得显著成效的模式。其是由陕西省发起，东西部协作，以不同社会组织按照分工协作目标进行组合，包干12个落后县乡村振兴与经济社会发展项目的案例。其也是以社会组织为主体，助力西部乡村振兴与区域发展的典型案例。该案例因此先后获得了“中华慈善奖”、陕西省政府创新奖等奖项，具有先进性、典型性、示范性，有较为重大的案例开发价值。

首先，该模式体现出协作特点。社会组织通过建立组织与组织间的协作体系，区域与区域之间的互助体系，运用合力聚力、助其自助的创新模式，集中社会力量朝向焦点问题，能够有效破解相关难点。社会合力团模式从单一省份内部社会组织参与精准扶贫演化为东西协

作助力区域发展，是全国少有的以社会组织为主体，东部地区社会工作机构联合西部社会组织助力西部乡村振兴与区域发展的典型案例。

其次，该模式体现出创新特点。社会工作机构或者社会组织助力区域发展往往面临服务散乱、力量薄弱、效果不佳的难题。该案例展示了社会力量通过内部产业链、价值链、社会链的打造，把小、弱、散的社会力量通过政策手段、社会联合、经济组合的方式进行了聚力、聚焦创新，有效破解了相关难题。

再次，该模式体现出实践特点。（1）以政策杠杆撬动并整合社会组织力量，提升全社会创新活力。构建了社会力量共同参与乡村振兴、区域发展的新格局。通过跨界资源整合，协同行动带动更多资源参与行动，构建了“政府 + 企业 + 社会组织 + 各行业协会”联动机制；（2）依据问题、需求地图等工具与多家企业、社会组织联动。通过组织链下沉产业链，通过利益链链接价值链，实现多元主体的精准化、精细化解决社会问题；（3）促进多方沟通协商，一定程度上克服政府在解决社会问题中的局限性，促进社会的良性治理。

四、互嵌交融　协调发展：云南平远片区乡村振兴与社会治理的实践探索

2023年教育部专业学位主题案例项目“互嵌交融　协调发展——云南平远片区乡村振兴与社会治理的实践探索”由云南师范大学刘婷教授担任首席专家。案例田野点是云南省-文山壮族苗族自治州平远片区，以砚山县平远镇为中心，包括文山市红甸回族乡和砚山县稼依镇、阿舍彝族乡，共4个乡镇40个村社区，总人口19万人左右，其中回、壮、苗、彝等少数民族人口占总人口的三分之二以上。平远是中央高度关注，在全国都有较大知名度、关注度的民族宗教重点地区，经过了三十年的由乱到治、由治到发展、由发展到和谐的历程。平远以统筹协调、融合发展为原则，在民族团结、社会发展、社区治理等方面做出了积极有益的探索。尤其是自2022年以来，平远积极开展“三区建设”，要把平远建设成铸牢中华民族共同体意识示范区、民族地区乡村振兴示范区、社会治理体系和治理能力现代化标志区，最终实现以民族团结之美为核心要义、以绿美为底色、以大美为最终结果的“美美的平远”。“三区建设”本质就是以铸牢中华民族共同体意识为工作的主线，将经济建设、社会建设、文化建设同时并重，一体推进，成效显著。

该案例运用“互嵌发展”理论透视平远的“三区建设”，是以铸牢中华民族共同体意识为主线，创新推动各民族交往交流交融。将民族团结、乡村振兴和社会治理有机结合、协调发展，强调政治、经济、文化建设的相互嵌入，在很大程度上夯实促进团结进步的思想基础、经济基础、群众基础。通过发掘文化底蕴、夯实经济基础、完善社会保障、增进心理共识，

逐步实现各民族在空间、文化、经济、社会、心理等方面的全方位嵌入。

该案例主要是基于新时代平远“三区建设”路径和经验的提炼和总结，讲好“平远故事”。这既是回应和践行习近平总书记关于“铸牢中华民族共同体意识”“推进社会治理现代化和完善社会治理体系”的指示，让民族地区全面融入“五位一体”总体布局，各民族人口全方位嵌入国家现代化战略全局。同时，对于促进边疆民族地区协调发展、民族团结和社会稳定具有重要的理论意义和实践价值。

五、传承中华文化　关爱一老一少：公共服务的供给与社会工作的介入

2023 年教育部专业学位主题案例项目“传承中华文化　关爱一老一少：公共服务的供给与社会工作的介入”由郑州大学蒋美华教授担任首席专家。该项目将传统的“安老怀少”文化贯穿在关爱一老一少服务全过程，并结合社会工作与公共管理专业的有关伦理文化和专业价值观，整合现代社会科学中的理论视角，以社会工作专业方法和公共管理服务供给服务老人与少年儿童群体，在理论与实践二者的良性互动中传承中华文化。

该案例集共有四个案例：“为老”案例两个，以老人为服务和研究对象，包括一个教学型案例，一个研究型案例；“为少”案例两个，以少年儿童为服务和研究对象，两个均为教学型案例。在前期研究的基础上，主题案例进一步加大调研服务力度，开展服务型教学与研究，预期形成三个教学案例、一个研究案例。案例内容具体如下：

“为老”教学型案例“老有所养，老有所‘医’：以社会工作服务传承‘爱老’文化”。该案例以河南省南街村康寿乐园中多位半失能老人为服务对象，依托当地独有的集体经济优势，整合医疗和养老两方面资源，根据地方经济文化特色探索社会工作专业服务，全过程传递集体主义经济下的“尊老”“孝道”文化，在农村社区和全社会弘扬“为老”服务文化。

“为老”研究型案例“从‘老无所依’到‘守望相助’：以公共治理智慧延续‘敬老’传统”。该案例以河南省汝南县金铺村为例，探索“护理员助养老年人 + 邻里互助养老小组 + 志愿者服务老年人”的农村邻里互助积分养老模式，改善公共服务供给单一化的问题，以公共治理智慧延续“敬老”传统，在农村社区和全社会弘扬“为老”服务文化。

“为少”教学型案例“与你相伴，共‘童’成长：承袭中华‘爱幼’美德，赋能留守儿童发展”。该案例以河南省驻马店市泌阳县闫洼村留守儿童为服务对象，摒弃“问题视角”，践行“力求进步、刚毅坚卓；增厚美德、容载万物”的优秀传统文化精神，整合社会工作的优势视角、增能理念、助人自助理念，促进农村留守儿童的自我增能，推动留守儿童形成积极健康的人格和良好心理品质，传承并发展“爱幼”美德新内涵。

“为少”教学型案例“珍爱生命，护‘童’健康：延续传统‘扶幼’文化，创新儿童健康教育模式”。该案例以郑州人民医院生命体验馆项目为例，践行天人合一、和合相生的传统文化，吸收中医哲学中的整体观、辩证观精神，融合社会工作的社会改良传统，关注社区环境和预防干预，摒弃局部的、绝对的临床技术治疗取向，招募社区儿童和家庭走进医院，在真实的医疗情境下进行沉浸式、预防性健康教育，延续“扶幼”文化，创新健康教育模式。

（撰稿人：彭华民、芦恒）

第十三章

中国社会工作宏观领域研究

在社会快速发展变迁的大背景下，中国社会工作面临着前所未有的发展机遇和挑战。为了更好地适应和推动社会发展，社会工作不仅要关注微观层面的服务，也要关注宏观领域的实践。过去三十年，中国社会工作宏观领域的研究已有一大批成果，本章旨在梳理已有研究成果，夯实本领域研究的基础，明确后续研究的方向，推动中国社会工作在宏观领域的发展。

第一节　宏观领域研究的发展脉络

一、社会工作的宏观实践

社会工作关注个人和社会的双重使命，要求社会工作具有微观和宏观的双重聚焦。但社会工作的微观服务与宏观实践并未走向均衡发展，而是呈现出“钟摆式”形态（李伟、李俏，2023），并且偏向于微观服务。这种发展态势是专业的内部因素与外部的政治、经济、文化等因素综合作用的结果（李伟，2018）。以 20 世纪 80 年代美国社会工作的发展为例，新自由主义在意识形态上占据主导地位，强调市场自由竞争，主张个人和家庭的责任，社会问题的医疗化和个体化成为主流。在此背景下，社会工作的服务对象以个人和家庭为主，呈现出个体化、微观化的倾向（崔晋宁，2023）。西方一些学者对这种现象进行了猛烈的批判，认为社会工作舍弃了对弱势群体的道德责任与伦理关怀。其实，微观与宏观并不存在不可逾越的鸿沟，而是处于一种“同源”“共生”乃至“互构”的发展状态（刘振、徐永祥，2019）。微观与宏观之分是表，意识形态之争是里（何雪松，2017）。对社会工作微观化与临床化的纠偏，既是为了回应新自由主义和市场化话语的侵蚀，又是专业对公平与正义的使命所驱动的反思。这显示社会工作需要更加重视宏观实践，从而实现微观与宏观的平衡（何雪松，2020）。

二、中国宏观社会工作的实践取向

（一）宏观社会工作要直面社会转型的结构性议题

社会工作之于社会转型，或者说转型社会工作至少具有两个层面的含义，一方面社会工作要关注迅速转型的社会空间，另一方面社会工作要成为推动这种转型向更公平正义发展的重要力量（朱健刚，2011）。对照新时代的主要社会矛盾，从社会工作的角度而言，可以将中国面临的结构性议题概括为心态秩序波动和社会整合困难，社会的现实需要要求社会工作具有宏观自觉。为了有效回应面临的结构性议题，社会工作需要在社会环境和历史脉络中理解和应对问题。我们不仅需要从社会服务体系的角度理解社会工作，更需要从社会建设的重要组成部分定位社会工作，这是我国社会工作发展的阶段性要求。

（二）宏观社会工作要回应全球社会发展的新态势

随着全球化的深入发展，各国之间的经济、文化、政治联系日益紧密。社会问题不再局限于单一国家或地区，而是具有跨国性。社会工作必须在理论和实践中回应全球社会面临的最新动态变化，以更有效地服务于社会，促进社会的整体福祉和发展。这要求社会工作具有更多社会想象力。互联网、云计算、大数据、人工智能和区块链都给社会工作带来了新的可能性。我们比以往拥有了更多联结不同人、群体与社群的机会和手段，社会工作如何充分利用这些新兴的媒介传递价值观、输送专业服务、倡导合理的社会政策，需要在理论上予以厘清，需要摸索形成一套基于数字社会的实践。社会的急剧转型、互联网的兴起、个人权利的张扬，为“势”的营造提供了平台，社会工作者要把握好时势权力，借助“上善若水”的流变之势引领或顺应时代的“势”能（何雪松、熊薇，2013）。

（三）宏观社会工作要契合我国社会建设的政治脉络

处于转型期的社会工作，需要有明确的宏观目标。这一目标是直面社会转型的结构议题所设定的，也是回应全球社会发展新态势的要求。笔者在以前的论文里将这一目标设定为“政府有为”“市场有效”“社会有力”构成擘画中国未来发展的新三角。建设有力的社会，需要从活力、平衡和团结三个层面推进社会的变革与优化。首先是活力。经由专业服务、社会联结和资源整合，社会工作能够激励不同群体积极参与社会建设，培育一种人人有责、人人尽责、人人共享的共同体意识。其次是平衡。社会工作应致力于推动建立一个更加完善、更具弹性的社会保护机制，缓解经济社会发展过程中的不平衡现象。社会工作是整个社会保护体系的重要组成部分，为弱势群体发声，回应有需要人群的诉求。最后是团结。随着全球化的推进，各国都面临着社会分化和不平等等重大挑战，这样的挑战会撕裂社会。我国在市场经济的推进过程之中也面临着不同群体之间脱节和分隔的风险，社会工作需要推进包容、共享、融合，减少排斥、分裂和隔离。

要实现以上三个目标，需要思考宏观社会工作的具体路径和方法，社区发展、组织建设、政策倡导和价值引领是宏观社会工作的重要干预策略（何雪松，2020）。社区为本的社会工作是中国宏观社会工作最重要也最具特色的组成部分，社会工作需要从社区层面推动改变，实现城乡社区的可持续发展。随着信息化技术的发展，社会工作还需要关注基于虚拟空间而形成的社群，推动社区治理的数字化转型。组织建设是宏观社会工作的重要策略，社会组织要整合社会资源、倡导社会议题、发现社会需求、提供社会服务，以回应不同的社会问题及利益相关者的需要。在这个过程中要推动社会服务输送体系的改变，提升服务可及性、强化精准服务、提升服务品质，推进组织体系的再造和社会组织的能力建设。宏观社会工作还要根据不同的社会问题领域，积极进行社会倡导和政策实践，推动社会政策体系的完善，从而回应不同人群的诉求。政策倡导的核心是建立完整的社会工作服务体系，并且将社会工作服务纳入基本公共服务体系，从而确保社会服务的可持续发展。形成价值共识和社会共识是社会急剧转型期的深层次需求，社会工作可以致力于重构社会的精神基础或人心秩序，传递共享的发展理念，践行公平正义的价值观，从而形成相互关怀的社会氛围。

三、中国宏观社会工作的阶段性特征

中国大陆的社会工作发展是与“和谐社会”“社会建设”“社会发展”等宏大叙事和政治话语相关联的，作为一门实践性学科，社会工作的研究又是以实践为基础的。因此，对于中国社会工作宏观领域的研究进展，需要将其放置在社会政策发展脉络和社会建设的大背景下进行梳理。

随着1987年马甸会议的召开，国家教育行政部门重新确认了社会工作专业的学科地位（彭秀良，2017）。这一时期，市场经济体制改革、政府转型和社会流动带来了社会治理新难题，要求国家与社会予以回应。面对国家现实需求，政府部门及社会各界都为中国社会工作专业的重建广开绿灯，学术界重点探讨了如何恢复重建社会工作及完善社会工作教育体系等议题，尝试推动社会工作从实践、专业和制度三个维度回应社会转型的需要，在解决个人问题、社区治理和社会福利体系建设三方面做出了有益探索。

2006年中共十六届六中全会在《中共中央关于构建社会主义和谐社会若干重大问题的决定》中提出了“建设宏大的社会工作人才队伍”的战略部署，这是中国社会工作发展史上的重要转折，随后国家又将社会工作人才列为国家重点发展的六类人才之一，确立了社会工作人才在国家人才发展大局中的重要地位。这一时期，各级党委和政府积极推动了社会工作的发展，社会工作机构及人才数量得到快速增长，在政府购买服务大背景下，社会工作在社会政策落实及社会服务传递中发挥了重要作用。学术界也积极回应了社会工作发展的需求，不断总结梳理各地，特别是广东及上海等地社会工作发展的经验和模式，推动了社会工作理论及实践的本土化，为社会工作在全国全面铺开作出了重要贡献。这一阶段，学术界还积极探讨了政社关系，为更好地实现政社合作提供了理论支撑。

2012 年党的十八大报告中提出城乡社区治理的基本思想和理念，2013 年十八届三中全会提出“推进国家治理体系和治理能力现代化”，2013 年，习近平总书记提出精准扶贫的要求，2017 年党的十九大提出乡村振兴战略。社区治理和社会治理概念的提出、精准扶贫及乡村振兴战略的实施，是党的社会建设理论与实践的重大创新，也为社会工作参与基层治理及乡村建设提供了结构机会。这一时期，社会工作在更多领域实现了发展，宏观社会工作的研究也更加强调社会工作的主体性，在前一阶段的基础上，更加重视社会工作的政策倡导、治理参与等角色，社会工作在政社关系中也有了更多话语权。

2020 年以来，民政部门主导推动以乡镇（街道）社工站建设为中心的城乡社区普及的社会工作服务体系建设；2023 年 3 月，中共中央、国务院出台了《党和国家机构改革方案》，组建了中央社会工作部。随着社会工作在基层及中央的体制化建设取得重大进展，社会工作在社会政策与社会福利、基层社区及组织发展等宏观领域发挥作用的空间得以拓展，社会工作的高质量发展要求宏观领域的研究再上新台阶。

本章旨在梳理三十年来中国社会工作宏观领域的研究成果，以更好地推动中国社会工作宏观领域的研究。下文将对政策、社区、组织三个实践领域的研究展开论述。

（撰稿人：何雪松）

第二节　政策实践研究

一、20 世纪 90 年代以来社会政策发展的阶段性特征

在很大程度上，一个国家或地区实施的社会政策与其福利体制或福利制度有着密切的关联（张敏杰，2015：21）。20 世纪 90 年代，中国社会福利的基本特征是原有制度特征和新发展制度特征的混合体，中国社会福利仍然属于补缺型社会福利类型（彭华民、齐麟，2011）。李迎生（2005）指出由于对“效率优先，兼顾公平”原则的片面理解，社会政策始终处于从属的

地位，对社会政策未能给予应有的重视，进一步导致我国当时社会公平问题变得比较突出。福利供给方式方面，受到政府推动社会福利体制改革和社会需要的双重影响，“社会福利社会化”成为20世纪90年代以来政府发展社会福利的主要政策纲领（熊跃根，2010）。经济市场化、福利社会化和社会现代化背景促使社会政策框架形成，现代社会福利制度框架初露端倪，专业社会工作者和社会工作教育扮演的角色与发挥的作用愈发凸显（刘继同，2006）。推进社会工作，发挥专业社会工作的积极作用，成为建构社会福利体系的题中之义（周沛，2007：61）。

进入21世纪以来，以科学发展与社会和谐的新执政理念的提出为标志，我国进入了经济建设与社会建设并重的新时代。政府治国方略从注重经济的优先发展转移到经济和社会的协调发展（林闽钢，2011：246），并进一步要求社会福利目标定位需要从国家为本转型到需要为本（彭华民，2010）。有学者因此提出，中国即将迎来“社会政策时代”（王思斌，2004）。关于我国社会政策发展走向的判断，有两种观点获得了绝大多数学者的认同，一种是走向“适度普惠制”，另一种是走向“发展型社会政策”（李棉管，2013）。此后十余年的发展也大致印证了这样的判断。社会政策体系从“托底保险型”转向“共享服务型”发展（林闽钢，2021）。

进入21世纪，随着“社会政策时代”的兴起，社会政策的范畴和覆盖面显著扩展，社会工作的专业领域和服务对象也随之增加。社会工作者成为民生为本的社会建设的重要力量（彭华民，2013）。这一时期的社会政策体系转型为社会工作领域提供了更为广阔的发展空间，并对从业者提出了更高的要求。包括但不限于专业知识和技能的掌握，以及跨学科协作和创新思维的能力，以适应社会政策和社会福利变革带来的新挑战。社会工作的角色已经从单纯的福利提供者转变为社会公平的促进者、社会福利效率的提升者以及社会政策有效实施的推动者。在某种意义上可以说，社会工作出现和发展的过程就是社会政策自我完善和发展的过程（程胜利，2012：9）。为了更好地了解社会工作的政策实践发展，有必要对社会政策与社会工作的关系进行进一步梳理。

二、社会工作的政策之维

社会工作作为社会福利的重要传输系统，具有政策维度。孙莹（2001）是较早系统讨论社会工作政策维度的学者。在她看来，这体现在三方面：社会工作参与政策制定、社会工作执行社会政策和社会政策保护专业社会工作。这种观点较为全面地呈现了社会工作与社会政策的关系，也奠定了社会工作政策维度研究的基础。

早期的研究更多围绕社会工作在执行社会政策、满足社会需要和解决社会问题方面存在相对优势，并建议大力发展社会工作的角度进行。这可能是受到了当时社会工作发展水平较低，以及社会工作实践落后于社会工作教育的现实因素影响。王思斌（2002）从混合福利制度的角度出发探讨了社会资本在社会保障，特别是在弱势群体保障方面的作用，认为应该将社会工作的理念和服务同社会政策结合起来，逐步建立富含社会资本的社会保障制度。强调社会工作要影响社会政策，通过引进社会工作理念和社会工作服务，在行政性的福利传递的基础上，提供更加精细化的服务。王婴（2002）通过梳理西方社会工作与社会政策的历史演进，总结出社会政策的贯彻落实主要是通过专业化、职业化的福利体系，即社会工作体系来实现的国际经验。并据此提出，只有职业化、专业化的社会工作发展了，中国的社会政策的贯彻落实才能实现有效的传承，才能在中国的社会、经济发展中发挥更大的作用。王思斌（2006）在社会政策执行的基础上进一步提出社会政策实施的概念，认为社会政策实施包括政策的制定、执行，以及在实施过程中的调整和变异。这一概念将社会政策实施视为一个动态的过程，强调了政策实施过程中的互动、反馈和调整，而不仅仅是单向的执行。徐永祥（2007）结合构建和谐社会的时代背景，从社会工作发展历史、我国社会工作发展的现实需要和社会工作功能三个角度出发，提出社会工作是现代社会管理与公共服务的重要手段的论断。2005年前后是一个转折点，后续的文章更多集中在社会工作对具体社会问题的关注上。

随着社会工作的发展，一些学者开始将目光集中在社会工作介入社会政策方面。程胜利（2004）关注当时中国的城市贫困问题，提出在使用社会工作三大方法的同时还应该加强专业社会工作者的政策参与和政策支持。范志海（2005）通过对上海禁毒社会工作制度创新进行案例分析，发现在制度创新设计、制度创新试点和制度创新推广方面，社会工作担当了政策倡导和技术支持的重要角色。赵淑兰和贾维周（2006）较为全面地介绍了社会工作介入社会福利政策的具体措施，认为可以充分发挥社会工作直接服务的优势，了解和反映服务对象的政策诉求，在政策实施过程中做政策与政策对象的调解者、联系者和服务者。邓蓉和周昌祥（2007）对最低收入保障制度实施过程中产生的“福利依赖”现象进行了分析，并在反福利依赖背景下社会工作介入社会政策的可能性和可行性方面做了理论探讨，认为可以通过社会工作推进具有约束机制的规范学习制度以改善福利依赖。可以发现，当谈到社会工作介入社会政策时，更多是将社会政策作为社会工作关注的一个社会单位，还没有上升到工作路径层面，在形式上表现为政策倡导。而直接提出将政策实践作为社会工作的一种专业方法，则出现得相对较晚。马凤芝（2014）提出应该将政策实践作为社会工作专业方法，并详细介绍了政策实践的基本理念、方法、活动和技巧，强调应采取批判的或文化敏感的立场应用政策实践。

社会政策保护专业社会工作的内容则集中体现在社会工作政策研究方面。尽管社会工作一直与社会政策保持着紧密的联系，但是中国社会工作政策规划形成体系则相对较晚。陈锋和陈涛（2014）通过分析我国改革开放后社会工作政策与规划的发展，认为我国社会工作政策规划可以分为社会工作专业教育规划、社会工作者职业建设政策、社会工作（专业）人才队伍建设政策规划和社会工作服务政策规划四个时期，并提出我国的社会工作政策规划渐趋以社会工作专业人才队伍建设为中心，核心关注的是“人”而不是“事”。冯元和彭华民（2016）依据大卫·豪关于社会工作理论的二分法，将社会工作政策分为“为社会工作发展服务政策”与“社会工作发展政策”，通过梳理政策发展脉络提出中国社会工作政策的发展背景是迎接社会转型，伴随政府改革；动力是响应顶层设计，回应社会需要；价值追寻是获取专业合法性，提升社会福祉。李迎生和李冰（2016）梳理了自2006年以来十年间社会工作政策的发展轨迹，指出自中共十六届六中全会做出“建设宏大的社会工作人才队伍”重大战略部署以来，我国社会工作政策实现了从薄弱到丰富、从宽泛到精细、从综合到专项的转变，逐渐形成了社会工作政策体系。张昱和滕明君（2021）以时间为经，以空间为纬，总结出建党百年来，中国社会工作政策经历了萌芽发展、民政覆盖、依附式发展和迈向共享四个发展阶段，在这个过程中社会工作政策实践空间扩大，专业空间进一步凝练与聚焦，并由此提出构建社会工作者实用政策、精细化人才政策以及完善评价激励机制等现实启示。叶托（2022）等学者以1987—2020年国家层面出台的118份社会工作发展政策文本为分析对象，通过社会网络分析和文本分析两种研究方法发现，我国社会工作政策的演变逻辑为政策主体从零星分散先转向局部合作再转为全面合作，政策体系从单一化先转向多元化再转为系统化，政策工具从结构失衡转向结构趋衡再转为结构均衡。

社会工作的政策之维是一个不断演进的学术议题，它涵盖了从社会工作执行社会政策、参与政策制定到社会工作政策等多个层面。随着时间的推移，学者们对于这一关系的认识逐渐深化，从早期的强调社会工作在执行政策中的作用，到后来对政策制定和实施过程的深入分析，再到当前对专业社会工作如何介入具体社会问题以及社会政策如何保护和发展社会工作专业人才的探讨。总体上，社会工作与社会政策的互动是一个动态的、双向的促进过程，旨在通过专业化和政策支持来提升社会福祉，解决社会问题，并推动社会工作专业的发展。其中作为社会工作专业方法的“政策实践”概念值得关注。这是因为“政策实践”作为社会工作专业方法的重要概念，强调了社会工作者在政策层面的积极参与和影响力。这种参与不仅有助于提升政策的质量和效果，也有助于增强社会工作专业在政策制定中的影响力和话语权。社会工作者不仅是政策的执行者，更是政策的倡导者、分析者和改革者。在这一过程中，社会工作者利用其专业知识和实践经验，对现行政策进行评估，识别政策执行中的问题和不足，并提出改进建议。此外，社会工作者还可以通过研究和实践，为政策制定者提供基于证据的建议，以促进更加公平、有效和包容的社会政策的形成。

三、社会工作的政策实践

政策实践基于社会正义的核心价值和人在情景中的理念，是一种旨在影响社会政策的社会工作介入，其核心关注点是对政策的改变而非个人（马凤芝，2014）。与政策实践相似的一个概念是社会工作倡导。社会工作倡导是社会工作者在实务过程中承担的重要职责，旨在通过代表或协助服务对象来推动政策和服务的改进，以保障他们的权益（张宇莲、刘梦，2017）。比较两者定义可以发现，社会工作倡导是政策实践的一部分，政策实践提供了一个更为宏观和全面的框架，涵盖了更广泛的社会工作活动和角色。倡导更侧重于特定群体的利益争取，而政策实践则侧重于通过多种角色和活动促进社会政策的正义和公平。两者均反映了社会工作对社会政策的密切关注和积极响应。需要再次说明的是，虽然社会工作与社会政策一直具有紧密的关联，而且倡导一直被认为是社会工作的重要方法，但是，在知网的文献检索中，直接讨论社会工作政策倡导或政策实践的论文则相对较少。这说明，对社会工作与社会政策互动的研究是不足的。

在政策实践方面，现有研究对社会工作参与政策实践的可行性和可能性进行了探讨，实证研究相对较少。张剑（2015）关注农村留守儿童服务，认为传统的社会工作方法在数量上难以满足服务对象的需求，需要采取政策实践的方式提升服务效果，要求社会工作者扮演政策专家、外部工作环境改变的代理人、内部工作环境改变的代理人、政策的执行者、宣传者等角色以更好地实现政策实践。赵万林（2017）综合政策实践与“公民社会—社会政策”的分析框架，认为社会工作可以经由个体增权与意识醒觉、社会资本建设、社会工作自我增权等实践形式，来推动社会的重建，进而作用于社会政策的改良。在这个过程中，影像发声是一个可供政策实践者借鉴的方法，它在直接干预（政策实践）和间接干预（社会重建）方面都具有较大的应用潜力。刘斌志和王孝源（2019）在此基础上进一步探究了社会工作服务中影像发声疗法在政策倡导中的模式创新和逻辑指引，并强调聚焦、叙事引导和蒙太奇是影像实践中的社会工作核心技术。韩央迪（2018）等学者采用焦点小组的研究方法对青少年社会工作服务机构参与政策实践的认识、参与方式和影响机制进行了研究，发现青少年社会工作者对政策实践采取回避的态度，在具体参与方式上以发声倡导为核心，在具体的政策实践过程中受到结构-能动性的双重影响。该研究调研的机构具有较深厚的官方背景，且研究对象为该机构社工站站长和优秀社工，具有一定的政策参与优势。马凤芝（2022）从横向与纵向两方面讨论了社会工作与社会政策之间的关系，以此为基础阐明了社会工作所具有的“福利政策传导性”。社会工作的“福利政策传导性”要求社会工作的社会政策观实现从“作为工作背景的社会政策”向“作为工作方法的社会政策”转变。罗桥和唐浩然（2022）认为政策实践作为一种注重整体性变革的实务模式，较之于传统社会工作实务方法的微观路径，兼具宏观与微观、结构与行动两个层面的实践意义，因此将其作为社会工作介入环境治理的路径选择。张洋勇和刘连冬（2023）通过对民办社会工作机构政策实践的个案研究，发现需求匹配使机构获得政策实践的“进场”资格，扎根专业服务和服务成效呈现，让机构的服务成效“主动被看见”，让服务成效“发声”，使政策实践成为可能。

在社会工作倡导方面，不同学者从服务对象的利益出发做了不同层次的倡导工作，实证研究较多。张宇莲和刘梦（2017）的研究聚焦于具体的服务对象——失独家庭，通过实证研究揭示在共识性的情境和低层次倡导中，社会工作倡导如何成功实现，突出了服务对象的利益和现实需要。接着，李树文和庞慧（2018）从儿童的视角出发，探讨了如何通过社会工作介入促进儿童友好社区的建设，他们发现有意识的倡导能显著改善社区氛围，并提升社区成员的参与意识。进一步地，张天真和费梅苹（2022）以更宏观的视角分析了理事会治理对政策倡导的影响，指出高水平的治理能够增强社会工作机构在政策倡导方面的积极性，并通过提升政府支持来强化这一效应。此外，佟新（2022）通过家庭系统分析，强调了在家庭关系中尊重儿童和青少年的主体性，并倡导在社会工作服务中实践平权型的亲子关系，从而解决青少年问题。在探讨社会工作倡导的更广泛影响时，金超然与张昱（2024）回顾了社会工作在未成年人司法保护方面的倡导活动，展示了政策倡导的双重特性：既在构建共识方面发挥作用，也在开拓实践空间方面显示其影响力。郭施宏等（2024）通过社会工作动态调查数据检验社会组织政策倡导行为的影响因素，发现嵌入性倡导是行为逻辑的核心，政治认可、张力存在和组织专业性需求是主要影响因素。在上述研究中，我们观察到社会工作倡导活动涵盖了从具体家庭环境到广泛社区和政策层面的多个维度。这些实证研究共同展现了社会工作倡导在实现社会正义和促进福祉方面的潜力和必要性，同时也为社会工作实践和政策制定提供了重要的洞见和方向。

（撰稿人：何雪松、李桥墩）

第三节　社区实践研究

与西方社会工作发展的背景不同，中国社会工作是在社会管理体制改革的背景中出现的

（童敏，2021），尽管涉及了广泛的领域，但由于工作的对象、场地多数在社区，因此，社区成为中国社会工作最重要的载体（徐永祥，2000）。在中国社会工作语境中，社区社会工作已经超越了将其作为三大工作方法之一的讨论，而更强调把社区作为一种载体和场域。一方面，社区是社会成员生活和社会参与的基本场所，社区社会工作者需要将专业知识和技能应用在社区场景中以更好地服务居民；另一方面，社区也是社会的基本单元，社区治理是社会治理的重要基础，社区社会工作被赋予了基层治理的各种意涵，是推动基层治理的重要力量。

一、社区为本：中国式社会工作的聚焦

社区社会工作具有反思性和整合性特征，倡导从结构层面关注服务对象的需求（曹志刚，2020）。在社区社会工作的实践及研究中，强调“社区为本”的价值理念。张和清（2011）指出，面对全球化中国与“两极分化”造成城乡社区普遍衰败的现实，中国社区社会工作的核心议题是推动社区为本的整合社会工作实践。朱健刚（2011）指出，转型时期社会工作面临的是变动不安的社区、不平衡的管理秩序以及持续不断的社会转型，社会工作应该走向社区为本，致力于整体环境的改变，从而带动人的改变。杨荣（2014）强调，建立“社区为本”的专业服务与项目管理相结合的方式是改善社区治理、推动社会工作专业发展的有效途径。在“社区为本”的基础上，徐选国（2016）提出“以社区为本位”的社会工作范式，走向社区既作为本原性又作为方法论意义的“以社区为中心”的研究路向。

社区为本理念强调对三大工作方法的整合。童敏等（2015）基于社会工作的参与式实务研究发现，社会工作者在开展服务中需要将个案、小组和社区专业方法整合起来组合成项目，以克服城市社区目前在管理方式上呈现的偏向管理、变动性强和多头管理的困难。刘文文和朱健刚（2023）对农村社会工作知识生产的研究发现，社会工作在中国农村的发展不再局限于三大传统方法，而是基于社区整体层面，关注结构性的缺失与区域发展的不平衡。李文祥（2023）则提出了“集体社会工作方法”，指的是将服务对象组织成一个“集体”，使服务对象共担风险与利益，让服务对象在“集体”的帮扶下参与生计运营，从而改变传统的思想观念与行为习惯，摆脱贫困状态。

总之，与西方院舍式服务不同，中国社会工作开展服务的主要场所是在社区，因此，社会工作的本土化需要将目光聚焦在社区。“社区为本”要求社会工作者扎根社区，从社区整体层面分析问题和需求、挖掘资产和优势，在方法层面要整合传统的个案、小组、社区三大方法，在介入过程中要尊重社区的主体性，推动社区成员的参与，在成效评估中也要关注社区整体层面的成效。

二、面向城市基层治理的社区社会工作

中国过去四十余年社会转型的总体特征可以概括为从“单位国家”向“社区国家”的转变，这一转型是催生社区治理的直接根源，社区治理随之成为国家治理体系的重要部件（刘建军，2016）。党的二十大报告、“十四五”规划及有关社会工作者与社区工作者队伍发展的政策文件都强调要畅通社会工作参与基层治理的渠道，把专业社会工作人才吸纳到社区建设服务之中。社会工作已成为我国基层社区治理中的重要组成部分，其在社会治理体系中发挥的作用也越来越被认可。

（一）社会工作参与社区治理的现实脉络研究

只有理顺了社会治理的关系，才能做好社区治理（王思斌，2015a）。我国的社会治理包括管控型社会治理、博弈式社会治理、协商式社会治理和服务型社会治理四种类型，社会工作参与的社会治理是“服务型治理”，由于社会工作与社会治理具有高度契合性，故社会工作介入社会治理有助于社会治理共同体的建设（王思斌，2014）。中国社区治理的演变分为前社区治理阶段（计划经济时期）、社区服务的发展（20 世纪 80 年代）、社区组织建设（20 世纪 90 年代）、社区建设（进入新世纪）、社区管理（狭义上指 2000 年前后）及社区治理创新六个阶段，在社区治理创新阶段，社会工作的参与是重要课题，社会工作机构与政府的良性互动将会促进社区治理制度的创新（王思斌，2015b）。

何雪松（2016）指出，社会的流动化、多元化和信息化给社区治理带来了多重挑战。城市基层社会走向松散化，政府公共服务和依托于市场商业服务的快速发展导致了城市社区服务的社会性出现严重流失（田毅鹏、董家臣，2015）。面对社区治理面临的问题和挑战，学者们提出社区服务是社区治理的突破口，社区服务供给构成了社区治理的重要内容和关键环节（张邦辉、吴健、李恬漩，2019）。而社会组织在社区服务供给中具有贴近社区需求和专业化的优势（郭梓焱、李青，2022），因此，应以专业社会工作重新建构基层治理架构，从体制与机制上形成以居民的需求为目标的社区服务体系，从而形成基层社区治理的良性运作并建构回应型社区（何雪松，2016）。

（二）社会工作参与社区治理的路径研究

对于社会工作要如何参与社区治理这一问题，学者们基于不同地方的实践提炼出了多种路径。将学者们提出的路径进行归类，大致可以分为嵌入视角下的参与路径、过程视角下的参与路径和整体性视角下的参与路径三种类型。嵌入视角强调社会工作要嵌入原有的社区治理体系，过程视角关注社工的参与过程，整体性视角则关注角色、方法和过程多个层面。

1. 嵌入视角

社会工作的嵌入性发展一直是学界讨论的热点，在社区治理中，有较多学者提出社会工作要嵌入社区治理体系。在具体的嵌入路径方面，包括从增量嵌入到常态化嵌入路径（赵环、尹阿雳，2015），“政治—行政—专业”三维嵌入路径（武小龙、康旭晖，2023），资源嵌入、情感嵌入、能力嵌入三重路径（姜秀敏、李月，2022）等。

2. 过程视角

有学者从社会工作在社区治理中的服务过程提出参与路径。包括以“完全在场—选择在场—隐形在场”的行动逻辑推动多元社会力量协同共治的路径（付钊，2023），项目进入、服务、互动的全过程行动策略（王杨，2016），“需求—服务—评价—监督”四位一体模式（闫臻，2016）等。

3. 整体性视角

有学者从实践出发，总结出了整体性的参与路径。包括整体性治理和社会的再组织化路径（杨君、徐选国、徐永祥，2015），通过项目参与的策略（李细香、黄海燕，2020：217-226），社区服务中心的“融入—服务—孵化”服务型治理路径（徐宇珊，2016：227-229），外包式社工站常规扎根的在地化参与和动态回应的项目式参与路径（徐东涛、汪真诚，2023）等。

（三）社会工作参与社区治理面临的挑战及应对

社区治理作为多元主体共同参与的互动场域，社会工作身处其中且深受互动场域特性的影响，面临着多重“自主性”困境（文军、方淑敏，2022），社区社会工作生态系统在一定程度上是因行政性而失衡的（房莉杰、刘美洋，2021），出现外部服务行政化、内部治理官僚化、专业建制化（朱健刚、陈安娜，2013）、综合性支持功能发挥不足、权责性福利功能发挥有限（李文静，2023）等问题。

对于社会工作在社区治理中的困境，学者们从三个方面提出应对策略。一是社会工作层面，包括增强服务能力、加强知识生产、积极建构社会资本等（李林子，2022；文军、方淑敏，2022）。二是制度层面，包括权力让渡、边界形塑、深化制度改革、健全法治建设、创新监管方式等（曾丽敏、刘春湘，2022；陆杰华、黄钰婷，2022）。三是党建引领，徐选国等（2020）指出，“党社关系”视角更有助于理解社会工作在基层治理中的有效嵌入实现机制；黄晓星等（2022）指出社区服务需要将党建的引领性与社会工作的专业性高度结合起来。

三、面向精准扶贫和乡村振兴的社区社会工作

党和国家历来重视“三农”问题，中华人民共和国成立以来，农村脱贫攻坚战取得胜利，乡村振兴战略进一步推动了农业农村的现代化。中国社会工作与乡村建设行动一直相伴而行，

形成了较强的专业亲和性、价值亲和性和实践亲和性（尹广文，2023）。在精准扶贫方面，社会工作与精准扶贫具有同构性，社会工作在理论与实践上能对精准扶贫作出自己的贡献（王思斌，2016），无论是在理念层面还是在方法层面，社会工作介入精准扶贫均有着专业的优势与功能（李迎生、徐向文，2016）。在乡村振兴方面，社会工作的专业属性和服务方法与乡村振兴的关注重心和具体内容等紧密关联（袁小平，2019），社会工作可以充分发挥专业方法和角色优势助推乡村振兴（陈相云，2018）。专业化、本地化乡镇（街道）社会工作站的建立和高质量发展，对于乡村振兴和社会资本再生产发挥着积极的助推作用（王思斌，2021）。

基于不同的侧重点，学者们从不同视角提出了社会工作参与精准扶贫和乡村振兴的路径和策略。内源性发展视角关注农民的主体性，生计介入视角强调农民经济社会生活的改善，社区自组织视角关注农民的组织化，城乡合作视角强调乡村外部资源的链接，文化视角重视在地的文化资源及乡村公共价值，生态视角关注当地的生态环境发展。

（一）内源性发展视角

成伯清认为，真正的乡村振兴不是简单的资本投入，而是需要重新评估乡村的价值，挖掘其真正的潜力。农民是乡村振兴的主体和受益者，叶敬忠主张从农民的视角来理解乡村振兴（胡荣等，2023），社会工作要立足乡村，用优势视角重新审视乡村，发掘农村当地社区和民众所拥有的资产和能力，运用赋能策略，培育互助组，建设合作社，从而使得当地社区和民众成为农村发展的真正主体（张和清等，2008；张和清、尚静，2021）。尊重当地村民的主体性，建设农民主体性导向的乡村振兴新形态，对此，有学者总结为“以社区能力建设为中心的内源发展道路”（钱宁，2007）。

（二）生计介入视角

王思斌（2016）指出，在乡村全面振兴中，改善乡村居民的经济社会生活是核心。社会工作要介入生计，推动资产建设，遵循“经济嵌入生态—社会”的逻辑，通过识别生计资产、组织合作生产、构建扁平化市场、营造社区共同体等行动策略，推动乡村生态、生计和生活的“系统性恢复”与可持续发展（尚静、张和清，2021）。腾芸和向德平（2019）也指出社会工作要通过济困、增收、强能、赋权来发挥扶贫扶志的作用，其中济困、增收是物质保障。

（三）社区自组织视角

社会工作在介入农村社区建设的过程中，需要通过社区自组织来建设和谐有序的社会生活共同体（钱宁、田金娜，2011），社会工作是社区自组织能力建设的积极力量（杨贵华、王瑞华，2010）。社区自组织除了推动资产建设之外，还能激发村民自主参与农村社区治理的内生动力（包先康，2021），推动社区互助关系网络的重建，积累社区社会资本，从而推动乡村的可持续发展。

（四）城乡合作视角

何雪松（2021）指出，社会工作参与乡村振兴不能只依靠乡村内在的资源去实现振兴，还需要在城乡联结中振兴，社会工作要整合微观宏观、长期短期以及内外资源。需要在城乡融合的视域下，立足城乡相互促进、共生共存关系推动乡村发展（卫小将、李迎生，2022）。张和清等（2008）结合在多地的行动研究，也提出了推动城乡合作、公平贸易的社区经济发展模式。

（五）文化视角

一是社工要理解当地文化。乡村性是农村社会工作的知识起点，社会工作要在中国乡村扎根，必须先审视在实践中出现文化识盲的原因（古学斌、张和清、杨锡聪，2007），要避免地方性知识背景与文化解读错位（杨慧、吕哲臻，2023）。二是把在地文化视为一种资产。例如，利用在地文化资源进行社区营造（何明、方坤 2020）、在少数民族社区通过社区文化资产建设推动社区持续发展（张和清，2021）等。三是乡村公共价值的合作生产。通过打造识别-诱导、磋商-引导、赋能-合力与公益-兜底机制，实现多元主体在价值表达、聚合、转化和评估等环节的全程参与进而生成乡村公共价值（郑广怀，2023）。

（六）生态视角

张和清等提出“绿色减贫”的概念，指的是构建绿色消费网络促进城乡公平贸易（尚静、张和清，2022）。社会工作参与乡村振兴的过程中，在农村社会生态及生活环境问题等诸多方面可以发挥倡导功能，保护生态环境（周爱萍、姚明月，2020）。

学者们还提出了与网络通信技术结合、空间再生产、生活政治、家庭功能提升等策略。当然，以上介入路径或策略并不是独立使用的，在实际服务中强调整合，且要重视把党的群众路线和专业方法结合起来，并积极加以践行。

除了论文成果之外，由向德平教授担任总主编、全国多所院校专家学者组成编委会编写的《大国攻坚・反贫困社会工作丛书》系统地梳理了我国社会工作参与反贫困的实践经验。丛书内含 23 本，既介绍了成型的社会工作反贫困理论，也介绍了中国特色的社会工作反贫困实践。丛书主要视角包括社区为本视角、抗逆力视角、内生动力视角、资产建设视角、金融服务视角、可行能力建设视角、赋权视角、贫困治理视角、心理弹性和生涯辅导视角等，关注了儿童、老年、妇女、残疾人及西部农村中的弱势群体。丛书为反贫困研究提供了参考框架，是反贫困领域的学术力作，也是社会工作本土化的重要成果。

四、社区为本的灾害社会工作

随着全球变暖趋势加剧，极端天气事件变得越来越普遍，灾害的发生也越来越频繁。自汶川地震以来，社会工作在中国灾后重建中的重要作用也越来越凸显，灾害社会工作成为中国社会工作的重要分支，对于灾害社会工作的研究也积累了一定成果。梳理已有成果发现，社区是灾后重建的关键落脚点。

杨慧等（2019）通过梳理国外经验指出，社区是灾害管理的重要场域，其内部的社会关系与文化延续或重塑是社会工作介入的重点。社会工作赋权的价值导向、对社区主体性的挖掘与培育以及资源链接体现了社区、关系与文化的统一性，能够实现价值、情感与社区的共生。吴越菲等（2016）检视了西方主流的灾害社会工作服务模式，引导在本土实践中实现以"社区为本"超越"社区导向"的服务重构。将社区本身作为一个具有多面性的关系主体被重新置于灾害干预服务的中心，围绕社区内部的多元需求和社区复原力，弥合宏观与微观两条干预路径，实现临床介入与社区发展策略的结合，从而转向一种整合性的干预取向。

文军等（2015，2016）总结了上海服务队在云南鲁甸地震灾区的服务经验，建构了以"社区关系重建"为核心的社会工作整合服务模式，并指出"社区为本"的灾害社会工作改变了自上而下的灾害救助方式，使政府、企业、居民、各类服务机构共同行动于减灾救灾之中，形成了多主体整合行动的新格局。黄锐等（2016）则以云南鲁甸某一社区为例，指出由于安置情境的不同，社区社会关系网络呈现出差异化的关系样态，灾害社会工作应针对不同安置类型社区开展专业服务，进而协助建立互助关系网络与支持系统，还应当重视社区干预的方法，提升社区的整合性、综融性发展能力。

总体上来看，灾害复原力是灾后恢复重建中关注的一个重点，而灾害复原力的重点在居民，社区则是居民复原力得以展现的场域（张粉霞，2016）。社区为本的灾害社会工作注重各种关系的建立和重构，旨在通过社区整体层面的干预实现社区关系网络和支持系统的重建，进而提升个人（家庭）和社区的复原力。

（撰稿人：何雪松、匡梦叶）

第四节　社会工作的组织实践研究

社会工作的组织实践，在中国表现为建立社工机构以回应社会服务和社会治理专业化的现实需要，社工机构要因应经济社会发展的需要进行组织变革。综合文献，可以将社会工作的组织实践分为三个阶段：社会工作组织实践的前机构阶段（1994—2003）、社会服务主导社工机构发展的阶段（2004—2013）、社会治理格局下寻求专业承认的阶段（2014—2024）。

一、社会工作组织实践的前机构阶段（1994—2003）

自20世纪90年代以来，社会组织数量激增，但是专业社工机构的发展尚处于空白阶段。因此，学术界开始对社会服务机构的发展困境和未来社工机构的发展方向展开讨论和构想。

相关研究在用词方面有一个明显的特征，就是鲜少使用“社工机构”这一概念。这是因为20世纪90年代专业社工机构尚未成型，因此相关研究主要使用“社会服务机构”“社会中介机构”“非政府组织”等概念来指代这些民间组织。这些组织主要致力于社会服务与管理，位于政府与公众个体之间，具有非营利性特点。学者通过分析这类组织的发展现状和困境，反思并预判专业社工机构发展将会面临的障碍，为专业社工机构的发展提供政策建议。

这一时期的社会服务机构展露出诸多问题。例如，政府部门政社不分、包办代替，压缩社工机构发展空间；群团组织采用行政手段提供服务，抢夺机构生存资源；机构缺乏专业出身的社会工作人才，欠缺专业理念和方法（徐永祥，1999）。尹保华（2001）用“准机构”和“准组织”的概念来强调社会服务行业与社会工作职业之间存在的差距。徐永祥（1999）认为社会服务机构发展困境的本质在于社会工作职业化、专业化要求同旧的体制、观念和工作方法之间的矛盾，以及我国的社会工作事业还不适应经济与社会发展的要求。

针对上述问题，学者们或立足于本土社会转型的现实需求，或吸取香港及西方的发展经验，思考内地社工机构的发展对策。王思斌（1995）强调政府与社会应共同承担责任，形成责任共担的完整服务体系。徐永祥（1999）倡导首先在政府方面放手放权，厘清与社会组织的职能边界，其次在群团组织方面，改变其与社会服务机构的竞争心态，提升合作意识。吴亦明（2002）总结香港地区社工机构的成功之道在于既培育了一批独立的专业社工机构，又十分强调政府的主导作用和财政支持。陆士桢（1998）总结美国社工机构规模和影响力的形成，依靠由政府部门和社会团体组成的强有力的社会支撑体系，和机构不断回应多元化社会需求的自我要求。这些研究为中国社工机构的发展提供了有益的参考，激励广大学者继续构建与中国经济体制和社会结构转型需求相匹配的社会服务格局的想象。

上海率先开展社会工作实务试验，1999年，上海市浦东新区社会工作者协会注册成立，拉开了推进专业社会组织发展的序幕（吴铎、彭希哲，2010：3），社会各界十余年的行业推动取得了实质性的成果。2003年，上海乐群社工服务社作为全国首家以专业社工注册的非营利性质的民间服务机构，在推动社工机构的发展方面起到了重要作用。然而，该机构在发展过程中也面临着诸多困境，如缺乏专业空间和合作网络等（刘小霞、徐永祥，2004）。

这一时期，一众学者展望社工机构的发展，达成了两方面共识：第一，需要进一步明确政府、群团组织和社工机构在社会服务方面的职能与权限，为社会服务机构提供专业化发展空间；第二，政府、学术界和实践界应共同努力，推动社工机构向专业化、规范化方向发展，以更好地满足社会的需求。

二、社会服务主导社工机构发展的阶段（2004—2013）

上海市自2003年起构建的预防和减少犯罪工作体系，遵循“政府主导推动、社团自主运作、社会多方参与”的原则，有效推动了社会工作的职业化和专业化发展。自2006年中共十六届六中全会提出“建设宏大社会工作人才队伍”战略目标以来，社会工作事业进入了由政府为主导力量的“强势建构”阶段。2012、2013年政府购买社会工作服务系列指导意见的出台为社工机构的运营提供了政策指引和保障。

（一）社会工作的组织实践：上海与广东社工机构发展模式与政社关系构建

在中国社工机构的发展版图中，以上海市为代表的长三角地区占据了先驱地位。紧随其后，珠三角地区的社会工作也迅速崛起，尤其是深圳市和广州市，成为全国范围内的领军城市。上海与广东地区社工机构的发展路径，为此后中国社工机构的整体发展提供了参考和示范。

就整体发育而言，上海形成了从政府运作、社会运作到政社合作的生成路径。具体表现为：第一阶段，由上海市委政法委牵头注册成立大三社团；第二阶段，事业单位设置专门的社工岗位和部门；第三阶段，政府积极培育专业社会工作组织（彭善民，2010）。在政府的积极推动下，逐步形成具有上海特色的政府购买公共服务实践，具有如下特点：资金来源多元、资金分布不平衡、以定向购买为主、政府购买具有渐进性、以社区服务中心公益招投标为亮点（徐家良、赵挺，2013）。从服务领域来看，上海社工机构已经广泛涉足社区民生服务、行业性服务、社会公益服务、社会管理；从制度建设角度来看，已经建立了职业资格制度、注册管理制度、职业守则制度等；在行政管理方面，上海市民政局设立了职业社会工作处；在行业管理方面，有市级社会工作者协会，还有区级社会工作者协会，为社会工作职业化和专业化建设提供了广泛的互动发展平台（彭善民，2010）。

政府的主导推动和社工机构对政府资源的强依赖也为机构发展带来了一系列的挑战。以上海市三大社团为例，存在组织结构松散化、组织运作机关化、业绩评估形式化、机构认同度低等问题（唐斌，2010）。就政府购买服务市场而言，徐家良和赵挺（2013）指出上海市购买公共服务的方式以定向购买为主，反映出投标主体不足以形成充分的竞争性市场。陈为雷（2014）认为，这里的非营利组织要么是政府直接推动成立的，要么与政府有密切的关系，基本上属于定向购买，也给其带来了垄断地位。就社工机构自身的专业发展而言，服务缺乏独特性和差异性，尚未制定专业技术标准规范（陈蓓丽，2011）。

为了落实十六届六中全会精神，2006 年 12 月，民政部在深圳启动了政府向社会组织购买社工服务的试点工作，目的是借助深圳临港的地理优势，借鉴香港的发展经验，促进社工机构的发展。与上海相比，深圳和广州等地试验性地推进了制度改革，显著加速了珠三角地区社工机构的发展。

在 2007 年年初，深圳市政府采纳了“政府购买，民间运营”的社工服务模式，发布了“1+7”系列文件，通过政府采购方式支持社工机构的发展。同年 5 月，深圳成立首家民办社工机构——深圳市鹏星社会工作服务社。此后社工机构历经了两个政府采购阶段：2007 年至 2009 年聚焦于购买岗位服务；2009 年以后，深圳转向购买项目服务的模式。2009 年，东莞市按照深圳的模式大力发展社会工作（易松国，2013）。广州市社工机构的发展始于 2008 年，起初以政府购买专项服务为主。2010 年，在考察新加坡、中国香港等地发展经验的基础上，广州市委市政府提出了在每个街道建设“家庭综合服务中心”，由社工机构来运营。截至 2014 年 12 月，全市各个街道家庭综合服务中心建设完毕（王燊成、岳经纶，2017）。2013 年的《广东社会工作发展现状调研报告》显示广东省社工机构数量约有 400 家，是四川、上海、江苏、北京等社会工作发展较快省市的 5～8 倍，但是与此同时，广东省社工机构发展的问题表现为社工机构区域分布不均衡、社工处于高紧缺和高流动状态（陈红，2014）。

研究表明，由于政府对资源的管理，广东省社工机构与上海市社工机构面临相似的挑战，在自主性、专业性、认同性等方面存在不足，社工机构如何在与政府的关系中寻求平衡，以保持自身的独立性是重要课题（肖小霞、张兴杰，2012）。面对政府购买社会工作服务项目的风险和挑战，上海、深圳等地的社工机构积极采用多种项目运作策略，如根据长远的组织战略进行项目运作、动员员工参与项目开发和设计、分化并打包项目来争取资源、以经营的方式实现项目滚动、孵化机构、异地开办机构等，其核心逻辑是平衡使命与活力、增强组织知识与技术方面的核心竞争力、提升专门领域服务水平以及整合资源链条（陈为雷，2014）。

综上，上海和广东的社工机构都是由政府推动形成，经历了由“政府主导、社会运作”的发展路径，随着政府购买服务的发展，社工机构进入了新的发展阶段。上海以定向购买为主培育了服务覆盖各级行政区域的、具有规模性和影响力的社工机构，广东以试验性的制度革新形塑了活跃的竞争市场。但与此同时，两地社工机构面临着相似的挑战，根源在于存在共同的政社关系问题。

王思斌（2007）指出，政府文件中所说的社会组织是在国家与社会的关系的意义上来使用的，未来社会组织与政府的关系将会令人瞩目。王思斌和阮曾媛琪（2009）参照国际经验，强调政府与社工机构要建立起协同的伙伴关系，促进民生问题的解决与社会和谐。但是同时也对伙伴关系的建立表示担忧，由于政社关系与社会体制和管理体系紧密相连，在未来的相当长一段时间内，我国不太可能普遍形成类似于西方的国家与社会关系。实际上，这一时期关于“伙伴”还是“伙计”的关系困境，确实引发了广泛的讨论（朱健刚、陈安娜，2014）。

许多学者为构建政府与社工机构之间的伙伴关系提供了宝贵的建议。唐德龙（2008）指出需要双方以落实公共政策为共同目标，基于信任和契约，达成一种优势互补、相互学习、包容适应的动态平衡状态。朱希峰（2009）分析了汶川地震后社会工作对灾后重建的介入，首先指出政府观念转变对建立政社“伙伴关系”至关重要，其次强调社工机构的强大和自立是建立“伙伴关系”的保障。费梅苹（2014）指出社会治理涉及社会组织自主网络的构建，政府的作用在于控制和引导公共事务。朱健刚和陈安娜（2014）建议社工机构学习 NGO 的运营和治理模式，走独立自主的发展道路。综上，政府需转变观念、改革职能，社工机构应提升专业水平、保持独立性，双方共同围绕着提升社会服务水平的目标建立信任和互补的伙伴关系。

（二）高校教师的组织实践：领办社工机构的发展与成效

为顺应政府推进社会建设、探索社会管理创新的需求，高校教师发挥了专业引领示范作用。2004 年，上海高校教师在政府支持下开展社会服务，2007 年深圳大学教师推动当地社工机构发展（王思斌，2013）。2012 年在中央的倡议下，高校教师领办社工机构得到了进一步发展。高校教师承担着培养专业人才、提供专业示范、推进制度建设三重使命，由其领办社工机构被视为中国社会工作专业化的一种理性选择（史柏年，2013）。

高校教师创办社工机构是中国社会工作特定历史时期的发展产物，为了记录这段历史，易松国（2020，2022）组织编辑出版两卷《高校教师创办社工机构口述史》，为社工机构研究积累了宝贵的口述史资料，能够让社会对高校教师创办社会工作机构的时代背景和心路历程有更加深刻的理解。

实践证明，领办社工机构取得了显著成效，优化了公共和社会服务的供给，支持了政府的社会体制和管理创新。同时，它还为社工师生提供了优质的专业实习和社会服务机会，促进了社会工作产学研合作。更为重要的是，建立了社会服务的典范，进一步促进了政府和社会对社会工作的认识和认可（王思斌，2013）。正是基于这些重要作用和成效，政府购买社会工作服务得以持续。

三、社会治理格局下寻求专业承认的阶段（2014—2024）

2013年中共中央十八届三中全会后，创新社会治理体制作为国家治理体系和治理能力现代化的组成部分被提上日程。2017年党的十九大报告提出“打造共建共治共享的社会治理新格局”，2020年党的十九届五中全会倡导“畅通社会工作者和志愿者等参与社会治理的路径”，明确了社工机构参与社会治理的角色定位。社会工作要想在新时代回应党、国家和人民的需要，为专业发展赢取更大空间，“需要获得政府和社会的认可或承认，更需要社会工作群体的自我承认，并在实践中证明自己”（王思斌，2013）。

（一）社工机构发展总体情况

华东理工大学2019年主持的“中国社会工作动态调查”（CSWLS）对我国社工机构发展的整体情况做出了清晰的呈现。调查发现：（1）在服务领域方面，社区服务是社工机构最常见的服务领域；（2）在机构规模方面，珠三角社工机构规模和人数领先全国，而长三角以小型机构为主；（3）在资金来源方面，政府是主要资金来源，珠三角政府投入远超长三角，群团组织在珠三角也有较强的购买力（刘畅、袁易卿、孙中伟，2020）；（4）在问责能力方面，大多表现较好，多数机构能在理事会治理、信息公开和财务规范等方面合规运作；（5）在绩效状况方面，整体绩效良好；（6）在综合发展能力方面，仍存在较大的提升空间；（7）在专业化发展方面，存在一些明显的短板（梁昆，2021）。研究表明，当前我国社工机构已普遍超越了制度建设和服务探索阶段，但仍面临如何成为优质和专业化机构的挑战，整体上正处于综合能力和专业发展的提升过程中。

上海和广东等地的社工机构在这一时期得到了快速发展，均呈现出规模化、竞争性和制度化这三种取向，具体表现在培养了一批具有影响力的社工机构；通过竞争性招投标营造了一个自由竞争的生态环境；政府通过服务购买合同确保承接机构按规定行事，整体上提高了购买服务的品质（崔杨杨，2023）。比较东西部发展情况，我国社工机构在整体发展水平上存在显著的区域差异，珠三角地区的发展水平最高，其次是长三角地区，西部地区发展相对滞后（梁昆，2021）。

（二）聚焦政府承认的组织实践：转变治理理念与强化专业能力

为了构建政府和社会工作的伙伴关系，促进政社合作的良性运转，社工机构聚焦政府承认开展了一系列实践。

首先，政府承认包括对社工机构自主性的承认。汪圣（2018）提出受到“诺斯悖论”的影响，政府行为可能同时促进和阻碍社会组织的发展，导致社工机构的自主性减弱，服务效率降低。郑广怀和张政（2021）认为当政府对社工机构的态度从工具理性向价值理性转变的时候，才能够给予社工机构自主发展空间，而政府观念转变的核心是社工机构要发展自身的不可替代性，使政府由此对社工机构产生高度的认同和依赖，这是政府尊重社工机构自主性的前提条件。

其次，政府承认包括承认其对发展社工机构的责任，即明确权责关系和完善制度环境。研究表明社工机构从依赖政府资源到市场导向发展的突破，靠的不是“资源论”而是“权利论”，需要调整的是社会服务供给中政府与社工机构的权责关系（许小玲、彭华民，2015）。制度建设是激发社会组织活力的根本，必须优化宏观制度环境、微观制度环境和制度执行环境（陈成文、黄诚，2016）。这要求从政策化推动向法制化发展转变（徐道稳，2017）。以上海市禁毒社会工作为例，《中华人民共和国禁毒法》和《关于加强禁毒社会工作者队伍建设的意见》的颁布既是对上海社区禁毒的实践成效的肯定，也为后续工作开展提供了法律依据（唐斌，2017：165）。这表明法制化发展既需要政府树立正确的社会治理理念，也需要社工机构加强自身能力建设，通过二者的良性互动促进网络型服务治理的制度建设（王思斌，2015）。

综上，政府承认依赖政府观念的转变、社会组织专业能力的增强。还要注意的是，政府承认是一个互构性承认的过程，即以达成共识为目标、分步骤、长期、持续演变的动态过程（李晓慧，2015）。社工机构应从长远角度出发，在保质保量完成政府项目的同时，促进政府职能转移的有序推进，并承担更多政府部门的职能转移，从而实现由依赖政府让渡空间到自主拓展更广阔空间的转变。

（三）聚焦社会承认的组织实践：多元合作网络建设与服务场域嵌入

社会承认是指获得社会公众和服务对象的认可，关乎社工机构的生存与发展。中国的社工机构的合法性经历了与西方相反的“自上而下”的发展脉络，由于政治合法性优先于社会合法性发展，因而形成了社工机构社会基础薄弱的合法性困局（张超，2017）。

首先，建设多元合作网络是获得社会承认的物质保障，有利于社工机构获得广泛的社会认可，汲取丰富的社会资源。面对资源匮乏导致的资源导向逻辑，许小玲（2017：165）提出必须以服务对象的需要为导向，以服务质量的提升为目标，在社会层面构建理想的资源交换结构。为了汲取社会资源反哺社会，在上海，社工机构逐步形成了创新联动的发展模式，实现了由单一类型向多元共进的转变（徐家良、王昱晨，2019）。在广东，社工机构的合作网络已经从最初的高校、民政部门、街道、居委会向更为多元的体制外组织拓展，多元组织合作网络的初级形态开始形成（方英，2022：8）。社工机构与企业之间形成了活动式合作、公益营销、企业购买服务的合作关系，并积累了大量的多元合作经验（方英、胡泳琳，2022）。例如，社工机构可以通过数字化方式嵌入互联网公益平台中，实现“深耕服务个案、宣传专业效果、提升公众认同、扎根社会发展”，进而生成一个有序化、规范化、专业化和职业化的新公益网络社区（陶宇、石小龙、金秀玉，2019）。

其次，嵌入微观服务场域是获得社会承认的场景条件，社工机构需要通过广泛嵌入服务场域发挥专业效能。以社工机构嵌入医疗救助场域为例，社工机构与政府救助有机结合，在解决患者问题方面具有明显的优势（秦海龙、李秋萍、李斐、陈肃微，2018）。嵌入服务场域的关键是寻找一个合适的生态位，需要突破以社会工作为中心的思维定式，重视多元主体的能动性，增进彼此之间的认同与共识，建立多方共赢的互利关系（王杰、童敏，2021）。

（四）聚焦自我变革的组织实践：社工机构管理的职业化与专业化

社工机构自我承认包括职业认同和组织认同，组织管理的规范性是核心的影响因素，涉及多个维度，包括组织治理结构建设、团队管理与人才培养、品牌建设与宣传推广等。此外，组织管理还与组织外部行业自治能力密切相关。

社工机构党组织在组织治理结构中发挥政治核心作用，对机构服务的提质增效至关重要。2015 年中共中央办公厅发布《关于加强社会组织党的建设工作的意见（试行）》，明确了社工机构党组织的基本职责（谢敏，2019：114）。凭借在团结凝聚群众方面的显著优势，在介入基层治理的过程中，机构党组织有助于联动基层党组织，并整合多方力量弥合社工机构嵌入基层社会的张力，解决社工机构“融入困难”的问题（侯利文，2022）。贾昕珊、潘云龙、傅承哲（2023）的一项混合研究发现，党建合力能够增强社会组织胜任力，其内在逻辑是以机构党委为枢纽，通过跨领域党组织联动共建、制定互惠规范、打造党建阵地的方式，促进该机构与其他领域有机融合，形成“1+N”党建新格局。

团队管理与人才激励是社工机构内部管理的重要组成部分。在领导力方面，研究发现高度的号召力、积极的工作热情和坚定的信念立场是领导者的魅力来源，能够强化员工工作投入意愿（张欢、郝伟琪、谭万冬，2022）。在机构督导方面，本土社工机构的督导角色具有独特定位，需兼顾项目规划微观与宏观层面的衔接，并负责获取和链接专业服务资源（童敏、史天琪，2017）。在人才激励方面，社工机构需要建立有效的激励机制，以吸引和留住专业人才（刘文瑞，2016）。

品牌建设与宣传推广也是社工机构内部管理的重要方面。社工机构面向社会的营销和推广有利于获得社会公众认可，从而吸纳社会资源，提升项目服务质量（姚云星，2019）。为了有效推动广州市社会组织由数量规模型向质量效益型转变，广州市民政局在2016年出台了《关于印发广州市社会组织品牌战略实施方案的通知》等政策文件，大力实施品牌战略。在实务方面，入选品牌社会组织的机构十分注重品牌项目的打造以及社会效应的发挥，并能够在全国发挥模范带头作用（张兴杰、张木明，2020：343-346）。在理论研究方面，杨慧和王茹薪（2018）以专业服务形象塑造为切入点，为社工机构提炼出价值塑造、情境塑造和符号塑造三个维度来建构社工机构的品牌形象。

机构的成长发育离不开机构外部的行业自治能力建设。我国社会工作行业组织的未来走向，不能仅仅停留在承接政府转移职能，而是要走内生发展的道路，赢得行业认同，真正成为同业组织（彭秀良，2017），从治理与服务两大维度来实现自身功能与价值（冯元、彭华民，2015）。当前行业协会积极采取“搭桥”的行动策略，促进各主体间资源和信息流通，极大地提升行业组织的治理和服务水平（何雪松、崔晋宁，2023）。

（撰稿人：何雪松、王天齐）

第五节　本章小结

回顾20世纪90年代以来中国的宏观社会工作实践，可以看到宏观社会工作在社会建设和社会治理中发挥着越来越重要的作用，社会工作不断拓展其专业服务范畴，成为推动社会发展的重要力量。中国社会工作学界在宏观社会工作实践发展的基础上，积极回应实践发展的需要，产出了大量研究成果。

在政策实践研究方面，学界总结梳理了20世纪90年代以来社会政策的阶段性特征，对社会工作与社会政策的关系进行了系统研究，呼吁社会工作从社会政策边缘向中心转移，从简单的服务执行者转变为政策的参与者和倡导者。进入21世纪，随着科学发展观与和谐社会理念的提出，中国社会政策与社会工作进入了新的发展阶段，社会工作的专业化和职业化进程为政策的制定和实施提供了关键的人才支持和专业支持。学界对社会工作的政策维度和政策实践进行了系统研究，推动了社会工作与社会政策的发展。

在社区实践研究层面，学界提出了“社区为本”的价值理念，倡导在社区层面推动整合性的实践，通过社区整体层面的发展带动人的发展。学界对我国社会工作参与社区治理、精准扶贫、乡村振兴及灾害社会工作的实践进行了大量研究，形成了多种参与路径，对于推动社区社会工作实践具有重要意义。社区是我国社会工作最重要的载体，也是我国社会治理体系的重要组成部分，迈向现代化的社区发展，离不开社会工作的实践（徐永祥 2021：19），也离不开对实践的研究。三十年来，我国社区和社区社会工作的快速发展，对于提升居民福祉、建设和谐社会具有十分重要的意义。

对于组织实践的研究经历了三个十年的转变。第一个十年，在经济社会体制变革、社会组织涌现的背景下，学界积极吸取本土和境外经验，构建对本土社工机构发展困境和路径的想象，为社工机构的发展构建强力的社会支撑体系。第二个十年，在政府购买服务背景下，学界立足于上海与广东地区社工机构的生成轨迹和发展困境，反思本土社工机构生存环境和发展模式，思考在政府和社工机构之间构建新的伙伴关系的可能性。第三个十年，在创新社会治理体制的背景下，学界积极寻求外界和自身对参与社会治理主体身份的承认。在政府承认方面，提出通过政府观念的转变、社会组织专业能力的增强、制度环境的优化以及权责关系的明确，增强政府对社工机构自主性的认可以及对社工机构的责任；在社会承认方面，通过多元主体合作、社会服务场域的嵌入来提升社会公众和服务对象的认可；在自我承认方面，通过规范组织内部管理和行业自治来增强社工机构的组织认同和职业认同。

（撰稿人：何雪松）

第十四章

中国社会工作微观领域研究

中国社会工作微观领域研究是对中国社会工作者在社会工作微观领域开展的实务进行梳理和总结，它是对我国社会工作微观领域实务规律的呈现和揭示，是我国社会工作职业化和专业化发展的重要组成部分。实际上，中国社会工作微观领域研究也经历了从无到有再到快速发展的不同阶段，特别是2006年党的十六届六中全会的召开，提出“建设一支宏大的社会工作人才队伍”的战略部署以及2008年我国第一次正式开启全国范围内的社会工作者职业水平评价考试，中国社会工作从此走上了一条快速职业化和专业化的发展道路。

第一节　微观领域实务研究的发展脉络

中国社会工作微观领域的实务研究是伴随着我国社会工作职业化和专业化发展进程而逐渐展开的，它经历了没有专业岗位的以实习教育为依托的微观实务研究阶段、职业化初期的微观实务研究阶段、职业化和专业化并重的微观实务研究以及整合发展的微观实务研究阶段等四个不同的发展阶段。

一、以实习教育为依托的微观实务研究

在2008年之前，由于中国社会工作缺乏实践领域的专业岗位，所以需要借助高校提供的社会工作专业实习教育的平台和机会开展本土的微观实务研究。这样，高校社会工作专业的师生就成为这一阶段本土微观社会工作实践研究的主力军。尽管此时的本土社会工作微观实务研究首先需要满足高校社会工作专业教育的要求，但是高校社会工作专业的师生们毕竟因此走出校门来到实际的微观社会工作实务领域，开始在微观实务领域尝试社会工作的专业服

务，同时开展相关的微观实务研究，如禁毒社会工作（黄洪基、田保传，2006）、民族社会工作（李林凤，2006）、学校社会工作（魏爽，2006）、医院社会工作（邓锁，2007）以及农村社会工作（古学斌、张和清、杨锡聪，2007）等。自此，高校社会工作专业教育与微观实务领域的现实需求有了更为紧密的结合，不再局限于传统的以人群为标准划分的老年社会工作和青少年社会工作的议题讨论。不过，在缺乏微观实务领域专业岗位的支持下，这一阶段中国社会工作的微观实务研究的探索是非常受限制的，不仅常常出现就社会工作来谈社会工作的现象，而且忽视了对社会制度的考察以及其中可能出现的发展空间的现实分析，导致这一阶段中国社会工作的本土微观实务很容易出现与现实的生活基础和制度条件脱节的情况（钱宁，2007）。

在此阶段，不少学者已经在本土社会工作微观实务研究的探索中开始有意识地关注本土微观实务经验的理论总结，他们尝试将西方的社会工作理论和服务模式运用到中国本土的社会工作微观实务中，并且与本土微观实务的具体现实进行对话。例如，郭伟和等（2006）学者就以西方社会工作的优势视角为蓝本结合具体案例分析青少年的社区整合干预模式，童敏（2007）则在梳理本土社会工作微观实务经验的基础上与西方专业社会工作进行对比，结合中国文化的特点分析中国社会工作本土微观实务的核心要求。

二、职业化初期的微观实务研究

2008年，四川发生了重大的地震灾害，这给职业化刚刚起步的中国社会工作带来新的发展挑战。中国高校的社会工作教育者首次自觉地组织起来，建立各种形式的校地支援方式，主动走出校园来到灾区，参与四川灾后重建的社会工作微观实务与研究，包括灾后居民安置的需求评估（顾东辉，2008）、灾后社会关系的恢复和重建（张昱，2008b）、遇难学生家长的辅导等（陈涛，2008）。为了更有效地帮助灾民，有些高校的社会工作教育者还在当地创办了社会工作站（张和清等，2008），主动与政府联系，创建灾后重建可持续介入的工作机制（彭善民，2009）。之后，不少学者从多个不同角度对四川灾害社会工作的本土微观实务进行总结和提炼，探索中国社会工作本土微观实务的规律，如灾后重建中社会工作者的具体角色和行动策略（张和清等，2008）、社会工作服务方案的设计（费梅苹，2009a）、临床社会工作实务技术的运用（高建秀，2009）以及灾后社区社会工作实务中出现的伦理问题（曾群，2009）和灾后社会工作的具体介入空间和方式等（张昱，2009）。也有学者直接站在灾后社会工作本土实践这一立场，考察本土社会工作微观实务领域的专业化实现方式，强调中国社会工作不仅需要立足本土的微观实务，同时需要关注与社区伙伴合作关系的建设（张宇莲，2009），特别是与政府的信任合作关系的建设，对于中国社会工作的职业化和专业化发展至关重要（朱希峰，2009）。

值得注意的是，伴随着灾害社会工作的迅速拓展，中国社会工作在其他微观实务领域的本土实践也在不断深入，特别是在具体技术层面的探索有了迅猛的发展。例如，有学者探讨个案工作方法如何有效运用到社区矫正（刘淑娟，2008）和成年孤儿安置（关文静，2009）等不同领域；或者分析个案管理如何有效运用于老年人社区照顾（陈俊傲、陈丹群，2010）和社会救助（高灵芝、杨洪斌，2010）等不同实践场所；也有学者探索如何在老年社会工作（孙唐水，2010）、禁毒社会工作（彭善民，2010）、精神疾病康复（刘芳、徐兴文，2010）以及大学生的情绪管理（曾永辉、钟向阳、林媛，2010）和专业成长（李薇，2010）等方面发挥小组工作的作用。正是由于对社会工作本土微观实务领域的具体技术手法进行了探索，使得这一阶段的中国社会工作发展呈现出更为明显的职业化的特征。在这一阶段有关社会工作微观实务运用的理论也有了深入的讨论，常常涉及优势视角（宋莹，2008）、增能理论（欧阳林舟、秦阿琳，2010）、生态系统理论（冯丽婕、时方，2010）以及社会互动理论等（费梅苹，2009b）。这样，在这一阶段，不仅中国社会工作的本土微观实务有了强有力的理论支撑，而且在特定理论指导下中国社会工作的本土微观实务具有了更为丰富的多样性和独特性，促使中国社会工作的本土微观实务的探索与理论更为紧密地结合起来。

三、职业化和专业化并重的微观实务研究

在这一阶段，中国社会工作的本土微观实务仍旧呈现出不断细致化的发展趋势，表现为两个方面的特点。一是具体实践环节的细致化，即针对中国社会工作本土微观实务的某个具体操作环节，结合本土微观实务中的实际案例，探索提高中国社会工作本土微观实务的专业性的方法和途径，如有学者在失独家庭的本土微观实务中针对叙事治疗中的问题外化、亮点发掘以及主流叙事的抗争等服务环节进行了深入探讨（黄耀明，2014）；二是具体微观实务领域的细致化，即根据中国社会工作不同本土微观实务领域的具体要求探索这些微观实务领域的社会工作专业化服务方式，如企业社会工作的实践方式（高钟，2012）、医务社会工作的服务要求（蔡屹、张昱，2013）、司法社会工作的实践路径（井世洁，2011）以及我国信访社会工作的服务流程和工作方法等（方萍，2014）。可以说，在这一阶段，中国社会工作已经探索出自己的本土实践的专业服务机制、服务领域和服务方法，出现职业化与专业化并重的发展特征。

在中国社会工作本土化的专业方法研究方面，学者们开始针对社会工作传统三大方法的本土实践经验进行总结，从本土微观实务出发提炼具有中国社会工作本土特征的专业方法。

例如，在这一阶段，有学者直接针对个案工作的操作方式（潘泽泉、黄业茂，2013）、小组活动的服务方式（朱贻亮、宋玉，2011）和社区工作的实践方式（焦若水，2014）进行总结，根据中国社会工作本土微观实务场景的复杂性和多样性的特征提出整合的社会工作（赵一红，2012）；有学者指出，在政府购买社会工作服务机制的推动下，中国社会工作采用了项目服务制，无论个案工作、小组工作还是社区工作都需要围绕服务项目组织服务的资源，开展专业服务，项目服务的专业化也因此成为中国社会工作本土微观实务走出专业化困境的关键（童敏，2016）。

在中国社会工作本土化的专业服务模式探索方面，学者们开始针对某一领域多年来的本土微观实务经验进行梳理，希望从中找到中国社会工作本土微观实务的服务模式。例如，在这一发展阶段有学者专门讨论禁毒社会工作本土微观实务的服务逻辑，提出中国禁毒社会工作的服务框架（范志海等，2011）；也有学者在总结本土微观实务领域的学校社会工作（王佳，2013）、社区矫正社会工作（罗玲、范燕宁，2015）等服务领域的经验基础上，提出这些微观实务领域的本土发展模式，倡导依据中国社会工作本土微观实务的要求开展专业服务。

四、整合发展的微观实务研究

在职业化和专业化的探寻过程中，中国社会工作的社会性发展要求逐渐显现出来（刘振、徐永祥，2019），需要承担起促进制度和社会结构优化的社会环境改变的责任，将微观实务研究逐渐与宏观实务研究结合起来（郑广怀、孟祥哲、刘杰，2021）。实际上，这种社会工作的社会性要求并不是与专业性要求相对立的，只是强调社会工作是一门注重社会环境改变的学科，以避免陷入以技术为本的专业化发展窠臼中（徐选国，2020）。如何将本土的实务经验上升为理论也就成为这一阶段学者们讨论的焦点。这一阶段的本土社会工作理论建构不仅表现为实务经验吸纳不足（侯利文，2020）、干预与理论“两张皮”（郑广怀，2018）、缺乏系统性和整体性（何雪松等，2017），而且立足于西方的个人主义世界观和价值观（何雪松，2017），缺乏本土自身的理论建构（李迎生，2019）。正是因为如此，中国社会工作本土理论建构呈现出碎片化、零散性等特征，既无法展现社会工作者如何介入以及如何与服务对象相互影响的动态改变过程（黄锐，2019），也难以说明理论的借用与杂糅、实践与理论的整合以及实践性知识产生的多元综合路径（林茂，2021）。

有学者主张以“行动-话语”为本土社会工作的基本逻辑框架，建立以提升服务对象参与意识为目标并且能够推动社会变迁的社会工作理论（郑广怀，2018）；也有学者将批判实在论引入本土社会工作理论的建构中，提出 CNIMC 理论模型，即关注社会工作的情景

(Contexts)、需求(Needs)、介入(Interventions)、机制(Mechanisms)和改变(Changes)等五个要素，以形成从服务对象改变到服务机制建设的综合社会工作理论(黄锐，2019)；也有学者倡导建立以生活为本的社会工作理论，认为中国本土社会工作是在社区这种日常生活场景中开始专业化探索的，帮助服务对象解决现实生活中的问题并且推动现实生活改变，成了中国本土社会工作的核心目标(童敏，2021)。在这种生活场景中开展专业服务意味着，中国本土社会工作需要创建“临床-制度”服务框架，将人群的微观临床服务与环境的宏观制度服务整合起来，并且以推动人的场景改变能力为核心建构具有关怀理性的中国本土的社会工作理论，以摆脱西方社会工作所倡导的个人主义价值观的羁绊。这样，文化自觉就变得尤为重要，它是中国社会工作者创建本土理论的基础(童敏、许嘉祥，2019)。

值得注意的是，经历了十多年的社会工作本土微观实务探索之后，中国社会工作者开始创建具有本土微观实务内涵的中国社会工作理论体系，自觉探索中国的社会工作专业化发展道路。

(撰稿人：童敏)

第二节　按照人群分类的社会工作实务研究

儿童、青少年、老年和妇女是社会工作传统微观实务领域的服务对象，面向这几类人群的社会工作专业实践承载着重要的社会责任与功能。这几类人群的福祉和发展直接关系着整个社会的稳定与进步。

一、有关儿童社会工作的实务研究

儿童社会工作作为一个重要的社会工作领域涉及多个主题，它主要围绕困境儿童、特殊儿童、流动/留守儿童、儿童虐待、儿童疾病照护等开展微观领域的社会工作实务和研究。

在困境儿童社会工作方面，中国社会工作者从不同角度深入探讨了不同类型困境儿童问题的干预策略，提出了相应的干预方案和案例经验的总结分析。例如，丁华芳和张永梅(2015)的研究聚焦于社区培力视角下的家庭寄养实践，强调社区参与和专业社会工作者的重要性。陈相云(2022)的研究则关注事实无人抚养儿童的多维脆弱性和社会工作的干预，提出了基于风险-脆弱性分析框架的干预设计。华红琴和顾佳佳(2022)通过小组工作干预提升困境家庭儿童的希望感，突出了心理因素对儿童发展的重要性。汪集锋（2018）的研究则探讨了团体工作在大龄孤残儿童社会适应发展中的应用，强调了团体工作对提升孤残儿童自我、社交与生活能力发挥着积极作用。杜立婕和薛梦超（2015）通过小组工作探索孤残女生性教育的有效方式，强调针对性和情感控制的教育在这一过程中的重要性。这些研究为困境儿童的综合发展提供了实践和理论的支持，对相关政策的改善具有一定的启示意义。

在特殊儿童社会工作方面，许多研究呈现了社会工作在帮助多动症和孤独症患儿家庭方面的积极作用。其中，叙事治疗和家庭抗逆力的生成是社会工作在这一领域中的重要研究主题，如对特殊儿童行为背后的故事进行探索，帮助他们外化问题和加强积极自我认同（郑庆杰、陈美杏，2021）。华红琴和曹炎（2019）的干预研究指出家庭信念、沟通和父母参与等因素在儿童康复和发展过程中起着重要作用。温谋富（2014）的研究关注孤独症儿童照顾者的心理困境和社会支持不足的现状，并且针对家庭照顾者的“能力提升、心理调适、社会支持网络建设三位一体的服务框架”进行研究，认为在康复机构提供本土化的社会工作服务过程中社会工作者要整合能力提升、心理调适、社会支持三个维度。尽管每项实务研究的研究方法和介入策略各有千秋，但多数研究都强调在特殊儿童社会工作方面，社会工作者应关注整个家庭生态系统，这是促进特殊儿童健康成长的必要条件。

在留守儿童 / 流动儿童方面，由于受城市化进程的影响，留守儿童 / 流动儿童的家庭生活方式和养育方式成为儿童社会工作领域常见的研究主题。吴丹和彭萍（2021）的研究从生命历程视角出发，深入分析了留守儿童偏差行为的生成与治理的方式，强调留守儿童成长历程对其偏差行为生成的重要性。田鹏（2018）的研究关注流动儿童在社区融入服务方面的问题，包括服务对象与非服务对象的融合、作用机制的嵌入和服务效果的彼此强化等，试图通过整合社会工作实践介入模式解决流动儿童在服务过程中面临的挑战。

在儿童虐待方面，已有研究涵盖受虐儿童的社会工作干预实践以及儿童保护的可行路径，涉及司法、家庭、学校、社区和社会等多层面、多部门之间的联动。胡艳华等人（2016）通过梳理某学校社会工作者对受虐儿童的持续支持、机构替代性安置以及需求为导向的社会工作干预等实践反思受虐儿童社会保护的可能途径，强调受虐儿童保护需要多机构共同合作。何姗姗和杨萍（2015）的研究认为家庭暴力起源于施暴者自身的非安全型依恋人格，家庭暴力对受害儿童的认知、人际交往、情绪和人格等方面都产生了负面影响，并进一步指出社会工作可通过重塑和修缮受害儿童的多重安全依恋体系来解决家庭暴力问题。不过，以上研究还多停留在实证资料收集、佐证和社会工作介入儿童家庭暴力的可能性、可行性及对策层面的探讨上，这也折射出我国社会工作在儿童保护领域的相关实务研究起步较晚和研究结论不够系统的事实（赵芳、朱宁，2019）。

此外，儿童照顾负担也是儿童社会工作实践领域的主要研究议题之一。何欣（2019）以学龄前残障儿童的主要照顾者为研究对象，分析学龄前残障儿童照顾负担情况及其支持性干预对照顾负担的影响，发现机构的支持性社会服务在减缓照顾压力、降低心理负担、分担照顾成本等方面对学龄前残障儿童照顾负担产生了积极影响。邓锁（2018）的研究讨论了儿童发展账户对阻断贫困代际传递的作用，发现儿童发展账户的设立能够促进儿童与家长的经济赋能以及对亲子沟通的积极认知。也有一些研究关注到儿童重症照护、儿童临终关怀等医务社会工作实践（赵芳、刘潇雨，2014）。尽管这只是医务社会工作领域中众多疾病照护的相关实务研究之一，但对长久缺乏研究的儿童临终关怀领域的社会工作而言是一个突破。

二、有关青少年社会工作的实务研究

青少年社会工作的实务研究主要聚焦于身心障碍的干预、危机服务、校园欺凌以及青少年司法社会工作等主题，它们共同构成了我国青少年社会工作微观领域实务研究的重要组成部分。

在青少年身心障碍方面，巨东红和邓玮（2009）采用访谈法、文献法和实务研究法对社会支持理论视角下流动人口子女的偏差行为矫正的社区工作进行研究，发现社区工作方法针对这一问题的解决具有明显的成效。费梅苹（2010）通过深入访谈法分析了青少年社区矫正对象边缘化初期的生活形态，细致描述了他们在街头生活中形成的同伴圈及其演变的阶段和特征。许莉娅（2011）的研究认为偏差行为青少年的犯罪预防在专业服务伦理、工作路径和制度保障等方面都存在不足，需要采用“三观预防”与社会工作相整合的服务模式，融入社会工作的资源整合和增能等元素。高万红（2013）采用个案研究法分析了青少年抑郁症康复服务的过程，发现优势取向的抗逆力理论能够有利于青少年抑郁症患者的康复。华红琴、曹炎（2019）通过个案研究法分析基于家庭抗逆力视角的孤独症儿童家长小组实践。冯博雅、钟艳华（2008）则借助参与观察、行动介入和文献资料的分析发现机构对于残疾青少年的标签化强化了工作人员对于残障青少年的负面看法，认为在服务过程中应消除残障青少年的“问题”标签。

在青少年危机服务方面，鲁可荣（2010）研究了高校学生工作的现状与缺陷，分析了学校社会工作介入大学生自杀预防干预机制的必要性和可能性，提出建立健全大学生自杀干预处理机制的社会工作干预措施。在灾后青少年心理重建中，刘斌志（2016）提出优势视角社会工作的运用原则，包括相信灾后青少年有能力去学习、成长和改变。杨成凤（2011）在研究了灾后儿童友好家园的内容、问题以及解决方法的基础上，针对儿童参与、优势视角的运用展开了深入讨论。赵罗英（2011）采用观察和访谈法研究灾区青少年的社会支持网络，发现青少年的社会支持网络为其提供了诸多的支持，有助于他们逐渐从地震的阴影中走出来，恢复心理健康。

在青少年校园欺凌方面，王曦影、杨梨（2018）采用行动研究法，设计和实施了以学生为主体、以同伴教育为重点、具备社会性别视角的校园性别预防的示范性干预模式，并验证这一模式是有效的。杨梨（2020）从文化生产的角度对预防校园欺凌的社会工作服务的可行性和有效性进行研究，认为预防欺凌课程的设置、增强自我认同的同伴教育小组以及倡导友善相处的学校社区活动是有效的措施。黄丹和林少妆（2018）采用参与式观察和访谈法研究了园艺治疗在受欺凌青少年身心康复工作中的运用，发现园艺治疗小组可以协助受欺凌青少年舒缓身心不适、调节负面情绪、体验自我掌控、增进人际关系以及体会生命意义。

在青少年司法社会工作方面，随着附条件不起诉制度写入刑事诉讼法，对罪错未成年人的挽救、帮扶成为法律制度的诉求。裴谕新、岑乐锶（2021）将防犯剧场作为个案研究对象，通过参与式观察与深度访谈发现，防犯剧场及其共情体验能够在青少年社会工作介入中强化青少年对困境的深层理解，实现赋权式的学习与思考。在罪后矫治方面，雷杰等（2021）通过案例比较分析发现，在传统司法模式和青少年社区矫正社会工作模式中都存在“行政”与“服务”两种趋向，而且两者在价值理念、支持系统、人员队伍、工作方法和效果评估五个维度上特点各异，因而提出基于两种模式协作的我国社区矫正实务模式的概念模型。沈黎（2009）运用个案研究法和行动研究法研究了家庭为本的社会工作戒毒服务模式，发现家庭支持小组能够为吸毒青少年的家庭成员提供较好的情绪支持，并且对小组成员的高危情境认知与应对、沟通技巧与自我控制技巧的学习具有积极意义。

在青少年教育方面，王玉香和杜经国（2018）的研究聚焦于农村留守青少年的抗逆力培育，他们从留守青少年自身发展阶段和所处环境的特殊性入手，提出“个体-家庭-学校-社区”四维框架的留守青少年抗逆力的培育路径。高万红（2015）通过个案研究发现，对于社区中流动青少年而言，预防犯罪的关键在于提升他们的抗逆力，而生命教育是提升这些青少年抗逆力的重要路径。许莉娅（2007）认为学校社会工作以其尊重生命的价值理念在青少年生命教育中有着不可替代的优势，而且社会工作的三大方法能够将生命教育的理论知识、价值理念传授给学生。张威（2015）试图将社会教育学与社会工作联系起来，认为社会教育学是面向儿童青少年和家庭服务的社会工作。黄丹与袁芮（2018）借助访谈法和观察法探讨青少年社会工作在学校性教育中的角色与功能，发现青少年社会工作能够对学校性教育的缺失进行“补位”。

三、有关老年社会工作的实务研究

随着我国人口老龄化趋势的不断加剧，老年群体面临的问题与挑战日益凸显，老年社会工作受到人们普遍的关注。我国老年社会工作的实务研究集中在养老模式、老年健康与照护、老年人社会参与以及临终关怀与哀伤辅导和失独 / 留守 / 随迁老人的需求和困境等方面。

在养老模式方面，已有研究涵盖了对居家养老、互助养老、社区养老、就地养老、院舍养老和智慧养老等多种模式的讨论，分析养老模式中存在的问题和困境以及社会工作需要采取的应对策略。例如，梁灼彪（2023）运用个案研究法，从微观、中观和宏观三个层面分析社会工作介入社区养老服务面临的整合困境。隋玉杰（2014）在相关的研究中指出，居家养老需要以社区社会服务作为支持，因此，社区社会服务的综合评估工具就应该纳入居家养老的考察范围。刘芳（2023）在对 28 名肌肉骨骼疾病老年患者的居家生活故事进行深入分析后指出，物理空间的重塑（物际关系、人物关系和人际关系）对残障老年群体的居家服务质量提升发挥着重要作用。隋玉杰和王健男（2020）认为老年人对院舍生活的适应状况不会因入住时间越长而变得更好，老年人的院舍入住适应是一个动态的螺旋式的过程，入住者本人对待老化的态度、过往生活的经历以及自身的个性特点等会影响这一进程。隋玉杰等人（2022）的另一项研究关注到院舍生活与家庭生活的联结议题，以行为家庭主义理论为分析框架，探讨老年人的父母角色如何影响他们在养老院中的生活策略与行为方式。这项研究给院舍中的社会工作实践提供了重要启示，需要社会工作者关注院舍自理老人的家庭主义取向与其院舍生活的互构互促。

在老年健康与照护方面，老年人身体和心理疾病的干预与预防以及照护困境是诸多研究关注的主题。马凤芝和陈海萍（2020）指出，社会工作者在促进健康老龄化中可以扮演增能赋权的角色，通过使用合作式增权来整合老年健康资源，以提高老年人健康水平。王海玉和王彦蓉（2022）的研究探索了老幼结伴式代际互动对机构老年人心理健康的影响。这项准实验设计结果显示，老幼结伴式代际互动能显著提高实验组老年人的积极信念和主观幸福感，同时减少这些老年人的消极情绪。在具体干预方法的有效性方面，缅怀疗法、音乐疗法、影像发声法等对于老年群体相应问题干预的有效性得到佐证。例如，罗艳和黎永亮（2017）探索缅怀疗法在中国乡镇福利院舍弱势老人群体中的介入模型以及该模型在自我形象、抑郁情绪、幸福度上的介入效果，其结果显示缅怀疗法在院舍弱势老年人的自我形象提升和抑郁程度降低方面具有显著成效。范逸琦和安秋玲（2016）探讨音乐疗法在认知症干预方面的作用，认为音乐疗法对老年认知症患者病情的预防有积极作用。刘浪和何姗姗（2020）的研究显示，影像发声法在老年帕金森患者自我效能感提升方面也呈现出正向效果。此外，也有一些研究关注老年人家庭照顾者在照护压力（许晓芸，2019）和生活质量（郑悦、黄晨熹，2020）方面的问题。

在老年人社会参与方面，许晓芸（2019）的研究指出社会工作介入高龄老年人社会参与的策略可以从支持型服务、保护型服务、辅导型服务和补充型服务四个方面进行优化。彭定萍（2019）试图从社会空间角度分析公共空间对老年人社会参与的影响，她通过观察和深度访谈老年人社会参与活动发现，老年人的公共空间参与活动存在组织程度的差异，认为社会工作者通过活动的组织化机制能够促进老年人重新建构生活的交往圈，增进他们的社会融合。古学斌、兰茜、齐华栋（2020）的研究则探讨了老年人与地方营造之间的关系，强调老年人的积极参与在社区重建中发挥着重要作用。数字鸿沟议题是近年来老年人社会参与研究的热点。刘勇等人（2022）的研究指出，社会环境、互联网定位、重要他人和个体禀赋是影响老年人数字鸿沟的关键原因。

此外，老年社会工作的实务研究还涉及临终关怀（赵忻怡等，2020）、丧亲辅导（周利敏、陈艳梨，2014）、失独（杨蕾、倪锡钦，2023）、留守（刘姜涛，2022）和随迁（李红飞、甘满堂，2017）等方面的服务介入策略、成效和困境的探讨。总体而言，在积极老龄化的发展趋势下，近三十年我国老年社会工作领域的微观实务研究呈现从问题视角向增能视角、从补救给予向预防发展、从关注老人向关注老人及其支持系统转变的特征。

四、有关妇女的社会工作实务研究

妇女社会工作作为社会工作实务的一个重要领域，旨在解决女性在社会、经济、文化和政治方面面临的各种挑战和困境。妇女社会工作涉及的内容较为广泛，包括女性健康、女性贫困、女性权益保护、女性就业、单亲母亲、留守 / 流动问题等不同方面。

在女性孕产健康方面，社会工作的实务研究涉及女性妊娠期间的身体变化、情绪波动、压力感受等多个方面。例如，黄丹（2020）在研究中发现，未婚流动女性在人工流产诊疗过程中遭受来自多方面的社会排斥，不仅受到经济和文化方面因素的影响，而且受到社会关系和福利制度等方面因素的作用。对此，医务社会工作者可以通过开展避孕知识宣讲、情绪疏导、自我污名的改善等方式实施干预，以减少未婚流动女性在人工流产诊疗中的社会排斥。薛媛媛（2018）的研究关注围生期孕妇的抑郁情绪预防，认为只有通过增加孕产妇的自我效能感和她们的家庭支持才能达到干预目标；同时在服务设计过程中，还需要以了解干预对象、满足她们的个性需求、平衡中介变量和兼顾整体环境等作为专业实践的基本原则。

在缓解女性贫困和促进女性就业方面，已有一些研究开始关注社会工作参与其中的可行性和成效。肖萍（2019）通过对13个项目的监测评估探究女性就业援助实务的具体开展过程，发现女性就业援助项目的服务策略包括激发就业动力、提供技能培训、开展职业推介、加强岗位资源链接、促进创业分享交流、增强就业指导和创业协助等不同方式。钱宁和王肖静（2020）的研究聚焦于少数民族地区的妇女扶贫，从主体性赋权的视角探讨文化建设、生计能力提升和妇女自组织培育等赋权策略对贫困妇女产生的积极影响，认为妇女赋权路径选择应考虑贫困多元化和复杂性的影响。李敏和刘乐璇（2017）的研究则关注城市外来女工的抗逆力保护因素，发现心态乐观、家庭支持和社会支持等内外部因素构成了外来女工抗逆力的保护因素，提出社会工作者可通过挖掘个人保护因素、链接社会支持资源、倡导政府政策保护等途径来提升外来女工的抗逆力。这些研究发现表明社会工作对于改善特定群体的就业情况、促进社会融合发挥了积极作用。

在反家暴实践方面，相关研究涉及反家庭暴力庇护、受暴妇女社会服务整合、反家暴服务的制度变迁等方面的议题。王婷彦（2015）的研究分析了庇护所入住率低的原因，发现知晓度低、入住需求不强烈、受困于家暴环境以及“家丑不可外扬”等旧观念是妨碍受害女性选择入住庇护所的重要影响因素。为此，加快相关法律法规的制定、建立联动机制、加大宣传力度、完善庇护所建设、简化入住程序以及提供多种类型的服务等成为提高庇护所入住率的重要措施。孙睿雯（2012）从灵性社会工作视角出发，认为在反家暴实践中赋予受暴妇女生活意义和灵性幸福感具有重要作用。丁瑜和杨凯文（2019）着重探讨了妇联对反家暴工作的理解变化以及与社会、制度环境之间的相互作用，发现妇联不仅受制度环境的影响，而且作为主体同时对环境施展自己的影响，这是一种双向影响的过程。

此外，也有研究关注留守妇女权益的保障（王玥、任茂贤，2015）、女性服刑人员的社会支持（胡伊阳，2016）等妇女社会工作的议题。总体而言，我国的妇女社会工作微观实务研究强调性别视角在社会工作专业实践中的运用。丁瑜和杨凯文（2019）强调，性别视角在正式制度与非正式制度、社会结构与个人自主性以及权力关系等议题上能提供崭新的观察和分析维度。郜宪达等人（2016）的研究则从性别视角出发对77个女性服务项目进行考察，发现我国的女性服务项目设计普遍缺乏社会性别理念，因而这样的项目给女性带来的效果也是值得商榷的。由此可见，在女性服务项目中如何将社会性别理念落实到服务内容和服务过程中是对社会工作者性别敏感度的考验。

（撰稿人：史天琪）

第三节　按照服务分类的社会工作实务研究

我国的社会工作发展离不开政府的大力推动，深受国家及政府各部门制定的相关政策的影响，涉及医务社会工作、司法社会工作、学校社会工作、灾害社会工作、残障社会工作和救助社会工作等，成为我国政府各部门延伸和完善社会服务、创新社会治理的重要抓手。

一、有关医务社会工作的实务研究

我国的医务社会工作是在国家医药卫生体制改革的要求下和医学模式转型的推动下产生的，它主要涉及医务社会工作岗位设置、本土医务社会工作模式探索以及医务社会工作的干预研究等几个不同方面。

在医务社会工作岗位设置方面，2000 年上海东方医院首次设置“医务社工站”，拉开了我国医务社会工作专业实践的序幕。不过，从 2001 年至 2016 年这十五年间，我国医务社会工作的研究主要聚焦在医患关系处理（王卫平、王国祥，2008）、医学模式转型（刘继同等，2010）、医疗救助（陈成文、罗竖元，2009）等话题讨论以及医务社会工作的实务前景探讨（刘继同，2016）和海外实务经验的介绍（程明明等，2016）上。2016 年 10 月，中共中央、国务院发布《“健康中国 2030”规划纲要》。2018 年，国家卫健委印发《进一步改善医疗服务行动计划（2018—2020）》，要求在医疗机构设立医务社会工作岗位。这两项重大举措推动我国医务社会工作发展进入快车道。从 2017 年起社会工作学者们针对不同类型疾病、不同类型医院、不同地区、不同民族文化传统以及不同类型的服务对象及其家庭和社区开展各式各样的医务社会工作的实务研究，不仅清晰描述了医务社会工作服务的主要内容（陈岩燕，2017）、基本流程（卢玮、林宝贤，2023）、方法技巧（唐咏，2017）等具体的操作方式，而且深入探索了医务社会工作的功能定位（王晔安、马铭子，2021）、专业角色（赵芳等，2024）、跨学科合作（齐建等，2020）、实践困境和应对策略（赵晓芳，2023）以及伦理原则（吕秋丽、陈虹霖，2018）等。这些实务研究成果有效深化了我国医务社会工作的专业性，推动我国医务社会工作实践的精细化发展。

在本土医务社会工作模式探索方面，社会工作学者们通过梳理我国医务社会工作的实务经验，总结提炼本土的医务社会工作模式。例如，王杰等人（2019）的研究指出我国医务社会工作发展形成了内部嵌入与外部合作两种模式，井世洁等（2020）根据上海医务社会工作实践的经验提出我国医联体模式下医务社会工作的服务路径，姚红和陈丽云（2020）分析新冠疫情防控中医务社会工作的身心灵全人健康模式。针对我国的精神健康服务，高万红（2017）主张采用“生物–心理–社会”医疗模式，以便能够吸纳我国的精神科社会工作。童敏等（2017）提出有助于精神障碍患者社区康复的主动式社区治疗模式等。同时，医务社会工作的本土化理论探索也开始起步，马凤芝、陈海萍（2020）尝试将理论研究嵌入本土实践，从时空维度阐述符合健康老龄化的健康增能内涵。

在医务社会工作干预研究方面，随着近年来我国医务社会工作专业实践的不断深入，不少社会工作学者开始推动医务社会工作干预研究，以评估和改善已有的干预举措并且发展新的干预方案。其研究主要包括三大类：一是运用对照实验等方法，检视叙事治疗（金妍艳等，2022）、绘本阅读（杜立婕、翟松，2018）等介入方式的成效，并尝试对此进行本土化的改造；二是采用随机对照试验等方式，针对疾病应对（陈心想、王杰，2021）、情绪疏导（陶毛毛、朱眉华，2021）、家庭和社会支持（韩央迪等，2022）等开展干预研究；三是围绕公共卫生议题开展项目开发、实务与评价，如童峰、拜争刚（2023）以新冠疫情公共卫生事件为例，探索循证实践的具体步骤与运用方案。

二、有关司法的社会工作实务研究

2002 年，上海市尝试构建“政府主导推动、社团自主运作、社会各方参与”的政社合作机制，率先开启我国司法社会工作实践。2014 年，最高人民法院等部门联合下发《关于全面推进社区矫正工作的意见》，明确要求发展社会工作者和社会志愿者队伍，促使我国司法社会工作进入全面推进阶段。2019 年，《中华人民共和国社区矫正法》的通过确立了司法社会工作的合法地位；同年，最高检、团中央等部门在全国各地建立了 80 多个未成年人检察社会支持体系建设示范基地，推动我国未成年人司法社会工作的深入发展。目前，我国司法社会工作的实务研究主要聚焦于司法社会工作实务经验的总结和未成年司法社会工作的开拓。

在司法社会工作方面，我国初期的司法社会工作实务研究主要围绕上海、北京等地的试点实践经验，探讨我国司法社会工作的功能（史柏年，2009）、制度建构（席小华，2009a）以及专业人员能力建设（费梅苹，2012）等。也有学者在借鉴西方个案管理模式的基础上提出我国司法社会工作者的角色和任务（郭伟和，2008），并通过北京市社区矫正项目展示社会工作嵌入基层司法行政的过程（郭伟和、梁愉冰，2013），同时对司法社会工作的方法进行总结和建构（井世洁，2011）。不少学者基于地方实践经验重点探索司法社会工作的发展现状、实践困境及应对策略（任文启，2017），认为我国司法社会工作的实践困境涉及合法性、资源性和专业性三个维度（席小华，2016），并且针对这三个维度的实践困境提出理念嵌入、服务嵌入和制度建构三种行动逻辑（席小华，2017）。一些研究者还注意到不仅我国司法社会工作服务对象存在较大的差异性，包括青少年（席小华，2018）、精神障碍者（张坤，2014）、戒毒人员（叶雄、彭少峰，2014）等不同群体，而且我国司法社会工作的服务主题也非常广泛，涉及服务对象的教育（胡杰容，2015）、再社会化（洪佩、费梅苹，2018）、优势的挖掘（何晓红、张炜，2018）以及人民调解（任文启，2018）等。此外，有学者对我国司法社会工作的理论与原则、专业核心方法、介入模式进行系统的探索和总结（郭伟和，2015；彭少峰、张昱，2015），强调我国社会工作者需要运用综合管理模式应对司法的“监管-恢复”两难困境（熊贵彬，2018）。

在未成年司法社会工作方面，我国社会工作的发展呈现非均衡发展特征。未成年司法社会工作涉及的主要议题包括内容方法（席小华，2020）、概念模型（雷杰等，2021）、服务体系（席小华，2021）和服务规范（席小华，2023）等，并且倡导“案主中心”的司法社会工作模式（任文启等，2022）。费梅苹和李丹阳（2022）的研究发现驻所司法社会工作在为涉罪青少年开展服务时应采取“退而取之”的生存策略、“定中有变”的适应策略以及“聚力合力”的发展策略。另外，一些社会工作学者尝试运用理论视角厘清我国司法社会工作的专业角色以及服务推进的模式，如王雨磊、陈柏成（2019）结合基层司法社会治理框架和模式，明确提出专业辅助者是司法社会工作的核心角色。费梅苹和张晓灿（2020）依据复原力视角和个案管理模式构建具有整合性、体系化的社区矫正社会工作服务模式；李晓凤（2020）则聚焦社会复杂案例，探究中国互助型治疗社区的理念与本土实务路径。

三、有关学校的社会工作实务研究

学校社会工作是我国社会工作专业实践中较早开展服务的重要领域之一，其研究成果主要涉及学校社会工作岗位的开发、学校社会工作的专业化和职业化以及本土学校社会工作实践模式的总结等不同方面。

在学校社会工作岗位开发方面，我国学校社会工作的实践探索开始于1989年，但是学校社会工作的实务研究则是在2002年以后逐渐增多。除了直接借鉴欧美国家和香港地区的学校社会工作发展经验之外，不少学者从理论层面诠释我国学校社会工作发展的必要性（文军，2003）、影响因素（沈黎、刘斌志，2004）以及可能路径（袁琳，2006）。同时，也有学者开始尝试总结上海、深圳等地的学校社会工作试点经验（蔡屹，2006）。由于我国社会工作的发展呈现出教育先行的特点，不少高校老师以课题项目或者专业实习的方式探索社会工作在我国高校中的发展空间，如魏爱棠（2007）建议我国高校社会工作者要与心理咨询专业工作者形成建设性的合作伙伴关系，共同开展学生服务。魏爽（2007）则提出将社会工作融入高校思想政治教育领域。

在学校社会工作的专业化和职业化方面，2008 年汶川地震之后，受灾师生的身心健康需求凸显，由此推动了我国学校社会工作的实务和研究的发展。例如，王思斌（2012a）分析社会工作进入灾区学校开展服务获得实践权所面临的困难和过程，史柏年（2012）则结合灾后重建经验探讨学校社会工作的制度建设所需要的理念、组织和规程。同时，随着我国义务教育全面普及以及相关制度的调整，我国学校社会工作进入专业化和职业化的快速发展阶段，各类学校社会工作实务研究成果齐头并进，如梳理我国学校社会工作实务中的特定主题，包括留守儿童（马亚静，2013）、校园暴力（张善根，2010）、偏差行为（刘江，2015）、心理健康（葛爱荣，2012）、思想教育（章羽，2011）、大学生就业（朱盼玲，2017）等，构建嵌入式发展路径（方劲，2011）；也有学者从不同角度对我国学校社会工作实践中出现的问题进行分析与反思，包括从专业场域与惯习（李俊，2012）、专业方法（席小华，2009b）等不同角度开展的深度思考以及在此基础上提出的改进建议，涉及理论视角的更新（张燕婷，2015）、服务内容和形式的拓展（张大维、郑永君，2015）、专业角色的认知与领会（时怡雯、倪锡钦，2016）和外部社会支持的增强（田国秀，2014）。

在本土学校社会工作实践模式总结方面，学者们结合立德树人、教育减负等教育要求探索本土学校社会工作现实推进的多重路径，如李晓凤等（2019）梳理在深圳实践场景中形成的针对一般学生和特殊学生的本土实务经验模式，黄晨熹等（2023）总结基于犯罪三级预防的上海学校社会工作服务模式，也有学者尝试在传统的个案、小组、社区方法上加以创新（贾昕珊、卓彩琴，2022），如罗阳和刘雨航（2022）提出将空间建设、情景互动和情感联结为一体的高校学生社区整合介入模式，也有学者剖析学校社会工作的伦理困境（裴军鹏、胡洁人，2023），并且强调引入社会学、教育学、心理学、民族学、伦理学等学科理论的分析工具，以扩展我国学校社会工作的实务视野（文军、卢素文，2022）。

四、有关灾害的社会工作实务研究

2008 年的汶川地震以及之后的青海玉树地震、云南鲁甸地震、河南新乡特大洪涝等重大自然灾害，推动了我国灾害社会工作的发展，主要涉及灾害社会工作的实践路径、面临的主要挑战以及本土灾害社会工作实践模式的总结。

在灾害社会工作的实践路径方面，我国灾害社会工作的发展主要围绕如何在灾害中开展社会工作服务以及在灾后重建中如何运用社会工作的方法和技术。例如，针对遇难家属，中国社会工作者实施了个案辅导（陈涛，2008），而针对灾后安置居民，则开展了需求评估（顾东辉，2008），并且运用系统视角指导社会工作的灾后救援（郝柱、万江红，2008）等。在灾后重建的研究中，有学者探讨了灾害社会工作的行动策略和角色定位（张和清等，2008），核心理念和行动框架（徐永祥，2009）以及社会工作的主要功能与专业能力（张粉霞、张昱，2013）等，强调需要结合社区发展视角和优势视角等理论，明确人群身心发展、社区生计与发展以及社区社会关系的恢复与重建等基本服务内容（张昱，2008a）。

在灾害社会工作面临的主要挑战方面，有学者在综合分析我国灾害社会工作面临的实务问题之后指出，其中主要的挑战涉及制度支持不足（赵川芳，2017）、服务提供不均衡（陈虹霖、张帆，2019）、社会工作者的专业能力不强（张粉霞，2016）以及注重恢复重建轻预防发展（周利敏、谭妙萍，2021）等，认为要遵循灾害社会工作的本土化“嵌入性”机制（史铁尔，2018），并且尝试建构以“社区关系重建”为核心的灾害社会工作整合服务模式（文军，吴越菲，2015）。由于社区记忆和文化要素的凸显（文军、何威，2016），有学者主张灾害社会工作的专业实践应在当地文化的特殊性、行动的情景性、社会工作的专业性和国家治理的能动性之间寻找最佳平衡点（文军、吴越菲，2016），将社会工作专业方法渗透到灾区地、貌、人、景、关系等具体情境中，遵循地方营造的原则（古学斌等，2020），实现服务方法的在地化（赵川芳，2017）。

在本土灾害社会工作实践模式的总结方面，有学者以某个典型个案为例子对我国本土灾害社会工作的实务模式进行提炼和总结，如韦克难等（2013）以四川的实践经验为依据提出以政府为主导、以民办社工机构为服务主体、以社区能力建设为主要内容的灾后重建社会工作服务体系，徐选国（2014）则运用“国家—社会”关系范式分析灾害社会工作的生成机制等。有学者引入发展性社会工作视角，从服务主体、服务理念、服务内容和服务策略等层面探索灾后的本土社会工作介入模式，如陈锋和陈涛（2018）总结了青红社会工作团队的专业实践，并从中归纳出发展性社会工作的服务模式，纪文晓等（2022）聚焦于受灾群众之间的互动关系、建构“关系为本”的灾后过渡安置阶段的社会工作实践模式。

五、有关残障的社会工作实务研究

随着我国残障工作对于专业化和社会化发展诉求的不断提高，我国的残障社会工作获得了迅速发展的现实空间，无论是在研究视角还是干预的实践路径方面，它都对我国的残障工作提供了重要的补充和支持。

在研究视角方面，我国的残障社会工作强调需要从传统的问题视角转向能力视角，不再以残疾人的缺陷为中心，而是关注残障人士的需求、优势、抗逆力等（姚进忠，2018）。也有不少学者直接采用能力视角探讨在我国残障社会工作实务领域中发现和评估残障人士优势的可能性和基本技术（卓彩琴，2011），以及与残障人士及其家庭共同探索可能的发展路径和干预模式（张倩昕、卓彩琴，2020；姚进忠、陈梦琴，2023），涉及残障人士的康复（李娜，2012）、就业（谢建社、彭焕城，2017）、教育（蔡翩飞，2017）、婚姻（李羿琼，2017）、文化娱乐（潘建红、祁由强，2014）等。也有学者运用社会工作的三大方法及个案管理等方式开展残障人士及其家庭的赋能服务（范明林、李蓉，2017），并且通过随机对照试验，验证社会工作提升残障人士获得感的成效（卜禾等，2023）。

在干预的实践路径方面，社会工作学者们认为残障工作的介入路径需要从个体转向生态，即关注残障人士与环境之间的双向互动。例如，潘泽泉、黄业茂（2013）提出以家庭为中心开展残疾人家庭社会工作，姚进忠（2018）则立足家庭生态视角考察残障人士的社会福利需求呈现与供给的家庭作用机制，注重残障人士家庭复原力的培育。也有学者关注残障人士之间的互助，探讨社会工作介入残障人士自组织发展的路径（葛忠明，2016）以及民族地区（杨晶，2014）、农村地区（汤夺先等，2012）的残障问题的建构机制和解决策略。葛忠明（2015）分析了残障人士公共服务的发展趋势、潜在问题以及社会工作介入的必要性，刘翔和周沛（2017）则结合实践剖析残障人士托养专业化服务的障碍及对策，也有学者认为我国残障者社会福利事业应朝向分类精准帮扶和组合式普惠福利的方向发展（姚进忠、陈蓉蓉，2019）。

此外，残障社会工作介入中的伦理问题受到社会的普遍关注。毛新志、李思雯（2014）指出残障社会工作的伦理困境包括社会型残疾观和个体型残疾观的价值观念困境、保密和知情同意的原则困境以及社会工作者的角色困境等，梁德友和周沛（2015）则认为需要建构我国残障社会工作的伦理制度，以规范救助行为和增强“内源”发展，保障具有残障人士伦理关怀的长效服务机制。

六、有关救助的社会工作实务研究

随着党和国家对保障和改善民生工作的日益重视，社会工作逐渐成为我国社会救助领域的重要力量，主要涉及我国社会救助社会工作的实施、社会救助社会工作的制度化建设以及发展性社会救助社会工作的实践等不同方面。

在社会救助社会工作的实施方面，随着 20 世纪 90 年代早期我国开始建构城市居民最低生活保障制度，医疗救助、教育救助、住房救助等逐步从城市扩展到农村（关信平，2014）。在此期间，我国社会工作开始介入社会救助领域，并且围绕社会救助的专业化发展进行实务研究探索。周沛（2006）论证了社会工作介入社会救助领域的必要性，有学者从社会工作出发总结面向艾滋病患者（向德平、李光勇，2010）、流浪儿童（冯元，2013）等特殊群体的社会救助社会工作的介入方式及效能。关信平（2010）分析了社会救助社会工作的整体模式，指出有参与社区管理模式、参与经办机构模式和政府委托经办模式等三种不同的社会救助社会工作的介入模式。李迎生等（2013）提出社会救助社会工作介入社会管理的具体路径，而汪浩（2008）则将社会工作的三大方法运用于社会救助领域的微观服务中。此外，有学者提出通过行政方法、政策倡导等开展宏观的社会救助社会工作（徐道稳，2008），以及借助个案管理提供高度个别化、差异化的社会救助社会工作（高灵芝、杨洪斌，2010）。

在社会救助社会工作的制度化建设方面，2014 年国务院颁布《社会救助暂行办法》，对我国社会救助制度体系做出法治规范，社会救助社会工作由此逐步成为我国政策实践的一部分。为此，学者们开始积极探寻社会工作介入社会救助领域所面临的各种现实条件和体制机制，尝试理顺社会救助社会工作发展的体制机制的要求（关信平，2017），建构社会工作参与社会救助的具体模式（马凤芝，2017），倡导救助个案转向整合式的系统改变（金昱彤，2017），理清社会工作参与社会救助面临的结构性挑战及发展思路（丁一帆、张翼，2019）以及分析社会工作介入社会救助的伦理困境（谢敏，2018）等。除此之外，还有学者及时总结在精准扶贫（李迎生、郭燕，2018）、失独群体（张必春、李亚男，2018）、互联网 +（冯元，2017）等领域涉及的社会救助社会工作的实践经验及模式。

在发展型社会救助社会工作方面，2020 年，中共中央、国务院印发《关于改革完善社会救助制度的意见》，提出我国社会救助制度朝发展型取向迈进。为了提供精准化的社会救助服务，有学者基于新冠疫情初期的社会救助经验指出实践性的专业观胜过规范性的专业观（任敏、陈政军，2020）。也有学者以广东社会工作“双百计划”为例，运用发展型社会政策，指出个案救助需要做到精准化专业识别和精细化专业服务（张和清、廖其能，2021）。有学者围绕精准、高效和温暖的社会救助目标构建“建设-发展-整合”的社会工作介入社会救助模式（王世强，2022），也有学者运用标杆环模型的方法论萃取出社会工作介入未成年人救助的 17 项最佳实践指标（雷杰等，2023）。

（撰稿人：罗敏敏）

第四节　按照其他分类的社会工作实务研究

自20世纪90年代以来，我国社会工作实务界和学术界积极回应国家重大发展战略的需求。经过三十多年的探索和发展，我国社会工作在农村、民族、社区、家庭、社工站、督导等领域取得了重大进展，积累了大量的实务研究成果。

一、有关农村的社会工作实务研究

纵观农村社会工作的实务和研究的发展轨迹，关于农村社会工作的实务研究主要沿着两条线路展开：一是借鉴国外农村社会工作的实务理论，结合中国农村的特点进行本土化的社会工作实务探索；二是聚焦我国农村社会工作的实务经验，总结和提炼本土的实务模式。

在我国农村社会工作本土化实务探索方面，我国农村社会工作兴起于2006年召开的十六届六中全会（郭伟和，2007），经过二十多年的发展，我国农村社会工作实务探索取得了重要进展。按照服务内容来看，学者们主要围绕新农村建设（钱宁，2022）、乡村治理（张和清、古学斌，2012；杨威威、徐选国，2020）、基层自治（李伟、杨超，2015）、乡村振兴（王思斌，2022；陈友华、庞飞，2021）、精准减贫（程萍，2016）等主题探索我国农村社会工作的本土实践。按照服务人群来看，我国农村社会工作的实务研究主要关注农村留守儿童（胡善平、潘春宇，2012）、农村留守老人（庞飞，2013）以及农村留守妇女（陈晓龙、李娅娅，2015）等群体的社会工作服务。值得注意的是，在我国农村社会工作的本土实践中，刘金海（2012）指出工作队是我国农村工作的一种有效形式，它能够及时处理农村急需解决的问题，从而推动农村经济社会稳定协调发展。古学斌等（2007）运用人类学中文化识盲的概念帮助人们深刻认识社会工作专业实践中深层次的文化问题，从而促进农村社会工作深度反思。聂玉梅、顾东辉（2011）则从农村社会工作人员的自我增权出发，利用项目带动小组增权，改善农民的参与和表达意识以及优化农民的社会资源结构，最终引导农民走上增权之路。

在本土农村社会工作实践模式总结方面，国内学者主动借鉴国外农村社会工作的实务理论进行本土化探索。例如，张和清等（2008）指出我国农村社会工作受社会工作主流模式的影响，经历了从“缺乏视角”到“优势视角”以及“资产为本”范式的转变，与之相对应的实务模式主要侧重通用及社区为本的实务模式，因而本土的农村社会工作需要超越宏观与微观社会工作的两极化论争，采取一种优势视角下的农村社会工作实践模式。杨发祥和闵慧（2011）将我国农村社会工作经验的分析视角总结为优势视角、比较分析视角、文化分析视角，并从理论追求、方法整合、实务拓展等三方面提出对我国农村社会工作未来发展策略的思考。徐选国和杨絮（2016）发现我国农村社会工作需要与农村社区治理结合起来，提出包含主体整合、机制整合和实践行动整合的“三位一体”的整合性治理范式。李侨明和张和清（2017）发现中国农村社会工作已开展一系列富有创新性的扶贫与农村社会建设工作，逐步形成了云南绿寨经验、湖南湘西探索和江西万载模式等三种实践模式。张和清等（2019）在社区为本的农村社会工作实务模式探索的基础上，提出我国农村社会工作是“社区为本的理论视野”与“资产为本的实务理论”的结合，涉及“社区领袖培育”“组织与能力建设”“社区教育与意识提升”“社区照顾与服务”以及“本土社区活动”等专业与本土相结合的系统性、整合性的做法。张和清（2021）则在以往的实务研究基础上进一步将我国农村社会工作归纳为“五位一体”的乡村社区可持续发展模式以及个案救助与社区共治协同发展的理论框架。

二、有关民族的社会工作实务研究

尽管我国的民族社会工作最早可追溯到20世纪20年代，由李安宅提出将社会学、社会工作的理论运用于边疆民族地区的实际工作中，但是新时期我国民族社会工作则开始于2008年汶川地震后的少数民族地区的灾害重建工作（王思斌，2012b）。纵观近阶段我国民族社会工作的实践，其在促进民族关系和谐、民族地区发展、提升民族地区服务以及改善民生等方面发挥了积极作用（冯元、彭华民，2015），主要涉及少数民族流动人口帮扶服务和民族地区发展两个方面（严云鹤、周真刚，2018）。

在少数民族流动人口帮扶服务方面，学者们主要以社区嵌入路径、综合介入路径、多层面介入路径三种模式展开探索。例如，卢时秀等（2015）认为社会工作嵌入城市少数民族流动人口的服务管理时，应开展社区为本的服务。丁海江和向洪（2016）指出社会工作介入少数民族流动人口的城市融入问题时，不仅需要以社会工作理论与专业方法作为指导，还需要从宏观、中观、微观三个层面上进行科学规划，在社会工作的行业发展、社会组织的社会资源运用、少数民族流动人口的权益维护以及社会工作者的服务能力等方面施加影响。李立（2013）则从多层介入的实践路径出发，强调从个人层面、社区层面和社会层面入手，介入城市少数民族流动人口的城市融合。安民兵（2014）认为社会工作的助人自助理念和方法为少数民族流动人口的反贫困提供了工作思路，能够帮助少数民族流动人口群体实现全面赋权。

在民族地区发展方面，徐晓凤（2014）指出通过培养少数民族社会工作者并让他们积极参与社会管理的措施来提高民族地区社会管理水平。马克林（2015）发现协同视角为社会工作参与民族地区社会治理并且建立两者之间的协同关系提供了理论基础，强调以利他主义为核心价值理念的社会工作为参与民族地区社会治理提供了专业优势，而汇聚多方联动的社区治理为二者的协同共生提供了实践平台。王力平和许晓芸（2016）则认为社会治理精细化是民族地区社会治理创新和治理现代化的内在要求，而社会工作能够通过精致的服务促进社会治理的精细化。有学者指出我国民族社会工作的具体实践路径有三种主要形式（马东东、孙亚娟，2023）：一是移植嫁接取向，将社会工作理论方法嵌入传统民族工作（李林凤，2006；李霞，2014）；二是本土融合取向，尊重民族地区在地化知识和风俗习惯，形成民族地区“地方性理论知识和实践经验”（刘玉兰，2019）；三是整合创新取向，将社会学、民族学、社会工作等不同范式的理论方法杂糅起来，形成创新性的实践，而且以“社区”这一平台为依托开展整合式的社会工作实务（钟福国等，2011）。

值得注意的是，从已有的实务研究成果来看，我国大部分学者把西部地区特别是西部少数民族地区作为民族社会工作的研究对象，认为民族社会工作实务既要致力于解决社会结构因素造成的贫困、社会保障和医疗卫生等问题，也要注重解决由文化因素造成的教育水平落后、文化传承缺失、认同体系不足等问题（卢露，2020）。只有少数学者关注到我国中东部地区的民族社会工作，如陈云（2015）发现少数民族大量涌入中东部城市，给当地带来民族性与公民性、宗教性与世俗性、传统性与现代性之间的冲突与矛盾，需要民族社会工作的介入来促进城市民族关系的良性发展。

三、有关社区的社会工作实务研究

由于社区不仅是我国社会工作实务开展的重要场域，而且是我国基层治理的基础和重点，因此，社区社会工作也成为我国社会工作专业化发展的重要基础，它主要涉及社区重点人群的帮扶和基层治理社会工作两个方面。

在社区重点人群的帮扶方面，我国社区社会工作的实务研究主要集中在困弱人群的帮扶和特殊人群的帮教上。例如，张倩昕和卓彩琴（2020）认为残疾人社会工作需要利用社区资源，发掘和提升残疾人能力，增强残疾人家庭的抗逆力和互助力，从而促进残疾人的家庭参与和社区融入。沈冠辰和陈立行（2018）指出在解决农村社区留守儿童问题上可依托农村社区和村委会，通过社区动员发掘社区力量，以帮助留守儿童建立社区的社会支持网络。卞文忠（2021）认为城市社区养老服务体系建设离不开社会工作的介入，通过链接社区内外资源和创建社区宜居环境等方式，全方位推进社区的养老服务事业。熊菲等（2022）以矫正社会工作为视角，以酒驾服刑人员及社区矫正工作人员为研究对象，发现社会工作介入酒驾行为社区矫正服务的实践逻辑。雷杰等（2021）通过比较传统司法模式与青少年事务社会工作模式，不仅在实务层面上提供了“传统司法模式和青少年事务社会工作模式的协作模型”，而且在理论层面上构建了“我国社区矫正工作实务模式的概念模型”，为本土社区矫正工作提供了重要的理论指导。

在基层治理社会工作方面，国内一些学者积极探索党建引领与社会工作结合的有效方法，以推进我国的社区发展，如刘红旭等（2023）认为发挥党建引领的主心骨作用，运用专业的社会工作理论和方法因地制宜为社区赋权，能够激发多元治理主体的参与积极性，实现社区治理的专业化和现代化。黄晓星和丁行琴（2022）发现只有将党建的引领性与社会工作的专业性有效地整合起来，才能保证社区服务的成效。彭小兵和李文静（2020）则强调通过党建引领与社会工作的互嵌以及以赋权为内核的社区治理机制的建设，才能够有效链接社区资源、回应居民需求、转变居民观念和提升居民自治能力。也有一些学者聚焦乡村振兴，注重运用社会工作方法介入农村社区治理，如尚静和张和清（2021）以乡村振兴项目为例，深入探讨了社会工作介入生计的过程，认为社会工作者需要遵循“经济嵌入生态—社会”的逻辑，通过识别生计资产、组织合作生产、构建扁平化市场、营造社区共同体等行动策略推动经济、生态、社会的协同发展。包先康（2021）假设社会工作可以通过介入农村社区“微问题”的解决、“微事情”的处理和“微心愿”的满足，促进农村社区“微治理”。张和清和闫红红（2020）坚持认为乡村减贫应以社区资产建设和生计发展为基础，将村民的生计需求与乡村社区可持续发展紧密结合起来，促进乡村社区内源性发展。万江红（2021）则强调专业社会工作者需要采用优势视角重新审视我国的农村社区，充分挖掘农村社区资产，以发动村民参与社区治理。此外，还有一些学者以特殊社区为服务场域，探索适合在地社区的社会工作服务模式。例如，汤秋芬和辛星（2022）认为破解我国城市老旧社区治理困境可以采用枢纽型社会工作服务模式，通过引进外部服务主体、激活内生服务力量、提升多元主体服务能力，最终构建多元主体的社会治理格局。付钊（2023）以“情感—关系—行动”为逻辑建构社区治理共同体的解释框架，探究社会工作参与社区治理共同体建构的实践策略和行动逻辑。刘玉兰和彭华民（2019）认为在流动人口聚居区开展社会工作专业服务中，社区抗逆力培育能够有效突破因高流动性给聚居区带来的治理困境，形成我国本土社区治理的新形式和新方法。

此外，也有一些学者试图将社区的人群帮扶与基层治理社会工作相互结合起来，在社区治理中发挥社区重点人群的作用。这样，既能满足社区重点人群的需求，也可以发挥社区重点人群的力量，从而提升我国社区治理的效能。例如，魏开琼和李婷（2023）通过有效挖掘农村社区多元治理主体的潜能，致力于探索我国农村社区治理社会工作的新方式，以提升我国基层社会治理能力。

四、有关家庭的社会工作实务研究

家庭社会工作作为我国社会工作的一个重要领域，它的兴起在于能够随时回应因我国社会变迁引发的诸多家庭问题。家庭社会工作实务涉及多个方面，其中主要包括家庭的救助与帮扶、家庭关系的改善、家庭的个案管理以及家庭治疗的运用等四个方面。

在家庭的救助与帮扶方面，家庭社会工作实务的内容涵盖家庭生活中的诸多方面，包括家庭危机干预（何国良、陈沃聪，2020）、家庭暴力防治（吴帆等，2023）以及残疾人家庭服务（姚进忠、林佳玲，2020；范明林、李蓉，2017）等。有学者指出，针对失独家庭的社会救助服务需要融入社会工作的价值理念和专业方法，将现有的注重经济支援的"生存型救助"策略转向关注失独家庭成长的"发展型救助"策略（王文静、王蕾蕾，2014）。

在家庭关系的改善方面，彭兴苹（2022）指出在家庭生命周期理论的指导下，社会工作者需要结合日常咨询调解工作的实际要求，将家庭生命周期调整为新婚期、育儿前期、育儿后期、调整期和老年期五个阶段，并针对处于不同阶段的家庭提供提前的介入，形成家庭生命全周期服务模式。在家庭暴力的防治中，吴帆等（2023）认为通过教育培训能够提升社会工作者的认识和干预家庭暴力的专业能力，指出给予社会工作者更多的专业自主性、增强家庭暴力有关的政策宣教、强化法律文本的性别视角都是促进社会工作在反家庭暴力领域发挥专业作用的重要途径。家庭的亲子关系也像夫妻关系一样，一直受到人们的关注（李鑫，2009）。例如，华红琴和曹炎（2019）在一项有关孤独症儿童家庭抗逆力生成研究中发现，通过孤独症儿童家长的小组实践能够有效激发和增强家庭的抗逆力，使家庭获取必要的资源，从而为家庭抗逆力的持续发展提供保障。

在个案管理方面，针对面临多重困难的家庭，社会工作者通常需要运用个案管理，以协助家庭应对面临的多重困难的挑战，包括整合多方的资源，链接不同的专业人士开展专业服务等，它是社会工作者应对复杂案例运用的工作方式。例如，武艳华等（2019）立足个案管理，对老年精神障碍照顾者的照顾风险进行分析，构建老年精神障碍照顾者的个案管理模式。范明林和李蓉（2017）基于个案管理模式的运用，尝试设计和建立一个能够整合各种资源并且根据成年残疾人子女家庭照顾需求而提供的具有多样性和针对性服务的综融式服务框架。周玉婷和张璇（2010）则认为运用融入优势视角的以优势为本的社会工作个案管理方法，能够为家庭或者社区提供重要的社会福利服务，帮助高龄空巢家庭自立自强，获取所需的资源，同时降低服务成本和提高服务效率。

在家庭治疗运用方面，訾倩（2023）从结构家庭治疗模式出发，重塑家庭结构，改变家庭沟通方式，调整家庭责任分工，从而在一定程度上化解了隔代教育所产生的矛盾，提高了家庭应对困难的抗逆力。张璠和宫佳宁（2022）则将家庭治疗的原理应用于安宁疗护中，运用家庭系统的理论和方法解决家庭内部存在的冲突和问题，纾解受助家庭的压力，增进受助家庭成员之间的相互理解以及优化受助家庭系统的功能。随着社会的快速发展，我国的家庭社会工作实务也将面临诸多新的挑战（邢元梅，2022）。

五、有关社工站的社会工作实务研究

我国乡镇（街道）社工站的建立开始于2017年广东省民政厅启动的“双百计划”，后来在湖南的“禾计划”中得到进一步发展。2021年，民政部办公厅印发《关于加快建设乡镇（街道）社工站建设的通知》，将乡镇（街道）社工站建设纳入民政部工作的重点，并且在“十四五”民政事业发展规划中提出要全面建设社工站，争取在2023年年底达到全国社工站全覆盖的目标。有关我国乡镇（街道）社工站的社会工作实务研究主要聚焦于乡镇（街道）社工站的建设、乡镇（街道）社工站的模式总结以及乡镇（街道）社工站对我国乡村振兴和基层治理发挥的作用等方面。

在乡镇（街道）社工站建设方面，任文启和顾东辉（2022）从基层治理专业化的视角出发考察我国乡镇（街道）社工站的建设，包括发展进程、定位模式、现实困境以及实践策略。温欣和王晓恬（2024）指出我国乡镇（街道）社工站介入社区老年服务应从“供给—需求”转向“结构—行动”，通过“技术—社会”整合，构建“区—街道—社区”三位一体的老年健康服务体系，活化乡镇（街道）社工站参与社区健康协同治理机制，实现社区积极的健康老龄化。邓锁（2022）则认为我国乡镇（街道）社工站建设推动了“专业下乡、服务下沉”，并且通过规范引领、资源整合和能力建设等方式助推基层儿童福利服务体系化的发展。有学者运用“资产为本”的社区发展模式阐释乡镇（街道）社工站参与基层治理现代化建设的实践路径，通过分阶段、多层次的服务策略，盘活、维持和扩充社区资产，推进我国乡镇（街道）社工站朝着专业化、高质量方向发展（程书松、方曙光，2023）。

在乡镇（街道）社工站的模式总结方面，有学者通过梳理近些年关于乡镇（街道）社工站经验模式的讨论与研究发现，依据运行主体、资金来源、用人方式可将各地乡镇（街道）社工站的发展模式归纳为四种，即政府统筹 + 专业支持的广东省“双百工程”模式、购买服务 + 本地人才的湖南省“禾计划”模式、乡镇领导兼任站长 + 专业社会工作者任副站长的行政模式、购买服务 + 本土机构 + 社区工作者（志愿者）支持（吸纳高校毕业生）的混合模式（尹忠海、陈颖洁，2023）。徐盈艳（2023）通过对比广州市乡镇（街道）社工站、广东省其他地区的“双百工程”和湖南省的“禾计划”模式发现，广州市乡镇（街道）社工站采取的是治理为本、组织为用的模式，广东省其他地区的“双百工程”采取的是行政嵌入、人才建设的模式，湖南省的“禾计划”采取的是规范管理、经办服务的模式。三者各有不同的侧重点，但都强调打通民政服务的“最后一米”。

在乡镇（街道）社工站发挥的作用方面，秦海波和李玉昆（2023）发现乡镇（街道）社工站对广东省乡村振兴发展指数具有正向的促进作用，表明我国的乡镇（街道）社工站建设能够有效地助力乡村振兴。李曼毓等（2024）发现多元资本的综合驱动为乡镇（街道）社工站助推乡村振兴提供了新的活力，确保乡村振兴战略的各种项目能够有效推动，从而形成“政府主导＋社工引领＋村民参与”的乡村振兴新局面。王学梦（2023）指出复合型乡镇（街道）社工站发挥着“资源”聚宝盆、供需“中转站”、组织“孵化器”和准入“防火墙”的“居间”功能，成为基层实践的一个重要方向。徐东涛和汪真诚（2023）认为外包式乡镇（街道）社工站通过引入第三方社会组织的运营模式，在常规扎根在地化社区参与和动态回应社区需求过程中能够精准回应地方治理的需求。

在我国乡镇（街道）社工站快速推进过程中，有学者指出我国的乡镇（街道）社工站建设需要与一线社会工作者紧密合作，在专业实践中注意创建符合中国实际的乡村社会工作知识体系，推动我国社会工作成为乡村社会治理现代化的制度要素（何雪松等，2024）。

六、有关社会工作督导的实务研究

社会工作督导作为促进社会工作实务的一个重要组成部分，涉及多个角度的研究，主要着眼于督导能力培养、模式探索、具体实务分析、基本职责界定和地方经验研究这几个方面。

在督导能力培养方面，为满足社会工作领域对督导的大量需求，越来越多的机构开始提供针对督导人员专业能力的培训。例如，张莉萍和韦晓东（2011）重点研究“数量化追求”下的社会工作督导人才培养，以深圳地区“徒弟跟班式”和广州地区“学院式”实务案例为代表，通过降低选拔门槛、减少系统化训练来大规模培养督导人才，此时的研究对于督导人员职业能力的培养意识较弱。随着全国各地广泛开展督导培训项目试点后，“优质化追求”的呼声越来越高，谢洪娟（2018）的研究汲取了前两者的培训经验，提出利用“课程培训＋督导实习”的形式来提升督导人才的专业能力。刘艺（2020）也强调了实务能力培养和本土化人才培养的重要性，将督导人才队伍建设沿着实践方向推进。此外，刘晓春和古学斌（2007）的研究指明了文化敏感对扎根社区的社会工作的重要性，认为督导作为指导社工实践开展的重要角色，必须具备这项技能。廖其能和张和清（2019）的研究进一步说明了文化敏感的内涵，重视一种社区工作取向的督导模式。不过，以上研究未能聚焦具体的督导能力培养，缺乏针对性，无法满足督导人员在实务操作专业化方面的需求（袁小良、向羽，2018），并且没能从根本上解决我国督导人员职业能力发展滞后于本土社会工作专业发展的困境。已有的督导培养模式无法满足现实需求，急需一种可借鉴、可移植的本土督导培养范式（周京，2018）。

在督导模式探索方面，我国的相关研究大致可分为相关实务督导和专业实习督导两类。对于社会工作实务督导研究，彭华民（2010）利用个案、小组和社区三大专业方法，形成了一种“课程教师 + 种子同学 + 社会福利机构督导”的社会工作督导志愿服务新模式，并将这种社工带义工的共同服务方式称为服务学习模式。李晓凤等（2015）进一步研究了中外社会工作督导的发展历史，认为我国社会工作督导是基于“多元动态脉络”取向的实务模式。卢兆荣（2018）制定了机构人才培养的年度规划，关注员工个人成长，力图构建立体化督导框架。徐明心和邹学银（1998）的研究强调了文化脉络的概念，认为要在更加宏观的环境下谈论社会工作督导模式，由此提出要在文化脉络中发展社会工作督导的整全模式。严樨（2013）的研究关注督导关系不平等的问题，通过引入赋权视角，构建了赋权取向的五要素社会工作督导模型。钟立（2017）发现能够将问题式学习为主的 PBL 督导模式引入团体督导。周文坤（2018）关注到情境领导模式的相关理论，认为督导模式可以被划分为教练型、指令型、支持型和授权型四类。李细香（2020）的研究强调因被督导者层次不同而产生的督导实务模式的分层性，并进一步指出督导内容体系的系统性。对于社会工作实习督导研究，鲁艳桦和刘建民（2008）基于社工实习的阶段性，发现实习督导内容在前中后期的侧重点不同。季钦（2010）的研究聚焦于系统理论，发现专业实习督导是一个包含了不同子系统的督导系统。姚进忠（2010）的研究引入了批判教育学的观点，通过这种以对话式为主的教学模式，加速培养学生的批判性思维，建立督导者与被督导者之间的积极的民主关系。张敏杰和倪婉红（2011）的研究分析了实习督导的现状，认为“学校督导 + 机构督导”的联合督导模式在实践中较为常用。此外，也有一些研究关注到结构化督导模式、合作主义视角、联合督导视角、结构功能理论和优势视角等内容在社会工作实习督导中的应用。尽管社会工作督导研究的重要性愈发凸显，但对于项目督导的研究远远少于对于实习督导的研究，社会工作督导研究亟待项目化、场景化。

在具体实务领域分析方面，现有督导研究多半集中于青少年社会工作、孤残儿童社会工作和志愿服务等方面。彭华民（2010）的研究强调通过“社工带动义工”和“二级督导”的社会工作督导制度，推动志愿服务的专业化发展。王洪（2016）的研究呈现了社会工作督导在青少年领域的困境，例如人才短缺、督导人员专业素养不高以及督导模式不完善，提出要健全督导模式，塑造良好的督导环境，以及大力培养相关督导人才的职业能力。赵晴（2013）的研究详细分析了孤残儿童院舍处境下的督导情况，指出要建立系统化的本土督导制度和多样性的本土督导团队，努力满足院方、孤残儿童和社会工作者这三方的需求。

在基本职责界定方面，徐明心和邹学银（1998）提出了规范性、经验性和实用性这三种取向的基本功能。沈黎和王安琪（2013）的研究对上海试点进行了系统调查，认为本土督导可以被分为三类，主要包括聘请机构内部人员担任督导的内部督导模式、由外部人员进行督导的外聘督导模式以及行政主导下诞生的特殊阶段性产物——外派督导；督导方式不局限于个别、团体和同辈督导这三种形式，还拓展了日志回复与实务参与等内容；督导内容涵盖多个层面，包括但不限于情绪疏导及情感支持、实务指导与专业提升、行政管理及工作审批、方案设计及服务反思。童敏和史天琪（2017）在此基础上，结合对本土督导人才培育真实情况的考察，对社会工作督导的基本功能作了延伸，即加入了服务项目规划和资源链接这两部分内容。不难发现，我国当前研究缺乏对社会工作专业督导内涵的界定，难以与培训、项目指导、咨询服务等相近概念作出明显区分。

在地方经验研究方面，张莉萍和韦晓冬（2011）建议在内地推行督导制度，并在本土背景下逐渐发展出深圳模式和广州模式这两种督导培养方式，前者强调导师制，是一种“徒弟跟班式”的人才培育逻辑，主要以层次化培养模式开展工作，大致可划分为督导助理、见习督导、初级督导、中级督导和高级督导这五个等级；后者强调课程培训制，是一种“学院式”的人才培育形式。其中，由香港社工督导和深圳岗位社工同时上岗的跨境督导模式，被称为社会工作机构督导的直接模式。区洁盈（2010）指出深圳市民政局制定的“两层式、结合间接与直接督导模式”的督导人员架构代表社工督导间接模式的正式推行。在这个过程中，香港督导十分重视督导制度的建立与督导人才的培养，尤其是本土督导的实务能力，例如“个案介入的手法及技巧”“批改作业的技巧及方法”“团队建立的手法及技巧”“进行督导面谈的技巧及程序”。为了进一步明确本土督导的角色定位和工作职责，深圳市政府设置“顾问”岗位，并向社工机构进行购买，形成了“督导助理—见习督导—初级督导—顾问”的督导人才体系建设。张莉萍和韦晓冬（2011）在此基础上提炼了珠三角地区培育社会工作督导人才的地方经验，认为深圳借由毗邻香港的天然地理优势大量引进香港督导，以加速推进专业社工督导人才队伍的建设，而广州则更重视“课程培训班”的督导培育形式，但随着本地社会工作人才队伍建设的重心逐渐从初级人才向高级人才转变，这里也存在着一些问题，例如本土督导体系对高级人才的身份认可度不足、筛选督导人才的标准不明晰、将督导身份与高等薪酬相联系的激励机制不完善。

通过梳理国内近三十年来有关督导的社会工作实务研究历程可以发现，我国社会工作督导逐渐形成了实务督导和实习督导两种取向，而且主要聚焦于现状与改善、理论应用以及境外经验借鉴等关键议题（张洪英，2017）。

（撰稿人：邓洁）

第四编

聚焦国家重大战略的社会工作服务

中国社会工作教育在发展中以服务国家重大发展战略为己任。本编描述和呈现了中国社会工作教育以社会工作研究为基础，参与推动和倡导社会工作法规政策制定与制度建设、社会工作服务标准制定的历程；参与汶川地震和其他地区灾后重建，提供社会工作服务的诸多足迹；展示了协会组织会员响应党中央战略部署，积极参与脱贫攻坚，实施“百校对百县”对口帮扶计划所取得的卓越成绩，以及衔接脱贫攻坚协会在实施国家乡村振兴战略中进行对口帮扶工作的实践；以实施中央财政项目为抓手，在服务国家重大战略、在为特定人群提供社会工作服务中提升参与项目的会员单位师生社会工作教育和专业水平，进行社会工作研究的经验，在社会治理中进行的实践创新。

第十五章

参与社会工作法规政策制定与制度建设

中国社会工作教育协会积极为社会工作事业的发展贡献力量，在社会工作的制度建设、政策法规和相关标准的制定工作中以专业知识参与其中，作出了不同程度的贡献。

第一节　参与社会工作法规政策制定

一、参与全国性社会工作法规政策的论证与制定

社会工作法规政策是社会工作事业发展的依据和保障。社会工作教育界积极发挥政府智库的职能，主动承担社会工作人才队伍现状及其建设规划的调研课题，积极参与社会工作发展规划及各相关领域政策法规的论证与制定。

（一）参与制定《社会工作者国家职业标准》

2004 年，在上海和北京部分高校教师参与论证和编制基础上，国家劳动和社会保障部办公厅颁布《社会工作者国家职业标准》，这是中华人民共和国成立后第一部国家级社会工作政策文件，该政策文件的颁布是社会工作职业化进程中的里程碑事件。

（二）倡导并参与制定《社会工作者职业水平评价暂行办法》

2005 年起，在中国社会工作教育协会的协调下，北京大学、中国人民大学、复旦大学、南开大学、华东理工大学、中国青年政治学院、中华女子学院、民政部干部管理学院、深圳大学等高等学校社会工作教师向民政部和人事部建言献策，并且参与相关文件的起草和修改。2006 年 7 月 20 日，人事部、民政部联合发布了《社会工作者职业水平评价暂行办法》和《助理社会工作师、社会工作师职业水平考试实施办法》首次从国家制度层面将社会工作者纳入专业技术人员范畴，为进一步提高社会工作人才队伍的专业化水平提

供了制度保障。

（三）对《关于加强社会工作专业人才队伍建设的意见》和《加强社会工作专业人才队伍建设中长期规划（2011—2020年）》进行论证

2010年前后，在中国社会工作教育协会的协调下，北京大学、中国人民大学、复旦大学、南开大学、华东理工大学、中国青年政治学院、中华女子学院、民政部干部管理学院等高等学校部分教师，参与民政部组织的研讨论证，为2011年18个中央部委办联署的《关于加强社会工作专业人才队伍建设的意见》及19个中央部委办联署的《加强社会工作专业人才队伍建设中长期规划（2011—2020年）》的发布提供了智力支持。

（四）研讨参与《关于加强青少年事务社会工作专业人才队伍建设的意见》等四文件的制定

2014年后，在中国社会工作教育协会的协调下，北京大学、中国人民大学、复旦大学、南开大学、华东理工大学、武汉大学、南京大学、中国青年政治学院、中华女子学院、劳动关系学院、北京社会管理职业技术学院、深圳大学等高等院校社会工作教师参与中央相关部委组织的研讨论证，促成相关领域社会工作法规政策的制定和出台，其中包括：《关于加强青少年事务社会工作专业人才队伍建设的意见》（2014）、《关于加强工会社会工作专业人才队伍建设的指导意见》（2016）、《关于加强禁毒社会工作者队伍建设的意见》（2017）、《关于支持社会工作专业力量参与脱贫攻坚的指导意见》（2017）。

二、参与地方性社会工作法规政策的论证与制定

北京、上海、广州、深圳、南京、武汉等地高校的社会工作教师，积极参与当地政府组织的专业研讨，为地方性社会工作法规政策的制定、出台和社会工作的发展作出贡献。其中较有影响的有：

深圳市社会工作1+7文件（2007）

上海市《关于推进医务社会工作人才队伍建设的实施意见（试行）》（2012）

北京市《关于发展医务社会工作的实施意见》（2020）

深圳市《关于提升社会工作服务水平的若干措施》（2020）

北京市《首都社会工作专业人才队伍建设行动计划（2023—2025年）》

广州市《社会工作条例》

第二节　参与社会工作者职业水平评价制度建设

2003 年 6 月，在华东理工大学、复旦大学、华东师范大学等高校社会工作教师的竭力推动和积极参与下，上海市人事局、市民政局出台了《上海市社会工作者职业资格认证暂行办法》，11 月，自上海市举行社会工作者职业资格认证开始，开启了经由政府组织和认证的社会工作者职业水平评价制度建设的先河。此后，浙江、江苏、重庆、广州等地也出台了地方性社会工作认证考试的政策法规。

在社会工作职业水平评价制度运行中，以中国社会工作教育协会及其所属的高校专业院系社会工作教师为主体的团队，深度参与社会工作者职业水平评价考试大纲的制定、社会工作者职业水平考试指导教材的编写，以及考试试题命制和考试试卷评阅。在专业院系教师的努力下，社会工作者职业水平评价考试，既坚持了社会工作的专业特性，又突出了社会工作的实务性、操作性、应用性和本土化特征，考试制度得到政府和社会的广泛认同。2008 年至 2023 年的 16 年间，年报考社会工作职业资格的人数从 13.8 万激增到 150 万，通过考试获得社会工作者资格证书的人数已近 130 万。

第三节　参与社会工作服务标准的制定

社会工作服务标准化，是国家标准化建设的重要组成部分。随着社会工作服务领域的不断拓展、社会工作服务对象的问题和需求不断变化，社会工作服务机构和社会工作者队伍不断扩大，研制、出台和实施社会工作服务标准，已成为社会工作事业发展的紧迫任务。

中国社会工作教育协会及其所属高校的专业院系教师，积极投入社会工作服务标准的研制，已经发布和执行的社会工作服务标准如本章表 15-1 所示。

表 15-1　协会参与制定的已发布和执行的社会工作服务标准

标准类别	名　称	起　草　单　位	发布时间
地标（DB）	禁毒社会工作服务指南	上海市禁毒委员会办公室、上海市民政局、上海市自强社会服务总社、上海市中致社区服务社、上海市禁毒志愿者协会	2020

续 表

标准类别	名 称	起 草 单 位	发布时间
地标（DB）	禁毒社会工作服务指南	深圳市民政局、深圳市禁毒办、深圳市社会工作者协会、深圳市龙岗区彩虹社会工作服务中心、深圳市标准技术研究院、深圳市龙岗区春暖社工服务中心、深圳市温馨社工服务中心、深圳市龙岗区正阳社会工作服务中心、深圳市众力社会工作发展中心、深圳市志远社会工作服务社、深圳市技术资料开发供应站	2021
	社会救助社会工作服务指南	成都市同行社会工作服务中心、成都信息工程大学、成都市社会关爱援助中心、成都市卓信社会服务评估中心、成都市龙泉驿区社会组织联合会、成都市龙泉驿区社会工作协会、成都市成华区社会工作协会、成都市天府新区社会组织联合会、成都市温江区社会组织联合会	2021
	社区矫正社会工作服务指南	合肥市蜀山区民生社会工作服务社、安徽农业大学、合肥市蜀山区司法局西园司法所、合肥市爱邻社会工作服务社、合肥市蜀山区民政局、合肥市包河区民政局、巢湖市爱巢社会工作服务社、合肥经济技术开发区准生社会工作服务中心	2021
	企业社会工作服务指南	深圳市民政局、深圳市社会工作者协会、深圳市标准技术研究院、深圳市龙岗区至诚社会工作服务中心、深圳市东西方社工服务社、深圳市温馨社工服务中心、深圳市龙岗区服务职工社会组织联合会、深圳市技术资料开发供应站	2021
	医务社会工作服务指南	深圳市民政局、深圳市社会工作者协会、深圳市标准技术研究院、深圳医院协会医院社会工作暨志愿服务工作分会、深圳市龙岗区春暖社工服务中心、深圳市技术资料开发供应站、深圳市人民医院、深圳市儿童医院、深圳市第二人民医院、北京大学深圳医院、深圳市中医院、深圳市妇幼保健院、香港大学深圳医院、深圳市康宁医院、龙岗中心医院	2021
	信访社会工作服务指南	深圳市民政局、深圳市信访局、深圳市社会工作者协会、深圳市标准技术研究院、深圳市新现代社工服务中心、深圳市盐田区海云社会工作服务社、深圳市宝安区益民社会工作服务中心、深圳市技术资料开发供应站	2022
	学校社会工作服务指南（深圳）	深圳市民政局、深圳市教育局、深圳市社会工作者协会、深圳市标准技术研究院、深圳市社联社工服务中心、深圳市龙华区社会工作协会、深圳市宝安区尚德社会工作服务社、深圳市龙岗区彩虹社会工作服务中心、深圳市技术资料开发供应站	2022
	学校社会工作服务指南（重庆）	重庆扬光社会工作服务中心、四川外国语大学	2023
行标（MZ）	儿童社会工作服务指南	南开大学、北京社会管理职业学院、北京市儿童福利院、成都市未成年人救助保护中心、重庆市民政局、广东省民政厅、浙江省民政厅	2014
	社会工作服务项目绩效评估指南	华东理工大学、东莞市普惠社会工作服务中心、中国社会工作协会、深圳市现代公益组织研究与评估中心、北京市协作者社会工作发展中心、民政部社会工作研究中心、广东省民政厅、浙江省民政厅	2014

续 表

标准类别	名 称	起 草 单 位	发布时间
行标（MZ）	志愿服务信息系统基本规范	中国志愿服务联合会、中华志愿者协会、中国青年志愿者协会、北京中青华云新媒体科技有限公司、北京市志愿服务联合会、紫光软件系统有限公司、北京社会管理职业学院、西安交通大学	2015
	老年社会工作服务指南	广州市民政局、中国社会工作学会、华南农业大学社会工作系、广州市老人院、广州市社会工作协会、深圳市社会工作者协会、广州市新跨越社会工作服务中心、广州市北斗星社会工作服务中心、广州市华懋健康养老服务（广州）有限公司、广州市南沙区百民社会工作服务中心、深圳市明镜社会工作服务中心、广州市荔湾区孝慈社会工作服务中心、广东善缘社会工作服务中心、广州岭南至诚社会工作服务中心、广州白云区岭南社会服务社、广州市侨颐社会服务中心、广州市巾帼社会工作服务中心、广州市逢源人家社会工作服务中心	2016
	社区社会工作服务指南	福建省民政厅、华东理工大学、中国青年政治学院、广东工业大学、“大爱之行”全国项目办、北京市协作者社会工作发展中心、广州阳光社会工作事务中心、上海东方社会组织与服务评估中心、福建省厦门市湖里区开心社工服务中心、重庆仁爱社会工作服务中心、福建省厦门市湖里区希望社工服务中心、深圳市龙岗区至诚社会工作服务中心	2016
	社会工作方法个案工作	中国社会工作学会、中社社会工作发展基金会、中国青年政治学院、首都经济贸易大学、北京社会管理职业学院、华东理工大学、南京理工大学、惠州学院、上海自强社会工作服务总社、深圳市南山区南风社会工作服务社、甘肃惠群社会工作服务中心、善爱社工（武汉）信息服务有限公司、重庆市民政局	2017
	社会工作方法小组工作	中国社会工作学会、中社社会工作发展基金会、中国青年政治学院、北京社会管理职业学院、黑龙江工程学院、山东大学、山东财经大学、山东青年政治学院、山东女子学院、华东理工大学、复旦大学、南京理工大学、西北大学、黑龙江希望社会工作服务中心、善爱社工（武汉）信息服务有限公司、重庆市民政局	2017
	志愿服务基本术语	北京志愿服务发展研究会、北京市志愿服务指导中心、中国青年政治学院社会工作学院、湖北省标准化与质量研究院	2020
	社会工作督导指南	中国社会工作学会、中国社会工作教育协会社会工作督导专业委员会、华东理工大学、厦门大学、山东大学、上海大学、首都经济贸易大学、山东财经大学、河南师范大学、黑龙江省社会科学院、山东青年政治学院、成都信息工程大学、广东惠州学院、深圳市社会工作者协会、广州市社会工作协会、成都市社会工作协会、北京市协作者社会工作发展中心、深圳市龙岗区至诚社会工作服务中心、黑龙江省希望社会工作服务中心	2021
	儿童福利机构社会工作服务规范	中国儿童福利和收养中心、中国社会科学院大学、宁夏回族自治区儿童福利院、郑州市儿童福利院、无锡市社会福利中心	2021

续 表

标准类别	名 称	起 草 单 位	发布时间
行标（MZ）	青少年社会工作服务指南	中央团校、山东青年政治学院、上海市阳光社区青少年事务中心、中国社会工作学会、北京厚德社会工作事务所、华东理工大学、上海青年管理干部学院、上海科学技术职业学院、南京市爱心传递社会工作服务中心、山东女子学院、济南山青社会工作服务中心、广州市民政局、广州市团校、广州市社会工作协会、深圳市龙岗区至诚社会工作服务中心	2018
国标（GB）	未成年人司法社会工作服务规范	首都师范大学、北京超越青少年社工事务所、北京市海淀区人民检察院、北京市公安局海淀分局、北京市海淀区人民法院、北京市海淀工读学校、共青团北京市委员会、华东理工大学、北京师范大学、中国社会工作学会、上海市人民检察院、河南省人民检察院、云南省人民检察院、上海市阳光社区青少年事务中心、广州市青宫社会工作服务中心、温州市黑眼睛社会工作服务中心	2023

（撰稿人：史柏年）

第十六章

参与汶川地震及其他地区灾后重建社会工作服务

2008 年 5 月 12 日，以四川汶川为震中的特大地震灾害，给灾区人民造成极大伤害。党中央和国务院启动紧急救援机制，责成没有受灾的省市对口支援遭受极重灾害的县市恢复重建。在此过程中，社会工作专业院校作为其中的一支有生力量，发挥了重要的作用。我国社会工作专业教育恢复重建之初，灾害社会工作方面的知识和技能几乎空白。从一定意义上讲，我国的灾害社会工作是从“5·12”汶川地震后才开始形成并得以系统化发展的。

第一节　中国社会工作教育协会的行动

一、参与民政部组织的灾情调查

四川汶川地震发生后，中国社会工作教育协会迅即行动，回应灾区需要，在国人面前展现了中国社会工作教育界的责任担当。灾害发生后，为了及时准确把握灾区人民的困难和需求，民政部人事教育司（当时社会工作人才队伍建设的职责归该司负责）紧急召集社会工作教育协会及所属院校人员会商对策，会议确定，组成一支精干队伍赴灾区进行灾情调查。

北京大学马凤芝、西南石油大学谭祖雪、中国青年政治学院陈涛和孙莹、中华女子学院杨静、民政部干部管理学院王婴等六位老师参加了灾情调查。在余震频发、交通阻断、食宿困难的情况下，他们深入灾害严重的县市和安置点，先后到达彭州、都江堰和成都市救助站等，和当地政府人员、社区工作者、灾民家庭广泛接触交流，掌握大量第一手的信息，撰写了几万字的调研报告，为后期社会工作介入服务提供了帮助和指引。

二、组织赴灾区志愿者培训活动

灾害发生后，全国人民参与救援和灾后重建的热情空前高涨。但是，由于缺乏灾害救助的知识和技能，再加上缺乏组织和指引，志愿者无序地大量涌入，既给灾区的救援造成干扰，也给志愿者带来伤害风险。

鉴于此，中国社会工作教育协会组织举办了赴灾区志愿者培训活动。协会邀请我国香港和台湾地区富有灾害救助经验的资深社会工作者担任讲师，培训内容包括：灾害救助阶段分期的特点和任务、受灾人民的生活安置与心理抚慰、灾民需求与捐赠物资对接和管理、伤亲家庭哀伤辅导、台湾九·二一地震灾后救援的经验、东南亚海啸救援的经验、志愿者自我保护的知识和技能等。

培训活动在中国青年政治学院举办，报名参加培训的有教育协会所属社会工作专业院校的教师和学生、社会志愿组织管理人员、企事业单位员工等，共计三百余人。

除了教育协会举办的培训活动外，协会所属高等院校还在上海、南京、武汉、济南、成都、重庆等地，举办了多期培训班，培训达几千人次。

三、组织开展“希望学校社会工作”服务

2008 至 2011 年开展的“希望学校社会工作”，是中国社会工作教育协会出面组织的第一个大型的灾害社会工作服务项目，也是许多专业院系由课堂教学迈向社会实践的重要转折。

汶川地震发生之初，中国社会工作教育协会与中国青少年发展基金会经过会谈协商，决定合作开展灾害救助和恢复重建方面的社会工作服务。“两会”之所以能够合作，是因为各自有优势互补的资源：中国青少年发展基金会开展多年的“希望工程”项目，在救助贫困青少年就学方面积累了经验和口碑且在地震灾害发生后迅速募集资源，向灾区援建了许多板房教室，与当地教育主管部门建立起了互信的关系；中国社会工作教育协会所辖的各高校专业院系，作为“教育先行”背景下最早接触了解社会工作的教育机构，已经培养了一批具有助人情怀且掌握专业理论知识和方法技能的学生。

为准确了解灾情和服务需求，两会首先选派人员赴灾区进行调研。教育协会所派人员有协会秘书长史柏年和中华女子学院杨静老师。

当时，社会工作在国内的社会认知度比较低，作为西部地区的四川省尤其是受灾严重的县市区的人民，更不知道社会工作为何物，加之灾害发生之初，一些社会组织及志愿者个人的无序涌入，给当地政府和人民开展的救援行动带来困扰，因此，当地对于社会工作服务进入灾区的动议是心存疑虑的。经过两会人员的耐心解释和劝说，德阳市教育局和广元市利州

区教育局的领导同意在所辖的10所中小学引入学校社会工作服务。

之后，教育协会迅速招募并选定办学时间比较早、专业能力比较强的10所高校及团队参与“希望学校社会工作”服务。对口学校名单如下表：

表16-1 “希望学校社会工作”服务对口学校院系名单

序号	地区	受援中小学	社会工作专业院校
1	广元市	东城实验学校小学部	中国青年政治学院社会工作系
2		东城实验学校中学部	中国青年政治学院社会工作系
3		嘉陵一中	重庆工商大学社会工作系
4		南鹰小学	天津理工大学社会工作系
5		宝轮二小	青岛理工大学社会工作系
6		宝轮中学	山东高校团队（山东大学、山东大学威海分校） 山东财经大学、泰山医学院—现山东第一医科大学、山东师范大学、山东建筑大学、青岛理工大学
7	德阳市	东汽小学	南开大学社会工作与政策系
8		天元小学	南京理工大学社会学系社会工作专业
9		孟家学校	中华女子学院社会工作专业
10		黄许中学	华中师范大学社会学系社会工作专业

参与“希望学校社会工作”项目的院校确定后，各院校派出第一批参与服务的学生和带队老师，参加了协会在北京组织的“战前”培训，在明确项目目标及介入策略后，在协会会长王思斌老师的带领下，10支高校团队向四川项目点出发。

“希望学校社会工作”服务项目的理念：以灾区人民需要为出发点，以恢复和重建社会关系为工作重点，以推动建立受援地区学校社会工作制度为目标。

“希望学校社会工作”服务项目采用“1+2+3”模式。即每1所受援中小学的服务团队由1名高校督导教师、2名专职工作者、3名受援学校教师组成。“希望学校社会工作”服务项目构建了三级督导体系，即两会领导与资深专家对整个项目进行督导；广元和德阳两个片区服务高校教师带领片区服务人员开展同侪督导；每一高校领队教师对受援学校的服务人员进行一线督导。“希望学校社会工作”服务项目由中国青少年发展基金会及香港凯瑟克基金会提供经费支持。

在三年的服务过程中，社会工作者将书本学得的理论知识和方法技能运用于实践，并且根据中国的国情及灾区的社情，创造性地发展出灾害救援的十大方法：社工信箱、社工小屋、社工课堂、团队活动、生命教育、社区服务、家长学校、教工服务、留守学生服务、志愿者培养。

通过三年服务，项目取得以下成果：在一定范围内、一定程度上改善了受援学校师生关系、亲子关系、同事关系、校社关系，促进了学校和谐氛围的形成；帮助解决了学生管理中的一些难点问题，使受助学生思想和行为有不同程度的改善；影响和改变了一些教师（包括校长）的教育教学观念；帮助解决了一些学校发展方面的难题；扩大了社会工作专业的社会认知和认同度。

三年服务项目结束前，广元市利州区通过政府购买的形式，支持成立了“希望社会工作服务中心”，使得一部分项目的工作者留了下来继续开展服务。

（撰稿人：史柏年）

第二节　各省市高校参与对口援建区域的服务

汶川地震灾害发生后，许多省市响应中央决策，派出精干队伍、携带物资奔赴对口援建的重灾区帮助恢复重建。在各省市的援建队伍中，高校社会工作专业师生作为一支具有特殊功能的生力军，发挥了重要的作用。

一、上海社会工作专业团队的行动

为支持四川省都江堰市开展灾后重建，由上海市民政局牵头，上海市社会工作者协会组建了“上海社工灾后重建服务团”，自 2008 年 6 月 25 日开始进驻都江堰市活动板房安置点，运用社会工作方法，整合社会资源，重建支持网络，培育各类组织，促优社会关系，协助人民自救自建。

（一）工作目标

近期目标（6 个月内达成）：安抚灾区群众情绪，消除陌生隔阂；传递相关信息，传授相关技能，增加自救能级；重建社会关系；增强现有组织的活动能力，培育群众自治组织和社会服务组织，培训当地社会工作人员；对当地政府提出合理化的建议。

远期目标（2 年—3 年内达成）：安置点群众自救的信心和争取资源、对外协调联络等能力得到加强，各类自助互助的社会组织得到健全，当地社工自我运作能力得到强化，社区参与、社区共融的意识得到持续强化，为灾区群众回归故乡、重建家园做好思想准备和物质准备。

（二）**服务过程**

（1）认真开展前期调研。汶川地震发生后，上海市民政局于5月13日召集上海地区社会工作专业院校、机构、政府部门召开紧急会议，研讨社会工作介入的可行性和必要性。5月15日，与我国港台社会工作专家进行视频互动，并向市政府递交了《上海市民政局关于组建“上海社工灾区援助团”的请示》，决定将“上海社工灾区援助团”纳入市政府派出的专业救灾团队管理，并派遣专家小组进入灾区进行需求评估。5月20日下午，专家先遣队前往四川绵阳进行需求评估，完成了需求评估报告，提出了社会工作的介入思路。

（2）精心组织服务队伍。一是招募队员。由市社工协会通过网络、媒体等方式公开招募社会工作者志愿人员，建立人员资料库，并且为前往灾区服务的社会工作志愿人员建立一人一档信息。二是建立基地。沪川两地商定建立“上海社工灾后重建服务团”服务基地，为服务团进驻做好准备。三是组织队伍。服务团下设华东理工大学服务队、复旦大学服务队、浦东社工协会服务队、阳光—上海师大服务队，每队每批由10名左右来自社会工作专业的高校、社区、社工机构的人员组成。四是成立团部。建立总部，下设督导协调组、信息宣传组和后勤保障组，为服务队提供支持。

（3）积极开展在地服务。2008年6月25日，华东理工大学服务队先行进驻都江堰市“勤俭人家”安置点。6月29日，上海社会工作者协会再次组织专家进驻都江堰，为其他三支服务队选定服务基地。7月24日，复旦大学服务队、阳光上海·师大服务队和浦东新区服务队进驻都江堰安置点。到2009年1月12日直接服务结束为止，服务团共有30批计250人次进入四个社会工作服务点，为22 000多名居民提供专业服务，支出费用162万余元，带入项目经费和捐赠物资96万余元；在此过程中，打造了“和谐巷”“共创和美家园”社区融合系列活动，“火凤凰”“牵手童年·共享阳光青少年服务”“新希望”再孕育援助等品牌项目。

（4）持续推进评估督导。为保证服务质量，服务团建立专家评估组，对服务过程和服务成效进行评估，以改进服务队工作、督促其服务进程。

（三）**服务成效**

服务团顺利达成了预期目标。细而言之，开展专业服务，疏导了灾区群众受伤心灵；倡导助人自助，增强了受灾群众重建家园的信心；重建社会关系，加快推进了和谐安置点建设；密切党群关系，维系了社会总体稳定；提升专业实践，开拓了灾后社工领域。

服务团践行“助人自助”，扮演“短期的陪伴、协助、引领与过渡者”。从进点第一天起就谋划当地社工的培育与社会工作体系的发展，提高社会工作介入灾后重建的有效性与持续性，为社会工作介入常态社会治理与公共服务，以及“西部社工”的诞生并壮大打下了良好的基础。

上海社会工作服务因此成为灾后重建中广泛关注的软品牌，得到上海市、四川省、成都市和都江堰市等各界的高度重视，以及中央领导的肯定。

（四）上海经验

“上海社工灾后重建服务团”的在地服务有如下经验。一是整合多方力量，从合作主体看政府—机构—高校三位一体，从合作地域看上海和当地密切协作，从配备资源看人-财-物资源整合到位；建立政社合作、服务联动、信息沟通、社区联结、社会筹资等机制很好地助力了力量整合。二是注重专业运作，注重专业力量动员、专业平台搭建、专业方法实践和专业实务研究。三是重建社会关系，以恢复与重建社会关系为基本内核和工作路径。四是促进持续发展，注重社工人才的带教、培训与督导，注重项目的传承与拓展，注重社会组织的培育与社会资源网络的搭建，注重社工模式的总结、深化与推广。

（五）社会工作学界的角色

高校社会工作专业教师在服务团中角色体现在多个层面。在沪川协同层面，多位高校社会工作教师作为专家，协助市民政局设计服务团组建和拟定在地工作方案；在安置点服务中，积极协助两地政府部门的联络沟通。在服务队事务层面，高校社会工作专业教师大多兼任领队、项目推进者、督导等角色，还积极联络多方募配资源和倡导政策。在获取社会认同方面，高校社会工作专业教师基于行动研究，分享服务成果，宣传社会工作成效，扩大社会影响，在协助都江堰市社会工作者协会成立中发挥了重要作用。

（撰稿人：顾东辉、何雪松）

二、广东高校社会工作专业团队的行动

2008 年 5 月 12 日，四川汶川大地震震惊了全国。在这关键时刻，广东社会工作院校迅速响应，以高度的专业自觉和社会责任感，参与到广东省组织的震后重建工作中，为灾区人民带来了支持和温暖。

（一）迅速响应与高效组织

震后仅两周，广东社会工作院校与社会工作机构迅速在广州成立驻医院社会工作服务站，为转移至此的灾区伤员及其家属提供精细化的生活照料与心理支持。同时，在中山大学等广东高校社工专家的积极倡导下，广东社会工作机构迅速集结，组建了一支由专业社工、心理咨询师及志愿者构成的灾后重建服务团队。该团队深入灾区一线，开展了多元化的医疗援助、教育支持及心理关怀服务，成为全国首批投身于灾后救援与重建的社工先锋力量。

（二）专业实践与深入服务

（1）在临时安置阶段，广东社工深入灾区，通过实地评估灾情，迅速在映秀镇、水磨镇、威州镇等地设立了社会工作服务站点，为受灾群众提供包括心理疏导、教育支持、生活救助在内的全方位服务。

（2）在过渡安置阶段，广东社工不仅注重解决当前的紧急需求，还注重长远的规划和持续发展。他们积极参与学校的重建工作，链接资源筹备学生宿舍和饭堂等生活设施，确保水磨镇中心小学按期复课，为孩子们提供了稳定的学习环境。发起了集哀伤辅导、心理支持、组织发育、生计建设等功能于一体的社区项目——“映秀母亲”刺绣小组，帮助地震中痛失孩子的母亲们缓解悲伤情绪、实现心灵重建。

（3）在恢复重建阶段，广东社工在草坡乡等地启动了“羌藏刺绣工作坊”“农家民宿”“山里码头客栈”等经济文化项目。通过技能培训和创业支持，帮助当地妇女重拾生活信心，实现了自我发展与经济独立。

（三）创新模式与可持续发展

在灾后重建社会工作中，广东社工积极探索了创新的服务模式。他们通过政府购买服务的方式，引入专业社会工作机构参与灾后重建工作，有效提升了服务的专业性和效率。同时，他们还注重培养本土社会工作人才，为灾后重建工作的可持续发展提供了有力的人才保障。广东省社会工作在汶川地震灾后重建中的深度参与和专业实践为灾区人民带来了实质性的帮助与关怀。他们的专业性和人文关怀精神得到了广泛的认可与高度赞誉。

（撰稿人：张和清）

三、湖南社会工作专业院校的行动

2008 年 5 月 12 日，四川省阿坝藏族羌族自治州汶川县发生了 8 级的大地震，邻近的理县也受到严重波及被列为重灾区，中央要求湖南省对口支援理县，面对大地震，长沙民政职业技术学院社会工作系在第一时间就积极组织了抗震救灾活动，2008 年 5 月中旬当第一批理县伤员被送到湖南省人民医院进行救助时，社会工作系师生就开展了危机干预工作，7 月初又组织了 22 人的师生团队，翻过海拔五千多米的雪宝顶到达了理县，分别驻扎在县城老街、甘堡藏寨、薛城镇开展抗震救灾的工作。2009 年 3 月，长沙民政职业技术学院社会工作系倡导成立了“湘川情社会工作服务中心”，2009 年 8 月 16 日成立了湘川情社会工作服务中心，理县是四川地震灾区第一个将社会工作和心理建设纳入政府援建项目序列，社会工作服务得到湖南省政府和四川理县政府在行政上和经济上的大力支持，“湘川情社会工作服务中心”一直持续发展至今。

（一）主要服务内容

1. 伤亡家庭服务

对理县所有 61 户地震伤亡家庭（都是藏族和羌族），建立了个案家庭档案，对 18 户目标家庭进行了哀伤辅导和危机干预，对 16 户进行生计援助与计生服务，助学助养 27 户，帮助他们重建家庭功能和社会支持系统。

2. 青少年服务

从赋能解困的视角帮助受灾青少年快乐成长。“湘川情社会工作服务中心”向理县中学、向营盘街小学等 5 所学校派出驻校社工，开展学校社会工作。将成长小组课程和生命教育课程列入学校教学课程里；举办了 2 期儿童摄影培训班（40 人次），举办了 1 期青少年才艺大赛、2 期节日活动晚会，组织了 100 个青少年理县—长沙阳光交流行活动，开展了爱心家庭一对一帮扶，按每家 1 500 元帮助了 168 个困难家庭，对接爱心企业资助了 120 个特困孩子就学，每周定期向学生开设图书室、电影室，放映了 30 多场电影，设立了 12355 快乐成长热线与“社工姐姐信箱”，收到并回复信件 520 封，梳理介入个案 38 个，培训当地志愿者 72 名。

3. 残疾人服务

建立了理县第一个残疾人康复训练基地，康复用具基本齐备，经常参加康复训练的残疾人有 20 多位，免费治疗地震伤残人员 12 人。组建藏羌绣互助小组 3 期共 62 人，并且将藏羌绣销往成都和长沙。举办盲人按摩培训班一期培训 5 人，慰问帮助残疾人 40 多人次，为 20 名残疾人无偿捐赠了康复用品，为 2 位听力障碍者提供治疗和助听器，为 20 名残疾特困家庭提供补助，举办了 3 场残疾人爱心演出。

4. 社区工作

湘川情社会工作服务中心社工驻扎薛城镇沙金村、甲米村和杂谷脑镇克增村三个农村，开展社区社会工作，组织了社区活动 8 场，帮助村组成立灾后社区服务组委会 3 个，协助社区成立协会 2 个，举办社区居民技能培训班 4 期 80 人次，帮助他们实现就业和再就业 12 人。在 3 个村 30 户发放种兔，开展养殖工作。为政府调解因土地征用、环境破坏、房屋拆迁、宗教信仰等问题出现的群体事件 3 起，适时化解了矛盾纠纷，维护了民族地区的社会稳定。

5. 人才培养在地化

为了使社会工作能够扎根地震多发的川藏高原，可持续性地为灾区人民服务，在地社工人才的培养尤其重要，长沙民政职业技术学院社会工作系运用单招的政策，连续三届招收 17 名藏羌族学生就读社工、社区专业，他们毕业后返回灾区从事社会工作，并且接手湘川情社会工作服务中心。

（二）工作成效

（1）社会工作嵌入式的发展。理县的灾害社会工作在四川 5·12 灾区是第一个纳入政府援建项目中的，社会工作有效地嵌入政府的救灾体系里，得到了政府的认同，取得了合法地位，社会工作由此得到了较好的发展，在抗震救灾中发挥了比较大的作用。

（2）人才在地化和机构在地化。在地化使社会工作在川藏高原落地生根得到了可持续的发展，湘川情社会工作服务中心发展至今为理县的社会工作作出了重要贡献，为在地化策略提供了一个典型案例。

（3）有效的专业服务。危机干预有效地化解了伤残家庭心理、社会关系和物质危机，帮助他们重建家庭功能和社会支持系统，使他们走出了困境，恢复了正常的生活和工作。采取个案工作、小组工作方法，运用生命故事、成长小组的方式消除了学生们因地震带来的心理和行为障碍，使学生回归正常的学习和成长状态，提高了他们的升学率。社会工作以能力建设为本，秉持文化敏感性，以生计为保障，以传统文化为突破口，使农村社区重现活力，形成了内生性的动力，农村社区得到了可持续的发展。

（撰稿人：史铁尔、王松、钟涛、蒋国庆、王志丽）

第三节　为灾区儿童及其家庭提供服务

一、为罹难学生家庭提供服务

汶川地震的发生，使得一些地区出现了大量人员伤残和死亡的现象，给许多家庭带来巨大悲痛和困难。及时为这部分人开展哀伤辅导和生活救助，成为灾害发生初期的当务之急。

2008 年 5 月下旬，国务院妇女儿童工作委员会办公室（下简称“国妇儿办”）儿童处即赴四川成都等地针对灾区儿童的情况开展了调查研究，并且委托中国青年政治学院陈涛、史柏年先后带领由相关高校社工专业教师为主组成的专家工作队前往重灾区绵竹市协助政府处理因学生遇难引发的事件，同时深入了解灾后儿童服务有关需求。团队成员一方面进入死亡学生家庭，开展心理抚慰、哀伤辅导、困难救助、疾病就医、再生育政策对接等方面的服务；另一方面与死亡学生家长代表接触座谈，通过了解诉求、传递信息、解读政策、破除非理性观念等方法，在家长和当地政府之间搭起了沟通桥梁。

二、参与灾区“儿童友好家园”建设

汶川地震发生后，国妇儿办积极履行职责，密切关注受地震影响的儿童状况，及时采取相应行动以保障儿童群体的权利免受损害。在此基础上，得到联合国儿童基金会专业技术和经费物资的支持，从“紧急事件中应突出对儿童的保护”理念出发，依托四川省妇女儿童工作委员会办公室及省妇联，在四川地震受灾地区启动实施了“四川汶川地震后儿童保护项目”，建设运行了共40所“儿童友好家园”，面向过渡安置点和之后重建的常态化社区中的儿童及其家庭，提供集游戏、娱乐、教育、卫生和心理社会支持等内容于一体的服务。

中国社会工作教育协会所属会员单位积极参与国妇儿办相关行动，有关高校社会工作专业的师生在地震后儿童友好家园的建设运行和推动其常态化转型为社区儿童之家进行普及建设与发展中发挥了重要的作用。

中国青年政治学院陈涛带领师生团队参与了国务院妇儿工委《儿童友好家园工作指南》的编写工作。该指南经实践修改后由国务院妇儿工委和联合国儿童基金会（中国）主编，于2011年6月由北京师范大学出版社正式出版，作为各地建设运行儿童友好家园的操作指引；后修改出版了第二版，以更适合常态下的社区儿童保护和服务工作开展之需。其间，陈涛等还负责参与《中国儿童发展纲要（2011—2020年）》及《中国儿童发展纲要（2021—2030年）》相关部分的内容起草，组织实施了全国社区儿童之家建设状况调查，提交政策建议推动儿童之家进一步健康发展。

中国青年政治学院史柏年受委托组织社会工作专业院校师生对“儿童友好家园”提供心理及社会工作专业支持。重庆工商大学、成都信息工程学院、四川农业大学、西南民族大学、乐山师范学院、绵阳师范学院、宜宾学院、重庆工商大学、重庆师范大学、重庆理工大学等三十多所大学近三百名师生参与了项目组织的培训、督导和示范性服务，既为灾区儿童送去了关怀和帮助，又推动本土的“儿童友好家园”工作人员意识觉醒和能力增强。三年项目结束时，项目点工作人员自主创办了社会工作服务机构，继续为乡村儿童提供专业服务。

2010年青海玉树地震后，借鉴四川儿童友好家园的经验，国务院妇儿工委和联合国儿童基金会（中国）在青海地震灾区也成功建立并运行了4所儿童友好家园，为高寒边远少数民族地区的儿童提供紧急状态下的保护与服务。

2013年四川雅安地震后，这一模式继续在受灾地区得到运用。植根社区的儿童友好家园服务模式取得了良好的成效。《中国儿童发展纲要（2011—2020年）》将建设“儿童友好家园”纳入国家层面的政策规划，确立了全国建设社区“儿童之家”的目标。

（撰稿人：陈涛、史柏年）

第四节　参与其他地区灾害社会工作服务

一、上海高校社会工作专业师生团队参与鲁甸灾后救助服务

2014年鲁甸8·03特大地震后，上海市民政局及时委托市社会工作者协会组建鲁甸地震灾区社会工作支援团，从9月9日起分别由华东理工大学范斌教授、复旦大学顾东辉教授和华东师范大学文军教授带领三批队伍，以云南省昭通市鲁甸灾区龙头山镇灰街子安置区为服务点，开展在地社会工作服务。12月10日，他们按照民政部统一安排，完成服务撤离。

（一）工作内容

第一批服务队以“社区介入”为基础策略，边服务边评估，边服务边计划。通过与安置区居民、当地社会组织、政府部门初步关系的建立，及时回应受灾群众的需求。针对遇难家庭、伤残人员进行哀伤辅导，针对老年人丰富其精神文化生活，针对儿童青少年开展安全教育，针对妇女培训其家庭教育并协助减轻生活压力（如“小娘子”妇女之家）。

第二批服务队以“社区增能”为核心使命，重点推进以社区精英为支撑的社区增能服务。通过行政层面、外来组织层面、社区居民层面的增能来扩大社区参与，培育社区精英，使冷淡、无奈、无动于衷转变为关切、希望和行动。社区精英增能服务包括“一社一精英一团队”，外来组织增能如建立联席会议，居民增能如心理调适工作坊、社区行动先锋队、“巧妇团”“龙头山好邻居”评比等。

第三批服务队以“社区重建”为关键目标，推进从社区精英培育到社区全体居民参与的社区重建进程。心理与精神层面重建如社区共同意识的培养，人际关系层面重建如村社爱心人物选举，组织层面重建如社区党组织重建，社会与文化层面重建如灾后重建政策宣导、地方特色文化传递保护，生计层面重建如居民就业技能培训、创业信息平台搭建等。

（二）服务成效

上海社会工作服务队三个多月的在地服务，取得了良好效果。

一是助力安置点解决了不同阶段的困境和需要，初期如哀伤辅导，中期如组织建设，后期如文化重建；还进行了“龙头山好邻居”表彰、亲子工作坊、“巧妇团”作品展、“棋艺耍大牌”比赛等接地气活动。

二是整合了资源。经服务队倡导，上海市慈善基金会和“两新”组织公益同行基金会协同有关民营企业向安置区赠送了3 000份“爱心大礼包”，启动了“上海桥计划项目暖冬行动暨儿童安全游园会”等。

三是培育了人才队伍。具体表现在，建立了一批居民团队，如社区行动先锋队、安全巡逻队、小小安全员、巧妇团、棋牌社、花椒小剧社等群众组织；助力了在地社会服务组织增能，安然公益事业联合会和惠民社会工作服务中心在参与服务队工作过程中获得了整体的成长，承担了服务队撤离后的服务工作，接受上海社会工作服务队基于远程技术的督导、咨询和培训。

四是得到了多方认可。云南省委副书记、代省长陈豪，民政部救灾司司长庞陈敏等领导先后来到安置区检查指导，高度肯定了服务队在地服务的成效。上海电视台等媒体也围绕服务队对灰街子安置区的社会工作服务进行了深度报道。

（三）社会工作学界角色

上海社会工作服务队在鲁甸灾区龙头山镇灰街子安置区的社区重建体现了“社区为本”的专业理念。高校社会工作教师勇担社会责任，承担核心使命，不但体现了社会工作的传统角色，而且完成了具有中国特性的新生任务。他们还发挥专业优势，积极探究灾害社会工作的本土模式，致力于在国家层面上建立灾害救援的社会工作介入模式和服务体系，并为之作出贡献。

（撰稿人：顾东辉、文军）

二、天津团队参与火灾爆炸事故灾后服务

2015 年 8 月 12 日，位于天津市滨海新区天津港的瑞海公司危险品仓库发生火灾爆炸事故，造成 165 人遇难、8 人失踪、798 人受伤，304 幢建筑物、12 428 辆商品汽车、7 533 个集装箱受损。事故发生后，党中央、国务院高度重视，习近平总书记两次作出重要批示，对事故抢险救援和应急处置做出部署，天津市及滨海新区政府及时组织力量开展救援。“爆炸事故”也牵动了社会各界的心，多方专业组织及民间自发力量也投入灾害救助工作。

在中国社会工作教育协会的指导下，天津高校部分社工师生得到相关社会组织的支持随即前往有救助伤员的泰达医院和天津总医院开展实地探访和调研，并且在天津总医院建立了临时社会工作站，时任中国社会工作教育协会医务专委会主任马凤芝教授亲自链接国内外社会工作资源，组成了由南开大学、天津理工大学、天津师范大学部分社工师生及香港无国界社工参加的服务团队，轮流驻守医院社会工作站，针对医院接诊的爆炸事故中的伤员及其家属开展心灵关爱及资源链接服务。同时，以时任中国社会工作教育协会副会长兼秘书长史柏年教授为组长的专家组一行深入天津爆炸辖区的街道、学校等地开展调研及需求评估，据此，中国社会工作教育协会确立在天津港爆炸事故发生的辖区学校及社区开展社会工作介入的服务项目。

（一）服务时间、地点及服务团队

在中国社会工作教育协会和天津滨海新区相关部门、中社社会工作发展基金会的支持下，2015 年 9 月 15 日，天津理工大学社工服务团队进驻经济技术开发区第一中学开展调研，并且与校领导达成共识开展学校社会工作站的筹建准备工作，同年 10 月 15 揭牌天津市首家学校社会工作站，针对学校师生开展创伤后心理评估及压力舒缓等社会工作干预服务。项目协议服务时间为 2015 年 10 月—2017 年 9 月。项目服务团队由招聘的具有社会工作专业背景及社工执业资质的专职社工、高校社会工作实习研究生志愿者组成，具有社会工作专业实务经验的高校教师担任服务督导，每周到现场开展服务的带动与指导工作。

（二）服务内容

项目首先开展驻站社工及志愿服务团队的组织与培训；针对爆炸事故后的社区与学校开展家庭变故及其心理创伤的服务需求评估并链接社区、学校的相关照护资源；对爆炸事故后的学生进行沟通和电话问询，以动员其尽快回归学校恢复上课秩序；开展“社工信箱”“社工课堂”，传播专业社会工作的知识和方法，与心理老师一起运用心理测量表及社会工作专业方法筛查具有创伤后应激障碍（PTSD）症状或需要帮扶的服务对象并进行创伤后的心理干预及压力舒缓服务；开展亲子关系和家庭教育的讲座，加强“家、校、社”的链接，带领学生走出校园开展志愿者服务及生命关怀教育。应急状态下的社会工作介入服务转入常态化服务后，制定新生适应手册，开展学校的新生适应教育，引导初高中新生熟悉校园环境，尽快适应新的学习生活、对初高中毕业班年级开展应试前的压力舒缓活动、对初二和高二年级学生开展青春期讲座，并且对有情感困境的学生进行心理疏导和情绪支持。在社会工作干预服务中，定期开展服务的评估总结。

（三）服务的主要成效

该项目将专业社会工作服务深耕到社区和学校的结构之中，特别是在天津地区创建了首家学校社会工作站，学校社会工作站通过灾害社会工作的开展，协助受灾学生、教师及其家庭回归正常生活，将应急状态下的灾后服务逐步向常态化运作转变，结合学校现有德育等工作探索多元化的中学育人新模式并取得成效。例如，曾经在爆炸事故中失去亲人的一名初一学生经过帮扶和心理支持，感受到社工哥哥姐姐的陪伴及温暖，化悲痛为力量，逐步走出创伤顺利度过在该校的六年学习考入北京大学。

开发区第一中学学校社会工作站的服务内容和模式得到师生及家长的肯定，也得到滨海新区同类中学的认同并希望复制推广。开发区一中校长在 2018 年北京召开的“第七届国际学校社会工作研讨会”介绍经验的演讲内容得到来自国内外学者的高度赞赏，学校社会工作站的服务也受到民政部相关部门及天津教育报等多家媒体关注与报道。

该项目助推了“校校（社）合作—手手相牵”的社会工作人才培养及社会工作实务研发的新模式。依托项目，在天津理工大学和开发区第一中学校领导的支持下，双方签署了社会工作专业硕士人才培养协议和本科生实习协议，学校社会工作站既是师生心灵驿站，又是培养社会工作专业人才的实践平台，形成了自2015年9月至今的社会工作大学生对中学生的手手相牵的朋辈心理支持及服务模式。

服务项目从初始至结束，在完成项目任务的同时，由创伤后的社会工作干预服务转化为常态化学校社会工作服务流程，形成了以驻站社工实习团队及志愿服务团队、学校心理老师及高校社会工作教师为专业督导，年级班主任及德育处为行政协调的服务组织架构、以新生适应性评估与干预—青春期生命教育与志愿服务—毕业班压力舒缓与心理支持—学业与职业生涯指导—“家、校、社”资源整合与链接为主要服务内容的学校社会工作服务机制。社会工作服务基本覆盖在校各个年级的学生，将社会工作服务贯穿于中学生社会化成长的全过程。2021年—2022年，基于学校社会工作站多年的服务实践，天津理工大学硕士教育中心主任和开发区第一中学校长共同申报天津市教委项目“社工+心理——中学生心理健康辅导新模式”并完成研究报告，结出校校（社）合作跨专业产学研的成果。

（撰稿人：杨云娟）

三、参与河南防汛救灾社会工作服务

2021年7月中下旬，河南多地发生极端天气，造成严重的洪涝灾害。7月底，新冠肺炎再现疫情，河南面临防汛救灾和疫情防控的双重压力。协会和全国社会工作教育院校迅速行动，会同全国社会工作专业学位研究生教育指导委员会、中国社会工作学会、中国社会工作联合会，对河南开展全方位、多层次、高质量的支持援助行动，彰显了社会工作专业情怀和使命担当。

（一）迅速回应需要，开展服务

（1）协会发出通知，号召会员参加救灾和灾后重建社会工作服务。7月25日，中国社会工作教育协会向全国社会工作院校师生发出“携手同行　共克时艰——中国社会工作教育协会倡议书”，号召会员单位发挥社会工作的专业优势，积极参加救灾和灾后重建工作。

（2）迅速行动，提供服务。7月26日，中国社会工作教育协会、武汉市社会工作联合会在向德平教授的组织下，包括华中农业大学陈红莉老师在内的4位参加过武汉新冠肺炎疫情防控和洪水灾害社会工作服务的资深社工，作为首批支持团队成员抵达郑州，配合郑州社会

工作协会开展相关服务。

（3）为前线工作者提供救灾社会工作培训。中国社会工作教育协会启动“社会工作参与防汛救灾工作培训计划”，为河南前线社会工作者、社会工作院校师生和社区工作者提供参与防汛救灾的工作方法和经验。7 月 28 日，由中国社会工作教育协会、全国社会工作专业学位研究生教育指导委员会、中国社会工作学会、中国社会工作联合会、郑州社会工作协会主办的“社会工作参与防汛救灾工作培训课程”紧急上线。中国社会工作教育协会副会长、秘书长，北京大学教授马凤芝开讲第一节课。该课程“政、校、社”密切合作，得到了民政部慈善事业促进和社会工作司社会工作处的指导，河南省各地民政系统慈善社会工作业务处室参与策划，全国知名的社会工作教育专家倾力支持，河南的社会工作者积极参加。第一阶段课程持续了 2 周，内容聚焦自然灾害中的社会工作服务理论、方法、策略和服务框架，力图为前线工作者提供紧急救灾社会工作服务的专业支持。两周课程共进行了 14 次，有 33 位教师参与，讲课内容涵盖社会工作在防汛救灾中的使命与角色，防汛救灾中的社会工作需求评估、儿童青少年服务、城市社区服务、社会工作原则、哀伤辅导、志愿服务管理、社会工作者的自我关怀，郑东新区社工站参与抗洪救灾社会工作的实践与思考，疫情中网络社会工作的搭建、运作与实操，网络社会工作在哀伤服务中的设计和运用，社区防疫中的网络社会工作，社会工作教育参与防汛救灾与疫情防控的实践行动，社会工作参与重大灾害事件的实践反思等，累计观看人数达到 50 000 人次。14 期干货分享不仅有资深社会工作老师的理论指导，而且还有来自河南防汛抗疫一线社工的实务分享，以对话加强理解、以交流促进提升，为河南乃至全国社会工作参与突发事件应对提供了及时、宝贵、高质量的解决方案。

（二）走进灾区，参与、指导一线服务

7 月 26 日，河南师范大学社会工作系主任、新乡市牧恩社会工作服务中心理事长纪文晓老师组织 18 名来自郑州、新乡、武汉的社会工作教育专家、社会工作者、心理咨询师和志愿者组成的“汇爱凤泉一家亲”社工志愿者服务队进驻新乡市第十一中学，针对 1 000 多名安置点的居民开展灾后援建社会工作服务。7 月 27 日，服务队启动了“凤泉花开”“凤泉银发”“凤泉阳光”服务计划。中国社会工作教育协会副会长、中山大学张和清教授，华中农业大学陈红莉老师，河南师范大学纪文晓教授等社会工作学者悉心指导项目实施，积极链接基金会资源，借鉴武汉灾害社会工作服务的好经验、好做法，推动安置点社会工作服务顺利实施并取得扎实成效。

在灾情严重时刻，社会工作专业院校的老师们不畏艰险，迎难而上。中国社会工作教育协会农村社会工作专委会和灾害社会工作专委会副主任、中央民族大学郭伟和教授与河南农业大学文法学院院长李伟、河南财经政法大学社会学院教师陈伟涛一行 9 人，前往鹤壁市开展调研评估，完成了社区救灾模式调研报告和灾民生产生活自救的评估报告，为下一步制定社会工作专业服务方案、提供专业服务奠定基础。

中国社会工作教育协会、武汉市社会工作联合会组织 4 名参加过洪水灾害社会工作服务的资深社工赶赴郑州，与郑州社工深入座谈、共同研讨，迅速成立“郑州—武汉”援建交流小组，随后一起奔赴新密、新乡等地调研指导。

郑州社会工作协会会长、郑州大学张明锁教授对社会工作介入郑州市抗洪救灾和疫情防控进行了全面、深入指导。河南省社会工作教育协会秘书长、郑州轻工业大学闻英教授就发挥教育专家作用提出意见建议；郑州轻工业大学胡莹副教授、宋雯老师及郑州大学许冰老师深入一线指导调研。胡莹对社工参与线上救援服务的原则、工作内容、工作流程和救援技术等进行了梳理，编制《社会工作者应对灾害后心理干预手册》。河南农业大学刘忠魏、刘风等学者编制了《社区灾后重建手册》，聚焦灾后重建，突出社区为本，注重知识转化和服务成效落地。

郑州轻工业大学胡莹副教授组织郑州轻工业大学社会工作及其他专业的志愿者建立“萤火团队”，参与彩虹社会工作服务机构的线上救援；岳要鹏老师带领 45 名志愿者到荥阳市汜水镇，为当地受灾居民发放救灾生活物资；河南农业大学社会工作专业学生在公众号“在社协的日子”中，记录在救灾和抗疫中的行动和见闻，表达自己的专业思考。

（三）多元合作，“政、校、社、志”共推进

危机面前，政府、高校、社会组织和志愿团队等各界力量跨越时空的界限，突破洪涝的阻碍，线下合作，云端接力。全国民政系统、社会工作教育界、社会工作服务机构和河南全省社会工作者拧成一股绳，协力推动社会工作参与河南防汛救灾与疫情防控。民政系统主管社会工作职能处室、社会工作教育专家及社会工作者建立沟通协作机制，线上线下密切合作，取得实际的工作成效。

在“支援河南社会工作专业支持微信群”中，政府、社会组织、高校社会工作专业老师和志愿团体的力量得以整合，群友提出的问题能够及时得到政策和专业方面的指导；在河南省民政厅、郑州市民政局牵头主办的“郑州—武汉”援建交流小组讨论会上，来自武汉的资深社工和郑州抗洪救灾一线的社工、机构负责人、高校教师共同就救灾服务中遇到的问题进行探讨。

在协会和河南省社会工作院校教育专家的倾心指导下，河南社会工作界把危机化为转机，加快了专业能力建设，提升了服务水平。

（撰稿人：马凤芝）

四、参与甘肃积石山震后社会工作服务

2023 年 12 月 18 日 23 时，甘肃省临夏回族自治州积石山县发生 6.2 级地震，导致甘肃、青海两省的灾区出现重大伤亡和财物损失。时至岁末，天寒地冻，地震灾区迫切需要及时救助。协会迅速启动救援行动。

（一）发出为甘肃震区提供服务的通知

为了积极协助地震灾区和受灾群众，协会于震后第二天即向全体会员单位发出《中国社会工作教育协会致甘肃、青海两省会员单位的慰问信》《关于积极参与甘肃、青海两省地震灾区救援工作致全体会员单位和社工教师的倡议书》，号召社会工作专业院校师生积极参与积石山震后社会工作服务行动。

（二）组建工作网络

协会第一时间组建“中国社会工作教育协会甘青联合救灾服务网络”，由协会副秘书长兰州大学焦若水教授负责牵头，收集评估灾区需求，广泛链接高校和社会资源，开展受灾群众生活安置和灾后重建社会工作服务。

（三）链接资源开展服务

协会农村和灾害社会工作专业委员会和会员单位驰援甘青和青海两省社会工作服务工作，对接相关资金资源，陆续进入灾区开展支持服务。甘青两省会员高校积极向当地党委和相关部门汇报沟通，建设“特别社会工作站”，持续推动社会工作服务切实服务受灾地区和群众，在灾后重建中积极发挥社会工作专业支持功能。

参与震后社会工作服务的团队与当地基层政府、街道社区、当地社会工作机构紧密沟通联络，围绕丧亲家庭、一老一小残疾人等重点服务对象开展评估与服务。甘肃民族师范学院师生 12 月 19 日和甘南州雪莲花社会工作服务中心（雪莲花社会工作服务中心是甘肃民族师范学院社会工作专业老师创办、社会工作专业毕业生具体负责、社会工作学生作为骨干志愿者的甘肃省民族地区首家社会工作服务机构）对接的第一批价值 5.9 万元的救灾物资（100 件棉衣、30 顶帐篷）运达甘肃省临夏州积石山县此次震中大河家镇。兰州大学、青海师范大学、西北师范大学、青海民族大学社会工作专业师生与当地社会工作机构广泛深入合作，有序开展了社会工作服务。

（四）开展灾害社会工作实务能力建设系列培训

为满足“甘青”两地社会工作院校师生和社会工作机构的需要，协会组织开展了两次系列培训，由农村和灾害社会工作专委会具有丰富灾后社会工作服务经验的专家担任授课老师。

（撰稿人：马凤芝）

第十七章

社会工作教育对口扶贫与反贫困社会工作服务

社会工作专业人才是为贫困群众提供心理疏导、精神关爱、关系调适、能力提升等社会服务的新兴力量，在帮助贫困群众转变思想观念、树立自我脱贫信心、拓宽致富路径、提升自我脱贫能力等方面可以发挥积极作用。党中央、国务院十分重视社会工作专业人才服务贫困地区工作，《中共中央 国务院关于打赢脱贫攻坚战的决定》、《国民经济和社会发展第十三个五年规划纲要》和《国务院关于印发“十三五”脱贫攻坚规划的通知》先后提出了“实施社会工作专业人才服务贫困地区计划”“制定出台支持专业社会工作和志愿服务力量参与脱贫攻坚专项政策”的要求。中国社会工作教育协会响应党中央的战略部署，发挥社会工作专业优势，积极参与脱贫攻坚行动，在反贫困理论研究和反贫困社会工作实践两方面取得了丰硕成果。

第一节 “社会工作教育对口扶贫计划”的背景与协会的行动

一、社会工作教育参与对口扶贫计划的背景

党的十九大报告提出坚决打赢脱贫攻坚战，动员全党全国全社会力量，坚持精准扶贫、精准脱贫，注重扶贫同扶志、扶智相结合，深入实施东西部扶贫协作，重点攻克深度贫困地区脱贫任务，确保到2020年我国现行标准下农村贫困人口实现脱贫，贫困县全部摘帽，解决区域性整体贫困，做到脱真贫、真脱贫。打赢脱贫攻坚战，是促进全体人民共享改革发展成果、创造美好生活、实现共同富裕的重大举措。为贯彻习近平总书记关于打赢脱贫攻坚战、做好新形势下东西部扶贫协作和深度贫困地区脱贫攻坚工作等重要指示的精神，民政部、财政部、国务院扶贫办（简称“三部委”）于2017年6月27日出台《民政部 财政部 国务院扶

贫办关于支持社会工作专业力量参与脱贫攻坚的指导意见》，提出动员和凝聚社会力量参与支持帮助贫困地区培养社会工作专业人才、发挥社会工作在助力脱贫攻坚中的重要作用、实施“社会工作教育对口扶贫计划”。该计划是社会工作专业力量参与脱贫攻坚的四大主体工程之一，也是四大主体工程中唯一一个全部由社会力量运作、社会资金支持、志愿形式参与的项目。

二、协会和全国社会工作专业学位研究生教育指导委员会迅速响应和行动

（一）开展调查为制订工作方案作提供依据

为了做好社会工作教育参与脱贫攻坚对口扶贫工作，协会在8月接到工作任务后迅即展开对全国社会工作院校参与脱贫攻坚情况的摸底和资料收集工作，9月由秘书长马凤芝教授组织展开了对社会工作教育院校参与反贫困工作状况和意愿的调查，形成调查报告，为制定工作方案、有序开展工作提供了重要依据。

（二）成立专项工作组

为落实并实施好“三部委”关于社会工作教育院校对口扶贫和参与脱贫攻坚工作计划，协会成立了项目办公室，由秘书长马凤芝教授牵头，负责计划的组织和实施工作；同时成立专家组，由协会常务副会长关信平教授、副秘书长向德平教授牵头，负责专业方面的支持；由协会名誉会长王思斌教授牵头起草制定《社会工作教育对口扶贫计划实施方案》，并下发征求意见。

（三）召开协会专项办公会议

2017年10月11日在协会秘书处召开了社会工作专业学位研究生指导委员会与协会第六届会长秘书长第四次会议暨落实和实施三部办“意见”特别联席会。民政部社会组织管理局副局长、社会工作专业学位研究生指导委员会主任吕晓莉，副主任王思斌教授、协会会长徐永祥，常务副会长关信平，副会长刘梦、陈树强、王婴，副会长兼秘书长马凤芝，副秘书长向德平、高万红、易松国，办公室主任秦小峰参加会议。

会议研究决定，为落实党的十九大精神，贯彻民政部、财政部、国务院扶贫办《关于支持社会工作专业力量参与脱贫攻坚的指导意见》，全国社会工作专业学位研究生教育指导委员会、中国社会工作教育协会联合启动“中国社会工作教育百校对口扶贫计划”，并通过了《社会工作教育对口扶贫计划实施方案》。10月底协会向会员单位下发了《中国社会工作教育协会关于启动百校对口扶贫计划的重要通知》和《社会工作教育对口扶贫计划实施方案》，11月再次下发该方案的补充说明。

（四）召开“中国社会工作教育扶贫动员大会暨教育扶贫研讨会”启动“社会工作教育对口帮扶计划”

2017年12月1日至2日，中国社会工作教育扶贫第一次动员大会暨教育扶贫工作会议在成都召开。本次会议由全国社会工作专业学位研究生教育指导委员会、中国社会工作教育协会主办，西华大学社会发展学院承办，北京大学—香港理工大学中国社会工作研究中心协办。会议深入贯彻《民政部、财政部、国务院扶贫办关于支持社会工作专业力量参与脱贫攻坚的指导意见》，围绕“中国社会工作教育扶贫”对我国扶贫政策、社会工作教育扶贫状况进行动员、布置和研讨，旨在鼓励高校社会工作专业师生助力教育扶贫，协力推进“社会工作教育对口扶贫计划”，进一步保障我国脱贫攻坚任务圆满完成。

中国社会工作教育协会会长徐永祥教授发表讲话，指出社会工作参与教育扶贫，是发展社会工作专业、扩大社会工作话语权难得的契机，各高校师生要抓住机会，为社会工作反贫困的理论和实践研究作出贡献。全国社会工作专业学位研究生教育指导委员会秘书长谢中立强调社会工作参与脱贫攻坚的工作机制需要在不断的实践中逐步完善。国务院扶贫办社会扶贫司社会动员处处长王大洋表示，党和政府高度重视社会力量参与反贫困工作，把社会工作作为一股专业力量投入脱贫攻坚工作。协会副会长兼秘书长马凤芝做“新时代背景下社会工作教育参与脱贫攻坚工作与任务部署”，提出了社会工作教育参与脱贫攻坚战的核心任务与总体目标。社会工作教育对口扶贫，参与脱贫攻坚的四项主要任务是：第一，帮助提升贫困地区社会工作教育水平；第二，帮助贫困地区培养社会工作专业人才；第三，指导基层社会工作服务站点建设，以专业教育促进贫困地区专业服务发展；第四，参与实施社会工作知识普及工程。民政部社会组织管理局（社会工作司）副局长吕晓莉做总结讲话，指出本次会议不仅标志着正式启动社会工作教育参与脱贫攻坚战略，而且也为新时代社会工作教育参与脱贫攻坚增强信心。

成都会议是由全国社会工作专业学位研究生教育指导委员会、中国社会工作教育协会组织和动员社会工作高校（专业）参与反贫困的标志性会议。会上有111所高校积极响应党中央号召，对口援助102个国家级贫困县。会议向第一批参加计划的院校颁发了对口扶贫工作任务书，开展了社会工作教育反贫困的研讨和经验分享，对社会工作介入扶贫的理论和方法进行了培训，就筹备中国社会工作教育协会反贫困社会工作委员会相关事宜进行了安排。本次会议正式启动“社会工作教育对口扶贫计划”，是我国社会工作教育反贫困专业力量参与脱贫攻坚的重要里程碑。

（撰稿人：马凤芝）

三、推进和深化“社会工作教育对口帮扶计划”

为了加快推进社会工作教育对口扶贫计划的实施，确保“三部委”下达的工作任务的完成，同时也为参加计划的院校提供可资借鉴的扶贫工作理论和方法，通过交流已有经验，推动计划实施尽早完成，全国社会工作专业学位研究生教育指导委员会、中国社会工作教育协会于 2018 年 4 月 14 日在广西桂林召开“中国社会工作教育扶贫第二次动员大会暨教育扶贫研讨会”。来自全国 20 多个省市的 100 多家社会工作院系、10 多个政府部门和社会组织共约 270 人参加了会议。

此次会议由全国社会工作专业学位研究生教育指导委员会、中国社会工作教育协会主办，广西师范大学法学院政治与公共管理学院承办，北京大学—香港理工大学中国社会工作研究中心协办，北京永真公益基金会、上海萌泰数据科技股份有限公司、美亚联创（北京）科技有限公司提供支持。

民政部社会组织管理局（社会工作司）王铮键处长、国务院扶贫办社会扶贫司宿盟、中国社会工作教育协会会长徐永祥教授、全国社会工作专业学位研究生教育指导委员会副主任委员王思斌教授、广西壮族自治区扶贫办杨国艺副巡视员、广西壮族自治区民政厅社会组织管理局（社会工作处）黄清南调研员、广西师范大学校林春逸副校长分别在会议上围绕社会工作教育参与扶贫的形势、政策、任务、期待等进行了动员和分享。

国务院扶贫办社会扶贫司宿盟科长在会上介绍了我国脱贫攻坚取得的重要进展。他指出扶贫空间成效显著，但任务依然艰巨，剩下的贫困人口脱贫难度是最大的；他认为，打好脱贫攻坚战需要社会工作专业力量发挥重大作用；社会工作教育扶贫计划，要借助社会工作教育较发达的人才优势、资源优势，以社会教育和社工培训为突破口，积极开展社工领域的东西部协作，引导社工资源向贫困地区汇聚。中国社会工作教育协会名誉会长王思斌教授指出，支持贫困地区发展，培养贫困地区需要的人才就是重要的社会需求。社会工作教育要服务地方，要向西部倾斜，应该看到地方的实际需要，社会工作院系要积极参与扶贫工作，展示社会工作的学科特点，提供专业服务，同时，在实践中促进学科的成长。

中国社会工作教育协会会长徐永祥教授强调要进一步提高对社会工作教育参与脱贫攻坚战重要性的认识，主动回应国家战略需求。民政部社会组织管理局（社会工作司）社会工作处王铮键处长指出，社会工作教育对口扶贫计划是社会工作助力脱贫攻坚的基础性工程，从首批计划的实施情况来看，体现了认识到位、对接到位、举措到位，首批计划积累的经验为我们组织开展好第二批计划提供了很好的借鉴，各社会工作高校的相关领导和师生对社会工作教育对口扶贫工作非常重视，为此特别成立中国反贫困社会工作专业委员会。王铮键就做好第二批社会工作教育对口扶贫计划提出了具体要求。中国社会工作教育协会副会长、秘书长马凤芝教授就社会工作教育参与脱贫攻坚进行了任务部署，强调了社会工作教育参与脱贫攻坚的基本原则，对完成任务的途径和策略、经费问题、保障措施与项目管理等工作进行了说明。

桂林会议促成了近90所社会工作院校与贫困地区和贫困县建立对口扶贫关系。成都和桂林两次会议实现了组织200所社会工作教育单位参与对口扶贫计划的目标（参加对口扶贫院校名单见附录17-1）。

（撰稿人：向德平、马凤芝）

四、多种举措持续不断总结经验推进计划实施

为深化和总结扶贫工作经验，找出差距，部署深化推进下一步工作，协会采取了一系列举措。第一，协会与社会工作专业学位研究生指导委员会于2018年12月9日在河南新乡召开社会工作教育扶贫一周年经验交流会，第一批和第二批参与计划的院校就已有工作经验展开交流，相互促进，对提升对口扶贫工作的水平起到了促进作用。第二，2019年6月15日，社会工作专业学位研究生指导委员会和协会共同发出《关于进一步落实民政部等三部委文件精神加快推进社会工作教育扶贫若干工作的通知》，对进一步落实对口扶贫计划，推进社会工作教育参与脱贫攻坚作了部署。上述举措为计划的深入实施提供了进一步的指导思想和行动原则，指出了行动方向，也保证了计划的顺利有序推进。第三，为深入开展社会工作参与脱贫攻坚对口扶贫计划，协会以反贫困社会工作专业委员会为工作抓手，组织开展理论研究总结中国反贫困经验，深化社会工作的实践和计划的推进，组织编写了社会工作参与脱贫攻坚工作的系列丛书，为增强社会工作师生的理论研究能力，在中山大学举办了社会工作参与脱贫攻坚实践案例研究写作工作坊。第四，2019年9月21日，在内蒙古工业大学召开中国社会工作教育协会专题年会暨反贫困社会工作专业委员会年会，组织参与对口扶贫计划的院校进一步交流经验，促进计划实施，提升工作质量。

五、成立反贫困社会工作专业委员会

为统筹推进社会工作教育对口扶贫计划，协会筹备成立了反贫困社会工作专业委员会。2018年4月15日下午，中国社会工作教育协会反贫困社会工作专业委员会（以下简称“反贫困专委会”）成立。王思斌、徐永祥、关信平、马凤芝、彭华民、钱宁、张和清任反贫困专业委员会顾问，向德平任反贫困社会工作专业委员会主任，田北海、杨发祥、尹忠海、肖富群、徐丽敏、张文喜、林移刚、赵怀娟任副主任，田北海兼任秘书长，邓锁、芦恒、苏光、

高万红、肖萍、黄锐、周利敏任副秘书长。

反贫困专委会承担中国社会工作教育协会反贫困社会工作的教学、理论和实务方法研究职能，并且与协会对口扶贫计划工作办公室合署办公。在协会的领导和指挥下，反贫困专业委员会以协会片区为基础，统筹、协调社会工作教育对口扶贫工作。反贫困专业委员会选取相对成熟的参与对口扶贫计划院校社会工作实践点为示范点，以示范点为基础开展行动研究和实务服务，总结反贫困社会工作实务模式和服务经验，推动反贫困社会工作的实践研究、学术研究和政策研究。

（撰稿人：向德平）

第二节　社会工作教育对口扶贫工作的成果

一、“社会工作教育对口扶贫计划”实施情况

（一）总体情况

一是参与度高。协会和全国社会工作专业学位研究生教育指导委员会发挥牵头组织作用，统筹规划，多方协调，广泛动员，共调动 200 所高校、3 900 多名师生、1 055 多名社工和 2 837 多名志愿者参与教育对口扶贫计划实施工作，凝聚起社会工作院校参与脱贫攻坚的强大合力。

二是组织有力。为有序推进社会工作教育扶贫相关工作，建立健全社会工作参与反贫困的长效机制，协会专门成立反贫困社会工作专业委员会，抽调在扶贫减贫方面经验丰富的社会工作专家学者组成精干队伍，承担社会工作教育对口扶贫计划的研究、管理等工作，形成了强有力的组织保障。

三是产出多元。从项目实施进度看，2019 年高校和对口贫困县完成对接，实习实训基地建设达 160 多家，社会工作教育对口扶贫服务示范项目稳步实施，完成了数据统计、简报编发等基础工作，实现了人才培养、学术研究、实务推进的三合一目标。

四是影响广泛。社会工作教育对口扶贫涉及 200 多个国家贫困县，建立基地近 210 个。项目的实施不仅为贫困地区培养了一批基层工作骨干，普及推广了社会工作理念、知识和方法，还为儿童、老年人、残疾人、妇女等多个群体提供专业服务，受益人数近 24 万人，为贫困对象构建起社会支持网络，增强了贫困对象的发展能力。

（二）服务对象

高校社会工作专业参与脱贫攻坚的服务对象主要为贫困地区的弱势群体以及社会组织。

其中，90.47% 的服务对象为贫困户，68.3% 的服务对象为贫困地区青少年，33.3% 的服务对象为贫困地区特殊困难老年人，15.5% 的服务对象为贫困地区特殊困难妇女，15.4% 的服务对象为贫困地区党政领导干部、扶贫工作人员、社会服务及管理人员，4.3% 的服务对象为贫困地区不良行为青少年、社区服务人员、刑满释放人员等特殊人群。

（三）服务内容

高校社会工作参与脱贫攻坚对口扶贫计划的服务内容主要集中在以下几个方面：对于贫困群体，主要通过技能培养与就业创业指导、情绪疏导与关系调适、链接资源、重建支持网络、促进易地搬迁贫困群众融合适应等方式，帮助贫困群众增强脱贫能力和可持续发展能力。在儿童及青少年服务方面，主要采用个案工作和小组工作的方法和技巧，关注留守儿童的身心健康，开展成长辅导、法治宣教、临界预防、行为矫正、社交指导、情绪疏导和控辍保学等服务；在老年人服务方面，部分高校派遣优秀的养老行业专家开展养老服务人才队伍培训，组织养老服务人员参观大型养老服务机构，学习养老服务经验和做法，发挥社会工作的资源整合优势，为老年人提供精神慰藉、生活照顾、权益保障和临终关怀等服务；在妇女服务方面，引导妇女参与地方产业建设，从社会性别视角、优势视角出发，增强女性性别意识，提升妇女自立自强的能力，同时为妇女开展精神减压、心理支持、亲职辅导和权益维护等服务；在贫困地区党政领导干部、扶贫工作人员、社会服务及管理人员服务方面，主要开展社会工作知识普及及宣传等服务；在社会组织服务方面，各高校根据自身的专业先发优势和人才优势，培育在地社会工作行业组织和实务机构；通过督导联系制度、机构对接制度、人才双向交流制度等方式，协助对口扶贫地点社会工作组织机构的可持续发展。

（四）服务方式

在服务方式上，综合运用个案工作、小组工作和社区工作等多种开展教育扶贫工作，合计开展各项社会工作 4 527 次，包括 2 609 次个案工作、1 188 次小组工作和 730 次社区工作。其中，152 所高校 100% 使用了 2 种以上的社会工作方法，93 所高校同时使用了上述 3 种社会工作方法。具体而言，有 110 所学校采用个案工作方法，占 72.4%，有 133 所学校采用小组工作方法，占 87.5%，有 101 所学校采用社区工作方法，占 66.4%。多样性的方法提高了社会工作服务的精准性，保障了服务目标实现的可靠性和科学性。

（五）资源投入

参与对口扶贫计划的社会工作专业院校和中国社会工作教育协会在脱贫攻坚工作中的资源投入主要集中在三个方面：人员、资金及资源链接。投入人员 68 480 人次，其中：2018 年 4 978 人次，2019 年 63 502 人次；资金约为 2.1 亿元，其中 2018 年和 2019 年为 1.7 亿元，2020

年为 4 199 万元。同时，有 73.9% 的高校进行了资源链接，资源主要来源于其他高校、政府、企业和社会力量，其中有 31.4% 的高校获得了高校资源的支持，有 44.8% 的高校获得了政府资源的支持，有 16.7% 的高校获得了企业资源的支持，有 40.2% 的高校获得了社会资源的支持。中国社会工作教育协会链接相关资源，如益宝计划为 200 所参与扶贫的高校师生免费提供 6 000 人次的一年期意外保险，宁波市善园基金会为由长春理工大学具体执行的“善社筑梦困境儿童”项目配捐 11 万元（含腾讯公益）。

二、“社会工作教育对口扶贫计划”实施特点

（一）开展多种服务，丰富社会工作教育对口扶贫的服务内容

高校社会工作参与脱贫攻坚对口扶贫的服务内容不断丰富与发展。增强技能培养与就业创业指导，链接各方资源，重建社会支持网络，帮助贫困群众增强脱贫能力和可持续发展能力；运用个案、小组工作方法，开展成长辅导、情绪疏导及控辍保学等服务，关注留守儿童的身心健康；开展养老服务人才队伍培训，发挥社会工作资源整合优势，为老年人提供精神慰藉、生活照顾、权益保障和临终关怀等服务；从社会性别视角、优势视角出发，增强女性性别意识，提升妇女自立自强能力；开展社会工作知识普及和宣传工作，增强地方党政领导干部、扶贫工作人员、社会服务及管理人员的专业技能；发挥部分高校专业先发优势和人才优势，培育在地社会工作行业组织和实务机构，同时，建立督导联系制度、机构对接制度和人才双向交流制度，促进对口扶贫地点社会组织机构的可持续发展。

（二）运用专业方法，提高社会工作教育对口扶贫的精准性

在服务方式上，综合运用个案工作、小组工作和社区工作等多种方式开展教育扶贫工作，合计开展各项社会工作 4 527 次。多样性的方法提高了高校社会工作参与脱贫攻坚服务的精准性，保障了服务目标实现的可靠性和科学性。

（三）开展实务培训，提高社会工作教育对口扶贫的实效

协会实施社会工作教育对口扶贫计划办公室暨反贫困社会工作专委会开展多种方式的培训，如召开反贫困社会工作案例书写工作坊等方式，提升社会工作专业师生参与对口扶贫的理论研究水平和实务服务能力。

（四）推进理论研究，编撰“大国攻坚 · 反贫困社会工作丛书”

反贫困专委会与华东理工大学出版社联合编辑出版的“大国攻坚 · 反贫困社会工作丛书”，旨在总结社会工作教育对口扶贫的理论成果与实践经验。丛书包含反贫困社会工作研究总论、特定视角下的反贫困社会工作研究、特定对象的反贫困社会工作研究、反贫困社会工

作典型案例研究等部分组成。其中研究总论包含反贫困社会工作研究的导论、模式、理论、案例；特定视角包含反贫困社会工作研究的社区为本、抗逆力、内生动力、资产建设、金融服务、可行能力建设、赋权、贫困治理、心理健康、扶志扶智；特定对象包含儿童反贫困、老年反贫困、妇女反贫困；典型案例包含社会工作教育协会反贫困实践、西部农村反贫困实践、深度贫困地区反贫困实践、绿耕反贫困实践、城口反贫困实践、赣北反贫困实践。丛书自立项就获得了学界、教育界、出版界的广泛关注，入选国家出版基金项目、教育部全国高校出版社主题出版项目、全国“助力小康社会与脱贫攻坚”主题出版物荐读书目、经典中国国际出版工程、上海市年度重点图书、上海市图书奖、上海市哲学社会科学奖等多项荣誉，与国际主流出版社施普林格自然出版集团签署整体版权输出协议。同时，丛书在上海展览中心友谊会堂举办过专题研讨会，获得新华社、人民网、解放日报、文汇报、东方网等十余家主流媒体的报道。丛书的社会影响力持续发酵，社会效益极高。

三、“社会工作教育对口扶贫计划”实施成效

（一）建立实习实训基地

从 2017 年 12 月启动计划到 2019 年有 200 多所高校发挥自身专业力量与 173 个贫困地区社会工作院校或机构建立了对口支持关系，在贫困地区了建立实习实训基地 168 个，如社会工作教育对口扶贫基地、精准扶贫校地合作实践站点等。高校依托实习实训基地，在专业人才培养、社会组织培育与发展、后脱贫时代社区治理、社区建设与发展方面开展实务与研究。2020 年年底已扩展到 210 所院校参与计划，建立了实习实训基地近 210 个，超额完成了“三部委”下达的任务。

（二）培育当地社工力量

各高校重视社会组织能力建设，培育当地社工力量。如在当地建立社会工作协会，促使当地社区和社会活动的顺利开展；吸引本地社工学生回流，解决当地师资匮乏问题；指导和培训当地中小学老师，培养当地的学校社工；协同当地干部和社会工作院校交流和分享经验；整合当地政府与当地高校资源，探索出“政府 + 高校 + 社工机构”参与脱贫服务的合作模式。

（三）发挥专业扶贫效果，促进扶贫对象转变

社会工作教育院校参与脱贫攻坚对口扶贫计划产生了积极的效果和影响。贫困对象的变化主要从心理与行为、能力及社会支持三个方面来衡量。在心理与行为方面，贫困对象开始形成正确的自我认知，增强改变现状、脱贫致富的决心和信心；在能力方面，贫困对象社会交往能力、家庭互助能力及生计发展能力逐渐增强；在社会支持方面，社区、邻里、亲友、

同辈间互帮互助增强了贫困对象的非正式支持系统，同时政府、社会组织、高校及企业等各类资源不断增多，扩大了贫困对象的社会支持网络。

（四）学术及政策产出

社会工作教育院校在参与脱贫攻坚对口扶贫工作的过程中，产出了一系列学术及政策成果。完成社工参与反贫困的学生毕业论文 549 篇，其中 52 篇已发表；完成学术论文 373 篇，其中 274 篇已发表；编写反贫困社工教材 28 部，其中 20 本已出版；编写反贫困知识手册 194 本，其中 14 本已出版。在已发表的学术论文中，143 篇发表在国内普通刊物、113 篇发表在国内核心刊物，18 篇发表在国外刊物。

（撰稿人：向德平）

第三节　反贫困社会工作的研究成果

一、组织编写出版“大国攻坚·反贫困社会工作丛书”

脱贫攻坚是中国式现代化进程中的反贫困实践，在中国社会工作教育对口扶贫计划所实施的反贫困社会工作实践中，社会工作教育工作者和社会工作者积极探索，产出了一系列理论成果，积累了较丰富的实务经验，总结和提炼了一批典型案例。中国社会工作教育协会反贫困专业委员会组织编写了“大国攻坚·反贫困社会工作丛书”，系统呈现和总结了中国社会工作教育反贫困的理论和实践成果。

丛书是在全国社会工作专业硕士学位教育指导委员会、中国社会工作教育协会的指导下，由协会反贫困专业委员会具体组织完成的。王思斌教授、阮曾媛琪教授、徐永祥教授、谢立中教授、蔡禾教授、关信平教授、彭华民教授为丛书专家委员会成员，卜长莉、马凤芝、文军、尹忠海、邓锁、田北海、田毅鹏、吕方、向荣、向德平、刘军、芦恒、苏光、杨发祥、肖萍、肖富群、吴帆、吴越菲、何雪松、张文喜、张和清、张翠娥、陈琦、林移刚、赵怀娟、徐丽敏、高万红、黄锐、程玲、童敏（按姓氏笔画排序）为编委会成员，向德平任丛书主编。王思斌教授为丛书做序。华东理工大学出版社组织精干力量开展丛书的策划、编辑、出版和宣传工作。

（一）丛书内容

打赢脱贫攻坚战是 2020 年如期全面建成小康社会的底线任务。社会工作是推进社会建设、创新社会治理和促进共享发展的制度要件，是为贫困群众提供心理疏导、精神关爱、关系调适、能力提升等社会服务的专业力量，在帮助贫困群众转变思想观念、树立自我脱贫信心、拓宽致富路径、提升自我脱贫能力等方面可以发挥积极作用。丛书服务“打赢脱贫攻坚战”国家重大战略，贯彻落实精准扶贫战略思想，积极响应党的十九大精神、国家“十三五”规划、《中共中央 国务院关于打赢脱贫攻坚战的决定》《“十三五”脱贫攻坚规划》《“十三五”社会工作发展规划》《关于支持社会工作专业力量参与脱贫攻坚的指导意见》《社会工作教育对口扶贫计划实施方案》等精心策划的一套原创高水平大型主题系列丛书。丛书由向德平教授担任主编，主创团队成员均为国内反贫困社会工作研究领域的知名学者。丛书力求展现中国特色的反贫困社会工作实践经验，在内容上坚持原创，全面系统、逻辑清晰地呈现了我国脱贫攻坚的阶段性经验成果。

丛书共四大部分 23 分册，具体如下。

第一部分：反贫困社会工作研究总论，共 4 分册：《反贫困社会工作导论》《定点帮扶：反贫困社会工作模式研究》《反贫困社会工作：从理论到实践》《反贫困社会工作案例》。该部分作为丛书的总论，从总体上介绍反贫困社会工作的源流、模式、理论、方法、实务及案例。

第二部分：特定视角下的反贫困社会工作研究，共 10 分册：《社区为本的反贫困社会工作研究》《社区抗逆力视角下的反贫困社会工作研究》《反贫困社会工作：理论与经验的对话》《资产建设视角的反贫困社会工作：发展、对话与启示》《金融服务与减贫发展：理论与实践》《可行能力建设视角下的反贫困社会工作研究》《赋权视角下的反贫困社会工作研究》《发展型社会工作：贫困治理视角》《扶贫扶心：贫困地区青少年心理健康教育研究与实践》《扶志扶智视角下的反贫困社会工作研究》。该部分从 10 个特定视角展现了社会工作对贫困地区的多维度帮扶，既涉及经济层面的，又涉及内生动力、抗逆力、技能发展等，即不仅关注物质脱贫，更注重精神、心理、技能方面的脱贫，增强贫困地区人口的自我造血能力，助力可持续脱贫。

第三部分：针对特定对象的反贫困社会工作研究，共 3 分册：《儿童反贫困社会工作》《老年反贫困社会工作》《妇女反贫困社会工作》。该部分积极关注贫困人口中的特殊人群——儿童、老年、妇女的贫困帮扶，致力于实现脱贫道路上一个都不掉队、一个都不能少。

第四部分：反贫困社会工作典型案例研究，共 6 分册：《西部农村反贫困社会工作案例研究》《反贫困社会工作案例研究：协会实践》《反贫困社会工作案例研究：深度贫困脱贫攻坚的社会工作多维实践》《迈向乡村振兴的反贫困社会工作——绿耕经验的理论反思》《反贫困社会工作案例研究：城口实践》《婚姻家庭、亲密关系与乡村反贫困》。该部分从中国社会工作教育协会组织社会工作专业教育力量深入一线的反贫困实践，再结合闽南深度贫困地区、粤西城乡互助组织绿耕、渝东典型村落城口以及赣北地区等社会工作反贫困典型案例，生动和真实呈现了社会工作参与脱贫攻坚、助力反贫困的伟大实践。

表 17-1 《大国攻坚　反贫困社会工作丛书》目录

模　块	书　　名	作　　者	出版时间
反贫困社会工作研究总论	分册 1 反贫困社会工作导论	向德平	2020.12
	分册 2 定点帮扶：反贫困社会工作模式研究	何雪松、黄锐、刘艳霞	2023.11
	分册 3 反贫困社会工作：从理论到实践	徐丽敏、刘振	2023.6
	分册 4 反贫困社会工作案例	向德平	2022.11
特定视角下的反贫困社会工作研究	分册 5 社区为本的反贫困社会工作研究	文军、吴越菲	2020.12
	分册 6 社区抗逆力视角下的反贫困社会工作研究	芦恒	2023.11
	分册 7 反贫困社会工作：理论与经验的对话	杨发祥、叶淑静	2023.5
	分册 8 资产建设视角的反贫困社会工作：发展、对话与启示	邓锁、黄进、方舒、周晓春	2023.11
	分册 9 金融服务与减贫发展：理论与实践	吕方	2023.9
	分册 10 可行能力建设视角下的反贫困社会工作研究	田北海、李东平	2022.12
	分册 11 赋权视角下的反贫困社会工作研究	陈琦	2023.8
	分册 12 发展型社会工作：贫困治理视角	向荣、陆德泉	2023.8
	分册 13 扶贫扶心：贫困地区青少年心理健康教育研究与实践	储琰、马仲能、全琼芝、祝朝燕	2023.12
	分册 14 扶志扶智视角下的反贫困社会工作研究	程玲	2021.12
特定对象的反贫困社会工作研究	分册 15 儿童反贫困社会工作	吴帆	2022.1
	分册 16 老年反贫困社会工作	赵怀娟	2022.12
	分册 17 妇女反贫困社会工作	张翠娥、杜云素	2021.12
反贫困社会工作典型案例研究	分册 18 反贫困社会工作案例研究：城口实践	林移刚	2021.12
	分册 19 西部农村反贫困社会工作案例研究	高万红	2023.7
	分册 20 反贫困社会工作案例研究：协会实践	向德平	2020.12
	分册 21 反贫困社会工作案例研究：深度贫困脱贫攻坚的社会工作多维实践	童敏	2022.8
	分册 22 迈向乡村振兴的反贫困社会工作——绿耕经验的理论反思	张和清	2023.9
	分册 23 婚姻家庭、亲密关系与乡村反贫困	尹忠海	2023.5

（二）丛书影响

王思斌教授指出：丛书以实践为基础，同时兼顾反贫困知识和实践的完整性，它是多视角、全方位和具有整体性的。其主要视角包括：社区为本视角、抗逆力视角、内生动力视角、资产建设视角、金融服务视角、可行能力建设视角、赋权视角、贫困治理视角等，扶志扶智视角则提供了视角上的方法论。它关注的项目对象主要包括儿童、老年、妇女、残疾人等弱势群体。丛书既介绍成型的社会工作理论，也介绍中国实践。基于本土实践，它介绍了社会工作参与反贫困模式的多样化和经验的多元化，反映了中国反贫困的经验及社会工作参与反贫困的机制，阐明了专业社会工作是如何发挥专业优势、实现服务效能的。丛书内容丰富，有借鉴、有创新、可指导实践，也为反贫困研究提供了参考框架，是反贫困领域的学术力作，是社会工作本土化的重要成果。

丛书先后入选2020年国家出版基金项目、2020年教育部全国高校出版社主题出版项目、2020年全国“助力小康社会与脱贫攻坚”主题出版物荐读书目、2020年上海市年度重点图书、2023年上海市哲学社会科学成果优秀成果奖、2024年上海市促进文化创意产业发展财政扶持资金项目等荣誉。2022年3月，为了“讲好中国故事，传播好中国声音，展示真实、立体、全面的中国”，华东理工大学出版社与施普林格·自然出版集团（Springer Nature）签订了版权输出协议，落实了丛书的外文翻译、输出工作。2023年8月，英文版《反贫困社会工作导论》《社区为本的反贫困社会工作研究》由施普林格出版社出版发行。

2019年上海书展期间，华东理工大学出版社在上海展览中心友谊会堂召开“打赢脱贫攻坚战：中国方案与中国贡献”主题论坛，向广大读者正式介绍本丛书的意义、进展，活动获得人民网、解放日报、文汇报、东方网等10余家主流媒体的报道。2020年6月30日，《中国出版传媒商报》报道了丛书策划编辑、华东理工大学出版社社科事业部主任刘军副编审在“主题出版·最懂书的人”专栏中专题撰写的《华东理工大学出版社：“大国攻坚　反贫困社会工作丛书”助力脱贫攻坚》一文。2020年上海书展期间，华东理工大学出版社在显著位置以海报形式展示宣传了丛书出版成果，并在书展期间举办“社会工作助力打赢脱贫攻坚战与赢疫情防控阻击战”线上主题论坛，邀请项目主创人员向广大读者介绍本项目及社会工作参与脱贫攻坚的角色、定位、价值和功能。论坛线上参会人员达600余人。2021年8月至今，丛书中的《反贫困社会工作导论》《社区为本的反贫困社会工作研究》《反贫困社会工作：从理论到实践》等单品在新华社读书频道上进行了专题报道，浏览量破百万，进一步扩大了丛书的社会影响力。

（撰稿人：向德平）

二、组织编写“社会工作参与反贫困的中国案例与智慧丛书”

丛书由协会副会长兼秘书长马凤芝任主编，协会副秘书长向德平任副主编。田北海、杨发祥、尹忠海、林移刚、徐丽敏、张文喜、赵怀娟、肖富群、尹忠海、王青、穆莉萍、邓锁、苏光、黄红、黄锐、卜长莉、刘荣、马克林、邱振铭、王景迁、张勇、周绍宾、朱雨欣等人任编委。丛书分《发挥社会工作专业优势助力脱贫攻坚：中国社会工作教育三年对口扶贫实践》和《脱贫攻坚，我们在行动——中国社会工作教育三年对口扶贫案例集》。

丛书收集了2017年到2020年协会实施社会工作教育对口扶贫计划中的真实案例，是对社会工作教育参与脱贫攻坚实施对口扶贫计划实践成果的总结。从2017年年底到2020年年底，中国社会工作教育界发挥专业优势，以实习实训基地为抓手，与对口县扶贫、民政和工青妇社会团体密切合作，从社会工作人才队伍建设、社会工作机构培育、专业服务示范和资源链接等方面，践行社会工作专业教育扶贫理念，取得了一批丰硕成果，参加社会工作教育对口扶贫工作的高校社会工作院系对口国家级贫困县，建立了实习实训基地，以社会工作扶贫实习实训基地为平台，开展当地社会工作人才培训，以专业实习服务当地社区和贫困人群，在国家各部门政策指导下，社会工作教育协会及会员单位，以及参加对口扶贫计划的院校在脱贫攻坚过程中投入了大量资源，开展了多样化的服务项目，发挥了社会工作助力脱贫攻坚的专业功能，为脱贫攻坚贡献了专业智慧。丛书所编入的案例反映了协会和社会工作教育院校在参与国家脱贫攻坚战略中实施对口扶贫工作中的实践

（一）坚持党的领导，发挥社会工作的专业优势助力脱贫攻坚

在实施社会工作教育对口扶贫计划中，各院校紧紧依靠当地党委和政府，听取他们对社会工作教育扶贫工作的意见，在他们的指导下开展工作，与当地民政、扶贫工作部门的工作密切配合，发挥教育扶贫的优势，在做好专业服务示范的基础上为当地相关部门做培训，重视培育当地社会工作机构和在地社会工作服务人才，从当地实际需要出发，回应脱贫攻坚战对社会工作专业人才的需要，为当地培训扎根本土的社会工作机构和人才。

（二）总结中国社会工作教育对口扶贫的实践经验

书中以鲜活的案例呈现了社会工作教育在实施对口扶贫计划中，将党的群众工作的优良传统与社会工作的理论和方法结合起来，了解当地贫困问题产生的特殊原因和解决问题的可能路径，所践行的具有中国品格的扶贫社会工作的本土经验。

2020年12月7日，全国MSW教指委和中国社会工作教育协会在四川外国语大学联合召开对口扶贫计划实施总结大会，表彰了参加社会工作教育对口扶贫计划的院校。中国社会工

作教育界参与对口扶贫计划的实践说明，中国社会工作教育协会和全国社会工作专业院校师生自觉践行专业责任，大家“不讲价钱”，多方整合资源顾大局、做大事。社会工作教育参与脱贫攻坚，参与贫困治理，形成了中国反贫困社会工作的理论和方法，回应了党中央完善社会治理体系、提高精细化治理水平、实现治理能力现代化的战略部署，是一支能战斗的队伍。在参与对口扶贫工作中广大社会工作院校师生，努力探索，为社会工作参与贫困治理提供了大量案例，积累了社会工作教育服务参与国家发展战略的经验；探索了专业领导力的发力点。

社会工作教育参与对口扶贫计划取得的研究成果是协会和中国社会工作教育界在中国共产党的领导下参与脱贫攻坚工作和努力奋斗足迹的记录。

（撰稿人：马凤芝）

第四节　助力乡村振兴对口帮扶凉山州越西县的服务

一、服务背景

为深入贯彻落实党的二十大决策部署，根据《社会组织助力乡村振兴专项行动方案》，民政部、国家乡村振兴局在社会组织自愿报名、有关部门推荐申报、160 个国家乡村振兴重点帮扶县同意对接的基础上，形成了《全国性社会组织、东部省（直辖市）社会组织与 160 个国家乡村振兴重点帮扶县结对帮扶名单》，由中国社会工作教育协会与四川省凉山州越西县结对帮扶。

二、服务内容

为了切实做好结对帮扶工作，在先行对接、沟通协调的基础上，2023 年 7 月 17 日—20 日，协会副会长兼秘书长、北京大学教授马凤芝，中国社会工作教育协会副会长、华中科技大学教授向德平，西南石油大学法学院党委书记张华春教授，西南石油大学法学院副院长谭祖雪教授等组成的项目调研组一行，赴四川成都和凉山州越西县对越西有关社会工作发展的情况进行调研和评估，与四川省民政厅和越西县委县政府商谈服务内容。

协会与越西县委常委、副县长曾凡玉，县乡村振兴局、民政局、教育局、妇联及社区和社会组织的相关人员进行了座谈，了解越西县社区治理、“三留守人员”服务，以及社工站建设、社会工作人才队伍建设、社会组织的状况。协会调研组还到感恩社区了解社区互益行超市、老年人日间照料中心、社区图书室、社区中心了解社区管理制度、社区服务开展等情况。调研组还与在感恩社区做服务的华中科技大学暑期社会实践队、西南石油大学社会工作专业服务队、中华女子学院暑期实践队的高校师生进行了交流。

19日上午，调研组向四川省民政厅胡建林副厅长、社会工作与慈善事业处副处长唐凤鸣等汇报了调研情况，双方商定协会在越西重点开展四个方面服务：一是助力凉山州和越西县社会工作人才培养和队伍建设；二是为越西孵化社会组织，组织专家开展社会组织和基层社区治理领域相关部门人员的能力建设，以社会治理能力提升来助力越西乡村振兴和社会治理效能的提升；三是总结和提炼越西乡村振兴和社区治理的实践经验，形成符合凉山地区具有越西特点的社会工作和社会建设、社会治理的模式，推动建立社会工作助力解决相对贫困问题的长效机制；四是对越西的经验模式进行宣传推广，形成反贫困、乡村振兴、社会建设和乡村治理的越西经验。

8月29日，四川省民政厅、中国社会工作教育协会、西南石油大学的代表在城北感恩社区举行了对口帮扶越西四方合作签约及能力建设启动仪式。四川省民政厅慈善事业促进与社会工作处副处长彭俊，越西县委常委副书记王晓波，越西县民政局局长巫期木果，中国社会工作教育协会副会长兼秘书长、北京大学马凤芝教授，协会副会长、华中科技大学向德平教授，西南石油大学党委副书记衡彤，西南石油大学法学院党委书记张华春教授，西南石油大学法学院副院长谭祖雪教授，深圳市龙岗区正阳社会工作服务中心总干事杨成等出席了仪式，越西县乡镇社工站工作人员以及部分持证社工和社区工作人员参加了签约仪式。越西县委常委副书记王晓波和四川省民政厅慈善事业促进与社会工作处彭俊副处长都对协会的工作提出了要求和希望。

三、服务进展和阶段性成果

（一）链接资源，服务越西社群

2023年12月26—27日，协会联合深圳正阳社工服务中心在越西开展“情系越西・暖冬行动”，为越西县敬老院老年人和社区困难群众捐赠棉衣、棉被等过冬物资。2024年8月20日，协会联合深圳正阳社工服务中心、成都市黎元社会工作服务中心和攀枝花市东区彩虹社会工作服务中心，在四川省凉山州越西县开展“童梦空间・彝路相伴”困境留守儿童助学捐活动，为越西县困境留守儿童搭建助学成长平台。助学捐赠活动得到了深圳市坪山区13位政协委员、成都贝壳儿童之家托育服务有限责任公司热心人士、爱心企业和社会组织的支持，为越西县困境留守儿童捐赠了价值人民币3.68万元的绘本图书、文体用品等物资，在越西县感恩社区、东城社区和西城社区建立3个“童梦空间”，护航困境留守儿童健康成长。

（二）助力凉山和越西社会工作人才队伍建设

（1）为凉山和越西做社会工作职业资格考试培训。为培养在地社会工作人才、加强社会工作专业人才队伍建设，2023年5月，协会在越西县举办了社会工作职业资格考试培训。南京理工大学沈黎教授团队捐赠了价值6.795万元的培训课程，越西县共有73人参加培训，40多人取得社会工作者职业资格证书，助力越西社会工作者持证人数从2020年的2人增加到2023年的60人，增长30倍。2024年5月21日至5月30日在四川省民政厅的统筹下，协会为“三区计划”参与县举办社会工作职业资格考试培训，来自凉山州雷波县、越西县、昭觉县、喜德县、金阳县、布拖县、美姑县、甘洛县，甘孜州色达县、理塘县，乐山市马边县等11个县的871人参加，南京理工大学沈黎教授、重庆师范大学刘斌志教授、上海开放大学伊晓婷教授组成的金牌讲师团队捐赠了价值37.12万元的培训课程，采用线上教学的方式，开展了2个初级教学班培训40课时、1个中级教学班培训30课时。凉山州有299人通过考试，为“三州”① 中最多的。

（2）助力越西社区工作者、志愿服务和社会组织的能力提升。2023年8月、12月和2024年8月，协会组织三次越西社区工作者培训，协会副会长向德平、西南石油大学谭祖雪教授和深圳市龙岗区正阳社会工作服务中心、成都黎元社会工作服务中心的资深社会工作者为越西社区工作者传授乡村振兴、基层社区治理的理论和方法，以及需求评估、困弱群体走访与建档、党建引领社会工作参与社区治理、项目策划执行方法、儿童绘本活动带领技巧等专业知识，并且提供督导服务。西南石油大学的社会工作硕士研究生为社区工作者提供驻点陪伴式学习服务，深圳正阳社会工作服务中心资助社区工作者赴深圳等地学习考察，上述能力建设工作提升了越西社区工作者、志愿服务和社会组织的能力，越西嶲州社会工作服务中心还承接了2024年民政部“三区计划”服务项目。

（三）开展研究助力越西慈善公益事业发展

2024年8月20—21日，协会副会长向德平教授和反贫困专业委员会副主任委员兼秘书长田北海教授、西南石油大学谭祖雪教授调研越西和甘洛两县慈善事业发展情况。凉山州17个县均为欠发达地区，在慈善资金来源、使用情况及慈善事业发展方面存在困难，与发达地区相比存在差距。协会与越西和甘洛县达成“共创共建促进甘洛县慈善事业高质量发展”的合作意向，开展研究，为两县慈善事业发展提供咨询意见，助力两县乡村振兴和共同富裕。

（撰稿人：马凤芝）

① “三州”指四川的凉山州，云南的怒江州、甘肃的临夏州。

附录 17-1　中国社会工作教育对口扶贫计划院校名单（共 200 所）

中国社会工作教育对口扶贫计划（第一批院校 111）

序号	学　校	对口实施项目点
1	安徽农业大学	安徽省裕安区河西口乡落地岗村、寿安安丰塘镇戈店村、蒙城县王集乡界沟村、临泉县尹集镇霸王城村
2	安徽师范大学	安徽省石台县
3	保山学院	云南省施甸县仁和镇复兴村
4	北京大学	陕西省白水县
5	北京社会管理职业学院	河北省张北县或丰宁县或围场县
6	北京师范大学社会发展与公共政策学院	陕西省定边、横山、绥德、米脂县、佳县、吴堡县、清涧县、子洲县
7	北京师范大学—香港浸会大学联合国际学院	四川省会东县
8	成都信息工程大学	四川省通川区
9	东北师范大学	吉林省龙井市
10	东北石油大学	黑龙江省林甸县
11	福州大学	宁夏原州区
12	复旦大学	云南省永平县
13	甘肃民族师范学院	甘肃省甘南州合作市、临潭县、卓尼县、舟曲县、迭部县、玛曲县、碌曲县、夏河县
14	甘肃政法学院	甘肃省夏河县
15	广西师范大学	广西壮族自治区龙胜县
16	广西师范学院	广西壮族自治区上林县
17	广州城市职业学院	安徽省颍东区、利辛县
18	贵州财经大学	贵州省水城区
19	哈尔滨工程大学	黑龙江汤原县
20	哈尔滨工业大学	黑龙江兰西县
21	海南热带海洋学院	海南省五指山市、琼中县、白沙县、保亭县、乐东县
22	河北大学	河北省阜平县
23	河海大学	陕西省石泉县
24	河南财经政法大学	南阳市南召县
25	湖北工程学院	湖北省孝昌县、大悟县

续 表

序号	学　　校	对口实施项目点
26	湖北师范大学	湖北省阳新县
27	华北理工大学	河北省隆化县
28	华东理工大学	云南省寻甸县
29	华中农业大学	湖北省蕲春县、湖北省房县
30	吉林农业大学	吉林省洮南市
31	集美大学	福建省龙岩市
32	江苏师范大学	陕西省三原县
33	江西财经大学	江西省横峰县
34	江西科技师范大学	江西省莲花县
35	江西师范大学	江西省莲花县
36	井冈山大学	江西省吉安市遂川县、万安县、永新县、井冈山市、吉安县
37	乐山师范学院	四川省马边县
38	辽宁大学	辽宁省重点贫困县
39	鲁东大学	西藏墨脱县
40	洛阳理工学院	河南省洛宁县
41	南京财经大学	甘肃省武威市凉州区区长城镇长城小学
42	南京理工大学	安徽省金寨县
43	南京农业大学	江苏省灌云县、安徽省太湖县
44	南京师范大学	安徽省金寨县
45	内蒙古大学	内蒙古自治区四子王旗
46	内蒙古科技大学	卓资县、察哈尔右翼中旗
47	内蒙古医科大学	内蒙古武川县
48	齐鲁医科大学	贵州省镇宁县
49	青岛大学	临沂沂水，济宁任城
50	青海民族大学	青海省乐都区
51	山东大学	河南确山县
52	山东理工大学	沂蒙地区、宁夏
53	山东女子学院	山西左权县
54	山东青年政治学院	山西省平顺县

续 表

序号	学　　校	对口实施项目点
55	山西医科大学	山西省吕梁市兴县康宁镇
56	深圳大学	百色、河池
57	沈阳化工大学	河北省-平泉市、朝阳喀左县
58	石家庄学院	河北省平山县
59	首都经济贸易大学	西藏大学
60	四川农业大学	四川省雷波县
61	四川外国语大学	重庆市城口县
62	苏州大学	安徽省潜山市
63	太原科技大学	山西省汾西县
64	天津城市职业学院	河北省蔚县
65	天津理工大学	天津市-天津市蓟州区蓟县
66	潍坊科技学院	甘肃省康乐县
67	武汉科技大学	襄阳市保康县
68	西安思源学院	陕西省米脂县
69	西北大学	陕西省旬邑县
70	西北民族大学	甘肃省临潭县、东乡县、广河县、甘南自治州、平凉市静宁县等地
71	西北农林科技大学	陕西省合阳县
72	西北师范大学	甘肃省礼县、广河县
73	西南财经大学	四川省美姑县
74	西南大学	重庆市龙驹镇、金溪镇
75	西南石油大学	四川省凉山州越西县
76	咸阳师范学院	陕西省淳化县
77	湘南学院	湖南省江华县
78	新疆师范大学	新疆维吾尔自治区阿格拉达镇
79	信阳师范学院	河南省信阳市潢川县谈店乡万营村
80	邢台学院	河北省临城县、巨鹿县
81	扬州大学	安徽金寨县
82	宜宾学院	四川省叙永县
83	义务工商职业技术学院	青海省海西州

续 表

序号	学　　校	对口实施项目点
84	云南大学	云南省玉龙县
85	长春工业大学	吉林省镇赉县
86	长春理工大学	吉林省汪清县
87	长沙民政职业技术学院	湖南省古丈县
88	郑州轻工业学院	河南省台前县
89	中共吉林省委党校	吉林省长岭县大兴镇
90	中国劳动关系学院	吉林省长岭县大兴镇
91	中国青年政治学院	甘肃省天祝县、榆中县
92	中国人民大学	河北省张北县 / 蔚县
93	中国社会科学院研究生院	湖南省凤凰县、河北省阜平县
94	中华女子学院	巴林右旗、喀喇沁旗
95	中南民族大学	湖北省咸丰县
96	中山大学	湖南省怀化市、师宗县、四川省上里镇、广州市良口镇、广东省“双百”社工站
97	重庆城市管理职业学院	重庆市秀山县
98	重庆工商大学	重庆市云阳县
99	重庆科技学院	重庆市丰都县、石柱县
100	重庆理工大学	重庆市奉节县、云阳县
101	黑龙江省社会科学院	佳木斯桦川县丰年村
102	北京师范大学社会学院	广西壮族自治区龙州县
103	北京农学院	河北省易县南城司乡桑园村
104	黑龙江工程学院	佳木斯桦川县丰年村
105	福建师范大学	宁夏隆德县
106	内蒙古工业大学	内蒙古卓资县大榆树乡
107	南开大学	甘肃省庄浪县
108	西华大学	四川省甘孜州巴塘县
109	贵州大学	贵州省贞丰县
110	华中师范大学	湖北宣恩县
111	河南财政金融学院	河南省光山县

中国社会工作教育对口扶贫计划（第二批院校 89）

序号	学　　校	对口实施项目点
1	安徽大学	安徽省颍上县
2	安徽工程大学	安庆市太湖县
3	安徽警官职业学院	临泉县老集镇前于庄村
4	北华大学	长春市绿园区 吉林市
5	北京城市学院	河北易县
6	北京工业大学	河北省怀安县
7	北京建筑大学	涞源县、顺平县（保定）
8	北京科技大学	北京市延庆区张山营镇胡家营村　甘肃省秦安县
9	川北医学院	四川省南充市营山县千邱村
10	东北林业大学	黑龙江省泰来县
11	东南大学	云南省楚雄彝族自治州南华县
12	鄂尔多斯应用技术学院	内蒙古自治区鄂尔多斯市鄂托克前旗大沙头村
13	赣南师范大学	兴国县
14	广东工业大学	湖南通道县；广西三江县；湖南靖州苗族侗族自治县
15	广西大学	广西平果市
16	广西科技大学	广西柳州市融安县潭头乡新桂村（市定脱贫村）
17	广西医科大学	广西马山县
18	广州大学	广东省梅州市大埔县
19	广州番禺职业技术学院	阳新县【黄石】、蕲春县
20	贵州民族大学	贵州省镇远县报京村
21	贵州师范大学	贵州省黔东南州黎平县
22	桂林理工大学	广西贺州市钟山县
23	国家行政学院	云南大关县、河北武邑县
24	杭州师范大学	贵州安顺市关岭县、浙江省金华市武义县
25	河南师范大学	辉县柳湾
26	黑龙江大学	哈尔滨市七区五县
27	湖南女子学院	湖南省张家界市武陵源区索溪街道喻家嘴社区
28	湖南人文科技学院	湖南省新化县
29	曲靖师范学院	曲靖市沾益区大坡乡
30	湖南师范大学	湖南省邵阳市绥宁县关峡苗族乡插柳村

续 表

序号	学　　校	对口实施项目点
31	华北电力大学	河北顺平县
32	华东师范大学	云南寻甸
33	华东政法大学	云南省耿马傣族佤族自治县
34	华南理工大学	广东省揭阳市惠来县
35	华南师范大学	广东省揭西县钱坑镇月翁村
36	华中科技大学	湖北省孝昌县
37	淮南师范学院	寿县八公山乡
38	吉林大学	吉林省白城市通榆县新合屯
39	吉林建筑大学	吉林省通榆县
40	济南大学	山西省临汾市吉县、大宁县、隰县、永和县；江西省兴国县
41	江汉大学	湖北省孝昌县、利川市、巴东县
42	闽南师范大学	福建省漳州市云霄县（省级贫困县）
43	南昌大学	江西省瑞金市
44	南京大学	云南省西双版纳自治州勐腊县；云南省丽江市永胜县松坪乡
45	南京工程学院	金寨县（六安）
46	南京航空航天大学	陕西省安康市汉阴县
47	南京林业大学	江苏盐城阜宁县（南京林业大学对口扶贫县）安徽安庆岳西县（国家级贫困县）
48	内蒙古农业大学	乌兰察布市四子王旗
49	内蒙古师范大学	内蒙古和林格尔第三中学
50	宁夏大学	宁夏海原县
51	齐齐哈尔医学院	泰来县 克山县
52	青岛理工大学	青海省湟中区或者陕西省山阳县
53	清华大学	四川-广安市
54	厦门大学	福建省内贫困农村，并且已开展社工服务的地区
55	陕西师范大学	陕西省宝鸡市太白县
56	上海大学	江西省修水县
57	上海商学院	贵州省毕节市金沙县、思南县
58	上海师范大学	云南省昭通市
59	上海政法学院	云南省红河州元阳县

续 表

序号	学　　校	对口实施项目点
60	重庆师范大学	重庆市开州区紫水乡紫水村和白鹤街道白鹤村
61	首都师范大学	河北省张家口市怀来县和涿鹿县
62	四川大学	汶川县映秀镇
63	铜陵学院	潜山市
64	武汉大学	湖北省恩施市芭蕉侗族乡白果树村、大悟县新城镇熊湾村
65	武汉理工大学	湖北省黄冈市
66	西安翻译学院	铜川市慈善协会和共青团铜川市委合作深入耀州区
67	西安交通大学	陕西省安康市平利县
68	西北政法大学	陕西省商洛市山阳县
69	西藏民族大学	拉萨市堆龙德庆区
70	新疆大学	新疆维吾尔自治区南疆
71	云南财经大学	云南省马关县
72	云南民族大学	彝良县
73	云南农业大学	文山市
74	云南师范大学	云南省德宏傣族景颇族自治州梁河县洒坞村
75	长江大学	湖北省远安县、兴山县
76	浙江财经大学	浙江开化县
77	浙江大学	贵州省沿河县
78	浙江工商大学	浙江省丽水市
79	浙江理工大学	甘肃省天水市
80	浙江师范大学	广西壮族自治区龙州县
81	郑州大学	河南省泌阳县双庙街乡闫洼村
82	中共湖南省委党校	湖南省龙山县里耶镇新双村
83	中国政法大学	云南省鲁甸县
84	中南财经政法大学	湖北省英山县
85	中南大学	湖南省永州市冷水滩区
86	中央财经大学	四川省成都市彭州市
87	中央民族大学	内蒙古呼和浩特市武川县
88	重庆大学	云南绿春县
89	重庆商务职业学院	开县

（撰稿人：马凤芝）

第十八章

中央财政支持社会服务项目

从2012年的“唇腭裂儿童社会康复示范项目”到2021年的“边疆留守儿童、事实无人抚养儿童关爱保护和家庭赋能社会工作服务示范项目”，中国社会工作教育协会先后7次承接中央财政支持社会组织参与社会服务项目，累计获得中央财政资金支持535万元，配套资金117.5万元，动员66所高校逾150名教师、1 300余名学生开展社会工作专业服务，累计受益对象达7.8万余人次。多年来，协会实施的系列项目先后服务于唇腭裂儿童、癌症晚期患者、三留守人员、贫困家庭、困境儿童、留守儿童、事实无人抚养儿童等特殊群体，助力脱贫攻坚、乡村振兴等国家战略，在提供示范性服务的同时，推动未成年人保护、医疗服务、农村社会工作、反贫困和乡村振兴等相关专业领域的发展，实现了服务创新、人才培养和专业发展的有机融合。

第一节　唇腭裂儿童社会康复示范项目

一、项目目标

唇腭裂儿童社会康复示范项目旨在帮助唇腭裂儿童家属舒缓因病导致的心理压力，增加抗逆力，适应社会生活；促进无歧视的社会氛围，帮助建立唇腭裂儿童及其家属的社会支持网络，促进儿童健康成长；形成对唇腭裂儿童社会工作专业服务模式，以推广促进相关领域医务社会工作制度建设；提供社会工作专业师生介入社会服务的实践机会，培养具有社会责任及实务能力的医务社会工作人才。

二、服务时间

2012年4月至12月。

三、服务地域

项目在北京、四川、江西、云南、陕西、江苏、安徽、广西、湖北、甘肃、山东、广东、河南、贵州、福建等15个省（市）开展。

四、服务团队

项目服务团队由李嘉诚基金会参与“重生行动”的15家医院136名医护人员和15所高校277名社会工作专业师生组成，详见表18-1。

表18-1　服务医院与高校社会工作院系配对表

医　院	高　校　院　系
首都医科大学附属北京口腔医院	中国青年政治学院社会工作学院
四川大学华西口腔医院	西南石油大学社会工作硕士教育中心
南京医科大学附属口腔医院	南京理工大学公共事务学院社会工作专业
第四军医大学口腔医院	西北大学哲学学院社会学与社会工作系
云南省第二人民医院	云南大学民族学社会学学院社会工作系
广西医科大学第一附属医院	广西师范学院政治与公共管理学院社会学与社会工作系
武汉大学口腔医院	华中师范大学社会学院社会工作系
安徽医科大学附属口腔医院	安徽农业大学人文社会科学学院社会工作专业
南昌大学附属口腔医院	江西财经大学人文学院社会工作专业
福建医科大学附属协和医院	福建医科大学健康学院社会工作系
山东大学齐鲁医院	山东大学哲学与社会发展学院社会工作系
河南焦作唇腭裂治疗中心	河南师范大学社会事业学院社会工作专业
中南大学湘雅医院	长沙民政职业技术学院民政与社会工作学院社会工作专业
贵阳医学院附属医院	贵州大学公共管理学院社会工作专业
兰州大学第二医院	甘肃政法大学①公共管理学院社会工作专业

五、服务内容

（1）为贫困家庭唇腭裂儿童及其家属提供社会心理支持服务，服务方法包括个案辅导、小组工作等；（2）帮助唇腭裂儿童及其家属重构社会支持网络；（3）对治疗离院的唇腭裂儿童进行跟踪性回访，以了解其进一步服务需求，链接相关资源；（4）开展唇腭裂儿童所在社区社会

① 原甘肃政法学院

工作，宣传普及相关知识、消除社会歧视，增强抗逆力和社会适应能力；（5）在救治唇腭裂儿童的医院，宣传和开展社会工作服务，建立医务社会工作团队，提高唇腭裂儿童的服务水平。

六、服务成效

（一）服务人群和数量

项目累计在医院开展小组活动88期及若干个案服务，为2 730名唇腭裂儿童及其家属、136名医护人员提供服务，总计服务人数2 866人；在社区开展唇腭裂预防、治疗的宣传、教育和入户探访活动，为734名唇腭裂儿童及其家属、3 631名社区居民提供服务，总计社区服务人数4 365人。综上，医院服务和社区服务总计服务人数7 231人。

（二）服务效果

就唇腭裂儿童家属而言：（1）缓解唇腭裂儿童家属的心理压力，提高幸福感；（2）增强唇腭裂儿童家属的信心和希望，促进家庭和谐；（3）提升唇腭裂儿童家属的教育意识，在一定程度上提高其教育水平；（4）建立唇腭裂儿童家属的社会支持网络，使互相学习与帮助得以延续。

就参与高校而言：（1）参与服务的师生积累了医务社会工作的宝贵经验，为高校提供了教学和研究的一手实务素材；（2）志愿者社会工作专业素养提升，巩固专业所学，提高专业能力，增强专业认同感。

就合作医院而言：（1）为唇腭裂手术治疗提供辅助的社会心理干预，有助于产生更好的治疗效果；（2）搭建唇腭裂儿童及其家属与医院之间的沟通桥梁；（3）扩大医务社会工作在医院的影响力。

就地方政府、社会大众而言：（1）获得地方政府的支持和认可；（2）增强社会大众对唇腭裂疾病的了解及其对唇腭裂儿童的关注；（3）提高社会大众对医务社会工作的知晓度和认同度。

就医务社会工作发展而言：（1）基于项目的校医合作模式得到深化；（2）储备医务社会工作专业人才；（3）为医务社会工作的推广提供范例；（4）医务社会工作发展的氛围得到增强。

第二节　宁养（临终关怀）社会工作服务示范项目

一、项目目标

宁养（临终关怀）社会工作服务示范项目旨在缓解晚期癌症患者及其家属因面临死亡与

分离带来的压力，达致“生死两相安”；帮助建立患者之间、家属之间的社会支持网络；积累医务社会工作的宝贵经验，社会工作专业学生的专业素养得到提升；搭建医患之间的沟通桥梁，减少医患矛盾，扩大医务社会工作在医院的影响力；社会大众认识和了解宁养服务，关注癌症患者的生活质量和“死亡质量”，“全人”照顾理念得到传递。

二、服务时间

2013 年 3 月至 12 月。

2015 年 3 月至 12 月。

三、服务地域

2013 年，项目在陕西、湖北、江西、福建、河南、湖南、贵州、甘肃、黑龙江、吉林、辽宁、山西、新疆、重庆、四川、广东、河北等 17 地实施。

2015 年，项目在重庆、甘肃、贵州、河北、黑龙江、河南、湖南、吉林、江西、辽宁、宁夏、青海、四川、山西、陕西、新疆等 16 地实施。

四、服务团队

2013 年，项目服务团队由李嘉诚基金会“宁养计划”的 18 家宁养院 58 名医护人员和 18 所高校 504 名社会工作专业师生组成，详见表 18-2。

表 18-2　2013 年宁养院与高校社会工作院系配对表

医院名称	高校名称
陕西省人民医院	西北大学哲学学院社会学与社会工作系
武汉大学中南医院	华中师范大学社会学院社会工作系
南昌大学第一附属医院	江西财经大学人文学院社会工作专业
福建省立医院	福建医科大学健康学院社会工作系
新乡医学院第三附属医院	河南师范大学社会事业学院社会工作专业
湖南省肿瘤医院	长沙民政职业技术学院民政与社会工作学院社会工作专业
贵州省肿瘤医院	贵州大学公共管理学院社会工作专业
兰州大学第一医院	甘肃政法大学公共管理学院社会工作专业
哈尔滨医科大学附属肿瘤医院	黑龙江工程学院人文社会科学系社会工作专业
吉林大学第一医院	长春工业大学公共管理学院社会工作专业

续 表

医 院 名 称	高 校 名 称
中国医科大学附属盛京医院	沈阳师范大学社会学学院社会工作专业
山西省肿瘤医院	山西医科大学人文社会科学学院社会工作专业
新疆医科大学附属肿瘤医院	新疆师范大学历史学与社会学学院社会工作专业
重庆医科大学第一附属医院	重庆工商大学社会与公共管理学院社会工作专业
四川大学华西第四医院	成都信息工程学院文化艺术学院社会工作专业
深圳市人民医院	深圳大学政府管理学院社会工作专业
汕头大学医学院第一附属医院	汕头大学医学院
唐山市人民医院	华北理工大学人文法律学院社会工作专业

2015 年，项目服务团队由李嘉诚基金会“宁养计划”的 16 家宁养院 22 名医护人员和 17 所高校 443 名社会工作专业师生组成，详见表 18-3。

表 18-3　2015 年宁养院与高校社会工作院系配对表

医 院 名 称	高 校 名 称
重庆医科大学第一附属医院	重庆工商大学社会与公共管理学院社会工作专业
兰州大学第一医院	兰州商学院法学院社会工作系
贵州省肿瘤医院	贵州大学公共管理学院社会工作专业
唐山市人民医院	华北理工大学人文法律学院社会工作专业
哈尔滨医科大学附属肿瘤医院	黑龙江工程学院人文社会科学系社会工作专业
新乡医学院第三附属医院	河南师范大学社会事业学院社会工作专业
湖南省肿瘤医院	长沙民政职业技术学院民政与社会工作学院社会工作专业
吉林大学第一医院	长春工业大学公共管理学院社会工作专业
南昌大学第一附属医院	江西财经大学人文学院社会工作专业
中国医科大学附属盛京医院	沈阳师范大学社会学学院社会工作专业
宁夏回族自治区人民医院	中国矿业大学银川学院
青海大学附属医院	青海师范大学法学与社会学学院社会工作专业
四川大学华西第四医院	成都信息工程学院文化艺术学院社会工作专业
山西省肿瘤医院	山西医科大学人文社会科学学院社会工作专业
陕西省人民医院	西北大学哲学学院社会学与社会工作系 / 西安翻译学院
新疆医科大学附属肿瘤医院	新疆师范大学历史学与社会学学院社会工作专业

资料来源：中国社会工作教育协会自行统计。

五、服务内容

（1）通过制作生命故事书、视频、“爱的礼物”等，协助贫困晚期癌症患者进行生命回顾；（2）通过召开家庭会议等，为贫困晚期癌症患者搭建与亲友间沟通及表达情感的平台；（3）通过举办支持性、教育性等各类家属（照顾者）小组活动、贫困晚期癌症患者小组活动，为其提供社会心理支持服务；（4）患者辞世后，为丧亲遗属提供哀伤辅导服务，帮助他们重建生活的希望与信心；（5）为贫困晚期癌症患者及其家属提供信息支持，帮助其链接有关资源；（6）开展对医护人员和社会工作者、志愿者的宣传及培训，提高照顾品质，缓解医患关系；（7）通过展览、讲座、义诊等形式，在医院、社区等开展社区宣教，普及宁养服务的理念与知识，营造良好的社会氛围；（8）推动建立社区、医院和高校三方联动的宁养（临终关怀）社会工作服务规范化体系。

六、服务成效

（一）服务人群和数量

2013年，项目累计为420位晚期癌症患者开展个案服务，共计3 763人次获益；开展小组活动124期，为患者及其家属1 646人次、医护人员及志愿者538人次提供服务，共计2 184人次获益；开展社区宣讲活动56场，为患者及其家属499人次、社区居民6 040人次、医护人员及志愿者1 099人次提供服务，共计7 638人次获益。综上，项目总计服务13 585人次。

2015年，项目累计为300位晚期癌症患者开展个案服务，共计3 094人次获益；开展小组活动163期，为患者及其家属1 241人次、医护人员及志愿者574人次提供服务，共计1 815人次获益；开展社区宣活动52场，为患者及其家属817人次、社区居民4 401人次、医护人员及志愿者687人次提供服务，共计5 905人次获益。综上，项目总计服务10 814人次。

（二）服务效果

就晚期癌症患者及其家属而言：（1）缓解贫困晚期癌症患者及其家属因面临死亡与分离而带来的压力，提供社会—心理—精神层面的照顾与支持，达至“生死两相安”；（2）通过医生、护士、社会工作者、患者、家属等多方的互动，帮助建立晚期癌症患者之间、家属之间互帮互助的社会支持网络。

就参与高校而言：（1）参与服务的高校师生积累了医务社会工作的宝贵经验，为高校社会工作教育提供了教学和研究的一手实务素材；（2）社会工作专业学生的专业素养得到提升，不仅巩固专业所学，提高专业能力，增强专业认同感，而且培养团队意识，提高组织、协调能力。

就合作医院宁养院而言：（1）搭建晚期癌症患者、家属与医院之间的沟通桥梁，有助于促进患者及其家属与医护人员的沟通，消除其与医护人员之间的陌生感；（2）提升了医护人员对患者及其家属的认识，通过邀请医护人员参与活动，对患者群体的内心世界有更多关注，治疗效果也一并得以提升；（3）扩大医务社会工作在医院的影响力，越来越多的医护人员积极主动配合活动的开展，职能部门负责人、院领导等也越来越认可和肯定医务社会工作的价值和作用。

就社会大众而言：（1）通过有奖问答、文艺演出、走家串户、居民座谈等形式，促使社区居民加深对癌症的认识，用行动来正视和关爱晚期癌症患者群体；（2）通过媒体的宣传报道，让社会大众更多地认识和了解宁养服务，关注癌症患者的生活质量，使得“死亡质量”“全人”照顾理念得到传递。

第三节　流动、留守和贫困儿童早期发展社会工作服务示范项目

一、项目目标

流动、留守和贫困儿童（0岁—3岁）早期发展社会工作服务示范项目旨在搭建一个家访员（社会工作者、社会工作专业学生等）长期一对多服务流动、留守和贫困家庭的平台，开展入户指导，致力于改善0岁—3岁流动、留守和贫困儿童的发育水平和成长能力；通过亲子活动和社区活动，为流动、留守和贫困家庭建立社区支持网络，促进社区融合；减少社会排斥，促进社会公平，防治跨代贫穷，推动国家相关政策制定。同时，为社会工作专业学生提供服务社会、服务弱势群体的机会，在服务中促进自己的专业学习和个人成长。

二、服务时间

2016年3月至12月。

三、服务地域

北京市海淀区马连洼街道肖家河社区，云南省昆明市西山区福海街道船房社区，四川省

成都市锦江区龙泉街道，四川省成都市高新区桂溪街道，四川省雅安市雨城区上里镇。

四、服务团队

项目由首都师范大学、中华女子学院、首都经济贸易大学、中国劳动关系学院、云南大学、云南大学滇池学院、四川农业大学 7 所高校，以及成都高新区希望社区中心和成都市同行社会工作服务中心 2 家机构共计组织 107 名社会工作者、社会工作专业学生，18 名高校和机构督导参与服务。

五、服务内容

（1）项目以牙买加家访课程为依托，根据 0 岁—3 岁儿童的周龄及实际的发育和成长情况，选取适宜的课程内容，每周入户对儿童及家长进行早期发展指导；（2）在改善 0 岁—3 岁儿童发育水平和成长能力的同时，项目根据儿童的月龄分组开展有针对性的亲子活动，致力于培养家长的早教意识和亲子观念；（3）项目积极开展社区活动，在提高知晓度和认同度的同时帮助流动、留守和贫困的 0 岁—3 岁儿童所在家庭建立社区支持网络；（4）在服务经验总结的基础上，形成专业服务模式，通过宣传推广和政策倡导，力争在更大范围内推广实施。

六、服务成效

（一）服务数量

项目累计服务 623 户家庭，为其开展入户指导，共计 13 195 户次获益；开展亲子活动 87 期，共计 2 411 户次获益；开展社区活动 14 场，共计 631 户次获益。综上，项目总计服务 16 237 户次。

（二）服务效果

（1）接受服务的 0 岁—3 岁儿童在语言、认知、动作、情绪和社会性这四个方面的能力都有不同程度的发展和提升；（2）家访活动被多数家长认可，促进了 0 岁—3 岁儿童的早期发展和健康成长，家长关爱子女、科学育儿的意识和能力得到提升；（3）亲子活动和社区活动获得家长的积极参与和广泛肯定，显著增进了家长与儿童的关系，家长之间建立了互帮互助的同伴支持网络；（4）服务有助于流动、留守和贫困儿童所在家庭与社区和社会的连接，通过资讯共享与资源链接，促进家长就业和经济独立；（5）有助于维护社区的稳定和邻里的和睦，促进流动、留守和贫困儿童所在家庭的社区融入，有效减少社会排斥。

（撰稿人：马烨）

第四节　社会工作教育对口扶贫服务示范项目

一、服务目标

社会工作教育对口扶贫服务示范项目是由原民政部社会工作司部署、社会组织管理局以中央财政项目的方式资助。2018 年，由教育协会协同江西、安徽和云南三地的高校，动员 15 所高校社会工作专业师生，对口 15 个国家级贫困县；2019 年，协同四川、甘肃和西藏三地的高校，动员 6 所高校对口 6 个国家级贫困县，共同开展反贫困社会工作专业服务。①

社会工作教育对口扶贫服务示范项目旨在通过对三留守人员和贫困家庭开展直接服务，回应其社会心理服务需求，发掘服务对象脱贫和发展的内生动力；通过对相关人员开展社会工作专业培训，帮助其提升当地社会工作教育的水平，以专业教育促进贫困地区专业服务的发展；通过组织社会工作专业师生深入一线开展服务，培养在地反贫困社会工作专业人才，促进当地社会组织的发展；作为教育扶贫服务试点，形成教育对口扶贫服务模式，为下一步更大规模地推广实施夯实基础。

二、服务时间

2018 年 5 月至 12 月；2019 年 6 月至 12 月。

三、服务地域

2018 年为云南、江西和安徽的 15 个国家级贫困县，2019 年为四川、甘肃和西藏三地的 6 个国家级贫困县。

表 18-3　2018 年县项目点与高校社会工作院系配对表

县　名	高　校　名　称
横峰县	江西财经大学人文学院社会工作专业
瑞金市	南昌大学公共政策与管理学院社会工作专业
莲花县	江西师范大学政法学院社会工作专业

① 2018 年，社会工作教育对口扶贫服务示范项目（江西）以教育协会为主体申请，云南项目和安徽项目由教育协会支持在地机构为主体申请；2019 年，四川项目以教育协会为主体申请，甘肃项目和西藏项目由教育协会支持在地机构为主体申请。由于四川项目将服务对象聚焦于困境儿童，将在下节做具体阐述。

续 表

县　名	高 校 名 称
遂川县	井冈山大学政法学院社会工作专业
兴国县	赣南师范大学历史文化与旅游学院社会工作专业
永仁县	云南大学民族学社会学学院社会工作系
东川区	云南民族大学社会学院社会工作学系
文山市	云南农业大学人文社会科学学院社会工作专业
禄劝县	云南财经大学法政学院社会工作专业
施甸县	保山学院政府管理学院社会工作专业
金寨县	安徽农业大学人文社会科学学院社会工作专业
岳西县	安徽师范大学法学院社会工作专业
淮南市潘集区	淮南师范学院法学院社会工作专业
望江县	铜陵学院法学院社会工作专业
颍上县	安徽大学社会与政治学院社会工作专业

表 18-4　2019 年县项目点与高校社会工作院系配对表

县　名	高 校 名 称
雷波县	四川农业大学文法学院社会工作专业
墨脱县	鲁东大学盈科法学院社会工作专业
夏河县	甘肃政法大学公共管理学院社会工作专业
临潭县	西北民族大学民族学与社会学学院社会工作专业
广河县	西北师范大学社会发展与公共管理学院社会工作专业
合作市	甘肃民族师范学院社会与公共管理学院社会工作专业

四、服务团队

两年的社会工作教育对口扶贫服务示范项目，21 所高校共计组织了 499 人的执行团队，包括 416 名社会工作专业学生、83 名高校督导，一方面使项目的执行在地化，有利于了解当地服务对象的实际需求，并且提供针对性的专业服务；另一方面采用当地的专业力量，有利于培养本土化人才、培育在地专业团队和社会组织。

五、服务内容

（1）组织社会工作专业师生，为三留守人员和贫困家庭有针对性地提供心理疏导、精神慰藉、资源链接、生计发展、能力提升、政策咨询、社会支持网络建构和社会融入等社会工作专业服务；（2）对服务地区有关政府部门和社会组织的工作人员，以及基层各级服务人员，开展社会工作专业培训，帮助其提升反贫困、开展专业服务的能力，培育在地专业人才和社会组织；（3）在项目经验总结的基础上，形成教育对口扶贫服务模式，以点带面，力争在更大范围内推广实施（如图 18-1 所示）。

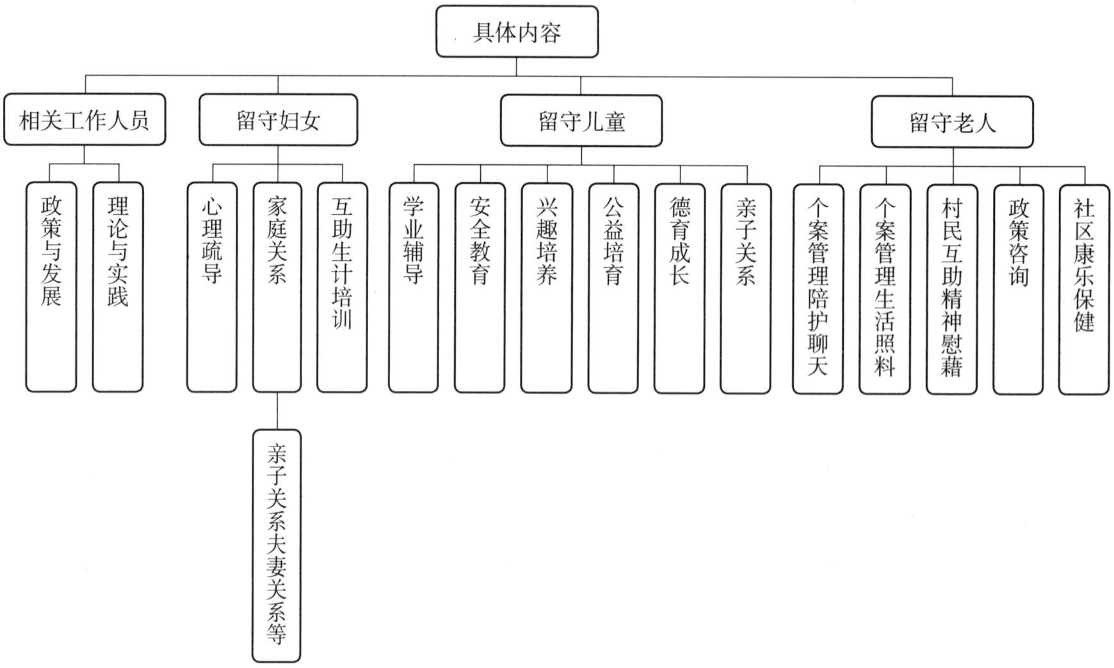

图 18-1　项目服务内容

六、服务成效

（一）服务人群和数量

江西项目累计服务三留守人员和贫困家庭成员 4 803 人次，其中开展个案辅导 54 个，共计 453 人次获益；开展小组活动 12 期，共计 808 人次获益；开展社区活动 11 场，共计 3 542 人次获益。云南项目和安徽项目累计服务三留守人员和贫困家庭成员均逾 5 000 人次，四川项目、甘肃项目和西藏项目累计服务近 5 000 人次，综上，项目总计服务近 15 000 人次。

（二）服务效果

（1）从主体能力提升入手，通过为贫困地区生活困难群众和农村三留守人员提供专业服务，有效回应了其社会心理服务需求，帮助其改善生活境况，增强内生发展能力；（2）通过对项目在地相关人员开展社会工作专业培训，帮助当地培养反贫困工作服务人才，实施 1（专业教师）+N（在地人员）模式，为脱贫攻坚提供了人才支持；（3）总结提炼了社会工作和社会工作教育对口扶贫服务模式，以点带面，力争在更大范围内推广实施；（4）探索建立了符合本地情境的、物质满足和能力提升并重的科学的“扶贫—反贫困”工作模式。

第五节　社区为本的困境儿童社会工作服务示范项目

一、项目目标

2019 年，协会协同四川、甘肃和西藏三地实施中央财政支持的困境儿童社会工作服务项目。项目旨在为少数民族贫困地区困境儿童及其家庭提供专业服务，通过有针对性地提供心理疏导、精神关爱、资源链接、生计发展、社会融入等专业服务，有效回应其社会心理服务需求，帮助其改善生活境况，增强发展能力；通过能力建设，促进当地社会工作扶贫服务的可持续化，总结提炼社会工作教育扶贫服务模式，以点带面，力争在更大范围内推广实施。项目涉及三地 6 个国家级贫困县，由四川农业大学文法学院社会工作专业、鲁东大学盈科法学院社会工作专业、甘肃政法大学公共管理学院社会工作专业、西北民族大学民族学与社会学学院社会工作专业、西北师范大学社会发展与公共管理学院社会工作专业和甘肃民族师范学院社会与公共管理学院社会工作专业六所院校实施服务。

二、四川省凉山彝族自治州雷波县困境儿童及家庭服务

（一）服务时间

2019 年 6 月至 12 月。

（二）服务地域

四川省凉山彝族自治州雷波县。

（三）服务团队

四川农业大学。项目启动以来，四川农业大学共计组织 25 名社会工作专业学生，5 名高校督导参与服务。

（四）服务内容

第一，组织社会工作专业师生，为凉山雷波县彝族困境儿童及其家庭开展有针对性的

心理疏导、精神关爱、资源链接、生计发展、社会融入等社会工作专业服务。第二，对服务地区有关政府部门和社会组织的工作人员，以及基层各级服务人员，开展社会工作专业培训，帮助其提升反贫困、开展专业服务的能力，培育在地专业人才和社会组织。第三，在项目经验总结的基础上，形成教育对口扶贫服务模式，以点带面，力争在更大范围内推广实施。

（五）服务成效

1. 服务数量

项目累计服务三留守人员和贫困家庭成员 100 名，为其开展个案辅导，共计 803 人次获益；开展小组活动 6 期，共计 486 人次获益；开展社区活动 10 场，共计 1 332 人次获益。综上，项目总计服务 2 621 人次。

2. 服务成果

（1）社会工作专业服务方面。组织社会工作专业师生对少数民族贫困地区困境儿童及其家庭开展个案辅导、小组活动和社区活动，有效回应其社会心理服务需求，帮助其改善生活境况，增强内生发展能力，形成一套需求调研报告、专业服务报告。（2）反贫困在地人才培育方面。通过组织专业的师资队伍，对贫困区县、村镇的政府部门、社会组织的工作人员、社会工作者和基层服务人员开展能力提升和团队建设培训，帮助当地培养反贫困工作和服务人才，协助其开展反贫困工作和服务，形成一套专业培训教材。（3）反贫困社会工作相关研究方面。形成了一套针对反贫困工作人员的培训模式、形成一套适合在贫困地区开展的服务模式，在地培养了一支能够运用社会工作理论和方法开展工作的人才队伍、在高校储备了一批能够在贫困地区开展社会工作服务的“准”社会工作者。

（撰稿人：马烨）

三、中央财政支持社会组织服务社会项目（西藏自治区林芝市墨脱县）

（一）服务时间

2019 年 6 月至 12 月。

（二）服务地域

西藏自治区林芝市墨脱县。

（二）服务团队

鲁东大学盈科法学院社会工作专业（烟台市众信社会工作服务中心）。

（四）项目内容

（1）组织山东省内有关高校社会工作专业师生，在贫困地区为生活困难家庭和孤儿针对性地提供心理疏导、精神关爱、资源链接、生计发展、社会融入等专业服务。

（2）对贫困地区有关政府部门、基层社区和社会组织工作人员开展社会工作专业培训，帮助其提升反贫困、开展专业服务的能力，促进当地社会工作扶贫服务的可持续化。

（3）以墨脱县某社区为试点，以弗里德曼（Friedman）的负所得税理论为理论依据，尝试破解巩固精准脱贫成果中的"扶志"瓶颈问题。

（五）服务成效

服务人次 1 800 余人次，主要受益人群是困难家庭青少年、妇女、老年人群体及困难家庭的未就业的大学生。

（1）通过青少年理想信念教育，拓宽了青少年的视野，青少年能力得以提升；（2）开展识字班，提升了困难家庭妇女的文化水平；开展《婚姻法》普及工作，使困难家庭妇女能够运用法律武器切实维护自身权益；（3）针对困难家庭老年人开展养生知识培训，降低了患病风险，避免因病返贫；（4）通过小组工作，努力改变困难家庭未就业大学生的就业观念，广泛链接资源，为困难家庭未就业大学生拓展就业渠道；（5）建立了 16 个社区群众草根组织，为项目能够持续开展奠定基础。建立村社文艺团队，弘扬社会主义核心文化与优秀传统文化，将红色文化与民族传统文化相结合，编创新的表演剧目，在娱乐健体的同时，歌颂新时代。

（六）实践经验

（1）在边疆地区开展社会工作，在开展实务示范项目的同时要对各级领导普及社工知识，使领导认识到社会工作对于社会发展的重要意义。

（2）维持项目的可持续性十分重要，建议建立边疆社会工作发展专项资金。

（3）在边疆开展社会工作，要发动更多高校社工专业介入，一边做实务，一边普及社工知识。

（4）文化的理解与语言沟通是在民族地区顺利开展社会工作实务的前提。

（5）充分利用民族地区既有的村社资源，尤其是要注意挖掘本土具有志愿服务性质的本土力量，这对于推动项目的持续性意义重大。

（6）组织动员高校社会工作专业师生等社会力量参与脱贫攻坚，通过社会工作扶贫扶智的精准服务实现了对服务对象的扶贫扶志。

（7）将开展扶贫社会工作服务与社会工作专业师生的实习实践有机结合，整合了相关资源，符合社会工作服务欠发达地区的客观实际。

四、甘肃省高校社会工作教育对口扶贫服务示范项目

（一）服务时间

2019年6月至12月。

（二）服务地域

甘肃省夏河县、临潭县、广河县、合作市。

（三）服务团队

甘肃政法大学公共管理学院社会工作专业、西北民族大学民族学与社会学学院社会工作专业、西北师范大学社会发展与公共管理学院社会工作专业、甘肃民族师范学院社会与公共管理学院社会工作专业。

（四）项目目标和内容

（1）通过对三留守人员和贫困家庭开展直接服务，回应其社会心理服务需求，发掘服务对象脱贫和发展的内生动力。

（2）通过对相关人员开展社会工作专业培训，帮助提升当地社会工作教育水平，以专业教育促进贫困地区专业服务的发展。

（3）通过组织社会工作专业师生深入一线开展服务，培养在地反贫困社会工作专业人才，促进当地社会组织的发展。

（4）作为教育扶贫服务试点，形成教育对口扶贫服务模式，为下一步更大规模的推广实施夯实基础。

（五）服务开展情况

项目服务自2019年7月开始至2019年11月结束，各项目点开展个案工作10人，共计开展个案40人，服务人次达320人次。通过前期需求调研，在社区内各开展了小组活动2个，共计开展小组8个，服务人次达384人次。为促进美丽社区建设，营造良好的社区氛围，实现社区居民发展，各项目点共开展社工工作4次，共计开展社区活动16次，服务人次达1 200人。与此同时，各项目点共计开展培训活动24场，服务人次达720人次。各项目点共发放儿童物资包60个，妇女健康包50个，老年人健康包30个，共计发放物资包140个。

1. 个案工作

项目组基于前期调研，主要通过自主报名、入户调查和社区工作人员推荐相结合的方式，再经本人或其监护人同意，共选取了40名个案服务对象，主要服务对象为留守儿童、单亲儿童，年龄均为9岁—15岁之间的小学生与初中生，社工向每位服务对象提供服务8次，共计服务320人次，服务主要内容涉及学习能力提升、人际交往能力改善、学习态度转变、乐观

性格培养、健康习惯养成等。

各驻点社工针对留守儿童、单亲儿童在成长过程中所存在的诸多问题，进行阶段性的个案服务。具体内容包括服务对象学习能力提升、认知行为改善、代际关系调节、培养学习兴趣、心理调适、学习压力缓解、应试能力提升、缓解网络成瘾等，服务个案案例有青少年手机依赖矫正个案分析、行为偏差儿童帮扶个案分析、青少年不良认知纠正个案分析、走出自卑的少女、恢复学习兴趣，提升学习能力、农村留守儿童隔代教养问题的个案分析、个案工作介入农村留守儿童行为偏差等。

2. 小组工作

在前期调研的基础上，依据已制定的服务方案，各驻点社工主要针对当地留守妇女、留守儿童开展了小组工作，每个项目点各开展了 2 个小组，共 8 个小组活动，共计服务 384 人次。小组内容包括：（1）留守儿童成长小组；（2）留守妇女能力提升小组；（3）儿童成长小组；（4）儿童合作小组；（5）儿童阅读成长小组；（6）儿童认知能力提升小组。

3. 社区活动

2019 年 7 月至 11 月，各项目点根据前期调研分别开展了 4 次社区活动，共计 16 次社区活动，服务人次达 1 200 人。活动主要内容包括技能提升类、休闲娱乐类活动、庆祝传统节日类活动、主题宣传类等。

（1）社工主题宣传活动；（2）剪纸艺术系列活动，加强社区居民之间的沟通与交流；（3）亲子陪伴郊游活动；（4）户外研学活动；（5）“垃圾分类”教育宣传活动；（6）“文艺汇演”活动；（7）“慰问敬老院老人”活动；（8）为老人“义诊”活动；（9）为儿童拍照之“寻觅童真，定格童年”留守儿童社区关爱活动；（10）“喜迎国庆，温暖义诊”社区义诊活动；（11）“庆国庆，迎丰收”社区篮球赛；（12）社区联谊篝火晚会。

4. 服务对象教育和能力建设

2019 年 7 月至 2019 年 11 月，除广河县项目点（5 次）外各项目点分别开展了 6 次服务对象教育和能力建设，共计 23 次，参加活动人数达 720 人次，培训人群主要为各点村民及社区青少年儿童，主要内容包括：（1）社区青少年人际沟通与社交能力主题培训；（2）社会工作助力脱贫攻坚——基层岗位脱贫攻坚人才社会工作能力提升主题培训；（3）妇女卫生保健主题培训；（4）社区亲子教育主题培训；（5）语言表达能力提升主题培训活动；（6）“安全教育”主题培训；（7）“心理健康教育”主题培训；（8）“德育教育”主题培训；（9）“法治教育”主题培训；（10）“不忘初心、牢记使命”主题培训；（11）“我和我的祖国”爱国主义主题培训；（12）扫黑除恶政策宣讲；（13）脱贫攻坚政策宣讲；（14）农牧实用技术培训；（15）外出务工法律知识培训；（16）牧区常见病预防与治疗知识培训；（17）社会工作知识培训。

（六）项目服务成效

（1）有效回应了三留守人员和贫困家庭的社会心理服务需求，发掘了服务对象脱贫与发展的内生动力。在项目执行过程中，各项目点社工根据前期调研结果，针对留守儿童、留守妇女、留守老人等设计了一系列活动，有效回应了其基本需求。广河县驻点社工针对小区儿童存在的家庭关怀缺失、学业滞后、不良情绪及性格问题等，还要面临新学校、新家园的适应等问题，为每个孩子制定了个案服务计划，开展了一系列的个案服务，促进了他们更快、更好地融入新的校园生活之中；临潭县项目点结合留守儿童的实际情况，对宋家庄村 30 多名留守儿童重点开展了“三小服务”，即安全小课堂、学业小辅导、体育小活动，树立了留守儿童的安全意识，培养了儿童们的安全觉悟，丰富了孩子们的精神文化生活，激发了留守儿童的学习兴趣，提高学习能力。各项目点也为贫困家庭儿童、妇女提供一定了的物质帮助；围绕脱贫目标，通过各类社区活动和培训，开展社区教育，巩固脱贫成果。与此同时，针对留守妇女、留守老人开展了健康知识讲座、脱贫攻坚政策宣讲等活动，有效回应了三留守人员和贫困家庭的社会心理需求，激发了其内在潜能，有效发掘了服务对象自我脱贫、自我发展的内生动力。

（2）提升了当地社会工作人才建设水平，促进了贫困地区专业服务的发展。各项目点针对当地缺乏社会工作专业知识，不了解社会工作专业是什么等一系列问题，开展了相关社会工作专业培训讲座，并且在个案、小组、社区活动中充分运用社会工作专业技巧，以提升当地社会工作人才队伍水平。以合作市项目点为例，其在扎代村针对当地群众对社会工作专业的了解程度较低等问题，举办了关于社会工作基础知识的培训。

（3）培养在地反贫困社会工作专业人才，提高了反贫困工作效率与服务能力。在项目实施过程中，社工以培养在地反贫困社会工作专业人才为目标，在活动中充分挖掘利用当地社会工作资源，保障项目实施效果的长远性。广河县项目组为了帮助当地社会工作服务中心全体员工及 30 余位来自广河县民政系统的社会救助协理员掌握基础的社会工作专业知识，针对他们开展了社会工作能力提升主题培训让他们了解到了社会工作不管是作为一类专业还是职业都具有涉及领域广泛、针对性强、服务专业化程度高和资源链接等优势，在扶贫工作中，可以起到极强的辅助作用。提升了参与培训人员的反贫困工作效率与服务能力，为广河县建设一支能力强、素质好、专业过硬、立足本土的社会工作人才队伍奠定了良好基础。

（4）形成教育对口扶贫服务模式，为下一步更大规模的推广实施夯实基础。通过项目的实施，各项目社工的服务活动顺利完成，并且取得了良好的成效。各驻点社工在活动中探索、发展适合当地的扶贫模式，以保证项目的执行效果，广河项目组通过链接政府资源在水岸花苑易地扶贫搬迁小区设立了新家园社区公益学习中心，以孩子为主要服务人群，通过作业辅导、书本阅读、绘画指导等众多活动有效解决了孩子们在搬迁之后的社区与学校适应问题，在此过程中，注重培养广河县社会工作服务中心的社工人员，将已探索实施的这些服务活动有效延续进行。各点探索实施的社会工作教育对口扶贫服务模式均取得了良好的成效，为下一步更大规模的推广实施夯实了基础。

（七）项目实践经验

（1）注重贫困地区在地人才的培养。为确保政府部门、社会组织的工作人员及基层各级服务人员更好地开展服务，提升自身服务水平，通过开展专业社会工作知识培训，提升其反贫困工作与服务能力，建设一支结构合理、素质优良的本土社会工作人才队伍是极其有必要的。在项目执行过程中，执行团队注重项目点所在地区的在地人才培养，在小组、个案、社区、培训活动中，充分利用当地的志愿者资源，有效地向志愿者、当地政府工作人员等传递了社会工作的相关知识，培养当地社会工作人才。

（2）注重服务效果的长远性。在项目结束后，如何巩固与保障项目服务效果的长期性也是驻点社工思考最多的问题。中央财政对口支持社会工作专业教育扶贫项目是阶段性的，服务时间短，在实施过程中存在碎片化的缺陷，考虑项目服务效果的持续性，广河项目组在项目结束之际，积极与广河县社会工作服务中心进行对接，后续该点将继续作为服务社区居民的场所，有效保障了项目服务效果的持续性。

（3）前期调研工作是做好项目的基础。在项目实施前，各项目点开展了动员、宣传、政策理论学习等工作，驻点社工与带队老师、乡镇干部等进行了充分的交流沟通，设计调研问卷、访谈提纲，运用专业的调研方法，深入基层进行了为期 15 天的前期调研工作。扎实的调研工作为项目的顺利实施打下了良好基础。

（4）以儿童服务为切入点开展服务。在各项目点的工作中，社工首先将目光聚焦在儿童身上，通过儿童活动的开展深入家庭、社区。广河县项目点以社区公益学习中心为基地，帮助孩子增强学习信心、加强人际交往，通过在活动过程中建立的信任关系，采取社区走访、入户访谈等多种形式，了解居民需求，确定服务群体，制订服务计划。合作社项目点以儿童服务为切入口，逐渐与社区居民建立了深入的专业关系，从而展开后续其他工作。

（5）以需求为本，开展服务活动。各项目点在开展活动的过程中，有些活动偏离了社区村民的需求，设计的相关活动在与村民沟通后发现不适宜开展，最终取消。社工及时吸取经验，在社区活动的设计中与村干、村民进行详细沟通、协商，获得了社区村民的广泛好评。

社区工作必须从居民的需求出发，才会有参与度。

（6）村级组织与村民的配合是做好项目的保障。驻点社工刚到项目点时，村民对其不熟悉，对项目不了解，存在戒备和防范心理，村党支部和村委会干部及时协调解释，并帮助其解决了住宿、入户困难等方面的问题，推动了驻点社工顺利开展的工作。

（撰稿人：马凤芝）

第六节　边疆留守儿童、事实无人抚养儿童关爱保护和家庭赋能社会工作服务示范项目

一、服务目标

边疆留守儿童、事实无人抚养儿童关爱保护和家庭赋能社会工作服务示范项目旨在通过个案管理、个案辅导、小组活动、社区活动帮助边疆儿童健康成长，为国家和社会准备合格的建设者；提升照顾者的监护能力，以家庭建设夯实家庭环境；推动完善儿童监护机制；通过在地社会工作者的能力建设，引领和帮助培养专业人才，促进专业教育水平、儿童社会工作服务水平提升及边疆儿童福利事业的发展；通过探索符合边疆地区情境的物质满足和能力提升并重的儿童关爱保护和家庭赋能工作模式，在有条件的情况下向更多地区复制推广。

二、服务时间

2021 年 9 月至 12 月。

三、服务地域

西藏自治区拉萨市城关区，林芝市墨脱县、察隅县，山南市隆子县。新疆维吾尔自治区乌鲁木齐市沙依巴克区，石河子市。青海省西宁市城中区，海南藏族自治州贵德县。

四、服务团队

项目启动以来，由鲁东大学、新疆师范大学、石河子大学和青海师范大学 4 所高校，共计组织 31 名社会工作专业学生、16 名社会工作者和 8 名高校督导参与服务。

五、服务内容

开展以“儿童为焦点—家庭为中心—社区为基础—社会为依托”四位一体的儿童关爱保护和家庭赋能服务。

（1）建立动态监护档案；（2）为儿童提供心理疏导、精神慰藉、行为矫正、自我效能提升、社会支持网络重构等个体服务；（3）为儿童及其照顾者分别开展课业辅导、同伴互助、亲职教育、家庭支持等团体服务；（4）开展志愿服务、社区宣教、政策倡导、资源链接等社区和社会服务；（5）对当地相关政府部门、社会组织，儿童督导、儿童主任开展能力建设。

六、服务成效

（一）服务人群和数量

项目累计服务边疆留守儿童、事实无人抚养儿童 135 名，为其开展个案辅导，共计 1 080 人次获益；开展儿童小组活动 31 期，共计 1 368 人次获益，开展家长小组活动 12 期，共计 528 人次获益；开展社区活动 24 场，共计 982 人次获益；通过个案管理方法服务边疆留守儿童、事实无人抚养儿童及其家长 270 名，共计 540 人次获益。综上，项目总计服务 4 498 人次。

（三）服务成果

（1）通过个案管理、个案辅导、小组活动、社区活动，助力边疆儿童健康成长，为国家和社会准备合格的建设者；提升照顾者监护能力，以家庭建设夯实家庭环境；推动完善儿童监护机制。（2）通过能力建设，引领和帮助实施地培养专业人才，促进专业教育水平、儿童社会工作服务水平提升及边疆儿童福利事业发展。（3）通过探索符合边疆地区情境的物质满足和能力提升并重的儿童关爱保护和家庭赋能工作模式，在有条件的情况下向更多地区复制推广。

第七节　实施中央财政示范项目的经验

一、以服务示范提升会员单位的教学和人才培养能力

通过项目实施，不仅有效回应了服务对象的需求，而且推动了相关领域、实施地域社会工作的发展，同时扩大了社会工作的知晓度和美誉度，以及中央财政项目的示范性和影响力。

示范项目也是协会服务会员，组织带领会员进行社会工作服务创新、探索产教研有效融合、改革社会工作人才培养模式的抓手。对协会来说，多次承接中央财政项目，有助于不断提高自身的项目运营和服务能力，逐渐形成协会实施项目的管理模式。中央财政项目也是进行服务示范和创新的重要载体和途径。

二、具体经验

（一）以项目促进服务创新

从制定项目指南，到财务管理、宣传管理、档案管理等方面，规范项目执行团队的内部管理，在项目实施过程中，协会定期召开由各校负责人参加的联席会议，畅通与一线社会工作师生的沟通渠道，确保项目执行落到实处。同时，鼓励引导执行团队将专业方法与当地特色、实际需求相结合，推动服务内容和形式创新，形成了诸多具有中国本土特色的服务方法和模式。

（二）以服务促进实务能力提升

为保证项目质量和进度，实施二级督导、定期与不定期督导，及时解决执行问题，提升团队整体服务水平。同时，项目每月至少开展一次主题培训，进一步增强执行团队的政策与理论运用能力。

（三）以服务促进社会工作研究

项目采取行动研究，通过“计划—实践—反思—改善”的体系循环，在优化服务举措的同时将服务经验转化为理论成果，更好地指导相关社会工作专业服务实践，形成了一批兼具理论高度与实务成效的著作、教材、课题和论文。

（撰稿人：马烨）

第十九章

其他领域社会治理服务

中国社会工作教育协会和会员单位主动行动，服务国家发展战略，在社会治理体系和治理能力现代化的努力中，以专业服务践行社会主义核心价值观，助力社会治理效能的提升。

第一节　社会工作介入社区矫正服务

一、参与上海“预防和减少犯罪工作体系”建设

2002年春，在华东理工大学社会工作系主任徐永祥教授的带领下，华东理工大学社会工作系参与了上海市委政法委“预防和减少犯罪工作体系”建设过程。体系建设确定了成立社会组织，政府购买服务，由社会组织招聘社会工作者为社区处遇罪犯，刑释解教人员（当时“劳动教养法”还没有被废除，现为刑释解教人员），吸毒人员，16岁—25岁社区青少年（失学、失业、失管青少年）提供服务的制度，形成了政府主导推动，社团自主运作，社会多方参与的机制。2002年年底至2003年年初，第一支队伍由61位监狱干警、公安干警、中学转岗教师及社会招聘人员组成。他们在华东理工大学进行了为期一个月的社会工作封闭式培训，张昱教授主导制定了培训方案，费梅苹教授、朱眉华教授任班主任。结业后他们分别进入四个试点区开展社会工作服务。2004年，这一制度在上海全市推开，从而有规模地推动了社区矫正社会工作、安置帮教社会工作、禁毒社会工作、青少年社会工作的发展。2005年1月，最高人民法院、最高人民检察院、公安部、司法部联合发布的《关于扩大社区矫正试点范围的通知》指出，要“运用社会工作方法，整合社会资源和力量对罪犯进行教育、改造，使其尽快融入社会”，社区矫正社会工作首次获得国家政策的认同。

二、参与推动社区矫正社会工作的建设过程

2003年年底2004年年初，专门负责社区矫正社会工作的民办非企业上海市新航社区服务总站成立，张昱老师当选董事会董事，社会工作系费梅苹、范志海、仝利民、朱孔芳、蔡屹等老师参与推动了社区矫正社会工作的建设过程。在这一过程中，团队成员有所变化，后来一部分硕士和博士研究生也参与了这一过程，如周建国硕士、杨彩云博士、高梅书博士、罗玲博士、康姣博士、冯承才博士等，以及当时在读的王海擎、汪前臣博士等。

参与的主要方式有：第一，会议。通过参与市社区矫正局及一些区司法行政部门的相关会议，提出相关建议，推动政策的发展。通过参与理事会，提供相关建议，推进社会组织及社会工作者队伍建设，促进社会工作者专业能力提升。第二，挂职。张昱教授、费梅苹教授挂职市委政法委秘书长助理，具体参与相关工作。第三，调研。在整个社区矫正社会工作试点期间，团队成员走遍了四个试点区各街镇的社工点，同社工及社区矫正对象沟通交流，把握一线情况，保证相关政策建议的针对性和可及性。第四，培训与督导。一是积极参与推进上海市新航社区服务总站多元社会工作督导体系与多层培训体系的形成；二是亲身参与督导和培训工作。第五，项目。一是团队成员将自己的研究项目投入社工实务，二是通过参与社工站的各种项目建设，推进社区矫正社会工作实务发展。第六，合作参与式行动。在社区矫正社会工作开展初期，社区矫正社会工作者们尽管接受过培训，但在价值观、方法、技术及实践经验的掌握方面仍然存在较大的不足。为此，团队成员与一线社会工作者们合作，从评估、计划制定、实施等方面参与社会工作服务实践，从而推动社会工作者专业能力的提升。如当时在上海市社区矫正社会工作中影响较大的“星星点灯”小组项目就是团队成员、社会工作专业学生、社区矫正社会工作者共同合作的成果。第七，研究。2004年团队获得了徐汇区社工站评估研究项目，2006年获得国家社会科学基金项目“社区矫正研究”，2007年获得香港循道卫理会资助近百万元的实践探索项目，与闵行区社工站合作，连续三年探索了社会工作方法在社区矫正中的运用，以及未成年人社区矫正工作，此外、上海市社区矫正局、一些区社区矫正机构也给予了多项研究项目。通过研究，推进了社区矫正社会工作的知识生产。如研制了社区矫正社会工作实务过程，研制了个案工作模板等，发表了一系列论文，出版了《社区矫正实务过程分析》等国家“十一五”规划教材。第八，回馈。把社区矫正社会工作者的实务经验、研究团队获得的研究成果运用于社会工作教育中，丰富且提升了教育质量，同时把机构作为实习基地，让团队成员持续地参与社区矫正社会工作发展过程中，让更多的同学参与实务过程，从而促进社会工作教育与实务的良性循环，促进了社会工作教育与实务的高质量发展。

三、社区矫正社会工作建设成果

在介入内容方面。团队成员参与了社区矫正社会工作组织命名策划与运行、队伍建设、理念凝练、政策推进、制度设计、流程设计、服务表格设计、基地建设、项目设计、专业推进、专业标准研制、志愿者管理、具体问题解决等众多方面。

在介入成效方面。团队介入社区矫正社会工作服务已有二十年历史，在与社区矫正司法机构、社会组织、社区矫正社会工作者、志愿者的合作中取得了较好的成效。第一，促进了社区矫正社会工作制度的形成。2004 年年底，社区矫正社会工作服务已经覆盖上海市所有社区矫正对象；第二，促进了社区矫正社会工作机构的生成与发展。上海市新航社区服务总站先后荣获全国社会组织等级评估“AAAAA 级”社会组织、“首批全国社会工作服务示范单位”、中国“百强社会工作服务机构”“上海市先进社会组织”“上海市品牌社会组织”“上海市司法行政工作先进集体”等 20 余项荣誉；第三，促进了社区矫正社会工作者队伍建设。截至 2023 年年底，上海市新航社区服务总站共有社区矫正社会工作者 527 人，其中，有社工师（含助理）或心理咨询师（含助理）资质 436 人，持证者占总人数的 82.7%；第四，促进了社区矫正社会工作实务的发展。二十年来，十多万人获得社区矫正及安置帮教社会工作服务。第五，润滑了社会，促进了社会和谐与稳定。二十年来，累计开展个案服务 50 000 余个，小组服务 4 101 个，提供各类政策咨询 113 456 人次，提供心理咨询 91 963 人次，提供法律咨询 86 814 人次，调解改善家庭矛盾 3 988 人，调解改善社会矛盾 439 817 人次。

总结二十年的参与过程，我们认为，推进社区矫正社会工作高质量发展至少要做到以下几点。第一，与国家发展的重大战略相结合是重点；第二，构建社区矫正社会工作发展共同体是基础；第三，理论与实践相结合，从实践上升到理论，用理论指导实践，实现理论与实践的往复循环是基本规律；第四，职业边界建设与专业能力提升是根据；第五，持续坚持是根本。

（撰稿人：张昱）

第二节　社会工作介入涉毒人员社会康复服务

一、社会工作介入戒毒人员社会康复的开端

2003 年 10 月，上海市委政法委发布“关于组建禁毒、社区矫正、青少年事务社团的指导意见”，按照“政府主导推动、社团自主运作、社会多方参与”的思路，在市级层面设立禁

毒社会组织，并且在各区县设立工作站，拉开了上海禁毒社会工作发展的序幕，也开启了我国禁毒社会工作制度及实践的发展。

在近20年的上海禁毒社会工作发展历程中，高校社会工作教育者积极推动和促进了社会工作介入戒毒人员社会康复的职业化和专业化发展。

二、开展培训督导及社会工作机构建设工作

2003年上海禁毒社会工作启动之初，上海市委政法委邀请华东理工大学等高校社工系教师参与社工培训计划与设计，担任禁毒社会工作者培训工作。2004年，上海市禁毒办委托华东理工大学社工系对全市禁毒社会工作者开展督导工作，由时任副系主任的张昱教授具体组织实施，社工系多名教师参与了督导工作，通过与全市各社工点一线社工进行面对面交流研讨，提供督导意见，推动了禁毒社会工作者的专业能力建设。华东理工大学社工系教授同时参与禁毒社会工作的组织建设及规范管理，如时任系主任徐永祥教授担任第一届上海市自强社会服务总社理事长。华东理工大学社会工作系费梅苹教授担任上海中致社区服务社理事、上海市自强社会服务总社理事长等职。同时，不少高校教师积极参与禁毒社会工作服务的地方标准建设、禁毒基金会服务项目评选及评估等工作，共同推动了禁毒社会工作标准化和专业化建设。

三、开展及推动禁毒社会工作实践研究

通过与机构建立校社合作，与社工、服务对象建立协同式行动研究团队等，高校社工系教师积极带领团队开展禁毒社会工作实践研究，不仅创建了一批禁毒社会工作实践模式，出版了不少科研成果，填补了我国禁毒社会工作研究的空白，还促进了吸毒人员保持操守、巩固戒断率，提升了禁毒社会工作者的实践能力。如2009年之后开展的上海社区戒毒康复服务中的同伴教育模式的提炼、相关论文及书稿的出版，在行动研究过程中作为同伴辅导员的戒毒人员们不断焕发出的“自助—互助—助社会”的强大改变动力和康复成效，就是最好的佐证。

四、开展禁毒社会工作政策倡导

2016年5月，华东理工大学社会工作系费梅苹教授，接受民政部社工司的课题委托，依托华东理工大学社会工作系和社会工作智库平台，组织完成了《禁毒社会工作者队伍建设专题研究》的研讨工作。张昱教授、费梅苹教授与部分省市公安厅禁毒局的领导、禁毒社会工

作服务机构负责人一起参与了研讨工作，并且在民政部、公安部禁毒局的指导支持下，完成了《关于加强禁毒社会工作者队伍建设的意见》研究报告，于2017年3月3日获民政部社工司出具的“研究报告中的有关意见、建议已被采纳到《关于加强禁毒社会工作队伍建设的意见》(禁毒办通［2017］2号）中”的政策采纳证明。除此之外，社工教师们多次参加全国及省市级面向领导干部的专题培训工作，在培训过程中传递社会工作服务的基本理念、理论及知识，分享成功实践经验；不少教授受聘担任中国毒品滥用防治专家委员会委员、全国司法行政戒毒系统教育矫治专家，积极倡导禁毒社会工作专业化职业化发展，均获得明显成效。

五、开展禁毒社会工作专业教育

全国社会工作专业的教师们，把多年来参与禁毒社会工作服务的实践及研究经验、研究成果运用于社会工作教育中，丰富了社会工作教育质量。不少高校在开展社会工作本科及研究生教育培养工作中，通过专设禁毒社会工作课程或研究方向、建立禁毒社会工作实践基地等形式，培养了一批学生投身于禁毒社会工作实践。特别是不少社会工作博士生，深入禁毒社会工作一线，参与实践研究项目、撰写学位论文，形成了一批较高质量的研究成果。禁毒社会工作教育者通过践行“教学—科研—研究—政策倡导”四位一体的教育策略，有效促进了社会工作教育的发展。

六、开展禁毒社会工作知识生产

运用“中国知网”的“期刊”一栏的高级检索，检索主题词“禁毒社会工作”或含“戒毒社会工作”，检索时间为“2004年—2024”年，在所检索的272篇文章中，第一作者为高校教师的共141篇，共112人。这些期刊文献，主要涉及以下四个方面：其一，基于中国本土情境开展禁（戒）毒社会工作实践，这类研究是当前禁（戒）毒社会工作最主要的研究。禁（戒）毒社会工作实践具体运用个案工作、小组工作、社区工作专业方法，并且结合社会工作中优势视角、增能理论、生态系统理论、社会复归理论等专业理论，为戒毒人员提供动机激发、防复吸训练、优势拓展、提前介入、危机干预、家庭辅导、社区资源链接等专业性服务，开展实践时，通过多途径、跨学科的方式，改变戒毒人员不良的生活习惯，远离毒品并彻底戒断毒品，及时且有效帮助戒毒人员解决社会生活问题，不断促成禁毒人员社会康复目标的达成。经过多年社会工作实践，很多地区形成不同的地区发展特色，如云南的美国戴普托模式、上海市的同伴教育模式、深圳的互助型治疗社区模式等。其二，针对戒毒人员特殊人群特点开展了相关研究。聚焦青少年毒品预防教育、青少年戒毒服务和戒毒康复中女性吸毒的现实处境与性别角色压力。其三，禁毒社会工作人才队伍建设。研究集中在禁毒社会工作课程建设、禁毒社会工作者专业化能力提升、禁毒社会工作督导三方面。其四，也有学者聚焦于当前禁毒政策影响下的禁（戒）毒社会工作专业化发展。这类研究主要涉及当前禁（戒）毒社会工作发展过程中的困境与应对策略（尤其是社区戒毒）、禁（戒）毒社会工作的分类评估体系、政府购买禁（戒）毒社会工作服务等，不断实现禁（戒）毒社会工作实践体系的标准化和专业化。近 20 年中，高校教师作为中国社会工作教育协会的成员，通过发表研究成果，为社会工作如何介入戒毒人员社会康复贡献了诸多有创新性和中国特色的知识成果。

总体而言，在中国社会工作教育协会的带领下，自 2003 年以来，高校教师在参与理念凝练、制度设计、社会工作组织运行、社工队伍建设、服务规范建设、项目实施、专业推进、专业标准研制、政策推进、志愿者管理、具体问题解决等众多方面广泛参与禁毒社会工作实践，直接参与和推动了我国禁毒社会工作事业的发展。

（撰稿人：费梅苹）

第三节　社会工作介入未成年人司法保护服务

一、未成年人司法社会工作的缘起

未成年人司法保护是我国未成年人保护事业的重要组成部分，是国家和社会共同关注的重要议题。为了做好未成年人司法保护工作，自 20 世纪 80 年代起，我国开始推进少年司法改革，而社会工作也作为社会力量的重要组成部分，参与其中，逐渐形成了社会工作的一个专业领域——未成年人司法社会工作。

未成年人司法社会工作服务是以具有不良或严重不良行为的未成年人、涉案未成年人及其家庭为服务对象，以未成年人犯罪预防和权益保护为目标，运用社会工作专业价值理念，整合个案、小组、社区等工作方法，围绕服务对象个体、家庭、学校、社会等方面，以提升社会适应能力，构建社会支持网络，恢复健康生活为主要内容的社会服务活动①。未成年人司法社会工作者通过提供合适成年人、社会调查、帮教、观护等服务，有效保障了未成年人的

---

① GB/T 42380—2023，未成年人司法社会工作服务规范［S］，2023.

合法权益，促进了我国未成年人司法保护事业的高质量发展。

2003 年起，未成年人司法社会工作经历了零星化探索发展阶段、制度支持下的系统化探索阶段和立法支持下的制度化建构阶段，已经形成了较为完善的服务体系。

二、服务内容

迄今为止，在与公安司法部门的沟通下，未成年人司法社会工作服务已经形成七项主要服务内容，按照《未成年人司法社会工作服务规范》国家标准的要求，这七项服务内容如下：

（一）不良行为干预服务

不良行为干预服务是社会工作者在社区、学校、家庭、网络等场域中，对具有不良行为的未成年人开展的以认知能力提升、行为规范养成、社会情感能力培养、社会支持网络强化为主要内容，以促进未成年人与环境的良性互动、实现未成年人不良行为改变为目标的社会服务活动。

（二）严重不良行为矫治教育服务

严重不良行为矫治教育服务是社会工作者配合公安机关、人民检察院、司法行政部门、教育行政部门，对具有严重不良行为的未成年人开展的以法律教育、行为矫治、家庭教育指导、社会支持网络完善等为主要内容，以改善未成年人严重不良行为、推动未成年人所处环境的改变、预防未成年人违法犯罪为目标的社会服务活动。

（三）合适成年人服务

合适成年人服务是社会工作者在公安机关、人民检察院、人民法院对未成年嫌疑人、被告人、被害人、证人的讯问或询问等诉讼活动中，在法定情形下到场，开展监督、沟通、抚慰、教育、见证等的社会服务活动。

（四）社会调查服务

社会调查服务是社会工作者接受公安机关、人民检察院、人民法院委托，对涉罪未成年人的个体因素、社会群体因素及二者之间的互动状态进行调查了解和综合分析的社会服务活动。

（五）帮教服务

帮教服务是指社会工作者接受公安机关、人民检察院、人民法院、司法行政部门的委托，围绕违法犯罪未成年人开展的以法律教育、认知调整、行为矫治、生命教育、职业规划、社会支持网络搭建等为主要内容，以协助违法犯罪未成年人提升法律意识、自控力与社会适应能力，获得必要的社会支持，预防再次违法犯罪为目标的社会服务活动。

（六）被害人保护救助服务

被害人保护救助服务是指社会工作者接受公安机关、人民检察院、人民法院的委托，对未成年被害人及其家庭开展的以危机干预、创伤疗愈、资源链接等为主要内容，以保障未成年被害人及其家庭的基本权益、降低其再次受到侵害的风险，帮助未成年被害人尽早恢复社会功能为目标的社会服务活动。

（七）家事案件观护服务

家事案件观护服务是指社会工作者接受人民法院委托，在涉未成年人家事案件的审理过程中提供的观护调查、参与调解、延伸观护等社会服务活动。

三、服务机构

上海、北京、昆明、深圳是未成年人司法社会工作发展较早的地区，近年来，在最高检和团中央的支持下，全国正在以 80 个示范建设单位为中心，持续推动未成年人司法社会工作服务在全国的全面推开。截至 2024 年，已经实现全国所有省份都有机构开展此类服务，随着未检社会支持体系建设的不断推开，这一服务有望在全国所有地级市铺开。

四、服务效果

从直接服务效果来看，未成年人司法社会工作者有效保护了涉法涉诉未成年人的合法权益，协助其完成了司法流程，修复了社会支持体系，有效促进了其顺利回归社会。从间接服务效果来看，未成年人司法社会工作服务的发展推动了专业教材的编写，促进了《未成年人司法社会工作服务规范》国家标准的出台，更促进了相关政策文件的出台，为社会工作的合法性建构，社会工作的专业化和职业化发展作出了重要贡献。

（撰稿人：席小华）

第四节　信访社会工作领域的开拓

一、开展信访社会工作教学和研究的概况

党的十八大以来，党中央、国务院高度重视信访工作。中央社会工作部成立后，信访社会工作得到更多的重视。中央社会工作部提出信访工作要融入社会工作大格局。

南京大学社会学院MSW教育中心2010年成立之初就开始了信访社会工作实习、信访社会工作实习课程讲座等，后来拓展到信访社会工作政策咨询、重大疑难信访矛盾化解、信访社会工作研讨会、信访社会工作专题报告、信访社会工作培训、信访社会矛盾化解中心、南京市信访工作专家智囊协会建设等工作。同时，南京大学还联合苏皖片区南京师范大学、河海大学、南京农业大学、南京社会科学院等多家大学开展信访社会工作服务，并且在2016年南京召开的中国社会工作教育协会年会上向协会领导进行汇报，得到协会的大力支持，形成多家高校联动具有一定规模的信访社会工作交流网络。十多年来，信访社会工作从最初的简单合作发展到今天的多元化服务，产生了广泛且良好的社会影响，建构了具有中国特色的整合型社会工作实践和研究结合模式。

中国政法大学设信访与治理研究中心。MSW专业硕士中心依托学校学科优势，积极开展相关的信访社会工作服务，定位于培养司法社会工作的专门人才，在司法调查、犯罪预防、罪犯矫治、纠纷调解、权益维护等领域开展的专业服务，在全国高校的社会工作教育中独树一帜。尤其突出的是应星教授。秉承厚重的学术传统，中国政法大学社会工作系于2018年开始探索矛盾纠纷多元化解策略，同房山区矛盾纠纷多元调解中心建立合作关系和南京大学紫金智库信访与矛盾化解中心建立合作关系。

2011年，北京城市学院学校与北京市信访办、北京市信访矛盾分析中心合作，开启了社会工作专业硕士学位（MSW）“信访与社会矛盾冲突管理”方向的研究生培养工作，由此成为全国首个开展信访方向专业硕士研究生培养的学校。该专业围绕大都市基层矛盾纠纷前端化解、实质化解需求，培养基层矛盾纠纷预防、多元调处和化解、信访工作创新等领域的高层次应用型人才。学校与北京市信访办共建实践教学基地，联合信访系统专家编写研究生教材6部，成立“北京城市学院信访与社会治理研究院”，针对北京市信访系统工作人员开展系列能力提升培训等，在北京市信访人才队伍建设中发挥了重要作用。学校信访方向人才培养拥有坚实的基础，推动信访社会工作方向的人才培养与学科建设，是该校下一阶段高质量发展的重要任务之一。

广东高校和社会组织联动，在信访局、民政局的支持下，在信访社会工作服务领域做了很多开拓性工作。2014年，广东实施的《广东省信访条例》，明确将社会工作纳入信访服务范围，为信访社会工作创新提供政策支持。因为信访社会工作暂无成熟的国家标准，社会工作教育和社会工作实务工作者更多依靠自身工作经验和实际工作的情况参与信访服务，存在服务水准参差不齐，较难体现和评价服务成效等现实问题。为此，深圳市民政局、深圳信访局和深圳市社会工作者协会组织多家单位，编制地方标准《信访社会工作服务指南》并于

2021 年出台，以此推动信访社会工作的开展和质量的提升。该《指南》基于信访社工在信访服务中的角色定位和专业技能要求，指出除社会工作通用的个案工作和小组工作过程应遵循的标准文件之外，还专门整理出针对集体信访中容易出现的危机干预的服务过程，明确了社工分别在危机识别和评估、协助选定信访代表、危机解除后的跟进等阶段应重点开展的工作，突出了社工在化解危机方面能够发挥专业特长之处。多家高校与机构联手，提供 MSW 实习岗位，督导高校社会工作学生实习，提供高校信访社会工作案例，助推信访社会工作教育和研究的发展。

二、建立信访社会工作研究生培养制度

2010 年，南京大学社会学院 MSW 教育中心第一批聘请的 MSW 兼职教授有时任南京市信访局的孔祥勇局长。学校和南京市信访局在 2010 年签订《信访社会工作实习基地共建协议书》，双方合作共建的信访社会工作实习基地是全国最早建立的信访领域实习基地。南大 MSW 教育中心每年都安排 MSW 研究生到南京信访局实习 800 小时—1 000 小时，其成为 MSW 实习的成熟模式。校内实习督导由学院书记徐愫、MSW 中心主任彭华民等社会工作教师担任，聘请南京市信访局前副局长庞继霞、南京市信访工作专家智囊协会办公室主任王世清担任兼职实习督导；每年还会安排信访局各个部门安的人员直接开展督导。南京大学社会学院 MSW 中心聘请南京市信访局局长孔祥勇兼职教授给每届 MSW 研究生开设信访与社会治理研究课程（社会工作实务研究课程）；部分研究生在此基础上撰写信访社会工作硕士学位论文，对社会工作介入信访矛盾化解、柔性化解疑难社会问题提出信访社会工作政策建议；聘请孔祥勇、庞继霞、王世清等担任 MSW 硕士论文答辩委员会委员。同时，苏皖片区河海大学、南京农业大学、扬州大学、安徽大学、安徽师范大学等也开展了信访社会工作教育和研究工作，MSW 论文以信访社会工作为主题，研究社会矛盾化解的方法。信访社会工作成为苏皖社会工作学科建设的创新特色之一。

截至 2023 年年底，中国政法大学社会工作专业师生前往房山区矛盾调解中心开展实习实践和调研 6 批次，50 余人，撰写调研论文 7 篇，其中 2 篇论文被“京津冀司法行政系统调解工作协同发展研讨会”评为优秀奖（最高奖）并选用刊登。中国社区报以“政校合作探索多元纠纷解决机制”为题报道了双方的实践合作培养机制，并被“学习强国”转载（2021 年 8 月 18 日）。

北京城市学院围绕社会工作“信访社会工作方向培养体系”和“信访社会工作‘政产学研用’合作平台建设规划”进行了多方面的工作。相关部门对该校加强信访社会工作研究生

人才培养的重要性与必要性给予肯定。在信访社会工作领域建设信访案例库、增设信访政策类课程、构建信访研究平台、形成信访系列成果等方面该校都有不少成果。学校支持社会工作专业将信访社会工作方向做优做强，为基层治理领域培养更多的高水平应用型人才。

二、信访社会工作研究的开拓和项目成果

南京大学社会学院社会工作学科教师团队彭华民、周晓虹、陈友华、方文晖、耿柳娜、徐愫、肖萍、陈家建等积极参加 2013 年成立的南京市信访工作专家智囊协会工作，彭华民担任协会副会长，南京大学 MSW 担任督导，信访局庞继霞、王世清担任协会办公室主任等职务。协会前身为 2011 年 4 月成立的南京市预防和化解突出信访问题专家智囊团。2016 年 1 月，南京大学社会学院社会工作学科教师团队彭华民等与南京市信访局联合组建江苏紫金传媒智库信访与社会矛盾研究中心，并且担任中心副主任。信访局庞继霞、王世清等担任中心的兼职专家。苏皖片区高校，如河海大学、南京师范大学、南京农业大学、安徽大学、安徽师范大学等也积极参加协会和中心组织的信访社会工作的研究和服务。

南京大学社会学院社会工作学科教师等联合南京大学 MSW 兼职教授孔祥勇，以及相关专家张海波教授等承担多项信访社会工作项目并获奖。2011 年 12 月 27 日，南京市信访局和南京大学承担的南京市软科学研究计划项目《柔性社会管理研究》结题。该课题获南京市人民政府颁发的第十二次哲学社会科学优秀成果二等奖。2013 年，南京市信访局和南京大学孔祥勇、郭永富、彭华民、王世清承担的南京市软科学研究计划项目《社会矛盾化解方式多元化与新时代信访工作》结题。2016 年 12 月 26 日，南京市信访局和南京大学承担的南京市软科学研究计划项目《信访体制机制改革创新的思路方法》结题。2015 年 6 月 29 日，南京市信访联席办和协会研究确定信访体制机制改革创新的思路方法、信访法治化的对接途径方式、如何破解进京访非访的难题思路、社会稳定和矛盾化解的智库建设四个项目，作为协会和市区信访局合作研究的重点课题，均如期结题。

2017 年 4 月 6 日，江苏紫金传媒智库信访与社会矛盾研究中心组织有关专家对 12 份信访社会工作与社会治理项目申报书进行评议。经研究决定，对社会治理背景下社会工作介入信访矛盾化解研究、构建信访大数据研判与应用机制研究、涉诉信访工作法治化的理性思考和机制构建、健全完善信访工作考核制度的探索、基层社会治理与信访工作典型案例实证研究、信访人的行为预期与社会矛盾治理六个课题予以立项。课题周期一年，并且进行中期考核，均已如期结题。2018 年 5 月 8 日，中心组织有关专家对 22 份申报书进行评审。经研究决定，对新时代社会主要矛盾与信访减生对策研究、社会主义协商民主视野下

的信访制度改革、新时代社会主要矛盾与信访减生对策研究、新时代背景下医疗机构信访减生对策研究、新时代社会主要矛盾视域下信访减生的逻辑生成与现实路径、新时代社会主要矛盾与信访减生对策研究、全面依法治国背景下信访法治化研究初探、社会主义协商民主视野下信访制度改革、信访行为模式与社会心理疏导机制建构的研究、加强党对新时代信访工作的领导研究 10 项课题予以立项，其中重点项目 2 项，一般项目 8 项，均已如期结题。南京大学彭华民教授、河海大学施国庆教授等承担的信访社会工作项目结项报告得到政府部门和相关专家的好评

南京大学社会学院 MSW 教育中心、江苏紫金传媒智库信访与社会矛盾研究中心和南京市信访局合作完成信访社会工作和社会矛盾化解专著《服务为本的国家治理》，该专著由南京大学 MSW 兼职教授孔祥勇担任主编，紫金传媒智库信访与社会矛盾研究中心吴英姿主任、彭华民副主任担任副主编，2018 年由北京社会科学文献出版社出版，该专著入选中央党校高端智库数据库。

中国政法大学社会工作教师和政法部门合作。因退役军人是信访人的重要来源，国家于 2018 年专门成立中华人民共和国退役军人事务部，加强党对退役军人工作的统一领导。疫情结束后，2023 年，中华人民共和国退役军人事务部找到学校社会工作和心理学两个专业进行合作。学校每周安排学生前往其信访部门参与接访，每两三周学生汇报典型案例，两个专业的教师们逐一进行分析、讨论和研判，重点分析接访及化解矛盾策略、异常心理类型信访人及其干预方法，目前已经形成好几百个案例库。同时，专业师生还随同退役军人事务部一同前往地方下访，了解基层一线信访案例的实际情况。2024 年 4 月，退役军人事务部专门委托课题“信访对象思想状况和疏导化解方法研究”，目前正在积极推进中。在实习实践和实地调研之外，中国政法大学社会工作教师带领研究生做了大量的文献案例，主要包括古今中外矛盾纠纷化解的经典著作、历史变迁和制度演进。结合理论、制度和经验案例，初步完成教材《信访社会工作》的编写。

三、用社会工作理念方法参与信访矛盾化解，提升社会治理水平

2011 年以来，南京大学社会学院 MSW 教育中心、紫金传媒智库信访与社会矛盾研究中心、南京市信访工作专家智囊协会社会工作、社会学与心理学专家等与江苏省信访局及南京市信访局领导共参与重大疑难信访矛盾化解 267 人次，参与接待信访群众 622 人次，参与协调、会办、研判和督查 158 次，介入和听案问案复杂疑难信访案例 106 起，提出建议 246 条，推进化解率 72.6%。每位专家每年至少介入化解 1 件—2 件突出信访事项。典型案例如下。

历经六年的南京市定淮门大桥停车场信访事项，经市信访工作专家在2011年为期一个月的驻点调研、与矛盾双方充分沟通协商、走访征询相关部门意见，以及召开由周晓虹、彭华民、周沛等参加的专家议事会，听取各方意见，得以妥善化解。市领导高度评价这次议事会“工作深入、方法得当、各方努力、效果很好”。因与相邻企业在搭建房屋上产生纠纷而引发进京访的佘某某信访事项，经南京大学社会工作与政策系主任陈友华教授和南京市信访局老局长贺珍珠调查和现场观察，反复做信访人思想工作，和江宁区形成解决问题的共识。2012年9月19日，在市信访联席办协调下得以妥善化解。2014年2月25日，协会召开全体理事参加的专家信访案例分析研判座谈会。筛选比较典型的三个信访案例，提供给专家专题进行分析研判。彭华民、施国庆、陈友华教授通过案例课件分别介绍介入化解信访案例的基本情况和化解中遇到的难点。专家们逐案点评，逐案研判，有针对性地为三个信访案例提出化解方向和化解思路。会后，协会根据专家提出的问题化解方向和化解思路，向有关单位提交建议函。

中国政法大学社会工作师生积极参加信访矛盾化解。北京市房山区矛盾纠纷多元调解中心的重点领域即是信访矛盾，中国政法大学社工专业参与并协助其化解了众多信访问题。孙某的养殖场几年前被强制拆除，自认为损失几千万元，提起诉讼判决后但无执行主体（因涉及单位众多），于是开始了无数次的上访。信访办将这个案件转介到调解中心。村民委员会主任承认当初的措施有些强硬，但迫于无奈，因为孙家是“钉子户”而且房子属于自建房。不可能给孙某土地，如果开了先例其他村民都找来就乱套了。经过多轮背靠背协商，最终确定赔偿金额在原有基础上再加50万，村里和区里各出资50%，最后终于达成调解协议。此外，调解中心还化解了多起农民工讨薪纠纷、持续多年的煤矿工伤补偿纠纷、景区游客伤亡信访纠纷、某总公司与单位员工房屋纠纷等多起重大信访事项。这种政校合作、访调联动模式受到北京市信访办的高度肯定。

信访社会工作服务形成广东政-社-校合作模式，在大调解体系中发挥的作用和价值日益凸显，发展了信访社会工作前期、中期和后期服务，重视矛盾化解。2008年2月，深圳市首批31名司法社工在经过上岗培训后，派驻福田、罗湖、光明三个区开展服务，实现了深圳社工介入人民调解岗位从0到1的突破。15年以来，纠纷调解领域社会工作不断发展壮大，目前纠纷调解领域社会工作服务已经覆盖深圳全市各区域。各区坚持和发展新时代“枫桥经验”，探索出了龙岗区“六约模式”和宝安区“西乡经验”等，成立了一系列品牌调解室，如龙岗区的“忠哥调解室”、光明区的“老洪调解室”和大鹏新区的“小姜调解室”等。2022年3月，《深圳经济特区矛盾纠纷多元化解条例》通过，条例明确提出将调解员纳入社会工作专业人才教育和职业水平评价体系。

深圳信访—纠纷调解领域社工服务内容主要包括：纠纷矛盾排查、纠纷矛盾案件受理与调处、纠纷矛盾案件卷宗归档、法治宣传与咨询、服务对象心理疏导和情绪支持、政策倡导与制度完善。2023 年，深圳 21 家社工机构的 450 名社工开展纠纷调解领域的社会工作服务，并且担任高校社会工作实习督导。深圳纠纷调解领域社工共累计建档个案 14 041 个，开展探访及即时辅导 195 656 人次、小组 220 个、活动 3 310 场，服务总量累计 1 270 310 人次，培养信访—纠纷化解社会工作人才等。深圳信访—纠纷调解领域社工服务成效体现在：全国第一个建立《信访社会工作服务指南》地方标准，助力深圳市大调解格局建设，成为维护社会稳定的“稳压器”；参与调解工作服务案例—模式创新，充当化解矛盾纠纷的“清道夫”；优化社会工作人才队伍结构，争当人民群众满意的“和事佬”；创新调解社会工作服务手法，调和群众纠纷矛盾的“减压阀”；构建信访社会工作教育和服务体系，织牢基层社会治理的“服务网”。

2021 年，南京市信访工作专家智囊协会根据市信访联席办要求，组织专家在严格落实疫情防控要求的前提下，接待重点信访人员，会办处理重点信访事项，提出专家意见，助力信访稳定，推进矛盾化解。组织 21 名专家 68 人次会同市建委、市人社局、市规划资源局、市房产局和南京经济技术开发区管委会等部门和单位，先后到鼓楼区、建邺区、秦淮区、溧水区和栖霞区，共参与接待会办 18 件疑难复杂信访事项，其中接待信访人并会办信访事项 16 场，专门会办信访事项 7 场。专家参与接待会办的主要是拆迁类、社会保障类信访事项。这些信访事项中，有的已经历时 10 多年。通过专家参与接待会办，对信访人进行思想疏导等工作，进一步理顺了双方情绪，促进形成了更多共识，发挥了助推信访疑难问题化解，帮助吸附稳定的积极作用，提升了社会治理的水平。

四、举办信访社会工作与社会矛盾化解高端论坛和培训

2016 年 8 月 27 日，南京大学社会学院 MSW 教育中心师生协助江苏紫金传媒智库信访与社会矛盾研究中心、南京市信访工作专家智囊协会等在南京大学举办“国家治理与信访改革论坛”。来自中国行政管理学会、中国人民大学、中国政法大学、中南财经政法大学、华东政法大学、南京大学等高校，以及省市社会科学院、省委党校的专家学者，国家、省、市信访局和南京市委的领导共 70 余人齐聚金陵，共同探讨国家治理与信访制度的改革之道。论坛以南京市“信访制度改革”系列课题研究成果为基础，就国家治理与信访制度前沿问题进行深度探讨，为国家信访制度改革提供决策参考。论坛围绕信访制度改革框架、信访制度

实证研究、信访制度法治化、信访工作机制创新四大主题分别展开深入研讨，细化信访社会工作的工作机制。

2017 年 8 月 26 日，南京大学社会学院 MSW 教育中心师生协助江苏紫金传媒智库信访与社会矛盾研究中心、南京市信访工作专家智囊协会等在南京大学举办“社会矛盾与社会治理论坛”。来自国家行政学院、中国行政管理学会、国家与地方治理研究会、清华大学、复旦大学、北京航空航天大学、西安交通大学、华南理工大学、上海政法学院和南京大学等高校的专家学者，国家、省、市信访局和南京市委的领导，社会工作师生等共 110 余人齐聚南京大学，共同聚焦信访社会工作、社会矛盾的多元化解和社会治理的改革之道。

2018 年 8 月 24 日，南京大学社会学院 MSW 教育中心师生协助江苏紫金传媒智库信访与社会矛盾研究中心、南京市信访工作专家智囊协会等在南京大学举办“新时代的信访：从矛盾化解到矛盾减生高层论坛”。来自国家行政学院、国家与地方治理研究会、清华大学、中国人民大学、复旦大学、北京航空航天大学、西安交通大学、吉林大学、江苏省委党校、南京大学、河海大学、南京师范大学等高校的专家学者，国家、省、市信访局和南京市委的领导，社会工作师生等共 110 余人齐聚南京大学，共同聚焦减生、民生、风险评估、多元化解及信访社会工作。

2011 年 8 月 19 日至 9 月 17 日，南京市信访局和南京大学社会学院社会工作与政策系借助“南京大学全国干部教育培训基地”平台，联合举办三期南京市信访局信访干部培训班，420 名信访干部参加集中培训。师资既有社会工作、社会学和心理学教授，还有在全国信访系统享有较高声誉、工作经验丰富的信访工作专家。南京大学副校长杨忠等做开训动员。2013 年 11 月 13 日至 29 日，南京市信访局和南京大学社会学院社会工作与政策系在南京大学举办全市信访干部进高校培训班，120 名信访干部参加培训。

在多次论坛研究工作的基础上，2018 年江苏紫金传媒智库信访与社会矛盾研究中心与南京市信访工作专家智囊协会等主办的“信访改革系列高层论坛”被江苏省委宣传部评为江苏省智库实践十佳案例，予以通报表扬。

2023 年，北京城市学院举办信访社会工作人才培养专题研讨会。北京市信访办原副主任张宗林，副校长胡丽琴、科研与社会服务处处长陈红、公共管理学部相关负责人，及国内信访研究与教育领域权威专家、相关专业教师等参加会议。胡丽琴对与会专家一直以来对学校信访方向人才培养的关注与支持表示诚挚感谢。

2024 年 3 月，由中共深圳市委社会工作部指导，深圳大学政府管理学院主办，深圳市社会工作者协会、深圳大学中国社会工作实务创新研究中心协办的“新形势下社会工作高质量发展研讨会”在深圳大学举行，会议讨论了政社联动开展宏观社会工作，拓展社会工作领域包括信访—矛盾化解等方面的主题内容。

（撰稿人：彭华民、王世清、王冠、熊贵彬、胡勇慧）

第五节 “同佳岸”东三省社会工作在校学生培养支持计划

一、项目背景

2017年年初，为推动东三省社会工作教育的不断发展，提升社会工作专业认同度和专业服务能力，鼓励更多有才能的大学生投身社会工作事业，激发在校学生学习和参与社会服务的热情，表彰在社会工作专业学习和专业实践中有突出表现的优秀大学生，经过前期不断磋商和精心设计，由哈尔滨银行出资成立的“深圳同佳岸基金会”与中国社会工作教育协会达成合作协议，共同开展东北三省社会工作在校学生的培养支持项目。该项目由中国社会工作教育协会主办，黑龙江工程学院、沈阳师范大学、吉林大学承办；黑龙江希望社会工作服务中心、沈阳沈北新区青杨社会工作服务中心、长春市助梦社会工作服务中心协办，深圳市同佳岸慈善基金会（以下简称“同佳岸慈善基金会”）资助，共同探索新时期社会工作和慈善公益领域人才培养与专业教育的“校社合作”模式，以“社会创投”的方式通过全项目实战在实务领域形成社会工作服务、实践教学的新路径，全力推动东北三省社会工作服务和社会工作专业教育高质量发展。

二、项目方案

项目由同佳岸慈善基金会单方资助，在协会的统一指导下，由协会秘书处、基金会秘书处、东北三省负责高校和协同机构共同组建项目执行办公室，具体项目开展采取东三省协同、各省分散实施的原则，委托各省社会工作专业教育高校承办，委托各省发展成熟的社会工作专业服务机构协办，即协会、地方高校、地方社会工作专业服务机构联动推进。

（一）组织机构

1. 项目领导小组

组　长：同佳岸慈善基金会理事长　韩知众先生

　　　　中国社会工作教育协会会长　徐永祥教授

副组长：中国社会工作教育协会副会长兼秘书长　马凤芝教授

中国社会工作教育协会副秘书长　田毅鹏教授

同佳岸慈善基金会执行秘书长：汪黎黎

秘　书：中国社会工作教育协会办公室主任　秦小峰

2. 项目执行组

组　长：黑龙江工程学院　黄红教授

副组长：秦小峰

沈阳师范大学张青（负责辽宁省）

吉林大学张仕平（负责吉林省）

黑龙江工程学院苏光（负责黑龙江省）

秘　书：王洁静

沈阳师范大学张娜（辽宁）

吉林大学王宇玲（吉林）

哈尔滨商业大学傅琪（黑龙江）

（二）项目实施范围

面向东三省高校社会工作专业在校本科、硕士学生，针对儿童及青少年服务、老年人社会服务、妇女社会服务、残疾人康复服务、社会救助服务、就业服务、心理健康服务、家庭服务、医疗社会工作、学校社会工作、矫治服务、城乡社区发展、军队社会工作、灾害社会工作、企业社会工作、禁毒社会工作等领域，设计出社会工作服务项目。服务项目强调以社区为本，以困难群体和有特殊需要的人群为重点服务对象。

（三）项目立项评审

以东北三省为单位，每省成立项目评选专家委员会，三省专家委员会召集人分别为张青（辽宁）、张仕平（吉林）、苏光（黑龙江），负责项目征集和遴选工作。每个省遴选出10项优秀的社会工作服务项目，给予专项配套经费，每个项目要求配备指导教师开展专业督导。入选项目参加当年9月份在哈尔滨举办的项目结项营。

（四）项目执行时间和计划

（1）3月21日，项目启动阶段：在漠河召开启动会议，透过协会平台，全面推进项目宣传工作，号召东三省社会工作高校学生积极报名参加。

（2）4月20日前——项目遴选阶段：由各省专家委员会评审选出10个项目入选计划。

（3）4月底——审批公示阶段：协会审核各省选送的项目，最终确定入选项目名单，并为入选项目颁发证书。

（4）5月至9月——项目实施阶段：入选项目开始全面实施服务，各省专家委会对项目进行监督、跟踪、指导。

（5）9月——项目总结阶段：举办项目结项营会，由腾讯、新浪等网络媒介全程直播，结项营内容包括：优秀项目评选，评选出最佳团队、最佳设计、最佳成效、最佳管理等服务项目；项目路演，邀请社会工作相关领域的优秀用人单位现场观看路演，对项目人员进行面试，挖掘优秀社会工作人才；社会工作大咖面对面，邀请社会工作专业领域的专家、学者对参选项目、专业设想、社会工作职业规划等与项目学生进行现场交流。

（五）项目预期成果

（1）遴选出优秀项目，请专家给予指导，使项目可持续、有影响力，进一步提升社会工作专业学生对社会工作专业的认同度。

（2）透过支持计划提升学生专业实践及提供社会服务的能力。

（3）透过支持计划提升专业教师人才培养综合素质及能力。

（4）形成优秀项目成果集和视频集。

（5）积极推动优秀项目参加各类论文、案例、微电影等社会工作专业领域评选活动。

三、项目执行过程

（一）项目启动

2017年3月21日，"'社工种子播撒最北寒地　星星之火燎原龙江大地'——2017年世界社工日主题宣传活动暨'同佳岸'东三省社会工作在校学生培养支持计划"发布会及签约仪式在黑龙江省漠河市拉开帷幕，北京大学、吉林大学、黑龙江工程学院三家高校代表与漠河市民政局签署了"中国最北高校社会工作专业实习实践基地"共建协议；中国社会工作杂志社张丽霞主任、大兴安岭地区民政局兰勋劼副局长共同为"中国最北社工站"揭牌；社会工作教育协会副秘书长、吉林大学田毅鹏教授代表中国社会工作教育协会发布了"同佳岸"东北三省社会工作专业在校学生培养支持计划，中国社会工作教育协会副会长兼秘书长北京大学马凤芝教授、深圳"同佳岸"慈善基金会韩知众理事长共同签署了合作协议。

在项目申报阶段，东北地区共有27所院校74个项目申报。项目申报单位涵盖了东北地区设置社会工作专业的全部院校。

（二）计划执行过程

"同佳岸东三省社会工作在校学生培养支持计划"自2017年3月份开始实施，来自黑龙江、吉林、辽宁三省的25所高校获得立项项目，共有30个项目团队开展了农村留守儿童的自我防护、青少年青春期服务、残障人士的互助网络建构、城乡社区图书网络联络员的社会工作能力建设服务、志愿者服务学习、新商品房社区的志愿服务基地建设、退休老年人角色适应及社区楼道单元文化建设等社会工作专业服务活动，整个项目服务受益人数累计达到7 538人，活动次数480次，项目参与学生227人，项目发掘和利用社区志愿者324人，超额完成项目计划的产出。三省高校社会工作学生将社会工作理论和方法运用于服务实践，与服务的社区、单位建立了长期的合作关系，为专业实习和就业岗位提供了丰富的资源。同时三省各高校社会专业教师通过项目督导，持续跟进学生项目的设计与执行过程，大大提升了学生团队项目的专业水平和服务成效，教师教学能力也得到提高。30个项目团队开展的服务被自媒体推送累计达237次，新闻报道18次，极大地提升了项目的社会影响力。

（三）项目结项

2017年10月21日下午，由中国社会工作教育协会主办，深圳同佳岸慈善基金会资助，“同佳岸东三省社会工作专业在校学生培养支持计划结项营暨东三省高校社会工作督导教师培训营”在黑龙江工程学院举办。来自东北三省各高校近百名的社会工作专业师生参加了结项营。中国慈善联合会副会长、国务院参事室特约研究员徐永光先生，中国社会工作教育协会副会长兼秘书长、北京大学马凤芝教授，吉林大学田毅鹏教授，哈尔滨工程学院党委副书记杨弘宇，黑龙江省民政厅社工处的领导，同佳岸慈善基金会理事长韩知众先生出席了开营仪式。马凤芝副会长、韩知众秘书长在开营式致辞中就首届“同佳岸东三省社会工作专业在校学生培养支持计划”的重要意义做了阐释，鼓励社会工作专业学生夯实专业理论基础、积极参与社会服务，促进专业发展和个人成长。结营期间举行了“同佳岸首届东三省高校社会工作专业督导研讨会”，30个项目团队也对各自开展的服务项目进行了项目成果展示与分享。三省社会工作、资深公益人士、社会组织负责人就“新时代社会工作发展的新境界”“公益专业化与专业社会工作人才”等主题进行了精彩的演讲和跨界对话；对首届“同佳岸东三省社会工作在校学生培养支持计划”项目进行评选，最终评选出一等奖3项、二等奖6项、三等奖9项。

四、项目成效

“同佳岸东三省社会工作专业在校学生培养支持计划”为三省高校社会工作专业学生提供了参与、交流及展示社会工作服务实践的平台，极大地推动了东北三省社会工作教育和专业人才培养水平的提高。

（一）探索了“校社”合作的社会工作人才培养模式

在中国社会工作教育协会的指导下，哈尔滨银行成立的同佳岸慈善基金会积极资助地方高校开展在地社会工作专业人才的培养工作，开创了地方慈善公益机构支持和参与社会工作教育的先河，探索了以学生进行全周期项目实践方式开展“校社”合作的社会工作专业人才培养的新模式，即以实践能力培养为重点，以产学研结合为途径，建立与经济社会发展相适应、服务地方社会基层治理、具有本土特色的应用型专业人才的培养模式。这个项目是校社合作进行人才培养、将社会工作与公益慈善事业结合的开创性项目。

（二）培养了一批助力东三省社会治理、具有社会创新能力的社会工作人才

社会工作教育承担着培养社会建设和社会治理领域创新型人才社会工作者的重任。“同佳岸东三省社会工作专业学生培养支持计划”以支持东三省社会工作专业学生培养为切入点，以人才培养为抓手，以社会创投为方式，资助东三省社会工作专业学生开展社会创新项目及服务。通过项目的开展，一方面为社会提供服务，解决社会问题；一方面通过服务实践锻炼学生的专业实务能力，以创新性专业服务项目提升东三省社会建设和治理的水平和效能。参与项目的社会工作专业学生在专业能力、专业技巧、沟通能力、抗挫折能力、团队合作能力及专业认同感方面都得到了提升。同时，参与项目的教师在项目实施过程中对学生开展动态评估、调整、指导及舒缓压力等督导工作，教师的专业督导能力也得到了极大提高。

（三）提高了地方高校社会工作的专业影响力和社会影响力

协会和项目组织实施团队在项目实施过程中高度重视宣传和传播工作，30 个学生团队参与宣传自己的项目，通过线上与线下进行的宣传报道共计 237 次，国内和东三省地方媒体报道 18 次。项目宣传极大地提升了项目的社会影响力。同时，项目在中国社会工作教育协会年会上做了汇报，得到与会各地高校老师的肯定。“同佳岸东三省社会工作专业学生培养支持计划”起到了倡导发展建立校社合作、产学研一体社会工作人才培养模式的作用，开创了地方性公益慈善类基金会资助地方社会工作专业师生参与社会建设和社会治理的先河。该计划同时得到三省民政厅等相关政府部门的支持，项目的辐射效应和影响力得以持续。

（撰稿人：苏光、黄红）

第六节　社会工作介入社区心理健康服务

一、社会工作介入社区心理健康服务项目的背景

随着社会节奏的加快和竞争的加剧，人们心理困扰和精神疾病发生率越来越高，对于心

理和精神健康服务的需求也越来越大。为了应对社会变化和服务需求，社会工作教育界和实务界秉持专业伦理及社会责任，开展了多方面的心理社会工作服务。其中较具规模和示范作用的服务项目是“心桥计划—社区心理工作坊”。

二、项目工作组织架构

“心桥计划—社区心理工作坊”2018年4月启动，为期两年，由北京桥爱慈善基金会、中国妇女发展基金会共同发起，国家开放大学社会工作学院组织实施的全国性心理援助公益服务，中国社会工作教育协会部分会员单位参与了项目的实施且是项目实施的主要力量。

在项目实施地区的具体服务由专业团队支持落实，包括陕西省社会工作协会、西北大学、陕西师范大学、黑龙江齐齐哈尔医学院、齐齐哈尔市常春藤社会工作服务中心、中国青年政治学院、北京市启善社会工作服务中心、四川农业大学、雅安市新济源社会工作服务中心、湖南省中南大学湘雅医院等。通过专业项目的执行操作，支持团队在有针对性地提供心理健康服务的基础上，孵化培育当地心理服务专业人员的组织。

三、服务对象

项目以社区心理工作坊为基础，主要针对社区居民尤其是妇女群体，开展心理健康相关服务，全面普及和传播心理健康知识，强化心理健康自我管理意识，加强人文关怀和生命教育，预防和减少个人极端事件的发生。同时，项目辐射社区其他人群，开展心理健康的相关服务，如失独家庭心理健康调适、空巢老人心理健康服务、儿童青少年心理健康服务等。

四、实施地区

项目在全国设置7个服务点，分别在陕西省岐山县、陕西省扶风县、黑龙江省富拉尔基区、北京市朝阳区、北京市东城区、四川省雅安市芦山县、湖南省长沙市岳麓区。

五、服务内容

（一）个案心理疏导和支持服务

项目组社会工作者和心理咨询师及时留意社区成员动态，对有需要的人员提供及时的心理疏导和支持服务，同时对社区成员表达的需求和提出的困惑及时给予回应。

（二）系列主题小组活动

项目定期开展不同主题的小组团体活动，围绕心理健康、职场减压、亲子关系、儿童健康成长等主题，通过对妇女儿童开展支持性、教育性的小组活动，促进其心理健康及社会关系的全面发展。

（三）社区主题活动与心理健康沙龙

项目定期开展多元的社区互动活动和心理健康沙龙，通过形式多样的参与式活动，帮助个人走出自身的心理困境，促进与社区居民的相互交流和支持。

（四）心理健康宣传教育与资讯分享

项目分阶段有重点地开展妇女儿童心理健康的普及宣传，进一步提高关爱妇女儿童的思想认识。同时，根据社区居民的心理健康需求分享相关资讯，在一定程度上起到心理支持和促进个人成长的作用。

（五）心理健康服务能力提升的培训与督导

项目通过对服务团队的培训和督导，提高相关人员的工作技能和综合素质，推动项目的顺利进行，培养当地的专业力量，促进服务的可持续发展。

六、服务方法

项目服务坚持心理健康素养提高和个体心理疏导相结合，运用社会工作个案、小组、社区的服务方法，满足社区不同群体心理健康服务的需求，依据渐进式的“社区专题活动—系列主题小组活动—个案辅导”的服务路径，对参加社区活动的服务对象进行筛选，进而采用理性情绪治疗模式、心理—社会治疗模式、家庭治疗模式、叙事绘画疗法、沙盘疗法、游戏疗法、园艺疗法、音乐疗法、舞动疗法、木艺疗法等开展小组团体活动，深入跟进个案辅导。

七、服务效果

（一）项目产出

（1）项目为期两年，直接服务个案 1 201 人次、小组 2 753 人次、社区 4 344 人次、培训 1 574 人次，合计 9 872 人次，其中妇女儿童占比 95%。（2）项目在实践基础上形成“职业女性压力疏解舞动小组”“乐活园艺治疗小组”“亲子关系提升小组”“单亲妈妈减压支持小组”“女性社区工作人员减压小组”“儿童情绪管理小组”等示范小组的可推广工具包，其中含有宣传物料、现场流程卡、示范话述手卡、现场 PPT、手册指南等不同类型的物品，以及六节至八节的小组活动，以此探索社区心理服务示范小组的推广模式。（3）项目总结经验研发了《社区心理工作坊指导手册》，对社区心理工作坊创建、人员配置、服务对象、服务内容、服务方法，以及工作坊的运行管理、评估、督导等多个方面进行说明总结，为其他地区社区心理工作坊的落地实施提供了强有力的指导。

（二）项目影响

（1）提升了居民心理健康水平：项目以普适型心理健康辅导服务为核心，通过科普宣传、心理辅导、艺术疗愈等方式，为社区妇女儿童提供了心理辅导、情绪疏导、悲伤抚慰、家庭关系调适等心理健康服务，帮助居民正向感知自己的情绪，学会面对自身的情绪和心理问题，缓解心理压力，提升心理健康水平，促进和提升了社区居民的心理健康水平。（2）促进社区的和谐稳定：心理健康的居民更容易建立和谐的人际关系，增强社区凝聚力。同时，心理健康服务还能帮助解决一些社区内的矛盾和冲突，减少社会问题的发生，维护社区的和谐稳定。（3）推广心理健康服务：项目将社会工作的个案、小组、社区方法有机综融，层层推进，全方位为社区妇女儿童提供多元化的心理健康服务，有效总结项目落地模式。

（撰稿人：姜微、张红）

第五编

疫情防控
社会工作

2020 年新冠疫情突发，影响范围广泛，波及全国范围内的社区、家庭和个人，对社会经济运行和人民生活产生了严重影响。疫情防控是全民共同参与的总体战、阻击战，是一项“系统工程”，每个环节都不容忽视。打赢疫情防控战，有两条关键战线：一是医疗战线，即医生治病救人；二是社区战线，即人们居家阻断传染链。因此，医院和社区成了社会工作重点服务的领域，而社区防控工作成效直接影响着疫情防控战的成败。本编记述了协会和全国社会工作教育界迅速行动，回应因疫情产生的社会需要，发挥社会工作专业优势，在协会组织协调下，参与疫情防控工作，在紧急危机干预、服务脆弱群体、凝聚社区力量，创设五社联动和中国社会工作参与疫情防控工作的研究方面所进行的行动和努力，所进行的服务创新和取得的傲人成绩，展现了社会工作教育界在疫情防控和服务国家重大战略中努力苦干实干，不计名利的服务、奉献和担当。

第二十章

概　述

2020年年初，突如其来的新冠疫情横扫中华大地。中国社会工作教育协会敏锐意识到疫情对社会、经济和人民生活将产生严重影响。从回应社会需要、在国家重大社会事件中发挥社会工作专业功能和责任担当出发，协会迅速行动，组织全国社会工作院校师生参与到疫情防控工作中。在疫情突发、全国人民齐心协力抗击疫情的那些日子里，中国社会工作教育协会和全国社会工作院校的师生经历了个人生活与专业实践重合在一起，时空浓缩叠加，个人生活与国家社会命运紧密关联的一段特殊又非凡的岁月，打了一场漂亮的抗疫之战。记录那些日子社会工作参与疫情防控工作的实践过程和经验，对社会工作在疫情突发和防控工作中的角色和功能发挥、突发社会公共卫生事件应急治理体系完善和国家治理能力提升具有重要意义。

第一节　主动担当，迅速回应疫情防控工作需要

一、疫情突发下社会工作的出场

2020年年初，武汉疫情突发。面对突发的疫情，社会工作的专业敏感使得协会意识到疫情防控工作的迫切性。协会立即行动，发出通知，号召全国社会工作院校师生和会员单位参与抗击新型冠状病毒疫情工作。通知由时任协会副会长兼秘书长马凤芝教授起草，提出了六项重点工作。

（一）成立工作组

为组织协调协会抗疫工作，成立中国社会工作教育协会社会工作参与疫情防控工作小组，副会长和副秘书长分工负责各片区相关工作，组织和指导全国高校社会工作专业师生和会员

单位参与疫情防控工作。

（二）倡导会员就地开展服务，回应社会需要

号召会员单位社会工作师生积极行动，发挥社会工作专业的独特作用，根据自身情况，酌情以各种方式参与疫情防控工作。

（三）响应中央号召，迅速行动

动员会员积极响应习近平总书记和党中中央的号召，发挥社会工作专业的独特功能，在参与疫情防控和国家重大事件中彰显专业功能，承担专业社会责任。

（四）提出工作原则

提出在政府统一领导下的工作原则，要主动寻求政府指导，在政府统一指挥下，积极献计献策，提供社会工作专业服务。

（五）建议工作策略

提出疫情防控条件下社会工作服务的模式，即在地方民政和卫健委协调下，建立社会工作联合服务组织平台，统一发布信息，统一调配资源和人手。

（六）提出工作重点和服务内容

疫情防控社会工作服务重点领域包括社区和医疗场所两个重点场域，为医护人员和家属提供减压服务，为病患及其家属提供心理和情绪疏导服务；为社区工作者提供培训和支持服务，进行社区疫病预防知识宣传，关注社区弱势社群需要并提供相应服务，同时开展志愿者服务培训、社区居民宣传、社会工作者支持、医护人员和病患家属社会心理支持、青少年和家庭服务。

此后几年内，在疫情防控期间，协会先后发出了一系列重要通知，有关通知由副会长顾东辉教授负责起草，包括协会致湖北地区高校师生的慰问信和学习习近平总书记发挥社会工作专业功能讲话精神的通知等。

二、建立协会疫情防控工作机制迅速开展服务

（一）建工作机制和平台

指导全国社会工作院校师生迅速有序展开服务。武汉疫情发生后，协会做到了迅速行动，构建工作机制，根据疫情防控工作的特点，指导全国社会工作师生有序开展了全方位的社会工作服务。协会组建中国社会工作教育协会湖北暨武汉市社会工作联合行动组。2022 年 1 月 22 日，协会副会长兼秘书长马凤芝与协会副会长、武汉市社会工作联合会会长、华中科技大学社会学院向德平教授，武汉地区重点高校主要负责老师建立了微信工作群，确定以医院和社区为重点服务场域，同时与多方民间社会组织建立联系，参与协调社会各方资源和服务的

信息沟通及协调工作。

根据武汉和湖北疫情防控工作的需要，协会迅速组织各方力量有序开展疫情防控社会工作服务。早在2020年1月底疫情出现时，马凤芝即加入了武汉地区最早成立的民间社会组织参与抗击疫情工作的联合指挥中心微信群，了解武汉地区因疫情发展而产生的社会需要，积极参与协调各方服务和信息沟通工作，将协会医务社会工作专委会黄匡忠老师介绍入群。协会是全国社会组织中第一个为武汉地区提供危机干预社会工作培训的，当时协会副会长兼秘书长联合香港社工团队资源，由医务社会工作专委会黄匡中教授为武汉地区志愿者做了第一次危机干预社会工作服务培训，同时将危机干预中英文版志愿者培训课程资料无偿分享给“全国社会工作专业高校老师疫情防控工作对接群”。至1月27日已经筹备完成和实施了下述工作和服务：（1）“隔离人员”线上社会支持服务；（2）医护人员及家属心理社会支持服务；（3）社区工作者心理社会支持服务；（4）建立全国高校社会工作专家服务库；（5）组织成立社会工作者志愿服务团队；（6）建立资源和服务人员需求信息发布平台，以统一调配资源和服务；（7）建立与政府部门协调工作的渠道；（8）通过线上服务平台，招募资深社会工作者为医护人员提供线上心理疏导解压服务；（9）组织制作并推出了“新冠疫情防控社会工作在线课程”1月26日开始提供线上六种课程直播，该课程针对疫情防控所需的社会工作专业知识和技能，内容包括危机干预、医护人员减压、社区工作、哀伤辅导以及下沉社区社会工作模式、志愿者服务技巧、社工在线管理技巧、社工在线服务实务技巧、疑似患者心理支援线上服务等；（10）启动社区服务，包括居民宣导，社区工作者支持等。

（二）回应紧急重点公共卫生事件危机干预需要，出台“社会工作服务指引”

疫情防控是系统工程，从医院到社区，各社会系统都“绷紧了弦”，社区工作者承担了大量工作。社区工作者需要摸排疫情，为残疾人士、独居老人、低收入家庭帮扶，社会工作者和志愿者要为前线医护工作者缓解身心疲劳，为相关家庭和个人做哀伤辅导。回应上述需要，协会组织11所高校教师在两天内编写好《社会工作参与新型冠状病毒肺炎疫情防控工作实务指引》，组织学者建言献策，发挥了智库和专业咨询功能，及时为社会工作师生和社会工作机构、社区工作者参与疫情防控提供了专业服务指引，得到有关政府部门和业内广泛好评。

（三）服务疫情防控下院校教学

与全国社会工作硕士学位研究生教育指导委员会和中国社会工作学会联合发布《关于在疫情防控期间做好社会工作在线教学工作的指导意见》，由上海师范大学沈黎任组长，牵头组织推出“全国社会工作在线课程资源索引”，及时协助全国社会工作院系制定疫情防控期间在线教学实施方案，提高教学效率、保证教学质量、完成教学任务，实现“停课不停教、停课不停学”。

（四）服务指导和公众教育宣传工作

根据疫情防控工作特点和全国人民居家防疫的需要，有效利用“云”通信技术，开展服务指导和公众教育宣传工作。建立“抗击疫情资料共享群”，为高校参与疫情防控工作和服务的师生提供信息和技术资料支撑。组建协会疫情防控社会工作宣传组，建立“社工抗疫之声”公众号，以“画说”进行疫情防控知识公众教育。

三、用专业知识服务疫情防控工作

（一）开展疫情防控社会工作示范服务行动研究，生产和传播专业知识

作为全国社会工作教育的行业组织，协会既重视以服务示范回应疫情防控工作需要，承担社会责任，也更强调和重视专业知识生产，注重对疫情防控社会工作实践经验的总结，积累中国社会工作参与国家重点社会公共危机事件干预的知识，建构中国应对社会重大公共危机的社会工作理论和方法。在香港凯瑟克基金资助下，协会组织开展了10个疫情防控社会工作服务暨行动研究项目，即在提供服务回应社会需要的同时，将服务过程作为研究过程，形成本土经验、概念和方法。这10个服务项目涉及疫情防控情境中从社区工作到特殊脆弱人群需要的满足、重点人群和问题预防以及社区能力建设。基于疫情防控社会工作实践，发表了《发挥社会工作专业优势“跨域跨学科跨时空多部门多专业联动”》，发表了创新新冠疫情防控社会工作模式的多篇文章，形成了中国疫情防控社会工作实践的国家报告，出版了一套五本的《社会工作抗疫丛书》，在东方新闻集团－澎湃社上进行3期报道，在《社会建设》杂志上组织了疫情防控社会工作笔谈，在国际社会工作学院联盟网站上发表6篇服务项目文章。

2020年3月17日是第14个世界社工日，协会启动了中国社工宣传周，与澎湃研究所/澎湃新闻联合推出“陪伴：相信人类关系的重要”专题栏目，邀请11位学者谈疫情防控中的社工。同时，协会隆重推出《战疫情：社会工作在行动》主题宣传活动与系列新闻报道，向社会大众介绍社会工作在此次疫情防控工作中的深度参与，分享经验，激发和支持一线社工参与疫情防控工作，促进社会大众了解社会工作，主动参与疫情防控。

（二）倡导知识团结，无偿分享专业服务理论和方法

疫情防控工作的第一阶段，在社会工作机构和社会组织行动起来的情况下，迫切需要对疫情防控工作中社会工作专业服务规范的指引，以保证社会工作服务品质和对社会需求的有效回应。为打好打赢这场没有硝烟的疫情防控人民战争。中国社会工作教育协会第一时间召集了社会工作院校的专家学者编写了《社会工作参与新型冠状病毒肺炎疫情防控工作实务指引》（第一版线上发布，以下简称《指引》）。《指引》的编写工作，有11所高校的社会工作专

业教师参与，在两天时间内就完成了编写任务，第三天就在“社工抗疫之声”公众号上发布，提供给全国社会工作机构和基层社区工作者使用。此《指引》不仅对指导会员单位参与疫情防控发挥了作用，指导社会工作师生专业规范地回应社会需要，为灾区群众提供服务，而且为服务社会工作机构和社区工作者参与疫情防控提供了及时的专业服务指引，得到业内广泛好评。随着疫情的变化及前线的试行使用，我们对《社会工作参与新冠肺炎疫情防控工作实务指引（正式版）》不断进行了补充和完善。

在新型冠状病毒疫情防控的关键时期，习近平总书记要求把人民群众生命安全和身体健康放在第一位，制定周密方案、组织各方力量开展防控，采取切实有效措施，坚决遏制疫情蔓延势头。为了传播社会工作疫情防控的理论和方法，链接资源、沟通消息、进行公众疫情防控知识宣传教育、预防社会问题的发生，协会设立了“社工抗疫之声”微信公众号，以此为阵地，通过线上及时发布面向一线社区工作者、专业社会工作机构、社区志愿者、社区居民等群体的社区抗疫防疫的相关知识和信息。从 2020 年 2 月初到 5 月，协会累计发文 200 余篇，阅读量达 10 万余人次。根据疫情防控工作的需要，协会的服务从线下到线上，从社区到家庭和个人，从公众教育到逝亲者的哀伤与家庭复原和社区防疫力抗疫力的建设与提升。为给前线社会工作者、社区工作者和志愿者提供支持，协会特别设计、组织开设了社会工作参与新冠疫情防控在线课程，通过直播、录播、沙龙、论坛等多种形式，依据抗疫一线工作人员情况反馈，针对社区抗疫学院和问题不断补充增设培训课程，为武汉乃至全国社会工作者、社区工作者和志愿者提供了服务指引课程、线上服务模式课程、危机干预以及专门的哀伤辅导课程。疫情后社区重建和脆弱社群的就业与生计和发展也都是协会课程中所包含的内容。截至 2020 年 5 月，在民政部慈善与社会工作司指导下，协会开播了 13 个系列的公益性社会工作抗疫专题课程，课程总时长近 120 小时，超 8 万学习人次，受到社会各界高度认可和好评，发挥了社会工作教育为前线社会工作抗疫提供专业支持的作用。

第二节　发挥专业优势，开展疫情防控社会工作

一、精准评估需求、科学施策服务

社会工作参与疫情防控工作，有理论支撑和一套方法技术，在疫情防控各阶段对个人、家庭、社群的社会需要的回应及其专业服务涵盖了从宏观社会政策倡导到微观社群服务等方面。

（一）从社会层面入手预防问题发生

新冠病毒疫情影响范围是全国性的，波及全国每个社区、家庭和个人，对社会经济运行和人民生活产生了严重影响。国内外的历史经验表明：如果一个国家在发生重大社会公共卫生事件时救灾和响应机制不完善，应对出现重大失误，就有可能引发社会动乱，甚至影响到整个国家的稳定。突发疫情给社会提出的问题是：疫情防控期间如何组织社会生活？如何预防因疫情连带而来的社会问题的发生？为预防和解决这些社会问题，社会工作应当为社区、家庭、个人和脆弱社群提供一定的协助，以满足疫情防控状态下的特殊需要，保证社区、家庭和个人与社会间的良好联结，进而保持社会秩序平稳运行，保证人们良好的身心健康。

新冠病毒传播如此迅速，造成的伤痛是巨大的，波及范围很广。疫情初发时，在医学界对病毒也了解甚少的情况下，人们会惊慌恐惧，正常社会生活秩序会受到影响。社会工作专业教育者所具备的“专业敏感”告诉我们，此时社会工作需要即刻行动，回应因疫情而产生的社会需要，这是基于两个专业预见和判断：第一，因疫情防控需要所采取的各项措施在保护生命的同时，对社会经济运行因而对人民生活将产生严重影响，需要向公众进行疫情防控知识宣传和教育，关注公众的社会心理反应。第二，要关注社会脆弱群体的需求满足和因其脆弱性而产生的问题，这是因为突发的社会公共卫生事件，对不同社会成员的影响是不同的。不同的社会群体特别是脆弱社群因其社会基层和地位的不同，在疫情防控期间的就医、信息掌握、资源获取、能够获得的社会支持网络的性质和数量以及与社会的联结形态方面与其他社会成员相比而有不同，其所拥有的金钱与物质保障也是不同的。要对这些群体做需要评估，要做出预防问题发生和解决问题的方案。

（二）实施危机干预

突发的疫情及其防控工作的特殊性为传统社会工作服务带来挑战。武汉乃至湖北地区前线及全国各地都有不同服务需求，疫情下的服务方式与之前的危机干预社会工作有很大不同。为回应需要，除线下服务外，协会依托各专业委员会，根据疫情防控工作的进展，先后组织建立起十多支由协会统一领导的服务工作队伍，有序、有计划、有针对性地开展疫情防控社会工作服务和研究，形成了线上远程跨区域服务模式、线上下沉社区服务模式、线上远程国际社区服务模式等创新性的服务模式。

（三）服务社区、筑牢疫情防控社会根基

疫情防控是全民共同参与的总体战、阻击战，是个“系统工程”，环环相扣。打赢疫情防控战有两条关键战线，一是医疗战线治病救人，二是社区战线，人们居家阻断传染链。因此，医院和社区成了疫情防控的两个关键场域。医院和社区成为社会工作重点服务的领域，而社

区防控工作成效直接影响疫情防控战的成败。

平时人们的社区生活，平和自然，波澜不惊，居家防疫状态下，社区成了一个封闭的小社会，所有社会生活满足都需要在社区实现，各种原本潜在的个人、家庭、邻里间的问题和矛盾同样可能借疫情而集中显现，满足人们需要的资源因疫情防控等特殊条件会捉襟见肘，由此形成社区需求与回应需要满足能力间的聚集性张力。人们在疫情这种特定情境中生活、环绕家庭成员患病和治疗所产生的紧张、焦虑会带来个体的“心理健康”问题，因各种生活不便而产生的不满甚至愤怒都有可能激发出群体性事件。所有上述问题集中呈现，形成对社区工作的“挤兑”，稍有不慎就会激化出不可收拾的矛盾，这考验着社会和社区的治理能力。此时社会工作需要即刻行动，回应因疫情而产生的社会需要，服务社区、家庭和个人。第一，服务社区。关注每个人、每个家庭，给社区中脆弱群体以关怀，特别关注脆弱社群的需要满足和服务，包括独居老人、留守的儿童、行动不便的残疾人、低收入家庭等，使之不因信息和物质匮乏而受损；第二，支持在疫情下负重“逆行”的社区和各部门工作者、志愿者服务，对这些人进行社区工作方法和技能培训，使之为社区提供有效能的服务，防止因知识不足而致工作疏漏。

二、以能力建设增强社区团结和社会联结

疫情防控是对社区治理能力的考验，此时需要强大的行政工作以组织起有序的社区生活，更需要精细化的社会工作去满足需要以破解各种难题。专业的社会工作与行政性的社区工作目标一致、工作对象上有交叉点，但不同于行政工作。例如，在突发的疫情面前，社会工作者以专业知识和价值评估疫情防控对社会经济运行和对人们正常生活所可能带来的影响，从提供满足社群需要的服务，到为预防社会性问题发生而进行的公众宣传教育，从心理辅导、情绪支持到为脆弱社群提供物质的援助，致力于预防、解决问题能力的提升，个人和社区解决问题能力的提升。其背后是社会工作以人为本，尊重和重视人的价值基础和专业工作理念，还有一套理论和专业技术支撑已达工作目标。

（一）以人际联结增强个人和社区的心理纽带和联结感，促进个人和社区的心理健康。

社会工作专业和心理咨询专业都处理疫情防控下可能产生的心理健康问题。心理咨询专业和社会工作都会通过教授人们自我情绪疏导的方法来缓解各种紧张和焦虑问题，都会从公众宣传教育入手，通过让每个人掌握与疫情防控有关的知识获得安全感，来预防和消除恐慌、紧张和焦虑等不良心理问题。但社会工作强调人与社会的联结是个人、社群心理社会功能良好发挥的前提条件，认为心理健康问题不只是个体的问题，而是与其所处的环境有密切

关系；社会工作强调和关注社会结构因素、社会环境和社会脉络对人们生活的影响，注重个体与社会关系的状态，强调每个人良好的身心健康离不开良好的社会联结中的人际关系。为此，协会疫情防控社会工作的服务方案都强调关注脆弱群体，特别是疫情暴发期间的独居老人、残疾人、留守儿童和低收入家庭与社区的关系和联结，要消除社会排斥，以社区联结和人际纽带带给个体和家庭以力量，促进社区心理健康。2020 年国际社会工作周的主题就是“促进人类关系的重要性”。在疫情防控中，社会工作注重评估了解社区资源，运用生物-心理-社会方法于我们的培训中，以支持服务对象、患者和我们所工作和生活的更大的社区，并积极进行倡导。

（二）关注脆弱群体需要，实现公平正义

社会工作注重以人为本，关注疫情防控中弱势社群的社会处境；在突发疫情和公共卫生事件中，不同社群所受影响的状况是不同的。健康的决定因素是什么？通常认为是医疗技术的发达。实际上，不同的社会阶层、不同的社会位置和疫情的关系是不同的，受疫情影响的状况也不同。例如，当时口罩日产量完全可以满足需求，但协会服务的一个地区口罩仍然非常紧张。社会工作关注个体和社群与更广大社会系统的联结，消除不平等，防止在马太效应下脆弱社群的劣势积累。又如，疫情防控下边远贫困地区低收入家庭青少年停课期间是否会因没有学习需要的手机或者电脑而无法正常学习？在新媒体技术快速发展背景下，对某些弱势群体不利处境的关注，也是十分重要的议题。

（三）建设关怀社区，以社区凝聚力促进社区团结互助，提升社区抗逆力

社区蕴含对人积极的社会意义。所谓社区包含有两种情况，一种是指居住在同一地域上的社群，另一种是指具有某种共同身份认同的功能社群。第一种情况下，人们是居住在同一地域上的共同体。随着社会的发展变迁，人们的社会交往已经突破了地域的界限，而发展出具有共同身份认同的“功能性”社区。这两种社区结合在一起就形成了人们的人际关系网络。对于现代人来说，每个人都既是所居住地域上的一分子，同时又属于某一社会团体。“社区”具有以下特征：第一，社区成员具有“感情联结”；第二，“特殊主义”取向。不同于“公事公办”“不讲情面”的“普遍主义”取向；第三，集体取向。认同整体利益及由此引发的集体身份认同，以实现整体利益为出发点的“利他主义”行为和个人对集体的忠诚与投入。由以上特征发展出社区成员间的归属感和认同感，进一步发展出“社区意识”。社会工作强调社区应该被视为一个网络，包括非正式人际关系网络，在社区中每个人因为血缘、共同兴趣、居住地域、友情、工作等关系而组合联结起来。社区的重要特征就是，网络内的各部分都发挥功能，以个人或集体的形式去回应他人的困境，帮助处于困境的人士。

疫情防控社会工作在社区中的工作方案和实务的目标就是：第一，维持每个人的社区生活和社区联结，使生活在社区中的人们团结协作，具有归属感和温暖友谊；第二，强调建立关怀社区，让家庭和社区积极参与疫情防控工作并为社区和邻里提供支援，建立一个有效的支持系统和网络，增强社区的团结互助，以社区能力的提升，增强社区抗逆力。

（四）以优势视角助社区能力提升

社会工作关注每个人的身心健康，它们是个人、家庭和社区发挥良好社会功能的基础和条件。如上面提到的，社会工作清楚地评估和辨识出在疫情防控处境中个人、家庭和社区可能出现的个体身心健康和社区问题，但社会工作解决问题的理念不同于单纯的心理咨询或心理辅导。社会工作不对“心理健康”问题作个人归因，而是将个人问题放到社会脉络中，认为需求未被满足是问题产生的原因，因而个人问题背后都有结构性的原因；将人们与社会、社区和家庭进行联结，而不是将问题简单归结于个人或者个人心理问题。社会工作并不是一味给予，而是做能力建设、能力提升。社会工作的理念是，每个人、每个家庭和每个社区都存在资源，可以用于解决问题、克服困难，迈向进步和成长。因此，疫情是危险，也是机会。疫情中的人们需要团结，需要互相扶持，需要相互信任，也需要理解和包容。为社区增能，调动、发掘和激发社区资源，进行社区能力建设，是消除问题的根本之计。以社区为本的疫情防控社会工作强调，从治理角度到服务意识的转变。在疫情防控期间，如何让生活在同一个社区里的人意识到“我们在一起”的重要性，团结合作，理解包容，从而带给邻居、他人友谊和温暖，需要社会工作者有对社区生活的理解，掌握人们生活其中的社区脉络、社会结构、人际联结、人际关系重要性的知识。

疫情防控社会工作服务方案包含了对有需要的个人、家庭、社区及所涉及的各类人群的服务，都采取以社区为本的策略，在社区中满足需求，化解矛盾，促进社区能力的提升，为疫情防控筑牢社区这道防线。前文已述，围绕社区赋能的目标，协会组织专家力量，在2020年1月27日筹备完成并陆续实施了一系列工作和服务。疫情防控社会工作分布在全国各地，形成了多领域的服务模式，包括：武汉市江汉区北湖街“2+3”线上社区下沉抗疫服务项目；黄冈市新冠疫情防控服务项目；黑龙江省“1+4政社联动”新冠病毒社区防控社会工作支持项目；陕西社工抗击疫情专业支持服务体系建设项目；天津市河东区抗疫情暖心医护人员支援服务计划项目；北京市的社区守护者服务项目；湖北省特别是武汉市青少年、家庭和亲子服务项目；湖北地区养老院服务项目。

2020年5月7日，中央应对新冠疫情工作领导小组召开会议，要求总结推广有效的疫情防控做法，精准做好常态化防控。中国地域辽阔，人口众多，自然灾害频仍，疫情和突发公共卫生危机也考验着社会的治理能力。认真总结疫情防控中社会工作的实践经验，将社会工作纳入社会风险防控体系和常态工作中，是实现国家治理体系和能力现代化的重要举措。《社会工作抗疫丛书》既是对中国社会工作教育工作者在疫情防控工作情况的记录，也是对社会工作参与疫情防控工作的实践经验进行总结的成果，是社会工作教育者进行知识传播、教育和知识生产角色与责任担当的体现。

三、搭建和探索多部门、跨学科、新媒体联动服务平台和模式

疫情防控工作是一项系统性工程，需要政府和社会组织间的有机联结、多部门跨专业有效合作，建立起有效满足需要的服务网络。疫情防控社会工作的鲜明特点是“跨域、跨时空、跨学科、多部门、多专业联动”协调服务。

（一）实现多部门联动

协会疫情防控社会工作服务实践的特点是与多部门联动，包括主动寻求各级民政、相关部门和工青妇群团组织的指导，与社会工作专业学位研究生教育指导委员会、中国社会工作学会、社会组织和企业（华东理工大学出版社、上海和深圳恩派、上海浦东社会工作协会）及新闻媒体密切合作，一起“联动”，不同组织和部门间合作与协同工作，实现了服务目标和服务的高效运作。工作架构和机制是“专业协会 + 政府部门 + 社会组织 + 社区 +（居民）”的多方协作动员和工作机制。

（二）实现多学科跨专业合作

疫情防控社会工作服务团队成员由多学科成员组成，男女老少齐上阵。包括社会工作者、医务工作者、心理咨询师、社区工作者和志愿者，共同服务社群，实现了多部门跨专业合作，服务创新，满足了疫情防控的多元社会需求。

（三）根据疫情防控工作特点，搭建线上服务平台，实践创新服务模式

以微信等新媒体为工作和服务载体和平台，实现了“异地”间的“跨域”服务：服务团队成员来自全国各地，“四面八方”服务湖北和武汉，实现了服务资源的有效整合；“跨时空”服务：疫情突发，需求急剧增长下凸显人力不足与当地工作者工作负荷超重，跨时空服务突破了时间空间限制，以微信等新技术通信网络为平台，团队成员专业搭配，分工负责、随叫随到，时刻在线保障，提供服务。创新“多部门–跨域–跨时空–多学科跨专业联动协调”服务模式，微信线上平台服务与线下一线人员服务联动，为医务工作者、社区工作者、慢性病患者、独居老人、社区居民、家庭等提供了“社会–心理”支持、生活支持、医疗咨询、亲子关系和青少年线上团体活动等专业服务。

四、志愿服务社会，获得业内认可

中国社会工作协会组织的疫情防控社会工作服务，全部参与人员本着志愿精神与协会签订“志愿服务协议”，承诺不计报酬自愿付出，并分享各自的工作成果和经验。为表彰协会在疫情防控社会工作中的努力和实践、付出与奉献，北京大学-香港理工大学中国社会工作研究中心2021年设立了“特别贡献奖”，表彰参与中国社会工作教育协会疫情防控社会工作的全体人员。

社会是一个系统，各部分相互影响。社会工作的专业功能就在于帮助个人、群体和社区解决因一时或某种社会结构性障碍而导致的社会功能失调以及由此而产生的困难和问题，通过以专业方法进行公众教育来预防问题的发生，同时增强个人、群体和社区的抗逆力。从本质上来说，社会工作是社会福利制度的操作化表达，社会福利制度的功能和作用是通过社会工作的服务传递出去，以实现社会福利的制度目标的，实现每个人的良好福祉，体现的是以人民为中心的价值理念。社会工作参与到疫情防控工作中，就是发挥社会工作作为社会福利制度传递系统的功能，对突发疫情中所发生的公共危机和脆弱群体的处境进行危机干预，发挥其社会稳定机制的作用，是国家治理的有机组成部分。从这个意义上说，社会工作的自觉行动是基于社会工作专业本身的制度功能和职责所在。

中国社会工作教育界的疫情防控社会工作有三点值得提及：第一，中国社会工作教育界在疫情防控工作中主动作为，在前线服务和政策倡导两个层面苦干，发挥了社会工作专业的社会领导力，专业服务获得社会认可，以实际行动践行了以人为本的社会主义社会工作核心价值观。第二，为社会工作参与疫情防控、完善疫情防控和突发公共卫生危机应急响应体系、提升危机防控和治理能力，积累了宝贵的经验，提升了社会治理效能，增强了国家治理能力。第三，中国社会工作教育界在疫情防控社会工作中的实践，充分显示了中国社会工作教育界是一支忠诚于党的社会工作教育事业的队伍，是党的社会工作队伍中一支特别能战斗的队伍。我们为中国社会工作教育界在疫情防控中的社会工作服务骄傲。

（撰稿人：马凤芝）

第二十一章

疫情防控社会工作服务暨行动研究项目

2 月 23 日，习近平总书记发表了《关于加强党对统筹推进疫情防控和经济社会发展工作的领导》的重要讲话。他指出，打赢疫情防控这场人民战争，必须紧紧依靠人民群众。社区是疫情联防联控、群防群控的关键防线，要推动防控资源和力量下沉，把社区这道防线守严守牢。新型冠状病毒疫情暴发后，湖北省及武汉市一直是疫情防控的重中之重。随着疫情形势的发展变化，武汉周边的中小城市与广大农村地区的疫情防控任务不断加重，难度不断加大；相对于大城市而言，中小城市和农村地区信息传递更加滞后、医疗资源更加匮乏，受到的社会关注也相对较少；战斗在一线的医护人员和他们的家庭、守护社区安全和为居民服务的社会工作者都有巨大的身心付出，需要关怀、支持和支援；在疫情面前，一老一小、残障人群、困弱家庭都需要救助关爱；封闭的院舍中老人和儿童也都需要与外界的联系以维持身心健康；在全民居家防疫的环境中，家庭和青少年都需要给予辅导和支持。为回应巨量的社会服务需求，协会组织了“战疫情社会工作服务暨行动研究项目”。

第一节 “战疫情社会工作服务暨行动研究项目”背景和概况

一、项目理念

2020 年 2 月初，在武汉之外，湖北省黄冈市确诊病累计报告新型冠状病毒位列全省各市州第三位，黄冈市下属的蕲春县又属于黄冈市的重灾区，但这里的医疗资源和社会支持相对较少。2 月 6 日，习近平总书记指出，“广大人民群众众志成城、团结奋战，打响了疫情防控的人民战争，打响了疫情防控的总体战”。人民战争和总体战，既应包括大城市，也应包括中小城市和农村。武汉“封城”后，中国社会工作教育协会即发出通知，号召全国社会工作专业师生积极行动起来，以专业实践回应疫情防控中的社会需要。

2020 年 1 月底，中国社会工作教育协会以督导专业委和医务专委会为主体队伍，响应协会号召，在中国社会工作教育协会统筹部署下，迅即展开服务需求评估，计划开展服务。协会在前期服务基础上，组建起有武汉市、黄冈市下属的蕲春县、黑龙江省、陕西省、天津市、北京市、上海市社会工作专业师生参加的多支服务团队，与各地民政、卫健委、街道和社区等政府部门及当地的社会工作机构合作，成立跨学科、多专业、跨部门的服务团队，开展疫情防控社会工作服务。

二、概况

为回应武汉和全国疫情防控工作的海量社会需要，协会向香港凯瑟克基金申请“战疫情社会工作服务暨行动研究项目”，组织开展全国性服务，为更多需要帮助的地区投入更多的服务资源。凯瑟克基金与中国社会工作教育协会有着 20 多年的合作历史，基金会特事特办审批通过所申请的项目，为疫情防控社会工作的开展提供了 10 个项目的 100 万元资金支持。10 个项目涉及社区层面的服务、个人和家庭服务、青少年和亲子关系服务、农村地区特殊服务对象服务、院舍老人服务、医护人员和社区工作者支持服务。协会认识到，中国作为一个幅员辽阔的国家，疫情和灾害频仍，此次疫情防控社会工作不仅要满足当下需要，更要立足长远，在服务的同时展开行动研究，一方面积累经验，一方面从实践经验中总结疫情防控社会工作和灾害中社会工作服务的知识。故此，项目全部加入社会工作行动研究，力图从实践中建构中国防灾救灾社会工作的本土理论和方法。

历经疫情防控中的探索，中国社会工作教育协会不仅探索建立起了“跨域跨学科跨时空多部门联动”的社会工作工作服务模式，还学会了以新媒体等方式为服务对象提供线上和线下服务，服务遍及全国（见表 21-1）。

中国社会工作教育协会-凯瑟克基金“战疫情社会工作服务暨行动研究项目”由马凤芝任总督导、沈黎任行政总监。本章重点呈现 10 个项目的实践概况。

表 21-1　疫情防控社会工作服务受益群体数量统计

序号	项目名称	实施单位	参与服务人数 / 人	服务对象情况
1	社会工作参与疫情防控在线课程计划项目组	中国社会工作教育协会	59	66 门课程， 101 347 人次观看
2	驰援武汉“一起来战疫·亲子共闯关”青少年线上服务项目组	中国青年政治学院	47	青少年 1 737 人次、 家长 3 407 人次

续　表

序号	项目名称	实施单位	参与服务人数 / 人	服务对象情况
3	跨域跨学科跨部门联动战疫情黄冈项目组	中国社会工作教育协会社会工作督导专业委员会、	1 258	9 220 人次
4	黑龙江省“1+4+N”政社联动新冠病毒社区防控社会工作支持项目	黑龙江省社会科学院等	27	26 350 人次
5	“战疫情社会工作服务行动研究项目”陕西项目点	西北大学、陕西省社会工作协会	249	6 453 人次
6	“您为大家，我为您！”——关爱“最美逆行者”天津市河东区关爱隔离区工作人员和社区工作者服务	天津理工大学	58	680 人次
7	“社区守护者”支持服务与研究项目	中华女子学院	68	4 056 人次
8	武汉养老院项目 _	厦门大学、福建医科大学	37	5 024 人次
9	武汉项目组	武汉大学等	135	98 765 人次
10	Project Hope	武汉	24	248 人次
总　计			1 803	267 287 人次

（撰稿人：马凤芝）

第二节　“战疫情社会工作服务暨行动研究项目”的实施与意义

一、云服务：社会工作参与疫情防控在线课程计划工作和服务

（一）项目背景

2020 年的新冠疫情牵动着全国人民的心，作为以“专业服务，尽职社会”为己任，推进社会工作教育和专业社会工作发展为目的的非营利组织的中国社会工作教育协会第一时间带领广大社会工作师生与一线实务工作者，运用专业的技能，发挥“助人自助”的理念，积极投身到这场严峻的疫情防控战斗中。毫无疑问，作为国家级专业性学术团体，中国社会工作教育协会最大的优势是拥有全国专业力量最强、覆盖面最广、人数最多的社会工作学者，能够为协助政府做好疫情防控工作，科学有效地开展服务提供技术支撑。2020 年 1 月底，中国

社会工作教育协会副会长兼秘书长马凤芝教授召集核心团队，紧急策划“社会工作参与疫情防控在线课程计划”，在第一时间调动专业力量助力社会工作参与疫情防控工作。

（二）项目需求与目标

1. 社会工作者的需求

就当时社会工作者参与社区防疫工作的工作现状来看，由于疫情突发，绝大部分社会工作者在提供专业服务时面临两大难题：

其一，缺乏防疫经验。虽然不少社会工作者有参与救灾工作，但公共卫生疫情的参与在国内尚属首次。

其二，缺乏防疫知能。公共卫生社会工作，特别是传染性疾病社会工作属于社会工作前沿领域，当时国内缺乏系统性的公共卫生社会工作知识梳理。

2. 项目目标

项目目标在于提升一线社会工作实务工作者参与疫情防控工作的专业知识，提升其服务能力，进而有效服务社群。

具体目标有以下几点：

- 提升社会工作者参与防疫工作的能力，增加基础性知识，提高对突发公共卫生危机之于社会不同群体影响的认识。
- 协助社会工作者认识对于不同预防层级服务的介入方法。
- 提升社会工作者参与危机干预的能力。

（三）课程内容设计与实施

社会工作参与疫情防控在线课程共有九个系列，包括：（1）社会工作参与防疫服务指引课程；（2）武汉抗疫“4+1”线上异地救援模式系列课程；（3）社会工作防疫危机干预课程；（4）医务社会工作危机介入实务课程；（5）哀伤辅导系列课程一“疫情中的哀伤辅导”；（6）哀伤辅导系列课程二“疫情后的创伤及哀伤干预”；（7）哀伤辅导系列课程三“抗击疫情中的生命教育系列课程”；（8）集中隔离点开展心理援助与社会工作服务岗前培训课程；（9）战疫情——社工在行动。这九个系列课程共计举办了76讲（见表21-2）。这是一个对疫情防控社会工作做的全面、系统的专业培训，内容涉及突发公共卫生事件中社会工作的角色和功能作用，个人和家庭工作的组织与服务，社区工作的组织与服务，儿童、老人、残疾人、困弱家庭等脆弱社群的社会工作，线上服务的组织和实施方法，志愿服务团队的组织和管理，危机干预理论与方法，哀伤辅导理论与方法，医护人员的支持与服务，社会工作者的自我建设和能力提升。“社会工作参与疫情防控系列课程”的内容反映了疫情防控工作的需要，反映了协会和社会工作教育界对防疫防控工作需要的快速回应，其中既有常规性疫情防控社会工作的实务，也有应对疫情防控环境中“线上”的社会工作实务。

表 21-2 社会工作参与疫情防控在线系列课程目录

系　　列	课　程　内　容	主讲人员
系列一　社会工作参与防疫服务指引课程	第一讲　社会工作在疫情防控中的角色与作用 第二讲　社会工作者参与疫情防控工作的基本原则 第三讲　社会工作参与疫情防控工作的服务伦理 第四讲　防疫三级服务指引：病患及疑似病患的社会工作服务 第五讲　防疫二级服务指引：病患家属及疫区居民、医护人员的社会工作 第六讲　防疫一级服务指引：儿童社会工作服务 第七讲　防疫一级服务指引：青少年社会工作服务 第八讲　防疫一级服务指引：社区服务 第九讲　防疫一级服务指引：老年人服务 第十讲　防疫一级服务指引：其他防疫人员服务	马凤芝、黄红、郑广怀、范斌、吕新萍、花菊香、彭振、郁之虹、陈虹霖、黄匡忠
系列二　武汉抗疫“4+1”线上异地救援模式系列课程	第一讲　“4+1”线上异地救援模式概述 第二讲　“4+1”团队的组建及介入 第三讲　“4+1”异地救援模式的快速启动 第四讲　“4+1”线上异地救援模式的运用 第五讲　社工志愿者角色与功能 第六讲　医务志愿者如何开展线上志愿服务 第七讲　心理志愿者的角色定位、自我觉察及团队建设 第八讲　群助手志愿者的定位及工作内涵 第九讲　服务流程、指引与案例集的制作 第十讲　“4+1”线上模式在社区工作中的应用	郁之虹、郑广怀、姜丽蕊、祝玉红、郭丽萍、沈尹婧、牛洋、刘婷婷、邹利、祝玉红、顾敏、段文杰、胡悦、范心玥、任敏、张强
系列三　社会工作防疫危机干预课程	第一讲　危机介入的发展历史与主要概念 第二讲　危机介入七步曲与 ACT 框架 第三讲　CISM 危机管理介入方法和体系 第四讲　个人危机介入 SAFER-R 第五讲　团体危机干预之重大事件解说	黄匡忠、励娜
系列四　医务社工危机介入实务课程	第一讲　医院环境下危机介入服务的对象与特征 第二讲　危机的心理反应——甄别与分流 第三讲　CISM 危机管理介入方法与 CMB 简介会 第四讲　危机介入简化解说会 Defusing 第五讲　个人危机介入与防止自杀	黄匡忠、周甜、吕翠倩、励娜
系列五　哀伤辅导系列课程一：疫情中的哀伤辅导	第一讲　丧亲后的急性哀伤应对策略 第二讲　关怀人员的自我保护 第三讲　关怀者的说话技巧 第四讲　疫情下哀伤辅导的原则、过程与技术 第五讲　结构化临床探访过程要点及注意事项 第六讲　以家庭为中心的居丧期辅导 第七讲　不同哀伤主体的情绪表达和干预 第八讲　疫情之下死亡焦虑的识别、评估与应对 第九讲　如何活在当下：患者及家属的预期哀伤辅导	刘新宪、程明明、张灵慧、卢建、孙瑛

续 表

系　列	课 程 内 容	主讲人员
系列六　哀伤辅导系列课程二：疫情后的创伤及哀伤干预	第一讲　疫情后延长哀伤障碍的识别与预防 第二讲　应对常见哀伤中的情绪 / 认知问题 第三讲　幽谷伴行：我们如何陪伴哀伤者 第四讲　PTSD 的诊断、评估与干预 第五讲　疫情后的意义重建与自杀预防 第六讲　焦点解决与社区心理危机干预 第七讲　“创伤知情”与哀伤疗愈 第八讲　在创伤中成长 第九讲　焦点解决短程咨询在疫情心理援助热线中的应用 第十讲　同质互助小组在疫情后哀伤救助中的应用 第十一讲　生活正常化：“桑格”自助疗愈笔记本的应用	刘新宪、吕静淑、苏细清、程明明、朱松林、钟佩怡、赵然、卢建、任敏
系列七　哀伤辅导系列课程三：抗击疫情中的生命教育系列课程	第一讲　疫情下的“善终”与哀伤抚慰 第二讲　疫情中的生命整合与家庭支持 第三讲　疫情下的恐慌心理分析与生命安顿 第四讲　给儿童的生命教育 第五讲　珍爱生命，完成人生 第六讲　有准备的“死”与有尊严的“生” 第七讲　从生命终点构建生死教育观	路桂军、雷爱民、刘咏思、韩星、何仁富、伊华
系列八　集中隔离点开展心理援助与社会工作服务岗前培训课程	第一讲　新冠心理援助与社会支持服务伦理 第二讲　抗击新冠基础医学常识 第三讲　社工在线服务社群管理技巧 第四讲　心理援助与支持关系建立	赵芳、张一奇、陈兰兰、郁之虹
系列九　战疫情：社工在行动	第一期新冠疫情影响下的社会工作专业使命 面对疫情，社工该如何服务残疾人? 武汉抗疫“4+1”线上异地救援模式社工实务 第二期如何在线上和青少年“疫”起成长? 面对疫情，社工可以为儿童做什么? 参与和反思：一个社工老师在疫情救助中的行动线 第三期 疫情防控中的医务社会工作如何开展 关爱“最美逆行者”——社工如何服务医护人员 新冠疫情下社会工作服务的介入与可能 第四期疫情中的社区与社区社会工作 疫情防控中的农村社区工作如何开展 疫情防控中的城市社区工作如何开展 第五期战疫情——社会工作的使命与情怀 疫情防控中社会工作的专业参与和横向联动 为专业保驾护航——疫情中的社会工作督导	苏光、吕新萍、郁之虹、彭振、花菊香、任敏、范斌、王森、张雪、张佳华、陈红莉、谢雨峰、马凤芝、顾东辉、张洪英、沈黎

（四）项目反思

社会工作参与疫情防控在线课程计划是中国社会工作教育界第一次以智力、知识参与为核心、以在线传播为形式，全面参与国家重大公共危机事件，为中国社会工作教育协会日后深度发挥专业优势奠定了基础。

其一，教学形式的改变，从静态到动态的教学变化。从早期系列课程的单一录播，到后期发展成为在线直播、在线互动、抖音互动等多元形式，课程越发从受众的角度出发，发展出让人喜闻乐见的教学形式。其二，教师角色的改变，从教育者到赋能者的转换。课程的开发因应疫情变化不同阶段的需要，使得教师们逐渐体会到其在知识传播过程中由教育者到同行者再到赋能者的角色更新。其三，教育意义的深化，从知识传播到知识再生产。早期课程注重对已有理论知识的传播，到后期随着疫情演进、不断发展出具有在地性和反思性的实务知识，社会工作教育的本质意义得以实现。其四，教育宣传的意识，不断深入理解互联网思维。该计划带动中国社会工作教育界学会强调临在、感受存在，用互联网的方式传播专业知识。

（撰稿人：沈黎）

二、武汉市："2+3"线上社区下沉抗疫服务

（一）项目背景

从 2020 年 1 月 25 日开始，到 4 月 8 日解封，武汉项目组在武汉江汉区华南海鲜市场周边的北海社区开展了积极有效的"2+3"线上社区下沉抗疫服务。在武汉市抗疫行动中，项目组组织高校志愿者，协同居委会及相关医疗机构，以移动互联工具，建立以社区为本的三级防御机制。通过网络，项目组通过微信群起到科普安抚健康人群，指导疑似患者居家隔离，以及支持患者及其家属的功能。

（二）项目内容

1. 工作目标。在武汉市抗疫行动中，项目组通过移动互联工具，建立以社区为本的三级防御机制，协同居委会及医疗机构。通过线上信息筛查和需求评估，分为健康人群、发热群体和冠状病毒患者或疑似患者。

2. 人员构成（2+3 模式）。"2"代表着两名工作者（社工、社区工作者），而"3"代表三名志愿者（医务助手、心理助手、管理助手）。

3. 运作模式。项目组以微信群为基础，建立"社区为本"的抗疫三级防御机制。（1）第一级防御"靠网格"。立足于社区的网格群，面向广大居民提供医疗咨询答疑、心理疏导以及资源协调等服务。不同专业的志愿者有针对性地提供相应的服务。医务志愿者进行医疗科普和在线答疑；心理志愿者提供心理疏导和情绪管理；社工评估社区居民需求，并协调资源；社工助手协助管理群事务和档案管理。（2）第二级防御"靠居家"。建立针对发热人群的居家隔离指导群。医务志愿者提供专业咨询和自我隔离指导；心理志愿者提供心理支持和情绪缓解；社工评估隔离者需求，并协调资源；社工助手协助管理群事务和档案管理。

（3）第三级防御“靠社区”。针对社区里确诊的新冠患者及其家人建立支持群和陪护。医务志愿者提供医疗信息和健康指导；心理志愿者提供心理支持和情绪管理；社工评估患者家属需求，并协调资源；社工助手协助管理群事务和档案管理。

4. 工作原则。本项目的工作原则如下：社工主导，线上服务，明确职责，定岗定时，以提高效能为目标。

（三）服务成效

本项目通过建立以社区为基础的三级防疫机制，有效整合社会资源，提升了社区抗疫能力和应对危机的能力。第一级防疫通过网络与社区居民进行科普和情绪疏导，有效稳定了社区居民的情绪，减少了恐慌和传言的传播。这一阶段的工作帮助居民正确理解疫情信息，采取必要的防护措施，促进了社区居民的健康意识和行为的改变。

第二级防疫针对发热患者提供了有效的居家隔离指导和医疗支持，有助于早期发现和隔离潜在感染者，降低了社区传播风险。通过微信群的形式，医务志愿者提供了专业的咨询服务，帮助患者正确执行自我隔离，并解答其医疗疑问。心理志愿者则通过心理疏导和情绪管理技巧，减轻患者及其家属的焦虑和压力，促进了患者的康复与健康管理。

第三级防疫针对确诊患者及其家属提供了精准的心理支持和资源协调，帮助其更好地应对治疗过程中的各种挑战。通过建立支持群和陪护群，志愿者们为患者提供了情绪上的支持和实际帮助，增强了患者及其家属的信心和合作意愿。这一层级的服务不仅增强了社区的凝聚力，还有效缓解了医疗资源紧张的压力，提升了整体抗疫效果。

通过这些措施，本项目有效促进了社区居民的健康意识和自我防护能力，为全面控制疫情提供了重要基础和支持。该项目不仅在武汉得到了广泛应用，为项目团队在方舱及隔离点的工作打下了重要基础，而且在其他地方也得到了推广，为应对类似突发公共卫生事件提供了有益的经验和启示。

（撰稿人：郁之虹）

三、黄冈市：跨域跨学科跨部门联动模式探索

（一）项目背景

2020 年 2 月初，湖北省黄冈市确诊病累计报告新型冠状病毒位列全省各市州第三位，相对于大城市而言，中小城市和农村地区信息传递更加滞后、医疗资源更加匮乏，受到的社会关注更少。鉴于此，中国社会工作教育协会社会工作督导专委会和医务专委会响应协会号召，与武汉市武昌区郦民社会工作服务中心（以下简称“郦民社工”）蕲春“三助行动”项目团队

及当地乡镇政府合作，组建战疫情黄冈项目组，在黄冈市蕲春县开展疫情防控工作，同时开启“跨域跨学科跨部门联动”工作模式探索。

（二）项目内容

1. 构建组织机制，强化专业服务保障。项目组由协会统一领导，督导专委会 / 医务专委会和郦民社工联动统筹，郦民社工负责项目在地协调和实施。项目组制定了疫情防控工作指引，建立了工作框架，组建了由 40 多名社工督导专家和 11 名医务社工组成的“线上”服务团队和由社区医务工作者 + 大学生志愿者 + 一线社工等 60 多人构成的“线下”服务团队，建立了“线下 + 线上”“专家 + 一线”的跨域跨学科线上线下联动模式，构建了“行业协会 + 政府 + 社会组织 + 社区”的“跨部门”多方协作动员机制。通过线上平台，与线下一线人员服务联动，为专业服务开展提供坚实保障。

2. 需求导向，提供全方位服务。根据疫情不同阶段、不同对象需求，项目组先后开展了医务人员支持组、社区工作者服务组、儿童青少年服务组、酒铺村困境儿童服务组、菩提村社区居民五个服务组服务，具体包括：

一是面向医务人员和社区工作人员的服务。通过微信群为医务工作者开展全天候陪伴、心理援助、音乐疗法、书法鉴赏、个案辅导和以防疫知识为主的“空中课堂”小组等服务；为社区工作者提供全天候陪伴、心理援助、危机处理、防疫物资动员和链接等服务，收集社会各界提供的资源信息及防控建议传递给社区。

二是面向普通农村社区居民的服务。为加强乡村防疫力量，项目组协助农村社区开展入户排查、返乡人员健康管理、物资代购、居民心理疏导、智慧社区管理、资源链接、居民动态反馈等服务，实现社区居民可同时小程序下单订购生活用品，志愿者第二天配送上门。

三是面向儿童提供的专业服务。项目组联合各地专家和大学生组成线上服务团队，为医务人员子女、农村留守儿童组织开展亲子益智类活动和线上课业辅导，通过回答防疫知识、“打怪兽”小游戏、“家庭挑战”、许愿等内容，提升青少年儿童面对困难和危险的综合素质和能力，共同打赢这场防疫之战。

（三）项目成效

从 2 月 6 日到 4 月 26 日，经过两个多月的服务，项目组陪伴 62 名医务人员、50 名医务人员子女、25 名社区工作者、11 名困境儿童、4 个村 15 000 名群众度过了这段特殊时期。同时，项目组通过行动研究建构了“跨地域跨学科跨部门”联动模式。①

① 跨域跨学科跨部门联动模式在 2020 年 3 月 18 日的澎湃新闻以“疫情中的社工：黄冈跨界联动的百人‘后援团’”为题进行了报道。此模式在《中国社会工作》2020 年第 10 期上发表的《社工主导，多方联动，挺进疫区——中国社会工作教育协会“战疫情社会工作服务暨行动研究项目”记》中有部分论述。

“跨域跨学科跨部门”是工作有效开展的基石。“跨域”指的是跨地域，即工作团队成员来自全国各地，跨地域为武汉乃至湖北地区提供服务。疫情发生后蕲春面临最紧迫的问题便是人力不足与负荷过重，外来专业人力的加入是当地防疫人力紧缺的有益补充。“跨学科”指的是工作团队成员由不同学科背景的成员组成，即包括了社会工作、心理咨询和医务等学科背景成员。疫情给民众带来身心灵的影响，唯有跨学科团队成员的整合式介入，才能满足其多元的需要。“跨部门”主要指的是不同组织和部门间的合作参与。防疫工作是一项系统性工程，只有政府和社会组织间的有机联结、政府各部门的有效合作，才能建立起严密的防疫网络。“跨域”实现了专业人力补充，“跨学科”满足了多元需求，“跨部门”实现了工作网络建构和合作，此举打下了工作模式有效性的基础。“联动”是工作高效运作的关键。没有“联动”，“跨域跨学科跨部门”只是一堆零散的零件。该模式的“联动”指的是协会与在地郦民社工成立项目组，共同参与决策，郦民社工与在地医疗、教育和民政搭建合作平台，“专家督导 + 一线社会工作者”“医务工作者 + 社区党员志愿者 + 社区工作者”“线下 + 线上”多主体协同参与服务。

“跨域跨学科跨部门联动模式”之所以有成效，取决于以下四点原因。一是有组织平台。跨域、跨学科专业力量的动员和联动是借助中国社会工作教育协会的平台实现的。作为全国社会工作专家力量最雄厚的学术团体，协会平台使黄冈模式中的力量动员具有了组织性、专业性和合法性。二是“身份”的作用和功能。在地项目组成员的政协委员的身份，令卫生、教育和社区的联动成为可能；高校教师的身份令各地高校社会工作研究生的联动成为现实。三是责任与使命。所有联动的参与者（和部门）都有“国难当头，匹夫有责”的为国为民为专业的责任、使命和奉献之心。四是在地社会工作服务机构及其信任基础。在地社会工作服务机构使得在地“联动”成为可能，其中非常重要的是政府和老百姓的信任基础。郦民社工六年扎根蕲春县社区，辛勤耕耘，已经与政府和老百姓建立起良好的信任与协作关系。

跨域跨学科跨部门联动模式为社会工作组织和动员跨学科资源参与公共突发事件提供了经验和借鉴，为政府在未来突发事件中如何充分利用社工专业及其他学科力量和资源提供了参考，为社会工作服务机构寻找、承接、利用专业力量与资源实现相关部门联动提供了参照，对于未来应对突发公共事件具有非常重要的意义。

（撰稿人：张洪英、陈红莉）

四、黑龙江省：“1+4+N”政社联动社区疫情防控项目

（一）项目背景

项目自 2020 年 1 月启动一直延续至 2023 年 3 月新冠疫情防控工作结束。在全国疫情暴

发的关键时期，黑龙江省社会工作专业院校的教师以黑龙江省社会工作协会为工作阵地，主动站位、服务大局，与省民政厅政社联动，迅速汇聚龙江社工和志愿者力量组成志愿服务团队，加入中国社会工作教育协会的“战疫情社会工作服务暨行动研究”项目群，并积极服务黑龙江本土抗疫工作，同步开展社会工作介入重大公共卫生事件的服务和行动研究。在实践探索中，逐步形成了“1+4+N”的专业志愿者协同、三级服务、二级督导的社区干预服务模式，即由 1 名社区（街道）工作人员 +4 名专业志愿者（2 名社工志愿者 +1 名医务志愿者 +1 名心理志愿者）+N 个其他领域专业志愿者组成的工作团队，下沉到各社区，提供三级服务（一级服务面对所有社区居民和社区工作者；二级服务面对居家隔离居民；三级服务面对确诊病人及高度疑似居民），辅助社区做好疫情防控工作，提升民众对于新冠病毒防治及其相关政策的了解，评估和缓解民众的恐慌情绪，团队另建立两级督导（行政督导和社工督导）机制为三级服务提供技术支持。

（二）服务内容

1. 线上驰援武汉开展社会工作支持服务。2020 年 1 月 24 日，在黑龙江省民政厅的支持下，在中国社会工作教育协会指导下，由黑龙江省社会工作协会筹备组向全省社会工作者发起倡议，迅速招募并成立了由 180 余人组成的社会工作专业志愿服务队。1 月 26 日，志愿服务队主动与武汉社会工作联合会、武汉泽霈社会工作服务中心等社会服务机构对接，派出由 27 名专业社会工作者组成的线上驰援武汉志愿服务团队，统一接受在地服务机构的工作安排，发挥社会工作专业优势，坚持标准化的服务流程，以三级微信群（社区及方舱居民群、聚焦服务群和重点扶助群）为服务平台，为社区居民、居家 / 集中隔离人员及其家属、疑似患者、严重焦虑者和心理压力较大的社区工作者等服务对象开展科普宣传、信息咨询、心理支持、情绪疏导、危机干预、健康咨询、服务协调、资源链接、个案辅导和个案管理等服务，也开始了应急状态下网络社会工作的探索。龙江社工是武汉疫情暴发后第一支以团队方式线上驰援武汉的地方社工团队，在此次救援行动中，坚持服务团队的组织化运行，不仅选拔全省最优秀的社工志愿者出战，而且配备了专业的督导团队，保障了驰援团队的专业服务成效。

2. 形成“蒲公英”应急社会工作服务品牌项目。2020 年 2 月，随着黑龙江省绥芬河市输入性疫情的出现，本土疫情防控形势异常严峻。社会工作院校教师以黑龙江省社会工作协会为工作平台，积极配合省民政厅制定出台《黑龙江省民政厅疫情防控应急社会心理援助服务方案》，从前期 180 余名龙江社工志愿服务团队中选取了 52 位专家学者和一线社会工作者，组建“‘蒲公英’社会工作疫情防控心理疏导热线志愿服务团队”，先后与省民政厅、各地市政府和民政部门、乡镇街道展开协调联动，开展快速需求评估，发现社区防控工作的紧急问题和真实需求，针对确诊患者、隔离人员、广大民众和社区工作者等因疫情突然暴发出现的集体恐慌、焦虑、担忧等问题，按照不同综合征进行分类，采取24小时轮班制，积极开展个性化专业支持和陪伴式服务，并链接急需的医疗、生活物资等资源。社工在疫情防控中多种角色的复合式实践，更好地发挥了其社会支持网络黏合剂、社会福利传送者和社会秩序稳压器的功能，彰显了社会工作在突发应急事件管理中的作用。“蒲公英”应急社会工作服务实践，是建立在龙江本土突发应急事件处置状态下的“政社联动”模式，在疫情防控的常态化管理、后续灾害的应对处置和恢复重建工作中，很好发挥了社会工作专业优势，构建了“蒲公英”社工服务嵌入应急管理的长效机制。2023年8月，黑龙江省紧急启动防汛应急预案，在防汛救灾最紧要关头，以黑龙江省社会工作院校教师为核心骨干的省社会工作协会再次调动“蒲公英”应急社会工作服务力量，主动配合政府整合社会力量，加强防灾减灾中的社会韧性建设，就灾害评估和应急响应、灾后心理援助、社区恢复重建和防灾减灾体系建构等内容展开培训并指导各地一线社工参与灾害救急和重建。

（三）**服务成效**

黑龙江省社会工作院校师生勇担专业使命，主动作为，发挥专业优势，积极探索和参与突发疫情中的社会工作服务，走出了一条社区为本的“嵌入”到“嵌合”的社工参与社区疫情防控之路，形成了政府力量与社会力量快速联动，驰援全国武汉等重灾区和服务黑龙江本地同步推进，以专业社工为主导，跨界专业团队合作，协同社会力量参与的“1+4+N”政社联动社会工作参与社区疫情防控模式，是应急状态下社会工作参与重大突发公共卫生事件的实践探索。这一项目实践的成果是，在全国最早编发了《社会工作在社区层面参与新型冠状病毒感染肺炎防控工作操作指引》《黑龙江省养老机构工作人员新冠肺炎防疫期身心健康关护指引》等操作指南，研究产出还包括近40篇龙江社工抗疫日记、6个心理微课视频、12节心理微课音频以及多篇公开发表的学术论文。时任黑龙江主管副省长对龙江社工参与新冠疫情防控工作做出专门批复，中国社会工作教育协会和黑龙江省民政厅也对龙江社工取得的工作成效给予充分肯定，《人民日报》《社会报》《中国社会工作杂志》《黑龙江日报》以及“学习强国”“人民网”等主流公共媒体对龙江社工参与疫情防控的工作情况报道30余篇。鉴于历次突发应急事件中“蒲公英”社工的较好表现，政府部门多次组织社会工作参与黑龙江省的应急管理，社会工作成为应急管理常态机制中的重要专业力量，也使社会工作在黑龙江省域甚至全国的影响力得到持续提升，“蒲公英”应急社会工作服务品牌项目入选黑龙江省志愿服务“五个一”优秀项目。

（撰稿人：黄红）

五、陕西省：抗击疫情专业支持服务体系（SMPC）建设

（一）项目背景与缘起

项目实施地区：陕西省西安市。

项目实施团队：陕西省社会工作协会联合省内拥有社会工作专业的高校，共同组成陕西社工抗击疫情专业支持服务团队。

陕西省地处中国内陆腹地，与湖北省相接。随着2019年12月武汉市第一例新型冠状病毒感染者的确诊，新冠病毒疫情迅速蔓延，全国各地先后启动了突发公共卫生事件一级响应机制。2020年年初，随着陕西省新冠疫情由输入性病例向本土病例转化，承担基层社区防控的社区工作人员、遭遇小区封闭在家自我隔离居民的心理疏导和生活在社区中的弱势群体帮扶等成为当时最需要关注的服务领域。

在研判陕西省疫情防控发展态势、分析陕西省高校社会工作专业实力和前期需求评估的基础上，中国社会工作教育协会委派西北大学社会工作专业刘莹教授和陕西省社会工作协会牵头，组建在地社会工作专业院校服务团队，从整合取向的社会工作视角出发，实施“一体两翼”介入策略，即以构建陕西社会工作抗击疫情专业支持服务体系为主体，以回应社区工作人员、社区弱势群体关切和营造积极健康的战“疫”社会氛围为两翼，搭建社会工作“抗击疫情”专业服务支持体系。项目策划遵循社会工作的实践原则和基本逻辑，集合全省社会工作专业院校、专业社会工作者、医务工作者、心理工作者和社区工作者力量，以搭建专业服务平台建设为中心，将服务重心转向社区工作人员和社区内需要关怀的弱势人群，构建以社会工作专业为主体的“多部门、跨专业”特征的陕西抗击疫情专业服务支持体系（SMPC），探索建构适应本土的疫情干预社会工作服务模式。

（二）服务团队与服务内容

服务团队以陕西省内高校社会工作专业师生为骨干，开展了围绕线上网络与现实两个“社区”为基点，发挥陕西省社会工作专业院校力量和社会工作协会枢纽型社会组织的优势，构建起以社会工作专业为主体的“多学科、跨专业”力量整合为特征的陕西抗击疫情专业支持服务体系（SMPC），为隔离社区和普通社区受疫情影响的相关人群提供基本医护指导、情绪疏导、情感支持及链接资源等服务，为社区工作人员和重点社区内需要关怀的弱势人群提供支持，探索建构适应陕西情境的社会工作服务模式。项目团队吸纳了陕西及省外各领域的专业志愿者249人，由社会工作者牵头，搭建多专业合作服务平台，组建了45人的医护专业组、58人的社会工作组、35人的心理工作组、22人的社区工作组，学生志愿者近百人，主要是来自陕西（少部分省外）各高校社会工作专业的教师和学生。

2020年2月3日，项目团队开始招募线上服务志愿者，向全省的社会工作者、社会工作行业协会和社会工作服务机构发出建立“陕西抗击疫情专业服务支持体系（SMPC）”的倡议书，号召全省社会工作者积极投身到抗击疫情的战斗中；2月4日，编制陕西省社会工作协会《线上平台服务志愿者操作指南》服务手册；2月5日，推出微信服务二维码，开始接待线上咨询者。陕西社工人以闪电般的速度追赶疫情，逆行扛起建立陕西社工抗击疫情专业支持服务体系的责任。3月初开始，随着陕西省疫情防控形势持续向好，项目团队便将服务重心转向社区和社区内需要关怀的弱势人群，协助社区工作人员、物业管理人员做好社区服务与管理工作。同时，外派社工参与隔离社区特殊群体的线上驻点服务，缓解了部分隔离社区居民焦虑、烦躁、失眠等不良情绪。随着陕西疫情得到初步控制，项目组于4月10日停止SMPC平台的线上咨询服务。

（三）服务成效

截至项目结束，陕西抗击疫情专业支持服务体系平台（SMPC）为社区弱势人群提供心理疏导508人次，基本疏导109人，专家深度服务53人次；为4个封闭社区居民（共计732人）提供缓解紧张和焦虑情绪服务21人次（以老年人为主）；为普通社区弱势人群提供心理疏导155人次，捐赠净菜16箱；为一线社区工作人员提供口罩共计1 200个，发放500张哈罗共享单车免费使用券；收集数据追踪、政策举措、医疗进展、生活服务及全民抗疫等多类信息，推送《陕西社会工作协会疫情防控信息简报》64期；编制《社工纵横——陕西社工在行动：战“疫”专刊》2期；编制《疫情社会工作探索》2期，从社会工作学科角度对新冠疫情防控进行政策性、实践性、人文性和探索性的研究，探索适合本土经验的社会工作知识体系。

（撰稿人：刘莹）

六、天津市：“最美逆行者”关爱项目

（一）项目背景

新冠疫情发生后，党和国家高度重视，对疫情防控工作进行研究部署，习近平总书记多次主持召开会议，明确要求，政府、社会各界力量都要在打赢疫情防控阻击战中发挥积极作用。中国社会工作教育协会发出通知，号召会员单位参与抗击新型冠状病毒疫情工作，在协会指导下组成本项目团队，积极响应协会号召并开展天津地区社会工作介入抗疫情战“疫”服务。

在疫情防控工作中，“最美逆行者”是大众对投入一线战疫工作者的美好称呼，他们为确诊病人、疑似病人和隔离居民提供24小时不间断的服务，工作强度大，身体和精神极度疲惫。面对疫情的蔓延，天津市也征用多家快捷酒店，设立了集中隔离点，收治与确诊病例、

疑似病例有密切接触的居民，收治居民需在集中隔离点隔离满 14 天，确诊无感染后才可回家。每个隔离点配备医护人员、市或区工作人员、安保人员等，统筹管理，所有工作人员在居民隔离期间也不得回家，工作、生活都在隔离点，居民隔离期满后，所有工作人员在原隔离点休整，或隔离满 14 天后轮休回家，或短暂休整后再迎接下一批隔离居民或前往其他隔离点工作。天津市河东区最多同时设立 13 个留观点，工作人员有 300 人左右。在医护人员、政府相关部门工作人员和安保人员集中隔离点为隔离民众提供服务的同时，河东区各社区在社区书记的带领下，于本社区开展防疫工作。社区工作者早出晚归，负责全社区居民的出入登记、检查，入户上门测量体温，重点居民监护，为有需要居民协助购买日用品、瓜果蔬菜、急需药品等服务，工作时间长，工作强度大。社区书记们不仅要带领社区工作者们保证本社区防疫工作无漏洞，还要承担安抚社区工作者情绪，提升团队凝聚力，与街、区、市相关工作人员随时沟通防疫进展等工作，承受非常大的工作压力和心理压力。

为回应天津市河东区战“疫”一线工作人员特别是集中隔离点的医护人员及社区工作者、社区书记的心理支持需求，天津理工大学等高校与天津市河东区团委等部门、天津市昊泽社会工作发展服务中心等社会组织联合，在中国社会工作教育协会的指导支持下，组建了社工和心理专家的志愿服务团队，利用微信群和电话咨询的方式给予一线人员和社区工作者、社区书记们支持，提供关爱服务，缓解其心理和精神压力，处理情绪和心理问题，促进其以饱满的精神状态投入抗疫工作中，共同打赢防疫之战。他们在此基础上开展行动研究，运用危机介入理论，通过帮助服务对象解决目前面临的现实问题，提升服务对象适应环境的能力。

（二）服务内容

天津项目组共有志愿者 44 人，分别为有社会工作从业资质或教育背景和心理学从业资质或教育背景的专家老师和学生志愿者担任。社工与心理并行，分工合作。具体来说，社工团队主导，负责整个项目的组织和执行。在服务层面，主要负责微信群内资料的收集、整理、分享与反馈，尤其是关于服务对象家庭关系、亲密关系与亲子关系、团队建设、资源链接等方面的服务。另外，在提供热线咨询服务时，社工团队教师也主要负责关于压力舒缓、家庭矛盾处理等相关工作。心理团队主要负责与心理咨询相关资料的建议和热线服务中心理咨询服务的个体性服务内容等。

本项目针对天津市河东区所有隔离点的一线工作人员，以“社工 + 心理”并行的模式，运用社会工作和心理学的理论和方法，组织专家志愿者团队开展线上心理支持群组服务 + 云平台链接热线咨询与个案服务。线上服务主要包括微信群内陪伴服务、微信群内专业信息分享服务、微信群内咨询服务及基于云总机平台的针对有紧急心理支援服务需要的工作人员和隔离点居民提供的电话咨询服务等。

同时，根据需求评估结果，项目组建立了社区书记微信群，同样以“社工 + 心理”并行的模式，组织专家志愿者团队开展线上心理支持群组服务 + 云平台链接热线咨询与个案服务。每周一、三、五定时于微信群内分享，分享内容包括不安恐慌情绪的疏导、化解与居民的矛盾和冲突的方法与技巧、家庭资源赋能的运用、团队建设的方法和技巧等。后续也根据服务对象的需求，筹建社区工作者群，陆续开展差异化服务。

（三）服务成效

天津项目共持续近 8 个月，项目受益人数超过 2 000 人。经参与式观察、无结构访谈和群反馈分析发现，服务对象的行为能力和心理状况得到明显改善。具体来说，隔离点工作人员的心理压力得到舒缓、肢体放松、家庭关系促进，并掌握了与隔离居民沟通的技巧，能协助处理隔离居民的心理压力。社区书记的心理压力得到舒缓，团队关系更融洽，团队建设成效显著，并掌握与居民沟通、化解与居民的矛盾与冲突的技巧，能解决居民的心理压力。服务所有隔离点的工作人员、部分有需求的被隔离居民、社区书记和部分有需要的社区工作人员、社区居民活动满意度 90% 以上，纷纷通过微信群、电话等表达了对项目团队的感谢。

该项目还带来了持续的社会影响，营造了积极正向的社会氛围，带动了有关部门和组织积极探索公共卫生事件的危机介入的创新形式，提升了社会工作的影响力，助力了社会工作的发展。

中国社会工作教育协会及相关方高度肯定了该项目的服务内容、服务模式和服务成效。天津市河东区委官方公众号多次报道该项目，给予高度肯定，且上报此项目，得到了河东区委、团组织系统的高度肯定。

（撰稿人：杨云娟、王淼）

七、云服务：“一起来战疫 · 亲子共闯关”青少年线上服务

（一）服务背景

2020 年 2 月 29 日至 4 月 30 日，中国社会工作教育协会和中国社会工作学会联合指导下，中央团校（中国青年政治学院）研发开展了驰援武汉“一起来战疫 · 亲子共闯关”青少年线上服务。项目得到民政部慈善事业促进和社会工作司、联合国儿童基金会驻华办事处的指导，项目目标为重点回应湖北、兼顾全国不同地区受疫情影响的青少年群体的身体和心理健康的需求。

（二）服务的理论依据和设计

1. 需求评估。在中国社会工作教育协会统筹指导下，项目组于 2 月份在全国开展需求和

现状调查，结果显示，34.8% 的青少年表示害怕和很害怕，担心学业受影响、家人被传染等。疫情影响青少年可能会产生焦虑、抑郁等负面情绪和心理问题。

2. 项目组依据社会工作抗逆力理论，回应青少年“身心健康、家庭关系、社会支持、成长发展”等方面的需求，围绕“抗逆力轮-提升青少年抗逆力的 6 个方面”来设计线上服务方案。项目组将提升抗逆力的方法融入在线游戏的挑战任务当中，让青少年在游戏中获得积极的情绪和心理体验、学习掌握科学的知识、练习运用减压的方法，以提升青少年面对困难的能力，帮助青少年更好地应对疫情。每期服务中约有 30 个游戏任务，每期服务时长约 90 分钟。举例如下：

任务 1　呼吸放松：稳定放松的心情，更能发挥自我潜能。深呼吸可以帮助你。跟我一起做，吸气 3 秒，呼气 5 秒，注意力集中在呼吸上，重复三次，你会了吗？录视频 20 秒告诉我们哟！

任务 2　八方来援：一方有需，八方来援。邀请你的一个亲友，用微信（或短信）给你发一段支持或鼓励的文字，请截屏上传。

任务 3　助人自助：送人玫瑰，手留余香。帮助别人，自己也会获得力量。还记得你曾经的动人之举吗？回忆一下，有谁在遇到困难的时候你帮助了他，并分享帮助别人后的感受与收获，记得录成视频分享给大家，不少于 20 秒哦！

3. 整合运用小组工作、个案工作、家庭治疗、历奇辅导等方法，通过体验式、互动式的线上和线下结合的游戏。在青少年的情绪、认知、行为、关系以及信心等方面均有干预，以促进青少年系统性的成长和改变。

4. 在活动前、中、后三个阶段，运用微信群、腾讯会议室、微信小程序等网络平台和技术开展专业服务，服务强调关系的建立、服务中的带领、服务后的分享，以及后续的评估和持续跟进。

（三）服务内容

3 月 1 日至 4 月 30 日，项目组以中央团校社会工作专业师生为主要成员、以北京大学等院校社会工作师生为志愿服务者的专业服务团队 66 人，在线上为湖北武汉、黄冈、宜昌、襄阳等地受疫情影响的青少年开展“一起来战‘疫’”服务 21 次。累计服务青少年 1 422 人次，服务家长约 2 800 人次，活动受到青少年和家长的欢迎和好评。同时，项目组还开展需求评估、战疫百宝箱信息推送、主题小组、网络社区支持、个案帮扶等服务。

（四）服务成效

学生反馈道，“通过游戏学到防疫知识和心理健康知识”，“游戏很好玩，让我们忘记了疫情，很开心很放松”，“最深刻的是向家人表达爱，很有挑战，也很触动”，“活动缓解了我的孤独，收获了朋友”。而家长们反馈说，“活动拉近了我和孩子的关系”，“很久没有这么嗨，和孩子这样做游戏很开心，还学到知识，游戏结束了我和女儿还继续聊聊好久”，“在我们居家隔离的难熬的特殊时期，这场战疫‘亲子共闯关’游戏，就像给我们压抑已久的内心送来了一股温暖的春风，唤醒了大人、孩子的活力”。

服务活动调查问卷的结果显示，线上服务带给青少年及其家庭积极体验，丰富了居家防疫状态下的生活，亲子关系变得更好，更有能力、方法和更有信心去面对疫情带来的挑战。这与青少年和家长对服务所做评价的语言文字反馈一致。

在服务开展的前后，项目组使用 DASS-21 量表对 182 名参加者进行了基线和服务结果测量。数据显示，在服务前后，青少年在抑郁、焦虑、压力方面的指标具有显著的差异。调查数据表明，服务可以有效地降低青少年的抑郁、焦虑和压力水平，改善其心理健康状况。

（五）项目的社会影响

1. 项目相关情况由“学习强国”App、中国青年网、《中国共青团》杂志、澎湃新闻、中央团校、中国劳动关系学院等十几家媒体网站报道。

2. 项目开展情况和建议以“咨政建言”的形式上报团中央书记处且获肯定批示。

3. 项目成果后续被运用在共青团中央发起的“同舟共济　青春偕进”关爱帮扶受新冠疫情直接影响的青少年特别行动“阳光自强学业爱心包”项目中，帮助湖北地区染疫青少年心理减压；项目整合资源、联系爱心企业捐赠 11.8 万元的防疫物资给染疫青少年。

4. 两个项目相关研究获中央团校智库科研项目立项资助，其中一项为重点项目。

5. 项目成果转化为团中央团干部教育培训课程、社会工作硕士教育高级社工实务的课程内容。

（六）服务经验总结

项目组探索了疫情背景下线上青少年社会工作服务的模式，其主要特点是：

1. 有效运用网络平台和技术，以网络微信群、直播、游戏的平台为工具；

2. 线上线下相结合，设计和开展服务注重系统性、体验性、互动性、正向导向；

3. 结合青少年的特点，服务加入挑战性和趣味性元素，以增加服务吸引力，吸引青少年参加；

4. 整合运用社会工作的个案、小组、家庭治疗、历奇辅导等多种方法，系统回应青少年的需求；

5. 建立多方联动的合作团队，项目组联系了共青团干部、中小学校老师、大学生志愿者组成合作团队，联合起来一起服务青少年；

6. 在疫情防控背景下，以新媒体和网络为工具，以最有效的途径——通过共青团组织或教育行政部门——直接联系到基层学校，与学校合作开展服务，快捷有效的服务工作使青少年乐于参与和接受服务。

（撰稿人：许莉娅、彭振）

八、云服务："行走的社工"哀伤辅导线上培训课程建设项目

2020 年春，新冠疫情突发，武汉市首当其冲。1 月 23 日凌晨，武汉市政府发布史上第一道封城令。COVID-19 是新病毒，全球科学家一时间束手无策。封城后，因感染病毒而死亡的人数不断增加，丧亲人群的哀伤辅导需求逐步浮现出来。

为回应社会需要，2020 年 2 月中旬，马凤芝教授联系华中科技大学社会学院任敏教授，组建在线"疫情救助中的哀伤辅导实务课程"团队，培训为武汉地区受疫情影响的丧亲群体提供社会工作服务的社会工作机构、组织和社会工作者，以公众号发布有关哀伤辅导的知识、理论和方法，丧亲者的疗愈方法等。任敏遂带领团队，邀请海内外学者及实务专家传授专业知识、分享实务经验，组织实施哀伤辅导系列在线公益课程项目。

该课程自 2020 年 2 月 17 日上线，至 4 月 3 日结束，采取间日预告、隔日直播，次日出文字稿、上挂课程视频的统一流程。课程分上、下两期，共计 20 讲，内容涉及疫情防控期间丧亲者的哀伤辅导和广泛且迁延的创伤干预两大块。在疫情防控期间的哀伤辅导板块内容包括疫情中哀伤辅导的原则、过程与技术，因疫丧亲者急性哀伤的应对策略，同质互助小组实施，对因疫丧亲者的说话技巧，疫情暴发期间死亡焦虑的识别、评估与应对，疫情暴发期间以家庭为中心的居丧期哀伤辅导，也包括对服务者的同情疲劳与自我保护，并设计了哀伤自助的工具。疫情下的创伤干预板块包括疫情暴发后延长哀伤障碍的识别和预防、创伤后应激障碍的诊断、评估与干预、如何应对哀伤中的情绪与认知问题、哀伤者的陪伴，焦点短程疗法的应用，以及疫情暴发后生命意义的重建与自杀预防、在创伤中成长等。

在动荡不安的疫情暴发期间，线上培训课程迅速被搭建起来，得益于两个团队，一是提供课程的专家团队，二是课程组织实施团队。

专家团队主要是通过推荐以及朋友圈自荐加入的，海内外以及海峡两岸暨香港特区的老师们。依据承担课程量由大到小及加入团队先后次序排序，他们是：刘新宪（美国哀伤咨询系统注册哀伤咨询师，GC-C）、程明明（上海大学社会学院）、卢建（新疆医科大学附属肿瘤医院宁养院）、孙瑛（上海交通大学医学院附属新华医院崇明分院宁养院）、张灵慧（复旦

大学附属儿科医院）、苏细青（香港浸会大学社会工作系）、吕静淑（南通大学社会工作系）、钟佩怡（东海大学社会工作学系）、朱松林（上海市静安区心灵导航心理服务中心）、赵然（中央财经大学社会与心理学院）。

该课程由华中科技大学社会学院的“行走的社工”团队组织实施。这支成立于2019年春的师生团队倡导在生活中践行社会工作专业理念，随时随地、因情就境，依据专业价值行事，有益兼有效、自助亦助人，促进社会正义与人民幸福。团队主力由任敏老师的硕士生和本科生构成，在哀伤辅导课程项目运行过程中，其他高校学生及社会志愿者也加入其中。应课程制作需要，团队分为六个工作组：一是文字整理，负责收集授课讲师信息，整理课程逐字稿和简练稿，撰写微信公众号推文；二是公众号组，负责推文的编辑和排版；三是宣传组，负责与老师沟通、课程海报制作、课程推广与宣传、直播平台测试以及直播课程录制；四是群运组，负责管理和运营课程微信群；五是综合协调组，负责协调各组；六是技术衔接组，负责技术问题解决。正是这支共计二十多人的团队每日不断线的公益劳动投入，保障了哀伤辅导二十讲课程有序、持续推进，及时地赋能全国在线上和在武汉线下为因疫丧亲提供陪伴和哀伤辅导的服务者们。

自2020年2月上线开播截至当年10月，哀伤辅导课程直播＋录播回放累计近8万人次，为武汉乃至全国的疫情中丧亲家庭的哀伤辅导培训了一大批专业志愿者，产生了较为广泛的社会影响。鉴于哀伤辅导的专业出版物在国内尤其是在社会工作界尚为少见，为推进疫后丧亲家庭的救助工作，为了持续培养人才，项目组将课程内容进行整理分为上下册出版，即《疫情丧亲者的哀伤辅导社会工作实务》《疫情下的创伤干预社会工作实务》。

从社会工作教育协会对疫情防控下社会新生需求的敏感觉知，到武汉本地线上服务师生提出培训需求，从海内外、海峡两岸暨香港特区专家的迅速响应、公益开讲，到“行走的社工”团队中年轻的学生们一边哭泣一边努力、一边崩溃一边坚持工作，项目团队的工作既体现了有知识有关怀的华人老师们的大爱呈现，也是中国社会工作院校师生积极参与抗疫的行动和成果，它见证了中国社会工作师生对民众苦难的深切关怀和在国家危难时刻的历史担当。

（撰稿人：任敏）

九、北京市：“疫情防控守护者服务”项目

（一）项目背景

2020年湖北武汉暴发的新冠疫情牵动人心，社会各界力量发挥自身优势开展疫情防控工作。北京作为首都，人口结构复杂、流动性大，因此北京疫情防控工作一直受到高度重视。

2020 年 1 月 24 日，北京市启动突发公共卫生事件一级响应，社区工作者全员上岗，开始投入这场零经验、压力大、持续久的抗疫工作。

（二）项目主要内容

北京社区工作者支持服务项目是中国社会工作教育协会的指导下，由中华女子学院师生在对北京市社区工作者工作状况问卷调查基础上进行的。

1. 社区工作者需求评估

为及时了解社区工作者抗疫期间工作状况，评估该群体的服务需求，项目组快速设计了“北京市社区工作者工作现状调查问卷”并完成试调查，2 月 11 日开始进行线上调查，截止到 2 月 14 日，共回收问卷 311 份，样本覆盖北京市 16 个区县的社区工作者。调查发现，社区工作者工作压力大，当时的主要困难是“部分居民不能配合社区防疫工作”，“不能照顾到自己的家庭”，“社区提供的防护物资不足”以及社区“居家人员的服务需求不能满足”等。

根据上述需求，项目组计划开展的服务包含两大部分：一是针对社区工作者的直接服务，主要是回应社区工作者的工作与家庭照顾需求；二是针对社区工作者的间接服务，主要是补充发挥服务居民的社区职责，间接减少社区工作者压力。

2. 针对社区工作者的直接支持服务

具体内容包括社区工作者个人与家庭服务，主要是四项计划。

（1）社区工作者陪伴支持计划。成立“老书记智囊团”，以退休社区支部书记为主，联合社会工作者、心理咨询师为有需求的社区工作者提供支持。疫情防控初期，部分社区因口罩、消杀用品等防疫物资短缺，智囊团联系某综合批发市场、某医药公司，提供防疫物资。智囊团持续支持 4 位有需求的社区支部书记每周接受三次心理辅导，用“过来人”经验为社区支部书记缓解压力、出谋划策；支持 16 位社区工作者在疫情防控期间进行心态调节。

（2）社区守护者暖心计划。链接蔬菜供应商提供平价蔬菜包，保障社区工作者家庭生活所需，每天由商户将蔬菜包送往各社区指定接收点，惠及 25 个社区和 52 位社区工作者。

（3）社区守护者后方支援计划之子女课业辅导志愿服务。对接北京市丰台区社区工作者的学龄子女和大学生志愿者开展服务三期课业辅导服务，每期 25 名左右的社区工作者子女对接 25 名大学生志愿者。志愿者不仅关注社区工作者子女的课程学习情况，还在生活、亲子关系等方面提供力所能及的帮助，备受社区工作者欢迎。每期活动结束时，志愿者会撰写慰问信或录制小视频，也建议孩子给担任社区抗疫工作的爸爸 / 妈妈录小视频或写信表达关爱。

（4）社区工作者成长计划。邀请有经验的教师录制社工师考试辅导视频，满足社区工作者希望得到社会工作者资格考试辅导的需求。

3. 针对居民开展服务，间接为社区工作者减压

主要回应社区工作者无暇顾及居民居家生活的需求，开展的间接服务是社区工作者减压计划之社区教育活动。疫情发生后，居民持续居家生活，打乱了原有生活规律，过度的疫情信息摄入也增加了部分居民的紧张焦虑情绪，通过规律性、系统性线上课程引入，让居民将注意力集中到积极正向的兴趣拓展上。组织社区社会组织开展丰富的线上活动，如以改善居民亲子关系为目的的学龄子女家庭历奇活动；居民厨艺秀；书法、戏剧、声乐、亲子阅读等。通过线上空间，居民互动更加频繁，在困难面前，邻里守望互助关系更为紧密。

（三）项目服务成效

项目组通过各项活动，为社区工作者减少直接的工作压力以及家庭后顾之忧，缓解居民焦虑情绪，增强了居民的邻里关系。

课业辅导服务既帮助社区工作者子女投入学习，也增进了亲子感情；老书记智囊团为社区工作者提供情绪辅导、实“战”建议和资源链接；平价蔬菜包一定程度上能够保障社区工作者家庭生活所需；社区教育活动既能缓解居民紧张焦虑情绪，也能成为社区防控宣传平台；社区线上服务活动能够拉近居民距离，促进居民参与社会活动。项目开展的过程是服务的过程，同时也是参与者学习的过程，高校师生、社会组织工作者在项目中均得到专业成长。

（撰稿人：王婴、苗艳梅）

十、武汉市：养老院紧急援助社会工作服务项目

（一）项目背景

武汉养老院紧急援助项目是中国社会工作教育协会“战疫情社会工作服务暨行动研究项目”之一。项目的缘起，始于一群在厦门社区一线参与疫情防控的社区社工的自发实践与反思。在疫情暴发之初，这群厦门大学毕业或督导陪伴的社区社工就与厦门大学魏爱棠教授一起开展社区调研、撰写咨询建议和编写社工服务指导手册，试图突破社工在社区疫情防控体系中志愿者化的边缘性地位。通过这一系列的行动，这群年轻的社区社工清醒地意识到：作为社工，自己的责任不仅要与社区工作人员同行，配合社区疫情防控，还需要运用专业知识，识别和发现社区在疫情防控中边缘性群体的需求，建立社区支持网络来及时为他们提供支持与帮助。

正当此时，一位就职于武汉养老院的厦大社工毕业生向导师和伙伴们诉说起她身处疫情中心养老院的恐惧与焦虑。她告诉伙伴们，武汉社区的疫情已经造成养老院内出现了不少的确诊和疑似病例，但是，由于疫情暴发猛烈，医疗资源短缺，相当一些负责陪同就医的院舍照顾人员又都出现了感染，很多家属又拒绝把老人接回家隔离，造成不少病人难以及时转移

送医只能暂时留在院内治疗。由于当时社会关注的焦点都在医院、方舱和社区隔离点，养老院可获得的防护资源严重不足。机构虽然申请了社区和街道援助，但是街道、社区和民政系统在当时资源紧张状况下能力有限，尤其是私营的养老机构能够获得的防护资源分配就更少了。由于防护资源不足，造成养老院内照顾团队恐慌情绪不断累积，有部分员工甚至已经在动摇了，护士医生都非常疲惫。此时此刻，社工们第一次深切体会到社工所学心理社会交互影响的意义。如果无法改善养老院在危机中的资源处境，那么照护团队的心理功能根本难以恢复，院舍居住的老年人生活保障的危机可能加剧。

（二）项目过程

武汉养老院紧急援助行动项目的目标是“与养老院弱群照顾者同行”，改善他们的资源困境，让养老院弱群照顾者感受到他们不是孤独的守护者。参与项目服务的志愿者共有 73 人，志愿者的地域背景跨越了厦门、武汉、福州、深圳、南京、东莞和上海，涵括社会工作专业院校、社区、养老院和基金会。跨域志愿者大部分是由厦门大学和香港理工大学社会工作专业的校友网络联系起来的。项目过程大致上可以分为三个阶段。

第一阶段是从最朴素的社会关怀开始，大约从 2 月 12 日到 23 日。在武汉工作的厦大校友的导师魏爱棠教授和她的同班同学把来自武汉的需求反馈到了正在寻求践行社工伦理责任的厦门社工群体和厦大社工校友群体。这个厦大社工校友的关怀行动促成了厦门实务界社工与高校社会工作专业师生的联合行动，厦大在武汉养老院的社工校友成了跨越地域联结武汉与厦门的桥梁。通过厦大校友和当地民政局的帮助，项目团队初步了解到造成防护物资紧缺的原因包括两个方面：一是缺乏购买渠道，二是在交通管制下资源输送困难。通过厦大社工，我们了解到中小养老机构的资源网络具有较强的地方性，在疫情防控中尤其依赖民政局的资源调配，当区民政局的资源整合不足时，这些养老机构能够支配的防护资源更是捉襟见肘。这也给当时民政部门带来很大的压力。

因此，第一阶段的援助行动策略主要包括三个：一是协助校友所在养老院拓展防护物资购买渠道；二是建立社工-基金会协作的资源输送渠道；三是倡导社会关注养老院弱群照顾者的需要。通过这些行动，厦大社工校友网络、厦门实务界的社区社工和养老院社工开始建立援助武汉养老院的共识性目标，建立三方共同参与的核心行动小组。同时，厦门社工援助武汉行动小组与福建省唯一参与武汉疫情资源直接援助的福建省担当者行动教育基金会合作，发布“厦大社工校友，与弱群照顾者同行”慈善募捐倡议书，倡导厦大校友及社会各界关注和参与养老机构等弱群照顾者的需求，倡导公益慈善界及社工界同仁更深入地关注这些被忽视的领域，有针对性地了解其需求并链接资源。同时，厦大社工系的香港理工校友魏爱棠、童敏和郑思明分头联络了香港理工大学社工校友、武汉社工联盟和中国社会工作教育协会，希望借助他们的力量促进政府部门关注养老院疫情防控的需要。之后，香港理工大学校友陈红莉的加入，使厦大和香港理工的校友网络联系起来，创造了厦大校友与理大校友携手合作、厦门社工与武汉社工并肩作战的契机。中国社会工作教育协会也将本项目列为协会支持的重大抗疫社会工作项目之一。

项目的第二阶段大约从2月26日到3月15日。这一阶段在民政部多次强调要重点关注养老院资源保障后，养老院防护资源危机有所缓解。但是，中小养老院的照护危机并没有减轻，许多一线照护者甚至连基本的三餐饮食都无法保障。归其原因有三：其一，疫情的蔓延造成越来越多的院内感染，照护团队人力日渐减少；其二，由于成人纸尿裤等照护资源大量流向医院，因而武汉养老机构及失能老人家庭难以从市场上获得资源，失能照顾压力急剧增加；其三，财新网对养老院疫情的曝光，加重了养老机构的污名标签，加剧了养老机构照护团队的社会孤立感。

因此，项目第二阶段援助的目标对象进一步聚焦在中小养老院，采取的援助策略包括：第一，与武汉市武昌区郦民社会工作服务中心、江汉区厦大社工武汉校友协同，建立前线需求反应与资源调度工作组，保障需求与资源的及时精准对接；第二，促进厦大社工校友、厦门社区社工、养老院社工及担当者行动基金会分头动员援助武汉校友志愿者团体、社区爱心团体、养老行业伙伴及其他基金会，筹集纸尿裤、速食食品等养老院急需物资捐助，倡导公益伙伴关注中小养老院需求；第三，寻找专门支持物资配送的慈善公益合作伙伴，拓展跨域资源输送渠道。在这一阶段中，武汉郦民社工发挥了极其重要的专业作用。以厦门为中心筹募的物资资源迅速有序地注入偏处社区一隅的各中小养老机构，也凭借这份同行的情谊逐步培育了这些机构照护团队对项目团体的信任。

项目第三阶段始于3月底至5月中旬。武汉防疫工作逐步规范，生活保障趋于完善。但是，为应对舆情事件和疫情蔓延的影响，主管部门紧急下达封院通知并要求加强院内疫情防控隔离安排和日常数据报送。养老机构轮休在家的照护人员无法返院，留院照护人员不仅要面对长期持续工作和缺少家属支持的压力，而且还因为院舍老人单独隔离居住的防疫要求极大地增加了照顾工作量。此外，院舍封闭管理带来新的照顾困难，包括老人负面情绪、失智老人退行加剧和养老院疫情影响老人的康复照顾与家属协调等。

因此，在中国社工教育协会和香港理工大学校友的支持下，项目第三阶段工作目标转移到针对中小养老院封闭管理带来的院内照顾问题提供专业支持。具体策略包括：第一，提供封闭期照护服务特殊问题咨询服务；第二，提供针对疫情防控期间照顾服务相关信息资源整合链接服务，内容涉及失智老人照顾、哀伤辅导、疫情期压力舒缓技巧等；第三，协助促进社会正向沟通，内容包括疫情防控期间照护团队生命历程口述史与媒体形象塑造。

（三）项目成效

本项目运用组织功能社区的方法，搭建了一个灾害紧急援助的跨域伙伴联盟网络。这个联盟网络以厦大社工校友和香港理工大学 MSW 校友为基础，促成了厦门大学、华中农业大学、福建医科大学、南京师范大学和广东五邑大学 5 所高校社工系老师的合作，联结起厦门、深圳、广东江门、福州、南京的 6 家跨域援助养老院、13 个跨域社工机构（包括厦门 11 个社工机构、1 个武汉社工机构、1 个广东社工机构）、2 个援助武汉的爱心志愿者网络和 10 个提供支援的基金会（包括 8 个提供物资及资金支持的基金会伙伴，以及 2 个参与协同却未能成功实施支援的慈善会伙伴）。

本项目援助养老院 36 家，直接受益老人数量超过 4 000 人，照护团队工作人员超过 1 000 人。援助物资包括口罩、防护服、手套、消毒类的防疫物资以及纸尿裤、护理垫、速食食品等照护生活物资，总值超过 30 万元。整理完成实务应对策略导引，内容包括封院隔离期老人焦虑情绪应对、隔离期家属沟通困难应对及丧亲或感染老人家属情绪处理等一系列操作手册。

（四）反思

在疫情防控中，社会工作的养老院社区实践不应仅仅局限于以疾病为焦点的公共卫生危机视角，更应关注由公共卫生危机带来的社区功能损害危机，守护社区中的脆弱群体应是社会工作优先的专业责任。社会工作在疫情危机中应重视社区资源输送系统问题对院舍服务输送系统的影响，及时精准地评估和反映需求和整合输送资源，协助院舍维持照护服务输送系统的功能，应是社会工作紧急援助养老院舍的主要目标。

（撰稿人：魏爱棠）

十一、云服务：寻·见盼望——疫后生命教育系列网课

（一）项目背景

“寻·见盼望”疫后生命教育系列网课项目由中国社会工作教育协会主办，北京大学-香港理工大学中国社会工作研究中心协办，网课时间为 2020 年 5 月 2 日至 2020 年 6 月 10 日。课程免费面向湖北武汉地区参与疫情服务的一线社会工作者、社会工作教育者开办，给予疫后开展心理疏导、哀伤辅导、社区建设工作的社工专业支持，课程内容包含《盼望的种子》共读绘本、《盼望的重建》社区营造、《泪光中的盼望》哀伤陪伴三个主题系列，通过“在线学习 + 线上社群交流 + 作业 + 实践督导”的方式进行。

“寻·见盼望”疫后生命教育系列网课是基于2020年新冠疫情防控及服务工作的实际需要设计的，课程的导师团队邀请了社会服务和其他专业的教育实践工作者，大部分曾参与2008年四川汶川大地震的灾后援建工作。课程通过导师团队分享在过往重建过程中的经验，探索在新冠疫情防控中的服务可能性及寻见“盼望”这颗珍贵的心灵种子，将导师经验体验和实地一线工作者的经验进行联结，共同参与另一段的重建过程，在服务中互相勉励、并肩同行，更好地为处于新冠疫情中的群众提供服务。

网课通过线上在湖北省内社会工作机构、疫情服务工作群内发布课程通知，选取参与疫情服务的社会工作者及高校教师，最终选取133名学员参加，其中《盼望的种子》共读绘本课程参加学员41人，《盼望的重建》社区营造课程参加学员45人，《泪光中的盼望》哀伤辅导课程参加学员47人，学员主要来自湖北武汉、襄阳、荆门、荆州、恩施等地。

（二）项目内容

“寻·见盼望”疫后生命教育系列网课分为三个阶段：首先是全员参与的启导课程，于2020年5月2日以《信念——启动生命的原动力》主题开展；其次是围绕三个主题进行小组授课阶段，每个主题开设5周课程，通过每周一次的1小时授课的方式进行；最后是全体学员结业仪式的总结课程，于2020年6月10日进行。

1.《盼望的种子》共读绘本课程

课程通过共读绘本的形式，使参加者了解绘本作为生命教育一种重要的学习途径的特性及可能性，教授社工学习如何使用绘本开展辅导工作，与服务对象建立联系，帮助其消除恐惧和危机，进而对生命进行反思。讲师团队为霍小玲、罗婉珊、梁敬之、邱振铭；小组导师为潘敬青、方心、王海燕、李敏。具体的课程内容如表21-3所示。

表21-3 《盼望的种子》共读绘本课程

日　期	时　间	主　题	讲　师
5月6日 星期三	20:30—21:30	共读绘本:《点》(武汉特殊需要儿童网上阅读经验)	霍小玲、潘敬青
5月13日 星期三	20:30—21:30	共读绘本:《小喜鹊与岩石山》《播植种子的喜鹊》	邱振铭
5月20日 星期三	20:30—21:30	小组共读	王海燕、方心、李敏、潘敬青
5月27日 星期三	20:30—21:30	共读绘本:《黑暗》《一位病者的心灵之旅》	罗婉珊
6月3日 星期三	20:30—21:30	共读绘本:《妈妈的红沙发》《危机中家庭的复原力》	梁敬之

2.《盼望的重建》社区营造课程

课程从理念到实践让参加者看见安家安心的重建的可能性，协助参加者了解如何帮助居民增强安全感和归属感，使其知晓经历灾难的社区面对的不只是环境的破坏受损，更需要为社区中每个人重新联结，重塑对家园的想象及共同行动。讲师团队为古学斌、郭子怡、齐华栋、霍小玲；小组导师为许传蕾、李德贤、何翠君、徐勇。具体的课程内容如表 21-4 所示。

表 21-4 《盼望的重建》社区营造课程

日　期	时　间	主　　题	讲　　师
5 月 8 日 星期五	20 : 30—21 : 30	盼望的社会工作与灾难中的社区重建	古学斌
5 月 15 日 星期五	20 : 30—21 : 30	《石头汤》的启示及智慧	霍小玲
5 月 22 日 星期五	20 : 30—21 : 30	小组讨论	许传蕾、李德贤、何翠君、徐勇
5 月 29 日 星期五	20 : 30—21 : 30	修复回忆打造希望——周山梦里老家	郭子怡
6 月 5 日 星期五	20 : 30—21 : 30	受灾地区老年人的希望重塑与社区互助	齐华栋

3.《泪光中的盼望》哀伤陪伴课程

课程通过叙事治疗的“生命树”工具、绘本和分享，让参加者亲身体会每个人生命的独特性，了解面对丧亲时的不同反应，并通过教授参加者学习如何在泪光中重寻希望，找寻到新的动力及重新与他人联结。讲师团队为刘静儿、陆宁、许丽英、潘敬青。具体的课程内容如表 21-5 所示。

表 21-5 《泪光中的盼望》哀伤陪伴课程

日　期	时　间	主　　题	讲　　师
5 月 9 日 星期六	10 : 30—12 : 00	“哀伤陪伴”——生命树的应用基础	刘静儿、陆宁、许丽英、潘敬青
5 月 16 日 星期六	10 : 30—12 : 00	认识“哀伤”，认识“哀伤者”	刘静儿、陆宁、许丽英、潘敬青
5 月 23 日 星期六	10 : 30—12 : 00	哀伤中的动力和盼望	刘静儿、陆宁、许丽英、潘敬青

续 表

日期	时间	主题	讲师
5月30日 星期六	10:30—12:00	生命森林——哀伤者的关系重新联结	刘静儿、陆宁、许丽英，潘敬青
6月6日 星期六	10:30—12:00	哀伤陪伴录像播放及分享	刘静儿、陆宁、许丽英、潘敬青

（三）**项目成效**

“寻·见盼望”疫后生命教育系列网课经过一个月的实施，内容包含心理疏导、家庭关系、社区建设等内容，通过线上授课、经验分享、小组交流与作业等方法，覆盖了疫情服务过程中不同工作者的需要，在课程结束后收集了70名参加者的反馈和评价，课程收集了“学习收获最大的内容？”“课程的哪些理论、概念或方法可以用到自己的工作中”“对课程组织及安排工作满意的地方”“对课程组织和内容觉得可改进的地方”等反馈，在“课程内容是否符合你的期望”方面满意率为95.4%，在课程的总体评价方面满意度为94.4%，得到了参加者的认可。

《盼望的种子》共读绘本课程学员反馈为：“通过课程学习我爱上了读绘本，原来看似简单的绘本背后隐含这么深刻的道理，而且表达的方式非常巧妙。”“令从未接触过绘本的我，开始感受到绘本的魅力，愿意去了解更多绘本的世界，也希望能够有机会将绘本运用在工作之中。”“绘本的多样性，人群的使用范围不仅限于儿童，学习到如何用绘本去切入自己的服务对象中。”“从享受故事本身到体验故事细节、提出疑问、讨论、结合自身去解读和反思，获得了多一种自我探索自我观照的方法，这个对于助人者来说十分重要。”

《盼望的重建》社区营造课程学员反馈为：“通过生动的案例，学习了社区营造的一些知识与技巧。收获最大的是学习了一些蕴含了社会工作专业理念的方法。”“了解了很多灾后重建的真实案例和很多老师们宝贵的亲身经历，也了解了很多关于灾后社区重建的工作方法。”“绘本《石头汤》，以前用绘本做儿童服务，此次课程从另一个社区营造的角度解读绘本故事，并且从中看到社区营造和社区重建中每个环节的建设性意义。”“在整个课程进行的过程中，我深深感受到了自我成长的回顾，勇敢地去面对自己一生中所经历的事情，希望在以后的生活、工作中，可以去学会教育自己的一生。”

《泪光中的盼望》哀伤陪伴课程学员反馈为：“本课程将生命树绘画和绘本等工具结合叙事治疗的理论用作哀伤陪伴的方法，并以温情的基调诠释严肃的死亡话题，将人本主义的关怀理念深入浅出地润于无声的教导中，这是一般的课程所不具备的特色，给予我全新的视角，也是我最大的收获。”“课程很详细地向我们展示了各种工具的理论和在实际过程中如何操作，引导我们自身体验和感受各种理论和工具的使用方法和力量，更能够理解生命教育和哀伤陪伴的意义所在。”“学习到通过生命树、绘本等方式，了解通过生命森林协助服务对象寻求周边的资源，帮助服务对象正视丧亲的经历。”

在课程组织工作反馈方面的内容为：“课堂作业的安排，可以学以致用，与老师的联系紧密，老师全程陪伴并回应每个学员的发言，帮助我们去思考自己的定位及如何付诸行动。”“每节课后有小组讨论、回顾，帮助我们更好地为社区服务。”“组织方和各位老师分工明确。”“课程内容案例较多，节奏适合网络授课，学起来不那么吃力。”

在课程建议方面的内容为：“时间比较短，内容不够深入，有些概念讲解得不够透彻，希望课程时间能更长一些。”“线上课程在沟通上有一些不方便，如有线下的安排更好。”“希望增加如何与有关政府部门、村‘两委’合作的内容，分享如何推动项目落地。”“增加湖北的案例内容，课程讲的内容与湖北社会工作发展可以更加紧密些。”

（撰稿人：徐勇）

第二十二章

国际社区抗疫社会工作与志愿服务行动

新冠疫情带来的生态-社会混合型风险，引发社会成员对风险不确定性的关注，本土和国际社会应急治理体系的构建成为国际社区治理的重要任务。中国外国居民居住的国际化社区以及国外华人聚集的国际社会，疫情防控治理中社会工作者的任务具有极强的挑战性。本章以多个国际社区的社会工作-志愿服务抗疫行动为案例，分析国际社区抗疫行动的多元服务介入机制，创新了国际社区疫情防控期间社区治理策略。

第一节　缘起与概况

一、缘起

国际社区抗疫社会工作与志愿服务行动是在新冠病毒重大突发公共卫生危机事件背景下，2020 年年初由南京大学彭华民教授发起，高校社会工作教师和学生、社会工作机构和基金会、社区工作者和国际居民、志愿者等 15 个团队协同开展的社会工作 + 志愿服务行动。核心团队有国际服务社会倡导团队、中韩国际社区抗疫行动的韩国大邱团队、重庆国际社区抗疫服务团队、深圳南风国际社区社会工作服务团队等。该行动有效协助国际社区应对疫情防控和治理工作，向世界展示了中国社会工作者的国际视野和专业情怀，在世界范围内提供了重大公共危机事件中的跨文化跨国服务模式，提升了国际社区抗逆力，对基层社会治理模式的完善具有重要意义。

二、概况

服务得到中国社会工作教育协会、中国社会学会社会福利专业委员会、南京大学、青岛理工大学、四川外国语大学、西南财经大学、上海大学、长春工业大学、华东师范大学、上海师范大学、武汉大学、北京大学、香港无国界社工、韩国庆北大学、韩国全北大学、日本铃鹿大学、日本四国大学、上海陆家嘴社区基金会、爱德基金会等大学、机构和志愿者的大力支持。该服务四个文字案例和四个视频案例全部通过专家评审，收录于教育部中国专业学位案例中心库，面向社会开放。该行动获得国际社会工作教育联盟（IASSW）的支持与肯定。国际社会工作教育联盟向团队提供了《国际社会工作抗疫指南》并在其官方网站上报道了南京大学国际社区抗疫服务。

（撰稿人：彭华民）

第二节　国际社区抗疫社会工作与志愿服务实践

一、跨国服务：跨文化整合性介入服务模式

韩国大邱疫情集中暴发后引起在韩的中国留学生、中国务工人员、中国家庭的焦虑和恐慌。他们急需相关支持性服务。中国社会学会社会福利研究专委会和韩国社会福利学会有多年合作关系，形成了多元合作交流网络。本次韩国大邱疫情暴发后，我们第一时间通过两国社会福利合作交流网络组建了服务团队。通过社会福利国际交流网络，将中国抗疫服务的社区模式输出到韩国大邱，建立有效的国际支持服务机制。在 2020 年 3 月由中国社会工作教育协会和中国社会学社会福利研究专委会联合发起的国际社区抗疫社会工作志愿行动中，以青岛理工大学社会工作师生、韩国的中国留学生为主的韩国大邱项目组面向韩国大邱地区 3 600 余名在韩华人开展跨国界志愿服务，通过遥望（观察）、问候（评估）、缓解（介入）和守护（陪伴）在韩华人，提供必要的危机干预、心理辅导、医护答疑、资源链接，直接服务和受益人数 2 350 余人（包括韩国庆北大学中国留学生非隔离群和隔离群、多文化家庭群、启明大学中国留学生群、韩中国际文化教育院群）。干预初期、中期、后期的不同时序中，基于行动研究视角，依据整体性治理理论，构建“公助 + 互助 + 自助”系统干预机制，通过对组织结构、功能以及系统进行一体化整合，将来自不同地区、专业、类别、层次的志愿者进行分类筛选和有机融合，实现了有限的“人力 + 物资”资源和无形的“线上 + 线下”服务的最优配置，其较强的系统性、适用性和可操作性，为开展国际社会工作研究和服务积累了宝贵的经验。

（撰稿人：金英爱、彭华民等）

二、重庆市：Z 国际社区抗逆力提升服务

重庆 Z 国际社区是重庆市外籍人士集中居住人口最多的小区，共有来自韩国、美国、印度、加拿大、德国、匈牙利、马来西亚等 27 个国家上千名外籍人士在此居住（其中韩国人 600 余名）。在此生活的外国居民由于语言、文化和生活方式的特殊性，不太配合社区防控管理。四川外国语大学社会工作团队编写多种语言的抗疫服务手册，在重庆 Z 国际社区服务的外籍人士有 1 200 多人，社会工作者直接服务的外籍人士有 500 多人，其中服务个案 12 人。针对 Z 国际社区管理需要，具体服务包括 Z 国际社区抗疫行动人力资源组织、抗疫行动团队培训与组织、Z 社区服务对象需要评估、抗疫行动团队小组支援服务、抗疫行动团队的个案支援服务、抗疫团队的物资支援服务、支援服务效果评估、服务反思。重庆 Z 国际社区服务实施“政社联动”的抗疫行动，在倡导“与风险共存”的治理理念下，运用社区抗逆力理论，将“问题视角”转向“优势视角”，综融理论和实务，分析了国际社区抗疫行动的介入机制，保护因素对风险的防御和适应能力，进而评估了国际社区抗逆力水平。研究发现，在政府主导下，社会工作作为辅助力量参与国际社区抗疫行动的“政社联动”模式，有效地强化了社区保护因素，从而抵御了风险因素的破坏，提升了国际社区抗逆力水平。这一研究发现对于构建国际社区抗逆力理论，创建本土化的国际社区抗逆力社会工作实务，创新国际社区疫情防控期间社区治理策略，积累了宝贵经验。

（撰稿人：林移刚、彭华民、穆莉萍、徐杉杉、齐少杰）

三、深圳市：南风社工涉外抗疫服务的专业实践

深圳南风社会工作服务社涉外抗疫服务的专业实践是中国社会工作教育协会疫情防控国际社区服务的组成部分。深圳南山区聚集了深圳市四分之一的外籍人口，涉外防疫压力巨大。深圳南风社会工作服务社联合高校建立了四个国际社区服务平台，服务 8 000 多名外籍居民，覆盖南山区，辐射深圳。抗疫团队组织南风国际社区抗疫行动人力资源、进行抗疫行动团队培训与组织、对服务对象需要进行评估、开展小组支援服务和个案支援服务以及物资支援服务，并及时对支援服务效果进行评估和反思。作为在深圳外国人服务领域首屈一指的社工机构，南风社会工作服务社在新冠疫情防控工作早期主动作为，将南山区防疫工作的覆盖面扩展至外籍居民群体；疫情暴发后，南风配合南山区外事局迅速组建了外事专干队伍、涉外社工队伍和国际志愿者队伍，在入境人员转运、隔离人员安置、外籍人员上门走访、政策材料翻译、多语线上支持等工作中发挥社工专业和涉外服务专业优势，在“双工联动”和社会支持网络中积极介入危机干预，表现突出，得到了各级政府和外籍居民的广泛好评，成为深圳

政社合作下的多主体治理体系和治理能力现代化的鲜活案例。

四、云服务：以社会倡导提升国际社区抗逆力

协会国际社区抗疫行动团队在疫情出现之初组织团队，通过社会倡导方式积极应对重大公共卫生危机。服务以社会倡导理论以及社区抗逆力理论为指导，组建南京大学国际抗疫课程团队、“社工有画说”团队、国际社区多语种政策倡导团队。南京大学团队“抗疫服务”专栏推送国际抗疫社会工作课集锦六期，共计 37 门课程以及课程链接，课程内容涉及危机介入社会工作实务、公共健康政策和项目管理、心理学、灾难管理、流行病学等多个不同领域。疫情防控期间，这些课程被多个公众号转载，影响大，得到同行的好评。国际社区多语种政策倡导团队将中国抗疫政策、国际社区服务手册等翻译成多种语言，通过中国社会工作教育协会、南京大学社会工作、社区等公众号等媒体向国际社会传播。南京大学向国际社会工作教育联盟提供抗疫宣传新闻稿被采用。同时，组织国际社区抗疫服务研讨会，分享服务对象需要和服务经验。服务团队组建多个国际社区服务群，在群内直接和服务对象沟通，向世界展示了中国的国际视野和中国社会工作的专业情怀，在世界范围内提供了重大公共危机事件中的倡导模式，也构建了本土社会倡导的实践框架，社会倡导的实践对于应对重大风险的国际社区治理模式具有重要意义。国际社区抗疫行动中社会倡导核心团队负责人基本情况如表 22-1 所示。国际社区抗疫行动中的社会倡导实践过程如图 22-1 所示。

表 22-1　国际社区抗疫行动中社会倡导核心团队负责人

编号	社会倡导行动角色	倡导团队	负责人
1	总协调人	国际社区抗疫行动项目团队	彭华民
2	新媒体倡导	中国社会工作教育协会公众号、南京大学社会工作公众号、抗疫社工宣传创意组 + “社工有画说”公众号 + 视频号 + 微博、多个国际社区抗疫服务微信群、国际社区抗疫研讨会（云会）报纸、电视等等	彭华民、肖彦等
3	深圳国际社区抗疫服务	深圳南风社会工作服务社深圳南风多语种国际化公众号	何珊珊
4	重庆国际社区抗疫服务	四川外国语大学团队 重庆 ZLO 国际社区公众号等	林移钢
5	上海国际社区抗疫服务	上海陆家嘴社区基金会 上海陆家嘴社区基金会公众号等	张佳华

续 表

编号	社会倡导行动角色	倡导团队	负责人
6	韩国大邱国际社区抗疫服务	青岛科技大学社会工作团队 韩国大邱社会工作志愿者团队等	金英爱、喻传洋
7	抗疫政策倡导者	中韩抗疫政策倡导团队：上海大学等中日抗疫政策倡导团队：长春工业大学等	杨锃、齐少杰 高春兰、杜文彬
8	国际公共卫生、社会政策、危机干预课程倡导	南京大学国际抗疫课程倡导团队	彭华民、李春凯
9	督导	武汉大学社工伴行团队	郁之虹
10	督导	香港无国界社会工作团队	周甜

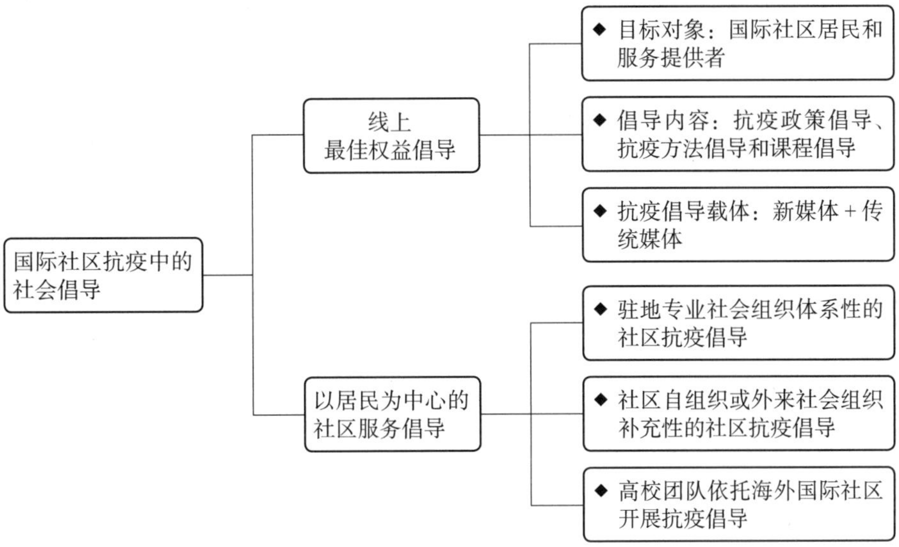

图 22-1　国际社区抗疫行动中的社会倡导实践过程

（撰稿人：彭华民、肖彦、许云云、柴雪、曹志禹）

第二十三章

疫情防控社会工作中的公众教育和宣传

面对前所未知、突如其来的新冠疫情，人们在疫情防控的特定情境中生活，居家防疫中生活和学习，对疫情可能存在的传播风险所产生的紧张、焦虑，都会带来个体的焦虑，因各种生活不便而产生的不满甚至愤怒都有可能激发出群体性事件，稍有不慎就会激化出矛盾，这些都严峻地考验着国家和社会的治理能力。公众教育和疫情防控知识宣传、为政府有关疫情防控决策提供政策研究和咨询成为协会非常重要的工作。

第一节　运用新媒体做疫情防控公众教育

一、组建疫情防控工作宣传组，以专业知识助力疫情防控工作

疫情防控具有特殊的社会生活形态，人们面对面交流改为“线上”交流，此种状况下“沟通与信息宣传”成为凝聚社会团结和共识的重要途径和手段，凸显疫情防控状态下宣传对于信息传播的重要作用。为回应疫情防控社会工作的需要，2020 年 2 月 1 日，在副会长兼秘书长马凤芝教授的组织布置下，由其任组长，由时任协会副秘书长何雪松教授任副组长，迅速组建起“协会疫情防控社会工作宣传工作组”（以下简称“工作组”）。在协会统一领导和组织下，建立了协会“抗击疫情资料共享群”，为全国社会工作院校参与抗击疫情工作和开展社会工作服务提供信息和技术资料支撑。后来此群发展为协会教师抗疫工作群，为全国社会工作专业教师交流社会工作专业服务资料、信息，发布协会的通知和协会开发的课程提供了平台。工作组还协调组建四川外国语大学社会学系社会工作专业肖彦老师为首的面向全国的“画说抗疫”漫画宣传创意工作组、武汉等机构和院校的微信群，将协会的资料广泛发布到各微信群，用于消除公众对疫情的恐慌。

二、建立协会“社工抗疫之声”公众号，以知识传播助力抗疫

疫情防控工作凸显了公众教育的迫切需要，建立协会微信公众号也成为迫切需要。当时，协会还没有注册公众号（几天后才申请下来协会自己的公众号）。为了迅速开展工作，经同何雪松教授商议，获得了华东理工大学出版社刘军老师的帮助，由他们提供技术支持，以华理出版社的一个微信公众号为基础和平台建立协会“社工抗疫之声”公众号，传播和报道协会战疫情工作，同时通过公众号报道全国高校社工师生参与抗击疫情的工作。“社工抗疫之声”公众号从 2020 年 1 月 29 日开始运行的短短一月内就发布了协会组织编写的社会工作参与疫情防控服务指引、社会工作线上课程索引、协会制作的线上社会工作课程、各种专业服务资料、协会的重要工作动态和通知、协会编写制作的社会工作服务指引和各种课程，这些资料和信息广为社会组织传播。协会的公众号宣传工作既加强了协会会员单位和高校社会工作专业的凝聚力，也扩大了协会工作的社会影响力。对协会会员和高校社会工作师生战疫情专业服务的报道也让大家看到了社会工作在国家重大社会事件中所发挥的专业功能和社会作用。

（一）“社工抗疫之声”的联合行动范式

在重大公共卫生事件的现实情境中，协会主动作为，积极响应党和政府的号召，投身疫情防控工作。在疫情暴发初期，社会工作者因知识储备不足、行动场域受限、行动资源缺失等问题存在不知如何工作的迷茫问题。在此背景下，中国社会工作教育协会以“社工抗疫之声”为阵地，通过新媒体手段推动社会工作知识的传播，助力社会组织、社会工作机构和社区工作者的疫情防控工作，以专业知识帮助社会工作机构、公益慈善组织及社区工作者科学组织抗疫工作，为社会提供服务。协会的“社工抗疫之声”工作组成员涵括了全国很多院校的老师，其核心执行成员为华东理工大学的徐选国、华东理工大学出版社的韩旭东，共计 11 人。为保障稿件时效性与专业性的统一，工作组面向全国社会工作教育界、实务界以“募、约稿件—组内审核—修改排版—发布审核—联合传播”为流程开展工作，每天一期，传播社会工作参与疫情防控的政策、知识、培训、案例。

2020 年 3 月，“社工抗疫之声”发掘并推广社会工作在疫情防控中的突出贡献，挖掘一线社会工作者在抗击新冠疫情中如何以专业技能筑起生命防线的鲜活实例，彰显社会工作在应对公共卫生危机中的不可替代角色，体现社会工作者在逆境中的坚韧与智慧，激发社会工作者专业热情，保持旺盛的战斗力。

（二）“社工抗疫之声”行动成效

1. 七大主题维度，全方位知识赋能

截至 2021 年 1 月，工作组面向社会工作者累计发布各类信息 180 余条，累计浏览量 10

余万人次；发布内容包括教育与培训、实务与案例、政策与通知、国际视角与合作、心理援助与辅导、实践指导指引、行动与倡议。通过这七大维度的全面覆盖，工作组不仅搭建了知识与信息的桥梁，还促进了专业领域内的互动与创新，推动了社会工作参与疫情防控的行动，提高了工作效率。

2. 三大核心主体，立体化知识传播

为提高传播质量，促进知识吸收，工作组以“社工抗疫之声”公众号为主体，并借力小鹅通与抖音等媒体，组建“社区及社工抗疫知识服务平台”。截至 2021 年 1 月，工作组累计开设新媒体课程 11 门，共计 80 余节，累计观看 12 余万人次；累计直播场次 32 场，累计观看 10 万余人次。在线课程情况如表 23-1 所示。这些工作不仅提升了社会工作的可见度与影响力，也显著增强了知识传播的广度与深度，促进了社会工作行业的知识更新与实践能力提升，为行业内部专业人士及公众提供了丰富、便捷、高效的学习资源，为社会工作在疫情中的有效参与打下了坚实的知识基础。

表 23-1　在线课程

序号	在线课程名称	筹划人 / 单位	执行单位	期数	平台	发布月份
1	医务社工危机介入实务课程	黄匡忠	北师港浸大	5	小鹅通	202002
2	社会工作防疫危机干预课程	黄匡忠	北师港浸大	5	小鹅通	202002
3	战疫情：社会工作在行动抖音访谈	沈　黎	南京理工大学	5	抖音 / 小鹅通	202003
4	面对疫情，如何应对哀伤	任　敏	华中科技大学	9	小鹅通	202003
5	疫情后的创伤及哀伤干预课程	任　敏	华中科技大学	11	小鹅通	202004
6	社会工作参与防疫服务指引课程	马凤芝	北京大学	10	小鹅通	202004
7	集中隔离点开展心理援助与社会工作服务岗前培训课程	沈　黎	南京理工大学	4	小鹅通	202004
8	武汉抗疫“4+1”线上异地救援社工实务模式	郁之虹	武汉大学	8	小鹅通	202004
9	学者对谈：解读“抗疫”线上异地救援模式	郁之虹	武汉大学	10	抖音 / 小鹅通	202004
10	临床社会工作在疫情下可以做什么	叶锦成	香港理工大学	1	小鹅通	202005
11	抗击疫情中的生命教育系列课程	福寿园	上海福寿园公益发展基金会	8	小鹅通	202006

3. 百余传播矩阵，协同性联合倡导

工作组的工作成效受到了社会工作学界与实务届的广泛关注，据统计，包含各高校社工系、各省市社工协会、各民间组织、各媒体在内的百余个传播渠道报道、转载协会的疫情防控工作

（见表 23-2），这不仅有力地推动了社会工作知识传播，更聚合了一大批专业力量，共同推动社会工作专业能力建设与发展，发挥了社会工作在疫情防控工作中的独特专业作用。

表 23-2　部分重要新闻媒体系列报道

序号	标　　题	发布时间	发布平台	作　者	类　型
1	疫情中的社工④｜中外学者谈面对突发公卫事件，社工该怎么做	20200322	澎湃新闻·澎湃研究所	沈黎	新闻报道
2	疫情中的社工③｜53 万的审视：中国社工如何前行	20200319	澎湃新闻·澎湃研究所	顾东辉	新闻报道
3	疫情中的社工②｜黄冈跨界联动的百人“后援团”	20200318	澎湃新闻·澎湃研究所	陈红莉；张洪英	新闻报道
4	疫情中的社工①｜武汉方舱里的隐形志愿者	20200317	澎湃新闻·澎湃研究所	郁之虹；黄红	新闻报道
5	疫情防控期间社区工作如何开展？线上课程为一线社工支招	20200303	澎湃新闻·文化课	杨宝宝	新闻报道

除了国内媒体的报道外，国际社会工作教育联盟（IASSW）联系中国社会工作教育协会组稿，在 IASSW 网站设专栏报道中国社会工作的疫情防控行动。

（撰稿人：韩旭冬）

三、“画说”疫情防控社会工作漫画工作组的公众教育实践

（一）回应社会对疫情防控知识的需要而行动

2020 年年初，一场肆虐全球的新冠疫情暴发后，中国社会工作教育协会的会员单位和成员们汇聚专业与行业力量第一时间行动起来，成立了武汉抗疫物资对接组、国际社区抗疫团队等多个社工抗疫团队，因为事发突然，手足无措的人们急需专业和通俗的抗疫信息，但当时无论是主流媒体还是自媒体关注的点，主要在疾病的防治、医务常识普及的信息上，而疫情中社会层面尤其是社区层面的需求巨大。

（二）需求导向下获社会广泛认可

在中国社会工作教育协会副会长兼秘书长马凤芝和副会长彭华民等指导下，成立了“社工抗疫宣传创意组”，小组的工作由四川外国语大学社工系肖彦老师负责主持实施，小组成员包括来自全国各地的社会工作专业院校师生、媒体记者和编辑、一线社会工作者等，宣传创意组以当时的需求为导向，以漫画和动画等通俗的方式进行创作，确定了进行“社会性”公众教育和宣传的定位，在得知很多奋战在一线的社区工作者连基本的防疫物资（如口罩、酒

精等）都缺乏的情况下，团队马上根据后台社区工作者的求助留言，制作了一期名为“最默默无闻的抗疫逆行者”的漫画和短视频，作品一经发布，立刻引发了全国范围的讨论热潮，各大媒体争相转载和报道。人们开始关注在社区一线抗疫的社区工作者，来自全国各地的社区工作者在平台留言：“感谢漫画让居民对社区工作者的态度发生了很大的改变，不少居民更是把本就不多的抗疫物资分享给了社区工作人员。”《最默默无闻的抗疫逆行者》，是团队作“社会公众”宣传的一次成功尝试，不但获得了民众的认可，而且获得了民政部等政府部门的肯定，其后入选了2020年教育部的主题案例项目。团队再接再厉，在之后的几个月内创作出了大量“社会公众教育”抗疫宣传作品，虽然每个阶段的作品内容差异很大，宣传的对象从社区工作者到参加疫情防控社会工作服务的全国社会工作院校的师生，到异国他乡的华人和留学生群体，再到社会工作教育者和社会工作者、社区工作者，主题和内容的变化反映了团队背后社会工作专业价值的坚持，秉承“需求为导向”，在疫情防控的不同阶段回应社会需要做公众教育和宣传，一直是团队在疫情防控期间坚持的工作。

中国社会工作教育协会抗疫宣传创意组的工作是社会工作公众宣传和社会倡导工作方法在国内的一次早期的、影响力巨大的实践尝试，其间积累的经验和提炼的方法都为未来突发重大公共卫生事件中社会工作实务提供了经验。

（撰稿人：肖彦）

四、媒体宣传和公众教育

如前所述，疫情防控社会工作实践中，协会组织了“社工抗疫之声”平台的宣传工作，倡议了“画说”疫情防控社会工作漫画的出台。这些宣传平台成为当时进行疫情防控公众教育的非常重要的阵地，获得业内和社会公众的广泛关注和认可，也吸引了更多志愿者加入疫情防控工作中。“社工抗疫之声”在传播疫情防控社会工作知识和进行公众教育方面获得政府相关部门、实务界的认可；“画说”疫情防控社会工作则成为向社会大众进行新冠防控知识宣传、心理疏导的热门平台，屡次登上头条热搜，效果很好。

（一）宣传是疫情防控社会工作的重要内容

疫情防控工作中，协会还以社会喜闻乐见的方式——抖音——尝试进行了创新工作，以更广泛地传播党和政府疫情防控政策，与同行分享社会工作实践经验，向公众进行疫情防控知识宣传。上述工作得到社会和民政部慈善促进与社会工作司的关注和肯定。

（二）跨界合作

与华东理工大学出版社、恩派（深圳）、澎湃等媒体合作做宣传。协会与华东理工大学出版社合作推协会公众号和线上社会工作课程，与东方新闻集团合作，在《澎湃》上对协会疫情防控社会工作做了3期报道，在国际社会工作学院联盟网站发表6篇文章、1篇国家报告。华东理工大学出版社还将“画说”抗疫漫画制作出版，同时也与恩派（深圳）建立了合作，由其宣传平台制作推广“画说”抗疫漫画和协会的线上课程，使服务指引、课程和漫画为更多组织机构使用，为疫情防控工作贡献专业力量。上述宣传工作扩大了社会各界对中国社会工作教育协会及社会工作的知晓度。

（撰稿人：马凤芝）

第二节　宣传倡导、建言献策

新冠病毒波及全国，影响了各个群体的社会生活和生产，因而也影响到每个家庭的生计。不同群体受影响的程度和遇到的困难与问题也不尽相同。在百年未遇的疫情面前，社会工作教育者敏锐意识到上述问题，在中国社会工作教育协会统一领导部署下开展了疫情防控社会工作服务和政策研究，第一时间为政府提供决策咨询建议，发挥了社会工作专业的社会功能，体现了中国社会工作教育界的责任担当。

一、迅速行动，回应社会需要

2020年正月初三，也就是阳历1月28日，在井冈山市的一个乡村，江西财经大学尹忠海老师接到朋友电话，武汉疫情恶化。带家人在老家度寒假的他紧急自驾赶回南昌，看到很多从湖南返回南昌的江西人。江西地处承东启西、北上南下的要冲，抗疫压力并不轻松。意识到疫情严峻，他迅速与院党委书记杨尚勇商量，获得时任中国社会工作教育协会常务副会长、北京大学社会学系教授马凤芝授权，承担了协会抗疫宣传和政策建言的工作。一个人，再努力，只能留下两个脚印；一群人，一起努力，便能踩出一条大道。回首三年抗疫的建言献策工作，他从中悟出一个道理：一个协会、一个学科、一个专业要得到发展，要获得社会各界承认，必须充分发挥合作的力量，发出专业声音。在协会快速、系统的指导与大力支持下，以江西财经大学人文学院社会工作专业教师为核心成员的建言献策团队团结合作，在疫情防控中做出了积极探索和实践，积累了突发公共卫生事件中社会工作研究社会问题，及时为政府等相关部门提供政策建议的经验。

二、超越边界，整合力量，抢先发声

疫情防控是一项系统工程。经过努力，在同仁们的大力支持下，以江西财经大学人文学院社会工作专业教师为核心成员，很快组建了一支由社会工作、社会学、心理学、教育学、管理学等学科学者参与、媒体与刊物支持的开展宣传工作的队伍，进行研究和宣传。组建的系列专题文章写作班子和微信发布班子成员不计得失，工作非常勤奋。在协会授权下，由《社会工作》杂志官方微信公众号、兴悦读书报告会微信公众号与中国社会工作教育协会官方微信公众号同步发布文章。当进入运行阶段时，很多实际困难也出现了。如主题选择、何时定稿等问题接踵而来。为了解决这些问题，马凤芝教授有时在凌晨3点还会提出具体指导意见、修改意见，积累了一些经验。

（一）超越边界，整合力量

抗疫是一项系统工程，需要超越边界，彰显知识整合的力量。为此，首先需要整合不同学科不同界别的力量，协同工作，因此工作小组的成员构成涉及社会学、社会工作、心理学、媒体人等领域。其次，选准切入点。疫情让人们更加体会到共同体力量的重要性。无疑，作为共同体存在的社区是抗疫的基本单位。2020年2月6日，经过全面沟通，写作组推出了第一批系列文章。教育部本科教学指导委员会委员、江西财经大学人文学院教授陈家琪呼吁要把社区筑成防疫铁墙。唐斌教授、银平均教授则明确提出，需要加强社会组织对社区的支持力度；熊青博士则提出要加强社区心理服务体系的建设；尹忠海则从部门协同机制、资源衔接机制、人力调配机制等三个方面提出要化危为机，加快社区治理共同体建设。事实表明，这一切入点是成功的。很快，这组文章被《江西日报》理论部的阮启祥同志注意到了。2月10日，习近平总书记在北京调研疫情防控工作时强调，要高度重视社区一线的重要作用。2月19日，《江西日报》发表了尹忠海老师《牢牢扎紧社区抗疫一线篱笆》一文。该文是集体智慧的结晶。

（二）发出专业的声音，拓展传播的范围

很快，马凤芝副会长兼秘书长提出要发出专业的声音，即社会工作要积极主动地发出抗疫之声，对江西提出的要求是由尹忠海老师负责协调，与《社会工作》杂志密切合作，加快疫情防控工作学术研究成果转化的步伐。2020年2月底，《社会工作》杂志的编辑们以最快速度发表了尹忠海老师的《充分发挥专业社会工作在补齐社区漏洞中的优势》的文章，邹鹰主编快速响应协会号召，组成了《社会工作》杂志笔谈专栏工作小组。王思斌教授、关信平教授、文军教授、郭伟和教授、李国武教授、刘长喜教授等先后在笔谈专栏中发表文章，提出疫情防控工作的建议。

在协会靠前指导下，一个自媒体与官媒互动、热点跟踪与学术深度思考相结合的发声渠道畅通了。尹忠海、邹鹰负责写作组协调工作，程激清、胡佳敏两人负责公众号维护。其后，写作组又围绕“农村防疫与农村社会工作”“疫情防控与社会工作专业建设”“疫情防控与社会工作人才培养”“家庭社会工作、企业社会工作与抗疫”“金融社会工作与防疫”“后疫情时代的防灾 / 疫教育”等主题撰写文章。郭伟和、田北海、谢翌等学者还在《社会工作》杂志官微、兴悦读书报告号微信公众号“社会学研究汇”上开辟了“学者观察”等栏目。在一个多月里，大家发表了 8 组 35 篇文章。这些文章产生了广泛的社会影响。如唐俊副教授的“全球抗疫，彰显人类命运共同体精神”一文发表在《人民日报・海外网》上。在李能、金石明等同志的大力支持下，关于防止农村防疫出现破窗效应的文章则直接转化为政府管理行为和媒体监督行为。江西省社联副主席杨宇军同志看到系列文章后发出指示，要把这些主题转化为省社科选题。

三、扎根基层，深入调查，建言献策

在度过最初疫情防控的紧张状态之后，疫情防控周期拉长，出于科学管控需要，人员流动管控政策非常严格。如何扎根基层开展实务，开展田野调查，并在此基础上建言献策就成为一个巨大的挑战。为此，工作组采取了三个基本策略：

一是以新媒体为平台、以政策研究做建言咨询。在疫情管控环境中，新媒体的宣传作用更大了。因此，利用数据挖掘发现百姓“急、难、愁、盼”的问题，并提供可操作的建言便成为非常重要的工作。江西财经大学人文学发挥社会学、新闻与传播学科的交叉优势，面向基层进行数据挖掘并提出了可操作的政策建言。江西省是全国有名的特种养殖基地。疫情暴发后，受污名化影响，很多特种养殖基地被迫关闭。受此影响，很多与之关联的乡村家庭生计也面临巨大的挑战。由此提出了一个重大课题：社会政策如何托底受疫情防控影响的农村家庭的生活？黄海燕副教授针对这个问题进行了深入调查，撰写出研究文章。文章很快得到省主要领导批示，并转化为专项政策，有效预防和化解了相关问题。

二是疫情缓时抓紧做深入调研。随着疫情防控手段的优化，在某些时段里，疫情得到缓和，工作组快速抓住这些时机会进行田野调查，为疫情防控工作提供政策建议。疫情防控期间，也正是巩固脱贫攻坚成效的关键期，是推进脱贫攻坚与乡村振兴相衔接的重要时间节点。江西省国家级贫困县多、地处革命老区的县多，如何抓好防止因疫返贫工作的任务非常艰巨。为此，工作组深入赣南、吉安、上饶等地市，深入鄱阳湖地区渔村进行调研。调研成果提交到当时的国务院扶贫办。同时，蒋国河教授、陈家琪教授、胡宜教授和尹忠海等还承担了扶

贫办的第三方政策调研任务，社会工作师生的足迹遍及四川、浙江、广西、河南、安徽等十几个省份。

三是协同行动。工作组主动与国内院校的相关团队合作，开展协同调查，提出政策建言。随着疫情的发展，物资供给能否确保顺畅成为巨大的挑战。在这一挑战中，卡车司机的日常生活成为社会各界关注的热点问题。疫情防控期间，江西财经大学人文学院与清华大学沈原教授带领的卡车司机研究团队进行合作，在全国著名的卡车县高安市开展了协同调查。在此基础上，沈原教授带领的团队及时把智库文章提交给了有关部门。卡车司机疫情防控期间生活状况的调查报告也于2021年出版。2021年，工作组参与了北京大学熊跃根教授承担的国家乡村振兴局在赣州瑞金市的第三方评估调查工作，协同调查的成果递交给了有关部门，为疫情防控期间和疫情后的社会生活、生产恢复提供了政策参考依据。

（撰稿人：尹忠海）

第二十四章

武汉“集中隔离点-社区”社会工作与心理援助督导服务

为贯彻落实党中央、国务院关于坚决打赢新冠疫情防控阻击战的决策部署，落实国务院联防联控机制和省防控指挥部有关文件精神，减轻疫情对民众心理伤害和社会生活的影响，根据国卫办疾控函〔2020〕194号精神，在第一阶段紧急应对疫情突发时所需要的各种紧急干预服务后，第二阶段的工作是要为受疫情影响而集中隔离的社群和社区提供大规模大范围的心理社会服务，团结一心取得抗疫的全面胜利。根据新发展需要，2020年3月初武汉市拟在部分方舱医院、集中隔离点和社区为居家和集中隔离的群体提供社会工作与心理援助服务，依托武汉市社会工作联合会，首批选取武汉博雅、逸飞、泽霈、爱心天使、洪山区乐达社会工作服务中心、武昌区社会工作联合会等6个社会工作服务机构、行业组织，进驻武汉市部分隔离点（康复驿站）社区开展心理疏导社会工作服务。鉴于一线社会工作者缺乏公共卫生紧急干预服务的经验和知识，中国社会工作教育协会受武汉市民政局和武汉市社会工作联合会的邀请和委托，组建督导专家团队，为在武汉市集中隔离点和社区开展社会工作与心理援助的10支社会工作服务队提供社会工作与心理援助服务的专业督导。

第一节　以高度责任心全力以赴细致组织实施督导工作

一、迅速回应需要，以高度责任心全力以赴细致组织实施督导工作

自武汉发生疫情后，中国社会工作教育协会就与武汉开办社会工作专业的高校、社会组织和民政部门保持着紧密联系，随时跟进和回应前线需要。协会全力以赴，不分昼夜地工作，以武汉社会工作联合会为桥梁，随时将协会的服务链接到前线，支援武汉的疫情防控工作。

延续这种精神，协会为高质量做好此项工作，在3月初迅速组织实施了四项工作：第一，制定实施此项工作的方案；第二，制定督导发展指引；第三，招募督导团队；第四，制定对前线团队的培训计划。

自3月初接到此项工作起，协会就立即着手开展工作，到3月8日前就完成了督导团队的招募和工作编队的组织，完成了督导工作指引的编写和工作方案的编制任务。制定实施工作方案是协会自疫情防控工作以来积累的经验，有了严密的工作实施方案，保证了工作的开展。

二、项目工作目标

集合全国社会工作专家力量，为湖北省武汉市在新冠疫情防控中开展的“社会工作与心理服务项目”提供专业智力支持和心理支持等社会工作督导服务，提升参与该项目的社工专业服务能力，提高项目服务成效，对社会工作服务和督导开展研究，为武汉乃至全国社会工作参与疫情防控工作、危机灾害事件提供有效经验。

三、制定督导工作伦理守则，彰显专业服务品质追求

督导工作首要的是以专业伦理为圭臬，保证前线社会工作服务的专业品质，为服务对象提供最优质的服务。为了科学、专业、有序、高效开展督导工作，特制定此次督导工作伦理守则。

（一）在督导服务过程中应保持高度的政治敏锐性，要具有国家和民族意识。

（二）尊重合作机构、督导对象和文化；遵守在地疫情防控工作的统一部署。

（三）坚持公正负责态度，承担督导责权，尽心尽力地完成疫情防控工作的督导任务。

（四）尊重督导对象，建立平等的督导关系，提供专业的督导服务。

（五）尊重其他督导者，督导者之间在督导过程中应团结合作、相互支持。

（六）坚持保密原则，不得在个人自媒体或其他媒体上发表任何有损于督导对象和服务对象的信息。

（七）自我保护，调整工作时间与身心状态，在保障身心健康的前提下开展督导服务。

（八）尊重知识产权，妥善管理督导服务信息，在发布和开展涉及本督导服务的信息和研究之前，须征得中国社会工作教育协会的同意。

（九）保持客观中立，不可因与所督导服务的任何利益、互惠关系而损害督导服务的效果。

（十）本督导服务属于志愿服务，督导者不可与被督导的机构和督导对象发生任何经济关系。

（十一）督导内容仅包括专业服务和专业品质，不涉及被督导机构的内部事务。

（十二）服从组织安排、遵守组织纪律、听从组织指挥，在中国社会工作教育协会武汉督导工作组的指引下尽心尽责开展督导工作。

四、根据疫情防控特点，制定督导工作目标

（一）保障集中隔离点的社会工作服务成效

为湖北省武汉市集中隔离点及社区提供社会工作服务与心理援助的10支队伍提供专业督导服务，以切实保障疫情防控社会工作专业服务的规范性、质量和成效，更好地回应政府、社区、家庭和个人的需求。

（二）发展本土公共卫生社会工作实务模式

指导各服务团队系统记录和收集前线服务的一手资料，及时发现新的社会需求和问题，提出有针对性的服务方案，并指导各服务团队及时总结提炼服务经验，改进服务管理和提升服务品质，发展建构本土公共突发事件社会工作实务模式。

（三）探索公共突发事件社会工作督导模式

在开展督导服务的过程中，探索和建构本土公共突发事件下跨域跨学科多部门联动开展社会工作督导服务的模式。

（四）培育公共突发事件社会工作督导队伍

在开展督导服务的过程中，训练和建立一支“若有战、召必回”的适应公共突发事件下跨域跨学科的社会工作督导队伍。

（五）促进本土社会工作督导知识体系建设

通过行动研究，建构本土社会工作督导的知识体系，同时为政府提供督导发展的政策建议。

五、工作团队和组织架构

（一）督导工作团队

督导项目总协调人：马凤芝、向德平

总督导：马凤芝

跨域督导队长：张洪英、黄红、吕新萍、张曙、刘莹

在地督导队长：郁之虹、任敏、陈红莉

督导行政统筹协调：沈黎、秦小峰

督导宣传传播：赵记辉、史越、王娅力

在地机构协调人：杨斯琪

督导小组及成员：督导团队下设10个督导小组（见表24-1），分别对接武汉10支心理援助与社会工作服务队。每个督导小组由具有社会工作、心理咨询和医学专业背景的1名组长和4名督导共5人组成，负责各队督导工作。

表24-1 督导小组成员

序号	组 长	组 员
1	吕新萍	马玉娜、齐小玉、井世洁、刘雅敏（医专）
2	彭 振	杨晖、林霞、陈玲（医专）
3	刘 莹	黄匡中、张青、晋长华、林莲英（医专）
4	张一奇	齐华栋、付芳 罗英（医专）
5	张 曙	吕悦、陈蓓丽、郑立羽、刘芳（吉林、医专）
6	花菊香	纪文晓、陆宁、魏爱棠、傅丽丽（医专）
7	向 荣	代曦、韩辉、杨云娟、孙瑛（医专）
8	苏 光	任文启、郑思明、李筱、计芳（医专）
9	董云芳	刘芳（重庆）、赵记辉、苗艳梅、吴晓慧（医专）
10	高万红	黄耀明、孟莉、詹文倩（医专）、张馨（医专）

（二）组织架构

督导小组的组织架构如图24-1所示。

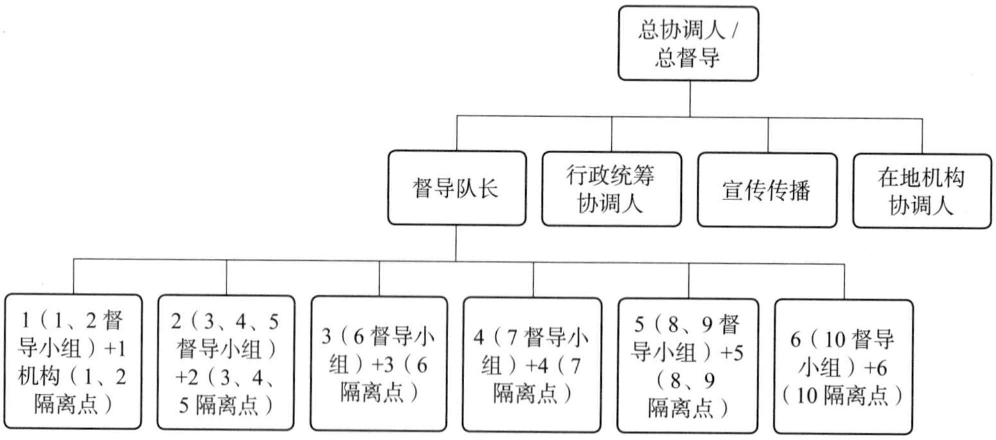

图24-1 督导小组组织架构

六、根据疫情防控社会工作特点制定督导工作职责

（一）督导项目总协调人

负责协调和保障督导工作的对接机制，确保专家督导团队与武汉集中隔离点社工团队之间的有效对接，保障督导工作有序开展。

（二）总督导

负责督导工作的总体规划，对督导方案、督导评估和研究等工作进行决策；负责督查督导团队的督导工作等。

（三）督导队长

对总督导负责。具体负责：分工协助督导的组织管理工作，指导督导组组长的工作；负责和积极参与督导会议、督导评估和督导研究。

（四）督导行政统筹协调人

对总督导负责。具体负责：中国社会工作教育协会、武汉市民政局和武汉社会工作联合会合作方以及其他相关各方的联络协调工作；督导服务的研究统筹，并由研究生助理协助汇总有关督导项目的各类资料、记录等。

（五）督导宣传传播

对总督导负责。具体负责整个督导工作在公共媒体和自媒体的宣传工作。

（六）在地机构协调人

对督导项目总协调人负责。具体和督导行政统筹协调人进行磋商，共同推进在地机构和督导团之间的合作关系。

（七）督导小组组长

对督导队长和督导成员负责。具体负责：本小组督导任务顺利有效实施；本小组督导工作的协调；本小组督导记录和会议记录的收集并于次日12点前提交督导行政统筹协调人；本小组督导者的时间、情绪的管理以及团队凝聚力、团结力和战斗力的管理等；督导会议、督导评估和研究。

（八）督导小组成员

对督导小组组长和督导对象负责。具体负责：各自对应的社会工作和心理援助服务队实行全过程督导，并科学、专业、有效地完成督导工作；填写督导表格并于当日晚间提交督导小组组长；积极参与同辈督导、督导会议、督导评估和研究；积极提供督导建议。

上述所有参与督导工作的督导人员都要为政策标准的研制提供支持。

第二节 督导工作内容

一、教育性督导

（一）有关集中隔离点-社区服务对象

协助督导对象了解此类服务对象的经济状况、家庭关系、社区背景和社会环境等；预估疫情防控期间此类服务对象的身体状况、心理、情绪和行为特征等；学习对此类服务对象进行干预的专业知识、方法和技巧。

（二）有关疫情防控社会问题

协助督导对象了解此类公共突发事件的表现、产生的原因等；了解社区对此类社会问题的反应、所涉及的社会心理问题以及对社区不同人群的影响等；了解和学习党中央、国家、社会和社区对此类公共突发事件的干预政策和模式等。

（三）有关社会工作专业性

建立自决、保密和非评判的社会工作价值观；协助督导对象加强和保持与服务对象之间有效的专业关系；检视助人过程，包括运用社会调查、采集数据、分析处理数据、诊断、制定服务方案、实施干预计划以及成效评估等；协助督导对象进行反思学习等。

二、支持性督导

（一）帮助督导对象了解压力来源

协助社会工作者了解自身的压力来源，包括在工作中遇到的角色模糊、角色冲突、角色紧张等问题；了解工作压力的来源，包括工作环境不佳、专业知识不足、专业独立性不够以及实务经验不足等；了解社会压力的来源，包括社会公众对社会工作专业的不了解、其他专业对社会工作专业能力的质疑等。

（二）为督导对象提供减压支持

协助社会工作者疏导情绪，适应和处理服务工作中所带来的挫折、不满、失望、焦虑等各种情绪；给予关怀，使社会工作者在工作过程中有安全感，并愿意尝试新工作；发现成效，协助社会工作者发现工作成效、不断激发工作热情；寻求满足，协助社会工作者发现从事专业服务的满足感和价值感，愿意持续投身社会服务。

三、行政性督导

当督导对象与所在工作系统存在适应不良、冲突等问题时，督导可及时向督导队长反映回馈，但督导不直接介入在地社工的内部管理事宜。

第三节　督导工作模式

建立跨域、跨学科、跨部门、线上线下联动的三级督导模式。“跨域”指的是跨地域，即督导工作团队成员来自全国各地。“跨学科”指的是督导工作团队由不同学科背景的成员组成，既包括社会工作训练背景，也有受过医学教育背景、心理学教育背景训练的督导等。“跨部门”指的是不同组织和部门间的参与，即中国社会工作教育协会、民政局和社会工作联合会等。“联动”指的是该督导工作模式以“专家 + 一线”“线下 + 线上”多主体协同参与，由此构建了“行业协会 + 政府 + 社会组织 + 社区”的多方协作动员机制。三级督导是指：一级督导是督导者对督导对象的督导，二级督导是督导组组长带领本组成员进行的同辈督导和督导会议，三级督导是督导队长与督导组组长的督导会议。

一、一级督导

（一）督导组对服务队的督导

组建 10 个“线上”督导群。由 10 个督导小组与 10 支在地社会工作者服务团队以网络建群的形式组建 10 个督导微信群，以分群管理的形式开展督导工作。

（二）督导内容与时间安排

在微信群内为社会工作者服务团队成员开展在线实务知识与技能咨询、疑问回馈、社会工作者心理支持、专业教育和专业资料提供以及服务管理等督导服务。后期视需要而赴武汉提供线下现场督导。

每个督导小组 5 名成员分工排班，从周一到周五值班负责当日的督导工作，原则上每天每次督导 1.5 小时。遇有紧急需要处置的问题时，可上报值班督导队长召开临时督导会议，特殊议题由“督导行政统筹协调人”与“在地机构协调人”进行会商并报告总项目协调人。

每位督导者每日督导完毕填写《附表 24-1 社会工作督导团队 每日督导记录表（一级督导）》，并于当日晚上交给本组组长，组长于次日 12 点前提交督导行政统筹协调人。

每周五由各督导组组长召集督导者和社会工作者参加督导会议，进行团体督导，并填写《附表 24-2 社会工作督导团队 团体督导记录表（一级督导）》，并于次日 12 点前提交督导行政统筹协调人。

（三）**督导方式**

个别督导和团体督导相结合，线上督导会议和个别咨询服务相结合。

二、二级督导

（一）**督导组内部同辈督导和督导会议**

各督导小组组建1个“线上”同辈督导群。

（二）**督导内容与时间**

以督导小组为单位，在组长带领下，交流分享督导工作中的经验、困难和疑惑，督导团队协同工作，为服务队员提供服务理论和技术咨询和心理支持；研究社会工作服务队在服务中的难点和共性问题以及个别需要解决的问题，形成督导会议纪要和问题解决方案，并用于前线社会工作服务队的服务工作中。

督导组内部督导会议每两周一次，每次不少于1.5小时。督导会议完成后填写《附表24-3 社会工作督导团队 同辈督导与督导会议记录表（二级督导）》，于次日12点前提交督导行政统筹协调人。

（三）**督导方式**

以同辈督导方式进行线上同辈督导会议。

三、三级督导

（一）**督导队长轮值为组长提供督导**

8个队长分工排班，从周一到周日（一位备班）值班，处理当日督导组组长提出的督导需要。遇有督导组组长提出的督导问题，值班队长不能解决时，可提请召开其他队长参与的临时督导会议，讨论解决紧急情况下的问题处置方案。特殊议题由督导行政统筹协调人与在地机构协调人进行会商并报告总项目协调人。

（二）**督导队长与督导组组长会议**

由督导队长和督导组组长参加，以督导会议方式开展督导工作研讨，提升督导工作理论和实务水平。

（三）**督导时间和内容安排**

设立由8名督导队长与10名督导组组长参加的每两周一次的全体督导会议。

各督导小组组长汇报交流近期各队社会工作服务情况和需要特别提出的重要督导议题，

讨论解决方案，形成督导会议纪要，将问题解决方案运用于各队服务中。

每次由负责督导会议的轮值队长填写《附表 24-4 社会工作督导团队 督导队长与督导组组长会议记录表（三级督导）》，于次日 12 点前提交督导行政统筹协调人。

上述三个层级督导形成一个“社会工作者 + 督导组组长 + 督导队长”的工作团队。

（四）督导方式。

线上督导会议和在线值班。

四、督导工作评估与研究

（一）督导评估

督导服务根据需要可分别进行督导开始期的预估、督导中期和督导后期的评估。

（二）督导服务的行动研究

根据行动研究理论和方法，建构公共突发事件下社会工作督导服务的模式、督导服务的标准、督导服务的队伍以及督导服务的成效等。

五、为前线做社会工作者开展专项培训

为了给武汉前方提供最优质的专业服务，保证服务的专业品质，在提供督导服务的同时，协会非常重视为前线工作者提供专业服务的理论和方法培训，在两个月项目周期中共做了 12 次社会工作者专项培训，平均每周就有多于 1 次的专题培训，为前线做社会工作和心理服务工作者提供了坚实的理论和方法的支持。3 月 11 日—12 日，中国社会工作教育协会组织的部分专家教授通过“腾讯会议”网络平台，为 300 余名武汉社会工作者进行了专项培训。3 月 16 日，举办武汉市集中隔离点（康复驿站）社会工作服务督导视频启动会，中国社会工作教育协会组织的 60 名督导和参与项目实施的武汉社工参加会议，明确了督导工作的原则、目标、工作团队与组织架构等，为实施督导和前线的社会工作服务提供了保障。

为更好地装备一线社工，为隔离点民众开展有效高质服务，受武汉市社会工作联合会委托，由中国社会工作教育协会制作，马凤芝教授、向德平教授监制的《集中隔离点开展心理援助与社会工作服务岗前培训课程》于 3 月 11 日正式上线。

六、定期线上交流总结经验，改进督导工作

疫情防控中所开展的社会工作有一个特性，就是急迫和复杂。为了及时总结工作经验，及时调整工作方案和方法以回应和适应变化的社会需要，协会在实施武汉社会工作与心理服

务督导工作期间非常重视工作经验交流。在项目开展的两个月内，协会召开了 4 次全体参与督导工作的人员的线上会议，包括项目启动和动员、项目中期总结、项目评估研讨会议等。利用网络平台，随时以各种会议的方式交流督导经验，集体讨论解决问题的办法，形成了工作机制，及时有效提供督导支持，是这次工作积累的经验。

第三节 “不在场”的临在与项目意义

一、服务国家大局，彰显社会工作参与社会治理的独特专业功能

武汉疫情牵动全国人心，考验国家治理能力，考验社会组织社会生活的能力，也是对社会工作社会功能的检验。本着对国家和社会的热爱与责任，中国社会工作教育协会在接受武汉市民政局、武汉市社会工作联合会的邀请和委托后，深感责任重大。虽然我们不在武汉，但我们的心与武汉连在一起，通过网络搭建了全天候随时回应需要的平台。我们的工作如同在场一样，与前线工作者同舟共济、众志成城，尽心尽力工作，彰显了协会和全体参与项目督导工作的督导服务国家大局的责任意识，也彰显了社会工作独特的专业功能。为做好督导工作，协会做了精心准备和组织，这是督导工作顺利进行的重要原因之一。大家是“不在场”的，如同在场一样完成了武汉隔离点-社区社会工作与心理服务的督导工作，做到了：

第一，参与项目工作，开展专业督导，在党和政府的统一领导下，依法、有序、科学进行。

第二，紧紧围绕疫情防控大局、不断强化政治意识；要遵守国家法律法规规定的信息发布规则，全力维护社会团结稳定大局。

第三，遵行习近平总书记“打赢疫情防控这场人民战争，必须紧紧依靠人民群众”的教导，践行社会主义核心价值观，严格践行社会工作专业价值，服务社群和有特殊需要的脆弱群体，全心全意为人民服务。

第四，遵守社会工作专业伦理，恪守职业道德、践行保密原则，尊重服务对象隐私。

第五，在武汉市民政局指导下，与武汉市社会工作联合会紧密配合，正确履行专业督导职责，发挥社会工作的专业优势，切实提供专业服务。以满足人与社会的需要为己任，在社会工作督导工作中实现社会工作的目标，为打赢疫情防控战贡献了每个人的力量。

二、多学科跨专业合作的实践

武汉督导项目团队是由社会工作、社会学、心理咨询和医护等多专业的专家学者组成的，这次的督导工作是在突发公共卫生事件时以跨专业多学科合作开展工作的一次成功的探索和尝试，取得了宝贵的经验。实际上，自疫情发生以来，学界即开展了对公共卫生社会工作的研究，而中国社会工作教育界多年的研究积累也为团队实施多学科跨专业合作提供了坚实的理论和实务支撑，跨学科多专业的督导团队满足了疫情防控对多学科跨专业合作工作的需要，为今后突发公共危机中社会工作多学科跨专业合作实践提供了借鉴，积累了可以复制的实践经验和模式。

三、全天候时刻准备着提供支援服务

各督导组按照要求，不但每周召开研讨会议，有的组每天都会开会，及时研究服务对象的新需要和工作中出现的问题，大小会议不计其数，开会时间有白天，也有夜晚，有工作日，也有周末，显示出参与工作的全体工作者的高度责任心和工作热情。2020 年 3 月 8 日，张一奇老师在微信沟通群中写道：各位老师，第四督导组今天下午进行了首次督导，了解到除了对接的水果湖隔离点外，吕莹老师的团队有另一个服务点——二七服务点，那里也存在督导需求，组里的老师表示也可纳入我们的督导组开展督导，当地也请示了协会，协会表示同意。

张洪英：等下回复哈 @ricky。云中笑董云芳：我们组也加入了几个非对口服务点的社工，都属于武昌区社工联的，但不在那个表格上出现的隔离点工作，而是在家用在线的方式工作。按照表格的分配，我们应该只有 4 个被督导者，加入这些社工之后，现在是 9 个。

武汉督导工作的实际范围远超计划中的机构和工作者数量。大家一心为了工作，日以继夜，不辞辛劳地工作，非常感人。协会的工作也在不断做调整，以满足前线的需要：

> 各位亲爱的老师，自 3 月 17 日中国社会工作教育协会在武汉“集中隔离点—社区”的督导工作开展至今，协会组织了 60 位专业教师和督导分 10 个组对接开展督导服务，取得了良好成效。随着武汉当地整体疫情防控工作部署的变化与进展，部分集中隔离点已撤除等情况，督导工作也随之有所变化与回应。经与武汉市社会工作联合会讨论，就新阶段督导工作的开展加以说明。具体内容，还辛苦各位老师看一下附件。

其中一个附件内容如下：

关于督导工作内容，根据机构与社工的实际需要进行协商，不限于安置点。工作配对，队长跟组长配对，给予组织支持。注意资料档案整理并管理好。但各组情况可能真的会有许多不同，有任何状况发生都属正常，大家可以和队长或我（协会项目行政协调负责人）沟通；有任何要求亦可提。

上述资料是协会实施武汉督导项目过程中众多工作日志中的一个，从中可以窥见全体项目督导的用心与付出。

四、知识团结的实践

中国社会工作教育协会组建了由60名专家、督导组成的督导团队，支持武汉社工服务。除协会督导专委会和医务社会工作专委会的老师之外，还有来自全国各社会工作专业院校具有丰富社会工作实践经验的老师、来自全国各地区医院医务社会工作部的部长等具有医学训练背景的医护专家，以及来自不同地区的心理咨询界的专家，称得上一个有多元专业背景的奢华的工作团队。60名专家分成10个小组，每个小组对接武汉一个服务团队，每组6名督导专家，每个团队都有1名医学背景、1名心理背景的社会工作督导，加上社会工作专业的老师，大家精诚团结，分享各自的专业知识，共同为前方的社会工作团队提供了最优质的督导服务，践行了知识团结。参与督导的人员名单见表24-2、表24-3、表24-4.

表24-2　援鄂社会工作与心理服务督导部分高校老师名单

序号	姓名	性别	地　点	单　位	职　称
1	李　雪	女	黑龙江哈尔滨	哈尔滨商业大学	中级社会工作师
2	郑思明	女	福建厦门	厦门大学	中级社会工作师
3	苏　光	男	黑龙江哈尔滨	黑龙江工程学院	中级社会工作师
4	陈　纬	女	重庆北碚区	西南大学	中级社会工作师
5	纪文晓	女	河南新乡	河南师范大学	中级社会工作师
6	王俊燕	女	山东济南	山东青年政治学院	中级社会工作师
7	向　荣	女	云南昆明	云南大学	中级社会工作师
8	谭祖雪	女	四川成都	西南石油大学	中级社会工作师
9	于　潇	女	吉林长春	长春理工大学	中级社会工作师
10	巨东红	女	福建厦门	集美大学法学院社会学系	无

续 表

序号	姓名	性别	地 点	单 位	职 称
11	杨 晶	女	贵州贵阳	贵州大学	无
12	郭英慧	女	重庆沙坪坝区	重庆大学	中级社会工作师
13	彭 振	男	北京海淀区	中国青年政治学院	中级社会工作师
14	吕 悦	女	重庆渝北区	重庆理工大学	无
15	晋长华	女	天津南开区	天津师范大学退休	无
16	苏细清	女	香港九龙	香港浸会大学社工系	无
17	任文启	男	甘肃兰州	甘肃政法大学	中级社会工作师
18	黄匡忠	男	香港珠海	北师大浸会社工学院	香港注册社工师
19	孟 莉	女	北京西城区	北京建筑大学社工系	无
20	林 霞	女	北京海淀区	北京城市学院社工系	中级社工师
21	代 曦	女	四川成都	成都信息科技大学社工系	
22	董云芳	女	山东济南	山东财经大学社工系	香港理工大学社会工作硕士
23	郑立羽	女	福建福州	福建医科大学人文学院社会工作系	中级社工师
24	李 同	男	江苏徐州	江苏师范大学社工系	香港理工大学社会工作硕士
25	王丽丽	女	辽宁沈阳	沈阳师范大学社工系	中级社工师
26	苗艳梅	女	北京朝阳区	中华女子学院社工系	中级社工师
27	陆 宁	男	重庆	重庆城市管理职业学院	中级社工师
28	刘 芳	女	重庆	重庆师范大学	中级社工师
29	李梦伟	女	山东枣庄	枣庄学院	中级社工师

表 24-3　支援武汉社会工作与心理服务部分医生督导名单

序 号	单 位	姓 名
1	上海新华医院宁养院	孙 瑛
2	复旦大学附属儿科医院	傅丽丽
3	上海长征医院	计 芳
4	上海公利医院	陈 玲
5	上海东方医院	吴晓慧
6	广西壮族自治区人民医院	张 馨
7	河南胸科医院	刘雅敏
8	吉林大学白求恩第一医院	刘 芳

续 表

序号	单位	姓名
9	江西省儿童医院	罗 英
10	深圳春暖社工服务社	林莲英
11	复旦大学附属徐汇医院	张一奇

表 24-4 援鄂社工督导名单及分组

序号	组长	组员	备注
1	向 荣	郑思明、陈纬、孙瑛（医专）	
2	谭祖雪	纪文晓、王俊燕、傅丽丽（医专）	
3	苏 光	刘芳（重庆）、王丽丽、计芳（医专）	
4	彭 振	巨东红、郭英慧、陈玲（医专）	
5	董云芳	任文启、苏细清、吴晓慧（医专）	
6	代 曦	杨晶、孟莉、张馨（医专）	
7	苗艳梅	晋长华、李同、刘雅敏（医专）	李同：尽量第二批
8	黄匡忠	林霞、郑立羽、刘芳（吉林、医专）	
9	吕 悦	陆宁、李雪、罗英（医专）	
10	张一奇（医专）	于潇、李梦伟、林莲英（医专）	

五、产生了良好社会效果，积累了丰富实践经验

第一，体现了志愿服务精神。武汉隔离点-社区社会工作与心理服务督导工作实现了跨越时空线上支持服务的目标。从 2020 年 3 月初开始工作到 4 月底，在人力资源投入方面共有 10 个工作小组、60 位督导老师，全部以志愿者身份工作。

第二，付出了巨大劳动，包括每天线上的个别督导、每周的工作会议，定期举办的研讨会为前方工作者提供了及时有效的支持。

第三，累计提供 476 小时的督导时长，督导了 786 人次。

第四，产出和积累了督导经验，参加者以督导实践为基础，对隔离点的社会工作、对社会工作参与疫情防控工作有很多观察和反思。

第五，督导项目具有良好社会影响，扩大了社会工作专业的社会影响力，增强了专业的合法性，也促进我们努力去提升社会工作的领导力。

附表 24-1　社会工作督导团队 每日督导记录表（一级督导）

服务队编号：

督导者		督导时间	
督导对象		参与人数	
督导议题与督导处理方案			
督导的困难			
特别说明			

附表 24-2　社会工作督导团队 团体督导记录表（一级督导）

服务队编号：

督导老师		督导时间	
参加督导人员		参与人数	
督导议题督导处理方案			
督导的困难			
特别说明			

附表 24-3　社会工作督导团队 同辈督导与督导会议记录表（二级督导）

服务队编号：

组　长		督导时间	
参加督导人员		参与人数	
督导议题督导处理方案			
督导的困难			
特别说明			

附表 24-4　社会工作督导团队 督导队长与督导组组长会议记录表（三级督导）

主持人		时　间	
参加督导人数		填写记录人	
督导议题和需要研究决定的重要事项			
总督导建议			
督导的困难			
特别说明			

（撰稿人：马凤芝）

第二十五章

国际交流和疫情防控社会工作研究成果

新冠疫情给全世界带来深远的影响。中国社会工作教育界与全球社会工作教育伙伴携手同行，发挥社会工作优势共同推动抗击疫情，传送中国社会工作专业参与战疫情工作真实声音和情况。在全球抗击疫情的过程中，中国社会工作教育界和实务界践行社会工作的专业责任，发挥社会主义的制度优势，创造性地开创了线上线下结合工作模式，国际社会工作学院联盟网站报道了中国社会工作教育界在疫情防控中的社会工作实践创新和服务，赢得了国际同行的赞誉。

第一节　国际交流和支援国际社会工作教育界同行行动

一、向国际社会工作界传送中国社会工作专业参与战疫情工作情况

新冠疫情防控期间，协会及时将中国社会工作教育界的抗疫社会工作实践经验介绍给国际同行，向国际社会工作界传送中国疫情防控的真实声音和情况。国际社会工作学院联盟（IASSW）对中国社会工作教育界在疫情中展现出的勇气和努力给予了高度的肯定与支持。2020 年 1 月底，国际社会工作学院联盟主席 Annamaria Campanini 教授向中国社会工作教育协会致信问候，致敬中国社会工作教育界。2 月 13 日，国际社会工作学院联盟主席前主席、可持续发展、气候变化、灾害干预委员会主席 Lena Dominelli 教授撰文写道："对我们的中国同事（社会工作者）通过中国社会工作教育协会为受到疫情影响的人们提供支持和实际帮助所表现出的辛勤工作和奉献精神印象深刻。"

协会秘书长马凤芝教授在给国际社会工作学院联盟主席的信中写道：感谢国际社会工作教育界在这一艰难时刻关注支持中国社会工作教育界和社会工作界的工作。中国人民和中国

社会工作教育界非常珍惜这种道义上的支持！中国社会工作教育界和社会工作者将牢记社会工作专业的使命，回应社会的需要，在人民需要时站出来为民众福祉行动起来。我们将以实际行动践行全球社会工作专业共识的价值观，在危难时刻不后退，为人民服务。

二、向国际社会工作界介绍中国社会工作教育界抗疫实践经验

中国社会工作教育界在积极参与疫情防控行动的同时，与国际社会工作教育界保持对话，在国际社会工作学院联盟（IASSW）网站开辟栏目分享中国社会工作界抗击新冠疫情的实践经验与反思。从 2020 年 2 月开始，在国际社会工作学院联盟（IASSW）和国际社会工作者联盟（IFSW）的网站上发布中国社会工作者的实践经验文章。自 2020 年 3 月 24 日国际社会工作学院联盟（IASSW）在其官方网站上（www.iassw-aiets.org）开辟专栏，征集中国社会工作抗击疫情的做法、经验和事迹以来，中国社会工作教育协会积极响应，迅速号召并组织各会员单位和社工同仁们总结分享经验、踊跃投稿，在当前疫情席卷全球的背景下向国际社工界发出中国的声音。在疫情防控期间，国际社会工作学院联盟（IASSW）在官网刊登了 3 篇中国社会工作参与新冠疫情服务的文章，分别是由南京大学的彭华民、肖萍、李春凯三位老师介绍疫情防控期间线上教学的经验和做法——南京大学抗疫国际社会工作公开课（School Of Social And Behavioral Sciences At Nanjing University Launched International Renowned Universities Public Courses），由武汉大学郁之虹、香港理工大学陈祺祺、华中师范大学郑广怀、中国人民大学祝玉红四位老师对“4+1 异地救援”社工抗疫服务模式进行介绍（Interdisciplinary Remote Networking：Social Work Involvement In The COVID－19 Outbreak Aid In China），以及武汉理工大学社会学系秦琴老师介绍社区为本的三三联动服务模式在疫情间的应用（Social Workers' Joint Action Of Three-Three For Community-Based Pandemic Prevention And Control In Hubei）。

2020 年 8 月，国际社会工作学院联盟在其官网发布了名为《COVID－19 的中国社会工作行动》专题系列报道，其中全面系统地介绍了中国社会工作教育界的经验。马凤芝教授、吕新萍教授 2021 年发表了《COVID－19 疫情与社会工作的角色：中国报告》，该文章全面总结了疫情中中国社会工作者的行动与经验。中国经验的分享，为全球社会工作教育界抗击疫情提供了宝贵财富。此外，中国社会工作教育协会也积极参与国际社会工作学院联盟各项关于疫情防控社会工作有关的文件制定，贡献了中国智慧。

中国社会工作专业参与疫情防控的经验与做法，得到了国际社会工作教育界的关注和认可。正如国际社会工作学院联盟主席 Annamaria Campanini 教授来信所言：“中国社会工作者

在此次疫情中的参与令人印象深刻，我们感谢中国对全球社会工作学者的惦念，全球社会工作教育界有责任团结行动、护航生命。”

三、中国社会工作教育界对国际社会工作教育界的支持

当全球新冠疫情逐步扩散，协会组织力量，以中国社会工作教育协会身份向意大利、伊朗、肯尼亚、南非、韩国、印度、马来西亚、以色列、美国、加拿大等国的社会工作教育协会去信表达问候与关心。中国社会工作教育协会联合手牵手生命关爱发展中心，向全球疫情艰困地区中奋战在防疫前线却紧缺口罩的社会工作教师们捐赠了 13 000 只医用外科口罩。在疫情防控紧要关头的支援，让全球社会工作教育界深感温暖。

正如南非社会工作教育协会主席 Gidraph Wairire 所言：“在最危难的时刻，来自中国的关怀与慰问向我们发出了团结和友谊的信号，我们铭记于心。谢谢此刻的惦念，我们命运与共。”

（撰稿人：马凤芝）

第二节 疫情防控社会工作研究成果

中国社会工作教育协会在疫情防控社会工作中非常重视公众宣传教育工作，同时也非常重视专业知识和实践经验的分享、传播与研究。疫情防控期间，协会在对公众教育和与新闻媒体合作传播知识过程中也有很多新做法，特别是在对疫情防控社会工作的理论和方法研究方面做了一些工作，取得了一些成果。

一、社会工作抗疫丛书

《社会工作抗疫丛书》（以下简称为“本《丛书》”）是归纳与提炼中国社会工作界在新冠疫情防控中部分宝贵经验的一项重大成果。

2020 年 6 月，随着疫情态势趋于稳定，协会基于前期密集的防控社会工作实践，把握住了疫情趋势逐渐平稳、工作流程逐步清晰、学术讨论日益热烈这一关键时机，经过深思熟虑与学术讨论的情况，决定启动本《丛书》的编纂工作。将社会工作在疫情防控期间积累的创新理论应用、生动案例、有效策略与实战经验，进行系统性总结与整合，旨在为社会工作参

与未来公共卫生应急响应提供一份具有高度参考价值与知识支撑的文献宝库。

本《丛书》由协会会长马凤芝教授主编，写作团队集结了一批在疫情防控社会工作实践前线活跃的学者与实践专家，核心成员包括沈黎教授、任敏教授、徐选国副教授、郁之虹副教授等。他们不仅在疫情第一线亲身投入防控社会工作战斗，还以高质量研究成果推动了社会工作的抗疫进程，部分报告更赢得中央层面的关注与肯定。

本《丛书》分为六册（见表 25-1），从实践方法、案例分析到理论框架，全方位精心编撰，包括马凤芝教授主编的《社会工作参与新型冠状病毒感染疫情防控工作实务指引》；任敏教授主编的《疫情下的创伤干预社会工作实务》《疫情丧亲者的哀伤辅导社会工作实务》；徐选国副教授编著的《公共卫生社会工作：理论与实践》；郁之虹副教授主编的《抗疫“4+1”线上异地救援社会工作模式》；爱德公益研究中心主编的《社会组织参与新型冠状病毒疫情防控实务案例集》。

表 25-1　社会工作抗疫丛书名录

书　　名	ISBN	出版时间	作　　者
社会工作参与新型冠状病毒感染疫情防控工作实务指引（正式版）	9787562871248	2023 年 12 月	马凤芝
疫情丧亲者的哀伤辅导社会工作实务	9787562870364	2023 年 12 月	任敏
疫情下的创伤干预社会工作实务	9787562870371	2023 年 12 月	任敏
公共卫生社会工作：理论与实践前沿	9787562871248	2023 年 12 月	徐选国
“4+1”线上异地救援社会工作抗疫实务模式	9787562871255	2023 年 12 月	郁之虹
社会组织参与新型冠状病毒感染疫情防控实务案例	9787562874720	2023 年 12 月	上海爱德公益研究中心

二、疫情下的专业实践与理论并进之路

《社会工作抗疫丛书》于 2021 年获“国家出版基金”的资助支持，其中《公共卫生社会工作：理论与实践》一书被列为上海市 2023 年度重点图书。本《丛书》不仅是社会工作界在疫情防控中的专业实践智慧的总结，而且是面向未来公共卫生挑战的行动手册与理论参考，是一套集深度理论分析与实践实用方法并重、创新性于一身的力作，体现了协会在社会工作参与疫情防控应急危机干预方面的理论研究与实践领域探索的双重贡献。

另外，协会还组织社会工作学者发表了一些重要研究文章，一些学术期刊也积极组稿，从学术角度回应抗疫需要，支持一线服务。部分重要文章发表情况如表 25-2 所示。

表 25-2　部分重要文章发表情况

序号	标　　题	发布时间	发布平台	作　者	类型
1	发挥社会工作专业优势 深入参与新冠疫情防控——“疫情防控中的中国实践——社会工作在重大公共卫生灾害中的角色与功能”研讨会会议综述	20201215	社会福利（理论版）	沈黎、史越、马凤芝	学术期刊
2	社会工作参与公共危机事件治理中专业功能的嵌合性实现——以新冠疫情防控治理为基础	20201115	社会工作与管理	王思斌	学术期刊
3	防范境外疫情输入的国际社区行动网络——社会组织的社会工作干预	20201101	河北学刊	何雪松、孙翔	学术期刊
4	发挥专业优势，促进治愈患者全面康复——《新冠疫情防控常态化下治愈患者心理疏导工作方案》解读	20201005	中国社会工作	范斌	学术期刊
5	本土灾后社会工作之角色、介入与挑战——以新冠疫情防控中的社会工作介入为例	20200925	中国社会工作	张一奇	学术期刊
6	马凤芝教授与合作者在 IASSW 共同发表《中国国家报告：新冠疫情大流行期间社会工作的作用》	20200920	社会建设	马凤芝、吕新萍	学术期刊
7	新冠疫情的社会建构：震撼世界的流行病	20200720	社会建设	Lena Dominelli、沈黎	学术期刊
8	社会工作要在防控治理新冠疫情中履行专业责任	20200720	社会建设	王思斌	学术期刊
9	社会工作、利他联动与国家整体应对	20200720	社会建设	顾东辉	学术期刊
10	将社会工作纳入国家重大突发公共事件治理体系	20200720	社会建设	李迎生	学术期刊
11	从疫情防控看社会工作专业的价值与体制化之路	20200720	社会建设	曾华源	学术期刊
12	疫情下中国内地与国际社会工作群体的对话及合作	20200720	社会建设	阮曾媛琪	学术期刊
13	发挥社会工作专业优势深入参与新冠疫情防控战	20200405	中国社会工作	王思斌	学术期刊
14	灾难中的社区营造——以湖北农村“抗疫”为例	20200320	社会学评论	万江红	学术期刊
15	新冠疫情中的社区治理：模式、优势与短板	20200315	社会治理	郭伟和	学术期刊
16	专业自觉与体系之外：社会工作介入新冠疫情初期防控的双重逻辑及其反思	20200315	华东理工大学学报（社会科学版）	徐选国	学术期刊

续　表

序号	标　　题	发布时间	发布平台	作　者	类型
17	跨专业联合防控新冠病毒疫情：问题界定、专业权威和干预能力问题	20200220	社会工作	郭伟和	学术期刊
18	社会工作发挥专业优势介入社会危机事件的专业情怀和专业理性	20200220	社会工作	王思斌	学术期刊
19	疫情防控中的社会工作：可为与不可为	20200220	社会工作	文军	学术期刊
20	灾害社会工作在疫情防控中的专业优势	20200220	社会工作	陈涛	学术期刊
21	专业与情境：社会工作在参与公共卫生危机救助中的发展	20200220	社会工作	任敏、陈政军	学术期刊
22	社会工作介入公共卫生体系再思考：基于新冠疫情社会工作响应过程的反思	20200115	华东理工大学学报（社会科学版）	柳静虹、沙小森、吕龙军	学术期刊
23	突发公共卫生事件中社会工作的实践机制：结构性组织与阶段性服务	20200115	华东理工大学学报（社会科学版）	方琦、范斌	学术期刊
24	新冠疫情防控工作中司法社会工作的基本倚重——以未成 0 人司法社会工作服务为例	20200115	华东理工大学学报（社会科学版）	席小华、金超然	学术期刊
25	《重大危机背景下的社会福利治理体系和能力建设》	2021 年第 2 期	《社会福利》	肖云泽、章冲、彭华民	学术期刊
26	《国际社区抗疫社会工作-志愿行动：跨文化整合性介入模式研究》,	2021 年第 1 期	《中国社会工作学刊》第 1 期	金英爱、彭华民	学术期刊
27	*The experiences of the Good Companions Response Team during the COVID — 19 pandemic in Wuhan, China: a multi-professional team led by social workers*	20210111	*ASIA PACIFIC JOURNAL OF SOCIAL WORK AND DEVELOPMENT*	郁之虹	学术期刊
28	*Social work involvement in the COVID — 19 response in China: Interdisciplinary remote networking*	20210107	*JOURNAL OF SOCIAL WORK*	郁之虹	学术期刊
29	*Interdisciplinary Bridging Response Teams in the COVID — 19 outbreak aid provision in China*	20210801	*INTERNATIONAL SOCIAL WORK*	郁之虹	学术期刊
30	*A Case Study of Social Work Leadership in the Pandemic Intervention in Wuhan*	20220517	*BRITISH JOURNAL OF SOCIAL WORK*	郁之虹	学术期刊
31	*A reflection on the current Chinese social work education in the combat with COVID — 19*	20200606	*Social Work Education*	袁易卿、何雪松、段文杰	学术期刊

满足社会需要、服务社群是社会工作作为一个专业存在的社会基础，也是社会工作萌芽、发展到存在至今的原因。新冠疫情发生后，中国社会工作教育协会、高校社会工作专业师生迅速、及时地对社会的需要和潜在需要给予回应，提供了各种相关服务，体现出高度的专业敏感和责任承担意识，以及为人称道的专业价值和专业素质。

2020 年 2 月 23 日，中共中央总书记、国家主席、中央军委主席习近平在出席统筹推进新冠肺炎疫情防控和经济社会发展工作部署会议讲话中提出：打赢疫情防控这场人民战争……要发挥社会工作的专业优势，支持广大社会工作者和志愿者开展心理疏导、情绪支持、保障支持等服务。这个讲话意义深刻，它表明，社会工作专业已经实质性地参与到国家重大社会事件中，而主动作为，服务国家和社会发展大局，社会工作专业才能彰显其重要的社会功能。

中国社会工作教育协会在疫情防控中的社会工作实践是一次非凡的工作，通过对疫情防控社会工作实践的回顾，可以反映疫情防控以来依托中国社会工作教育协会平台，全国社会工作院校师生的投入和努力。在疫情防控工作中，在数不清的不眠不休的日夜，协会与全国社会工作专业师生不断更新工作，以回应不断出现的社会新需要，留下了十几万字的微信沟通、数万字的工作日志。在疫情防控工作中，全国社会工作专业院校师生，全体参与，不辞辛劳，尽心尽力工作，这种工作态度反映出了中国社会工作教育界对专业责任的承担、自觉付出，彰显了伟大志愿服务精神，特别宝贵。疫情防控社会工作实践证明，中国社会工作教育界的广大师生是一支党和人民可以信任的特别能战斗的队伍。

（撰稿人：马凤芝、韩旭冬）

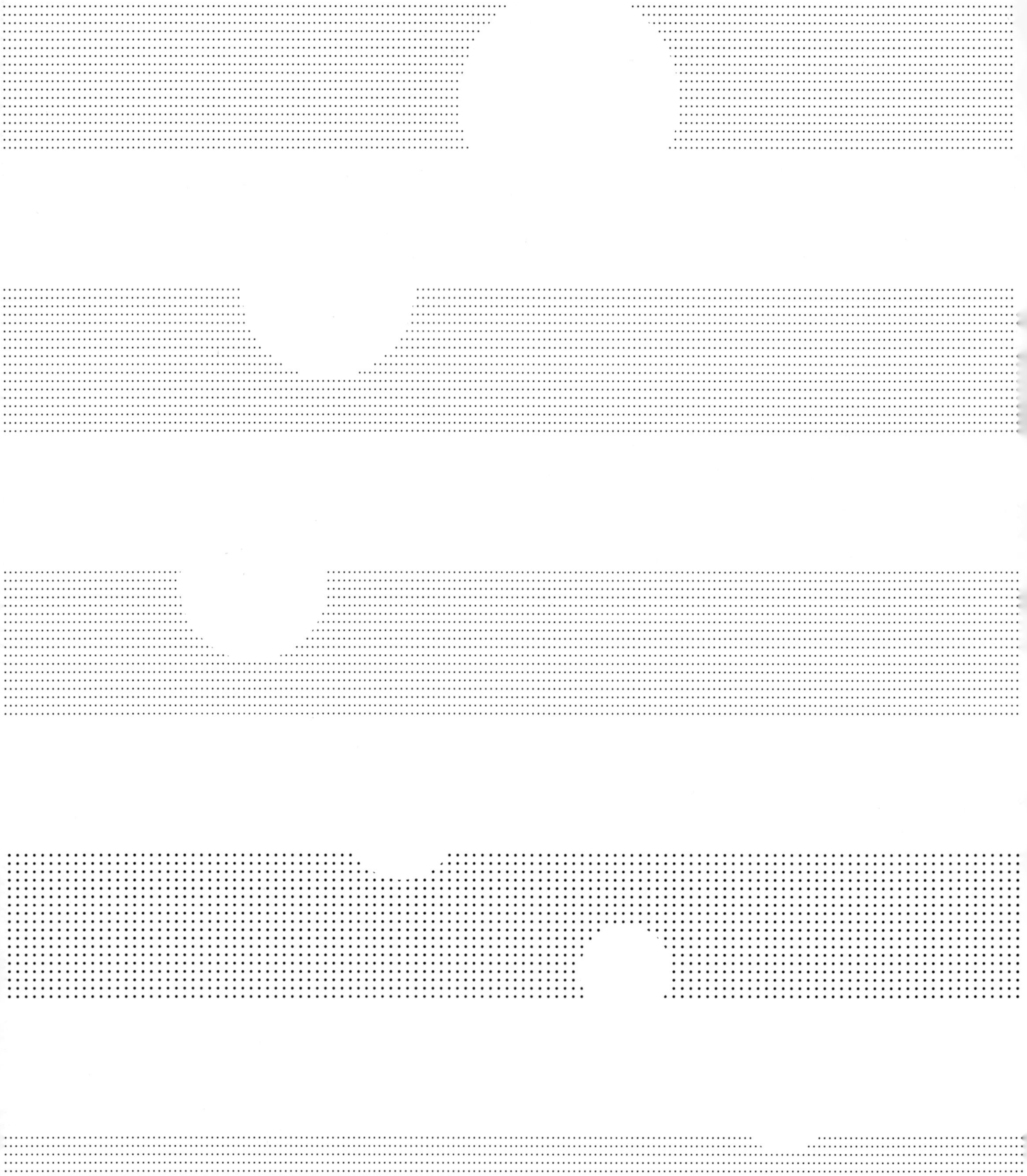

第六编

中国社会工作教育协会专委会与片区工作

中国社会工作教育协会积极推动社会工作教育、社会工作研究和社会工作实务的分类、分领域、分地区发展。根据中国社会经济发展、专业发展以及特殊人群服务的需要，在协会组织下设专业委员会制度。目前共有23个专业委员会，还有若干专业委员会正在筹备中。同时，中国社会工作教育协会考虑到全国高校社会工作专业/系数量众多，以及区域社会工作教育的特色，从2003年建议基于地域专业特色建立片区工作交流机制，开始着力推动片区工作机制，特别是片区年会成为发展成果交流的平台。2008年年会后，中国社会工作教育协会又进一步做出了设立社会工作教育片区中心的决策，以期进一步推动地区社会工作教育的实质发展。专委会和片区工作机制都成为中国社会工作教育协会的特色工作，对社会工作学科建设起到积极的支持作用。

第二十六章

中国社会工作教育协会专委会工作

伴随社会转型发展，各领域对社会工作专业服务的需求不断增加，迫切需要社会工作教育在人才培养和学科建设方面给予回应，进行教材建设、理论和实务研究，提高专业服务水平，这促成了协会各专业委员会的成立和发展。协会现有23个专业委员会（简称“专委会”），它们在与政府和社会组织合作推进专业服务，进行教材建设和人才培养等工作中发挥了重要作用。

第一节　学校与青少年社会工作专业委员会

一、成立背景

中国社会工作教育协会学校社会工作专业委员会成立于2012年，是中国社会工作教育协会下设的专业组织，也是协会首批成立的专委会。

2008年汶川地震，中国社会工作教育协会与中国青少年发展基金会联合发起了“抗震希望学校社会工作”项目，整合全国9所高校社会工作专业资源，对口支持四川德阳、广元地区9所中小学，旨在帮助青少年尽早走出地震阴霾，进行心理重建，项目开展受到当地教育行政部门和学校师生的欢迎，并取得了良好的服务成效。项目实施的过程中，几位高校带队老师开始动议组建学校社会工作协会，2009年和2010年“抗震希望学校社会工作”项目的督导会期间，在讨论出版有关抗震希望学校社会工作书籍之余，又曾讨论该事项，对该组织下设在中国社会工作教育协会达成一致共识。2011年11月18日至20日，在广元市召开项目总结研讨会议，会议期间，相关人员召开“华盛顿会议”（广元市凤凰大酒店总府咖啡厅华盛顿房间），商议研讨成立学校社会工作专委会事宜，参会的有协会领导及各高校项目带队老师，包括王思斌、史柏年、马凤芝、许莉娅、高鉴国、杨云娟、陈钟林、周昌祥、杨生勇、于晶莉、张曙、毕淑华、俞鑫荣、刘芳、赵学慧、秦小峰、彭振、刘永兴、彭振等。会上协会领导表示积极支持，并提出了良好的意见和要求，许莉娅表达了成立学校专委会以推进中国学校社会工作发展的强烈愿望，参会的各位老师都纷纷表示热烈支持，并表达了自己的意见和建议。

2011 年 12 月 17 日，北京“华北片会”上向参会的 28 所院校发放了开设学校社会工作课程及开展学校社会工作实务的调查问卷。并成立了由许莉娅、周昌祥、张曙、田国秀、杨云娟、朱栋武等组成的筹备委员会。2011 年 12 月 22 日晚筹委会向中国社会工作教育协会理事会做了汇报，并听取了王思斌、关信平、史柏年等老师的意见及建议。在 12 月 23 日的昆明云大研讨会上，再次发放问卷。2011 年 12 月 24 日晚上，筹备委员会举行正式会议讨论具体工作及分工。在 12 月 25 日昆明云大研讨会结束时，筹备委员会向大会进行了汇报。筹备委员会讨论会就学校社会工作专业委员会的章程、工作规划、组织结构与会员单位以及未来一年工作规划做了讨论，达成了共识。

学校社会工作专业委员会组成人员：中国社会工作教育协会注册高校、开展学校社会工作实务的学校、开展学校社会工作实务的机构。

学校社会工作专业委员会组织机构（推荐候选）：主任委员单位，中国青年政治学院（许莉娅）；副主任委员单位，重庆工商大学（周昌祥），南京理工大学（张曙），首都师范大学（田国秀），中华女子学院（朱栋武），天津理工大学（杨云娟）；秘书长单位，中国青年政治学院（彭振）。学校社会工作专业委员会 CASSW 办公室：中国青年政治学院社会工作系办公室。

2012 年，社会工作教育协会年会举行学校社会工作专业委员会成立大会并召开第一次全体委员会议。2014 年变更名称为中国社会工作教育协会学校与青少年社会工作专业委员会。学校与青少年社会工作专业委员会（School and Youth Social Work Professional Committee，中文简称“学青社工专委会”，英文简称 SYSWPC），负责学校与青少年社会工作专业建设和人才培养的研究、指导、咨询、服务及实务的推进工作。

二、专委会组织机构及成员基本情况

学校与青少年社会工作专业委员会设有理事会（参见表 26-1），理事会下设秘书处，秘书处设在中国青年政治学院。截至 2024 年 4 月，共吸纳团体会员超过 150 个，个人会员超过 300 个。团体会员遍布全国中东西部共计 30 个城市，80 所高校，10 个社工机构，个人会员主要由高校教师、共青团干部、中小学教师、专职社工、社工机构负责人组成。

表 26-1　学校与青少年社会工作专业委员会理事会

	姓 名	性 别	职 务	工 作 单 位
第一届理事会	许莉娅	女	理事长	中国青年政治学院
	周昌祥	男	副理事长	重庆工商大学
	张　曙	男	副理事长	南京理工大学
	杨云娟	女	副理事长	天津理工大学
	田国秀	女	副理事长	首都师范大学
	齐小玉	女	副理事长	中华女子学院
	杨生勇	男	副理事长	华中师范大学
	彭　振	男	秘书长	中国青年政治学院
第二届理事会	许莉娅	女	理事长	中国青年政治学院
	张　曙	男	副理事长	南京理工大学
	杨云娟	女	副理事长	天津理工大学
	齐小玉	女	副理事长	中华女子学院
	杨生勇	男	副理事长	华中师范大学
	王玉香	女	副理事长	山东青年政治学院
	袁光亮	男	副理事长	北京青年政治学院
	彭　振	男	副理事长（兼秘书长）	中国青年政治学院
第二届理事会（内部调整）	许莉娅	女	理事长	中国青年政治学院
	张　曙	男	副理事长	南京理工大学
	杨云娟	女	副理事长	天津理工大学
	齐小玉	女	副理事长	中华女子学院
	王玉香	女	副理事长	山东青年政治学院
	彭　振	男	副理事长（兼秘书长）	中国青年政治学院
	陈　纬	女	副理事长	西南大学
	纪文晓	女	副理事长	河南师范大学
	林　霞	女	副理事长	北京城市大学

三、探索与实践

学校与青少年社会工作专业委员会自成立至今，持续在学术研究、专业培训、实务推进、政策倡导等方面进行探索和推动。

专委会自成立以来，先后举办 1 届国际学校社会工作会议，5 届全国学校与青少年社会工作理论与实务研讨会；学校与青少年社会工作教学研讨会 3 次；发布并资助实务研究课题 23 项；举办全国历奇辅导师培训班 7 期；组织赴境内外调研 5 次；在全国推动建立 20 余家学校与青少年社会工作实务研究基地。

（一）学术研究方面

在学术研究方面，主要从学术会议、课题研究、教材编写、标准制定这四个方面入手，通过以会促学的形式，加强全国社会工作学者、各高校、各地区在学校与青少年社会工作方面的沟通与交流，进而促进学青社工专委会更好地推进学校社会工作的教育、研究以及实务发展。为学校与青少年社会工作专业和课程建设、人才培养的研究、指导、咨询、服务及实务的推进工作提供更科学的指导。

1. 学术会议

表 26-2　举办学术会议情况

	时　间	地点	会　议　名　称	合　办　单　位
举办国际研讨会	2018 年 8 月	北京	第七届国际学校社会工作研讨会	学校与青少年社会工作专业委员会与清华大学社会科学学院主办
持续举办理论与实践研讨会	2012 年 10 月	重庆	学校社会工作专业委员会成立大会	重庆工商大学
	2013 年 10 月	北京	首届学校社会工作暨第二届青少年社会工作研讨会	中国青年政治学院
	2015 年 11 月	北京	第二届学校社会工作暨第三届青少年社会工作理论与实践研讨会	中国青年政治学院
	2021 年 12 月	北京	第四届学校与青少年社会工作理论与实践研讨会	中国青年政治学院
	2022 年 12 月	重庆	第五届学校与青少年社会工作理论与实践研讨会	西南大学、深圳南风社会工作服务中心
	2023 年 7 月	哈尔滨	学校与青少年社会工作高质量发展论坛	东北林业大学、深圳南风社会工作服务中心
	2023 年 11 月	北京	中国式现代化背景下青少年社会工作理论与实践研讨会	中国青年政治学院
举办专门学术研讨会	2017 年 11 月	济南	青少年社会工作论坛	山东青年政治学院
	2017 年 12 月	江西	新时代青少年社会工作发展与展望高峰论坛	江西青年职业学院
	2018 年 5 月	广元	抗震希望学校社工十周年纪念研讨会	广元市利州区教育局等
	2021 年 12 月	上海	新时代学校社会工作的理论与实践论坛	复旦大学，上海市阳光社区青少年事务中心

续 表

	时 间	地点	会 议 名 称	合 办 单 位
参加国际会议	2015 年 4 月	美国	参加 2015 年美国学校社会工作会议	许莉娅、田国秀、杨云娟等
	2015 年 6 月	蒙古国	参加第六届国际学校社会工作大会（介绍中国学校社会工作发展的经验）	许莉娅、杨云娟、吴国雄等
学校社会工作调研	2013 年 5 月	台湾	台湾地区学校社会工作调研	许莉娅、张曙、杨云娟等
	2013 年 8 月	广东	开展广东地区学校社会工作调研	彭振等
	2015 年 4 月	美国	访问密歇根大学、芝加哥大学	许莉娅等
	2015 年 8 月	香港	香港地区学校社会工作调研	杨云娟等
	2016 年 7 月	澳门	澳门地区学校社会工作调研	彭振等

2. 课题研究

2016 年 1 月，发布 23 项学校与青少年社工实务研究课题。课程成果有 20 多篇研究报告和论文。其中实务书籍《学校社工案例》由王杰编写。

3. 教材编写

表 26-3 教材编写情况

书 目	主编 / 参编	出版社
《学校社会工作》	许莉娅	高等教育出版社
《青少年社会工作服务指南》	许莉娅、彭振	
《〈青少年社会工作服务指南〉解读》	许莉娅、彭振	中国社会出版社
《青少年社会工作实务》	王玉香	北京大学出版社
《青少年事务社会工作概论》	陈树强，主编	中国青年出版社出版。
《青少年社会工作》	彭振，参编	社会科学文献出版社
《青少年社会工作案例》	韩辉，副主编	中国社会出版社

4. 标准制定

专委会主要核心成员参与制定《社会工作方法 个案工作》国家标准和中国社会工作专业第一个国家标准《青少年社会工作服务指南》（2018 年发布，2019 年实施）。许莉娅主编《〈青少年社会工作服务指南〉解读》。

（二）专业培训方面

专业培训的开展主要以“历奇辅导”为主（参见表 26-4），邀请了香港挑战网阵协会主席吴国雄老师等教师授课，针对社会工作者、心理辅导教师、中小学教师、大学辅导员、青少年工作者、共青团干部及其他直接、间接服务于青少年的有兴趣的人士开展一系列培训，进行历奇辅导的应用研究、课程开发及实际服务。

表 26-4 历奇辅导师培训班开展情况

培训期数	培训时间	培训地点	培训单位
首期历奇辅导师培训班	2014 年 8 月 12—17 日	北京	中国社会工作教育协会学校社会工作专业委员会和中国青年政治学院社会工作学院联合举办
第二期历奇辅导师培训班	2015 年 1 月 23—29 日	深圳	中国社会工作教育协会学校社会工作专业委员会和中国青年政治学院社会工作学院联合举办、深圳南风社会工作服务中心协办
第三期历奇辅导师培训班	2015 年 8 月 23—29 日	北京	中国社会工作教育协会学校社会工作专业委员会和中国青年政治学院社会工作学院联合举办
第四期全国历奇辅导师进阶培训	2016 年 1 月 24—29 日	深圳	深圳南风社会工作服务中心承办
第五期历奇辅导师培训班	2016 年 5 月 17—22 日	山东	山东省 12355 青少年公共服务平台、山东青年政治学院政治与公共管理学院、济南山青社会工作服务中心联合承办
第六期历奇辅导师培训班	2019 年 7 月 6—11 日	广东	中国社会工作教育协会学校与青少年社会工作专业委员会主办，广东女子职业技术学院、北京市同理社会工作服务中心、深圳市南山区南风社会工作服务社承办
第七期历奇辅导师培训班	2023 年 1 月 22—27	深圳	中国社会工作教育协会学校与青少年社会工作专业委员会主办、深圳市南山区南风社会工作服务社、深圳市南山区南风历奇辅导与正向发展中心承办
累计培训人数：190 人			

此外，还先后举办多期主题工作坊：证据为本学校社会工作与青少年社会工作课程设计工作坊（许莉娅），抗逆力的秘籍与培育（田国秀），桌游工作坊（香港圣公会），青少年历奇为本辅导（吴国雄），儿童游戏治疗在学校中的运用工作坊（郭静晃），青少年创伤疗愈工作坊（龙迪），幼儿园社会工作服务（郑敏敏）。

（三）实务推进方面

专委会长期在四川广元市利州区开展学校社会工作督导工作；积极推进学校社会工作示范基地建设，将四川广元东城实验学校等 23 家单位列为学校社会工作实务研究基地。持续在北京地区开展学校社会工作实务研究：2017—2018 年北京朝阳区问题学生转化服务，2019—2022 年工读学校驻校服务，2021—2024 年海淀区心理健康学校社工服务。

举办社工大赛：2017 年 11 月，江西南昌全国青少年事务社会工作大赛，由江西青年职业学院组织。

（四）政策倡导方面

专委会积极参与学校与青少年社会工作相关的政策制定、倡导工作。并针对青少年相关社会热点事件和现象及时在媒体发声。向国家教育、民政、共青团等部门提交政策谏言报告多篇。同时，积极配合民政部、团中央，在全国宣讲国标《青少年社会工作服务指南》。

（撰稿人：许莉娅、彭振）

第二节　中国社会工作教育协会高职高专专业委员会

为全面落实党的教育方针，提高高职高专社会工作专业教育质量，指导和推动高职高专社会工作专业教育教学改革，促进高职高专社会工作专业更好地适应构建社会主义和谐社会的需要，为社会建设服务，2012 年 12 月 28 日，借中国社会工作教育协会第八届年会暨社会工作人才发展规划与社会工作教育使命研讨会在重庆工商大学召开之机，中国社会工作教育协会高职高专社会工作专业委员会（简称“高职高专专委会”）正式成立，这也是协会下属的第一批专业社工组织之一。高职高专专委会隶属于中国社会工作教育协会，具体负责高职高专社会工作专业建设和人才培养的研究、指导、咨询、服务等工作。高职高专专委会设主任委员 1 人，副主任委员 2～3 人，秘书长 1 人。北京社会管理职业学院王婴、陈洪涛先后当选为主任委员。

高职高专专委会成立以来，主要有以下工作内容和重要事件：

1. 积极组织社会工作高职高专学生职业技能竞赛，打造社会工作职业教育项目品牌。促进高职高专社会工作专业师生交流，搭建校际、校企、校社合作交流平台，促进社会工作专业教学质量提升。以“以赛促练”“以赛促学”“以赛促教”“以赛促改”为原则，鼓励更多的成员单位参加全国高职高专社会工作职业能力竞赛，平均每届皆有 40 余所院校，超过 150 名选手参加竞赛。通过竞赛，促进了高职高专社会工作专业师生交流，提升了学生和老师的实务能力，加深了校企合作和产教融合，已经成为高职高专社会工作教育界的一个品牌。

2. 开展职业教育社会工作专业教学资源库建设和申报工作，推进社会工作专业教育信息化建设。2017 年开始北京社会管理职业学院作为第一主持单位，联合广东理工职业学院、长沙民政职业技术学院等多家高职院校、多个行业组织进行社会工作专业教学资源库建设，用户总数达4万余人，用户分布于全国31个省（自治区、直辖市），涵盖中职、职教专科、本科等多种教育层次的近1 100所学校。在教学技术上实现数字化、多媒体化、网络化，提升了学生学习的有效性，推动了社会工作职业教育数字化发展。

3. 制定高等职业院校社会工作专业教学标准，积极推进社会工作专业教学标准化、规范化。在2017年度，开展了高等职业院校社会工作专业教育教学标准制定的项目，联合多家高职院校共同参与社会工作专业教育教学标准制定和推广使用，2021年对职业教育社会工作专业教学标准进行了修订，对职业教育社会工作专业本科设置进行论证，并在职业教育本科目录中增设社会工作专业。与此同时，举办了多次社会工作专业研讨会，以专业教学标准为依据推进社会工作职业技能大赛深化改革等方式，对社会工作专业教学标准进行宣贯，推进社会工作专业教学标准化、规范化发展。

4. 组织召开高职高专社会工作教育研讨会，提供交流平台，深化政社行校合作，推进社会工作教育发展与改革。多次组织全国高职高专社会工作专业建设研讨会，就社会工作职业教育改革、政社行校协同育人机制等社会工作职业教育相关问题进行了经验交流和深入研讨，对促进高职高专社会工作教育改革有重大意义，对社会工作职业教育发展产生了积极影响。

5. 组织编写高职高专社会工作教材，加强社会工作职业教育的专业化培养。组织10余所学校编写高职高专社会工作应用型教材，目前已经出版的教材包括《救助社会工作实务》《老年社会工作实务》《社区社会工作实务》《残障社会工作实务》《心理学原理与应用》《社会学原理与应用》《儿童青少年社会工作实务》等。

6. 其他工作：2016年承担教育部委托课题编制《老年社会工作人才需求与专业设置指导报告》，2020年发布了《中国社会工作教育协会高职高专专业委员会关于师生做好自我防护、有序参加支持抗疫工作倡议书》等。

（撰稿人：陈洪涛、赵学慧）

第三节　妇女社会工作专业委员会

一、缘起

1995年，第四次世界妇女大会制定并通过了旨在提高全球妇女地位的《北京宣言》和《行动纲领》。我国社会工作教育者敏锐地抓住这一契机，积极探索和推动专业妇女社会工作，如：1997年起，中华女子学院在社会工作本科教育中开设妇女社会工作；2000—2014年，多所高校社会工作教师参与开展了“中国反对针对妇女的家庭暴力对策研究与干预”项目；2004—2010年，中华女子学院与加拿大曼尼托巴大学合作开展了“中国基层妇联社会工作专业能力建设”项目；2008年，张李玺主编的《妇女社会工作》教材出版发行等。随着时间的推移，多所高校也开设了“妇女社会工作”或相关课程，但大家普遍感觉缺少系统的研究和探讨专业妇女社会工作教育的平台。在中国社会工作教育协会的鼓励和支持下，2013年8月19日，在广州举办的中国社会工作教育协会年会上，中国社会工作教育协会妇女社会工作专业委员会（英文为China Association for Social Work Education-Professional Committee for Social Work with Women，简称“妇女社工专委会”）正式成立。

妇女社工专委会的主要职责是开展妇女社会工作专业建设和人才培养的研究、指导、咨询、服务及实务的推进工作，其主要任务是促进妇女社会工作专业教育、研究与实务推展，为培养建设具有中国特色社会主义专业人才服务。

二、组织架构

妇女社工专委会设主任委员和副主任委员以及秘书处，成员由来自高校社会工作专业的教师组成，目前有会员185人，覆盖了150余所高校。首任和现任主任委员为张李玺，副主任委员为程胜利、高万红、蒋美华、王瑞鸿、张咏梅、张宇莲。秘书处设于中华女子学院社会工作学院。

三、主要工作

妇女社工专委会自成立以来开展了一系列推动妇女社会工作发展的活动。

（一）课程框架研讨

在历届中国社会工作教育年会期间，妇女社工专委会都会组织会员开展妇女社会工作课程框架研讨与教学经验分享，立足中国经济社会发展的背景，从性别平等的视角出发，主动结合我国妇女工作、妇联工作和社会工作发展的实际情况，不断完善妇女社会工作课程大纲，促进各高校妇女社会工作课程的发展。

（二）妇女社会工作发展研讨

妇女社会工作专委会成立以来，先后举办过4次学术研讨会，分别是：2017年10月举办的“创新·共享——妇女发展与社会工作国际学术研讨会”，2020年12月中国社工教育协会妇女社会工作专业委员会分论坛，2021年12月“多元与共识：新时代女性社会工作理论与实践研讨会”，2023年11月与中华女子学院合作举办“中国式现代化下的女性、家庭与社会发展学术研讨会”。研讨会的举办促进了国内、国际的交流，对妇女社会工作实践发展起到了积极的推动作用。

（三）妇女社会工作实务工作坊

2013年8月27—29日妇女社会工作专业委员会邀请香港大学陈丽云教授举办了“身心灵模式——在妇女社会工作领域的运用”工作坊。2017年10月，中华女子学院MSW教育中心、妇女社工专委会邀请香港浸会大学洪雪莲教授为高校社工专业教师举办了“叙事实践方法与技术的运用”工作坊。两个工作坊均注重理论在实践中的运用，使参与者能够切实掌握和运用到妇女社会工作中。

（四）积极参与脱贫攻坚

妇女社工专委会积极响应和参与中国社会工作教育协会倡导的脱贫攻坚工作，主动与内蒙古赤峰市妇联合作，开展了“中国社会工作教育对口扶贫项目”，赤峰市妇联主席带领市妇联和喀喇沁旗妇联干部与高校师生一起深入基层开展调研，并举办TOT培训，开展“守门员”项目，运用社会工作专业知识，服务留守妇女，促进项目点城乡社区妇女的发展。

四、妇女社会工作成果丰硕

妇女社工专委会的会员们在各自工作岗位和研究领域积极探索，取得了一定成果，如：2013年张李玺教授主持的国家社科基金重点项目“多机构合作留守妇女社区服务模式研究”项目获批；2015年中山大学丁喻老师编写《她身之欲：珠三角流动人口社群特殊职业研究》并获得第八届社科文献十大好书；2016年中华女子学院参与中华人民共和国商务部援助发展中国家学历学位教育项目，举办援外社会工作专业硕士（女性领导力与社会发展方向）；2022年中华女子学院“妇女社会工作理论与实务”获批北京市思政示范课程；广西民族大学持续举办女性成长工作坊；张李玺教授主持汕头大学女子书院项目；专委会的一些老师参与了中华女子学院女性图书馆《倾听与发现：妇女口述历史丛书》项目；《中华女子学院学报》设立妇女社会工作专题；华中师范大学祝平燕老师组织教师编写《女性创业理论与实务》等。还有很多老师深入实践开展研究，发表多篇论文，取得多项成果。

妇女社工专委会通过上述一系列活动和取得的成果，提高了妇女社会工作人才培养的专业性和规范性，扩大了妇女社会工作在妇女发展、妇女服务以及妇女社会工作理论与实践等方面的国内、国际影响力。

（撰稿人：张李玺、矫杨）

第四节　农村社会工作专业委员会

中国社会工作教育协会农村社会工作专业委员会，简称“农村社会工作专委会”。2013年，农村社会工作与灾害社会工作专委会成立。为更好地推动灾害和农村社会工作两个领域的服务和研究的发展，2017年，农村社会工作专委会与灾害社会工作专委会分别成立。农村社会工作专委会由中山大学张和清教授任主任委员。专委会致力于指导和支持各会员单位在农村社会工作领域的教学，研究和社会服务。

一、实务领域拓展和科学研究创新

专委会成员单位在全国各地建立了不同类型不同层次的农村社会工作实务实训基地，回应精准扶贫和乡村振兴的需要，为农村社会工作领域的人才培养作出了突出贡献。此外，专委会还编写了《农村社会工作》《双百社会工作概论》等社会工作类教材和专著，发表了一系列农村社会工作类论文，促进了农村社会工作实务水平的提高，促进了农村社会工作教育的高质量发展。

二、农村社会工作论坛交流

在开展一系列农村社会工作研究的基础上，专委会组织成员单位组织和行业专家定期开展研讨，交流农村社会工作领域的最新成果。2017年11月，专委会在江西围绕美丽乡村与社会工作、农村社会工作介入精准扶贫和未成年人保护、“三区计划”经验分享与反思等主题展开研讨。2019年11月，专委会在武汉以“共建共治共享的社会治理与国家治理能力现代化”为主题，围绕社会治理现代化，乡村振兴战略实践的路径、逻辑与地方经验，共建共治共享的农村与灾害社会工作，城乡流动背景下的农村儿童社会工作，社会工作的专业化与职业化等主题展开研讨。2021年11月，专委会通过线上方式开展以“新发展理念视野下的乡村振兴与社会工作”为主题的联合年会。主要围绕乡村振兴背景下农村社会工作的价值使命、农村和灾害社会工作参与乡村治理的路径、新时代中国特色社会主义的农村和灾害社会工作研究等主题展开研讨。2022年12月17日，专委会通过线上方式以“共富共享视野下的乡村振兴与社会工作”为主题，围绕“中国共产党乡村建设实践与社会工作本土化”“农村社会工作与乡镇社会工作站建设”“基层社会治理与乡村振兴”等主题展开研讨。2023年7月15日，专委会在云南保山开展“基层治理现代化中的社会工作”研讨。会议分为“农村 / 灾害社会工作新发展、农村社会服务与社会工作理论与实务”“环境 / 灾害治理、边境乡村治理与社会工作理论与实务”“农村社会服务与社会工作理论与实务”“乡镇社会工作站建设的实践探索的分论坛研讨会”四个分论坛。

农村社会工作专委会成立10余年来，立足社会工作本土实践，促进社会工作专业建设和人才培养，有力地促进了我国社会工作事业的发展。

（撰稿人：张和清、尹忠海）

第五节　灾害社会工作专业委员会

中国社会工作教育协会灾害社会工作专业委员会，简称“灾害社会工作专委会”。2013年农村社会工作与灾害社会工作专委会成立。为更好地推动灾害和农村社会工作两个领域的服务和研究的发展，2017年，灾害社会工作专委会与农村社会工作专委会分别成立。灾害社会工作专业委员会由中国社会科学院大学陈涛教授任主任委员。专委会致力于指导和支持各会员单位在灾害社会工作领域的教学、研究和社会服务。专委会自成立以来，在灾害应对社会服务、灾害应对科学研究、灾害应对论坛交流及灾害应对协调机制等方面开展以下工作并取得了相应成绩。

一、灾害应对社会服务

灾害社会工作专委会自成立以来，先后参与了芦山地震、茂县特大山体滑坡、河南水灾、泸定地震和积石山地震等一系列的灾害应急社会工作和灾后社区重建等服务。（1）2013年芦山地震。专委会牵头，整合高校师生力量，成立调研评估小组，深入受灾地区开展调研评估，开展学校社会工作，防灾减灾，灾后社区重建等社会工作服务。（2）2017年四川茂县“6·24”特大山体滑坡灾害。专委会牵头，成立调研评估小组，深入受灾地区开展调研评估，开展社会救助，防灾减灾社会工作服务。（3）2021年河南郑州“7·20”特大暴雨灾害。专委会牵头，整合高校师生力量，成立调研评估小组，深入受灾地区开展调研评估，开展社会救助等应急社会工作服务。（4）2022年四川泸定地震。专委会联合四川省应急社会工作服务队，成立调研评估小组开展调研评估，面向石棉和泸定的重灾区小学开展学校社会工作服务。（5）2023年甘肃积石山地震。专委会牵头，联合甘肃、青海高校师生力量，成立调研评估小组，深入受灾地区开展调研评估，开展社会救助等社会工作督导和培训服务。

此外，在汶川地震后持续开展的《地震伤残人员生计扶持与社区发展项目》曾获民政部

“首届全国优秀专业社会工作服务项目二等奖”。

二、灾害应对科学研究

在参与一系列灾害应对服务的基础上，专委会成员单位组织编写了《凝视》等 7 部灾害社会工作类教材和专著。《发展性社会工作在地震灾后应对中的应用探讨——基于汶川地震后绵竹青红社工服务之经验》《灾害社会工作在疫情防控中的专业优势》等 10 余篇灾害社会工作类论文，为灾害社会工作领域积累了丰富的经验。

三、灾害应对论坛交流

在开展一系列灾害应对研究的基础上，专委会组织成员单位组织和行业专家定期开展研讨，交流灾害社会工作领域的最新成果，支援一线灾害社会工作服务。2017 年 5 月 12 日，专委会在四川雅安开展“5·12 & 4·20 川震”灾害工作社会工作理论与实践研讨。2021 年 10 月 10 日，专委会召开晋鄂豫皖灾害社会工作分享线上交流会。2022 年 12 月 17 日，专委会在江西吉安开展“新时期中国灾害社会工作的实践与反思”的研讨。2023 年 7 月 15 日，专委会在云南保山开展“农村 / 灾害社会工作新发展”“环境 / 灾害治理、边境乡村治理与社会工作理论与实务”研讨。

四、灾害应对协调机制

专委会在多年工作的基础上，推动构建全国层面灾害应对的社会工作专业行动机制，并开发课程知识体系为机制各方行动主体提供专业支持。2023 年 12 月甘肃积石山地震后，在协会和香港凯瑟克基金等的支持下，实施“相伴计划”项目，启动以专委会为核心、协会片区组织为枢纽、地方高校社工专业为依托、当地实务机构为支撑的灾害应对社会工作行动机制建设，并同步开展灾害社会工作课程知识体系研发。

同时，专委会加强与中国社会工作联合会应急与灾害社会工作委员会、中国灾害防御协会应急救援服务分会的协作。三方在制定联合救灾应急响应预案，联合开展深入校园、社区、企业、农村等开展防灾减灾项目，联合开展社会应急救援队伍能力建设工作，共同开发相关标准、教材、课程，开展相关培训等，联合开展公众防灾减灾救灾意识和技能社会倡导和宣传，联合开展应急与灾害课题研究，充分利用双方专家资源，联合进行新课题、新项目等研发等方面，通过灾害应对协调机制，充分发挥各方优势，整合各方资源，实现系统化、持续性的灾害应对模式。

（撰稿人：齐华栋、陈涛）

第六节　医务社会工作专业委员会

一、成立背景

中国社会工作教育协会医务社会工作专业委员会的成立，背后蕴含着深刻的社会背景和时代需求。从"生物-社会-心理"新型医疗服务模式的提出与倡导，到"健康中国"国家战略的确立，再到党的二十大报告对推进健康中国建设作出新的时代要求和赋予新的任务使命，以及近期中央社会工作部对我国包括医务社会工作在内的社会工作整体发展布局作出战略性调整与部署，都充分说明了建立和发展与时俱进的医疗服务模式的必然性、紧迫性与重要性。

长期以来，我国的医务社会工作发展相对滞后，缺乏系统性和专业性，无法满足人民群众日益增长的医疗需求。自改革开放以来，随着社会的快速发展和医学模式的转变，医务社会工作在医疗服务体系中的作用日益凸显。

首先，从社会背景来看，我国正面临着人口老龄化、疾病普遍化等挑战。这些挑战使得医疗服务体系面临着巨大的压力，需要更多的专业力量来支持。医务社会工作作为医疗服务体系的重要组成部分，可以通过提供专业的心理支持、社会援助和资源整合等服务，帮助患者更好地应对疾病带来的身心困扰，提高生活质量。其次，从专业需求来看，医务社会工作需要具备跨学科的知识和技能，不仅要掌握医学知识，还要了解社会学、心理学、法学等相关领域的知识。同时，医务社会工作者还需要具备与不同利益相关者沟通、协调和合作的能力。因此，成立医务社会工作领域的专业委员会，可以为医务社会工作者提供一个学习和交流的平台，促进他们的专业成长和发展。最后，从时代需求来看，随着社会的不断进步和发展，人们对于医疗服务的期望也在不断提高。他们不仅需要得到身体上的治疗，还需要得到心理上的支持和社会的关爱。医务社会工作正是为了满足这种需求而存在的。成立医务社会工作领域的专业委员会，可以更好地满足人民群众的医疗需求，提高他们的获得感和幸福感。

综上所述，鉴于自2000年起医务社会工作实务复苏以及理论教学工作的不断深入，需要一个能在全国层面统领本土医务社会工作跨时代发展的专业组织。在此背景下，中国社会工作教育协会医务社会工作专业委员会于2014年11月2日在北京成立，并选举产生了由北京大学马凤芝教授任主任委员的领导班子。十年来，医务社会工作专业委员会深深植根于改革开放的伟大实践和民族复兴的宏伟目标之中，不断回应学科发展、实务推进和人们对医疗服务专业化需求不断提升的时代要求，既是顺应时代发展和社会需求的必然选择，又为推动我国医务社会工作的专业化、规范化和本土化发展发挥了重要作用。

二、发展历程

自改革开放以来，我国的社会工作教育与实践逐步展开，医务社会工作作为其中的一个重要分支，也逐渐受到重视。2014 年，中国社会工作教育协会医务社会工作专业委员会的正式成立，标志着我国医务社会工作教育与实务发展进入了一个新的阶段。

在医务社会工作专业委员会的引领下，我国医务社会工作学科得到了快速发展。从最初的摸索阶段，到如今的系统化和专业化，专业委员会在推动学科建设、实务发展、人才培养等方面发挥了重要作用。这十年来，中国的医务社会工作学科更是乘着改革开放和整个民族复兴的东风，乘风破浪，实现着大发展，一举成为引领国内社会工作各亚学科发展的领头羊之一。在这十年中，医务社会工作学科从一穷二白到日渐丰满，成为国内社会工作所有分支中最早在实务领域取得成效的亚学科；在这十年中，医务社会工作学科从微小羸弱到枝叶繁茂，理论与实务专业队伍茁壮成长；在这十年中，医务社会工作学科从骨感单一到应有尽有，理论研究、教学督导和实务传递全面开花；在这十年中，医务社会工作专业委员会从默默无闻到声名远播，成为拥有 235 个会员单位与个人会员的强大生命体，占尽行业发展先机。这无数的“从有到无”讲述着中国医务社会工作的荣耀发展历史，也预示着中国医务社会工作强势发展的未来：中国医务社会工作服务标准建设、中国医务社会工作课程体系建设、中国医务社会工作实务督导体系建设、中国医务社会工作学科伦理建设、中国医务社会工作实践基地建设、中国医务社会工作经典实务案例编撰……这些已在规划内的重点工作，将再一次见证中国医务社会工作学科发展的腾飞，也见证着中国医务社会工作投身于服务大众、为实现中华民族伟大复兴贡献一己之力的历史性时刻。

三、主要成效

（一）完善专业委员会各级组织架构，健全组织领导

1. 自专业委员会成立以来，为贯彻落实协会切实加强各专业委员会组织建设的要求，专业委员会每年对领导层进行了梳理，按照专业委员会章程，对专业委员会议事决策机构“常务理事会”进行及时调整，并确定按人数要求进行常务理事、理事增补的运行机制，使“常务理事会”运作规范、正常。

2. 为保证专业委员会组织架构与当时工作需求保持一致，保持专业委员会领导层的完整、合理与活力，每年专业委员会常务理事会上，按公开、公平、公正的原则增免副主任、常务理事、理事等，使常务理事会的人员构成涵盖国内各医务社会工作研究重点高校和实务前沿机构。

3. 针对医务社会工作在我国覆盖面不断扩大的现状，为了体现专业委员会的代表性，专

业委员会秉承开放、包容的原则，十年来持续吸收单位会员和个人会员共计近124人次，其中增补个人会员86人次，增补单位会员38名次。截至2023年12月，目前专业委员会共计团体、个人会员235个，覆盖全国22个省（自治区、直辖市）。

4. 严格实施新会员入会申请程序，建立常务理事会讨论、表决制度，使入会过程在公开、公正的基础上，完全符合专业委员会章程有关要求，并使每一个加入的单位会员和个人会员都有一定的资格基础和公信力。

（二）强化专业委员会年会专业影响，凸显学术优势

1. 2014年至今，专业委员会始终秉持代表国内医务社会工作发展趋势的理念，以专业委员会年会为契机，构筑国内医务社会工作学术交流平台。2015年11月（北京）、2016年7月（山西太原）、2017年9月（上海）、2018年10月（广东佛山）、2019年5月（广西南宁）、2020年7月（福建福州）、2021年9月（吉林长春）、2022年12月（浙江宁波）和2023年7月（天津），共召开专业委员会年会暨学术论坛和高峰论坛9次，以线下、线上相结合的方式进行，凸显了高效、务实、进取的主题，吸引了近十万人次热情参与。

2. 专业委员会不仅代表着国内医务社会工作学术发展水平，而且始终坚持以学术指导实务的原则开展工作。近五年间，专业委员会在广泛听取业内人士意见和建议的基础上，本着“推动学术进步、推进实务发展”的宗旨，继续以学组建设带动行业发展，在课程体系学组、伦理建设学组、实践督导学组、公共关系学组和教材研发学组等5个专业学组的共同努力下，广泛凝聚了专业团队的力量，促进了本土医务社会工作在课堂教学、伦理守则、督导体系、资源整合和应用教材等各方面的进一步可持续发展，为下阶段医务社会工作适应本土医疗格局新变革所要求的大发展态势奠定了基础。

3. 凝练专业经验，贡献专业智慧。专业委员会于2020年年初组织开展了《医务社会工作蓝皮书：2021—2022年中国医务社会工作发展报告》的起草编撰工作，并于2022年顺利出版发行。其间，专委会邀请了业界22位具有代表性的专家就国内医务社会工作发展宏观背景和微观实务操作等不同层面进行梳理和总结归纳，形成包括理论概述、伦理要则、方法技术、督导实践等在内的综合性文稿逾20余万字，不仅有效促进了本土医务社会工作实务工作水平的提升，也为下阶段在更多地区开展实务层面的操作性培训积累了有益经验。第二阶段的蓝皮书编撰工作也已筹备就绪，即将有序开展。

（三）促进专业委员会服务功能提升，体现行业引领

1. 2020年至今，专业委员会在广泛听取业内人士意见和建议的基础上，本着“学-社联动、社-社联合”的宗旨，联合北京枫林社会工作发展中心和中国红十字基金会，在全国范围内举行医务社会工作实务巡讲，共在郑州、湛江、太原、北京、武汉、杭州、天津、北京、成都举行了9次实务工作坊，并于2023年4月底在上海举办了首届“让医疗服务更温暖——医务社会工作小组工作技能大赛”，于2023年11月至12月协助四川省医院协会医务社会工作与志愿服务工作委员会开展四川省医务社会工作案例大赛。这些活动的举办，广泛凝聚了专业团队的力量，促进了本土医务社会工作在课堂教学、伦理守则、督导体系、资源整合等各方面的进一步凝聚和深化，为下阶段医务社会工作适应本土医疗格局新变革所要求的大发展态势奠定了基础。

2. 在国家关于鼓励高校与行业协会积极推进产学研一体化建设相关精神指引下，中国社会工作教育协会医务社会工作专业委员会敏锐地看到现阶段我国医务社会工作领域发展之短板，联合北京大学中国社会工作研究中心和作为行业主要发展推动者，在整合有效社会资源的基础上，发起了全国医务社会工作人才教育培训基地项目。围绕“产”的主题，于2022年12月2日于线上进行了基地命名与揭牌仪式，首批共有清华大学附属北京清华长庚医院和上海市第一人民医院等26家医院挂牌，且均为大学附属三级医院，具备基本的科研与教育能力；与此同时，专业委员会与研究中心共同制定了基地LOGO与标牌供挂牌基地统一使用。之后，专业委员会陆续收到希望加入基地的申请，后续，专业委员会将安排统一的评审工作，推进基地队伍的扩充。

3. 专业委员会围绕“研”的主题，致力于规范实务操作流程、统一专业实践路径，并服务于广大一线实务工作者，作为主要发起者，自2019年起，在马凤芝主任委员的亲自带领下，专业委员会与研究中心领衔组织下属基地各专家学者起草完成《中国医务社会工作服务指南》初稿，并已进入后续阶段。

4. 专业委员会牢牢把握教育属性，持续推进医务社会工作教育改进。为以实际行动支持、推动基层实务工作的开展，2018年期间，专业委员会联合广东社会工作联合会医务社会工作专业委员会以广东省境内的东莞、佛山、阳江、梅州四个地区，以实务培训的方式，给省内共计八百多名医务社会工作一线实务工作者提供包括理论概述、伦理要则、方法技术、督导实践等在内的实操训练，不仅有效促进了当地医务社会工作实务工作水平的提升，也为下阶段在更多地区开展实务层面的操作性培训积累了有益经验。此外，专业委员会于2019年12月，专门在厦门举办高峰论坛，以“医务社会工作服务标准和督导人才体系建设”为主题，借鉴国际经验，就我国医务社会工作学科和标准制定的指导思想、学科体系，以及医务社会工作专业发展、督导人才体系建设等方面的问题展开讨论，就建构中国特色、中国风格和中国气派的医务社会工作理论、方法和标准进行探索。会议还就本土医务社会工作服务标准和多体系建设组织专题座谈会。共计50余名国内医务社会工作学术界学者与实务界资深人士参与会议交流，超过 200 名代表参会并参与座谈。

（四）积极投入新冠疫情防控战、彰显服务能力

1. 2020 年新冠疫情发生后，专业委员会迅速积极应对，发动各省区市相关协会、社会组织建立服务热线，提供心理支持；陆续协助组建武汉、黄冈、天津、上海等地的实务介入服务团队，提供临床一线各项专业服务，并派出国内资深医务社工参与服务全过程；紧急组建 10 支实务督导队伍为武汉当地实务工作团队提供为期两个月的实务督导，督导次数超过 50 次。

2. 在提供一线服务的同时，专业委员会回应当时需求，为武汉当地提供线上实务培训，包括新冠科普、日常个人与家庭防疫、医务社会工作方法与途径、医务社会工作伦理等。此后，专业委员会组织力量，自主研发相关培训课程，并在第一时间进行汇编，为日后进一步开展相关培训奠定了良好基础。

（五）加大专业委员会社会公共宣传，强化社会效应

专业委员会牢固树立主动宣传意识，利用年会、大型学术活动、学术和实务培训等机会，以简章、微信推送、视频等方式，在业内进行广泛宣传，以广泛传播医务社会工作理念，普及医务社会工作常识，提高社会大众对医务社会工作的认识度。专业委员会秘书处坚持《医务社会工作简报》的编撰发送，以每季度一刊的频率报道宣传国内医务社会工作领域的发展现状、重要活动、标志性事件和学术讨论热点，2015 年至今，共编撰《义务社会工作简报》42 期，已成为界内同道关注本土医务社会工作动态的重要窗口和渠道。

四、面临挑战

在取得以上成绩的同时，专业委员会也清醒地认识到目前行业发展所面临的挑战，这些挑战也是未来医务社会工作专业委员会需要勇于面对和积极应对之处，主要为：

（一）学科认知不够高

在当前的医疗体系中，尽管医务社会工作的重要性日益凸显，但遗憾的是，对于这一学科的认知仍然不够高。许多人对于医务社会工作的内涵、职责以及其在医疗过程中所扮演的角色缺乏深入的了解。由于宣传不足、教育资源有限等原因，公众对于医务社会工作的认知度并不高。在一些医院和医疗机构中，虽然设有医务社会工作部门，但其作用和地位往往被忽视或误解。部分医务人员甚至认为医务社会工作只是辅助性质的工作，没有实质性的作用。这种认知偏差导致了医务社会工作在医疗过程中无法充分发挥其应有的功能和价值。同时，由于缺乏系统的教育和培训，医务社会工作者的专业素养和能力也参差不齐。一些医务社会工作者缺乏必要的专业知识和技能，无法为病患提供有效的帮助和支持。这也进一步加剧了公众对于医务社会工作学科的认知不足。

（二）**人才队伍不健全**

在医疗服务的广泛领域中，医务社会工作人才队伍的建设仍面临着诸多挑战，其中最为突出的问题就是人才队伍的不健全。这一现状严重制约了医务社会工作在医疗体系中的深入发展和应用。

首先，医务社会工作专业人才的数量明显不足。尽管近年来医务社会工作逐渐被社会所重视，但由于专业培养体系的不完善以及职业认知的局限，从事医务社会工作的人才依然稀少。这导致了医疗机构在需要专业社会工作时常常面临无人可用的尴尬局面。

其次，医务社会工作人才的专业素养和质量参差不齐。由于教育资源的有限性和培训机制的不足，许多医务社会工作者在专业知识、技能和经验方面存在较大的差距。这不仅影响了他们为病患提供服务的质量和效果，也限制了医务社会工作在医疗体系中的创新和发展。

此外，医务社会工作人才队伍的结构也不尽合理。目前，从事医务社会工作的人才主要集中在一些大型医疗机构和发达地区，而基层医疗机构和欠发达地区则面临着严重的人才短缺问题。这种不平衡的发展状态不仅加剧了医疗资源的分配不均，也限制了医务社会工作在更广泛范围内的应用和推广。

（三）**实务发展不均衡**

在医疗领域，医务社会工作的实务发展呈现出不均衡的态势，这种不均衡性不仅体现在地域之间，也体现在医疗机构内部以及服务内容和质量上。

首先，地域间的发展不均衡尤为明显。在一些经济发达、医疗资源集中的地区，医务社会工作得到了较好的发展和应用，为患者提供了全面、专业的社会支持服务。然而，在偏远地区或医疗资源相对匮乏的地方，医务社会工作的发展则相对滞后，服务范围有限，难以满足患者的实际需求。

其次，即使在同一地区，不同医疗机构之间的医务社会工作实务发展也存在差异。一些大型综合性医院或专业医疗机构，由于拥有较为完善的医疗体系和社会工作服务机制，医务社会工作得到了较好的开展。而一些小型医疗机构或基层医疗单位，由于资源有限和重视程度不足，医务社会工作往往被边缘化或忽视。

此外，在服务内容和质量上，医务社会工作也存在不均衡的问题。一些地区的医务社会工作者能够针对患者的实际需求，提供个性化的服务方案，如心理疏导、家庭关系协调、社会资源整合等。然而，在一些地区，由于专业知识和技能的不足，医务社会工作者只能提供基础性的服务，无法满足患者的深层次需求。

这种不均衡的发展态势，不仅影响了医务社会工作在医疗体系中的整体功能和作用，也制约了其在更广泛范围内的推广和应用。为了改善这一现状，我们需要加强对医务社会工作的重视和投入，推动其在不同地区、不同医疗机构之间的均衡发展。同时，还需要加强对医务社会工作者的培养和教育，提高其专业素养和服务质量，以满足患者日益增长的社会支持需求。

五、未来展望

有以马凤芝教授等一批我国医务社会工作学科奠基人的带领，有逾 25 年实务发展的厚积薄发，未来我国本土医务社会工作的发展前景一片光明。从微观到宏观层面，必须在以下方面着力有序推进：

进一步完善组织架构。更广泛地吸纳会员单位与个人会员，形成凝聚力；在现有会员的基础上，增补专业委员会理事单位和个人，按专业委员会章程要求，使专业委员会理事比例达到会员总数的 40% ～ 50%，挖掘会员单位和个人积极性；进一步落实专业委员会理事会、常务理事会运作规范，对于长期无故缺席理事会和常务理事会的个人会员和团体会员予以告诫，并按专业委员会章程要求落实退出机制。

进一步提高学科认知度。加强医务社会工作学科的宣传和推广，提高社会对其的认知度和认同度。同时，加强与相关学科的合作与交流，共同推动医务社会工作的发展。

进一步深化理论研究。加强医务社会工作理论研究的深度和广度，推动学科建设的不断完善和创新。同时，注重实践探索与理论研究的结合，形成具有中国特色的医务社会工作理论体系和实践模式。

进一步提升学术影响力。致力于强化专业委员会年会的学术引领功能，进一步提升年会和相关学术会议的专业含金量，使专业委员会年会和学术活动成为国内医务社会工作学术发展的风向标；充分发挥医务社会工作专业委员会各学组的作用，争取在前期的工作基础上，年内在各自分工范围内都有明显推进；做好人才教育培训基地各项工作，扩大协会专业委员会的实务指导能力，提升各基地专业实务能力，发挥协会专业委员会专业能力，借助北京大学社会工作研究中心专业优势，进一步提升专业委员会在本土医务社会工作发展进程中的影响力。

进一步加强人才培养。加大医务社会工作专业人才的培养力度，提高人才培养的质量和数量。同时，注重基层和偏远地区人才的培养和引进；加强对基层和偏远地区医务社会工作的支持和指导，推动其实务均衡发展。同时，加强与国际组织、国外同行的交流与合作，学习借鉴先进经验和方法。

进一步突出服务功能。争取形成实务机构督导制度，在全国范围内因地制宜地对机构实务工作开展指导；探讨建立本土医务社会工作督导选拔、培养、考核制度，形成一整套本土医务社会工作督导人才建立制度；广泛收集、编撰典型实务案例，整理出版，使之成为广大实务工作者可参考的有价值的指导工具；开展区域内医务社会工作实务概况梳理，包括现有政策资源、从业团队基本情况、师资力量基本情况、实务工作基本情况等，形成体系化区域医务社会工作基层发展年报数据。

进一步加强资源整合。依托各会员单位力量，开展实务层面的基础工作推进和服务站点建设，形成广覆盖的专业委员会实务培训点，并具备一定的实务训练、带教功能；挖掘各类社会优质资源，争取外部资金、物资和政策支持，以项目合作或共建的形式，保证协会各类学术和实务层面活动可持续发展；适时在有条件的地区设立不同层级的社会合作联络点，方便对接社会资源。

（撰稿人：范斌、张一奇）

第七节　司法社会工作专业委员会

司法社会工作是司法（包括公、检、法、司等领域）社会工作者为处于刑事司法、民事司法、行政司法过程中的服务对象提供个体要素关系调适，个体与其社会环境关系调适服务的社会工作实务领域。

司法社会工作专业委员会的成立与司法社会工作实践直接相关。2002 年，上海市委政法委在“预防和减少犯罪工作体系”建设过程中构建了社区矫正社会工作、安置帮教社会工作、禁毒社会工作、社区青少年（失学、失业、失管青少年）社会工作队伍，之后这些社会工作实务领域逐步在全国获得发展。

国内较早研究矫正社会工作的代表性学者是史柏年教授，2004 年我在中央电视台《实话实说》栏目做的一期有关社区矫正社会工作的内容也是在矫正社会工作的范畴内展开。徐永祥教授回忆他在参与上海市“预防和减少犯罪工作体系”建设时，提出过司法社会工作的概念，文献显示国内最早提出司法社会工作概念的是王瑞鸿老师。

进入 21 世纪第一个十年，中国社会工作教育协会提出并鼓励发展社会工作专委会。在国内社区矫正社会工作、禁毒社会工作、青少年社会工作快速发展，且部分专委会已经成立的基础上，王思斌教授、徐永祥教授、史柏年教授高度重视，分别与范燕宁教授、郭伟和教授和我谈过成立专委会的事情。2013 年，我到北京拜访范燕宁教授，她在学校培训中心接待了我和郭伟和教授，商讨了成立专委会的事宜。讨论了专委会的名称、章程、意见征求表等具体问题，之后，范老师具体负责了这些工作的落实。2014 年 10 月 31 日，中国社会工作教育协会召开成立二十周年庆典暨“社会治理创新与中国社会工作发展研讨会”期间，召开了专委会的成立会议。近 50 家学校和机构参与了会议。会上，范燕宁教授提出了矫正社会工作专委会、司法社会工作专委会、司法-矫正社会工作专委会三个名称，经讨论，确定使用司法社会工作专委会的名称。会议通过了章程，明确参会单位为理事单位，选举张昱为主任，范燕宁、郭伟和为副主任，聘请史柏年、费梅苹、席小华为顾问。司法社会工作专委会正式成立。

专委会成立后，主要开展了以下工作。第一，年会。每年召开一次专委会，会议规范基本上在 120 人左右。一是就司法社会工作及其各分领域内的相关理论和实践展开研究；二是推进当地司法社会工作实务发展。因而每次年会选点都会考虑在当地推进实务的可能性，同时也都会邀请当地司法相关部门领导参加；三是推进司法社会工作教育的发展。一方面设置了学生论坛，并进行论文评奖，提高学生们对司法社会工作的关注度和学习积极性；另一方面主办学校基本上都具有一定司法社会工作教育基础。第二，加强学科方向建设。专委会将司法社会工作定义为一个学科方向，就课程设置、师资队伍建设、专业方向发展展开研讨，并对设置学校给出建议。同时，加强了教材建设，目前由专委会负责的《司法社会工作概论》《禁毒社会工作》《青少年司法社会工作》《社区矫正社会工作》四部教材已经完成初稿，交付给出版社。第三，参与相关政策的制定，促进政策及法律法规发展。如参与了由国家禁毒办等 12 部门印发的《关于加强禁毒社会工作者队伍建设的意见》的起草工作，参与了《中华人民共和国社区矫正法》《中华人民共和国未成年人保护法》《中华人民共和国预防未成年人犯罪法》等相关法律法规的调研、意见征求、相关会议等工作，确定了司法社会工作在这些领域的法定地位。第四，积极参与标准制定。由席小华教授主持，多位专委会成员参与的《未成年人司法社会工作服务国家标准》已经发布，同时专委会成员还参与了众多地方标准的制定工作，如上海市《社区矫正社会工作服务规范》《禁毒社会工作服务指南》等。第五，努力推进地方司法社会工作的发展。一是专委会成员们在本地积极推进，二是通过各类会议倡导，三是通过挂职等方式参与推进，四是参与国家及各省市组织的实务培训促进司法社会工作人才队伍建设，五是通过研究提升司法社会工作理论与实践水平，等等。

总之，专委会在司法社会工作的发展方面发挥了重要作用，但也面临了组织架构、运作机制等方面的挑战，这些发展中的问题必能通过发展的方式获得解决。

（撰稿人：张昱）

第八节　民族社会工作专业委员会

一、发展背景与缘起

自党的十六届六中全会以来，我国出台了一系列发展社会工作人才队伍建设的文件，尤其在《关于加强社会工作专业人才队伍建设的意见》中提出："实施社会工作专业人才服务新农村建设、社会工作专业人才服务边远贫困地区、边疆民族地区和革命老区等计划，鼓励社会工作专业人才到基层建功立业。"在这样的大背景下，推动民族社会工作事业势在必行。

我国有 55 个少数民族。2020 年第七次人口普查数据显示，少数民族人口占全国总人口的 8.89%。少数民族大多居住在地广人稀的中西部地区，自然环境较差，交通不便，经济社会发展相对落后。总体情况而言，少数民族受教育程度偏低，语言、宗教、传统文化与风俗习惯等方面也与汉族有较大差异。因此，少数民族和民族地区更迫切需要来自国家和社会的帮助，需要社会工作者的直接介入和具体帮助，以推动少数民族和民族地区的经济社会发展，民族文化保护与传承，民族关系和谐以及边疆地区安全稳定。

早在中华人民共和国成立初期，我国政府就主持史无前例的民族识别和少数民族社会历史调查，积累了大量民族志资料。70 多年来，我国民族学、人类学和社会学等学科的学者在不同历史时期对我国各民族做了大量的研究，积累了丰富的研究成果。同时，我国民族工作者在民族地区做了大量实际工作，实施了各种民族优惠政策，帮助各少数民族的发展，解决各种民族问题，积累了丰富的民族工作经验。这些成果和经验是我们进行民族社会工作的前提和基础。

从民族社会工作人才队伍发展来看，我国拥有包括中央民族大学在内的 13 所少数民族高等院校，其中有很多学校开办了社会工作专业。同时，在民族地区还有相当一部分高校有社会工作专业。这些高校的社会工作专业教师多年从事针对少数民族的社会工作教学和研究，积累了丰富的理论知识和实践经验。他们熟悉当地少数民族情况，同时有很多教师本身就是少数民族，是一支庞大的从事民族社会工作的人才队伍。因此，无论从国家需要、民族研究和民族工作基础，以及民族社会工作实务经验积累、理论探讨和人才队伍发展来说，都已具备成立"民族社会工作专业委员会"的条件。

二、组织架构、主要负责人及沿革

2014 年 11 月 1 日，在中国社会工作教育协会成立 20 周年的年会上成立了中国社会工作教育委员会第八个专业委员会——民族社会工作专业委员会。这体现了社会工作界对少数民族社会工作的重视。

民族社会工作专业委员会的宗旨是团结国内外从事民族社会工作教育的教学、科研和实务工作者，促进中国民族社会工作教育事业的发展，为“构建宏大的社会工作人才队伍”，培养构建社会主义和谐社会需要的专业人才做贡献。民族社会工作专业委员会设主任委员 1 人，为中央民族大学任国英教授。设副主任委员 4 人，分别是青海民族大学的荣增举教授、中南民族大学的徐莉教授、三亚学院的哈斯额尔敦教授和西南民族大学的范召全教授。主任委员负责民族社会工作专业委员会全面工作。副主任委员协助主任委员开展工作。在主任委员所在机构设立秘书处，负责日常行政工作，设秘书长 1 名，为中央民族大学郑文换副教授。设副秘书长 5 名，为中南民族大学的刘宏宇副教授、贵州民族大学的娄世桥副教授、云南民族大学的曾黎副教授、海南热带海洋学院的邓琼飞副教授和广西师范大学的何乃柱副教授。专委会自成立以来一直在这一组织架构和领导团队之下运行。

三、工作内容和重要事件

（一）举办民族社会工作学术会议

1. 举办首届全国民族社会工作学术研讨会。2014 年 11 月民族社会工作专业委员会成立后，2014 年 12 月 27—28 日在中央民族大学举办了“首届全国民族社会工作学术研讨会”。参加本次研讨会的有来自 48 所高校以及相关部门的代表 120 余人。本次会议主要讨论了民族社会工作的概念界定、民族社会工作的理论、民族社会工作的实践和民族社会工作的人才培养问题等四个方面的内容。会议结束后，将会议代表的论文汇集编辑成册，出版了《民族社会工作研究（第一辑）》。

2. 2016 年 6 月 2—26 日在青海民族大学举办了第二届全国民族社会工作学术研讨会。此次会议对民族社会工作的理论和实务原则问题展开了深入探讨，通过对本土民族社会工作实务原则的梳理，归纳与总结出民族社会工作本土化的发展路径，即共融（扩散）性、嵌入性问题的研究，都是重要而紧迫的；同时，对于民族社会工作者队伍建设问题进行了全面阐述。这次学术研讨会后编辑出版了《民族社会工作研究（第二辑）》。

3. 2018 年 9 月 21—23 日在西北师范大学举办了第三届全国民族社会工作学术研讨会。会议主题为“社会工作与新时代民族地区全面建设小康社会”，设立六个分论坛。会议代表就民族社会工作理论与方法、民族社会工作实务研究、社会工作与民族地区脱贫攻坚、社会工作与民族地区社会治理、社会工作与城市多民族社区建设和社会工作中的宗教与文化等议题进行了广泛而深入的讨论。

4. 2020 年 11 月 20—22 日在贵州民族大学举办了第四届全国民族社会工作学术研讨会。会议主题为“民族社会工作与民族地区社会治理与发展”。研讨会分民族社会工作理论与方法、民族社会工作的国外经验与中国实践、民族地区社会治理与民族社会工作、疫情防控下的社区治理与民族社会工作、民族地区扶贫脱贫与民族社会工作、民族地区生态文明建设与民族社会工作分论坛，探讨了民族社会工作推动民族地区的社会治理与发展的理论体系和实践模式。来自全国各地从事民族社会工作教学、研究和实务工作者参加了会议，交流了实践经验，分享了研究新成果。

5. 2022 年 11 月 4—6 日由西南民族大学主办了第五届全国民族社会工作学术研讨会。由于当时是新冠疫情期间，此次研讨会在线上举行。本次会议的主题为“铸牢中华民族共同体意识与新时代民族社会工作高质量发展”，开设了四川凉山彝族地区社会工作服务的理论与实践、铸牢中华民族共同体意识研究、民族地区乡村振兴社会工作服务、新时代民族社会工作高质量发展问题、民族地区基层社会治理与发展等分论坛。同时，本次会议同时举办了研究生优秀论文评比活动，共评选出一等奖 7 篇、二等奖 11 篇、三等奖 13 篇。

民族社会工作学术会议的定期召开，对民族社会工作在中国的发展起到了重要的推动作用。

（二）组织举办第一届民族社会工作实务与技能大赛

2021 年 10 月，民族社会工作专业委员会举办了“筑牢中华民族共同体意识，推动民族社会工作发展——全国第一届民族社会工作实务与技能大赛”。社会工作实务与技能大赛旨在引导社会工作专业学生更加关注民族社会工作发展的实际问题，进一步加强民族社会工作专业人才队伍建设。共有来自西北民族大学、石河子大学、新疆大学等全国各地高校的 34 支队伍，共计 200 余名师生参与了本次比赛。所有参赛团队围绕大赛的“铸牢中华民族共同体意识，推动民族社会工作发展”主题，着眼于民族社会工作实务中的实际问题开展服务工作。经过初赛和决赛两个阶段的角逐，最终评审出了一等奖 3 个、二等奖 4 个、三等奖 5 个、优秀奖 8 个。

（三）注册“民族社会工作”公众号

为了传播民族社会工作价值理念，介绍民族社会工作实务与研究，推动民族社会工作发展，2017 年 5 月开通了“民族社会工作”公众号。专业委员会负责人组织中央民族大学社会工作专业的研究生运营“民族社会工作”公众号，推送内容主要包括民族社会工作、民族学、人类学、社会学等方面比较好的学术论文，以及相关的研究、实践和会议信息等。每周推送一次，每年共推送约 50 篇论文。用户总数达到 2 000 多人。

民族社会工作专业委员会自成立以来，为推动中国民族社会工作的发展做了一些工作。作为中国社会工作教育协会的重要学术组成部分，专业委员会将一如既往、不忘初心，今后将继续为推动民族地区经济社会发展贡献自己最大力量。

（撰稿人：任国英）

第九节　老年社会工作专业委员会

一、发展背景与缘起

我国在1999年开始步入人口老龄化国家的行列，随着人口老龄化程度的加深，国家对于老年人口的社会服务愈加重视。2013年，国务院办公厅发布《关于政府向社会力量购买服务的指导意见》。各地纷纷出台政策，购买社会工作服务，培育社会工作组织，培养社会工作人才。2014年度民政部福利彩票公益金“特殊困难老年人社会工作服务示范项目”重点面向城市空巢、失独、病残、失能老年人和农村留守、贫困、受灾老年人等特殊困难老年人群，购买了50个社会工作服务示范项目。经过制度推进与体制建设的提速发展，社会工作进入“专业化、职业化、行业化”时代（高芙蓉，2021）。老年社会服务在不断出台的各项相关政策的支持下有了突飞猛进的发展。老年社会工作无论是在学科建设、专业教育还是实践场域方面都迎来了新的机遇和挑战，迫切需要汇聚社会工作教育界的专业力量把握机遇，应对挑战。

2014年11月1日在北京市西郊宾馆1号楼第三会议室召开了中国社会工作教育协会老年社会工作专业委员会筹备会。会议由中国人民大学、华东师范大学、北京大学、中华女子学院、北京劳动关系学院、北京师范大学、华中科技大学、北京工业大学等高校的老师共同发起，讨论确定了专委会的主要工作内容和运行方式。共有来自全国各地21所院校的23位老师参加了筹备会。2015年8月19日老年社会工作专业委员会在内蒙古呼和浩特召开的中国社会工作教育协会年会期间举行了成立大会，会议讨论通过了专业委员会章程，确定“老年社会工作专业委员会”是中国社会工作教育协会下设的专业组织，致力于推进老年社会工作的专业发展、人才培养、学术研究以及实务精进。成立之初有全国20多个省份的40余所高等教育院校作为会员单位或个人会员参加。目前有265位高校、实务机构和研究机构的人员加入老年社会工作专业委员会线上工作交流社群。

二、组织架构、主要负责人及沿革

老年社会工作专业委员会设主任委员 1 人，为中国人民大学隋玉杰副教授。设副主任委员 5 人，分别是华东师范大学黄晨熹教授、北京大学鄢盛明副教授、复旦大学陈虹霖教授、中华女子学院矫阳副教授和北京劳动关系学院张默教授。主任委员负责老年社会工作专业委员会全面工作。副主任委员协助主任委员开展工作。在主任委员所在机构设立秘书处，负责日常行政工作，设秘书长 1 名，为中国人民大学吕楠副教授。设副秘书长 1 名，为复旦大学陈岩燕副教授。专委会自成立以来一直在这一组织架构和领导团队之下运行。

三、工作内容和重要事件

专委会的主要工作内容是充当老年社会工作领域教育者、研究者和实践者相互交流、相互学习的平台，组织老年社会工作学术研讨会，征集会员意见为国家制定与老年社会工作相关的政策献计献策，促进产学研结合。自成立以来重点完成了下述工作：

1. 2015 年组织开展老年社会工作课程开设情况问卷调查。该调查对加入专委会的各高校的老年社会工作课程建设、师资队伍状况、人才培养方式和相关支持需求进行了摸底，为专委会的后续工作奠定基础。在 2016 年的中国社会工作教育协会年会上，专委会对调查结果做了汇报。

2. 2021 年 11 月组织会员单位对民政部养老服务司关于公开征求《老年人能力评估规范（征求意见稿）》国家标准提供反馈意见并提交相关意见。

3. 举办多次重要会议。2015 年 12 月 11 日至 12 日与北京师范大学和香港浸会大学联合国际学院社会工作与社会行政专业及社会管理研究与服务中心、珠海市社会工作协会联合举办“全国第一届老年社会工作学术会议”。来自全国 35 所高校、18 所社工机构的 100 多名专家、学者参加会议，从人才培养、发展方向、宜居社区建设等多个角度探讨老年社会工作课题。2016 年 11 月 4 日至 8 日，部分专委会负责人参加中国人民大学和中华文化社会福利事业基金会以“人口变迁与社会福利：政策发展与实务创新”为题的研讨会。来自全国两岸高校、研究所、专业社工机构的 40 余位专家学者参加了本次研讨会，从少子女化政策、青年就业和职业发展、高龄社会与政策创新、人口流动与发展性社会工作等主题深度探讨人口变迁与社会福利等议题。2017 年 11 月 10 日至 11 日与中国人民大学社会工作系在江苏省苏州市共同举办主题为“人口老龄化与社会救助：政策、干预与专业教学”学术研讨会。来自全国 20 余所高校、研究所、专业社工机构的 30 余位专家学者、师生代表及一线社会工作者参加了本次研讨会。为响应中国社会工作教育协会关于百校对口扶贫计划这一号召，会议还设立了专门的环节，深入探讨院校老师如何发挥自身优势参与对口扶贫工作。2020 年 12 月 12 日与太原科技大学人文社科学院、中国人民大学社会工作与社会政策系共同举办了主题为“健康中国视域下老年健康社会工作”的在线研讨会，会议内容包括老年健康社会工作政策与理论、老年康养社会工作实务、老年医务社会工作实务和照护支持服务，涵盖从微观到宏观不同层面的老年健康社会工作领域的问题的探索，同时也探索具有中国特色的（如康养）健康促进方法。参会人员包括了10余位特邀嘉宾，1 000多名线上高校教师、实务机构负责人和高校在校学生。2021年11月6日与中国人民大学老龄社会的政策实践与养老产业综合研究平台联合主办线上“积极应对人口老龄化：老年社会工作的创新创制学术研讨会”。围绕“积极老龄化战略与老年社会服务及政策保障”“积极老龄化战略与老年社会工作服务创新”“老年健康福祉与养老服务发展”“老年社会工作服务探索”四个议题进行了深入探讨。来自国内多所高校、机构的20余位专家学者线上参会，近1 000名社会工作同仁通过网络直播收听、收看。2022年12月30日与河西学院、张掖市启明星社会工作服务与发展研究中心、学术志共同举办线上“协同治理视域下的老年社会工作”学术研讨会。会议围绕适老化科技背景下的老年社会工作、区域化老年社会工作服务与探索、长期照护政策发展与老年社会工作、乡村振兴背景下的老年社会工作、人口老龄化和共同富裕、公共卫生危机背景下老年社会工作的机遇与挑战等六个主题进行了研讨。来自全国各高校、社会工作机构的50余位专家学者、实务工作者和社会工作专业学生做主题报告，共吸引了3 000余名观众收看。2023年11月24日，与安徽大学社会与政治学院、江苏省社会工作协会、太仓市民政局、太仓市德颐善社会工作发展中心在苏州太仓共同举办“养老事业和养老产业双发展中的社会工作服务发展路径探索”研讨会。围绕“养老现代化背景下的社会工作人才培养：新时期老年社会工作融入老龄产业发展的机遇与挑战”“养老现代化与老年社会工作高质量服务的融合：老年人医养融合服务的结合点与结合方式”进行了深入交流。来自全国养老事业、养老产业及社会工作领域的著名学者专家、国内高等院校教授、科研机构负责人等100余名嘉宾参加了本次论坛。

（撰稿人：隋玉杰、吕楠）

第十节　残障与康复社会工作委员会

一、发展背景与缘起

残障与康复社会工作专委会于2015年8月在北京成立，中国康复研究中心（首都医科大学康复医学院）社会职业康复科主任郭微教授任第一届主任委员。残障与康复社会工作专业委员会自成立以来积极发挥残障与康复社会工作实习基地的作用，以中国康复研究中心社会职业康复科为沟通交流平台，紧密联系各大高校，接收社会工作专业实习学生，致力于提高中国残障与康复社会工作专业人才培养的质量和水平并作出了重要贡献。

1988 年是中国社会工作教育与残疾人事业发展的历史性时刻，国家教委批准在北京大学社会学系设立社会工作与管理专业，这成为中国社会工作教育恢复重建的开端。同年，中国残疾人联合会成立，10 月中国最大的残疾人康复机构“中国康复研究中心”在北京落成，中心设立了社会康复研究室（后变更为社会康复科），承担首都医科大学康复七系授课工作（设立了社会康复教研室）。1994 年中国社会工作教育协会注册成立，中国康复研究中心社会康复科成为首批团体会员单位。2000 年，中国康复研究中心和中国社会工作教育协会共同创办了“社会康复与医务社会工作实习基地”，并举行挂牌仪式，由王思斌教授、阮曾媛琪教授亲自揭幕。

通过与中国社会工作教育协会长期的深度合作，以及残障与康复社会工作的快速发展，结合残疾人社会性需求不断增多的现状，成立专业委员会的想法油然而生。2014 年 11 月 1 日，郭微、胡勇、邓锁、杜立婕、何欣、安秋玲、扶集青、金艾裙、姜华、王丽群、李滨共 11 位高校社会工作学院的相关负责人齐聚北京，一起商讨中国社会工作教育协会组织成立残障与康复社会工作专业委员会事宜。在中国社会工作教育协会秘书处秦小峰老师的大力支持下，在 2015 年 8 月 19 日残障与康复社会工作专业委员会成立。同年 9 月，在北京国家会议中心举行了专委会授牌仪式，时任中国社会工作教育协会会长王思斌教授、秘书长史柏年教授亲临现场参加授牌仪式。

二、组织架构

（一）本届任职名单

2020 年 8 月，经残障与康复社会工作专业委员会会员代表大会选举，中国社会工作教育协会第六届理事会审议，通过换届选举名单。

主任委员：郭微，首都医科大学康复医学院。副主任委员：胡勇，北京农学院文法学院；冯文，北京大学医学部；杨锃，上海大学社会学院社会工作系；邓锁，北京大学社会工作系；杨云娟，天津理工大学社会发展学院。秘书长：何欣，中国人民大学社会与人口学院。副秘书长：叶晓彬，首都医科大学康复医学院；彭君芳，北京农学院文法学院。

（二）首届任职名单

主任委员：郭微，首都医科大学康复医学院。副主任委员：胡勇，北京农学院文法学院；

冯文，北京大学医学部；罗伦，重庆医科大学附属成都第二人民医院红十字博爱康复中心；范明林，上海大学社会学院社会工作系。秘书长：邓锁，北京大学社会工作系。副秘书长：何欣，中国人民大学社会与人口学院；孙知寒，首都医科大学康复医学院。

三、工作内容与重要事件

（一）工作内容

残障与康复社会工作专业委员会工作内容主要包括残障社会工作研究、残障社会工作实务模式探索、残障社会工作的教育与人才培养、残障与康复政策的推动四个部分。

自2015年成立以来，残障与康复社会工作教育委员会坚持举办国际论坛、年会等学术交流会议。专委会成员在社会工作专业权威期刊发表学术论文59篇，出版学术专著8部，获批社科基金项目45项、出版团体标准1部。

专委会凭借自身的优势，综合利用高校、康复机构和社会组织等各方面的资源，积极探索残障与康复社会工作的服务模式，取得了一定成效。这些模式包括残障者职业技能提升服务模式、农村社区残疾人家庭精准调研与服务模式、动物介入辅助康复活动服务模式，探索建立助残工作实训孵化基地，打造枢纽型助残社会组织，以及致力于灾害致残人员的康复工作。上述实务模式研究成果拓宽了残障社会工作服务的领域，为残障社会工作服务的方式、方法做出创新。

专委会自成立以来十分重视残障社会工作教育与人才培养，推动会员单位之间的交流、教材建设、实务人才培训等工作，有效发挥中国康复研究中心社会职业康复科实习基地的作用，大量接收来自北京大学、北京师范大学、中国人民大学、中国社会科学院、北京农学院、北京建筑大学、首都师范大学、首都经济贸易大学（排名不分先后）等高校的实习生，承担专业实习任务。专委会先后前往内蒙古乌兰察布、福建厦门、河南郑州、天津等地为残障社会工作者开展主题讲座，并先后举办北京市级、国家级继续教育培训。

专委会成员通过课题开展与实务研究积极推动残障与康复社会工作的政策与服务发展。例如，上海大学社会工作系连续多个年度撰写《嘉定区残疾人事业发展报告》；中国人民大学、北京大学、北京农学院、上海大学等会员单位也承担了中国残联和地方残联的委托课题，就残障者的信息化就业、社会保障、残障儿童随班就读等领域进行政策研究。主任委员郭微作为北京市第二中级人民法院人民陪审员、海淀法院专家咨询委员会委员参与有关残疾人案件的审理工作，维护残障群体权益。

（二）重要事件

2015 年，中国社会工作教育协会批准成立残障与康复社会工作委员会。2015—2017 年，在北京国家会议中心专委会举办第一到三届残障与康复社会工作专委会年会及论坛。2019 年，主任委员单位中国康复研究中心被授予唯一一家“优秀实习基地”。2020 年，专委会召开了会员代表大会，选举产生第二届理事会，郭微当选主任委员。2023 年，在北京国家会议中心专委会举办第四届残障与康复社会工作专委会年会及论坛。

（撰稿人：郭微、叶晓彬）

第十一节　企业社会工作专委会

一、发展背景与缘起

在中国社会工作教育协会的指导下，为加强企业社会工作专业教学和人才培养的研究、指导、咨询、服务及实务推进工作，2016 年 10 月 31 日，在中国社会工作教育协会 2016 年会暨加快我国社会工作学科体系建设研讨会议期间，全国企业社会工作专业委员会在南京召开成立大会。企业社会工作专委会的发展理念为“研究、交流、服务、共享”。

中国社会工作教育协会前会长北京大学王思斌教授、中国社会工作教育协会会长华东理工大学徐永祥教授、中国社会工作教育协会前副会长兼秘书长中国青年政治学院史柏年教授、中国社会工作教育协会副会长兼秘书长马凤芝教授为新成立的全国企业社会工作专业委员会致辞。大会通过了《企业社会工作专业委员会章程》和专委会常务理事会单位建议名单，理事会通过了主任委员、副主任委员及秘书处建议名单。

二、组织架构

（一）第一届企业社会工作专业委员会名单

主任：刘玉方。顾问：王思斌、史柏年、徐永祥、关信平、彭华民、马凤芝、刘梦、王婴、陈树强、顾东辉、向德平、钱宁、张友琴、佟新、童敏、阮曾媛琪。副主任：隋玉杰、张默、李晓凤、高万红、郭伟和、杨荣、张曙、吴丽娟。秘书长：张默（兼）。

（二）第二届企业社会工作专业委员会名单

主任：刘丽红。顾问：张默。副主任：卜长莉、甘照寰、李晓凤、李涛、时立荣、沈黎、郑广怀、原会建、黄红、谢建社。秘书长：原会建（兼）。

三、工作内容和重要事件

（一）主要工作内容

（1）定期召开企业社会工作研讨会及企业社会工作专委会工作例会。（2）加强研究，探索企业社会工作发展模式。（3）发展会员，扩大企业社会工作社会影响力。（4）搭建平台，推动企业社会工作政产学研一体化建设。

（二）重要事件

2016年10月31日，全国企业社会工作专业委员会在南京召开成立大会。2016年12月10日，企业社会工作专业委员会首届年会暨中国企业社会工作理论与实务研讨会在中国劳动关系学院召开。首届年会由企业社会工作专委会主办，中国劳动关系学院和北京大学、中国人民大学、中国政法大学、北京工业大学等在京高校联合承办。2017年12月8日，企业社会工作专业委员会第二届年会暨中国企业社会工作“教学、实务、研究”研讨会在深圳市龙华区召开。本届年会由企业社会工作专委会主办，深圳大学、深圳市龙华区人民政府承办，中国劳动关系学院协办。2018年10月27日，企业社会工作专业委员会第三届年会暨中国企业社会工作服务实务研讨会在厦门思明区召开。本届年会由中国社会工作教育协会企业社会工作专业委员会主办，中国劳动关系学院、厦门开心社工服务中心承办，厦门市社会工作协会、厦门市思明区总工会协办。2021年10月16日，企业社会工作专业委员会2021年年会暨“新时代企业社会工作理论与实践”研讨会在广州市黄埔区召开。本届年会由企业社会工作专委会主办，中国劳动关系学院承办，广州粤穗社会工作事务所和广州市社会工作学会联合协办。2023年1月7日，企业社会工作专业委员会2022年年会暨“疫情防控中的企业社会工作服务理论与实践探索”研讨会线上举行。本届年会由企业社会工作专委会主办，中国劳动关系学院社会工作学院承办，美亚联创（北京）科技有限公司协办。中国社会工作教育协会企业社会工作专委会（第一届）秘书长张默教授主持召开企业社会工作专委会工作会，会议表决通过了新一届企业社会工作专业委员会推荐名单。2023年10月28日，企业社会工作专业委员会2023年会暨企业社会工作发展高端论坛在浙江宁波召开。本届年会由企业社会工作专委会主办，浙江万里学院、中国劳动关系学院联合承办，宁波市社会工作联合会、宁波市海曙区社会工作协会、宁波市鄞州区社会工作协会、宁波市海曙区职荟文化发展中心、美亚联创（北京）科技有限公司、上海积途信息科技有限公司等单位协办。

（撰稿人：刘丽红、原会建）

第十二节 社会工作督导专业委员会

一、发展背景与缘起

李克强总理在2015年《政府工作报告》中指出“发展专业社会工作”，这是继党的十六届六中全会提出“建设一支宏大的社会工作人才队伍”这一战略部署后，中央再一次就发展专业社会工作作出明确政策安排，对于我国新常态下社会工作的发展具有重要意义。社会工作督导是社会工作实务的重要方面，是“发展专业社会工作”必不可少的重要环节，社会工作督导队伍是社会工作人才队伍建设的关键和核心元素，推动社会工作督导人才队伍建设，以及研究和实务等各项工作的开展，对推动专业社会工作顺应时代发展要求，更好地回应社会服务与治理创新的需要具有重要意义。

在2006至2016的十年中，中国社会工作高等教育无论在规模上、层次上还是质量上，都大大提高了一个台阶，表现在：一个数量众多、结构完善、层次合理的社会工作专业教育体系基本形成；包括师资队伍、教材建设、专业评估、学生培养等内容的专业学科建设稳步推进。在此大背景下，社会工作督导教育开始发展，南开大学、西南石油大学等高校陆续在本科和研究生层次开设社会工作督导课程，说明社会工作督导教育越来越受到重视，但相对于全国近300多所已设社会工作专业的高校来讲，社会工作督导教育仍处于起步阶段。

到2016年，随着顶层社会工作制度和政策的颁布，中国专业社会工作的发展进入了快车道，其中的社会工作督导也进入了发展阶段，但是与之相随而来的挑战是由于中国社会工作一线社工专业水平受限，中国社会工作服务的问题错综复杂，服务难度大，因之需要督导的支持。

为了回应中国社会工作教育和中国社会工作实务的发展需求，中国社会工作教育协会于2016年10月30日于南京年会上成立了社会工作督导专业委员会（以下简称“督导专委会”）。

二、督导专委会的组织架构、主要负责人及沿革

依据中国社会工作教育协会章程，督导专委会制定了专属章程。根据该章程的规定，督导专委会最高权力机构是会员大会，社会工作督导专委会设常务理事会，第一、二届常务理事会成员共16人。督导专委会设主任委员1人，副主任委员10人左右。第一、二届主任委员为张洪英，副主任委员第一届10人，分别是吕新萍、黄红、孙莹、费梅苹、向荣、童敏、易松国、刘莹、俞宁、邓锁；第二届增加了沈黎。督导专委会设秘书处，秘书长1人，为沈黎；副秘书

长4人，分别为赵记辉、苏光、董云芳、代曦，第二届增加了苗艳梅为副秘书长；督导专委会设顾问委员会，顾问委员共8人，分别是曾华源、徐明心、丁惠芳、王思斌、史柏年、马凤芝、顾东辉、叶嘉宝。督导专委会实行会员制，2016年督导专委会成立时有88所高校为团体会员，有268人为个人会员；截至目前，团体会员增至115个，个人会员增至327人。

三、工作内容和重要事件

自2016年10月成立以来，督导专委会开展的主要工作可以概括为以下几个方面。

（一）“主推”和“助推”中国社会工作督导人才队伍建设

首先，先后参与山东、陕西、贵州、哈尔滨、成都等多个省市督导人才的选拔及培养、管理工作，在选拔标准、选拔面试、培训课程设计、管理制度建设等方面为这些地方提供了专业支持。其次，与首都经贸大学（2017年7月）、重庆城市管理职业学院（2023年11月）等高校及其他有关单位合作，开展督导理论、知识与实务技术的专题培训，负责培训课程研发、培训师资链接及课程讲授。最后，督导专委会成员还以个人名义参与北京、济南、成都、哈尔滨、河南、深圳、内蒙古、潍坊、重庆、苏州等地的社会工作督导人才培训工作，助推了在地社会工作督导人才队伍建设。

（二）研发社会工作督导培训进阶课程体系，建立督导实训基地

2018年6月23日，督导专委会与西北大学、陕西省社会工作协会合作在西北大学召开社会工作专业督导进阶课程培训设计专题研讨会，初步确定了社会工作督导培训进阶课程的课程体系。2021年3月，在济南举行的“陕鲁两地社会工作发展”交流研讨会上对此课程体系进行了优化并在陕西的社会工作督导队伍建设中“实施”。2021年11月21日，督导专委会与重庆城市管理职业学院联合研发“新时代中国社会工作督导人才建设社会工作督导精品培训项目”课程，并举行了专家线上论证会，本课程已在2023年11月的重庆社会工作人才队伍建设培训中实施。2023年2月，督导专委会与济南市历下善治社会工作服务中心联合研发社会工作督导课程体系，并在历下区社会工作人才培养中落地实施。2019年6月，社会工作督导专委会在全国范围内建立了12个社会工作督导实训基地。

（三）编写社会工作督导系列教材，建构本土社会工作督导知识体系

2017年6月，与中国社会出版社合作启动社会工作督导系列教材编写工作。2019年4月，首套社会工作督导培训系列教材由中国社会出版社正式出版，共有4本：《社会工作督导基础知识》《社会工作督导理论与方法》《社会工作督导实务案例分析》《为服务一线社工而来——13位社会工作督导者的心路历程》。

（四）社会工作督导标准的建设

2016 年 11 月，在中国社会工作学会支持下，专委会在山东大学主办了中国社会工作督导标准框架的研讨会；2019 年 5 月和 7 月，在中国社会工作学会领导下，专委会又在北京和河南新乡举办会议，对社会工作督导标准进行了进一步的研讨和修订并形成初稿；2021 年 3 月，民政部《社会工作督导指南》正式颁布。该指南由中国社会工作学会、中国社会工作教育协会社会工作督导专业委员会等 17 个大学、机构起草。专委会多位理事参与了起草工作。

（五）社会工作督导的研究与合作工作

2017 年，在《社会工作与管理》编发督导专题学术论文 4 篇。2019 年，完成国家社科基金项目“中国社会工作督导知识体系建构和标准化建设”。2019 年 12 月，作为协办单位参与中国社会工作教育协会医务专委会厦门会议。2022 年参与医务专委会组织编写的《2021—2022 年中国医务社会工作发展报告》中的《中国医务社会工作督导发展报告》和《公共卫生社会工作与疫情防控》；交流医务社会工作督导标准和培训等工作。2020 年新冠疫情防控期间，与医务社会工作专委会以及学校与青少年社会工作专委会合作服务黄冈和武汉。2019 年 8 月，参与深圳社会工作实务创新研讨会，参与会议交流和督导工作。

（六）召开系列会议，共商社会工作督导发展进程中的相关议题

2016 年 10 月 30 日，在南京召开成立大会，通过了督导专委会章程、组织架构以及未来四年的发展规划及 2017 年度工作计划。2016 年 11 月，中国社会工作学会和山东大学主办、山东大学哲社学院承办、督导专委会协办召开首届中国社会工作督导发展研讨会，境内外专家学者 50 余人参会，会议梳理了社会工作督导政策和文献、反思了社会工作实习督导和机构督导实务、讨论了中国社会工作督导标准的框架。2017 年 5 月，在北京召开 21 世纪社会工作督导教材编写研讨会，20 多人参会，会议讨论确定了教材的编写大纲和书名，以及每本书的主编和编写小组。2017 年 7 月，与首都经贸大学合作召开社会工作督导专委会年会，120 多人参会，会议围绕社会工作督导的研究、教育、实务等主题进行了大会发言和分论坛交流讨论，并对当前社会工作督导实务过程中遇到的实际问题和实务技术开展了专题培训。2018 年 6 月，与西北大学和陕西社会工作协会合作召开督导专委会年会，会议讨论形成了社会工作专业督导进阶课程体系。2018 年 8 月，在中国社会工作教育协会成都年会上举办“新时代社会工作督导发展研讨会”分论坛，主要议题有本土社会工作督导知识体系建构、社会工作成效评估和模式研究以及社会工作督导与扶贫等。2019 年 6 月，在广东省珠海市召开“新时代中国社会工作督导发展研讨会暨 2019 年年会”，118 人出席了会议，就“新时代社会工作督导发展”的有关问题进行了研讨和交流，并为社会工作督导实训基地授牌、举办了社会工作督导系列

培训教材出版发布仪式。2019 年 8 月，支持深圳市社会工作者协会举办“深圳社会工作实务创新研讨会”。2019 年 11 月，在中国社会工作教育协会太原年会上举行社会工作实习督导工作坊，讨论了社工教师督导能力提升和社会工作督导课程设置等有关问题。2019 年 12 月，在厦门与医务社会工作专业委员会联合举办“健康中国格局下的标准化与可持续发展——中国社工教育协会医务社工专业委员会 2019 高峰论坛”。2020 年 11 月，在成都举办“新时代社会工作督导制度建构探索研讨会暨 2020 年会”，会议讨论了新时代社会工作督导人才培养、社会工作督导制度建构等问题，并完成了换届工作。2021 年 12 月，与成都市社会组织社区和社工人才服务中心、成都市社会工作协会合作，在线上举办了“新时代高质量社会工作督导人才队伍建设”暨专委会年会，就成都市社会工作督导人才培养体系的有关问题进行了研讨。2021 年 11 月 21 日，与重庆城市管理职业学院合作，在线上举办新时代中国社会工作督导人才建设研讨会暨重庆城市管理职业学院“双高”建设社会工作督导精品培训项目专家线上论证会，与会专家讨论了社工督导人才培养培训的有关问题，并对培训课程构建设计进行了初步论证。2022 年 12 月 10 日，与黑龙江大学、黑龙江省社会工作协会、黑龙江省社会工作高校联盟合作，联合在线上举办“中国式现代化征程中社会工作督导使命和社工站建设研讨会暨专委会 2022 年会”，2 315 人参与会议。2023 年 11 月 24、25 日，与重庆城市管理职业学院合作，在重庆举办中国式现代化进程中的社会工作督导新发展研讨会暨专委会 2023 年年会。

（七）重要事件：积极参与西部地区社会工作督导“扶贫”工作

为响应和落实民政部、财政部、国务院扶贫办《关于支持社会工作专业力量参与脱贫攻坚的指导意见》（民发〔2017〕119 号）中的“牵手计划”和中国社会工作教育协会的“百校对口扶贫计划”（协会、MSW 教指委联合文〔2017〕001 号），与西北大学、陕西社会工作协会合作，于 2018 年 6 月 23 日在西北大学召开了“贫困地区社会工作督导支持行动计划启动”研讨会，与陕西省社会工作协会就“贫困地区社会工作督导支持行动计划”达成共识并签订了合作支持协议。在此基础上，双方又于 2018 年 4 月签订了建立贫困地区督导实训基地等协议，该计划于 2021 年 10 月—2022 年 9 月落地实施，双方合力共为陕西省培育了 70 名社会工作督导人才。

（八）重要事件：积极参与新冠疫情防控工作

2020 年在中国新冠疫情防控期间，社会工作督导专委会联合医务社会工作专委会在中国社会工作教育学会领导下于 1 月 28 日决定线上支援黄冈，并于 2 月 5 日邀请和动员 43 名专家学者、11 名医务工作者、14 名在地的一线社会工作者以及多名 MSW 研究生参与黄冈新冠疫情防控工作，2 月 6 日启动，4 月 30 日结束。随着疫情发展和需求，社会工作督导专委会在社会工作教育协会的直接领导下又于3月9日再次决定战武汉，邀请和动员60多名专家学者对接武汉10个督导点位，3月11日督导专委会参与由中国社会工作教育协会、武汉民政局和武汉社会工作联合会联合组织编写的《"武汉隔离点-社区"社会工作服务与心理援助社会工作督导手册》，3月16日网上启动并进入"战场"，4月19日中国社会工作教育协会武汉督导工作组、武汉市社会工作联合会和北京大学-香港理工大学中国社会工作研究中心联合召开了"'不在场的临在'——武汉'集中隔离点-社区'社会工作服务与心理援助督导工作研讨会"。疫情期间，督导专委会还参与了北京、哈尔滨和山东等地的防控工作。与此同时，督导专委会还参与了网络课程的编写、抖音里的"战疫情"社会工作在行动、社会工作刊物中的"社工主导，多方联动，挺进疫区——中国社会工作教育协会'战疫情社会工作服务暨行动研究项目'"等宣传、研究和网课建设工作。新冠疫情防控期间督导专委会与相关各方联合建构了"跨域跨学科跨部门线上线下"联动的多级社会工作督导模式。

总之，中国社会工作教育协会社会工作督导专委会自成立以来，在协会的领导下，在专家学者和同仁的支持下，在专委会委员和会员的协力下，尽力为中国社会工作督导事业的发展贡献专委会的力量。未来，社会工作督导专委会将继续为新时代高质量社会工作督导事业的发展而努力！

（撰稿人：张洪英、董云芳）

第十三节　儿童社会工作专业委员会

中国社会工作教育协会儿童社会工作专业委员会（简称"儿童社会工作专委会"）（英文为China Association for Social Work Education- Committee of Social Work with Children，英文简称为CSWC、CASWE）于2016年10月在南京（中国社会工作教育协会年会地址）成立。

一、成立背景

2010年民政部和财政部联合下发《民政部 财政部关于发放孤儿基本生活费的通知》，在中华人民共和国历史上第一次将国家基本生活保障对象从政府抚养的孤儿扩展到了由家庭抚养的孤儿，并建立了动态调整机制。因此2010年被视为中国儿童福利的元年。之后我国相继出台多项政策，不断完善我国儿童福利事业，扩大了国家亲权边界，提高了国家亲权的科学性，也提升了儿童福利的保障水平；我国儿童福利制度的目标也从补缺型向普惠型发展，使国家亲权职责更加明确。我国进入了一个以人为本、最大限度满足儿童需要、维护儿童基本权利的现代儿童福利制度建设的时代。

儿童福利政策的变革，有力推动了我国儿童福利服务实践的发展。儿童社会工作是对我国儿童福利制度变革的响应，也是对儿童福利服务需求的回应。儿童社会工作以保护儿童权利为价值基础，聚焦儿童福祉，以充分运用国家和地方儿童福利政策为弱势和困境儿童提供全人和全过程服务为路径，以建设儿童友好型社会和促进儿童健康成长为目标追求。

我国儿童福利事业的发展为社会工作专业实践拓展了广阔的空间，也对本土社会工作教育从通才培养模式向专才培养模式提出了挑战。2009 年开始，相关高校增设 MSW 专业硕士学位点。基于此背景，在中国社会工作教育协会的指导和支持下，由时任中国青年政治学院社会工作学院副教授、青少年研究中心少年儿童研究所所长的童小军发起，在时任南京师范大学社会学院 MSW 教育中心负责人花菊香教授、华东理工大学社会工作学院范斌教授、河南师范大学社会工作系主任张长伟教授的支持下成立了中国社会工作教育协会儿童社会工作专业委员会。

二、组织架构

儿童社会工作专委会是中国社会工作教育协会下设的专业学术组织，由从事和关注儿童社会工作发展的个人和单位组成。按照章程，儿童社会工作专委会工作设主任委员 1 名，副主任委员 1 名；秘书长 1 名，副秘书长 1 名；按照行政区域划分，每一区域设常务理事委员 1—2 名，组成 16 人左右的常务理事会；根据工作需要，由领域内骨干成员组成理事会；一届任期四年。

（一）第一届成员（2016 年 10 月—2020 年 12 月）

主任委员：童小军。

副主任委员：陈红莉、范斌、花菊香、黄晓燕、雷杰、杨晶、叶萍、张青。

秘书长：花菊香。

常务理事会：陈红莉、邓锁、范斌、方巍、花菊香、黄晓燕、雷杰、吕霄红、齐小玉、童小军、杨晶、张剑、张青、张长伟、谭祖雪、叶萍。

理事会：陈红莉、邓、锁、范斌、花菊香、黄晓燕、雷杰、吕霄红、齐小玉、肖萍、谭祖雪、童小军、杨晶、叶萍、张剑、黄利霞、刘玲、翟进、崔效辉、彭振、方薇、童敏、刘斌志、于晶利、马震越、张长伟、万仁德、马林芳、王君剑、伊敏、尚金萍、罗云南、杨胜利、华红琴、彭瑾。

（二）第二届成员（2021 年 1 月—2024 年 12 月）

主任委员：童小军。

副主任委员：陈红莉、范斌、花菊香、张长伟、雷杰、杨晶、叶萍、张青。

秘书长：花菊香。副秘书长：肖萍。

常务理事会：陈红莉、邓锁、杜勇、范斌、冯元、花菊香、黄晓燕、雷杰、童小军、杨晶、张剑、张青、张长伟、宣浩煜、叶萍。

理事会：陈红莉、邓锁、杜勇、范斌、花菊香、黄晓燕、石燕、朴美兰、雷杰、童小军、杨晶、叶萍、张剑、黄利霞、刘玲、王淼、崔效辉、冯元、童敏、祝玉红、刘欣、张长伟、宣浩煜、马林芳、纪文晓、梁俊花、肖萍。

三、工作内容

儿童社会工作专委会在中国社会工作教育协会指导下，主要负责儿童社会工作专业建设和人才培养的研究、指导、咨询、服务及实务的推进工作。每年召开一次全国性学术会议，即年会，其他时间不定期开展儿童社会工作相关主题研讨、培训和专项学科建设工作。

四、重要事件

表 26-5 列举了协会历年年会。另外，在每年年会后次日，举办为期一天的儿童社会工作某一专题的专业培训。

表 26-5　历年年会

时　间	年 会 主 题	地　点	承办单位
2016 年 10 月 31 日	儿童社会工作专委会成立	江苏南京	
2017 年 7 月 8—9 日	中国儿童社会工作教学与实务研讨会	江苏南京	南京师范大学
2018 年 5 月 29—30 日	促进友好环境服务儿童需求儿童社会工作国际研讨会	上海	华东理工大学
2019 年	因疫情未能集会		
2020 年 12 月 27 日	新时期儿童社会工作实务和教研发展研讨会 专委会换届	云上	中国社会科学院大学
2021 年 10 月 20 日	新时代中国儿童福利与社会工作研讨会	云上	南京晓庄学院
2022 年 10 月 29 日	未成年人保护与儿童社会工作专业建设研讨会	云上	中山大学
2023 年 10 月 28—29 日	预防、响应和干预：儿童社会工作实务与教育研讨会	湖南长沙	湖南师范大学

（撰稿人：童小军、花菊香）

第十四节　家庭社会工作专业委员会

一、发展背景与缘起

2015 年 8 月起，程胜利、彭振等多位老师开始发起成立家庭社会工作专业委员会，在此过程中多次向协会领导和秘书处汇报，得到了协会领导和秘书处的大力支持、指导与帮助，并获批筹备成立。经过一年多的筹备，在中国社会工作教育协会 2016 年年会暨加快我国社会工作学科体系建设研讨会在江苏省南京市举办期间，2016 年 10 月 30 日晚 8 点，家庭社会工作专业委员会举行了成立大会，时任中国社会工作教育协会副会长兼秘书长、北京大学马凤芝教授代表协会出席，并宣布家庭社会工作专业委员会正式成立。

家庭社会工作专业委员会的成立，主要基于以下背景：

第一，习近平总书记关于家庭、家教、家风的重要论述。家庭是社会的基本细胞，是人生的第一所学校。党的十八大以来，习近平总书记对家庭、家教和家风建设发表了许多重要论述，一再强调要重视家庭建设，使家庭成为国家发展、民族进步、社会和谐的重要基点。

第二，改革开放近 40 年来中国家庭发生了巨大的变化。一方面，家庭规模、家庭结构、家庭观念、家庭关系、家庭功能等显示出新特点；另一方面，家庭和谐、家庭稳定、家庭中的每个人的幸福都面临着新挑战，这样的特点和挑战对于家庭社会工作的发展提出了新的期待与要求。

第三，家庭在社会工作服务中处于越来越重要的地位。家庭中有儿童、青少年、妇女、老年人、残疾人等家庭成员，相较于其他专业，社会工作聚焦于家庭成员及其与环境因素的互动关系，能够把握家庭成员的个别需求以及家庭的整体需求，运用社会工作的知识、技巧与方法解决家庭问题，促进个人与家庭的功能发挥。

第四，中国社会工作教育协会举办的与家庭社会工作相关培训的大力推动。为提升社会工作教师的临床实务能力，2013 年至 2016 年，协会成功举办三期萨提亚家庭治疗模式临床培训课程、一期萨提亚家庭治疗模式高阶培训课程、一期结构式家庭治疗培训课程等，五百余人参加培训并顺利结业，推动了家庭社会工作教学、研究与实务发展。

二、组织架构、主要负责人及沿革

家庭社会工作专业委员会第一届常务理事会成员共 10 人。其中，主任委员 1 人：程胜利（山东大学）。副主任委员 8 人：赵芳（复旦大学）、方香廷（内蒙古工业大学）、彭振（中国青年政治学院）、袁琳（重庆工商大学）、李敏（中华女子学院）、韩晓燕（华东师范大学）、朱眉华（华东理工大学）、刘学勇（华南师范大学）。秘书长1人：季蕾（中国传媒大学）。

2020年，家庭社会工作专业委员会理事会换届，主任委员山东大学程胜利教授获得连任，2020年、2022年，分别增补理事会成员。目前常务理事会成员共14人。其中，主任委员1人：程胜利（山东大学）。副主任委员9人：赵芳（复旦大学）、方香廷（内蒙古工业大学）、彭振（中国青年政治学院）、李敏（中华女子学院）、朱眉华（华东理工大学）、刘学勇（华南师范大学）、闫小红（山东女子学院）、伊敏（青海师范大学）、秦小峰（山东青年政治学院）。秘书长1人：马烨（北京城市学院）。副秘书长3人：王俊燕（山东青年政治学院）、郭小建（重庆城市管理职业学院）、李聪聪（济南市历下区山泉社会工作服务社）。

三、工作内容和重要事件

家庭社会工作专业委员会的工作内容主要包括：（1）推动家庭社会工作教学，开展课程建设、教材建设，指导教学改革、组织教学研讨、推广教学成果，举办师资培训、院校合作活动。（2）推动家庭社会工作实务发展，团结国内从事家庭社会工作教学、研究与实务活动的高校与机构，以及专家和学者，分享并交流家庭社会工作案例与经验。（3）推动家庭社会工作学术交流，联络国内从事家庭社会工作教学、研究与实务工作的团体和个人，以及有关学科的专家学者，编辑出版学术著作、开展学术交流、举办学术活动，以文会友、切磋进益。（4）推动家庭社会工作学生培养，组织制定家庭社会工作课程标准、教学指导等重要教学参考文件，协助政府教育行政部门、相关教指委对家庭社会工作教学质量进行宏观监控和教育质量评价工作。（5）承担中国社会工作教育协会委托的其他工作。

成立至今，家庭社会工作专业委员会主要开展了以下活动。2018年，在湖北省黄石市举办首届家庭社会工作专业委员会年会暨“新时代中国家庭社会工作教学与实务”研讨会。研讨会由湖北师范大学承办，来自全国的七十余名老师和研究生参加了研讨与交流。2019年，在山西省太原市举办中国社会工作教育协会2019年会暨“新时代我国社会工作高质量发展”研讨会——“家校联动”家庭、学校和青少年分论坛。分论坛由家庭社会工作专业委员会与学校青少年社会工作专业委员会联合举办，以线下的方式进行。2020年，在山东省济南市举办第二届家庭社会工作专业委员会年会暨“新时代高质量中国家庭社会工作教学与实务”研讨会。研讨会由山东女子学院承办，以线上＋线下的方式举行，来自全国的近百名老师和研究生参加了研讨与交流。2021年，在内蒙古呼和浩特市举办“传承与创新：家庭社会工作教学与课程建设”研讨会。研讨会由内蒙古工业大学承办，以线上＋线下的方式举行，来自全国的一百五十多名老师和研究生参加了研讨与交流。2022 年，在青海省西宁市举办第三届家庭社会工作专业委员会年会暨“新时代中国家庭政策与家庭社会工作发展”学术研讨会。研讨会由青海师范大学承办，以线上 + 线下的方式举行，来自全国的两百余名老师和研究生参加了研讨与交流。2023 年，在北京市举办“中国式现代化下的女性、家庭与社会发展”学术研讨会。研讨会由家庭社会工作专业专委会与中华女子学院社会工作学院联合举办，以线下的方式进行。

（撰稿人：马烨、程胜利）

第十五节 高校教师社工机构专委会

2006 年 10 月，胡锦涛总书记在党的十六届六中全会提出要建立一支宏大的社会工作人才队伍。2007 年，在民政部的要求和指导下，深圳市政府开始推动“政府主导，民间运作”的社会工作发展模式。2007 年 3 月，深圳市民政局领导邀请深圳大学社会学系易松国教授创办了首家社会工作专业服务机构，采取政府购买服务的方式开展社会工作服务。2009 年，民政部发布《民政部关于促进民办社会工作机构发展的通知》，鼓励社会工作专业教师依托专业资源创办民办社工机构。2012 年，民政部制定的《国家社会工作专业人才队伍建设中长期规划（2011—2020 年）》提出鼓励社会工作教育与研究人才领办民办社会工作服务机构。2014 年，民政部发布《关于进一步加快推进民办社会工作服务机构发展的意见》，再次提出要鼓励社会工作专业教师创办民办社会工作服务机构。

在中央政府的倡导鼓励和地方政府的邀请及支持下，在专业使命的驱使下，全国各地高校教师纷纷开始创办社工机构。据 2016 年调查，全国有 300 多名高校教师创办了社工机构。调查结果表明，高校教师创办社工机构的原因和目的主要有以下几种。一是地方政府邀请。一些城市和地区政府为了探索社会工作服务，推动社会工作发展，邀请高校社会工作专业教师创办社工机构。二是大学发起。部分高校的院系为了响应中央号召或是促进专业实习和学生就业，发起成立社会工作专业机构。三是个人成立。一些高校教师为了提高自身社会工作实务经验及专业教学和研究能力而创办了社工机构。四是其他组织和个人邀请。部分高校社会工作专业教师受邀与其他社会组织或个人共创社工机构，发挥顾问或督导等方面的专业作用。

高校教师创办社工机构工具性和合法性地将政府、高校和教师三者有机地结合起来，极大地推动和引领了中国社会工作学科建设以及社会工作人才教育和服务实践。创办机构的高校教师除了完成自身教学、科研和行政工作以外，还付出大量时间、精力甚至个人和家庭资源，探索和开展社会工作服务，进行政策倡导，参与制度建设和基层治理。很多地区的社会工作都是通过高校教师创办社工机构而得到发展的。高校教师创办社会工作服务机构是中国特定时期的发展产物，是中国社会工作本土化和现代社会工作发展的一个重要特征和阶段，在国际社会工作发展史上也具有重要意义。

为了给创办社工机构的高校教师建立交流合作平台，促进创办教师及其机构在社会工作人才培养及社会服务和社会治理等方面发挥积极作用，推动创办机构的高校教师拓展本土社会工作研究的广度和深度，易松国等创办机构的教师向中国社会工作教育协会申请成立高校教师社工机构专委会。2016 年 10 月，高校教师社工机构专委会在南京大学召开的社会工作年会上正式成立。

专委会设主任 1 名和秘书长 1 名及一定数量的副主任和副秘书长。为了便于沟通联络，专委会根据创办教师的空间分布将全国分为八个区域，即东北区、华北区、华中区、华南区、华东区、东南区、西南区、西北区。每个区域设 1 名副主任和 1 名副秘书长。副主任和副秘书长负责各自区域的活动开展及沟通联络。专委会主任由易松国教授担任。专委会聘请王思斌、马凤芝、彭华民、顾东辉、向德平、庄勇、张友琴、史柏年等知名学者担任专家顾问，指导专委会高质量发展。

高校教师社工机构专委会负责人：主任易松国；副主任吕新萍、范燕宁、朱眉华、仰和芝、贺立平、周昌祥、乔益洁、卞文忠；秘书长段学芬（后由翟进接任），副秘书长马良、万仁德、刘建民、代曦、焦若水、张青；秘书（负责具体沟通联络工作）李娟。

自成立以来，高校教师社工机构专委会在王思斌等专家顾问的指导和支持下，在易松国主任的带领下致力于开展以下几个方面的工作：一是增进创办教师及其机构之间的交流合作。二是协助高校教师机构积极推动当地社会工作发展，参与社会工作服务，探索创新社会工作发展模式；三是举办社会工作专题研讨和论坛。2016 年 10 月，专委会在南京举办了社会服务管理论坛。同年 12 月，专委会在东北林业大学举办了主题为“社会工作欠发达地区高校教师社工机构发展”的论坛。2017 年 8 月，专委会在深圳大学举办了“高校教师社工机构与社会工作人才培养”的主题论坛。2018 年 8 月，在成都年会期间举办了主题为“高校教师机构与社会治理”的专委会分论坛。2019 年 12 月，专委会与深圳大学合作，在深圳举办了中国社会治理研究会高端论坛。2022 年 12 月，专委会举办了“新时代我国高校教师领办社工机构的使命与发展方向”的线上专题论坛。2023 年 12 月，专委会在河南新乡举办了中国社会工作教育协会 2023 年年会高校教师社工机构专业委员会论坛，主题为“社会转型时期高校教师社工机构的历史使命”。四是发动和组织高校教师机构参与疫情防控。2020—2022年疫情期间，专委会推动高校教师机构积极参与当地疫情防控和心理疏导，同时组织高校机构教师进行线上交流学习。五是组织开展社会工作研究。2018年，专委会开始组织培训和编写《高校教师创办社工机构口述史》，希望将高校教师创办社工机构这一中国本土历史现象记录下来。《高校教师创办社工机构口述史（第一卷）》和《高校教师创办社工机构口述史（第二卷）》分别于2020年和2022年由中国社会出版社出版。2024年3月，专委会对高校教师创办社工机构的情况进行重新调查研究。2024年7月，专委会开始组织编写《高校教师创办社工机构口述史（第三卷）》以及《探索者印迹——百名高校机构教师访谈录》。这两本书计划于2025年由中国社会出版社出版。

未来，专委会将重点做好两件事情。一是推动高校机构教师总结实践经验，开展理论研究，撰写本土社会工作教材，为中国社会工作学科发展作出更大贡献。二是推动高校教师机构适应社会转型和发展需要，探索创新新形势下的社会工作服务，在党建引领下参与社会治理，为社会有序和健康发展发挥积极作用。

高校教师社工机构专委会与高校教师创办社工机构一样，为历史而生，为使命而存。

（撰稿人：易松国）

第十六节　反贫困专业委员会

为贯彻民政部、财政部、国务院扶贫办《关于支持社会工作专业力量参与脱贫攻坚的指导意见》中提出的“实施社会工作教育对口扶贫计划”要求，全国社会工作专业学位研究生教育指导委员会、中国社会工作教育协会先后召开两次社会工作教育扶贫动员大会，启动实施“社会工作教育对口扶贫计划”。2017年12月1—2日，在成都开展“中国社会工作教育扶贫动员大会暨教育扶贫研讨会”，明确社会工作教育参与脱贫攻坚的核心任务和总体目标。会议启动、实施了“社会工作教育对口扶贫计划”，促成112所高校对口援助77个国家级贫困县。2018年4月14—15日，全国社会工作专业学位研究生教育指导委员会、中国社会工作教育协会在桂林召开“中国社会工作教育扶贫第二次动员大会暨教育扶贫研讨会”，组织动员了90所院校对口援助41个国家级贫困县。

为统筹、推进社会工作教育对口扶贫工作，中国社会工作教育协会筹备成立反贫困社会工作专业委员会（简称“反贫困专委会”）。反贫困专委会以长期规划与短期规划相结合为原则，以中国社会工作教育协会片区为基础，统筹、协调社会工作教育对口扶贫工作。反贫困专业委员会选取相对成熟的反贫困社会工作实践点为示范点，以示范点为基础开展行动研究和实务服务，总结反贫困社会工作实务模式和服务经验，推动反贫困社会工作的实践研究、学术研究和政策研究。

2018 年 4 月 15 日，中国社会工作教育协会反贫困社会工作专业委员会成立。王思斌、徐永祥、关信平、马凤芝、彭华民、钱宁、张和清任顾问，向德平任反贫困社会工作专业委员会主任，田北海、杨发祥、尹忠海、肖富群、徐丽敏、张文喜、林移刚、赵怀娟任副主任，田北海兼任秘书长，邓锁、芦恒、苏光、高万红、肖萍、黄锐、周利敏任副秘书长。

反贫困专委会承担中国社会工作教育协会反贫困职能，并与中国社会工作教育协会反贫困办公室合署办公。在中国社会工作教育协会的领导和指挥下，反贫困专业委员会积极组织社会工作教育扶贫工作。

社会工作教育参与脱贫攻坚工作承担的主要任务如下。一是帮助提升贫困地区社会工作教育水平。加强贫困地区社会工作专业师资队伍建设；以支持或与贫困地区学校合作在贫困地区建立社会工作实践、实习、实训基地等方式，吸纳专业教师、学生和实务工作者参与脱贫攻坚社会实践、专业实习和服务项目，为西部地区提供专业服务；鼓励和引导社会工作专业研究生和本科生通过参与脱贫攻坚实践撰写学位论文；提供督导支持，提升西部院校教师的实务教学水平，逐步缓解贫困地区社会工作专业力量不足、实务督导跟不上等问题；组织专家编写专业社会工作参与脱贫知识手册和《反贫困社会工作》教材。二是帮助贫困地区培养社会工作专业人才。三是指导基层社会工作服务站点建设，以专业教育促进贫困地区专业服务发展。四是参与实施社会工作知识普及工程。

在中国社会工作教育协会领导和指挥下，在反贫困社会工作专业委员会的组织和协调下，社会工作教育扶贫呈现出五方面的特点。一是参与度高。社会工作教育协会和全国社会工作专业学位研究生教育指导委员会发挥牵头组织作用，统筹规划，多方协调，广泛动员，共调动 200 多所高校、3 000 多名师生、200 多名社工和 1 600 多名志愿者参与到教育对口扶贫中，凝聚起社会工作院校参与脱贫攻坚的强大合力。二是组织有力。为有序推进社会工作教育扶贫相关工作，建立健全社会工作参与反贫困长效机制，社会工作教育协会以反贫困社会工作专业委员会为主体力量，抽调在扶贫减贫方面经验丰富的社会工作专家学者组成精干队伍，承担社会工作教育对口扶贫项目的研究、管理等工作，形成了强有力的组织保障。三是内容广泛。高校社会工作参与脱贫攻坚的服务内容主要集中在以下几个方面：在儿童及青少年服务方面，主要采用个案工作和小组工作的方法和技巧，关注留守儿童的身心健康，设计青少年成长发展课程；在老年人服务方面，部分高校派遣优秀的养老行业专家开展养老服务人才队伍培训，组织养老服务人员参观大型养老服务机构，学习养老服务经验和做法，发挥社会工作的资源整合优势；在妇女服务方面，引导妇女参与地方产业建设，从社会性别视角、优势视角出发，增强女性性别意识，提升妇女自立自强的能力；在残疾人服务方面，主要进行技能培训与生计发展培训，提高社区贫困残疾人家庭的生计能力，促进其社会融入；在社会组织服务方面，各高校根据自身的专业先发优势和人才优势，培育在地社会工作行业组织和实务机构，通过督导联系制度、机构对接制度、人才双向交流制度等方式，协助对口扶贫地点社会工作组织机构的可持续发展。四是产出多元。高校发挥自身专业力量在贫困地区建立实习实训基地共 151 个，如社会工作教育对口扶贫基地、精准扶贫校地合作实践站点等。高校依托实习实训基地，在专业人才培养、社会组织培育与发展、社区治理、社区建设与发展方面开展实务与研究。产出研究报告 156 份，承担相关课题 12 个，已发表期刊论文 63 篇，出版反贫困社会工作系列专著 20 余部。五是影响广泛。社会工作教育对口扶贫涉及 110 多个国家级贫困县，通过两年多的项目实施，不仅为贫困地区培养了一批基层工作骨干，普及推广了社会工作理念、知识和方法，还为儿童、老人、残疾人、妇女等多个群体提供专业服务，受益人数近 24 万，为贫困对象构建起社会支持网络，增强了贫困对象的发展能力。

反贫困社会工作专委会正式成立以来，编写 4 期工作简报，定期总结、汇报高校社会工作专业力量参与反贫困的理论与实践工作情况，并将简报发送至 202 所高校，促使各高校互相了解其他高校参与反贫困工作的进展情况，为各高校互相学习借鉴参与反贫困的经验提供了平台。反贫困社会工作专委会还对参与“社会工作教育对口扶贫计划”高校的脱贫攻坚工作情况进行调查，并将各高校参与脱贫攻坚的基本情况、实施效果以及典型案例进行汇总，形成《高校社会工作专业力量参与脱贫攻坚情况统计报告》以及《高校参与反贫困情况材料汇编》，为高校开展脱贫攻坚工作提供参考与借鉴。

在脱贫攻坚任务完成后，反贫困社会专业委员会积极开展乡村振兴研究和实践。2022 年 5 月，国家乡村振兴局、民政部发布《社会组织助力乡村振兴专项行动方案》，进一步动员社会组织积极参与巩固拓展脱贫攻坚成果和全面推进乡村振兴。中国社会工作教育协会承担对口帮扶四川省凉山州越西县的任务。反贫困专业委员会承担了具体帮扶工作，在四川大小凉山地区开展了需求调查、困难帮扶、人才培训、能力建设等一系列帮扶工作。

（撰稿人：向德平、田北海）

第十七节　社会工作理论专委会

经中国社会工作教育协会批准，社会工作理论专委会于2018年6月29—30日举行成立大会。华东理工大学社会与公共管理学院院长何雪松教授当选为主任委员，华东师范大学文军教授、南开大学吴帆教授、中国社科院大学陈涛教授、中国人民大学陈劲松教授、浙江大学林卡教授、华中师范大学郑广怀教授、中央民族大学郭伟和教授、厦门大学童敏教授等当选为副主任委员，华东理工大学黄锐副教授担任秘书长。成立以来，社会工作理论专委会通过主办社会工作理论专委会年会、举行社会工作理论工作坊等，不断凝聚研究力量，重点支持青年社会工作学者的发展，推动实践自觉的社会工作理论体系建设。2022年12月20日，社会工作理论专委会举行第二届理事会换届选举会议，中央民族大学民族学与社会学学院郭伟和教授当选第二届主任委员，华东师范大学社会发展学院院长文军教授当选候任主任委员，南开大学吴帆教授、华东理工大学张昱教授、中国社科院大学陈涛教授、中国人民大学陈劲松教授、浙江大学林卡教授、华中师范大学郑广怀教授、厦门大学童敏教授等当选副主任委员，华东理工大学黄锐副教授担任秘书长。除了继续主办社会工作理论专委会年会、举行社会工作理论工作坊外，社会工作理论专委会联合《社会工作》编辑部等承办社会工作学术写作工作坊。社会工作理论专委会至今已举办七届社会工作理论工作坊和社会工作理论专委会年会，承办两届社会工作学术写作工作坊，未来将出版发行集刊《社会工作理论》，共同推动中国自主社会工作学知识体系的建构。

（撰稿人：黄锐）

第十八节　移民社会工作专业委员会

一、发展背景与成立缘起

移民社会工作专业委员会的成立是行业需要与苏皖片区联动式发展共同推动的结果。当下国内外正处于迁移流动发展的新时代。我国现代化建设中产生大量自愿和非自愿移民，其中征地移民约8 000万人，扶贫、生态环保、灾害移民约2 000万人。它所涵括的内容既包括城乡、乡乡与城城以及乡村振兴背景下的城乡流动，又包括国家间的流动（如跨国新娘、外籍商人、技术人员、留学人员和跨国劳工），也包括工程建设征地拆迁和生态环境保护所引起的迁移、易地扶贫搬迁移民。社会工作界已有儿童、青少年、妇女、老人等群体性社会工作方向，期望在这些群体属性上再叠加“人口空间迁移流动”属性，以突显这些群体特别是需要帮助之群体所处情境和面临困境的特殊性，拓展社会工作专业服务领域，寻求社会工作专业更多的发展空间。

河海大学率先聚焦社会矛盾最突出的水库移民，扩展到工程征地移民，再到生态环境、灾害和扶贫移民领域，从移民政策、规划、实施介入，拓展到移民社会政策和社会工作研究，是国内最早设置移民社工研究方向，并是国际机构、移民行业培养高级人才的重要基地。苏皖片区总协调人彭华民教授热切推动成立移民社会工作专业委员会，促进社会工作发展。为此，河海大学、武汉大学、华东师范大学、贵州大学、华东理工大学五所高校共同发起成立移民社会工作专委会。经中国社会工作教育协会批准，专委会成立大会于 2019 年 4 月 13—14 日在河海大学举办，秘书处设在河海大学。成立移民社会工作专业委员会，目的在号召学界同仁围绕“迁移流动”这一属性从实务、研讨、出版、社会服务等方面做出努力，以响应移民社会工作学的建构及移民社会工作服务模式的本土化及中国化的呼声。

二、组织架构、主要负责人及沿革

移民社会工作专业委员会组织架构完整，设置顾问、主任、副主任、秘书长、副秘书长、理事，制定《移民社会工作专业委员会工作规程》，协同推动移民社会工作专业委员会的发展。

第一届移民社会工作专业委员会（2019 年—2023 年），聘请关信平、彭华民、向德平、庄勇、施国庆担任顾问，主任委员为王毅杰，副主任委员为文军、谢俊贵、曾守锤、徐延辉，秘书长为武艳华，副秘书长为王亮、王海宝、任敏、孙小悦、吴越菲、何昕，理事 53 人。

第二届移民社会工作专业委员会（2023—2026 年），聘请关信平、彭华民、向德平、庄勇、施国庆、高万红、谢俊贵、文军、徐延辉、李怀担任顾问，主任委员为王毅杰，副主任委员为王亮、卢玮、关丙胜、汤夺先、吴越菲、宋全成、林移刚、武艳华、曾守锤，秘书长武艳华，副秘书长为王开庆、王海宝、孙小悦、何昕、周正、胡蓉，理事 88 人。

三、工作内容和重要事件

自 2019 年成立至今，移民社会工作专业委员会共举办五次会议，积极推动移民社会工作教育的发展。

1. 移民社会工作专业委员会成立大会。2019 年 4 月 13—14 日，在河海大学召开移民社工专委会成立大会暨第一届移民社会工作学术论坛。本论坛开设“流动人口与社会工作”“生态移民与社会工作”“工程移民与社会工作”及“跨国移民与社会工作”分论坛，68 位学者参与汇报。

本论坛的召开，标志着移民社工专委会的成立，创造了国内移民社工研究者们的交流平台。

2. 合作主办“性别、移民与社会工作”论坛。2019 年 8 月 31 日至 9 月 3 日，第二届国际移民与社会发展学术研讨会暨国际水电移民对话高端论坛和国际移民网络 2019 年会在河海大学顺利召开。移民社工专委会同河海大学性别与发展中心共同组织“性别、移民与社会工作”论坛。本论坛收到加拿大西蒙菲莎大学、中国人民大学、厦门大学、华东理工大学、中山大学及河海大学等单位的 13 篇论文，聚焦探讨移民群体的迁移流动、融合发展以及空间问题。

3. 联合举行“流动性与社会工作理论”工作坊。移民社会工作专业委员会联合社会工作理论专业委员会，于 2021 年 1 月 8 日举办“流动性与社会工作理论”工作坊，设“主题报告”“社会工作的新视角”“流动性、嵌入与关系”“本土性、专业化与实践研究”四大板块。来自华东师范大学、复旦大学、广东工业大学以及华东理工大学等单位的 14 名学者发言。

4. 举办第三届“中国移民社会工作”学术会议。2021 年 11 月 28 日，移民社会工作专业委员会主办，河海大学承办“全球化背景下移民治理的制度、路径及发展趋势”暨中国社工教育协会移民社工专委会第三届年会。来自十余所院校的学者，在“大会主旨发言”“国际社区的历史、形成与治理”“全球化、移民中介与治理”“移民组织、社会工作与治理”等四个单元发言，吸引 100 多位师生参与交流。

5. 召开第四届“中国移民社会工作”学术会议。2023 年 5 月 20 日，由中国社会工作教育协会移民社会工作专业委员会主办，河海大学承办的中国社工教育协会移民社工专委会第一届理事会换届会议暨“中国移民社会工作”第四届会议在河海大学举办。本次会议共有 20 余篇论文入选大会发言。本次会议实现移民社会学专委会、移民社会工作专委会联合办会，体现社会学与社会工作的交融，对推动移民社会学学科发展有实践探索意义。

（撰稿人：武艳华、王毅杰）

第十九节　社会工作历史专委会

一、发展背景与缘起

当代中国特色社会工作事业可以沿着三个源头追溯：一个是民国初期引入中国的源自西方的专业社会工作，一个是延续自中国古代的社会福利思想与社会救助体系，一个是中国共产党领导下肇始自农村革命道路边区、抗日根据地和解放区建设的行政性社会工作传统。对中国社会工作历史的系统梳理以及与国外社会工作历史的比较研究对于构建中国特色的社会工作体系和发展中国特色的社会工作事业，助力中国式现代化建设至关重要。自进入21世纪以来，以河北大学社会学系等单位和彭秀良等学者开始积极致力于本领域的史料整理和开发工作，在学术研究与课程教学方面形成了较为丰硕的成果，学术教学共同体初见规模。2019年9月25日，经中国社会工作教育协会批准，以河北大学政法学院社会学系（2019年12月调整为哲学与社会学学院社会学系）为依托，汇集国内有志于从事本领域研究的专家学者与青年学子，社会工作历史专委会宣告成立。本专委会的创设旨在促进社会工作历史史料开发、学术研究、教材与课程建设等事业，完善现有学科知识体系，参与推动社会工作专业人才培养的高质量发展。

二、组织架构与沿革

（一）第一届社会工作历史专委会组织架构

主任委员：张岭泉，河北大学哲学与社会学学院社会学学科带头人、教授。副主任委员：刘继同，北京大学卫生政策与管理系教授；秦小峰，山东青年政治学院政治与公共管理学院副教授；彭秀良，衡水学院社会工作研究中心研究员；肖萍，南京大学社会学院社会工作与社会政策系主任；袁光亮，北京青年政治学院青年工作学院院长、教授；林顺利，河北大学哲学与社会学学院副院长、教授；邹鹰，《社会工作》杂志主编；祝平燕，华中师范大学社会学院社会工作系教授。秘书长：林顺利，河北大学哲学与社会学学院副院长、教授。副秘书长：郝亚飞，河北大学哲学与社会学学院社会学系副主任、副教授。

（二）第二届社会工作历史专委会组织架构

主任委员：张岭泉，河北大学哲学与社会学学院社会学学科带头人、教授。副主任委员：秦小峰，山东青年政治学院政治与公共管理学院副教授；彭秀良，衡水学院社会工作研究中心研究员；肖萍，南京大学社会学院社会工作与社会政策系主任；袁光亮，北京青年政治学院科研处处长、教授；林顺利，河北大学哲学与社会学学院副院长、教授；邹鹰，《社会工作》杂志主编。秘书长：林顺利，河北大学哲学与社会学学院副院长、教授。副秘书长：郝亚飞，河北大学哲学与社会学学院社会学系副主任、副教授；孙志丽，黑龙江大学政府管理学院社会学系系主任、副教授；王春霞，浙江财经大学社会工作系、副教授；杨亚蒙，中共石家庄市委党校、讲师。

三、工作内容和重要事件

（一）工作内容

（1）联络国内从事社会工作历史，包括具体史料开发、本土社会工作事件和人物研究、本土社会工作发展历程梳理等方面研究和传播的团体和个人，以及有关学科的专家和学者，积极推动社会工作历史研究和教育共同体的建设与发展。（2）举办国内和国际社会工作历史学术交流和专业教育培训及其他学术活动，编辑出版有关学术著作。（3）组织制订社会工作历史专业教育教学规范等重要教学参考文件。（4）指导专业高校开展社会工作历史教学改革、组织教学研讨、教学成果推广、学术交流等活动。（5）组织开展社会工作历史学科的课程建设、教材建设、师资队伍培训、实践教学和院校合作等方面的咨询活动。（6）倡导社会工作历史的研究、推广和传播，树立本土社会工作的历史感和历史意识，积极致力于本土社会工作历史的学科体系建设，推进社会工作历史成为我国社会工作教育体系的重要组成部分。（7）承担中国社会工作教育协会委托交办的其他工作。

（二）重要事件

1. 专委会创立

2019 年 9 月 25 日，中国社会工作教育协会社会工作历史专业委员会成立大会暨社会工作历史学术研讨会在河北省保定市召开。大会选举通过常务理事、主任委员、秘书长等人选。社会工作历史专业委员会由河北大学政法学院发起，首批单位会员 7 个，个人会员 140 余人。

2. 着力推动中国社会工作历史学术交流

（1）2021 年 12 月 26 日，中国社会工作教育协会社会工作历史专业委员会 2021 年年会暨中国社会工作教育协会 2021 年年会分论坛于线上召开，主题为“中国特色社会工作的历史与体系”。（2）2022 年 12 月 30 日，中国社会工作教育协会 2022 年年会分论坛暨社会工作历史专业委员会 2022 年年会学术研讨会于线上召开，主题为“中华民族发展史观引领下的社会工作历史研究”。（3）2023 年 12 月 10 日，中国社会工作教育协会社会工作历史专委会 2023 年年会暨中国社会工作教育协会 2023 年会分论坛于河南新乡召开，会议主题为“中国社会工作史：学术研究与新文科背景下的课程建设”；本次年会完成专委会换届，产生第二届专委会组织架构。（4）自 2022 年开始，为持续激活本土社会工作历史研究“薪火传承”，专委会于历次年会特别设置“学子论坛”，面向全国社会工作、社会学及相关学科专业硕士及以上在读研究生征求社会工作历史类研究成果与会交流，取得了较好成效。

3. 大力推广中国社会工作历史研究与教学

科研方面：将自成立后完成和在研本领域国家社会科学基金项目 3 项，出版专著 10 余部，公开发表论文 50 余篇。彭秀良等持续在《中国社会工作》杂志《史海钩沉》栏目发表社会工作历史研究文章。教学方面：专委会核心成员联合出版《中国社会工作简明历史教程》，并在河北大学等高校推广使用。河北大学、浙江财经大学等近 10 所高校已经将中国社会工作史课程纳入培养方案；新疆大学政治与公共管理学院已将《中国社会工作简明历史教程》纳入研究生考试参考书目。

4. 组织编撰《中国社会工作通史》

专委会核心成员与专委会主要学术骨干团队于2022年12月30日获批教育部哲学社会科学研究重大课题攻关项目《中国社会工作通史研究》（22JZD026），开始着手整理编撰具有中国特色的本土社会工作通史，填补国内社会工作学科史建设空白。

（撰稿人：林顺利、张岭泉）

第二十节　社会治理与社会工作专委会

一、发展背景与缘起

改革开放以来，我国经济迅速发展，人民生活水平逐渐提高，各项事业蓬勃发展。但与此同时，也积累了大量的社会问题和社会矛盾。党中央、国务院高度重视社会治理与社会工作。党的十九届四中全会强调“坚持和完善共建共治共享的社会治理制度”，国务院政府工作报告多次在“加强和创新社会治理”部分强调要“发展专业社会工作”。为促进我国社会治理与社会工作的人才培养、理论研究和经验交流，西南财经大学、西华大学、南京大学、中国社科院大学、吉林大学、华东理工大学、中央民族大学等20余所高校联合发起成立了社会治理与社会工作专委会。

2018年8月8日中国社会工作教育协会理事会批准同意筹备成立社会治理与社会工作专委会。2018年8月9日，专委会在成都市召开了第一次筹备会议。2018年12月8日，专委会在成都召开了第二次筹备会议。

二、组织架构、主要负责人及沿革

2019年11月14日，中国社会工作教育协会社会治理与社会工作专委会成立大会暨第一届成员大会在浙江省海宁市召开，40余所高校的50余名专家学者会员代表参加了会议。大会审议通过了《中国社会工作教育协会社会治理与社会工作专委会管理制度》《中国社会工作教育协会社会治理与社会工作专委会五年工作规划（2019—2024）》，选举产生了中国社会工作教育协会社会治理与社会工作专委会第一届理事、理事长、副理事长，产生了秘书长、副秘书长，聘请了王思斌、关信平、马凤芝、彭华民、顾东辉、钱宁教授担任顾问。专委会秘书处设在西南财经大学社会发展研究院，西华大学党委书记边慧敏教授担任理事长，南京大学社会学院朱力教授、中国社科院大学政法学院副院长陈涛教授、华东理工大学社会与公共管理学院朱眉华教授、中央民族大学民族学与社会学学院副院长郭伟和教授、吉林大学社会学院芦恒教授担任副理事长，西南财经大学社会发展研究院副院长邓湘树副教授担任秘书长，北京大学社会学系邓锁副教授、南开大学政府管理学院万国威副教授、中山大学社会学与人类学学院陈家建副教授、四川大学公共管理学院何明洁副教授、郑州轻工业大学政法学院副院长行红芳教授、甘肃政法学院公共管理学院副院长任文启教授、集美大学法学院副院长姚进忠副教授、内蒙古科技大学政法学院社会学系主任闫金山副教授、重庆大学公共管理学院胡晓芳副教授担任副秘书长（以上均为当时的任职单位、职务和职称）。

三、工作内容和重要事件

（一）发挥智库作用，参与基层治理

与民政部联合成立“中国基层社会治理研究中心”，在全国 3 000 多个社区进行调查，形成“中国基层社会治理数据库”。为各级政府策划实施社区治理项目，如为成都市温江区柳城街道策划“柳城平伙社区营造项目”，获评全国优秀案例、全国百佳社区工作法。参与多项部、省社工人才规划、服务标准的制定，如《四川省社会工作专业岗位开发与人才激励》《成都市社区工作者人才发展规划（2019—2023）》等。

（二）发挥专业优势，响应国家战略

发出呼吁成员单位积极参与新冠疫情防控的倡议，多个疫情防控相关决策咨询报告获四川省党政主要负责人肯定性批示，并被中办采纳。2021—2024 年，扎根大小凉山、青藏高原、高黎贡山，服务“一老一小”等重点弱势人群，开展脱贫攻坚、乡村振兴服务，代表性项目“彝路相伴”易地扶贫搬迁集中安置社区治理项目，获教育部直属高校服务乡村振兴创新示范项目、第六届中国青年志愿服务项目大赛全国金奖、共青团中央“第十四届中国青年志愿者优秀项目奖”。10 余篇关于乡村振兴、留守儿童的咨政报告获得教育部等相关部门采纳或肯定性批示。

（三）创新服务机制，助力成渝发展

组织开展“成渝双城经济圈社会动态调查”“成渝双城经济圈社会追踪服务”两大项目，开展“成渝地区双城经济圈与三大经济区比较研究”“成渝双城经济圈背景下青年社会工作

人才队伍建设机制研究”等研究。在川渝引进推广“共创成长路”效果显著，累计培训教师300多名，服务学生近万人次。

（四）助力平台搭建，促进学术交流

2018年12月8—9日，中国社会工作教育协会社会治理与社会工作专委会（筹）在成都市温江区举办了首届年会暨新时代社会治理与社会工作研讨会，300余名来自国内知名院校的专家学者和实务工作者参加了本次会议。2019年11月15日，在浙江海宁举办主题为“美好生活与社会治理创新论坛”的年会，250名各界代表参加了会议。2023年12月10日，在河南新乡举办了中国社会工作教育协会2023年学术年会“中国式社会治理现代化与社会工作发展”，近100名学者、研究生和实务工作人员参加了本次分论坛。

（撰稿人：邓湘树、江海容）

第二十一节　金融社会工作专委会

一、专委会成立背景

发展金融社会工作有助于满足人民的美好生活需要，有助于扎实推动共同富裕，更有利于推进金融强国建设。2024年1月16日，习近平总书记在省部级主要领导干部推动金融高质量发展专题研讨班开班式上发表重要讲话强调，坚定不移走中国特色金融发展之路，坚持以人民为中心的价值取向，建设金融强国。金融社会工作是全球社会服务的一个新领域，是社会工作和金融服务的一个结合领域。金融社会工作主要通过两种途径改善个体和家庭的金融能力：一是通过政策倡导和结构改革促进普惠金融发展，二是通过多样的微观服务改进个体的金融知识和技能，来帮助人们实现经济利益和全面福祉。

随着中国社会工作教育事业的快速发展，尤其是财经类高校具有独特的历史传统、学科专长、行业联系和校友资源，自2018年起很多高校社会工作院系和专业教师逐渐开始致力于金融社会工作领域的教学、研究和实践。中央财经大学于2018年开始招收金融社会工作方向的硕士研究生，江西财经大学、广东财经大学等高校从2018年也开始了金融社会工作人才培养的探索。与此同时，2018年至2020年3年里，“金融赋能与资产建设：金融社会工作教育、研究与实务国际研讨会”等近10场国内外专题学术研讨会依次召开。专业教育和学术会议汇聚了国内从事金融社会工作教学研究工作的人员和开展相关实务的优秀社会工作者，也形成了亟须成立金融社会工作专业组织的共识。

2019年年底在中国社会工作教育协会第六届理事会第四次会议上，由全国30多个高校社工院系和17位领衔学者共同倡议发起，提出筹备成立金融社会工作专业委员会申请。2020年底，中国社会工作教育协会金融社会工作专业委员会（简称“金融社会工作专委会”）正式获批成立。首届金融社会工作专委会（2020年至今）聘请彭华民教授担任名誉主任委员，聘请马凤芝、钱宁、李迎生、邹学银任学术顾问，李国武教授任主任委员，蒋国河、刘长喜、艾战胜、童志锋、吕新萍、李国和、邓湘树、郑路和邓锁任副主任委员。方舒任秘书长，周晓春、齐少杰、刘东、周玲、许芸和罗桥任副秘书长。理事72人。该专委会的宗旨是，为金融社会工作教学研究人员打造一个人才培养、学术研究和社会服务的交流合作平台，推进金融社会工作的课程体系建设、师资队伍建设、学术研究创新、实务模式探索、服务能力提升。

二、专委会成立以来工作进展

（一）积极推进金融社会工作专业人才培养

自成立以来，金融社会工作专委会积极倡导和推动成员单位开展金融社会工作专业教育。

一方面，通过本科教育和专硕教育培养金融社会工作本土人才。（1）课程设置与培养体系上，中央财经大学、上海财经大学、西南财经大学、江西财经大学、广东财经大学和贵州财经大学等一批会员高校社会工作本科教育和研究生教育，已开设《金融社会工作》核心课程，且培养方案设有金融社会工作方向；（2）课程与教材建设上，翻译出版全球前沿教材《脆弱家庭中的金融能力与资产建设：理论与实务》，主编《金融社会工作》本土教材；（3）产学研合作上，金融社会工作专委会支持会员高校积极推进产教融合，目前已与金融机构合作建设近10个产学研基地，如由Visa公司和中国金融教育发展基金会支持、中央财经大学社会与心理学院共同建立的“北京金融教育示范基地”等，实现学生实习、论文写作和人才培养一体化。另一方面，积极推进金融社会工作人才培训与赋能行动。2021年中国社会工作联合会联合益宝计划和中国金融教育发展基金会举办“中国社会工作者金融能力（首届）通识培训”。

（二）推动金融社会工作的学术研究

金融社会工作专委会近年来推动了金融社会工作的本土理论和经验研究。一是定期召开学术交流活动。2020年以来，每年召开专委会学术年会，汇集国内外优秀人才并评选出一批优秀论文；邀请谢若登、黄进、邹莉等国外学者来华开展授课、讲座和会议交流，且会员老师积极参加国际学术会议并发表金融社会工作相关论文演讲。二是相关成果纷纷问世。《社会学评论》《社会建设》《社会工作》《社会工作与管理》《开发研究》等已刊发一系列金融社会工作专题组稿文章，金融社会工作专委会主任委员李国武教授主编出版《金融与社会》（集刊）5部、《社会影响力金融研究报告（蓝皮书）》2部，副主任委员邓锁老师主编出版《资产建设视角的反贫困社会工作》。三是会员单位和会员老师积极开展金融社会工作研究项目。现已开展面向社区居民、中小学校、小微企业、公益组织、金融机构和工业园区的一系列金融社会工作（含金融教育和社会影响力金融）项目10多项。

（三）促进金融社会工作服务发展

金融社会工作专委会近年来多维度发力、系统化整合，积极动员高校、社会组织、金融机构和个人等多方参与，推动金融社会工作服务的本土发展。一是支持金融社会工作服务落地实施。金融社会工作专委会现已与6家开展本领域服务的社会组织建立合作共建关系，推动建立了有32家成员的“全国金融教育公益协作网络”，支持实施“金社工程”，在全国24个省市建立61个社区金融教育服务站，与48家社会组织合作，受益人次超过50万。二是积极开展金融社会工作专委会主动与金融行业联络合作，目前已有银行、证券公司、金融企业、支付机构等多家单位资助开展了近10个金融教育、居民金融素养提升的实务项目。三是成员单位纷纷致力于在地资源整合和平台建设。上海商学院倡导建立了“上海金融社会工作发展中心”，深圳创新企业社会责任促进中心在深圳成立“社会影响力金融创新实验室”、在广州成立“公益金融发展研究中心”。

三、总结与展望

新时代发展金融社会工具有重要意义。金融社会工作能更好满足全体人民对金融社会服务的要求，通过教育和培训为人们进行金融赋能，实现人们美好生活需要，提供了一个最广阔的实现普惠金融的途径。

从长远来看，金融社会工作专业委员会将继续系统化工作思路。一是进一步完善专委会及理事会相关工作机制，切实加强理事之间以及专委会与社会工作学界、实务界的交流合作。二是积极寻求专委会成员之间的研究合作，鼓励公益金融与金融社会工作交叉融合研究，持续产出一批显示度高、影响力大的研究课题和学术成果。三是积极赋能学者和学子。主动与金融机构、支付机构和社工服务机构联络合作，实施全国性金融社会工作大学生实习或论坛；开展面向高校《金融社会工作》课程教师、专委会理事及社会工作者的“金融赋能专项计划”。

（撰稿人：方舒、李国武）

第二十二节　社会工作实验教学专委会

一、发展背景与缘起

社会工作是注重实务的专业。在社会工作教育体系中，通过实验教学、实习教学提升学生的实务能力和水平。学生系统掌握个案工作、小组工作、社区工作等工作方法，运用于儿童、青少年、老人、残疾人、女性、职工等有需要的人群。

自从 1988 年社会工作专业恢复重建以来，截至 2018 年年底，我国已经有 348 所高校开设了社会工作专业本科，150 余所高校开展了社会工作专业硕士教育，70 多所高职院校设立了社会工作专科。许多院校设置专门的社会工作实验课程，建设了社会工作实验室，推进社会工作实验教学，取得了很多成果。但还存在实验教学的师资相对短缺、社工实验室利用率低、实验教学不够系统、理论与实践有较大的脱节等问题，院校有各自的经验，但处于散落的状态，需要形成合力，资源共享，优势互补，共同提高。当前亟须加强对现有实验教学的理论和经验的总结与提炼，指导院校科学地设置实验教学课程，建设本土的社会工作实验教学体系。提升学生对专业的认同度、社会对社会工作专业的认可度。

中国劳动关系学院、山东青年政治学院、中国青年政治学院共 50 家单位，61 名个人发起筹备中国社会工作教育协会社会工作实验教学专业委员会，集中本领域专家和骨干人才，全面推进此项事业，并积极呼吁更多的专业人士加入进来，为本土社会工作实验教学贡献力量。

2019 年 11 月 2 日，社会工作实验教学专业委员会筹备成立申请在山西太原召开的中国社会工作教育协会年会上获得理事会通过。经过一年的准备与筹划，“社会工作实验课程设计与开发论坛暨社会工作实验教学专业委员会成立大会”于 2020 年 12 月 27 日举办。

二、组织架构、主要负责人及沿革

组织架构及主要负责人：

主任：张默。副主任（排名不分先后）：卜长莉、马良、田奇恒、李晓凤、吴帆、时立荣、张会平、郭未、周军、秦小峰。秘书长：王晓慧。副秘书长：任文启、任敏、苗艳梅、王森、王丹丹、银平均、潘星、刘世颖。

社工实验教学专委会成立以来没有进行换届选举，2024 年将会有第一次换届选举。

三、工作内容和重要事件

（一）四次年会暨社会工作实验教学研讨会。

2020 年 12 月 27 日，由社会工作实验教学专委会主办，中国劳动关系学院社会工作学院承办，美亚联创（北京）科技有限公司协办的“社会工作实验课程设计与开发”论坛在线上召开。2021 年 12 月 11 日，由社会工作实验教学专委会主办，中国劳动关系学院社会工作学院、重庆城市管理职业学院承办，美亚联创（北京）科技有限公司协办的中国社会工作教育协会社会工作实验教学专委会 2021 年年会暨第二届社会工作实验教学研讨会在线上召开。2022 年 11 月 26 日，由社会工作实验教学专委会主办，中国劳动关系学院社会工作学院承办，美亚联创（北京）科技有限公司协办的中国社会工作教育协会社会工作实验教学专委会 2022 年年会暨第三届社会工作实验教学研讨会在线上召开。2023 年 11 月 25 日，由社会工作实验教学专委会主办，乐山师范学院、中国劳动关系学院联合承办，美亚联创（北京）科技有限公司协办的社会工作实验教学专委会 2023 年年会暨第四届社会工作实验教学研讨会在乐山师范学院召开。

（二）三期社会工作实验教学培训。

2021 年 7 月 16—18 日，由社会工作实验教学专委会主办，中国劳动关系学院社会工作学院承办第一期“社会工作实验教学师资培训”，课程内容包括“社会工作实验室教学与人才培养——内涵、意义与问题”“学生为本：社会工作教育三实（实验、实践、实习）理念思考”“社会工作实验室建设与实验课程开发”“社会剧在社会工作实验教学中的应用”。2022 年 7 月 23—25 日，由社会工作实验教学专委会主办，中国劳动关系学院社会工作学院、中央民族大学社会学与社会工作学院承办，美亚联创（北京）科技有限公司协办第二期社会工作实验教学师资培训在线上召开。课程包括“个案工作”实验教学课程设计与实施、“社会工作行政”实验教学课程设计与实施、“绘画治疗”实验教学课程设计与实施、社会工作专业实验课线上教学小型研讨。2023 年 7 月 14—16 日，由社会工作实验教学专委会主办，中国劳动关系学院社会工作学院承办，美亚联创科技有限公司（北京）协办的第三期社会工作实验教学师资培训。课程包括“社会工作行政”实验教学设计与实施；“社会计量在小组工作中的应用”工作坊、沙盘游戏治疗在实验教学中的应用、社工实验室建设与社工实验教学研讨、人工智能技术与社会工作实验教学、“社区治理职业技能标准”与专业教学的融合探索。

（三）2023 年开启系列社工实验教学课程建设工作坊。

已分享主题包括“高级社会工作实务”课程经验交流、游戏化实验教具的应用与开发、能力为本课程设计经验交流、小组工作实验室课程的设计与实施。

（四）承办全国智慧社会工作行业产教融合共同体年会

2024 年 4 月 26—28 日，由全国智慧社会工作行业产教融合共同体主办，石家庄学院与社会工作实验教学专业委员会承办全国智慧社会工作行业产教融合共同体年会暨“智慧社工 +”高质量发展论坛。

（五）发布全国社会工作实验教学状况问卷调查

实验教学专委会面向全国开设社会工作专业的院校发放了社会工作专业实验教学状况调查问卷（教师版），问卷已回收近 170 份，目前还在持续回收中。

（撰稿人：张默、王晓慧）

第二十三节　社会工作伦理专委会

社会工作伦理发展是社会工作实践、教学、研究的基石，也是社会工作专业获得合法性、逐步走向成熟的标志之一。自社会工作在中国内地恢复发展以来，社会工作建设一直是其重要的建设议题。目前，多数院校已经陆续设置了社会工作伦理课程，出版了相关教材和案例集，也发表了一系列的研究论文，对诸多伦理议题有了更多本土化的研究和探讨，各地的社会工作服务机构也越来越强调伦理制度的建设，尤其是近年来，各地方社会工作者协会也已陆续颁布了多例地方性的伦理守则。经过多年的辛勤耕耘，社会工作学界和实务界在社会工作伦理教学、研究、实务方面已经取得了一定成绩。尽管如此，目前社会工作的发展仍面临伦理规范不完善、研究不足、理论与实践脱节、教学师资短缺等问题，亟须加强对我国社会工作伦理相关的教学、实践、研究的反思、总结与提炼。中国社会工作教育协会社会工作伦理专业委员会（CASWE Ethics Committee）是在社会工作专业化、职业化发展的需要下应运而生的专业组织，致力于整合教学、研究与实务界各方力量，促进各院校系统地、科学地设置伦理课程，提升专业伦理师资能力，推动全国性伦理规范的制定，开展深入的伦理议题研究，以及复杂伦理案例的深入讨论等。

早在 2019 年 5 月，复旦大学社会工作专业的赵芳教授等就提出筹建该专委会的设想，得到了中国社会工作教育协会的支持与指导。经过近两年的筹备，2021 年 12 月 25 日，中国社会工作教育协会社会工作伦理专业委员会正式成立。受疫情影响，专委会成立大会在线上举办。首任理事会成员总计 94 位，其中个人理事 64 人，团体理事 30 个。理事既有来自高校从事社会工作教学、科研的学者，也有来自地方社会工作者协会、社会工作实务机构的管理者和一线工作者，在学界和业界具有广泛代表性。社会工作伦理专委会设立主任委员1人，副主任委员6人，秘书长1人，副秘书长1人，常务理事19人。经投票选举，首任主任委员为赵芳教授，副主任委员包括童敏、张会平、卜长莉、陈家琪、李艳华、沈黎、李涛等。秘书长为洪浏，副秘书长为林霞。专委会顾问为史柏年、顾东辉教授。

专委会成立后在教学、研究、实践、制度建设等多方面开展工作。在教学方面，专委会组织开展社会工作伦理课程、教材建设和师资培训，讨论制定课程标准，推动教学改革、教学质量监控和教学成果推广，计划编辑出版伦理教学案例集；在实务方面，专委会整合资源，开展社会工作伦理培训、咨询和督导，讨论伦理风险案例，推动建立实务和实习教学中伦理风险预防机制；在学术研究方面，专委会通过成立学术共同体，促进伦理本土化和重要伦理议题的深入研究，并推动制订社会工作研究伦理标准，协助高校建立社会工作学术研究伦理委员会。

专委会自成立以来，每年召开年会，并努力将年会打造成社会工作伦理领域理论与实务相结合、产学研用互动的重要平台。2021年12月，专委会举办了成立大会暨首届年会，研讨了构建中国特色社会工作伦理体系等议题；2022年12月，因疫情，专委会线上召开了第二届年会暨“新时代基层治理中的社会工作伦理理论与实践研讨会”，从不同视角探讨了新时代社会工作参与基层治理中的伦理议题；2023年11月，专委会在福州召开第三届年会，以“原则与规则：社会工作伦理本土化发展”为主题，结合中国文化和现实发展需要，探讨了社会工作伦理原则和规则的建设与本土实践。

除举办年会外，2022年，专委会联合《社会工作与管理》期刊进行了伦理专题组稿，共刊发3篇伦理研究论文；在教学方面，推动社会工作伦理教学改革和案例教学的推广，专委会林霞老师的《社会工作价值与伦理》课程获得了北京市高校创新大赛的二等奖；在实务推进方面，多名理事受邀为各级民政部门、社工机构开展伦理培训，提升从业者伦理意识和伦理行为；在标准化建设方面，专委会参与了社会工作机构《困境儿童公益慈善捐赠人行为准则指南》的制定和论证，并开始筹划全国社会工作伦理守则的制定工作。此外，专委会每年年底召开工作会议和理事会，总结当年工作，研讨次年工作计划，为新一年工作奠定基础。

作为中国社会工作教育协会最新成立的专委会之一，社会工作伦理专委会在短短两年时间里已经在稳步开展工作，取得的成绩受到学界和业界的广泛关注。展望未来，专委会将继续在推进社会工作专业化、职业化进程中彰显其价值。面对经济发展、社会转型，以及人工智能等新技术带来的机遇和挑战，专委会将主动作为，引领伦理研究、实践、教学的深入探索与创新，推动中国社会工作伦理学科走向繁荣。

（撰稿人：赵芳、洪浏）

第二十七章

中国社会工作教育协会片区工作

第一节　中国社会工作教育协会片区工作机制

中国社会工作教育协会考虑到全国高校社会工作专业 / 系数量众多，以及地区社会工作教育的快速发展，从 2003 年建议基于地域专业特色建立片区工作交流机制，开始着力推动片区（年会）机制，2008 年会后，又进一步做出了设立社会工作教育地区中心的决策，以期进一步推动地区社会工作教育的实质发展。

2004 年 11 月 28 日，受中国社会工作教育协会委托，“第二届华北地区社会工作教育片会”在中华女子学院召开。至此，受中国社会工作教育协会委托召开的片会达到 12 个，分别是：2003 年 1 月 11—12 日，吉林大学社会学系承办的“东北地区社会工作学科建设研讨会”；2003 年 3 月 15—16 日，济南大学民政学院承办的“山东省首届社会工作教育与社会工作理论研讨会”；2003 年 11 月 16 日，中国青年政治学院社会工作与管理系承办的“中国社会工作教育协会第一届华北地区社会工作教育会议”；2003 年 11 月 14—16 日，云南大学社会工作系承办的“首届西南地区社会工作专业教育建设研讨会”；2004 年 5 月 15—16 日，武汉大学社会学系承办的“中国社会工作教育协会中南地区片会暨中南地区社会工作发展研讨会”；2004 年 5 月 20—22 日，西北大学社科系承办的“西北地区第一届社会工作教育暨学科建设研讨会”；2004 年 6 月 16 日，长春工业大学人文学院承办的“中国社会工作教育协会 2004 年东北地区学术年会”；2004 年 9 月 26 日，华东理工大学社会学院社会工作系承办的“中国社会工作教育协会上海片会”；2004 年 11 月 11—12 日，南京大学社会学系承办的“中国社会工作教育协会江苏省片会”；2004 年 11 月 26—27 日，厦门大学社会学系承办的“中国社会工作教育协会东南片区工作会议”；2004 年 11 月 27 日，中华女子学院社会工作系承办的“中国社会工作教育协会第二届华北地区社会工作教育会议”；2004 年 11 月 27—28 日，贵州大学社会学系承办的“中国社会工作教育协会西南片区社会工作教学研讨会”。

通过十多年的发展，片区工作机制愈来愈成熟，目前形成了在中国社会工作教育协会领导下的九个片区社会工作中心，为深化社会工作教育改革，提升社会工作教育发展质量作出了贡献。

（撰稿人：彭华民）

第二节　华北片区社会工作

一、发展背景与缘起

由于早年倡导恢复重建社会工作专业的主要力量云集在北京，使得身处华北片区的北京成为萌发社会工作教育的沃土。1989 年，北京大学招收首批社会工作与管理专业本科生和该专业方向的硕士研究生。1993 年，中国青年政治学院成立社会工作与管理系，成为社会工作教育在中国恢复以后首个建立的独立设置的系级专业教育机构；在此时期，民政部干部管理学院（北京社会管理职业学院）、中华女子学院也都开办社会工作与管理专业。1994 年中国社会工作教育协会在北京大学成立，北京大学社会学系袁方教授当选中国社会工作教育协会首任会长。在社会工作教育恢复重建（1987—1993）和初步发展（1994—1998）阶段，华北片区的发展与协会及社会工作教育的发展深深交织在一起。在协会成立之前，近一半开办社会工作教育的学校地处北京。在协会发展初期，他们充分发掘校内资源推动协会发展，为全国社会工作同仁提供了重要的交流平台。

二、组织架构、主要负责人及沿革

协会早年的领导者和推动者，大多来自华北片区的高校。他们在社会工作教育的道路上，结伴学习、携手探索、共同进步，尤其是在专业发展初期，发挥先行院校的带动和示范作用，极大地推动了片区内的专业发展以及中国社会工作教育的建设。1993 年，来自北京地区 4 所高校（北京大学、中国青年政治学院、中华女子学院和民政部干部管理学院）的 9 名教师赴香港理工大学，参加为期三个月的社会工作教师培训班，成为推动华北片区社会工作教育的先驱骨干力量。2002 年，在北京大学王思斌教授和中国青年政治学院史柏年教授等协会负责人的推动下，华北片区高校召开了第一次片会，开启协会历史上最早的片区活动。这也是一次动员大会，促进华北片区各高校更加自觉地深入教育和实践场域，探索社会工作专业本土化发展，在师资培训、教材建设、图书馆和实验室建设、实习教育、毕业生就业等领域的工作，进入一个新的发展阶段。

目前，华北片区开设社会工作专业的院校共有52所，其中北京市24所，河北省10所，内蒙古自治区10所，山西省4所，天津市4所。

三、片区的工作内容和重要事件

1996年，由德国MISEREOR基金会捐赠，香港理工大学应用社会科学系和图书馆与北京地区4所院校合办社会工作专业图书馆，这批图书在推动区域社会工作教育发展上起到极为重要的作用。

1997年，民政管理干部学院承办协会第一届年会。

1997—1999年，由北京大学王思斌教授牵头，汇聚北京地区4所学校14名教学骨干，共同编写《社会工作概论》，该书于2002年获得教育部全国普通高等学校优秀教材二等奖。2002年，协会启动社会工作专业8门主干课程教材编写工作，来自华北片区4所高校的6名教师承担了7门主干课程教材的主编工作。

1999年，中国青年政治学院承办协会第二届年会。

2000年，协会在北京地区建设了第一批综合性实习基地，依托这些基地，华北片区高校开启了社会工作实习教育本土化探索。2015年，北京地区高校在中国青年政治学院召开实习主任座谈会，打造区域内专业实习教育教学交流合作平台。

2003年，南开大学承办协会第四届年会和中国社会工作专业实习师资培训班。

2005年，北京大学-香港理工大学中国社会工作研究中心在北京大学挂牌成立，该中心作为国际社会工作教育协会亚太区域资源中心，为华北片区开展师资培训、专业服务和前沿研究，带来区位发展优势。

2009年，北京大学和中国青年政治学院共同承办首届中国社会工作大学生论坛。

2012—2016年，华北片区高校开始搭建与用人单位在人才培养和输送方面的对接机制，中国青年政治学院连续举办八届社会工作及相关领域人才专场招聘会。

2013—2023年，内蒙古自治区高校举办了五届内蒙古社会工作教育论坛，为内蒙古地区各高校搭建交流平台，增进校际深度合作。

2015年，内蒙古工业大学承办协会第十一届年会。

2019年，山西医科大学承办协会第十五届年会和首届研究生论坛。

2023年，内蒙古工业大学承办协会第十五届中国社会工作大学生论坛和第八届研究生论坛。

2023—2024 年，华北片区召开社会工作专业学位研究生教育同行咨询片区会议，中国青年政治学院作为全国 8 所示范院校之一，接受协会组织的首批示范院校同行咨询。

（撰稿人：王婴、陈树强、侯欣）

第三节　苏皖片区社会工作

一、苏皖片区社会工作中心组织结构

为适应社会工作高级人才培养的需要，中国社会工作教育协会提出强化片区中心社会工作专业学校的联动，形成具有地区特色的片区中心。在中国社会工作教育协会的领导和推动下，中国社会工作教育协会苏皖片区社会工作中心于 2010 年在南京成立。片区中心理事会由有 MSW 点的大学组成。南京大学社会工作与社会政策系彭华民教授担任中国社会工作教育协会副会长兼任苏皖片区社会工作中心总协调人。苏皖片区社会工作中心设轮值主席制度，设常务理事会，秘书处设在南京大学社会学院 MSW 教育中心。在片区中心正式成立之前，南京大学社会学系于 2004 年 11 月 11—12 日承办的“中国社会工作教育协会江苏省片会”、南京理工大学、南京师范大学组织召开了片区部分高校参加的社会工作研讨会，为社会工作发展打下了基础。

苏皖片区社会工作中心的成员单位覆盖江苏、安徽两省的 36 家社会工作人才培养单位，其中 4 家招收社会工作方向博士生的高校（南京大学、河海大学、安徽大学、安徽师范大学），7 家国家一流本科专业建设点（第一批的南京理工大学、江苏师范大学，第二批的南京邮电大学，第三批的南京大学、安徽师范大学、常州大学、晓庄学院）。另外，南京大学、江苏师范大学、安徽师范大学获民政部批准成为首批国家级社会工作专业人才培训基地。南京大学与江苏省民政厅于 2017 年联合成立研究生工作站。南京邮电大学于 2024 年成立社会工作学院，系中央社会工作部组建后全国首家。

二、积极承办全国性社会工作教育会议

苏皖片区社会工作中心学校积极承办全国性社会工作教育会议，包括：（1）2010 年，南京师范大学社会发展学院承办第二届中国社会工作大学生论坛，120 多名学生代表参会。（2）2011 年，香港社会工作人员协会主办、南京大学社会学院 MSW 中心承办、爱德基金会协办

的第五届华人社会工作研讨会在南京大学召开。研讨会的主题是“中国内地与香港社会福利与社会工作实务发展”，200 多名海内外专家学者参会。（3）2016 年，南京大学社会学社会工作与政策系、MSW 教育中心、社会建设与社会工作研究院承办中国社会工作教育协会 2016 年年会暨加快我国社会工作学科体系建设研讨会，700 多名代表参会。（4）2022 年，南京理工大学公共事务学院社会工作硕士教育中心承办的 2022 年全国社会工作专业学位研究生教育指导委员会与各 MSW 教育中心主任联席会暨“新时代新征程新行动：中国社会工作专业学位研究生教育高质量发展研讨会”。

三、积极参与中国社会工作教育协会工作

苏皖片区社会工作中心积极参与中国社会工作教育协会的各项工作，包括：

1. 参加中国社会工作教育协会组织的抗击重大公共卫生危机服务。2020 年 4 月 25 日，中国社会工作教育协会副会长、国际社区抗疫社会工作-志愿行动总协调人彭华民教授和国际社区抗疫多个团队联合发起、中国社会工作教育协会、中国社会学会社会福利专委会、中国社会工作学会联合举办国际社区抗疫社会工作-志愿行动研讨会（云会），旨在组建国际社区抗疫的中国团队，开展国际抗疫行动，讲好国际社区抗疫的中国故事。研讨会邀请南京大学陈云松副书记、中国社会工作教育协会负责人关信平、马凤芝、何雪松以及一线服务的大学老师和机构负责人参会，吸引社会工作学界和实务界 4 000 多人线上参会。南京大学彭华民教授主持的国际社区抗疫社会工作与志愿服务获得教育部主题案例项目的支持，四个文字案例和四个视频案例入选教育部中国专业学位案例库。

2. 参加中国社会工作教育协会与美国社会工作教育协会合作的五年期中美 7+7MSW 教育项目，2012—2017 年间与美国南加州大学社会工作教育学院合作。片区中心多次组织国际化的社会工作教育培训、社会工作实务能力建设培训、社会工作教材建设培训，并组织片区学校 MSW 中心负责人访问美国南加州大学社会工作学院、参加美国社会工作教育协会年会中美 7+7MSW 教育项目论坛、教师和博士生互访交流、三期暑期学生访美夏令营等，得到国际评估专家的好评。

3. 参加中国社会工作教育协会组织的脱贫攻坚和乡村振兴服务，对口服务国家级贫困县，开展脱贫攻坚的专项服务，收到好的效果，获得协会的表彰。河海大学 MSW 中心 / 移民研究中心组织移民社会工作专委会相关学校开展移民地区贫困群体服务，取得好的效果。

4. 在中国社会工作教育协会的支持下，苏皖片区高校政社教联合举办信访社会工作与社会矛盾化解高端论坛和培训。2016 年，南京大学社会学院 MSW 教育中心师生协助江苏

紫金传媒智库信访与社会矛盾研究中心、南京市信访工作专家智囊协会等在南京大学举办“国家治理与信访改革论坛”；2017 年在南京大学举办“社会矛盾与社会治理论坛”；2018 年在南京大学举办“新时代的信访：从矛盾化解到矛盾减生高层论坛”；细化信访社会工作的工作机制，共同聚焦减轻民生风险，多元化解矛盾。2018 年“信访改革系列高层论坛”被江苏省委宣传部评为江苏省智库实践十佳案例，予以通报表扬。2011 年，南京市信访局和南京大学社会学院社会工作与政策系借助“南京大学全国干部教育培训基地”平台举办三期南京市信访局信访干部培训班，420 名信访干部参加集中培训。2013 年，南京市信访局和南京大学社会学院社会工作与政策系举办全市信访干部进高校培训班，120 名信访干部参加培训。

5. 2022 年 1 月 28 日，中国社会工作教育协会召开苏皖片区－丰县困境妇女儿童工作研讨会（云会）。协会副会长兼秘书长马凤芝、副会长彭华民及江苏和北京等地部分高校社会工作教师参加了本次研讨会。会上，各位学者从事件性质、文化视角、历史因素、社会工作介入等方面展开了讨论。

6. 参加中国社会工作教育协会“社会工作专业学位研究生教育同行咨询”项目。该项目是协会“新时期中国社会工作专业学位研究生教育高质量发展暨整体增能三年项目”的重要工作。2024 年 5 月 12 日至 14 日，受中国社会工作教育协会邀请并委托，美国社会工作教育协会前主席、宾夕法尼亚大学社会工作学院达娜・科菲（Darla Coffey）教授、东芬兰大学社会工作系约哈・汉麻那姆（Juha Hämäläinen）教授等担任国际同行评估专家进驻南京大学社会学院，开展了为期三天的南京大学社会工作专业硕士教育国际同行咨询工作。南京大学 MSW 项目得到专家的好评。

7. 参加中国社会工作教育协会组织的伙伴学校项目，南京大学与内蒙古科技大学和西华大学结对，苏州大学与青海民族大学结对，整合资源，互帮互学。

8. 在中国社会工作教育协会苏皖片区中美 7+7MSW 项目合作的基础上，南京理工大学举办九届循证社会工作研究方法高级研修班。培训班得到 Campbell 中国联盟、中国社会工作学会、《循证社会科学》期刊、*Campbell SR Journal* 期刊支持。

9. 在中国社会工作教育协会苏皖片区中心的领导下，配合协会公众号和网站新闻推送工作，配合 MSW 教指委通信编辑工作，自 2012 年起，南京大学社会学院 MSW 中心彭华民主编，南京理工大学、河海大学、苏州大学、南京农业大学等苏皖片区大学协办，MSW 研究生组成编辑团队的电子期刊《社工中国》网络发行，现在已经发行 21 期。每期推出社会政策解读、社会工作研究、社会工作实务、社会工作新闻等板块，积极倡导社会工作的发展。

四、出版具有影响的社会工作学术丛书和教材丛书，强化学科建设

宋林飞主编、朱力、张彦副主编《社会工作丛书》（教材）14 本（社会科学文献出版社，部分教材修编再版）；景天魁、彭华民联合主编《社会福利思想与制度丛书》4 本（国家“十二五”重点出版图书，国家社会科学基金重点项目等，中国社会出版社）；彭华民主编，顾东辉、陈树强副主编《社会福利服务与管理丛书》4 本（中国社会出版社）；邓广良、彭华民联合主编《三一社会工作文库》6 本（上海人民出版社）；彭华民主编《社会福利评论》3 本（中国社会科学出版社，教育部重大课题攻关项目、江苏省社会学优势学科建设项目）；彭华民主编、李秉勤副主编《解析福利：社会问题、政策与实践》翻译丛书 6 本（上海人民出版社、格致出版社）；彭华民主编《民生智库丛书》3 本（社会科学文献出版社，紫金传媒智库项目、南京大学研究院优秀案例项目）；郝其宏、魏晨主编《社会工作案例丛书》6 本（中国商务出版社）；等等。其中，彭华民主编的《民生为本的社会建设》获国家社科基金外译项目资助翻译成英文出版，彭华民主编的《服务学习：社工督导志愿服务新模式》被《大百科全书》（第六版）收录为词条。

五、齐心协力举办 16 届苏皖片区社会工作中心年会

自 2010 年片区中心成立至今，苏皖片区社会工作中心以片区年会为重要载体，共举办 16 次片区年会（见表 27-1）和与年会主题一致的社会工作培训，积极推动社会工作教育、研究和实务的联动式发展。年会规模从最开始的 40 多人到现在的 150 人左右，侧重以片区年会为平台，开展社工教育培训、专业研讨及片区内外部合作，办出特色、办出水平且取得显著成效，对推动苏皖片区社会工作教育发展、提升社会工作教育水平作出重要贡献。中国社会工作教育协会负责人王思斌、徐永祥、马凤芝、关信平、史柏年、顾东辉等受邀参加年会并致辞，认为苏皖片区年会是办得最好的片区社会工作会议之一，并对片区工作提出更新更高的要求。

表 27-1　中国社会工作教育协会苏皖片区年会主题与承办单位一览表

时 间	片区年会主题与年会届别	承办单位与轮值主席	地 点
2010 年	江苏安徽片区社会工作中心成立大会暨社会工作专业硕士研讨会	南京大学　彭华民	江苏・南京
2011 年	社会工作教育发展研讨会暨第二届苏皖片区年会	苏州大学　高峰	江苏・苏州
2012 年	社会工作人才培养研讨会暨第三届苏皖片区年会	淮阴工学院　王正中	江苏・淮阴
2012 年	中美 MSW 教育合作项目国际研讨会暨第四届苏皖片区年会	南京大学　彭华民、刘柳	江苏・南京

续 表

时 间	片区年会主题与年会届别	承办单位与轮值主席	地 点
2013 年	社会工作实务国际研讨会暨苏皖片区第五届年会	安徽大学　范和生	安徽·合肥
2014 年	社会治理与社会工作创新研讨会暨苏皖第六届片区年会	安徽师范大学　赵怀娟	安徽·芜湖
2015 年	社会治理创新与专业社会工作发展研讨会暨第七届苏皖片区年会	南京农业大学　姚兆余	江苏·南京
2016 年	中国社会工作教育协会年会循证社会工作国际发展与本土化论坛暨苏皖片区第八届年会	南京大学　彭华民	江苏·南京
2017 年	深耕与担当：共享理念下的社会工作发展研讨会暨第九届苏皖片区年会	河海大学　王毅杰	江苏·南京
2018 年	推动精准扶贫 建设美好社区研讨会暨第十届苏皖片区年会	扬州大学　刘正峰	江苏·扬州
2019 年	新中国 70 年：社会工作与社会建设发展研讨会暨第十一届苏皖片区年会	江苏师范大学　魏晨	江苏·徐州
2020 年	坚守与创新：后疫情时代的社会工作新议题研讨会暨第十二届苏皖片区年会	东南大学　张晶晶	线上
2021 年	现代社会工作制度与中国高质量发展研讨会暨第十三届苏皖片区年会	南京邮电大学　刘晓峰	线上
2022 年	共同富裕——社工站建设与基层社会治理研讨会暨第十四届苏皖片区年会	南京理工大学　沈黎	线上
2023 年	中国式现代化、新文科建设与社会工作发展研讨会暨第十五届苏皖片区年会	安庆师范大学　安民兵	安徽·安庆
2024 年	中国式现代化新征程与社会工作新发展格局研讨会暨第十六届苏皖片区年会	南京航空航天大学　鲁兴虎	江苏·南京

六、苏皖片区会议推动社会工作教育联动式发展的典型经验

1. 突出社会工作知识体系自主性、专业性与实用性。如何推动社会高质量发展是社会工作专业发展的使命和责任。苏皖片区社会工作中心结合时代赋予社工的任务，紧扣时代性、专业性和实用性，通过大会主题发言和主题研讨的方式，推动苏皖片区内的专业联动式发展。围绕社区治理的时代要求，开展“社会治理与社会工作理论创新”“社会治理与社会工作实务创新”“社会工作助力高质量发展：价值与路径”等专题研讨；围绕“一老一少”的发展，开展“儿童 / 家庭社会工作实务”“儿童虐待议题”“老年痴呆症照料者支持与临终关怀”“老人精神健康”等专题研讨；围绕社工人才培养，开展“社会工作助力全面建设小康社会研究”“社会工作的本土化理论发展与实践创新研究”；围绕社工教育，开展“社工研

究方法”“社会工作服务专业化创新发展”“MSW 教育体系与评估”“社会工作发展的国际经验”“高质量社工人才培养与一流专业建设”等专题研讨。这些专题研讨方式多样，参与人员广泛，极大地激发了社工专业的理论智慧与实践智慧，推动社会工作的纵深发展。

2. 信访社会工作与社会治理创新服务。党的十八大以来，党中央、国务院高度重视信访工作。中央社会工作部成立后。信访社会工作得到更多的重视。南京大学社会学院 MSW 教育中心 2010 年成立之初就开始了信访社会工作实习、信访社会工作实习课程讲座等，后来拓展到信访社会工作政策咨询、信访重大疑难信访矛盾化解、信访社会工作研讨会、信访社会工作专题报告、信访社会工作培训、信访社会矛盾化解中心、南京市信访工作专家智囊协会建设等工作。南京大学周晓虹、童星、彭华民教授、苏皖片区河海大学施国庆教授、南京师范大学邹农俭教授、江苏省委党校黄菡教授等多家大学老师带领团队开展信访社会工作服务。南京大学社会学院 MSW 教育中心、江苏紫金传媒智库信访与社会矛盾研究中心和南京市信访局合作完成信访社会工作和社会矛盾化解专著《服务为本的国家治理》，该专著由南京大学 MSW 兼职教授孔祥勇担任主编，紫金传媒智库信访与社会矛盾研究中心吴英姿主任、彭华民副主任担任副主编，由社会科学文献出版社于 2018 年出版，该专著入选中央党校高端智库数据库。十多年来，信访社会工作从最初的简单合作发展到今天的多元化服务，产生了广泛的良好的社会影响，创造出具有中国特色的整合型社会工作实践和研究结合模式。

3. 突出社会工作能力建设主题，本土化与国际化并重。社会工作能力建设是片区工作的核心。教育培训是提升社会工作专任教师能力的重要载体，也是推动社会工作可持续发展的重要路径。苏皖片区社会工作中心在过去的 16 届年会中邀请民政部门等政府部门领导参会发言，邀请了中国社会工作教育协会负责人、国内社会工作教育界多位专家、社会工作机构负责人以及美国南加州大学社会工作学院、英国伦敦政治经济学院、美国圣路易斯大学、香港中文大学社会工作学系、香港理工大学应用社会科学系、香港大学等教授开展社工教育培训。围绕提升社会工作师资队伍能力，开展“中国宏观社会工作框架与实务发展”“实习督导与远程教学”“一流社会工作教学案例建设”等培训；围绕社会工作人才培养，开展“美国社会工作研究生教育的经验与启示”“香港的社会工作硕士与博士的培养经验”“美国金融社会工作教育发展简介”等培训；围绕“一老一少”实务提升，开展“儿童保护和福利”“青少年正面成长社会工作服务：项目设计与实施”“英国老人长期照护服务改革的政策和成本分析”等培训；围绕社区发展议题，开展“社区营造与社区规划”“预防自杀：幸福感和盼望社区多层次干预”“社区基金：福利治理视域下的社区工作机制创新”等培训。这些培训，有力地呈现了本土经验提炼的模式与社会工作教育发展的国际路径，极大地夯实了苏皖片区社工教育向内扎根、对外交流的基础。

4. 片区内外部联动交流合作模式不断拓展。苏皖片区社会工作中心秉承社会工作资源整合者的角色，不仅在苏皖片区内部推动交流联动，还积极带动国内外专业、行业、政府部门的多维联动，为社工专业发展、行业进步与政府管理精准化创造可持续发展的优良平台。在苏皖片区社会工作中心的推动下，江苏省民政厅、安徽省民政厅等政府管理部门，国际国内院校的专家学者、社工学生，大量的社会服务机构，诸多来自一线社工，在此平台上广泛交流专业发展问题、对接社工资源、跨界合作开展实务、合作办学、共同研发社工服务产品。尤其是，政府领导、高校师生、机构社工同美国南加州大学社会工作学院联手积极推动中美MSW教育项目，使苏皖片区社会工作中心的交流合作内外联动，百花齐放。苏皖片区社会工作中心内外联动式合作模式，在专业教育、机构服务、社会政策研究工作等方面实现资源互补，从而推动社会工作发展再上新台阶。

过去十余年，中国社工教育协会苏皖片区社会工作中心在推动社会工作专业教育发展取得可喜的发展成效，对中国社工教育协会各大片区发展具有引领示范作用，这是苏皖片区各行各业社工人共同奋斗、辛苦付出结下的硕果。未来，苏皖片区社会工作中心将继续秉持中国社工教育协会的“团结、服务、精神”的社会工作实践宗旨，加大力度推动中国社会工作教育事业的发展，为中国社工教育的发展贡献苏皖片区独特而有力的力量。

（撰稿人：彭华民、王毅杰、武艳华）

第四节　西南片区社会工作

中国社会工作教育协会西南片会的成员包括西南地区开办社会工作专业的高等院校、高职高专及相关社会组织，总规模至今达到110余家单位（团体）。每年举行一次片会，截至2024年3月共举行了20次片会暨年会（见表27-2）。首届西南片会于2003年11月在云南大学举行。之后，根据云贵川渝“三省一市”的顺序交由申请承办的学校（单位）举办。

西南片会暨每年的学术年会主题都是根据服务国家重大战略和地方经济社会发展需要而定，此外还研讨交流专业教育教学、人才培养等重要议题，其发展大体可以划分为三个阶段：

第一阶段（2003—2010年），这一阶段是西南三省一市兴办社会工作专业时期。但各开办学校从师资、课程设置、实习、考核、社会认知、硬件设施等方面办学水平参差不齐，因此，片会暨学术年会基本上是以开办社会工作较早的几所学校推介经验为主导，同时外请国内及港台同行专家莅临指导，重点开展师资培训工作。这一期间有王思斌、史柏年、徐永祥、阮曾媛琪、杨罗观翠等知名专家教授到片区指导工作，美国、瑞典等大学社会工作专家也到西南片区培训教师，为办好专业打下了良好的基础。一些高校，如贵州大学、云南大学派出青年教师赴香港理工大学攻读社会工作硕士及博士学位，为师资储备迈出了可喜的一步。其次，在 2008 年汶川地震后，四川省的高校社会工作教育和实践空前活跃并得到了快速发展。四川、重庆等多所高校积极投身国务院妇儿工委儿童友好家园、中国社工教育协会学校社会工作等灾后社会工作专业服务，开创了社工教育的新篇章。

第二阶段（2011—2015 年），这一阶段如同中国社会工作教育总体有了长足的发展一样，西南片区高校社会工作也大踏步前进，课程体系、师资队伍、实践教学、社会服务等方面逐渐健全与完善。各开办高校借片会和学术年会分享自己的办学特色和办学思路，各办学单位已经从单纯的课堂教学向实践领域和研究领域逐步拓展，把社会工作专业的应用性特点尽可能地与服务地方经济社会发展需要联系起来，并在人才培养和师资队伍建设等方面取得了一定的成绩。这一时期社工专业教师开办社会工作机构成为西南片区各高校社会工作教育实践的显著特色，如重庆的周昌祥、贵州的庄勇、四川的代曦教授等开办了机构并在培养人才、服务社会等方面产生较大影响。当然，这一时期的“瓶颈”仍然是社会工作专业的青年教师科研产出量少和实务教学工作量大的矛盾，这既影响教师个人发展，也不利于社会工作专业在学科竞争中的比较优势。

第三阶段（2016—2023 年），这一阶段显著的特点是 MSW 教育开始兴起，西南三省一市 MSW 办学点增设 20 多个，办学层次进一步提升，人才培养力度更大。各地各高校社会工作师生积极介入“脱贫攻坚”“疫情防控”“乡村振兴”中，以专业服务的方式彰显专业责任和技能，受到社会各界的好评。如云南社工师生的“怒江州易地搬迁社区社会工作实践基地”、四川高校社会工作师生的“彝路相伴”、贵州社工师生助力“易地扶贫搬迁社区居民社会适应”、重庆师生的“国际移民社区服务”和“城乡基层社会治理”等专业服务，都成为西南片会暨年会交流分享的重要学术话题。这一阶段获得国家一流本科专业建设点的高校积极开展专业建设提升工程，从名师、一流课程、教材、实习基地等多方面入手，推进社会工作专业教育教学、实践及研究高质量发展。

总之，西南片会暨学术年会开展正常，有各成员单位领导重视、承办会议积极性高、参与面广（学生、社会组织、机构积极性高）、会风好等特点，且办会质量和学术水平一年比一年好，呈现出可持续发展的态势，将继续为中国社会工作教育事业发挥积极作用。

表 27-2 中国社会工作教育协会西南片会一览表

时 间	届 数	承 办 单 位	备 注
2003 年	1	云南大学	
2004 年	2	贵州大学	
2005 年	3	西南石油大学	
2006 年	4	重庆工商大学	
2007 年	5	贵州财经大学	
2008 年	6	西南民族大学	
2009 年	7	云南大学	
2010 年	8	贵州民族大学	
2011 年	9	重庆工商大学	
2012 年	10	宜宾学院	
2013 年	11	重庆城市管理学院	
2014 年	12	贵州民族大学	
2015 年	13	云南大学	
2016 年	14	四川外国语大学	
2017 年	15	四川农业大学	
2018 年	16	遵义师范学院	
2019 年	16	保山学院	
2020 年	17	西南大学	线上
2021 年	18	西南民族大学	线上
2022 年	19	贵州大学	线上
2023 年	20	贵州大学	

（撰稿人：庄勇、周昌祥、谭祖雪、高万红）

第五节 华南片区社会工作

一、发展背景与缘起

中国社会工作教育协会于 1994 年成立，属于全国性一级学术社团，在大量建设性工作中，有力促进了社会工作教育和专业社会工作的发展。结合地区实际，协会从 2003 年开始着力推动片区（会）机制，2008 年会后做出设立社会工作教育地区中心的决策，华南地区则委托中山大学组织主办，以期进一步推动地区社会工作教育的实质发展。

2010 年 1 月 8 日，由中国社会工作教育协会委托、中山大学发起的“中国社会工作教育协会华南地区中心成立暨社会工作指标体系研讨会第一届中心年会”成功召开，由中山大学社会工作系牵头成立中国社会工作教育协会华南地区中心（现称华南片区）。与会单位由来自广东省、广西壮族自治区、海南省的 25 所开设社会工作专业或是相关专业的本科及专科院校构成。华南地区三省第一次齐聚一堂，共同决策了片区运行机制及社会工作教育发展和评估指标体系，最终形成中心委员会、选举、换届等机制，并强调了资源共享、学术研讨及培训的重要性。

二、组织架构及沿革

华南片区组织架构完善，设有主席、副主席、秘书长等职务，负责日常运营和管理工作（见图 27-1）。主席由选举产生，负责领导工作；副主席和秘书长由主席提名，经理事会批准任命。自成立以来，华南片区的主要负责人一直秉持开放、合作、创新理念，致力于为华南片区社工院校提供有力支持，推动社会工作教育发展。

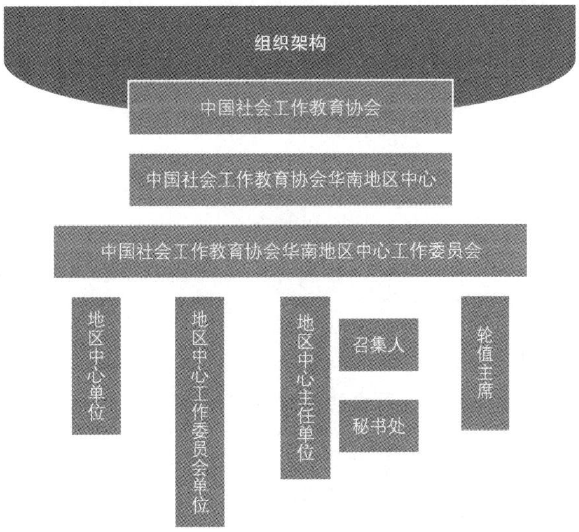

图 27-1　中国社会工作教育协会华南片区初期的组织架构

首届年会上，根据社工院校的数量，各省选举了本科与专科院校代表组成地区中心工作委员会（片区工作委员会），并决定两年召开一次年会，由各省高校轮流承办，与中国社会工作教育协会两年一届的年会错开举行。年会由片区工作委员会负责具体落实，包括：（1）召开工作委员会会议和工作会议；（2）举办学术研讨会；（3）组织培训；（4）参观社会服务机构。随着规模和影响力的扩大，片区不断调整组织架构，增设了多个专项委员会和分支机构，涵盖了社会工作的各领域和各方面，为社会工作教育在华南地区的推广和应用打下了日益坚实的基础。

三、片区工作内容

年会是华南片区最重要的工作之一，来自华南地区的社会工作教育者、实践者以及相关领域的专家学者，在年会中共同探讨社会工作教育的最新发展和实践成果。在中山大学、广西师范大学、海南三亚学院、厦门大学、岭南师范学院、海南热带海洋学院、南宁师范大学、闽南师范大学等承办院校的大力支持下，至今已成功举办8届年会（见表27-3）。每届年会的筹备都经过精心策划与组织，不仅为与会者提供了交流学习的平台，也为华南片区的工作注入了新的活力，对推动华南地区乃至全国社会工作职业化、专业化、本土化发展具有积极而深远的意义。

表27-3　中国社会工作教育协会华南片区历届年会一览表

时　间	届别与会议主题	承办单位	地　点
2010年1月13—14日	中国社会工作教育协会华南地区中心成立暨社会工作指标体系研讨会第一届中心年会	中山大学	广东·广州
2011年12月3—5日	中国社会工作教育协会华南地区中心社会工作教学改革及学术发展年会	广西师范大学	广西·桂林
2015年4月29—30日	中国社会工作教育协会华南地区中心年会暨社会治理能力与社会工作发展研讨会	海南三亚学院	海南·三亚
2018年7月13—15日	中国社会工作教育协会华南地区中心2018年会暨社会发展与社会工作研讨会	厦门大学	福建·厦门
2019年7月15—16日	中国社会工作教育协会华南片区2019年会暨欠发达地区含社会工作发展研讨会	岭南师范学院	广东·湛江
2021年12月4日	中国社会工作教育协会华南片区2021年会暨社会工作助推城乡社区高质量发展研讨会	南宁师范大学	线上
2022年12月3日	中国社会工作教育协会华南片区2022年会暨社会工作助力乡村振兴发展研讨会	海南热带海洋学院	线上+线下（海南·三亚）
2023年11月30日—12月1日	中国社会工作教育协会华南片区2023年会暨中国式现代化与社会工作高质量发展研讨会	闽南师范大学 厦门大学	福建·漳州

除年会外，片区还不定期举办各种专题研讨会、培训班和论坛等活动，以提高社会工作教育者的专业素养和实践能力，促进华南地区社会工作教育领域的交流与合作。如2013年主办的主题为“社工教育的经验：批判与反思”的南方社工论坛，为社会工作专业发展搭建了

多元、批判、包容、对话的交流平台。学界业界同仁积极探讨，进行理论与实务对话，把握专业动态，分享最新成果，增强了彼此的交流与联系。

总而言之，华南片区成立十余年来，在各兄弟院校的积极努力下取得了一定成绩，在推动社会工作教育的发展方面发挥了重要作用。正如中国社会工作教育协会前副会长兼华南片区负责人张和清教授所言："华南社会工作是用脚走出来的。"未来华南片区将秉持中国社工教育协会宗旨，结合专业发展趋势，继续发挥独特作用和优势，为华南地区乃至全国的社会工作教育事业作出更大的贡献。

（撰稿人：张和清等）

第六节　东北地区社会工作

一、发展背景

自中国社会工作教育协会设立社会工作教育地区中心以来，作为全国九大地区中心之一的东北地区中心，主要涵盖吉林、辽宁、黑龙江三地的成员单位。片区成立以来，总协调人由中国社会工作教育协会副秘书长、吉林大学哲学社会学院院长田毅鹏教授担任，2023 年年底片区总协调人变更为中国社会工作教育协会副秘书长、黑龙江省社科院副院长黄红教授和吉林大学哲学社会学院副院长芦恒教授。截至 2023 年 12 月，东北地区中心有高校和科研机构等成员单位 21 家。

东北片区已承办中国社会工作教育协会年会 1 次，组织召开东北片区年会 7 次，承办全国大学生社会工作论坛 2 次，各专委会会议多次，辽宁省院校还持续十余年举办省级社会工作论坛，包括本科生、研究生和青年教师等分论坛。三省多位高校教师领办社工机构，推动社会工作教育理论与实践紧密结合，服务社会困弱群体，推动了地方社会工作服务的开展；在疫情防控、乡镇街道社工站建设三省协会会员单位都有突出表现，作出了重要贡献。东北片区多家会员单位积极参与社会工作教育对口扶贫计划，如沈阳化工大学社会工作专业师生百余人分组分批深入辽宁省十余个市近二十个村，开展社会调查与社会工作服务。东北片区会员单位为整合东北地区社会工作教育资源，推进社会工作专业院校交流合作、与政府和社会各界的联动，推进学术共同体建设，开展有地域特色的社会工作研究及社会服务，促进社会工作专业教育和实践高质量发展作出了积极贡献。

二、重要事件

（一）承办全国社会工作教育协会年会

2017 年 8 月，“中国社会工作教育协会 2017 年会暨‘社会治理创新与我国社会工作学科发展研讨会’”在吉林大学举办，全国各地 300 余名代表参加了此次会议。时任中国社会工作教育协会会长徐永祥、吉林省民政厅领导、吉林大学常务副校长邴正教授作大会致辞，与会代表就社会工作学科建设、社会治理、研究方法等问题进行了深入交流研讨。

（二）组织召开东北片区社会工作学术年会

2004 年至 2023 年，东北地区中心已经组织召开片区学术年会 7 次，分别由吉林大学、长春工业大学、东北师范大学、沈阳师范大学、东北石油大学、沈阳化工大学、吉林农业大学承办。历次学术年会围绕“社会工作学科专业教育本土化研究及社会工作学科专业在东北老工业基地振兴中的历史责任”“新时代中国社会工作发展的新趋向”“社会工作学科化发展与行动系统理论的本土化实践”“推动社工站建设，助力乡村振兴”“社会工作参与城乡基层治理”“新时代社会工作高质量发展与东北全面振兴”等主题设置论坛，专家学者、一线社工、青年学生交流研讨，广泛汇聚了社会工作本土化发展的共识。

（三）承办全国社会工作大学生论坛

2013 年 7 月，第五届中国社会工作大学生论坛在黑龙江工程学院召开。时任中国社会工作教育协会会长、北京大学王思斌教授，中国社会工作教育协会副会长、秘书长史柏年教授，黑龙江省委组织部、黑龙江省民政厅的相关领导、黑龙江工程学院人文与社会科学学院黄红院长出席了会议，近 200 名社会工作专业本科生、研究生参加了论坛。论坛以“服务人群，促进发展——中国社会工作事业的发展”为主题，深入探讨了我国社会工作教育实践、社会工作服务实践、社会工作制度建设及社会政策实践等领域的问题。2016 年全国社会工作大学生论坛暨首届 MSW 研究生论坛在沈阳师范大学举行，260 名社会工作专业教师、本科生、研究生参加了论坛，参赛投稿达 230 篇。协会会长、北京大学王思斌教授、辽宁省民政厅领导和沈阳师范大学副校长夏敏到会并致辞。

（四）承办中国社会工作教育协会专委会会议

2016 年至 2023 年，东北地区中心承办中国社会工作教育协会各专业委员会会议多次，如由东北林业大学承办的“高校教师社工机构专委会首届研讨会暨东北地区社会工作理论与实践研讨会”、吉林大学承办的“全国社会工作专业学位研究生教育指导委员会暨 MSW 教育中心主任联席会”、黑龙江大学承办的“社会工作督导专业委员会 2022 年会暨中国式现代化征程中社会工作督导使命和社工站建设研讨会”、吉林大学第一医院社会工作部承办的“2017 第四届中国医务社会工作与医疗救助实践论坛”“2019年全国医务社工创新与志愿服务大会”及医务社工专委会2020和2021年会暨“全国医务社会工作与医学人文发展高峰论坛”、东北林业大学承办的“学校与青少年社会工作专业委员会年会暨学校与青少年社会工作高质量发展论坛”等。

（五）中国最北高校社会工作专业实习实践基地并实施东三省社工专业学生培养支持计划

2017年3月，在马凤芝教授和黄红教授的积极推进下，深圳同佳岸慈善基金会资助，黑龙江省民政厅大力支持，中国社会工作教育协会会员单位北京大学、吉林大学和黑龙江工程学院等高校在漠河建立“中国最北高校社会工作专业实习实践基地”，实施“同佳岸东北三省社会工作专业在校学生培养支持计划项目”。时任社会工作教育协会副秘书长、吉林大学田毅鹏教授，中国社会工作教育协会副会长、北京大学马凤芝教授，同佳岸慈善基金会韩知众理事长出席了在漠河举行的揭牌和项目发布仪式。“最北实践基地”建立以来，北京大学、吉林大学和黑龙江各高校师生到漠河开展社工实务和田野调查。“同佳岸东北三省社会工作专业在校学生培养支持计划项目”共有东三省25所高校的30个社工学生团队项目获得支持，支持项目累计服务人数7 538人，参与学生人数227人。2017年10月，在哈尔滨举行了支持计划结项营暨东三省高校社会工作督导教师培训营，来自东三省的130多名社工教师和学生参加。中国慈善联合会副会长、国务院参事室特约研究员徐永光先生、协会副会长马凤芝教授、中国社会学会副会长吉林大学田毅鹏教授出席并做了主旨报告。培训营还邀请省民政厅主管处室领导、社工领域专家学者、资深公益人士、社会组织负责人就“新时代社会工作发展的新境界”“公益专业化与专业社会工作人才”等主题开展了培训。支持计划项目是协会与公益领域和政府联动培养人才的一次有益探索，为推动东三省社工教育高质量发展奠定了良好基础。

（六）中国社会工作教育协会研究生教育同行咨询工作在长春理工大学开展

2023年11月29日—12月1日，中国社会工作教育协会研究生教育同行咨询工作在长春理工大学开展。国际同行咨询专家主要有前香港理工大学副校长、国际社会工作教育协会前主席阮曾媛琪教授、国际社会工作教育协会（IASSW）主席安娜玛丽亚·坎帕尼尼（Annamaria Campanini）、香港理工大学卫生及社会科学学院院长崔永康教授、吉林大学哲学社会学院副院长芦恒教授、南京理工大学MSW中心主任沈黎教授等五位国际同行咨询专家。同行咨询专家团队通过集体座谈、单独访谈等形式，以MSW教育中心负责人、主管副校长、研究生代表、教师代表、社会组织代表、政府机构官员为对象，深入了解长春理工大学MSW教育中心在培养理念、课程设置、校内外实习督导、学生就业等方面的内容。国际同行评估专家基于社会工作的全球教育标准分学校、人和专业三个方面对长春理工大学社会工作专业评估结果进行了反馈。安娜玛丽亚·坎帕尼尼教授并充分肯定长春理工大学社会工作研究生教育取得成就。此次的同行咨询工作不仅对长春理工大学社会工作专业的研究生教育发展，对东北片区社会工作研究生教育的发展具有里程碑的意义。

（撰稿人：黄红、芦恒）

第七节　山东片区社会工作

一、山东片区概况

2003 年 3 月 14—16 日，山东省社会工作教育和理论研讨会在济南召开，是山东省开办社会工作专业高校同仁的第一次大聚会，标志着作为中国社会工作教育协会的区域协调组织山东片区的成立。在此后的 20 多年里，山东片区在原教育协会副秘书长、山东省社会工作协会会长、山东大学社会工作系原系主任高鉴国教授的领导下，在片区各高校社会工作专业师生的积极参与下，组织召开了一系列片区社会工作学术研讨会和案例大赛，极大地推动了山东片区社会工作教育事业的发展，在山东省社会工作人才培养、学科建设、学术研究、国际交流、实践推进等方面发挥了重要作用，在全国乃至国际上都产生了很大的影响。

1996 年山东女子学院设立了山东省的第一个社会工作专业，山东大学、济南大学、山东师范大学山东工商学院和鲁东大学社会工作专业分别于 1999 年和 2000 年设立，到 2003 年山东省开办社会工作专业的高校已经达到 14 所。截至 2023 年年底，山东省设立或曾经设立社会工作专业的高校达 27 家，曾经招收社会工作专业学生的高校达 23 家，目前还在招收社会工作专业学生的高校为 20 家，培养层次也从最早的只招收专科生和本科生，发展到现在培养层次涵盖专科生、本科生、硕士研究生（MSW）、博士研究生（PhD）和博士后。截至 2003 年年底山东省各高校共培养社会工作专业毕业生近两万人，其中专科生近 3 500 人，本科生近 15 000 人。研究生 1 000 余人。

山东片区共有三所高校社会工作专业获评国家级一流本科专业建设点，两所高校获评山东省一流本科专业建设点，有一个国家级社会工作人才培训基地，6 个省级培训基地。截至目前，山东片区共有 10 所高校招收社会工作研究生，其中 9 所高校是 MSW 授权单位，分别是山东大学、青岛大学、青岛科技大学、青岛理工大学、鲁东大学、济南大学、山东建筑大学、山东财经大学、山东省委党校，另有一所高校山东理工大学招收社会学专业社会工作方向研究生。山东大学目前招收社会学专业社会工作方向的博士生和博士后，同时也正在积极申请社会工作专业博士学位授权点。

二、组织架构、主要负责人及沿革

山东大学社会学系原主任高鉴国教授、济南大学原法学院院长社会学专业丛晓峰教授、山东建筑大学原法学院院长张培忠教授等在2003年共同发起成立中国社会工作教育协会山东片区。在之后的20多年里，作为山东大学社会工作系主任山东省社会工作协会会长和中国社会工作教育协会副秘书长，高鉴国教授一直都是山东片区的组织者和协调人，山东省各高校的社会工作专业负责人作为联络人，共同组织山东片区的活动，推动山东省社会工作的发展。

目前山东片区的组织架构和主要负责人如下：片区总协调人为程胜利教授、高鉴国教授；各高校联络人为学校社会工作专业负责人，系主任或分管副院长、院长

三、工作内容和重要事件

中国社会工作教育协会山东片区的工作内容主要包括但不限于通过组织学术会议、教材和实习基地建设、大学生和研究生案例大赛等方式推动山东省社会工作人才培养、学科建设、学术研究、国际交流、实务开展等。自成立至今，中国社会工作教育协会山东片区共组织召开了四次片区社会工作教育与理论方面的学术研讨会，举办了五届片区范围内的社会工作案例大赛，组织山东省高校老师编写了出版了14本系列社会工作专业统编精品教材，组织社会工作师生赴香港专业参访学习9次，编辑出版《社会福利研究》辑刊三本。

（一）山东片区社会工作教育与理论学术会议

山东片区分别于2003年、2005年、2009年和2011年组织召开了四次教育与理论方面的学术研讨会，第五次研讨会计划于2024年下半年召开。已经召开的四次学术会议都有加拿大、美国和中国香港地区等境外学者参加，是真正的国际研讨会，极大地推动了片区高校的学术交流。其基本信息见表27-4。

表27-4　山东片区社会工作教育与理论研讨会一览表

序号	时　间	名　称	承办单位
1	2003年3月14—16日	山东省社会工作教育和理论研讨会	济南大学
2	2005年5月14—15日	山东省社会工作发展策略研讨会暨山东省社会工作教育年会	山东建筑工程学院

续 表

序号	时　间	名　称	承办单位
3	2009 年 12 月 26 日	第三届山东省社会工作教育年会暨中国社会工作教育协会地区中心研讨会	山东大学
4	2011 年 11 月 26 日	中国社会工作教育协会山东省地区中心教学评估研讨会暨第四届山东省社会工作教育年会	山东大学
5	2024 年 10 月或 11 月	第五届山东省社会工作教育年会暨中国社会工作教育协会地区中心研讨会	山东理工大学

（二）山东片区高校社会工作案例大赛

2019—2023 年山东片区连续举办了五次社会工作案例大赛，第六次案例大赛也将于 2024 年下半年召开，其基本信息见表 27-5。

表 27-5　山东片区社会工作案例大赛一览表

序号	时　间	名　称	承办单位
1	2019 年 11 月 29 日	山东省首届社会工作情景剧大赛（研究生组）	济南大学
2	2020 年 12 月 5—6 日	第二届山东省社会工作案例大赛暨 MSW 研究生案例大赛	青岛科技大学
3	2021 年 11 月 27 日	山东省第三届社会工作案例大赛	山东建筑大学
4	2022 年 12 月 17 日	山东省高校第四届社会工作案例大赛	鲁东大学
5	2023 年 11 月 18 日	山东省高校第五届社会工作案例大赛	济南大学
6	2024 年 11 月或 12 月	山东省高校第六届社会工作案例大赛	山东理工大学

（三）山东片区组织编写出版系列社会工作专业统编精品教材

高鉴国教授作为总主编组织山东省各高校社会工作老师编写了系列社会工作专业统编精品教材，由山东人民出版社出版，目前已经出版了 14 本，其具体信息如表 27-6。

表 27-6　山东片区组织编写出版系列社会工作专业统编精品教材一览表

序　号	教 材 名 称	主　编	出版时间
1	《社会保障概论》	高灵芝	2011 年 10 月
2	《人类行为与社会环境》	龚晓洁、张剑	2011 年 11 月
3	《社会学概论》	李芹	2012 年 1 月
4	《小组工作》	张洪英	2012 年 1 月

续 表

序号	教材名称	主编	出版时间
5	《青少年社会工作》	王玉香	2012 年 1 月
6	《社会工作概论》	于晶莉	2012 年 2 月
7	《个案工作》	董云芳	2012 年 9 月
8	《社会政策概论》	程胜利	2012 年 9 月
9	《社会工作价值与伦理》	高鉴国	2012 年 10 月
10	《社会工作行政》	付立华	2012 年 11 月
11	《社区工作》	高鉴国	2013 年 11 月
12	《社会福利思想》	张剑、赵宝爱	2014 年 3 月
13	《社会工作专业英语》	许淑华、梁丽霞	2016 年 1 月
14	《社会工作实务概论》	孙静琴	2019 年 11 月

（四）山东片区组织编辑出版《社会福利研究》系列辑刊

高鉴国教授和黄智雄教授主编出版了《社会福利研究》系列辑刊，由中国社会出版社出版，一共出版 3 辑，其具体信息如表 27-7。

表 27-7　山东片区主编出版《社会福利研究》系列辑刊一览表

序号	辑刊名称	主编	出版时间
1	《社会福利研究（第一辑）》	高鉴国、黄智雄	2009 年
2	《社会福利研究（第二辑）》	黄智雄、高鉴国	2010 年
3	《社会福利研究（第三辑）》	高鉴国、黄智雄	2012 年

（五）山东片区高校社会工作师生赴香港访问学习活动

2006—2013 年山东片区连续组织 9 次为期 7 天的赴香港专业访问学习活动，近 400 名片区高校社会工作师生和实务工作者参与，极大地推动了片区社会工作专业教育和实务工作的开展和提升，其基本信息见表 27-8。

表 27-8　山东片区组织高校社会工作师生和实务工作者赴香港访问学习活动一览表

序号	时间	组团名称	参加人数	协调人
1	2006 年 10 月 16—22 日	山东高校社工老师在港交流体验	10	黄智雄
2	2007 年 10 月 21—28 日	山东社会工作者赴港访问考察团	20	李芹等

续 表

序号	时　间	组 团 名 称	参加人数	协调人
3	2008年11月23—30日	山东高校社会工作院系赴港访问考察团	24	黄智雄
4	2008年12月7—14日	山东省社会工作专业学生赴香港服务机构实习访问团	43	程胜利
5	2009年12月6—13日	山东省高校社会工作专业师生学习访问团	52	程胜利等
6	2010年12月12—19日	山东省高校社会工作院系师生赴港访问考察团	68	高灵芝等
7	2011年12月4—11日	山东省高校社会工作院系师生赴港访问考察团	60	王淑华等
8	2012年12月9—16日	山东省高校社会工作院系和服务机构赴港访问考察团	60	张雅维等
9	2013年7月8—15日	山东大学2010级社会工作专业学生赴香港实习团	38	陈姝君等

（撰稿人：程胜利）

第八节　沪浙片区社会工作

为了适应高质量社会工作人才培养的内在规律，推动区域高校之间实现社会工作教育过程中“师资资源共享、实践基地互通、先发带后发”的区域一体化发展。上海市和浙江省的26所高校形成了华东“沪浙片区”社会工作教育发展矩阵，其中上海作为中国社会工作教育“领头雁”主阵地之一，上海的社会工作教育界，特别是复旦大学、华东理工大学和华东师范大学等高校对推进浙江省社会工作教育发展作出了巨大贡献。

一、沪浙片区形成社会工作教育全方位人才培养体系

社会工作教育人才培养是关键，在专业社会工作人才培养上，沪浙片区已经实现了从专科、本科、硕士和博士学位的全方位人才培养体系。其中上海有14所高校，浙江有12所高校，共计26所。

博士培养情况。2007年华东理工大学、2015年上海大学、2017年复旦大学和华东师范大学都设立了社会工作方向的博士点，2023年4所大学共招收37位博士研究生；2024年浙江大学是985高校中第一批获得自设社会工作专业博士学位授予权。同年，华东理工大学获得

教育部批准，成为首批7家非自设社会工作专业博士授予权大学之一。

硕士培养情况。上海有10所高校招收社会工作专业硕士，2023年共招收373名，包括华东理工大学、复旦大学、华东师范大学、上海大学、华东政法大学、上海财经大学、上海师范大学、上海政法学院、上海应用技术大学和上海立信会计金融学院。浙江省有7所高校招收社会工作专业硕士，包括浙江大学、杭州师范大学、浙江财经大学、浙江工商大学、浙江师范大学、浙江理工大学、中共浙江省委党校，2023年共招收230名。

本科和专科培养情况。共有19所高校有社会工作专业学士学位授予权，其中上海11所，浙江8所；2023年共招收952名本科生，上海477名，浙江475名。沪浙片区还有4所院校招收社会工作专科学历，沪浙各2所，2023年共招生324名。

二、沪浙片区社会工作教育师资队伍强大且结构合理

沪浙片区共有社会工作专业（编制内）专职教师共404名，其中上海有212名，浙江有192名；两地有兼职教师共209名。专职教师和兼职教师的比例合理。专职教师的年龄结构主要集中在36～50岁年龄段，其中上海有145名，浙江有106名，占全体专职教师比为62.13%。上海的专职教师职称结构呈现副教授（84名）、讲师（71名）、教授（54名）、助教（2名）的特征，上海大学的教授数最多达到18名；浙江的职称结构则呈现教授（68名）、讲师（64名）、副教授（52名）、助教（8名）的特征，浙江大学和中共浙江省委党校的教授人数最多，分别达到26名和13名。沪浙片区专职教师中拥有博士学位人数最多，达到339人，占比为83.91%，其余均为硕士毕业。专职教师所学专业中社会学人数最多，达到173人，占比42.82%，其次是社会工作（社会福利/社会政策）人数为119名，占比29.46%。

现任专职教师中担任教育部社会工作专业学位研究生教育指导委员会委员有4人，其中复旦大学顾东辉教授是副主任委员；担任教育部社会学类专业教学指导委员会委员有7人，复旦大学顾东辉教授、华东师范大学文军教授和上海大学张文宏教授都是副主任委员；在中国社会工作教育协会中复旦大学顾东辉教授担任副会长兼秘书长，华东理工大学何雪松教授担任副会长。另外，华东理工大学徐永祥教授在2016—2019年担任中国工作教育协会会长。

三、沪浙片区社会工作教学注重本土化和国际化相结合

沪浙片区共有10所院校社会工作本科专业进入“国家一流专业”，上海6所，浙江4所；还有华东理工大学的“社会工作学概论”、复旦大学的“社会工作导论”、华东师范大学的“社会工作概论”（线上）、上海大学的“创新中国”（线上）和浙江师范大学的“社区服务实践”5门课

程进入“国家一流课程”。各个院校按照社会学类教指委的要求都能够开设相关课程，并且也能根据各自学校的具体情况开设特色课程。本科阶段多新增新文科方向课程，包括人工智能和社会发展、计算社会科学、智慧社区建设、社会工作综合实训等；硕士阶段多新增国际前沿的专业课程，包括公益慈善和社会工作、贫困与家庭资产建设、社会设计、社会服务项目评估等。

各院校都十分重视社会工作的实践性教学环节，校内建设社会工作实验室，目前除上海财经大学、上海立信会计金融学院、浙江工商职业技术学院外，其余 23 所院校都建设了大小不等的教学实验室，总面积达到 5 015 平方米，平均每所院校有 218 平方米，浙江树人学院的实验室面积最大，达到 1 300 平方米。校外则注重建立实习机构 / 基地，共建设有 672 个，平均每校为 28 个，上海大学为最多，达到 73 个；26 所院校共有实习督导教师 90 名，平均每个院校有 3.46 人。浙江省社会工作院校在 2018 年和 2022 年分别开始每年举办一次社会工作本科模拟案例大赛和社会工作硕士论文及案例大赛。

在社会工作人才培养的国际化合作方面，2001—2009 年期间复旦大学社会学系与香港大学社会工作与社会行政系合作举办了国际认可的社会工作硕士（MSW）和社会行政管理硕士（MSSM）两个学位项目；2011 年开始与美国圣路易斯华盛顿大学每年合作举办全国社会工作与社会政策青年领袖人才培养暑期班；2015 年开始与美国圣路易斯华盛顿大学合作举办复旦－华大社会工作－社会政策（MSW-MSP）双学位项目；2017 年和东芬兰大学合作的伊拉斯谟（ERASMUS）项目得到欧盟资助，拓宽了社会工作学科的国际视野。2011 年开始，华东理工大学和香港理工大学合作社会服务管理硕士课程。华东师范大学社会工作学科与纽约大学社会工作学院密切合作，在上海纽约大学建立了华东师范大学－纽约大学社会发展联合研究中心。各个院校短期学生国际交流和师资海外访学计划更为频繁多样。

同时，沪浙片区注重高质量本土化教材编写，共出版各类教材 36 部，尤其华东理工大学徐永祥教授的《社区工作》、张昱教授的《矫正社会工作》、朱眉华教授的《家庭社会工作》等都列入中国社会工作教育协会组织的“面向 21 世纪”的统编教材，华东理工大学出版社出版了由徐永祥教授为主编的社会工作系列教材并列入“十一五”国家重点图书；复旦大学的赵芳教授编写了《社会工作伦理：理论和实务》《医务社会工作》《社会工作实习与督导》等教材，上海大学范明林教授编写了《质性研究方法》《社会工作实务：过程、方法和技巧》等教材。很多教材都填补了国内空白。

四、沪浙片区社会工作教育界科研能力和水平高

在高水平科研项目获得方面，据不完全统计沪浙片区院校承担了“社会治理背景下我国

社会工作行动本土化理论框架与实践体系研究”等国家社科基金重大项目共10项，上海大学4项，华东理工大学3项，浙江大学、华东师范大学和华东政法大学各1项；上海大学还有1项“推进以保障和改善民生为重点的社会体制改革研究”的教育部重大项目；另外还承担“不确定性研究的社会学转向及其体系建构”国家社科基金重点项目10项，上海大学3项，杭州师范大学和中共浙江省委党校各2项，还有复旦大学、华东理工大学、华东师范大学各1项。还有承担“社会工作助力乡村新内生发展：基于云南寻甸县的案例研究”教育部中国专业学位案例中心社会工作“主题案例”项目3项，由华东理工大学、华东师范大学和上海政法学院完成。

在学术著作出版方面，2002—2008年华东理工大学徐永祥教授主编出版了《社会工作与管理丛书》6本，2005年由上海大学邓伟志、沈关宝教授主编的《社会学与社会发展丛书》5本、2007年《社会和谐与发展丛书》5本。2010—2013年主要由华东理工大学和华东师范大学团队出版了列入“十一五”国家重点图书的《社会工作案例研究丛书》5本，2017—2018年由华东理工大学何雪松教授主编出版了《社会工作案例丛书》4本。2021—2023年复旦大学顾东辉教授主编出版《博学·社会工作系列：主干课程》6本，《博学·社会工作系列：实务课程》6本，《博学·社会工作系列：医务社会工作分系》4本。2020—2022年上海政法学院张可创教授主编《应用型社会工作本科专业建设丛书》7本，2023年由上海应用技术大学李正东主编的《特殊群体社会工作研究》6本（已经出第一本）。海外学术著作翻译方面：2003—2005年华东理工大学徐永祥教授担任主编出版了《社会工作名著译丛》共9本，以及2013年由徐永祥教授主编的《社会工作流派译库（第一期）》12本、2018年《里士满全集》8本，这两套译丛均列入“国家出版基金”项目和“上海市出版专项基金”项目。2016年华东理工大学何雪松教授担任主编《社会工作流派译库（第二期）》12本同样获得“国家出版基金”项目。当然还有一系列其他的专著和翻译著作出版。

在高水平论文发表和转载方面，据不完全统计，近10年来的科研成果在《新华文摘》转载的篇数达到23篇，上海18篇，浙江5篇，华东理工大学更以11篇为最多；在《中国社会科学文摘》上的转载量达到11篇，上海9篇，浙江2篇；在《人大复印报刊资料》上转载的论文数量上海有115篇，浙江有16篇，其中华东理工大学36篇最多，徐选国教授13篇占据首位。在《社会科学文摘》转载2篇。在SSCI的JCR1区发表论文数量达到123篇，其中上海大学29篇排第一，复旦大学26篇排第二；在JCR2区发表论文数量为186篇，其中复旦大学、华东理工大学和浙江大学分别达到47篇、40篇和32篇位列前三。JCR3区发表论文数量达到88篇，浙江大学16篇排第一，上海应用技术大学13篇排第二。

另外，在2020年教育部第八届高等学校科学研究优秀成果奖（人文社会科学）获奖共有7项，其中上海大学黄晓春、张文宏、肖瑛、李友梅教授4人获奖，华东师范大学文军教授、浙江大学徐林教授和浙江财经大学卢成仁教授也同时获奖。在科研阵地建设上的重大事件是2013年华东理工大学获批上海市高校智库“社会工作与社会管理研究中心”，2018年获得北京永真基金会资助建立国内首个国际社会工作学院，致力于推动国内儿童友好型社区建设、参与国家精准扶贫和乡村振兴以及国际社会工作人才培养；2019年和2021年两次获得敦和基金会“敦和·菡萏行动”资助开展MSW公益慈善教育，致力于推动社会工作与公益慈善的整合性发展。

总体而言，时值中国社会工作教育协会30周年之际，相信沪浙两地携手共进，争取更好发展。

（撰稿人：马良、顾东辉、何雪松、黄晨熹）

第九节　华中片区社会工作

华中片区主要覆盖湖北、湖南、江西、河南四省。历史地来看，华中片区的社工实践与办学历史有一定的传统。早在中华人民共和国成立前，井冈山、赣南、赣东北等革命根据地当中就包含了大量社会工作实践。雷洁琼等老一辈社会工作教育家则在江西南昌、赣州等地开展包括妇女在内的社会工作实践。中华人民共和国成立后，雷洁琼先生还大力支持办刊工作，为《社会工作》杂志题写了刊名。

1988年，河南郑州大学设立社会工作本科专业，成为全国最早的四所本科办学高校之一。发展至今，华中片区的办学单位总数共计50家。办学层次涵盖了专科、本科、研究生等不同层次。其中，本科办学高校共计40家；专硕（MSW）共计28家。此外，华中科技大学、武汉大学、华中师范大学等高校在社会学下招收社会工作博士研究生。近三十年来，华中片区的办学情况主要体现在四个方面。

一、勇担责任，推动人才队伍建设试点与脱贫攻坚工作

2008年以来，江西财经大学人文学院、江西师范大学政法学院等高校先后在万载等地开展社会工作实习实训。2011年，中组部、中央政法委、民政部等部门和组织联合发布了《关于加强社会工作专业人才队伍建设的意见》。两所高校的师生联合支持万载模式的构建。万载

县因社会工作人才队伍建设的探索而获得地方政府创新奖。自 2011 到 2013 年，为了进一步探索县域农村社会工作人才队伍建设，江西财经大学又承担了中组部、民政部在新余市进行社会工作人才队伍建设的试点工作。自 2013 年 5 月起，中部片区高校开始承担民政部高校发布的“三区”计划。

社会工作服务机构是人才建设的基础性平台。为了培育社会工作服务机构，中部片区高校与民政部门携手合作开展社会组织孵化工作。长沙民政学院史铁尔教授不仅在湘西古丈县进行了长期的农村社会工作实验，而且在长沙建立了孵化中心，培养了大量社工服务机构人才。随着乡镇社工站建设的推广，中部片区高校全面参与农村社会工作建设，支持了乡镇社会工作人才队伍建设。为了推进 MSW 人才培养，2023 年，华中师范大学承办了 MSW 教指委会议。

2015 年，中共中央、国务院通过《关于打赢脱贫攻坚战的决定》。中部片区高校主动进入脱贫攻坚主战场。华中科技大学向德平教授、江西财经大学蒋国河教授等人承担了国务院扶贫办的决策咨询、经验总结、第三方评估等工作。在中国社会工作教育协会指导下，尹忠海教授承担了江西省对口支援计划中心高校协调工作。由马凤芝教授、向德平教授担任主编，田北海教授、尹忠海教授等担任副主编的《世界公益慈善论坛·社会工作参与反贫困的中国案例与智慧丛书》于 2022 年完成出版工作。由向德平教授主编的《大国攻坚·反贫困社会工作丛书》获得了国家出版基金资助，入选教育部主题出版社和上海市重点图书出版计划。到 2023 年年底，共计 23 本的丛书顺利完成出版工作，其中《反贫困社会工作导论》《社区为本的反贫困社会工作研究》已由斯普林格出版社出版英文版。脱贫攻坚取得胜利之后，华中片区积极承担与乡村振兴相衔接的工作，向德平教授承担了对口帮扶四川凉山试点工作。

随着中央社会工作部成立，华中片区高校主动适应体制机制转型，部分高校开始与新成立的社工部建立合作关系。2024 年，江西财经大学与江西省委社会工作部签署战略合作协议，率先建立了合作研究基地。

二、勇站前线，推动社会工作参与重大救灾行动

华中片区高校主动参与区域内外的救灾工作。2008 年，汶川发生地震。其后，国内又发生了鲁甸、雅安、积石山等地震。片区高校师生勇站前线，积极动员，参与灾后重建。长沙民政学院史铁尔教授在四川理县开展灾后恢复工作。

2020 年，武汉暴发新冠疫情。华中片区高校积极应对疫情，勇敢应对疫情给社会带来的全方位冲击。时任中国社会工作教育协会副会长关信平教授、副会长兼秘书长马凤芝教授、副会长向德平教授进入武汉市民政局组织的社会工作服务专家组，协助武汉市政府开展疫情

防控工作。根据需要，中国社会工作教育协会组织开设7门课程，通过网上直播方式，为武汉市开展线上、线下服务的社工培训。为落实国家卫健委办公厅、民政部办公厅《关于加强应对新冠肺炎疫情工作中心理援助与社会工作服务的通知》要求，湖北省暨武汉市高校社工教师充分发挥社会工作专业优势，以社区或民政服务机构为主要阵地，为有需要的人群提供健康指导、心理评估与疏导、危机干预、社会关系修复、家庭支援、社会融入、资源链接、政策咨询等服务。向德平教授带领武汉市社会工作联合会积极开展“五社一心”阿里公益项目、腾讯公益项目，华中科技大学任敏老师带领“行走的社工”团队积极介入弱势群体服务。在马凤芝教授的亲自指导下，江西财经大学承担了大量宣传工作。不仅在自媒体上组织专家撰写系列疫情应对文章，而且还携手《社会工作》杂志社，组织了系列笔谈。

华中地区洪涝灾害频发。片区高校积极参与江西水灾、河南洪灾等救灾工作。2021年7月，河南发生暴雨灾害。灾害给郑州等地带来了巨大损失。湖北高校社工教师团队第一时间组织专家组进入郑州开展指导和服务，河南师范大学等高校积极进入灾害前线，开展家庭探访、心理救援等一系列工作。

灾害是绿色社会工作的重要议题之一。因此，农村社会工作、灾害社会工作与绿色工作具有很强的学科交叉属性。湖南、湖北、江西等三省都位于长江沿岸。片区高校积极参与鄱阳湖、洞庭湖等长江经济带的生态保护工作，发展绿色社会工作。随着长江禁渔政策的实施，包括江西财经大学在内的片区高校主动进入渔村，进行生计调查，倡导社会政策。

三、相互协作，提升社会工作专业与学科建设水平

在雷洪、钟涨宝、丁建定、慈勤英、李斌、张明锁、陈家琪、史铁尔等教授的指导与推动下，片区建立中部地区轮值制度，加强协作，推动地区学术交流，承担协会大型专业与学科建设会议。片区先后于2011年、2023年由江西财经大学、河南师范大学承办了中国社会工作教育协会年会。2015年，江西财经大学承办了李嘉诚临终关怀基金项目全国启动会议。会议被中新社以通稿形式报道。2018年，华中农业大学承办了反贫困社会工作专委会年会。疫情期间，江西财经大学于2020年12月承办了全国社会工作大学生论坛暨研究生论坛。同时，片区高校积极申请国家一流专业，申请国家一流课程。董海军、蔡前等老师获批国家一流课程。

片区内高校团结一致，逐渐完善省内协作机制，开始成立教育协会等平台。河南高校建立了高校同盟。2023年，江西省建立了社会工作教育专委会。在此基础上，片区高校联合建设实务实训基地，实务具有地方特色。

为了进一步提升社会工作教研水平，在中国社会工作教育协会支持下，由农村社会工作

暨灾害社会工作专委会、反贫困社会工作专委会牵头，片区高校以《社会工作》杂志为平台于2022年开始主办全国社会工作青年学者论文写作工作坊。工作坊推出了一批高水平科研成果。

中部地区省份多是农业大省。片区彰显农村社会工作办学特色，发起成立了农村社会工作专委会暨灾害社会工作专委会。江西财经大学、井冈山大学、河南农业大学等高校先后承办了农村社会工作暨灾害社会工作专委会年会。

四、面向全球，拓展国际化办学空间不放松

在中国社会工作教育协会指导与支持下，片区在成立之初就开始面向全球抓国际化办学空间拓展工作。片区以华中科技大学为牵头单位，与美国亚利桑那州州立大学等高校建立了“7+7”合作交流机制。到目前为止，华中片区形成了以港台为媒介，以华人为纽带，以会议为平台，辐射全球的国际化拓展机制。

在人才培养方面，华中科技大学、江西财经大学等高校与香港同仁合作，除疫情期间外，自2010年起，每年选派学生赴港参访或学习。此外，还先后选派学生赴亚利桑那州立大学参访，并在该校协作下赴老年社会工作机构实习。同时，江西财经大学还通过联合国儿基会、尤努斯格莱明银行等国际项目加强国际化办学合作机制。

在平台建设方面，自2013年起，华中科技大学、江西财经大学等高校先后主办了中美社会工作高级培训班暨合作论坛。2017年，在香港同胞黎永开先生等人帮助下，由江西财经大学主办了全球华人社区社会工作论坛，来自全球的130余位学者参加了论坛。同年，该校还主办了中国社会政策国际论坛，180余位学者参加了论坛。在广泛的国际交流基础上，2020年，江西财经大学与亚利桑那州州立大学建立了以弗莱维奥教授为首的国际研究中心。同时，片区内的华中科技大学、华中师范大学、江西财经大学等部分高校的老师加入了国际社会工作教育联盟。

（撰稿人：尹忠海、向德平）

第十节　西北片区社会工作

一、发展背景及现状

西北地区社会工作专业教育开始于1999年，最早获批开办社会工作本科专业的高校有两所，分别为位于陕西省的西北大学和位于甘肃省的西北师范大学，均为2000年开始招生。

经过二十多年的发展，目前西北地区开办社会工作教育的学校共有35所，其中办学地点在陕西省的有12所、甘肃省有10所、宁夏回族自治区有2所、青海省有2所、新疆维吾尔自治区有9所，拥有社会工作专业学士学位授予权的学校有25所，拥有社会工作硕士学位授予权的学校有16所，高职高专学校3所。

二、组织架构、主要负责人及沿革

2003年起，西北大学作为协会的常务理事单位，一直负责协会与西北地区有社会工作专业高校的沟通协调工作。2009年11月15日，协会发布了《中国社会工作教育协会关于筹建社会工作地区中心的意见》，希望筹建社会工作地区中心。2010年1月13日，中国社会工作教育协会西北地区中心正式在西安建立。

西北大学哲学与社会学学院院长陈国庆教授在成立大会上，提出需要根据西北地区社会工作教育发展的实际情况，借鉴国内外的先进经验，加强各院校、科研机构、社会工作类社会组织之间的交流与合作，共同促进西北地区社会工作的专业化、职业化、本土化发展。西北大学薛新娅教授宣布成立“中国社会工作教育协会西北地区社会工作教育中心”，会议通过了西北地区社会工作教育中心理事会成员名单，中国社会工作教育协会中地处西北地区的单位会员构成了西北地区社会工作教育中心的核心成员。具体包括：西北大学哲学与社会学学院、延安大学公共管理学院、西藏民族学院政法学院、青海师范大学人文学院、青海民族大学政治学院、兰州商学院法学院、甘肃政法学院、兰州大学哲学与社会学学院、西北师范大学政法学院、新疆大学等。

西北地区社会工作教育中心的基本职能是推进西北地区社会工作教育的实质发展。中心的成立搭建了一个高校与高校、高校与研究所、高校与NGO合作交流的平台，有益于营造浓厚的社会工作专业理论、实务、教学研讨氛围，推进社会工作专业化、职业化、本土化发展。

三、片区的工作内容和重要事件

2010年1月13日，为加强西北地区各高校之间社会工作专业教育经验及学术交流，探讨西北地区社会工作专业教育与现实社会需要衔接的有效途径，推动本地区社会工作专业教育的实质发展，受中国社会工作教育协会的委托，由西北大学承办“西北地区社会工作教育中心成立暨西北地区社会工作教育发展及评估指标体系研讨会”，此次会议主要讨论了社会工作西北地区中心成立的必要性、功能及运行机制，并就社会工作教育发展及评估指标体系进行了研讨。

2011年11月26日，中国教育社会工作协会主办的“西北地区高校社会工作专业（自）评估暨教学改革研讨会”在西北大学，来自西北五省的西北农林科技大学、陕西师范大学、宁夏大学、西北师范大学、新疆大学等15所高校社会工作教师及四川省希望社工服务中心等机构的实务工作者50余人参加。本次研讨会围绕“社会工作专业评估与人才培养模式”“社会工作教育的理论与实务”“社会工作教学改革”和“社会工作在实践中的运用”四个主题进行研讨。此次研讨会搭建了西北地区社会工作专业的交流平台，得到与会者的认同，对于建立具有西北地区特色的社会工作专业教学模式的探索与构建将起到积极作用。

2012年12月14日至17日，中国西北地区高校社会工作专业人才培养与教育使命国际研讨会在西北大学召开，参加会议的有来自美国凯斯西储大学的4位社会工作教育领域的专家学者、西北地区高校教师代表及部分从事社会工作服务的NGO组织代表。这次会议为西北地区社会工作教育者提供了一个较好的学习沟通交流的机会，有利于推动我国西北地区社会工作的发展及西北地区社会工作专业人才的培养。

2013年7月7日至9日，北京大学-香港理工大学中国社会工作研究中心主办的“西北地区社区发展与社会工作实务研究研讨会”在新疆大学举办，香港理工大学、厦门大学、华东理工大学、中山大学的教授学者做了大会报告。来自新疆大学、新疆师范大学、宁夏大学、青海师范大学、西北大学、西北师范大学、西藏民族学院、甘肃政法学院等学校的社会工作专业教师以及喀什残友就业发展中心、深圳市对口支援新疆（喀什）社会工作站、甘肃惠群社会工作服务中心、宁夏阳光正茂社会工作发展中心、小母牛项目、旭东爱心100社会工作服务站、乌鲁木齐市儿童福利院的实务工作者就社会工作实务研究的经验、困惑等展开分享讨论。

2015年，全国高校“社会工作：教学—研究—实践”课程第二期培训在兰州大学举行。来自全国各地高校的专家学者共同交流社会工作发展的前景，探讨适合中国情境的相关课程和教材，推动西北地区社会工作的发展。香港理工大学应用社会科学系古学斌博士就“社会工作研究范式、理念与知识建构，社会工作研究方法与实践”等议题进行具体阐述。台湾实践大学民生学院社会工作学系刘晓春博士针对中国农村、香港城市对社会工作行动研究进行交流探讨。此外，厦门大学、湘潭大学、云南大学、辽宁大学等高校学者和社工机构也参加了此次培训，共同探讨社会工作发展现今所面临的机遇与挑战。

2014年12月13至16日及2015年6月1日至4日，在陕西西安进行了二期“圆融计划-社会工作实践教育-机构督导培训课程”，来自西部地区高校的社会工作专业教师与实习机构督导50余人共同进行了课程学习，通过社会工作理论与实践的连接，进行反思式研讨及学习过程，提升了社会工作专业教师的实践教育能力，搭建了“教学-督学-实习点”合作平台，以推动西部地区本土社会工作实践教育的发展。

2016年6月24日至26日，由青海民族大学与中国社会工作教育协会民族社会工作专业委员会联合主办，青海天泽社会工作服务中心协办，以“民族社会工作发展与创新”为主题的第二届全国民族社会工作学术研讨会在西宁举办。

2017年10月28日至29日，中国社会工作教育协会“西北地区社会工作教育与学术研讨会”在西北大学召开，主题为“社会工作学科体系建设”，来自西北五省20多所高校的70余名教师代表以及近百名学生代表参加了此次大会。为了更好地促进与会师生之间的交流，实现多层交流、联合互动、深化探讨和高参与度的目的，研讨会还设置了社会工作学术论坛、社会工作专业学生沙龙、社会工作教育与学术研讨会及青年教师工作坊等四个环节，为西北地区高校社会工作专业的建设提供了交流的平台。

2018年6月23日，中国社会工作教育协会社会工作督导专业委员会联合陕西省社会工作协会，在西北大学举办了“贫困地区社会工作督导支持行动计划启动暨社会工作专业督导进阶课程研讨会”。来自北京大学、厦门大学、山东大学、首都经贸大学、闽南师范大学、黑龙江社科院、陕西省社科院和西安市社科院等单位的专家学者参加会议，北京大学马凤芝教授解读了民政部、财政部、国务院扶贫办《关于支持社会工作专业力量参与脱贫攻坚的指导意见》（民发〔2017〕119号）中“牵手计划”和“社会工作教育扶贫”的文件精神，认为专业社会工作应积极为脱贫攻坚提供智力支持。与会专家以参与式讨论的方式，就在贫困地区建立社会工作督导实训基地和“社会工作专业督导课程”培训的相关会议主题进行了研讨。

2018年10月13—14日，由中国社会工作教育协会民族社会工作专业委员会主办、西北师范大学社会发展与公共管理学院承办、兰州创晖社会工作服务中心协办的第三届全国民族社会工作学术研讨会在西北师范大学召开。来自中央民族大学、四川大学、兰州大学、华东理工大学、云南大学、贵州大学、内蒙古大学、广西师范大学、西北民族大学、西藏民族大学、青海民族大学等27所高校和云南心连心社区照顾中心等7个社会组织的专家学者、实务工作者和研究生近200人参加会议。研讨会展示了专家学者在民族社会工作领域的研究成果，增进了民族社会工作领域专家学者、实务工作者之间的联系与交流，对民族社会工作理论的深入发展和实务工作的开展具有积极借鉴指导意义。

2024年4月14日，第一届“西北社会工作案例大赛暨西北社会工作发展论坛”在兰州大学举行，来自西北五省高校和社会组织的39支队伍同场竞技。本次案例大赛是在中国社会工作教育协会指导下，由兰州大学哲学社会学院、甘肃省社会工作联合会联合举办，陕西、宁夏、青海、新疆四省区社会工作行业组织为成功举办案例大赛提供了大力协助。本次大赛旨在响应新时代社会工作积极参与国家基层社会治理需求，促进西北地区专业社会工作人才培养和组织服务走向深层次中国式发展道路，推动西北地区社会工作理论与实务融合，进一步加强政府、高校、社会组织、企业等“政校社企”多元立体的社会工作综合服务机制。

为推进中国民族学、人类学、社会学等学科与国际同行的对话、交流与互动，2024 年 6 月 28—30 日，“多元文化与社会工作：全球化时代的对话与交流”国际学术会议于在兰州大学召开。本次会议由教育部人文社会科学重点研究基地兰州大学西北少数民族研究中心主办，中国社会工作教育协会民族社会工作专委会、西北大学哲学院、四川农业大学法学院、西北师范大学哲学与社会学院协办。在为期两天的学术会议上，来自中国、美国、英国、新西兰、意大利、泰国、格鲁吉亚、哈萨克斯坦、德国、日本等国的 120 余名与会专家学者围绕多元文化与社会工作、全球化时代社会工作、中华民族共同体建设与社会工作、社会治理与多元文化、民族地区社会工作服务、社会治理创新中的社会工作等重要理论问题与学术议题，在七个分论坛上展开了深入、充分的研讨。

（撰稿人：刘莹）

第二十八章

北京大学–香港理工大学 中国社会工作研究中心

北京大学–香港理工大学中国社会工作研究中心是由北京大学社会学系与香港理工大学应用社会科学系联合建立的社会工作研究机构。为了进一步推进两校在社会工作领域的合作，更加有力地推动中国社会工作教育和研究的发展，在两校联合开办社会工作硕士（MSW）课程的基础上，香港理工大学阮曾媛琪教授与北京大学王思斌教授代表双方，建议在北京大学联合建立中国社会工作研究机构。北京大学于2005年发布了《关于成立北京大学中国社会工作研究中心的通知》，批准成立北京大学中国社会工作研究中心，挂靠北京大学社会学系。2007年3月，北京大学校长许智宏与香港理工大学校长潘宗光共同签署建立中国社会工作研究中心的协议。2009年，“北京大学–香港理工大学中国社会工作研究中心”（以下简称“中心”）在北京大学镜春园83号正式挂牌运行。“中心”建筑和院落面积共2 100平方米。“中心”的办公用房由北京大学提供，运行和研究经费主要由香港理工大学方面筹集。

“中心”的宗旨和主要任务是：举办社会工作教育、社会福利政策、中国文化和社会转型及中国社会工作理论和实践方面的研究及教育培训活动，支持北京大学社会工作专业的发展，推动中国社会工作教育和社会工作事业的发展。

“中心”的主要研究方向是：农村社会工作，儿童、青少年社会工作，妇女和家庭社会工作，社会工作教育、精神健康等；通过双方合作的研究项目，为内地培养社会工作师资，提高内地社会工作教育和实务工作者的研究水平。近几年，“中心”的一个重要领域是开展和倡导社会工作实践研究。“中心”建有北京市海淀区树村服务研究和实践基地及其他农村社会工作研究基地。

“中心”实行两校联合的管理体制。“中心”主任、管理委员会，由双方平等派专家组成。阮曾媛琪教授和王思斌教授为首任中心联合主任，管理委员会由双方社会工作教师共同组成。

“中心”的运行和发展得到了一系列基金会的有力支持。思善社会工作专项基金，支持上述研究项目和召开国际社会工作研讨会；“中心”曾得到凯瑟克基金的支持，主要是支持“中心”的教育和培训计划，研究和出版及国际交流，以及“中心”维护；林护社会工作培训与发展基金包括：（1）颁发“林护杰出社会工作奖”，奖励在社会工作教育、社会工作服务管理和实务工作领域作出卓越贡献的学者、学生和社会服务项目，自2009年设立以来，“林护杰出社会工作奖”已成功举办十二届；（2）举办社会工作专业培训。“中心”曾设立利丰项目，其宗旨是开展政策研究和实践研究，并向政府提出政策建议；德国米苏尔（MISEREOR）社会发展基金会资助了高质量社会工作教育者培训项目。

“中心”注重国际国内合作，推动社会工作教育和研究的发展。“中心”多次与中国社会工作教育协会、全国社会工作专业学位研究生教育指导委员会合作，就社会工作发展的全局性问题，召开学术研讨会；在国际合作方面，“中心”于2016年成为国际社会工作教育联盟（IASSW）东南亚及大中华地区区域资源中心（RRC），邀请国外知名学者来“中心”讲学交流。服务国家发展战略，“中心”开展了“一带一路”国家社会工作能力建设和交流。

2008年由阮曾媛琪教授和王思斌教授为联合主编，以“中心”成员为主要力量，共同创办编辑出版了 *China Journal of Social Work*（《中国社会工作期刊》），这是第一本关注中国社会工作发展的英语同行评审学术期刊，也是目前唯一一份全英文的中国社会工作专门期刊。该刊每年三期，三期一卷年终出纸质版，由英国 Routledge 出版社出版发行。迄今为止，该期刊已出版十六卷，并在国内外学术界产生了广泛影响。

“中心”的学术研究和专业推展工作得到了北京大学的积极肯定。“中心”于2009年和2014年两次被评为北京大学优秀科研机构，2023年和2024年连续两年被评为优秀学术研究机构。“中心”以自己的努力和同行的支持赢得了崇高荣誉。

“中心”负责人：北京大学方面的“中心”主任为王思斌（2007—2017年）、马凤芝（2017年至今）；香港理工大学方面的“中心”主任为阮曾媛琪（2007—2019年）、古学斌（2019年至今）。

（撰稿人：王思斌、马凤芝）

第七编

中国社会工作教育协会国际和境外合作项目

中国社会工作教育协会自成立之初到现在都秉承开放和包容、本土化与国际化结合、走出去和请进来结合的原则。凯瑟克基金通过亚太区社会工作教育协会申请支持中国社会工作教育协会工作，多年来持续不断地对中国社会工作教育协会的教学项目、服务项目、人才项目、出版项目提供支持，其支持是关键性的和富有成效的。国际社会工作教育联盟（IASSW）联系美国社会工作教育理事会（CSWE），决定加强与中国同行的学术交流。在2012—2017年的五年内，中国社会工作教育的七个片区大学与美国七个高校的开展合作，促进中国社会工作研究生教育项目的发展。近年来，中国社会工作教育协会还积极参加国际社会工作教育联盟的项目，启动了国际社会工作课程计划、国际同行咨询评估计划等。

第二十九章

凯瑟克基金对中国社会工作教育协会的支持

中国社会工作教育的发展，得到了多方包括境外基金会的支持。香港凯瑟克基金多年来持续支持内地社会工作教育的发展，对内地社会工作的重建和发展作出了重要的杰出贡献。香港凯瑟克基金是一个十分务实但又低调的非营利组织。本文对凯瑟克基金支持中国社会工作教育协会的项目稍作梳理，感念其无私支持，也希望能激励社会工作教育界同仁为发展我国的社会工作教育和社会工作事业不断努力，作出新贡献。

第一节　香港凯瑟克基金简介

香港凯瑟克基金（The Keswick Foundation, KF）是约翰·凯瑟克爵士（Sir John Keswick）及其女儿美琪·凯瑟克（Maggie Keswick Jencks）于1979年成立的慈善机构。约翰·凯瑟克爵士1952年至1956年出任怡和管理有限公司主席，长期居住在中国，对中国及中国人民有强烈感情。凯瑟克爵士于1982年逝世。其遗志是希望能回馈中国和中国人民。美琪在孩童时期曾居香港，与父亲一样热爱中国文化。她天资聪颖，具有优秀的组织能力。美琪·凯瑟克秉承父亲的意愿，致力于支持香港及内地的社会福利项目。在她的带领下，基金的业务持续增长，资助范围逐渐扩大，成效凸显。1995年，美琪·凯瑟克因癌症不幸去世。

凯瑟克基金的愿景是：转变生命、燃点希望、融汇影响。

凯瑟克爵士创立基金时表明，其支持主要集中于社会福利制度所忽略的领域，例如精神复康服务，以及资助计划的经常性开支。凯瑟克基金旨在促进长远、有效益的社会服务发展及提升服务水平，以应对两地的社会需要；主要资助经费不足的先导计划或新服务，以探索创新、完备、实用的解决方案，从而填补社会服务的缺口。现在，基金的资助范围包括提升社会服务及教育水平、儿童服务、青少年及家庭服务、长者服务、特殊需要人士及弱势社群服务以及紧急援助。

现在，凯瑟克基金由一群热心公益的专业人士及义工管理，继承凯瑟克爵士和美琪的意愿，造福香港和内地。

第二节　凯瑟克基金通过亚太区社会工作教育协会申请支持中国社会工作教育

中国社会工作教育重建开始于中国的改革开放。20 世纪 80 年代，中国的经济社会领域都实行体制改革和对外开放，这也引起了境外社会工作教育界同行的关注。20 世纪 80 年代中期，亚太区社会工作教育协会（APASWE）关注中国社会工作的发展动向，并建立中国小组开展探索性工作。1987 年，中国的社会工作学科专业决定重建后，亚太区社会工作教育协会即联系北京大学，并得到国际社会工作教育协会部分资助，于 1988 年联合召开了“亚太区社会工作教育研讨会”。此外，香港的社会工作教育界同仁还帮助内地社会工作院校申请到德国米苏尔社会发展基金会（MISEREOR）的支持，为北京大学等四所社会工作院校建立社会工作图书馆，向全国开放，为中国社会工作教育的发展提供了宝贵支持。

在亚太区社会工作教育协会的中介帮助下，香港凯瑟克基金从 1992 年起开始支持中国社会工作教育的发展。起初，是由亚太区社会工作教育协会申请凯瑟克基金的经费，支持在内地召开的学术研讨会，也包括通过申请凯瑟克基金的资助，支持内地社会工作学校的教师到香港参加学术会议和学习培训，以及到其他国家参加国际学术研讨会。

亚太区社会工作教育协会在周永新教授领导的中国小组的努力下，于 1992 年向凯瑟克基金申请经费，邀请内地的社会工作教师和学者到香港参加学术培训、研讨和实地参观。亚太区社会工作教育协会举办了题为“中国社会工作及社会工作教育的发展”的研讨会，资助来自内地多所院校的 30 余名教师和学者到会交流和研讨，向参会者介绍香港社会工作教育的发展状况，并且参观香港大学、香港中文大学、香港理工大学、香港城市大学等教育机构，参加培训课程，参访诸多社会工作服务机构。这是内地社会工作教育者成规模地到境外参加专业培训和交流之始。它使内地社会工作教师和学者大开眼界，增长了社会工作的专业知识，也开始明确社会工作专业教育的内涵，效果相当显著。

1994年，以中国社会工作教育协会筹办和成立为契机，亚太区社会工作教育协会再次向凯瑟克基金申请，资助香港等亚太区学者赴北京参加国际社会工作学校联盟、亚太区社会工作教育协会与中国社会工作教育协会（筹）联合举办的“华人地区社会工作教育研讨会”。研讨会进行了比较深入的交流，中国学者介绍了具有中国特点的社会工作，探讨了其发展方向。与会学者颇有收获，也开启了中国学者对外交流的新起点。

1996年，亚太区社会工作教育协会在香港召开“中国社会工作及社会工作教育发展研讨会”，并向凯瑟克基金申请资助，支持内地社会工作学者赴港参加会议，为赴港出席研讨会的内地社会工作教育者提供经费支持。

1999—2000年，亚太区社会工作教育协会向凯瑟克基金提出申请，为前往曼谷、布里斯班等地出席国际社会工作教育研讨会的内地社会工作教育者提供经费支持，扩展了内地社会工作学者的视野。

亚太区社会工作教育协会还向凯瑟克基金申请经费支持内地的社会工作教材建设。1996年，国际社会工作学校联盟在香港召开学术研讨会，会议期间，亚太区社会工作教育协会中国小组负责人周永新教授等与中国社会工作教育协会负责人商谈，愿意向凯瑟克基金申请经费，支持内地学者自主编写社会工作专业教材。之后，该项目申请成功。中国社会工作教育协会决定由王思斌牵头，在集体讨论的基础上编写《社会工作概论》。当时，国内已有几本内地学者新编的社会工作教材。中国社会工作教育协会组织编写的这本《社会工作概论》聚集了国内有教学经验并了解社会工作实践的学者，集中讨论和编写。经过近三年的努力，这本《社会工作概论》由高等教育出版社出版。这是一本既参考借鉴国际先进理论，又密切结合中国实践的教材，得到学术界好评。1999年，这本教材获得教育部优秀教材二等奖，2019年获得国家教材委员会颁发的全国优秀教材二等奖（也是社会工作学科的唯一奖项）。可以毫不夸张地说，凯瑟克基金的这项支持，开辟了中国社会工作教材建设的新境界、达到了新高度。

第三节　凯瑟克基金支持中国社会工作教育协会的发展项目

一、凯瑟克基金直接支持中国社会工作教育协会的背景和概况

1999年中国大学实施扩招政策后，社会工作院校数量增加，师资培训、课程建设、教材建设、学生的专业实习成为发展专业的迫切要求，而且任务巨大。另外，随着中国社会

工作教育协会自身建设的发展和运行的规范化，它也逐渐具有了独立申请和执行项目的能力。亚太区社会工作教育协会负责人向中国社会工作教育协会负责人表达了不再由亚太区社会工作教育协会代为申请，而是由中国社会工作教育协会直接向凯瑟克基金申请资助的想法，并认为这样可以提高项目的运行效率。这一想法得到了中国社会工作教育协会负责人的认同。

2000年后，中国社会工作教育协会在亚太区社会工作教育协会，香港的周永新教授、阮曾媛琪教授等的支持下，以中国社会工作教育协会的名义，向凯瑟克基金申请项目资助，重要的有协会的两个五年计划、一个三年计划和一些实践研究项目，以及正在执行的为期三年的教育发展咨询项目。这些项目都极大地促进和推动了内地社会工作教育的发展。中国社会工作教育协会善用资源、成果高效，也建立起了凯瑟克基金与协会之间的信任关系。

同时应该附带指出的是，2000年之后，凯瑟克基金持续支持了香港理工大学与北京大学联合举办的为内地培养社会工作研究生的项目，七届共230余人。他们绝大多数是大学的社会工作教师，后来也参加了凯瑟克基金支持的多个项目的实施，实际上形成了对中国社会工作教育发展的重要支持。

二、中国社会工作教育第一个五年计划（2001—2006年）

中国社会工作教育协会的第一个五年计划从国家大学开始扩招的第三年开始。在亚太区社会工作教育协会的支持和周永新、阮曾媛琪等香港同仁的帮助指导下，中国社会工作教育协会向凯瑟克基金申请为期五年的发展项目，即中国社会工作教育第一个五年计划（2001—2006年）。

协会的第一个五年计划的任务目标，是在内地社会工作教育办学单位快速增加的大形势下，解决推动专业教育、扩大协会影响、促进社会工作专业化发展等一系列基础性、根本性的问题。其中最重要的是协会在各校的专业课程设置方面发挥积极指导作用，出版专业教材及书刊，向社会工作专业教师普及专业知识，培训专业师资，提高社会工作教学水平。

凯瑟克基金批准了中国社会工作教育第一个五年计划项目申请，总经费530万元人民币。

在这个计划中，协会组织全国的社会工作专业教师编写了《社会工作导论》等8本社会工作专业主干教材，使社会工作专业开办学校有了基本的专业遵循。后来，又启动了《儿童青少年工作》等13本实务领域教材编写，初步完善了社会工作教材体系；协会召开年会和课程培训会，以会代训，提高新设立社会工作专业学校的教学水平；在凯瑟克基金的支持下，协会高起点创办了《中国社会工作研究》期刊，建立了学术研究阵地。

值得特别提出的是，在自编教材不能满足教学需求的情况下，为了让开办社会工作专业的教师和学生有更多参考书籍和文献，凯瑟克基金资助协会向会员单位捐赠社会工作图书。协会统筹组织购买，第一批向 69 所社会工作院校各赠送价值一万港币的社会工作类图书。这对内地发展社会工作专业教学和研究起到了十分重要的促进作用。

在凯瑟克基金的资助下，中国社会工作教育协会组织了“首届约翰·凯瑟克爵士社会工作奖励暨优秀学生赴港交流活动”。每年从全国的社会工作专业学生中选拔 10 名（后增至 20 名）品学兼优和专业理念坚定者，赴香港一周，参加学习、培训，并探访社会工作机构，在港费用由凯瑟克基金以奖学金的名义支付。这一活动开阔了获奖学生的专业视野，进一步坚定了专业信念；他们回校后的分享也增强了同学们对香港社会工作发展的了解，以及学习社会工作专业的信心。这一项目得到了凯瑟克基金的高度重视，并持续到协会的第二个五年计划。该计划的一些活动的开展也得到了香港理工大学应用社会科学系的大力配合与支持。

通过以上活动，协会成为中国社会工作教育发展的指导中心，建立起会员单位对协会的组织认同，协会成为内地社会工作教育的专业引领者，中国社会工作教育在专业化方向上得到稳步发展。

三、中国社会工作教育协会第二个五年计划（2007 年 10 月—2012 年 9 月）

2000—2006 年，中国的社会工作院校快速膨胀，之后仍在继续增长。然而从专业建设角度看，很多新建社会工作专业学校仍然处于低水平的发展状态，主要表现为缺乏优秀的师资，初入行教师缺乏相应的专业训练，这些学校的专业实习督导、学生就业也存在很多问题。同时，随着社会工作本科院校的增加，健全社会工作培养体系的问题也被提上议事日程。

在这种情况下，中国社会工作教育协会认为应该担负起重要的责任，进一步加强协会的能力建设，深入推进社会工作教育的发展。基于上述考虑，中国社会工作教育制定了第二个五年计划，并向香港凯瑟克基金提出申请。凯瑟克基金积极慎重地对待协会的申请，邀请协会负责人专程赴港参加其理事会组织的答辩。基于协会很好地完成了第一个五年计划，以及第二个五年计划的重要性、可行性，凯瑟克基金决定支持协会的第二个五年计划，项目总经费 570 万元人民币。

在凯瑟克基金的支持下，通过协会的积极努力，第二个五年发展计划完成了如下一些重要工作：创新性地在专业评估、专业（行业）培训、专业拓展、出版工作以及网络建设等几个方面进行全新的工作。具体包括：

（1）建立社会工作专业评估指标体系和测评制度，进一步规范社会工作教育体系，提升教学水平。协会制定了评估指标体系，对全国开办的社会工作专业进行评估，摸清了底数，促进和提高了各校社会工作专业教育水平。该指标体系后来也成为全国社会工作专业学位硕士授权点评价的参考蓝本。

（2）专门开办培训班或以会代训，以“培训培训者”的方式，在全国各个地区培养出一批娴熟掌握专业知识和技能的优秀师资，再通过他们培训地区的初级师资，提高各个地区的专业教育质量。

（3）进行专业拓展，以多种方式向教育部提出完善社会工作专业学科体系（本硕博培养层次）建设的政策建议，促进培养层次提升。

（4）加强出版，通过研究与出版，积累普及性、本土性的资料和知识，完善教材建设体系，编辑社会工作案例集，促进教学与科研。

（5）举办全国社会工作大学生论坛。为了加强社会工作学生之间的交流，增强学生对社会工作的认同，在凯瑟克基金的支持计划内，协会开办了“中国社会工作大学生论坛”。首届论坛于2009年在北京大学召开。参加该次论坛的有来自全国100多所高校的学生和教师代表。项目期结束后，这一活动也延续下来。

（6）加强协会的组织网络建设，提高协会秘书处的服务水平。

第二个五年计划保留和延续了第一个五年计划中非常有意义的两个项目。一是向会员单位捐赠图书。鉴于新开办社会工作专业学校的大量增加，协会启动了新的“中国社会工作教育协会－香港凯瑟克基金百校图书计划”，以1：1的资金配套的方式（协会－凯瑟克基金出人民币5 000元，会员单位出人民币5 000元），资助100个会员单位购买社会工作专业图书。二是继续实施“约翰·凯瑟克爵士社会工作奖励暨优秀学生赴港交流活动”，每年一批，每批20多名优秀学生，奖励名额向中西部学校倾斜。

凯瑟克基金还资助了一些协会会员代表赴美澳等国家和地区的短期访问和学术交流。

四、中国社会工作教育协会三年教育发展项目（2018年7月—2021年6月）

为了进一步推动社会工作教育的发展，协会向凯瑟克基金提出“三年教育发展项目”，并得到凯瑟克基金支持。该发展项目主要有四部分内容：第一，进行“案例教学为本”的MSW

师资培训；第二，以《中国社会工作研究》为平台，提升以“实践为本”的社会工作研究能力；第三，继续开展全国社会工作大学生论坛暨 MSW 论坛，进一步树立社会工作学生的专业信念；第四，召开社会工作教育国际研讨会，不断提高我国社会工作学界的国际地位和学术影响。

2018 年 7 月该计划正式实施，执行情况是：

（1）进行“案例教学为本”的社会工作专业硕士师资培训。线上举办案例教学为本的 MSW 师资培训工作坊，马凤芝、费梅苹、张曙等社会工作专家就案例教学的基本理念、案例教学示范、案例教学实践经验进行了分享。与会者对社会工作案例教学有了更加全面和深入的了解，对如何在中国本土环境下实施社会工作案例教学有了进一步认识。本次培训共吸引了 1 200 多名社会工作师生线上观看直播、参与讨论。

（2）举办中国社会工作大学生论坛暨研究生论坛。2018 第十届中国社会工作大学生论坛暨第三届 MSW 研究生论坛由华中师范大学承办，论坛主题是“走向新时代的中国社会工作理论与实践”，有 215 名社会工作专科、本科、研究生参与了此次论坛。2019 第十一届中国社会工作大学生论坛暨第四届 MSW 研究生论坛由重庆师范大学承办，论坛主题是“新时代新使命：社会工作服务与实践的新担当”，共有 196 名学生参加。因疫情影响，2020 第十二届中国社会工作大学生论坛暨第五届 MSW 研究生论坛以线上线下相结合的方式进行，由江西财经大学承办。经过不懈努力，中国社会工作大学生论坛已经成为协会的口碑品牌，受到越来越多社会工作院校的关注和持续参与，也成为颇受学生欢迎的专业性论坛。

（3）出版《中国社会工作研究》。项目期内连续出版了 3 辑《中国社会工作研究》，推进社会工作实践研究成为其主要内容。在提升以“实践为本”的社会工作研究能力方面，《中国社会工作研究》从严审稿，积极推动国内社会工作界实践研究水平的稳步提升。在此期间，《中国社会工作研究》连续获得社会科学文献出版社的优秀集刊奖，连续入选 CSSCI 来源集刊（2019—2020，2021—2022），成为业内最重要的社会工作类 C 刊，在社会工作研究方面发挥了引领作用。

（4）举办社会工作硕士教育国际交流研讨会。因疫情影响，社会工作硕士教育国际交流研讨会延期至 2022 年在线上举办。来自中国香港、美国、英国、南非的 4 名社会工作专家就社会工作教育的全球标准、美国社会工作教育政策与认证标准体系、英国社会工作硕士教育的发展趋势、全球社会工作教育标准在南非的实施进行了交流、研讨，共有 1 000 余名社会工作同仁通过线上直播收看了本次交流研讨会。

第三个发展计划的执行受到新冠疫情影响，但在多方努力下，还是得到较好执行。它在提高中国 MSW 教育水平、强化大学生的专业认同和实践、促进社会工作研究等方面发挥了新的作用。

五、新时期中国社会工作专业学位研究生教育高质量发展暨整体增能计划（2023 年 1 月—2025 年 12 月）

为深入贯彻落实国务院学位委员会、教育部发布的《专业学位研究生教育发展方案（2020—2025）》，进一步推进我国社会工作专业学位研究生教育的高质量发展，中国社会工作教育协会向凯瑟克基金申请了“新时期中国社会工作专业学位研究生教育高质量发展暨整体增能三年计划”，并得到资助。

（一）计划主要内容

以“中国社会工作教育标准体系”建设为抓手，以国际同行咨询为辅助，全面提升社会工作专业学位研究生（MSW）教育培养具有精细化专业技能的高级社会工作人才的能力；以高质量社会工作专业学位研究生教育培养具有较强社会工作专业理论和技能的社会工作者，回应社会发展新阶段社会建设和社会治理创新需要。

“三年计划”定位在影响新阶段社会工作专业学位研究生教育和人才培养的“中国社会工作专业核心胜任力”建构这一关键问题上，以发展保证社会工作专业核心胜任力和专业素质养成的“中国社会工作专业学位研究生教育标准”为核心任务，推动中国社会工作专业学位研究生教育高质量发展。

（二）项目执行情况

2023 年 5 月 8 日至 9 日，“国际视野与中国实践：新时代中国社会工作专业学位研究生教育展望国际研讨会暨 MSW 教育整体增能三年计划启动仪式”在南京举行，协会领导、特邀发言嘉宾以及各社会工作院校代表共百余人线下参会，另有 6 229 人次在线上观看了会议直播。会议邀请到意大利、美国、南非等国家的社会工作学者介绍国际社会工作教育发展最新趋势。

2023 年 9 月，协会发布《关于发布中国社会工作专业核心能力框架和指标课题研究的通知》和《关于发布中国社会工作专业学位研究生（MSW）教育状况调查研究课题的通知》，秉持公平公正公开的原则，组织专家严格评审，有四个课题组获立项。

同行咨询工作于 2023 年 11—12 月、2024 年 5 月分两批在 8 所示范院校依次展开。这 8 所学校是：中国青年政治学院、长春理工大学、上海大学、西北师范大学、南京大学、贵州大学、华中科技大学和厦门大学。通过国内外专家的同行咨询，咨询学校对借鉴国际有益经验、提高我国的社会工作专业学位研究生教育有了更高、更全面的认识。

配合项目的发展，协会推介了“全球社会工作教育”系列课程。2023 年 11 月 27 日，在中国社会工作教育协会社会工作专业学位研究生教育同行咨询工作启动仪式上，三年计划项目行政总监、南京理工大学沈黎教授介绍了“全球社会工作教育”十一门系列课程的准备制作情况。这些课程基于 2020 年通过的《全球社会工作教育与培训标准》、围绕“社会工作教育与培训标准的重要性”“优秀社会工作院校的特征”“高质量的社会工作教育核心内容”展开，面向所有社会工作院校开放。马凤芝教授、Annamaria Campanini 主席共同启动了“全球社会工作教育”十一门课程上线。

2024 年 7 月 2 日，由中国社会工作教育协会协调，国际社会工作教育协会（IASSW）录制的“全球社会工作教育”十一门系列课程已正式上线发布。

六、支持中国社会工作教育协会参与重大公共事件治理和促进能力发展

（一）支持中国社会工作教育协会参与重大公共事件治理

除了上述固定项目外，凯瑟克基金还资助了协会开展的重要的临时性项目。

支持协会参与汶川地震的救援服务。2008 年汶川地震发生后，协会向香港凯瑟克基金提交了“中国社会工作教育界汶川地震救援计划”申请，获批 61 万元人民币用于培训和开展灾区学校社会工作服务。从 2008 年开始到 2010 年年底，协会在四川德阳和广元开展了为期两年半的“希望社工灾后救援行动计划”，项目服务涉及两地 10 余所学校及所在社区，服务人群近万人次，受到了当地高度评价。2011 年，“广元市利州区希望社工服务中心”正式注册成立，当地政府积极购买社工服务，社会工作在当地获得持续发展。

支持协会开展新冠疫情防控行动。2020 年初新冠疫情暴发，中国社会工作教育协会便敏锐洞察到疫情可能对经济社会发展及一般民众生活的严重影响。凯瑟克基金也在第一时间与中国社会工作教育协会商议，紧急拨款 100 万元资助协会开展疫情防控社会工作服务项目暨行动研究。协会迅速行动，组织全国社会工作院校师生参与到疫情防控工作中来，作出自己的专业贡献。该项工作分为 10 个服务项目，涉及疫情防控情境下从社区工作到特殊脆弱人群需要的满足、重点人群和问题预防，以及社区能力建设等内容。项目得到认真执行，效果显著。

第一，发挥社会工作专业优势、探索介入公共卫生治理实践。协会引领中国社会工作教

育界、实务界积极行动，为疫情防控做了大量工作，取得了可观成效，形成了社会工作参与疫情防控的中国模式。该项目不仅探索了中国社会工作参与公共卫生治理实践的经验模式，建构和发展了社会工作的嵌合能力，而且为社会工作在参与公共危机事件治理中发挥优势作用积累了宝贵经验。

第二，推动社会工作专业更新、促进社会工作国际对话。此次项目的开展对中国社会工作教育与实务发展影响深远。一方面促进了社会工作实践的数字转型，实现了社会工作实务与互联网技术的深度融合；另一方面注重社会工作知识的生产与传播，推动中国公共卫生社会工作自主知识体系建构。

第三，协会借着项目执行，积极与国际社会工作教育协会、国际社会工作者联合会互动，促进了中国经验在国际社会工作界的传播。

（二）通过服务–研究项目支持内地社会工作教育的能力发展

2010 年，在北京大学–香港理工大学中国社会工作研究中心举办 10 周年纪念活动之际，凯瑟克基金了解到，内地社会工作专业教师和学生面临实务经验不足、研究能力不强、缺乏专业实习机会等现实困难，于是决定提供资金支持开展中国社会工作服务项目。

凯瑟克基金成立了“中国社会工作项目基金”，委托北京大学–香港理工大学中国社会工作研究中心协助执行。项目设置的目的性和针对性非常清晰，即针对中国社会工作教育及实践面临的发展中的问题，要实现三个目标——加强专业社会服务、促进有实践的教育和倡导社会工作行动（实践）研究。项目侧重的领域和对象体现了社会工作的价值观，即面向社会弱势人群和不发达地区。

2013 年 6 月，第一期中国社会工作项目申请通知发出，共收到 54 份申请书。经过初选、考察和评审，确定 8 个项目申请获得资助。2016 年 7 月，第二期中国社会工作项目共收到 45 份申请书，最终确定 10 个项目申请获得资助。2021 年 1 月，第三期中国社会工作项目共收到 34 份申请书，最终确定 10 个项目申请获得资助。目前，第一、第二期资助的项目已经完成并通过评估验收，第三期资助的项目也接近尾声。

项目评估显示：在服务目标达成方面，项目得到服务对象好评，服务促使目标人群转变，促进本土人员成长，项目形成可推广复制模式，获得社会媒体关注；在教育目标达成方面，项目为学生提供专业实习机会，助力实习学生专业成长，在实践和研究基础上形成新的专业课程；在研究目标达成方面，形成了实践研究的兴趣和良好氛围，探索了中国情境下开展服务的路径和策略，培养了新生代社会工作研究的兴趣和能力，高校教师和机构负责人获得丰硕科研成果。

第四节　香港凯瑟克基金支持中国社会工作教育的特点与效果

30多年来，中国社会工作教育得到了凯瑟克基金的大力支持，中国社会工作教育也实现了较快发展。总结中国社会工作教育协会与凯瑟克基金的合作过程，有以下几个方面值得提出。

（一）凯瑟克基金对中国社会工作教育协会的支持是关键性的和富有成效的

中国社会工作教育从20世纪80年代中后期重建到1999年高校扩招之前，处于初生和争取同行及社会承认的阶段，这时亟须得到官方和同行的支持。虽然国家教育委员会批准设立了社会工作专业，但是专业的发展还要靠办学单位自己努力。此时，中国的高等教育投入并不多，各办学单位对新办社会工作专业的投入也不大。这样，中国社会工作专业教育就处于在维持中缓慢发展的状态。在这种背景下，经过亚太区社会工作教育协会的协助，凯瑟克基金以多种方式，支持处于重建初期的中国社会工作教育，十分宝贵和重要。进入21世纪，中国社会工作教育的发展进入新阶段，规模的扩张和社会工作师资水平较低给社会工作教育的发展带来极大压力。在这种亟需支持的情况下，凯瑟克基金伸出援助之手，支持师资培训、支持向社会工作院校捐赠社会工作专业图书，对内地社会工作教育的发展发挥了十分重要的关键性作用。可以说，没有凯瑟克基金的慷慨支持，可能就没有中国社会工作教育当今的发展水平。

凯瑟克基金支持中国社会工作教育，受益的不只是教育界，其效果在扩展，并促进了中国社会工作事业的发展。比如，在中国的社会工作者职业水平考试中，众多高校教师参与其中，保障了该项工作的顺利开展；中国社会工作教育协会对国家设立MSW学位作出了积极贡献；中国大量的社会工作服务机构的专业的、高标准的服务，也直接或间接地得益于凯瑟克基金对中国社会工作教育的帮助，因为他们的带头人，多数是凯瑟克基金项目的受益者。

（二）对社会工作教育界参与国家重大公共事件治理的支持相当重要

中国社会工作教育以其发展教育和从事社会服务而立于社会科学之林。国家和社会有需要，社会工作教育界就积极行动，参与公共服务和社会治理。凯瑟克基金对协会进行的汶川地震救灾和重建项目的支持，对协会参与新冠疫情防控项目的支持，使社会工作教育协会能更有力地参与国家重大公共事件的治理，贡献社会工作的专业力量，也得到了政府和社会的了解和承认。

（三）促进社会工作教育创新

凯瑟克基金对协会项目的支持，一直有督促社会工作教育协会不断创新的内涵。凯瑟克基金一般不重复支持某一项目，而是愿意支持创新项目，除非原项目有新的内容（比如“约翰·凯瑟克爵士社会工作奖励暨优秀学生赴港交流活动”，因为学生是新老替代的）。在教师队伍建设中，支持中西部地区是凯瑟克基金所强调的；对中国社会工作教育体系建设的政策建议，也是凯瑟克基金关注的；“全国社会工作大学生论坛”被认为是直接惠及广大学生的；至于“约翰·凯瑟克爵士社会工作奖励暨优秀学生赴港交流活动”更是鼓励学生坚定理念、鼓励向上的项目。

（四）促进了社会工作教育协会的能力发展

对于凯瑟克基金的支持项目，协会十分重视并严格执行。但是由于早期人手少等方面的原因，项目的管理还有不尽如人意之处。随着项目的持续发展，凯瑟克基金对项目执行信息的要求更细，协会对项目的实施和管理也不断规范化，促进了协会的项目管理工作。这不但有利于凯瑟克基金项目的实施和发展，也增强了协会的项目申请、执行和管理能力。

协会也以多种方式增强自己的能力。面对一些非全额资助的项目，协会尽力按项目计划执行，但又坚持责任共担、节约办事、高效办事的工作风格。凯瑟克基金的工作人员曾经询问协会负责人他们的资助够不够用（因为协会用较少的基金资助办了更多的事）。实际上，一是协会坚持了勤俭办会的原则，少花钱多办事；二是激发和要求会员单位承担必要的责任，反对形成依赖。在实际工作中，协会也在开源上做了一些努力，增强协会和会员单位的能力。协会和会员在得到凯瑟克基金的支持中也获得了成长。

（五）凯瑟克基金的物质和精神支持对中国社会工作教育界的激励

凯瑟克基金支持的重点集中于社会福利制度所忽略的领域，例如精神复康服务，其他弱势群体服务，关注社会服务领域的创新。对中国社会工作教育协会的持续支持，是该基金支持领域的一个拓展，它十分重要地支持了中国社会工作教育事业的发展。基金对协会项目的支持既是积极的，又是审慎的。因为基金的创始者、管理层都知道基金的每一分钱都来之不易，基金的工作人员的严谨作风、负责精神也得到项目受益者的称赞。中国社会工作教育协会的项目申请者、执行者和受益者，受到凯瑟克基金精神的感染，坚定了为中国社会工作教育事业的发展努力前行的信念。

30 多年来，中国社会工作教育协会和中国的社会工作教育事业得到了凯瑟克基金的大力支持，也生产出十分丰富、积极的成果。我们要感谢凯瑟克基金的大力支持，感谢凯瑟克基金理事会及其工作人员的有高度责任心的工作，感谢亚太区社会工作教育协会以及周永新教授、阮曾媛琪教授等的大力帮助，同时也感谢资助项目策划者、执行者的辛勤付出。30 多年来凯瑟克基金支持中国社会工作教育协会项目的丰硕成果，是对我们共同的崇高奖赏。

（撰稿人：王思斌）

第三十章

中美社会工作教育协会合作项目

第一节 项目的缘起及前期工作

进入 21 世纪后，我国的社会工作教育得到快速发展。2006 年党的十六届六中全会之后，我国的社会工作进入制度化发展轨道，也引起了各国同行的关注。2008 年，美国社会工作教育理事会（CSWE）主席 Ira Colby 博士和执行主任 Julia Watkins 博士，同国际社会工作学校联盟（IASSW）的阮曾媛琪博士会面，双方讨论了中国大陆社会工作教育的兴起和发展，由此为后来的中美社会工作教育合作项目的开展奠定了基础。

美国社会工作教育理事会（CSWE）决定加强与中国同行的学术交流。2011 年该理事会年度项目会议期间，其全球社会工作教育委员会提出与中国社会工作教育界合作项目的初始提案，其内容是在 2012—2017 年的五年内，通过中美两国 10～15 个 MSW 项目的合作，促进中国大陆研究生社会工作教育项目的发展。该合作计划由当时的国际社会工作学校联盟负责人向中方传递。

中国社会工作教育协会获得此信息后，认为中国的制度化的社会工作硕士教育自 2009 年开始之后，规模发展较快，但是教学和培养能力不足，迫切希望了解和借鉴社会工作教育比较发达国家的经验，因此持积极的合作态度。于是，协会于 2012 年 9 月向会员特别是 MSW 办学单位发出了《关于征求与美国社会工作教育协会合作意见的通知》，说明了双方合作的大致内容和要求，得到了会员们的积极响应。此通知还特别提到中国社会工作教育协会与全国社会工作硕士专业教育指导委员会联合，代表中方参加此一合作的重要性，也得到了会员们的认可。于是，协会对美方的合作意向做出积极响应。

美国社会工作教育理事会在其项目指南中指出，美国方面将与中国伙伴发展合作关系，重点建立反映中国大陆研究生教育特色的 MSW 项目。其总目标是与中国的合作伙伴一起，在学术上着眼于教师、行政人员和学生的交换学习，进行社会工作教育的辅导和咨询，促进研究基础设施建设，以及在国际范围内进一步加强社会工作教育建设。美国方面的项目参与者由美国社会工作教育理事会筛选。2011 年 12 月，美国社会工作教育理事会发布公告呼吁美国大学申请参加该项目，结果有 7 所大学获准参加，它们是：阿拉巴马大学（The University of Alabama）、亚利桑那大学（University of Arizona）、凯斯西储大学（Case Western Reserve University）、芝加哥大学（The University of Chicago）、福特汉姆大学（Fordham University）、休斯敦大学（University of Houston）、南加州大学（University of Southern California）。

根据美国方面参加合作的学校情况，为了使我国更多学校受益，中国社会工作教育协会决定，将中方参加此一合作的院校，按照地域分为 7 个片区，每个片区确定一个社会工作教育发展较好的学校为牵头单位，联络本片区有关学校，集体参加与美交流合作。这里的所谓“片区”不是国家行政区划意义上的，而是参考行政区划和各地社会工作教育发展的情况进行大致划分。7 个片区分别为：华北片区、东北片区、华东片区、苏皖片区、华中片区、西南片区、西北片区。因为广东的社会工作发展比较快，但开办 MSW 课程的学校不多，所以没有专门建立华南片区参加此次合作。

这样，最初主导该项目的是三个机构：美国社会工作教育理事会 / 凯瑟琳·肯德尔研究所（CSWE-KAKI）、中国社会工作教育协会（CASWE）和国际社会工作学校联盟（IASSW）。

在与美方的合作中，中国社会工作教育协会的角色是统筹中方参加合作的活动，选择和确定与美方合作的方式，确定合适的中国院校与美方合作，并担任该项目的顾问。

国际社会工作学校联盟（IASSW）则在中美之间做协调工作和提出建议。国际社会工作学校联盟前主席阮曾媛琪教授具体负责此项工作。

关于此次合作双方的责任和义务，双方大体商定如下：美方免费为中方提供社会工作教育特别是 MSW 教育咨询，就课程设计、专业实习等提供建议；讲授中方认为重要的课程，培训师资；接待中方合作者访美；美方不得在与我合作交流中牟取私利，如宣传招生。中方参与合作的学校有责任参加双方商议好的合作，包括参加培训，提供有关课程设计和教育、实习的资料，以供双方研讨；将与美合作纳入学校外事交流计划，支付美方学者来华交流的落地费用；接待美国学者到本校（本片区）交流和提供咨询。

第二节 项目实施的一般过程

2012 年 12 月 10—13 日在北京举行了中美合作项目启动会议（中美社会工作硕士教育合作研讨会暨第三届 MSW 高级研修班）。借助于国际社会工作学校联盟的联络，中国社会工作教育协会、全国社会工作专业学位研究生教育指导委员会、北京大学－香港理工大学中国社会工作研究中心联合与美国社会工作教育理事及美国社会工作七家院校开展以 MSW 研究生教育为核心内容的学术交流活动。启动会商讨和确认了双方合作的基本内容及模式，确定了在中国社会工作教育协会统筹下中国的 7 个片区及牵头学校，与美国 7 所大学配对合作，形成了俗称“中美合作 7+7”的社会工作教育交流项目。

中国的 7 个片区及与美方 7 家院校的结对情况是：华北片区由北京大学牵头，与芝加哥大学合作；华东片区由华东理工大学牵头，与休斯敦大学合作；苏皖片区由南京大学牵头，与南加州大学合作；西南片区由云南大学牵头，与阿拉巴马大学合作；东北片区由吉林大学牵头，与福特汉姆大学合作；华中片区由华中科技大学牵头，与亚利桑那大学合作；西北片区由西北大学牵头，与凯斯西储大学合作。

这个项目自 2012 年起至 2017 年止共 5 年。2012 年北京启动会议后，参与本项目的美国大学的教授，分别与中国交流合作片区的学校进行接洽，并到中方牵头学校和片区学校了解其 MSW 教育情况，以进一步确定中美交流的具体方案。美国教授到各片区后还面向学生开设讲座，介绍美国特别是其所在院校的社会工作教育发展和 MSW 教育状况。

5 年期间，各片区与美方合作院校自主开展了内容丰富、形式多样的交流活动。7 个片区与美国学校的交流合作情况也在中国社会工作教育协会的全国性会议上进行交流。中美院校的交流合作内容主要包括：中方院校向美方了解其 MSW 的培养方案，课程设置，教学和实习安排，了解各校及美国 MSW 教育的特点和发展趋势。此外，还进行了中美双方教师互访、学生交流。5 年间，美方教师每年都来华交流，讲学和指导片区各学校 MSW 教育的发展，有的还开展了合作研究。中国 7 个片区的牵头单位利用自身优势和学校资源，积极组织本片区学校参与国际交流合作，参与合作的广度和深度都有发展。项目结束时，由第三方对项目的发展及效果进行了评估。

该项目历时 5 年，参与者众多，内容十分丰富。以下，仅基于中国社会工作教育协会的相关记录，并参考第三方的项目评估报告——由 Susan Lawrence、Carol S. Cohen 和陈沃聪撰写的《中美社会工作教育合作项目外部评估总报告》（中文版），国内学者的相关研究，以中方角度，就其要者对项目及其活动作简要介绍。

第三节　按中国片区进行的中美合作具体活动主要内容

一、华北片区

该地区的中美合作建立在北京大学社会学系与芝加哥社会服务管理学院以往建立的国际合作关系之上。北京大学成为该地区中国学校参与团队与美方合作的召集人。合作的参与建立在中国和其他国家早期的跨国合作伙伴关系的基础上，重点集中在发展课程、学术、研究和学生交流。芝加哥大学重视研究、强调专业领导力和跨学科的取向。

美国和中国合作伙伴在合作过程中认识及探讨彼此在文化、政治、语言、社会和经济背景方面的差异。相较于从一开始就遵循已经存在的总体规划，合作活动的展开是以活动为中心的，根据逐渐产生的需求和兴趣来调整推进。

中国华北地区的大学和芝加哥大学合作，成功地举办了一系列多元化的活动和联合访问。在北京大学与芝加哥大学前期合作的基础上，项目后期合作参与者之间进行了多层次的沟通。芝加哥大学社会工作学院院长及该院教授多次到访北京大学参加学术交流活动，在京院校会一起参加。芝加哥大学的教授给北京大学社会工作研究生开办讲座和进行学术交流。此间，华北片区学校还举办了一些面向全国社会工作院校的活动，介绍中美合作的成果。在北京的交流活动通常由北京大学组织，有时也与芝加哥大学一起开展。

2014 年，华北地区社会工作院校组成访问团访问了芝加哥大学社会服务行政学院。访问团成员单位有：北京大学、南开大学、中国青年政治学院、北京科技大学、中央民族大学、山西医科大学等。访问团对芝加哥大学社会服务行政学院招生、培养 MSW 研究生的特点深感兴趣，后来也成为本校培养 MSW 研究生的重要参考。

平常的交流是通过电子邮件和 Skype 视频会议进行的，频率取决于新兴需求和活动。当一个具体的集体活动正在计划中时，整个合作伙伴关系会有密切的沟通。中美两国合作伙伴形成了多个相互的教师和学生交换。中美合作伙伴都表示，随着合作关系的加深，芝加哥大学加深了对中国社会福利制度的认识，同时也增加了在学生教育方面的跨国合作、课程研发，增加了包括与社会工作实习有关的合作研究机会。这一合作项目对中美双方的社会工作教学和实践都有积极影响。

二、华东片区

2013年，华东理工大学牵头与休斯敦大学社会工作学院对接，联合上海、浙江等地的高校与休斯敦大学商谈具体的合作计划。经协商，合作计划聚焦核心课程培训、师生互访和干预研究推动。

2015年6月24—26日，华东理工大学社会学院与休斯敦大学社会工作研究生院开展“社会工作（MSW）核心课程培训”，旨在增强国内高校社会工作教师教授临床与宏观社会工作的能力，培养多元文化视角与国际视野。来自华东、华南等地区的20多所高校的80余名教师及社工博士，来自上海的20余名一线社工参与了培训。休斯敦大学学者分别从直接社会工作、间接社会工作、社会工作督导以及实务研究四个领域进行了专题报告。

2016年6月22—23日，由华东理工大学社会与公共管理学院、“上海高校智库”社会工作与社会政策研究院、休斯敦大学社会工作研究生院联合主办“社会工作与社会政策国际研讨会”。会议研讨了社会工作的教育标准等，上海、浙江等省市高校参加。

2017年6月18—19日，华东理工大学社会与公共管理学院、“上海高校智库”社会工作与社会政策研究院联合美国休斯敦大学共同举办“社会工作干预研究”国际研讨会。来自中美英澳四国的社会工作界专家、国内20多所高校的学者、博士研究生，与社会工作实务界人士共200余人围绕社会工作干预的理论、方法和实践等议题展开了讨论。

中美双方于2014、2015、2016年进行了师生互访交流，休斯敦大学接受了国内10余名教师和博士生的访学。休斯敦大学先后选派20余人次教师到上海进行学术交流。

三、苏皖片区

苏皖片区与美国南加州大学的交流由南京大学牵头，片区学校广泛参加。除了分享信息，帮助收集和反馈区域间的想法外，南京大学还协商形成了一个竞争机制，以招募到南加州大学访问的学者。

最初的合作计划形成于2012年在北京大学举行的联合会议。通过美方学者到南京考察和交流，双方合作的内容包括：发展联合研究伙伴关系、开办夏季研究学院、中国学者访问美国、对中方社会工作课程和实地教育进行咨询，以及协助未来的社会工作教育者、行政人员和学者进行能力建设。

苏皖片区学校与美方进行了内容丰富、卓有成效的合作。2012—2017年，苏皖片区举办了多次研讨会、培训和学术会议，南加州大学的教授多次参加。如在南京大学举办的“社会工作实务教学与实习督导培训”，在南京理工大学举办的“循证社会工作和系统回顾培训”，在南京师范大学举办的“精神病领域的实务指导”，等等。南加州大学学者还参加了在南京理工大学召开的“军队社会工作理论与实务国际研讨会”。在中美“7+7”项目期间，苏皖片区的年会和一些学术研讨会也邀请南加州大学教授参加，进行学术交流。

2013—2015 年，苏皖片区彭华民教授带队 9 位 MSW 负责人访问南加州大学，每年派出 2～3 名社会工作老师和博士生到南加州大学访学，有 11 位社会工作教师参加了美国的社会工作教育年会，先后有 40 多名学生参加了南加州大学的夏令营。

随着基础活动的开展，经过持续的调查和讨论，双方还确定了新的合作领域，如就军事社会工作开展交流，讨论五本 MSW 核心课程教材内容和撰写等。

该地区的双方交流合作富有成效。苏皖片区有许多 MSW 课程和 BSW 课程从直接或间接的合作及参与中获益。这是双方良好的伙伴关系及共同努力的结果。

四、西南片区

2012 年 12 月在北京大学召开完中美合作会议后，阿拉巴马大学的教授即飞往云南，与当地大学代表会面，就 MSW 计划共同商定合作内容。商定的合作包括：（1）对西南片区的社会工作教师进行培训；（2）进行教师和职工交流；（3）进行社会工作学生交流。

之后的交流合作活动有：2013 年，云南大学高万红与 3 名社会工作同事共同访问了阿拉巴马大学，并于 2014 年 7 月至 10 月再次以访问学者身份，对阿拉巴马大学进行了为期 4 个月的访问。西南大学的同行也于 2014—2015 年度对阿拉巴马大学进行了为期 1 年的访问。

中国同行到阿拉巴马大学访问几乎是一年一度的学术活动。阿拉巴马大学会尽可能将中国学者的访问日期安排与美国社会工作教育理事会年会时间相吻合，以让中国同行能够参加美国社会工作教育理事会会议，参与研讨，从而让中国同行能在美国社会工作教育议题方面受到重视。

阿拉巴马大学的教师每年会到中国为西南地区的社会工作教育工作者提供培训。有 MSW 项目的中国大学同样也会轮流主办和资助阿拉巴马大学的同事进行培训。通过与阿拉巴马大学的合作，中方在课程开发和实习安排方面均受益匪浅。通过接触和讨论，中方也开始考虑社会工作的超越书本的定义和功能：社会工作不是“改变政府所做的”，而是“发挥社会工作在促进社会和谐方面的功能”。

五、东北片区

吉林大学是中国东北地区的牵头合作的大学。2012年12月在北京会议上，福特汉姆大学的教授即与东北地区参会的四所大学共同讨论合作事宜。福特汉姆大学也与东北地区社会工作院校就合作达成了初步计划，内容包括教师交换和指导、交换学生以及开展服务项目与合作研究。

福特汉姆大学的两名教师于2013年夏季访问了东北地区，在区域伙伴关系内提出并同意建立以发展为基础的更长期团队计划。沈阳师范大学表示非常需要福特汉姆大学的帮助和支持，因为他们的MSW教育相对较新，教师们表示出对更深的知识、项目落地经验和社会工作实践的需求。来自东北师范大学的一位教授于2013年6月对福特汉姆大学进行了短暂的访问，以正式确定该校在合作伙伴关系中的角色。

东北地区五所合作大学之间的较大差异对中美的合作伙伴关系带来挑战，但也找到了相应的解决方案：在福特汉姆大学的教授访问该地区期间，选择一到两所学校举办活动。参与合作的中国大学同意轮流招待福特汉姆大学的教师。

随着时间的推移，中国东北地区大学的参与随着自己的需求和兴趣的变化而发生变化。2015年，福特汉姆大学未能再派教师到中国东北地区的合作学校进行交流。不过，福特汉姆大学招待了来自中国的两个伙伴学校的两名教师进行学术交流。

六、华中片区

华中地区共有10所大学开设MSW课程。如果连同开设BSW课程在内的话，区内共有50多所大学开设社会工作课程，其中共有12所大学参加了2012年12月的北京会议。随着时间的推移，参与伙伴计划的大学也在增加。在开始时，中方大学提供社会工作课程的能力差异很大，各校都希望借鉴国际经验，发展自己的社会工作课程。

早期的合作计划包括亚利桑那大学教师和华中地区大学教师的双向交流项目。亚利桑那大学每年为一到两名中方学者提供一个访问学者计划，合作计划亦包括一个十分进取的学生交流计划。计划中同时包括建立一个中美MSW教育、协作和沟通的网站。

这个片区的中美合作伙伴关系的两个核心项目是在亚利桑那大学举行春季学术交流论坛和在华中片区的大学举办夏季培训。2013年以后，亚利桑那大学教师访问了华中地区参与合作项目的不同大学，有机会了解在中国开办MSW教育时遇到的各种困难，并加以协助中方伙伴发展MSW课程。参与合作项目的华中地区大学，每年轮流接待亚利桑那大学教师。

在华中地区举行的亚利桑那大学夏季培训研讨会的参加人数逐年增加，2013年有35个参加者，而2014年的参加者已增至56人。夏季研讨会的主题由华中地区的大学和亚利桑那大学共同商定。

每年约有8～10名来自华中地区大学的社会工作教育学者访问亚利桑那大学，访问的重点是亚利桑那大学的MSW课程、实习的教学及安排和实习机构。中国的访问学者到访，亚利桑那大学尽可能帮助安排他们参加美国社会工作教育理事会的年度项目会议。2014年，中方访问学者有机会参加美国社会工作教育理事会举办的为期一天，以“美国社会工作教育理事会在美国社会工作专业化中扮演的角色”为主题的研讨会。

项目也开展了学生交流。2015年，华中科技大学的一些优秀社会工作研究生和博士研究生被派往亚利桑那大学，接受6个月至1年的培训，这对该地区研究生有极大裨益。江西财经大学的一位博士毕业生到亚利桑那大学进行了为期一年的博士后研究。交换计划的另一个成果是，华中科技大学于2015年6月招聘了亚利桑那大学的一名社会工作博士毕业生作为教职员。

华中地区的中美合作伙伴认为，合作效果超乎预期。这归因于中美双方的强有力领导和支持，以及各伙伴学校的良好的合作团队的共同努力。

七、西北片区

北京会议之后，2012年12月15日，在西北大学召开了凯斯西储大学教师与7所中国西北片区社会工作院校教师参加的合作磋商会议，达成了合作意向和初步计划。之后，双方开展了一些学术交流。

2013—2014年度，西北大学的刘莹在凯斯西储大学曼德尔应用社会科学学院（MSASS）进行了为期一年的学术探访及交流活动，对MSASS的教学策略有了很好的了解，并打算将这些策略中的一些应用于自己的教学中。在MSASS访问期间，刘莹介绍了中国的社会工作教育，在访问机构的帮助下收集到了MSASS的MSW课程的完整目录和教学大纲以供参考。

2014年，西北片区的两所大学制定了较详细的与美合作计划，计划包括：（1）教师与学生之间的持续沟通；（2）共享课堂活动的开展；（3）与教师、学生和社区领导者开展问答课程；（4）教育交流与教学指导；（5）学术刊物的合作。2014—2015年度，双方在制定合作计划方面做出了努力。例如，西北大学刘莹在返回西北大学后，调整了课程材料在自己的课上使用。此外，两所大学正在开发一个为期5周的老人和家庭教育课程。

MSASS还向西北大学的教员和学生提供在克利夫兰上课和体验社会工作实践的机会。2015年以后，因为双方情况的变化，合作接近停止。

第四节　对于“中美社会工作硕士教育合作计划”的总结和评价

“中美社会工作硕士教育合作计划”即将结束时，美国社会工作教育理事会与中国社会工作教育协会商议对项目执行情况进行评估总结。

合作项目的发起人邀请了三位学者参与本次外部评估，他们是：来自美国的 Carol S. Cohen（阿德菲大学副教授以及美国社会工作教育理事会（CSWE）全球社会工作教育委员会成员），来自香港的陈沃聪（香港理工大学中国社会工作研究中心教授），和来自英国的 Susan Lawrence［国际社会工作学校联盟（IASSW）成员及欧洲社会工作学校联盟（EASSW）前任主席］。

作为外部评估的一部分，顾问小组是促进沟通和决策的关键。这个非正式小组的成员包括：Vimla V. Nadkarni（国际社会工作学校联盟上届主席），阮曾媛琪（国际社会工作学校联盟前任主席），Darla Coffey（美国社会工作教育理事会会长），王思斌（北京大学教授，中国社会工作教育协会前任会长），Julie Rhoads 和 Andrea Bediako（美国社会工作教育理事会成员），古学斌（香港理工大学副教授）。顾问小组的具体工作是：就评估团队汇编的中期调查结果和影响提出反馈意见，促进跨项目评估结果的分享，协助所有合作伙伴和利益相关方的反馈信息的收集，与评估团队合作负责评估环节的设计以及信息的收集和分析，并对信息的传播方式提出适当的建议。

2017 年是这一合作项目的结束之年。为了检视这一合作的成果，寻求进一步发展中美社会工作教育合作的途径，交流社会工作教学、研究的经验，经中美双方协商，6 月 24—25 日“中美社会工作教育暨理论与实践研讨会：中美社会工作教育回应社会与文化变迁的合作经验”在北京举行。

会议的主办单位是：中国社会工作教育协会，美国社会工作教育协会，全国社会工作专业学位研究生教育指导委员会，北京大学－香港理工大学中国社会工作研究中心。协办单位是国际社会工作学校联盟；赞助单位有思源基金（香港）、择善基金（香港）。

该次会议的开幕式由中国社会工作教育协会副会长、北京大学社会学系马凤芝教授主持。美国社会工作教育协会主席 Darla Coffey 教授主持了主题报告部分，国际社会工作学校联盟前主席、北京大学－香港理工大学中国社会工作研究中心联合主任、香港理工大学副校长阮曾媛琪教授与北京大学－香港理工大学中国社会工作研究中心联合主任、北京大学社会学系教授王思斌在“面对社会变迁与社会发展的社会工作教育”的联合讲演中回顾了中国社会工作教育发展的历史和特点，阐述了国际合作对中国社会工作教育发展的重要作用，并对中外合作的可能主题和途径进行了简要阐述。

接下来是美国社会工作教育协会聘请的专家组关于过往5年中美社会工作教育合作交流项目的评估情况介绍。专家组指出，他们运用适当的方法，收集了大量资料，对上述合作进行评估，成果是积极的，参与者对合作基本是满意的。合作伙伴从参与中受益，学生们也体验了丰富的学习环境。据参与的教育工作者介绍，他们学到了很多关于对方国家和地区的知识，并且以国际交往的方式来反思自己的实践、教育和学术的社会工作愿景。参与者都在相互接触中感受到了互惠互助感。正如组织者所希望的，合作伙伴之间建立起互惠关系，这促成了许多短期和长期的影响。

接下来是中美“7+7”合作汇报。美国参与合作的7所社会工作院校与中国社会工作教育协会7个片区的代表分别介绍过去5年间的合作交流，既有成功的经验，也有不足。中方代表表示，通过这一项目合作获得了很多东西，对各校社会工作教育的发展发挥了积极作用。中国社会工作教育协会会长徐永祥教授、中国社会工作教育协会常务副会长关信平教授、美国休斯敦大学梁毓熙教授分别主持了上述汇报。

25日是专题学术报告，主要由美国学者介绍他们的教学和研究方法。中国社会工作教育协会副会长彭华民教授，北京大学谢立中教授，中国社会工作教育协会副会长向德平教授分别主持。

Darla Coffey教授介绍了美国社会工作教育和研究面临的12个重大课题和挑战，主要包括个人和家庭福利、增加就业、建设正义社会等方面的问题。

在会议的闭幕式上，中国社会工作教育协会会长徐永祥、美国社会工作教育理事会主席Darla Coffey教授做了发言。徐永祥教授对中美5年的合作项目给予了高度评价，对继续和扩大中美之间的合作表示了极其乐观的态度，并就未来可能的合作方向、合作方式发表了意见。Darla Coffey对上一个5年的美中合作表示满意，她对继续推进和深化双方合作表示了积极的态度。中美双方表示，要加强内部协商和两国间沟通，积极创造条件促进中美社会工作教育界之间更有成效的合作与交流。

（撰稿人：王思斌）

结语

中国社会工作教育发展展望

中国社会工作教育走过了三十多年历程，其间中国经济社会发生了巨大变化，社会工作和社会工作教育也经历了从恢复重建，到快速发展的历程。社会工作专业教育体系逐渐建立，开办社会工作专业的院校从恢复重建时的寥寥几所发展到目前的400多所；社会工作专业化程度不断提高，社会工作人才队伍在党的十六届六中全会以后，规模持续增长，社会工作事业获得了蓬勃发展，为转型期的社会建设和社会治理作出了重要贡献。社会工作专业教育的发展是中国社会工作发展的重要支撑，在新发展阶段也面临新发展的发展任务和发展空间。

一、中国社会工作教育在新发展阶段面对的新任务和新挑战

中国社会工作教育在三十多年的发展历程中，社会工作专业教育工作者励志图强、艰苦奋斗，编写完成了我国第一代社会工作教材，培养了一支师资队伍，形成了一批优秀研究成果，为专业教育发展作出了重要贡献。社会工作教育界勇于开拓创新，用专业服务社会，在四川汶川5·12地震中探索社会工作参与国家重大危机事件干预的路径和方法，参与震后重建，取得丰硕成果；三年脱贫攻坚中实施了百校对口扶贫百县，走出了中国社会工作教育参与反贫困的本土之路，形成了一批理论和实务研究成果；在三年新冠疫情防控中发挥社会工作专业优势，主动作为，引领示范服务，进行政策倡导，提供政策咨询报告，实践和探索获得政府和社会认可；将服务扩展至国际社区，积极参与全球治理，提供中国实践经验，获得国际同行赞誉。

在中国共产党领导下我国进入中国式现代化发展新阶段，中国共产党的中心任务就是以中国式现代化全面推进中华民族伟大复兴。要“夯实国家安全和社会稳定基层基础”；“完善社会治理体系。健全共建共治共享的社会治理制度，提升社会治理效能”，推进国家治理体系和治理能力现代化。2023年3月新一轮党和国家机构改革设立中央社会工作部，统筹信访、

人民建议征集、党建引领基层治理和基层政权建设、社会领域社会组织党建、社会工作人才队伍建设、志愿服务管理等工作。在这个全面建设社会主义现代化国家、全面推进中国式现代化历史进程中，社会工作将肩负服务党对社会领域工作的全面领导，有效整合社会力量，不断提高社会治理整体效能，进而推动社会工作高质量发展的任务。社会工作教育需要服务国家社会建设和社会领域人才培养需要，在以中国式现代化实现中华民族伟大复兴的新发展阶段，服务于社会建设和社会治理体系与能力现代化，系统推进中国社会工作学科建设，这是新发展阶段社会工作教育界面临的重大任务。

要完成这个艰巨任务，需要立足新发展阶段思考历史赋予中国社会工作的任务，思考社会工作教育所要承担的任务，为中国式现代化进程中的社会建设和社会治理的中国实践提供学科支撑。

二、构建中国特色社会主义社会工作自主知识体系

党的二十大报告明确提出，继续推进实践基础上的理论创新，首先要把握好新时代中国特色社会主义思想的世界观和方法论，坚持好、运用好贯穿其中的立场观点方法。习近平总书记在 2016 年 5 月 17 日哲学社会科学工作座谈会上的重要讲话，也为新阶段中国社会工作的理论和实践的发展指明了具体的任务和方向，对中国社会工作教育和学科建设具有重要指导意义。习近平总书记提出，哲学社会科学的发展水平反映了一个民族的思维能力、精神品格、文明素质，体现了一个国家的综合国力和国际竞争力。

历经 30 多年发展，社会工作在推进中国现代化进程中，在教育规模、服务机构数量和人才队伍规模上都取得了长足发展，在服务体系和实际实践上都呈现出在学习借鉴西方现代社会工作理论和方法开展服务时不同于西方社会工作的话语体系和服务实践，西方的社会工作理论和方法在我国的实践中也存在水土不服的问题。中国社会工作在学术命题、学术思想、学术观点、学术标准、学术话语上的能力和水平同我国社会经济发展的现实、同我国的综合国力和国际地位还不相称，突出的问题表现在理论落后于快速发展的实践、本土原创知识匮乏，不能为中国所进行和正在进行的丰富的、不同于西方的社会工作实践提供理论解释和学理、学科支撑，没有建立起符合中国实际的社会工作的概念和理论体系。在中国社会新发展阶段，我们需要按照习近平总书记所说“立足中国、借鉴国外，挖掘历史、把握当代，关怀人类、面向未来”的思路，构建中国特色社会主义社会工作学，“在指导思想、学科体系、学术体系、话语体系等方面充分体现中国特色、中国风格、中国气派”。“学科、学术和话语”这三大体系的建设，是中国社会工作教育在新发展阶段中的重大任务和巨大挑战。

三、以“两个结合”为原则，提升中国社会工作理论和方法的原创能力

建设社会工作的三大体系，需要按照习近平总书记提出的要求体现三性：继承性、民族性；原创性、时代性；系统性、专业性。习近平总书记在2022年4月25日考察中国人民大学时要求：加快构建中国特色哲学社会科学，归根结底是建构中国自主的知识体系。由此可见，提升原创能力是构建中国特色社会主义社会工作学科的重要着力点。习近平总书记在党的二十大报告中指出，只有把马克思主义基本原理同中国具体实际相结合、同中华优秀传统文化相结合，坚持运用辩证唯物主义和历史唯物主义，才能正确回答时代和实践提出的重大问题。因此，构建中国社会工作的自主知识体系，应该基于对中国社会基本特征的深刻认识，将中国独特的政治优势、制度优势和几千年优秀文化和思想传统底蕴及当前鲜活的实践纳入其中，也就是要立足中国实际，从国情出发，发掘本土资源，形成概念和理论体系。

中国特色社会主义社会工作将是：

第一，以马克思主义理论体系为基础，以社会公平正义为价值，以人的全面发展为目标。马克思主义是中国特色社会工作理论的基底，近代以来中国革命和社会主义建设的进程是中国特色社会工作理论形成的土壤。中国社会工作的实践体现的是马克思主义、社会主义核心价值观，也是建构中国特色社会工作价值体系的核心基础和核心观念。这是中国社会工作的立足点。

第二，中国的社会工作是在解决现代化进程所产生的社会问题过程中的鲜活实践，极具中国特色，理论和方法体系要将其总结和纳入。

首先，中国共产党在领导中国人民长期革命斗争实践中，积累了丰富的社会建设和社会治理的经验，群众工作的理论和方法就是其中最重要和典型的代表。中国社会工作要对中国共产党群众工作的思想理论和方法进行深度发掘，充分把握其联系和服务群众的特点，将其发扬光大，让社会工作成为传递党的路线方针政策、传递党和国家温暖、密切党同人民群众血肉联系的桥梁与纽带。中央社会工作部的成立，就是要在新发展阶段加强党对社会领域的领导，以党的群众工作的方针，广泛组织动员人民群众参与国家和社会治理，形成共建、共治、共享的社会治理格局。同时，回应现代化过程中的新需要和新问题，采用现代化的手段，即采用系统科学的社会工作服务，来传承发扬党的群众工作、思想政治工作的优良传统，以深入细致的服务满足人民群众对美好生活的新期盼。这是新时代对中国共产党提出的一种新要求，是中国共产党在中国式现代化进程中致力于社会治理体系和治理能力现代化，坚持为人民服务初心、实现中华民族伟大复兴中的社会工作区别于西方社会工作的根本点。

这样的社会工作是党联系人民群众的纽带和桥梁，对筑牢党的执政社会基础意义重大。发展社会工作也是适应现代社会生活对政府和公共组织工作效能的要求，提升组织社会生活的能力，以服务创新实现治理，以科学、专业的技术和服务方法更好满足人民群众对美好生活的期盼。

其次，我们需要对当代具有中国特色的社会工作实践进行梳理，将包括“枫桥经验”在内的基层治理中的人民民主、民主参与和人民调解制度等中国特色的社会建设和社会治理实践进行系统总结，创造性地丰富和完善社会工作价值、理论和方法，提升社会工作专业服务水平，增强社会建设和社会治理效能。

同时，我们还要系统总结发掘中国几千年文明历史中行之有效的社会工作的宝贵思想和文化资源，并进行创造性转化、创新性发展。

四、守正创新，以社会工作学科的高质量发展努力促进中国式现代化的新发展

中国特色社会主义社会工作学科建设需要按照习近平总书记对哲学社会科学工作者的要求，做到方向明、主义真、学问高、德行正，自觉以回答中国之问、世界之问、人民之问、时代之问为学术己任，以彰显中国之路、中国之治、中国之理为思想追求；在研究解决事关党和国家全局性、根本性、关键性的重大问题上拿出社会工作的真本事、取得好成果；要立足当代中国实际，用中国理论解读中国实践，用中国实践丰富中国理论。这要求中国的社会工作发展坚持守正创新，强化问题意识，服务国家重大发展战略，加快建设高质量社会工作学科体系；要坚持问题导向，深入研究新形势下社会工作的重大理论和现实问题，解决学科发展中的重点难点问题。要植根中国的学术体系、融通中外话语体系，为构建中国特色社会工作科学提供有力支撑。同时还需要主动适应互联网、云计算、大数据、人工智能等技术的发展和数字化社会的兴起，建立适应互联网时代的社会工作和教育人才培养模式，探索并加强社会工作与新技术的结合。

进入新发展阶段的中国，要成为一个自立于世界民族之林的文明强国，不仅要有物质文明，还要有精神文明。社会工作是应对社会风险、建构社会福利制度的有机构成部分，也是解决和处理现代化过程中所产生的社会问题、满足人民需要，增进人民福祉、实现社会公平正义的制度建设，是中国式现代化的应有之义。

天行健，君子以自强不息。我们要发扬中国社会工作教育协会和社会工作教育者的坚忍进取精神，自觉承担起历史赋予我们的时代任务和责任；我们要与中国社会工作专业共同体加强团结协作，在党中央的领导下，携手努力，在新时代新征程中提高社会工作对社会建设、

社会治理和社会发展的贡献度，助力国家治理体系和治理能力现代化，提高社会治理效能；我们要发掘中国千年文明历史中的思想和文明资源，把中华民族宝贵的思想资源和实践智慧加以研究，总结中国式现代化进程中中国社会工作实践的鲜活经验，为建构起中国特色社会主义社会工作自主知识体系的社会工作学科贡献智慧和力量。

（撰稿人：马凤芝）

附录一

中国社会工作教育协会大事记

1994 年

12 月 31 日，中华人民共和国民政部多吉才让部长签署“中国社会工作教育协会符合中华人民共和国社会团体登记的有关规定，准予注册登记”，并颁发中华人民共和国社会团体登记证（社证字第 1721 号）。

附：1994 年 4 月 24—27 日，在协会等待正式成立批文的过程中，为了推动我国社会工作教育的发展，协会获准以“中国社会工作教育协会（筹）”的名义，与亚太区社会工作教育协会（Asian and Pacific Association for Social Work Education, APASWE）联合举办“华人地区社会工作教育研讨会”。研讨会在北京大学召开，来自 6 个国家和地区的 100 多名学者参加了此次研讨会，共同探讨华人社区社会工作的发展走势。这是中国社会工作教育协会在筹备期间主办的一次大型国际研讨会。时任全国人大常委会副委员长雷洁琼教授，民政部原部长崔乃夫同志，中国社会学会会长、北京大学社会学系学术委员会主任袁方教授等出席。会后编辑出版了《发展 探索 本土化——华人社区社会工作教育研讨会论文集》。

1995 年

1 月 21 日，协会会长、秘书长第一次会议在京召开。袁方会长，刘伟能、陆士桢、贾秀总、王思斌副会长，黄新鲁、张李玺、陈树强副秘书长出席了会议。会议由袁方会长主持，主要讨论 1995 年协会的工作计划和活动。

11 月 20—23 日，副会长王思斌教授和马凤芝副教授、张李玺、熊跃根、刘梦等应邀参加了在新西兰举行的“亚洲及太平洋地区社会服务区域研讨会”。

1996 年

2 月 10 日，协会邀请在京会员在北京大学社会学系举办新年茶话会及学术研讨会。研讨主题为“社会工作的本土化问题”。参加者有会长袁方教授、常务副会长刘伟能教授、副会长陆士桢教授、贾秀总副教授、王思斌教授（兼秘书长），副秘书长黄新鲁副教授、张李玺副教授、陈树强副教授。北京大学的韩明谟教授、程为敏副教授、马凤芝副教授、李越美讲师、刘爱玉讲师、鄢盛明讲师，中国青年政治学院的孙立亚讲师，妇女管理干部学院的李洪涛副教授、朱东武讲师等。

2月10日，协会召开会长、秘书长扩大会议，总结1995年工作，讨论1996年工作计划。会议在北京大学社会学系举行，袁方会长、副会长刘伟能、陆士桢、贾秀总、王思斌（兼秘书长）以及副秘书长黄新鲁、张李玺、陈树强出席了会议。会议由袁方教授主持，副会长兼秘书长王思斌汇报了协会1995年工作及财务情况；此后，讨论了1996年协会工作计划。

7月23—26日，国际社会工作者联盟（International Federation of Social Workers, IFSW）与国际社会工作教育联盟（International Association of Schools of Social Work, IASSW）联合举办的1996年世界社会工作国际研讨会在香港举行。会议的主题研讨在香港城市大学进行，与会代表就经济与社会发展中的社会工作地位、社会服务中伙伴关系、社会变迁对社会工作专业教育的挑战、社会工作本土化等问题进行了交流。在亚太区社会工作教育协会支持下，协会派16名代表参加了会议。他们是：袁方、王思斌、夏学銮、贾秀总、李洪涛、朱东武、史柏年、孙立亚、王婴、刘继同、傅忠道、史铁尔、杨衍海、张鲁元、朱光福、张时飞。

1997年

9月24—26日，协会在民政部民政管理干部学院举办了第一届年会。会议主题是面向21世纪的中国社会工作教育。来自全国27所院校（所）的社会工作教育、科研机构的代表和个人会员48人参加了这次年会。全国人大常委会副委员长、协会名誉会长雷洁琼教授向会议发来贺信，全国人大常委会会员、民政部原部长、协会顾问崔乃夫同志出席会议并在开幕式上作重要讲话。全国妇联书记处第一书记、协会顾问黄启璪同志致信祝贺。向会议发来贺信贺电的还有中国社会工作者协会副会长、民政部原副部长、协会顾问闫明复同志，亚太区社会工作教育协会副主席阮曾媛琪博士，香港理工大学应用社会科学系系主任麦萍施教授。中国社会工作者协会副会长、秘书长王青争作为贵宾到会祝贺。

1998年

协会向香港凯瑟克基金（Keswick Foundation Limited, Hong Kong）申请资助获准。资助项目包括教师培训、教材出版、社会工作教育实习基地建设等。

7月，美国加州伯克利大学社会福利学院院长詹姆斯·梅志里（James Midgley）教授应邀访问协会和北京大学社会学系，并作了“社会工作的社会发展取向”的主题演讲，北京多所社会工作院校的老师和学生参加了此次学术活动。

通过香港理工大学麦萍施教授等同仁的努力，德国米歇尔基金会（Misereor Foundation）捐建四校（北京大学、中国青年政治学院、中华女子学院、民政管理干部学院）社会工作专业图书室。

1999年

2月2日，协会召开新春座谈会，在京社会工作院系的部分成员16人参加了会议。会议回顾总结了协会1998年的工作，讨论了当前我国社会工作教育面临的形势和课题，针对现实提出了一系列应对性及前瞻性方案。在此基础上，对1999年工作进行了具体讨论，并制定了下一年工作的若干计划。

5月27日，协会会长、副会长、秘书长召开会议，讨论如何落实民政部《关于清理整顿社会团体审定和换发证书工作的通知》中关于社会团体主要负责人的条件规定。按照该通知要求，社会团体秘书长以上负责人（不含名誉职务）应身体健康，能够坚持正常工作，任期一般不超过两届，年龄一般不超过70周岁，秘书长应当为专职。我会负责人进行了部分调整并及时征询了会员意见。根据会员意见，推荐协会原副会长兼秘书长王思斌教授接替会长职务。王思斌原担任的协会秘书长职务由中华女子学院副院长、原协会副秘书长张李玺接任。袁方教授改任协会名誉会长。

7月，由协会组编、王思斌教授主编的社会工作专业教材《社会工作概论》由高等教育出版社出版。

8月19日，协会在京主要成员召开会长扩大会，共商我国社会工作专业教育进一步发展大计。袁方名誉会长、王思斌会长、陆士桢副会长、张李玺秘书长、黄新鲁副秘书长以及中国青年政治学院社会工作与管理系系主任史柏年、民政管理干部学院社会工作系副系主任贾存福参加了会议。

9月26—30日，受澳大利亚政府资助，北京大学社会学系熊跃根博士应邀出席在澳大利亚布里斯班举行的澳大利亚社会工作者协会（The Australian Association of Social Workers，AASW）第26届全国大会暨国际社会工作者联盟和亚太区社会工作教育协会联合大会，并在大会上做了“中国人口高龄化情境中的老年社会政策：社会工作教育的问题和挑战”的演讲。

10月11日，名誉会长雷洁琼教授、会长王思斌教授参加了由中国当代社会研究中心举办，在北京友谊宾馆召开的首都知名人士社会工作学座谈会。

11月21—24日，协会第二届年会暨学术研讨会在中国青年政治学院召开。会议主题是面向21世纪的中国社会工作教育，分社会问题与社会工作、社会工作的专业化和本土化、社会工作教学方法等几个专题。年会及学术研讨会旨在为世纪之交的社会工作教育规划发展蓝图，让这一专业教育培养的人才在新世纪社会发展中发挥更大作用。全国40多所高等院校及中等职业技术学校的近百位专家学者参加了会议。

11月23日，经协会第二届理事会选举，产生了协会第二届领导机构成员。名誉会长是雷洁琼教授、袁方教授，会长王思斌教授，副会长王来柱、陆士桢、张李玺、徐永祥，秘书长史柏年。

2000年

2月21日至3月7日，应美国社会工作教育协会（Council on Social Work Education，CSWE）执行主任唐纳德·贝雷斯（Donald W. Beless）博士及密歇根大学社会工作学院罗斯玛丽·萨丽（Rosemary C. Sarri）教授之邀，协会会长王思斌教授、副会长张李玺教授与香港理工大学教授团一起访问了美国几所著名大学的社会工作学院，探访了美国社会工作人员协会（National Association of Social Worker，NASW）和美国社会工作教育协会（CSWE），并参加了美国第46届社会工作教育年会。

5月3—12日，由中国社会工作教育协会、美国密歇根（大河谷）州立大学社会工作学院、华东理工大学社会工作学系和香港城市大学社会科学学部合办的“全国社会工作教师培训班”在华东理工大学举办。来自全国22所学校的42名教师参加了培训班。在为期10天的培训中，学员们就美国社会工作模式与社会工作教育、中国香港地区社会工作制度、社区工作介入的过程和评估、中国社区工作的机遇和挑战、老人社会工作理论与实务、药物滥用和社会工作等六个主题进行了广泛深入的研讨交流。

11月，协会先后与北京市丰台区人民政府太平桥街道办事处、中国康复研究中心博爱医院联合共建了“社会工作教育实习基地”。这是协会建立的第一批综合性实习基地。

11月19—20日，香港凯瑟克基金主席克拉拉·韦瑟罗尔（Clara Weatherall）女士在亚太区社会工作教育协会中国社会工作小组秘书阮曾媛琪博士陪同下来协会考察工作。

2001年

8月1日，“中国社会工作教育发展五年计划”正式获得香港凯瑟克基金资助。

7月31日至8月3日，由亚太区社会工作教育协会（APASWE）、国际社会工作者联盟（IFSW）、新加坡社会工作者协会（Singapore Association of Social Workers，SASW）和新加坡国立大学社会工作与心理学系联合举办的“第十六届亚太区社会工作会议”在新加坡举行。在香港凯瑟克基金的支持下，协会派出了张友琴、熊跃根、李燕平三名教师参加了会议。北京大学社会学系熊跃根博士提交并宣读了论文。

8月，中国社会工作教育五年计划中的第一个科研课题——“中国社会工作教育发展现状研究”正式启动。

8月25—27日，协会第三届年会在上海华东理工大学召开。此次会议旨在推动转型与变迁中的中国社会工作的专业化和职业化发展，会议围绕三大主题展开研究和讨论：一是社会转型期社会工作的需求与角色；二是社会工作的职业化与专业化；三是社会工作的本土化与规范化。来自全国80多所院校机构的154名教师、学者参加了会议。香港凯瑟克基金、香港社会工作人员协会、香港大学、香港理工大学、台湾东海大学、加拿大多伦多大学以及挪威等国家和地区派出了专家和学者参加本次研讨会。香港凯瑟克基金主席克拉拉·韦瑟罗尔女士在会议开幕式上做了主题讲演。

12月，民政部、教育部对全国性社会团体设立分支机构的情况进行清理整顿，我会根据要求认真参加了这一活动。经过严格审查，我会顺利通过了此次社会团体重新登记注册程序并被批准予以保留。重新登记注册（社证字第4613号）后的协会业务范围从以前的“学术交流、咨询服务”扩大为“学术交流、理论研究、业务培训、国际合作、咨询服务”。协会的法定代表人由袁方变更为王思斌。

2002年

3月4日，由香港凯瑟克基金第一个“中国社会工作教育发展五年计划”资助，协会聘任的专职秘书秦小峰正式到岗。这是协会正式聘任的第一位专职工作人员。

6月23日，为了积极有效地推进香港凯瑟克基金资助的中国社会工作教育发展项目，协会基于国情并参照国际经验成立了项目管理委员会。管理委员会主席由会长王思斌教授担任，委员有陆士桢教授、张李玺教授、徐永祥教授、史柏年教授、周永新教授（香港大学）、阮曾媛琪教授（香港理工大学）、熊跃根博士和亚当·威廉姆斯（Adam C.N. Williams，凯瑟克基金代表）。该委员会每季度召开一次会议，对项目执行中的重大问题进行决策。

7月22—28日，协会独立主办的首届社会工作高级师资培训及教学研讨会在中国青年政治学院召开。香港大学社会工作及社会行政学系梁祖彬教授、香港中文大学社会工作系林孟秋教授、香港理工大学应用社会科学系阮曾媛琪教授、台湾东吴大学蔡汉贤教授应邀出席会议并做了主题演讲。来自全国21所高校的56名资深教师参加了会议。本次会议还讨论了社会工作主干教材（含主干课程大纲）编写事宜。

8月5—14日，协会独立主办的首届社会工作师资培训班在长沙民政职业技术学院举行，来自全国64所院校的133名老师参加了此次培训。培训内容包括社会工作导论、个案工作、小组工作、社区工作四门专业主干课程。

10月，由协会组编、北京大学王思斌教授主编的《中国社会工作研究（第一辑）》正式出版。这是中国社会工作教育界的第一本专业学术刊物（以书代刊）。

11月，由香港凯瑟克基金资助、协会组织购买的社会工作专业图书到位并陆续发给会员单位。68所院校/单位接收了这批专业图书。

2003年

1月11—12日，受协会委托，吉林大学社会学系在长春组织召开了“东北地区社会工作学科建设研讨会”。这是第一个受协会委托、协会会员单位自行组织的地区片会。

3月6—13日，受香港凯瑟克基金资助，协会组织了“首届约翰·凯瑟克爵士社会工作奖励暨优秀学生赴港交流活动”，10名获奖学生参加了活动。活动得到了香港理工大学应用社会科学系的支持。

11月24日至12月1日，协会组织第五批内地社会工作学者赴香港地区交流，香港理工大学应用社会科学系是活动的接待单位。至此，中国社会工作教育协会共组织5批内地学者约50人次赴香港地区进行学术交流。

12月6日，协会召开第二届理事会第二次会议，讨论批准了52所院校的入会申请。至此，协会团体会员单位达到120个。

12月7—9日，“中国社会工作教育协会第四届年会暨中国社会工作与社会工作教育理论与实践学术研讨会”在南开大学召开。本次会议有三个主题：一是国际社会工作领域理论、方法和价值理念的最新发展及其对我国的借鉴意义，二是我国社会工作专业化和本土化的理论与实践（务）研究，三是当前我国社会工作专业学科建设及教学实践规范化探讨与经验交流。会议由年会（工作会议）、学术研讨和换届选举等部分组成。此次会议邀请了一批国内外社会工作界有重要影响的专家学者，包括亚太区社会工作教育协会会长罗密欧·奎塔（Romeo Quieta）、香港大学社会工作及社会行政学系系主任梁祖彬教授、香港中文大学社会工作系系主任邓广良教授、香港理工大学应用社会科学系副系主任阮曾媛琪教授等。教育部、民政部、天津妇联等有关部门领导出席了会议。全国 135 家开设社会工作专业的学校的 230 多名负责人和骨干教师参加了本次会议。

12 月 9 日，经协会第三届理事会选举，产生了协会新一届领导班子。名誉会长为雷洁琼；会长为王思斌；副会长为关信平、陆士桢、张李玺、徐永祥、戚学森；秘书长为史柏年；副秘书长为王婴、李洪涛、向德平、张友琴、周沛、洪大用、夏学銮、钱宁、顾东辉。

12 月 9 日，协会第三届理事会召开第一次会议，讨论批准了 28 所院校提出的入会申请。至此，协会的会员单位达到 148 个。

12 月 10—13 日，协会主办了“中国社会工作专业实习师资培训班”，共有 168 名老师参加了本次培训班。协会邀请了台湾社会工作学会理事长、东海大学社会工作系曾华源教授，香港理工大学应用社会科学系阮曾媛琪教授为主讲老师；此外，还邀请了国内较早开设社会工作专业的院校老师参与主讲。

2003 年 12 月 28 日至 2004 年 1 月 1 日，协会委派史柏年、刘梦、隋玉杰和贺立平四位老师赴印度孟买参加了国际社会发展校际联合会（Inter-University Consortium for International Social Development, IUCISD）第十三届国际研讨会。研讨会的主题是“走向民主多元化：21 世纪社会发展面临的挑战”。此次研讨会由孟买的塔塔（TaTa）社会科学学院主办，参加会议的代表来自世界各地 30 多个国家和地区。

2004 年

2004 年 7 月 4—11 日，协会委托江西地区五所社会工作高校联合举办的“江西省首届社会工作专业师资培训班”在江西师范大学举行，114 名教师参加了本次培训。协会委派熊跃根博士、杨静副教授、刘梦教授、孙莹副教授分别主讲了社会工作导论、个案工作、小组工作和社区工作四门专业主干课程。

8 月 12—20 日，由协会主办、华中科技大学社会学系承办的第二届全国社会工作师资培训班在武汉举行。来自全国近百所学校的 180 余名从事社会工作教学和科研工作的教师参加了本次培训。培训内容包括社会政策、社会保障概论、社会行政、社会福利思想四门专业主干课程。

8 月 23—25 日，围绕开发和建设适应中国所需的社会工作实务教材体系及相关课程教学问题，第二届社会工作高级师资研讨班暨实务教材编写会在中国青年政治学院召开。来自全国社会工作院校的 60 多位社会工作专业教师参加了为期三天的研讨班和教材编写活动。经讨论，协会决定编写《儿童青少年工作》《妇女工作》《农村社会工作》《残障社会工作》《矫治社会工作》《城市社会工作》《老年社会工作》《学校社会工作》《家庭社会工作》《医疗社会工作》《工业社会工作》《社会工作实习手册》《社会工作评估》等13本教材。

10月，协会组编的社会工作主干系列教材——《社区工作》由高等教育出版社正式出版。至此，由协会组编、高等教育出版社出版的社会工作主干教材达到6本，分别是《社会工作导论》《个案工作》《小组工作》《社区工作》《社会政策概论》《社会保障概论》。

10月2—5日，协会委托王思斌教授、徐永祥教授、顾东辉博士参加了在澳大利亚举行的2004年全球社会工作大会。会议由国际社会工作者联盟（IFSW）和国际社会工作教育联盟（IASSW）联合举办。

11月3—10日，受香港凯瑟克基金资助，协会组织了“第二届约翰·凯瑟克爵士社会工作奖励暨优秀学生赴港交流活动”，18名学生参加了本次交流。活动得到了香港理工大学应用社会科学系的配合与支持。

11月28日，受协会委托，“第二届华北地区社会工作教育片会”在中华女子学院召开。至此，受中国社会工作教育协会委托召开的片会达到12个。

12月18—19日，中国社会工作教育协会成立十周年庆典暨社会工作发展策略研讨会在京举行。来自民政部、教育部、共青团中央、全国妇联的有关领导应邀出席了庆典。香港地区社会工作院校的系负责人也应邀出席了庆典和研讨会。来自全国社会工作院校的140多名教师参加了会议。

2005年

7月30日至8月2日，由中国社会科学院社会政策研究中心、中国社会工作教育协会、南开大学社会工作与社会政策系、北京师范大学社会发展与公共政策研究所、清华大学公共管理学院等5家学术机构联合举办的“首届社会政策国际论坛暨系列讲座”在南开大学伯苓楼隆重举行。来自海内外的社会政策学者、政府官员、各类社会公益机构成员等230多人汇聚一堂，深入探讨全球化时代国际社会共同面临的社会问题以及相应的社会政策问题。

8月4—6日，由中国社会工作教育协会、美国亚太及环岛社会工作教育者协会（APISWEA in US）、美国南加州大学社会工作学院、香港大学社会工作及社会行政学系、香港中文大学社会工作系、香港理工大学应用社会科学系六家单位联合主办的“全球化背景下社会工作教育发展国际学术研讨会：东方与西方相遇”在北京西郊宾馆隆重召开。民政部姜力副部长、全国总工会张秋俭书记、共青团中央张晓兰书记、全国妇联甄砚书记、教育部高等教育司杨志坚副司长、北京大学常务副书记、副校长吴志攀教授、中国社会学会会长郑杭生教授、中国社会工作协会马学理副会长、全国残联张宝林主任、中国红十字会总会梁少华副部长、国际社会工作教育联盟阿比·塔瑟（Abye Tasse）主席、韩国社会工作者协会金圣二会长、台湾中华社会工作教育协会曾华源理事长等嘉宾出席了会议开幕式。出席会议的主办方代表还有中国社会工作教育协会会长、北京大学社会学系王思斌教授，美国亚太及环岛社会工作教育者协会梁毓熙（Patrick Leung）主席，美国南加州大学社会工作学院院长玛丽莲·弗林（Marilyn Flynn）教授，香港大学社会工作及社会行政学系系主任梁祖彬教授，香港中文大学社会工作系系主任邓广良教授，香港理工大学应用社会科学系宋陈宝莲博士。来自美国、港台等地的社会工作专家学者与中国大陆近百所高校的社会工作专业教师共 260 余人参加了此次会议，会议收到论文 180 余篇。

8 月 7 至 8 日，协会举办首届社会工作实务工作坊，培训了儿童与家庭社会工作、工业与职业社会工作两门课程。

12 月，协会组织“第三届约翰·凯瑟克爵士社会工作奖励暨优秀学生赴港交流活动”，20 多名获奖学生赴港交流。

2006 年

7 月 15—25 日，协会首届高级师资培训班由郑州大学承办，协会委派了顾东辉博士、郭伟和博士分别主讲社会工作导论、社区工作等课程。

7 月 31 至 8 月 1 日，协会第五届年会在山东济南召开。会议由中国社会工作教育协会主办，山东大学社会工作系承办，共有 150 余所院校及机构 300 余人参加了本次会议，会议还收到 130 多篇论文。香港凯瑟克基金理事玛莎·凯瑟克（Martha Keswick）女士应邀出席了本次会议并在开幕式上致辞。

8 月 4—6 日，协会在济南举办第二届社会工作实务高级培训班，开设医务社会工作与学校社会工作的课程培训。

8 月 15—23 日，协会组织了泰国菲律宾农村社会工作考察。考察团探访了泰国清迈大学、泰国国立法政大学、菲律宾大学及国际乡村改造学院。重点了解两国的社会工作教育以及农村社区发展情况。

8 月 24—27 日，协会与中国社会科学院社会学研究所、南开大学社会工作与社会政策系联合主办第二届社会政策国际论坛暨系列讲座，主题为“中国社会政策的焦点”。

12 月，协会组织“第四届约翰·凯瑟克爵士社会工作奖励暨优秀学生赴港交流活动”，

20 多名获奖学生赴港交流。

2007 年

1 月 17 日，协会在京组织召开第二个五年计划启动咨询研讨会。

7 月 22—25 日，由中国社会科学院社会学研究所、中国社会工作教育协会、北京师范大学社会发展与公共政策研究所、天津南开大学社会发展与社会工作系、清华大学公共政策学院、浙江省社会科学院联合主办的“第三届社会政策国际论坛”在杭州举行。本次论坛的主题是“社会建设中的社会政策与社会工作”。社科院副院长武寅、浙江省委宣传部副部长沈立江出席开幕式并致辞。来自全国社会政策、社会工作研究和教学机构的专家学者、政府部门负责人以及来自英国、日本、韩国等国家和地区的学者代表 200 余人参加了会议

11 月，中国社会工作教育发展第二个五年计划（2007—2012 年）正式开始实施。

12 月 2 日，协会教学资料库建设暨实务教材编写进度会议在中国青年政治学院的蒲公英青少年生命教育基地召开。

12 月 14—21 日，协会组织了“第五届约翰・凯瑟克爵士社会工作奖励”评选工作，共有来自北京师范大学、武汉理工大学等 21 所高校社会工作专业的 21 名同学入选。12 月 14 日，本批学生赴港进行交流，活动历时 7 天。在港期间，学生参加了一系列专业工作坊并探访了东华三院、协青社、圣公会东涌综合家庭服务中心等专业服务机构。

12 月 22 日，“发展社会工作教育　促进和谐社会建设”——纪念马甸会议召开二十周年座谈会在京召开。本次座谈会由民政部社会工作研究中心和中国社会工作教育协会共同主办，旨在纪念马甸会议的胜利召开，回顾中国社会工作恢复后的二十年发展历程，明确 20 年前的马甸会议对于开启中国社会工作专业教育发展的里程碑意义，畅谈社会工作发展以及人才队伍建设在构建社会主义和谐社会中的重要作用，落实社会工作建设发展战略，展望中国社会工作职业化和专业化的发展蓝图，推动建立结构合理、素质优良、具有中国特色的社会工作人才队伍。

2008 年

3 月 10—14 日，协会在北京举办了全国社会工作职业水平考试辅导高级师资培训班。本次培训旨在培训培训者，为学员介绍“社会工作综合能力”“社会工作实务”“社会工作法规与政策”三门课程的知识框架。130 多个院校及机构的 350 余人参加了培训。

4 月 15 日，协会与中国社会工作协会联合在北京大学主办了题为“推动社会工作发展，

促进人类福祉进步——庆祝世界社会工作日暨中国社会工作教育发展20年纪念研讨会”。

5月17日，协会在北京紧急召开社会工作教育界抗震救灾会议，讨论研究5·12汶川特大地震的灾后救援等事宜。协会第一时间对灾区部分会员单位高校表示亲切慰问，并通过中国社会工作教育网发出了“中国社会工作教育协会及全体会员单位致地震灾区人民的慰问信”。

5月27日，在民政部支持下，协会抽调7名社会工作专家赴灾区开展灾后评估工作，为后期工作开展提供建议和指导。

5月23—24日，协会在重庆举办危机事故处理及朋辈支持培训班，四川、重庆等受灾地区开办社会工作专业教育院校的50多位专业教师、社会工作专业研究生和高年级本科生参加了培训。来自香港圣公会的专家主讲了危机事件压力管理、危机处理策略、危机处理指引、危机事件压力解脱等相关专题。

5月23—25日，协会在北京举办灾难事件社会工作专业服务培训班。京津沪等地社会工作高校的300多位老师、专业研究生和高年级学生参加。来自我国香港地区、台湾地区、北京的专家分别讲授了灾难事件中个人与家庭之社会心理反应与需求、灾难事件中个人创伤后应激障碍（Post-Traumatic Stress Disorder, PTSD）反应与咨商、灾难事件中个人与家庭之团队合作、灾难事件中失亲案主之社会工作专业协助、灾难事件中对救灾人员的心理冲击与复健等专题。

5月26—29日，协会在北京举办危机事故及压力管理培训班。100位将赴灾区提供社会工作专业服务的各高等院校教师和研究生参加。来自中国香港地区的专家分别讲授了危机事件压力管理、危机处理策略、危机处理指引、危机事件压力解说等专题内容。

6月，协会向香港凯瑟克基金提出“中国社会工作教育界汶川地震救援计划”的申请，后获批61万元人民币用于培训和开展灾区学校社会工作服务。

6月，中国青少年发展基金会与协会合作实施“抗震希望小学社工志愿服务项目”，计划向5·12汶川特大地震灾区派遣专业社会工作者，以抗震希望小学为基地开展社会工作服务，为学生灾后心理和生活重建提供专业服务。

9月5日，第一批受训的社会工作教师和学生共20人赴四川广元、德阳9所学校开展灾后服务工作。

11月21—23日，“中国社会工作教育协会2008年会暨职业化背景下中国社会工作研究与实务发展学术研讨会”在江西省南昌市隆重开幕。本届年会由江西财经大学人文学院承办，来自150多个会员单位的近400人参加了年会。

11月24—25日，协会在南昌主办了“社会工作课程改革与实务研究高级培训班”，150余人参加培训。

2009年

2月，在香港凯瑟克基金资助下，协会正式启动第二个5·12汶川地震救灾计划。

5月8日，在5·12汶川地震一周年之际，由中国社会工作教育协会、国际社会工作学校联会、美国社会工作教育协会、香港理工大学-北京大学中国社会工作研究中心、中国社会工作期刊编委会联办的“社会工作与灾后重建计划及管理国际研讨会”在北京大学召开。

5月19日，中国社会工作协会、中国社会工作教育协会在北京大学共同主办了“灾后重建中的社会工作论坛暨《中国社会工作发展报告》”发行仪式。该报告由中国社会工作协会、中国社会工作教育协会、上海市社会工作培训中心、民政部社会工作研究中心和长沙民政职业技术学院联合编写，是国内第一本全面描述分析1988—2008年中国社会工作发展的权威报告。

7月13—24日，关信平、范燕宁、李迎生参加了澳大利亚社会工作学术会议，并访问一系列社会工作院校。结束在澳大利亚的交流后，又赴香港地区考察了香港大学、香港中文大学、香港理工大学的专业发展以及专业评估情况。

8月22—23日，协会主办的“首届中国社会工作大学生论坛”在北京大学隆重召开，来自全国100多所高校的师生代表参加，论坛共收录论文150多篇。

12月4—6日，协会主办的“社会工作研究高级学术研讨会暨社会工作词典编辑启动会”在武汉召开，会议由华中师范大学承办，150多名代表参加了会议。

12月11—20日，协会赴美专业评估考察团完成出访工作。访问团成员包括周昌祥、范斌、花菊香。访问团考察了宾夕法尼亚州立大学、加利福尼亚大学伯克利分校、美国社会工作教育理事会等机构的专业评估情况，并收集了大量评估资料。

12月14—21日，协会组织“第六届约翰·凯瑟克爵士社会工作奖励暨优秀学生赴港交流活动”，21名获奖学生赴港交流。

2010年

1月18—20日，“中国内地社会工作评估指标体系建设讨论会”在中国青年政治学院举行，会议由协会主办、北京大学和中国青年政治学院承办，协会的教学工作委员会、科研工作委员会、实习工作委员会、推广工作委员会协办。香港中文大学社会工作系系主任马丽庄教授应邀出席，来自内地的50余名学者参加了会议。会议首先听取了美国专业评估考察团、澳大利亚-香港专业评估考察团的考察成果报告，各地区中心也汇报了本地区专业评估指标体系的讨论结果。大会最后讨论了协会提出的“中国社会工作专业评估指标体系（建议稿）”，并最终形成了三级指标体系的初步讨论稿。

3月18日，香港凯瑟克基金克拉拉·韦瑟罗尔（Clara Weatherall）女士、王玉芬女士探访了基金会资助的“中国社会工作教育四川抗震救灾项目”，视察了德阳的黄许中学、孟家中学、东汽小学和天元小学（新农村综合家庭服务中心）四个项目点，听取了各工作点汇报并对协会工作给予肯定。这是2008年9月项目启动以来，基金会第一次实地视察该项目。协会会长王思斌教授、秘书长史柏年教授陪同探访。

4月17—20日，由国际社会工作教育联盟（IASSW）、教育部全国社会工作硕士专业学位教育指导委员会、中国社会工作教育协会联合主办的“开创与规制：中国社会工作硕士专业学位（MSW）教学高级研修班”在北京举办。参会人员有教育部、民政部相关部门官员；教育部MSW教学指导委员会委员；首批33所MSW授权高校专业负责人与教师及部分非MSW授权高校专业负责人。

6月2—6日，协会和香港理工大学合作，在青海西宁举办了“青海玉树地震灾区社会工作与护理工作介入工作坊”。协会邀请了参与了汶川地震灾后救援的主要团队负责人授课，培训主要以青海三所大学（青海师范大学、青海民族大学、青海大学）以及相关一线社会组织人员为对象，200多名代表（包括80名玉树籍藏族学生）参加。

7月23—24，协会在哈尔滨召开了“9校试评估总结暨第二次评估指标体系论证会”，会议由黑龙江工程学院承办。参加试评估的9所院校及相关院校的20多位专家学者参加了研讨会，通过讨论，制定了“关于社会工作专业评估指标体系的说明”（讨论稿）。

8月7—8日，协会主办的“第二届中国社会工作大学生论坛”在南京举办，论坛由南京师范大学承办。论坛主题为“使命与承担——当代社工大学生与中国社会工作发展”。100多所会员单位院校的180多名社工大学生参加。

8月18—20日，协会第七届年会在深圳举行，会议由深圳大学承办，约有400人参加了本届年会。本届年会的主题是“社会工作评估指标体系”。

8月21—22日，协会主办的第四届社会工作实务高级研修班在深圳举办，100多名老师和社会工作专业的学生参加。培训主题为“优势视角”理论与实践、“证据为本”的研究方法及运用。

12月5—12日，协会组织“第七届约翰·凯瑟克爵士社会工作奖励暨优秀学生赴港交流活动”，来自22校的22名优秀社工学生参加。香港理工大学应用社科系接待了本次交流，赴港学生除了参加了一系列专业讲座外，还参观了香港协青社、香港社会工作注册局、香港明爱赛马会荔景社会服务中心、景康居等社会服务机构。

12月16—19日，协会主办的“理论与实务：第二届中国社会工作硕士（MSW）专业学位教育高级研修班”在上海召开，本次研修班由华东理工大学承办。研修班讲授了“社会工作理论、社会工作实务、社会工作伦理和社会工作研究方法”等MSW核心课程，来自60多所院校（以MSW院校为主）的近200名教师参加了此次研修班。

2011年

1月，由协会和中国青基会共同发起成立的广元市利州区希望社工服务中心成立。王思斌教授任中心理事长，利州区政府购买了中心10个岗位。

3月，由凯瑟克基金资助的“百校图书计划”专业图书（第二个图书计划）正式到位，并发放给近130个会员单位。

6月，协会组织在京专家学者召开座谈会，综合与会及其他专家的意见，协会对《精神卫生法（征求意见稿）》提出修改意见。

6月3日，在高等教育出版社支持下，协会组织召开了“社会工作主干教材第二版修订研讨会”，8本主干教材的主编及在京的副主编参加了会议，协会计划用一年的时间修订主干教材，同时配套推动该套图书的电子资源库建设。

8月9—11日，中国社会工作教育协会、美国华盛顿大学（圣路易斯）社会发展中心、北京大学中国社会工作研究中心、中国人民大学老年学研究所联合主办了“老有所为在中国的发展国际研讨会：实证，实践与实策”。

8月15—16日，由香港凯瑟克基金支持、中国社会工作教育协会主办、西北大学哲学与社会学学院承办的第三届中国社会工作大学生论坛在西北大学成功召开。来自全国100多所大学的190多名社会工作专业学生围绕“整合与本土化——当代社会工作大学生与中国社会工作发展”的主题，就专业与个人成长（我与社会工作同行）等13个分主题展开了研讨交流。

10月15—17日，国际社会工作教育联盟（IASSW）和中国社会工作教育协会等在南京大学联合召开第五届华人社会工作研讨会，会议主题是“中国内地与香港社会福利与社会工作实务发展”。境内外200多名学者参加了此次会议。国际社会工作教育联盟主席、香港理工大学副校长阮曾媛琪教授，中国社会工作教育协会会长、北京大学王思斌教授、香港社会工作者协会黎永开会长、南京大学彭华民教授出席了会议并做主题发言。

11月19—20日，协会在四川广元举办了“探索与创新：灾区重建中学校社会工作理论与实践研讨会”，来自全国20多所高校、非政府组织及当地政府、学校共计100余人参加。会议对三年来（2008年7月～2011年7月）灾后学校社会工作开展进行了总结，进一步探讨了广元市利州区政府扩大购买学校社会工作岗位可能性。利州区政府区委书记、区长以及副区长等领导接待协会一行，并对三年的服务表示高度的肯定。

11月26—27日，协会与李嘉诚基金会、中国抗癌协会合办的医务社会工作分论坛——“姑息医学中的社会工作服务”在福州举办。

11月27—28日，由协会主办、福建医科大学承办的“中国医务社会工作研究：教育培训体系与实务模式建构研讨会”在福州召开。来自全国30多所院校、医院社会工作部以及精神康复科的70多人参加。论坛得到了当地政府部门的高度重视，福建省卫生厅、民政厅等相关厅领导出席并致辞。

12月24—25日，由协会主办、云南大学社会工作学院承办的“全国社会工作教学改革及学术发展高级研讨会”在云南大学召开。来自全国134所高校社会工作院系和机构的负责人及专家学者200余人参加了会议。

12月，《中国社会工作研究》入选为2012—2013年度CSSCI收录集刊。

2012年

3月，中国社会工作教育协会唇腭裂儿童社会康复示范项目获得中央财政资助，全国15所高校300多名师生参与到“唇腭裂儿童及其家庭社会心理支持项目”。

4月，协会在北京、郑州与重庆三地举办了系列优势视角工作坊。其中，4月15—16日在北京举办了第一场，由中华女子学院承办；4月23—24日在郑州举办了第二场，由河南财经政法大学承办；4月25—26日在重庆举办第三场，由重庆师范大学承办。工作坊邀请了台湾复元优势观点社会工作学会宋丽玉理事长和施教裕副理事长主讲了相关内容。

7月30—31日，协会在杭州举办了第四届中国社会工作大学生论坛，本届论坛由浙江工商大学承办。大会共征集到198篇论文，参加的学生达到193人。

8月17—18日，协会在郑州召开了“社会工作教育与实习——高校教师办社会服务机构理论与实践研讨会”。会议由郑州轻工业学院承办，共有81人参加了本次研讨会。

12月10—13日，“中美社会工作硕士教育合作研讨会暨第三届MSW高级研修班”在京召开。此次会议的一个重要议程是建立中美社会工作硕士教育制度化的联系与合作。在国际社会工作教育联盟（IASSW）协调下，美国社会工作教育理事会（CSWE）和中国社会工作教育协会启动了中美MSW结对合作项目，由美国7所MSW院校结对中国内地7个片区：华北片区－芝加哥大学、华东片区－休斯敦大学、苏皖片区－南加州大学、西南片区－阿拉巴马大学、华中片区－亚利桑那州立大学、东北片区－福特汉姆大学、西北片区－西储大学。

12月28—30日，协会第八届年会暨“社会工作人才发展规划与社会工作教育使命研讨会”在重庆召开。本次会议由重庆工商大学承办，400多人参加了会议。

2013年

1月8—15日，“第八届约翰·凯瑟克爵士全国社会工作奖励暨优秀学生赴港交流”成行。

1月20—26日，协会首期萨提亚家庭治疗模式临床培训课程在北京举办，共有62名高校社会工作专业教师和机构学员参训。

3月，协会宁养（临终关怀）社会工作服务示范项目获中央财政立项，协会组织了全国18所高校几百名师生参与“癌症晚期病人及其家庭社会心理支持项目”。

7月28—30日，协会第五届中国社会工作大学生论坛在哈尔滨举行，论坛由黑龙江工程学院承办，180多名同学参加。

8月18—20日，“中国社会工作教育协会2013年年会暨现代社会工作制度建设研讨会”在广州召开。本次会议由华南农业大学承办，300多人参加。

11月，《中国社会工作研究》被“中国学术期刊网络出版总库”全文收录；同时，《中国社会工作研究》入选为CSSCI（2014—2015）来源集刊。

2014年

1月，中国社会工作教育协会官方网站（www.caswe.cn）正式启用。

1月10—13日，“第四届MSW高级研修班——MSW课程发展与能力建设”在北京举办。此次研修班作为中美MSW教育交流项目的一部分，获得芝加哥大学社会服务行政学院以及国际社会工作教育联盟（IASSW）的大力支持。

3月18日，协办组织会员单位参加民政部主办的2014年国际社会工作日主题宣传活动启动仪式。

3月29日，在民政部社会工作司指导下，由中国社会工作教育协会主办、中国社会报社

（中国社会工作杂志）协办的“社会救助与社会工作介入研讨会”在北京大学中国社会工作研究中心召开。本次研讨会是2014年国际社工日主题宣传系列活动之一。民政部社会工作司王金华司长、民政部社会救助司刘喜堂副司长、北京大学党委副书记叶静漪教授，中国社会报社总主编和社长周蔚华博士等应邀出席了会议。首都高校社会工作专业的师生以及相关领域和部门的领导及工作人员也参加了本次会议。

7月17—19日，中国社会工作教育协会、北京大学－香港理工大学中国社会工作研究中心及四川大学－香港理工大学灾后重建与管理学院联合举办了第五届MSW高级研修班——“社会服务管理课程设计：常态及应急环境下之应对技术与社工课程的整合”，以回应日益频繁的突发事件并提升社会工作介入危机管理的能力。此次研修班邀请了来自美国、欧洲、亚太区、中国香港地区、中国台湾地区和中国大陆的学者，以专题分享及研习工作坊的形式，介绍了社会服务管理课程的建设背景、理论概念及相关的社会工作课程设置。借以探讨了有关社会环境变化及服务政策的应变，社会工作专业在常态及应急环境下的服务管理意识，应对技术及与社会工作课程的整合等前沿问题，进行了国际与本土社会工作服务管理课程设计及经验对话。

8月5—6日，协会主办的第六届中国大学生论坛在青岛举办，论坛由青岛大学承办，200多名同学参加了本届论坛。

10月31至11月2日，“中国社会工作教育协会成立二十周年暨社会治理创新与中国社会工作发展研讨会”在北京举办，500多名代表参加了本次会议。会议回顾和总结了我国社会工作教育发展的经验，探讨社会治理背景下社会工作教育的方向与策略。

2015年

3月，协会2015年中央财政购买社会服务项目（宁养项目）全面启动，16个社会工作高校的师生参与项目服务。

3月，协会正式向香港凯瑟克基金提交了第三个中国社会工作教育发展申请计划。

7—8月，协会继续举办结构家庭治疗培训班（第二阶段，7月26日—8月1日，贵阳）和萨提亚培训班（第二期第四阶段，8月6—15日，北京）。

8月4日，由协会主办、山西医科大学承办的第七届中国社会工作大学生论坛在太原举行。全国80多所高校社会工作专业的200余名师生齐聚山西医科大学，共商“社会治理与专业社会工作发展”议题。

8月18日，协会2015年会暨“社会治理与专业社会工作发展研讨会”在内蒙古工业大学拉开帷幕。全国230多所高校的约500位社会工作领域专家学者参会。本次会议由中国社会工作教育协会主办，内蒙古工业大学承办，内蒙古大学等区内开办社会工作专业的院校及社会组织协办，民政部社会工作司领导出席会议并致辞。

11月，协会启动了“中国社会工作教育协会第三个社会工作图书计划”，80余个会员高校参与了该计划（2002年，协会启动第一个社工图书计划，为69所院校提供专业图书；2010年，协会启动第二个图书计划，近130所院校参与）。专业图书赠购缓解了内地社会工作教学、科研和实务的迫切需求。

2016年

3月，中国社会工作教育协会2016年中央财政购买社会服务“流动、留守和贫困儿童（0—3岁）早期发展社会工作服务示范项目”正式立项实施。

6月27—30日，由国际社会工作教育联盟（IASSW）、国际社会工作者协会（IFSW）、国际社会福利协会（ICSW）联合主办，韩国社会福祉协会、韩国社会福祉教育协会承办的2016年世界社会工作教育与发展联合会议（Joint World Conference on Social Work, Education and Social Development 2016）在韩国首尔召开，来自全球83个国家和地区的2 500多名社会工作和社会发展从业者、研究人员和教育工作者参会。中国社会工作教育协会秘书长史柏年一行参加了该届会议。

8月17—19日，由协会主办、沈阳师范大学承办的“第八届中国社会工作大学生论坛暨首届MSW研究生论坛”在沈阳举行。全国100多所高校社会工作专业260余名师生参加。协会会长王思斌、协会秘书长史柏年、沈阳师范大学副校长夏敏、辽宁省教育厅高等教育处副处长李勇江出席了论坛。

9月10日，协会秘书长史柏年教授代表协会出席了在广西南宁举办的“2016中国-东盟社会工作论坛”并做大会发言。

10月30日—11月1日，协会2016年年会暨加快我国社会工作学科体系建设研讨会在南京举行。南京大学社会学社会工作与政策系、MSW教育中心、社会建设与社会工作研究院承办此次大会。来自全国382所大学以及科研机构的社会工作专业学科负责人和学者参加。民政部社会工作司黄胜伟副司长、江苏省民政厅刘亚军副厅长、南京大学党委副书记朱庆葆教授、中国社会工作教育协会会长王思斌教授、江苏省社会工作协会会长晏翠耀、南京大学社会学院院长周晓虹教授等出席了大会。

10月30日，协会2016年年会暨加快我国社会工作学科体系建设研讨会在江苏省南京市开幕。本届会员大会进行了理事会换届选举，产生了第六届理事会、常务理事会和领导班子。会议选举华东理工大学徐永祥教授为新一届会长，选举关信平（常务副会长）、马凤芝（兼任秘书长）、顾东辉、刘梦、陈树强、王婴、彭华民、向德平、张和清、庄勇为副会长，北京大学王思斌教授当选名誉会长。

10月30—31日，第六届会长秘书长第一／二次联席会在南京召开，讨论协会新的发展规划。

12月10—11日，第六届会长秘书长第三次联席会在北京举行，讨论了新老班子工作交接、制度建设、人员分工以及协会2017年度工作等。

2017年

2月23日，协会副会长兼秘书长马凤芝教授接待了“同佳岸慈善基金会”执行秘书长汪黎黎女士，协会秘书处秦小峰、王洁静，项目筹备组成员黑龙江工程学院黄红、苏光教授参加会议，就推动东三省社会工作的发展、社工人才培养、人才建设达成了合作意向，并决定举办“首届‘同佳岸’东三省社会工作在校学生培养支持计划”。项目由中国社会工作教育协会主办，黑龙江工程学院、沈阳师范大学、吉林大学承办；黑龙江希望社会工作服务中心、沈阳沈北新区青杨社会工作服务中心和一家吉林社会工作服务中心协办，深圳同佳岸基金会资助。

3月11—12日，由全国社会工作专业学位研究生教育指导委员会、中国社会工作教育协会、北京大学社会学系、香港理工大学应用社会科学学系、北京大学—香港理工大学中国社会工作研究中心、林护社会工作培训及发展基金联办的第七届社会工作硕士专业学位研究生教育研讨会暨第五届林护杰出社会工作奖颁奖典礼与“社会转型中的家庭服务与社区发展”学术研讨会在北京大学举行。来自内地、中国香港地区及欧洲的社会工作与社会政策学者、政府部门的政策制定者、社会工作服务机构的负责人和一线工作者120余人参加了研讨会。

3月14日，受教育部领导委托，教育部督导局唐保国处长就校园欺凌问题到协会调研，副会长兼秘书长马凤芝教授介绍了社会工作发展的基本情况和学校社会工作的实践情况，就协会对校园欺凌问题的研究与建议做了汇报。这是2017年全国人大、全国政协两会后国家部委有关领导第一次到协会深入调研。受教育部督导处委托，3月15日马凤芝副会长兼秘书长提交了《给教育部关于建立学校社会工作制度解决校园欺凌问题的措施与建议》的报告。

3月21日，第十一个世界社会工作日（主题：促进社区与环境可持续性）庆祝活动在京举行。中国社会工作教育协会与中国社会工作学会、《中国社会工作》杂志在北京联合举办了“社工让社区更美好”专题论坛。民政部社会工作司副司长黄胜伟、基层政权和社区建设司城市社区建设处处长李永新、中国社会工作学会会长王思斌、中国社会工作教育协会副会长刘梦等出席会议并发言。世界社工日期间，协会号召会员单位、社会工作师生动员起来，在活动日期间（3 月 20—26 日）开展相关活动，为社会工作发展做出新的努力。

3 月 21 日，国际社工日，协会副会长兼秘书长马凤芝教授、副秘书长田毅鹏教授、深圳同佳岸慈善基金会理事长韩知众先生在黑龙江省民政厅等领导的见证下，在漠河签署了“‘同佳岸’东三省社会工作在校学生培养支持计划”协议。签约仪式上，举行了“社工种子播撒最北寒地，星星之火燎原龙江大地”国际社工日主题宣传活动和中国“最北高校社会工作专业实习实训基地”揭牌仪式。黑龙江省民政厅袁绍志处长出席了上述活动。启动仪式后，东北地区 27 所院校共有 74 个项目申报，项目申报单位覆盖东北地区设置社会工作专业的全部院校。

6 月 24—25 日，“中美社会工作教育理论与实践研讨会：中美社会工作教育回应社会与文化变迁的合作经验”在北京西郊宾馆举行。来自我国内地高校的 80 多位学者、香港地区学者和来自美国、英国的 20 多位学者参加了本次会议。自 2012 年起，借助于国际社会工作教育联盟的联络，全国社会工作专业学位研究生教育指导委员会、中国社会工作教育协会、北京大学－香港理工大学中国社会工作研究中心联合与美国社会工作教育协会及美国社会工作七院校开展以 MSW 研究生教育为核心内容的学术交流活动。这一活动已持续 5 年，2017 年中美社会工作 7+7 项目圆满完成。

6 月 26 日，2017 欧洲社会工作年会欧亚社会工作论坛在法国巴黎举办。中国社会工作教育协会常务副会长关信平教授和协会副秘书长易松国教授代表中国社会工作教育协会出席论坛。关信平教授全面系统地介绍了中国社会工作教育的发展历史和现状。易松国教授对高校教师创办社会工作机构的社会背景、创办情况和未来趋势进行了深入分析。

8 月 8—10 日，“中国社会工作教育协会 2017 年年会暨社会治理创新与我国社会工作学科发展研讨会”在吉林召开，吉林大学承办了本届年会。协会会长徐永祥教授、吉林大学常务副校长邴正教授出席开幕式并致辞。全国社会工作专业教育者、学科建设研究者近 500 人参加了本次年会。

8 月 21—22 日，第九届全国社会工作大学生论坛暨第二届 MSW 研究生论坛在贵阳召开，论坛由贵州大学承办，本科生和研究生共 200 多人参加了本次论坛。

12 月 1—2 日，为落实党的十九大精神，深入贯彻《民政部 财政部 国务院扶贫办关于支持社会工作专业力量参与脱贫攻坚的指导意见》，启动实施文件要求的“社会工作教育对口扶贫计划”，全国社会工作专业学位研究生教育指导委员会和中国社会工作教育协会联合在四川省成都市举行中国社会工作教育扶贫动员大会暨教育扶贫研讨会。本次会议由西华大学社会发展学院承办，北京大学-香港理工大学中国社会工作研究中心协办。协会副会长兼秘书长马凤芝教授布置了中国社会工作教育对口扶贫计划工作，公布了社会工作院校已参与脱贫攻坚情况的调查问卷的结果、申请参加对口扶贫的院校名单，并给相关院校颁发了对口扶贫任务书。多家高校代表介绍了响应申报情况并在会上做了交流发言。

2017 年，根据民政部、国家发展改革委有关文件，协会被纳入与行政机关脱钩试点单位，开始着手与原主管单位教育部脱钩方面的工作。

2018 年

3 月 17 日，全国社会工作专业学位研究生教育指导委员会、中国社会工作教育协会、北京大学社会学系、北京大学-香港理工大学中国社会工作研究中心、香港理工大学应用社会科学系、林护社会工作培训及发展项目和国际社会工作教育联盟在北京大学联合举办了“新时代背景下老年社会工作的理论与实践”研讨会。此次研讨会邀请了来自印度、新加坡、韩国、斯里兰卡、孟加拉国，以及中国香港地区、中国台湾地区和中国大陆的知名学者，交流发展老人社会服务和养老事业的经验。

4 月 14—15 日，中国社会工作教育扶贫第二次动员大会暨教育扶贫研讨会在广西桂林召开。此次会议由全国社会工作专业学位研究生教育指导委员会、中国社会工作教育协会主办，广西师范大学法学院政治与公共管理学院承办。会议启动了第二批“社会工作教育对口扶贫计划”，协会副会长兼秘书长马凤芝教授公布了第二批申请院校名单，广州大学、郑州大学、宁夏大学、新疆大学、西藏民族大学、陕西师范大学的代表做了交流。14 日晚，协会反贫困社会工作专业委员会召开了成立大会，100 余所社会工作院校加入该专业委员会。

4 月 14 日，由协会主办的“社会工作教育对口扶贫服务示范项目”启动，项目是协会“中国社会工作教育百校对口扶贫计划”的示范项目，在四川、江西、云南和安徽四省实施。协会会长徐永祥教授、副会长向德平教授、社会工作教育对口扶贫服务示范项目总顾问史柏年教授，以及四省地区中心负责人和项目执行 21 所高校的教师代表参加了本次会议，会议由协会副会长兼秘书长马凤芝教授主持。

6 月，协会中央财政购买社会服务项目——“社会工作教育对口扶贫服务示范项目”正式立项实施。

7月，中国社会工作教育协会三年发展项目（第三个计划）和约翰·凯瑟克爵士社会工作奖励计划（第二个计划）于7月1日正式启动。主要包括四大内容："案例教学为本"的MSW师资培训；以《中国社会工作研究》为平台提升以"实践为本"的社会工作研究能力；继续开展全国社会工作大学生论坛暨MSW论坛，进一步树立社会工作学生的专业信念；拟于2020年召开国际研讨会，不断提高我国社会工作学界的国际地位和学术影响。

8月，协会启动"善社筑梦困境儿童项目"。该项目通过腾讯公益配捐（99公益日）的形式，由宁波市善园公益基金会认领，同时得到宁波鄞州银行公益基金会资金支持，以长春理工大学社会工作师生为主，开展对吉林省延边朝鲜族自治州和龙市困境儿童帮扶项目。项目周期为2018年8月14日—2019年9月9日，实施地点在吉林省延边朝鲜族自治州和龙市，服务群体为6—15岁困境少年儿童。

8月8—10日，"中国社会工作教育协会2018年年会暨走向新时代的中国社会工作理论与实践研讨会"在四川省成都市开幕。协会会长徐永祥，西南石油大学党委副书记郭世一，四川省民政厅社会组织管理局副局长唐凤鸣，国际社会工作教育协会（IASSW）主席安娜玛丽亚·坎帕尼尼（Annamaria Campanini），协会名誉会长王思斌，香港理工大学校长高级顾问阮曾媛琪，协会副会长马凤芝（兼秘书长）、陈树强、王婴、顾东辉、彭华民、向德平、庄勇出席。全国各地高校、科研院所等国内外知名社会工作专家和协会代表460余人参加。

8月20—21日，由全国社会工作专业学位研究生教育指导委员会和中国社会工作教育委员会联合主办，华中师范大学承办的第十届中国社会工作大学生论坛暨第三届MSW研究生论坛在武汉举行。

8月24—27日，国际学校社会工作网络联盟组织、中国社会工作教育协会学校与青少年社会工作专业委员会和清华大学社会科学学院主办，北京桥爱慈善基金会、澳门街坊会联合总会联合主办，中国青年政治学院、中社社会工作发展基金会、清华海峡研究院等单位协办的第七届国际学校社会工作研讨会（International School Social Work Conference）在北京举行，会议为期四天。大会主题是"全球携手、全人关怀、托举美好未来"。这是中国社会工作教育界第一次承办国际学校社会工作大会。

10月，《中国社会工作研究》（王思斌主编）荣获社会科学文献出版社2018年优秀集刊奖。

12月8—9日，由全国社会工作专业学位研究生教育指导委员会和中国社会工作教育协会联合主办，协会反贫困专业委员会与河南师范大学承办的"中国社会工作教育扶贫年会暨精准扶贫与社会工作研讨会”在河南新乡举办。民政部社会工作司社会工作处王铮键处长，协会名誉会长王思斌教授、会长徐永祥教授、常务副会长关信平教授、副会长兼秘书长马凤芝教授，河南省社会工作教育协会林世选教授，波士顿大学社会工作学院院长乔治·德尔华（Jorge Delva）教授，美国佩斯大学暨清华海峡研究院陈社英教授，河南师范大学党委常委、副校长李雪山教授等出席会议开幕式，协会副会长兼反贫困专业委员会主任向德平教授主持开幕式，协会会员单位、MSW 院校的专家学者二百余人参加会议。

2019 年

1 月，根据《中文社会科学引文索引》来源集刊遴选办法，《中国社会工作研究》入选为 CSSCI（2019—2020）集刊。

2 月 21 日，协会会长徐永祥教授不幸因病逝世，协会负责人和许多高校社会工作专业代表前往上海参加追悼会。

3 月，民政部发出《民政部办公厅关于组织开展 2019 年社会工作专题宣传活动的通知》，号召社会工作界以“追梦新征程，社工在行动”为主题，开展多种活动，宣传社会工作，提供社会服务，助力脱贫攻坚，促进我国社会工作的深入发展，以回应新时代打赢脱贫攻坚的伟大要求。协会响应民政部通知精神，向会员单位发布“关于在 2019 国际社会工作日期间开展相关活动的通知”，号召社会工作界积极开展社会服务，助力脱贫攻坚。

4 月 2 日，中央和国家机关工委党建指导员谢志敏同志第一次来协会实地考察，协会名誉会长王思斌、办公室主任秦小峰等进行接待。谢指导员了解了社会工作专业教育发展背景、协会成立和发展历史、协会宗旨、主要工作、组织架构、会员单位等情况，还重点询问了协会的党建工作和 2019 年工作计划，并对上述两项工作提出了建议。

6 月，中国社会工作教育协会 2019 年申请的中央财政支持社会组织参与社会服务项目“中国社会工作教育协会社会工作教育对口扶贫服务示范项目–三区三州困境儿童社会工作服务示范项目”正式立项实施。

6 月 1 日，协会发布《关于进一步落实三部委文件精神加快推进社会工作教育扶贫若干工作的通知》，要求 202 所对口扶贫院校在 2019 年 9 月 30 日前完成各自对接贫困县 / 地区建立社会工作实习实训基地工作。

6 月 18 日，协会组织全国普通高校社会工作相关专业的本（专）科学生及研究生参与雄安三县民政领域志愿服务，协助县、乡、村开展社会救助、农村社区建设、养老服务、未成年人保护、殡葬管理等基层民政工作，助推雄安新区民政事业高质量发展。

7月1—16日，“中国社会工作教育协会社会工作教育对口扶贫服务示范项目－三区三州困境儿童社会工作服务示范项目”启动仪式暨项目督导活动分别在鲁东大学、中国青年政治学院、甘肃政法大学、四川雷波县举行。协会副会长兼秘书长马凤芝，项目办公室主任、督导马烨出席启动会议并为项目参与院校负责人做项目管理和督导培训。

10月11—13日，由全国社会工作专业学位研究生教育指导委员会和中国社会工作教育协会联合主办的第十一届中国社会工作大学生论坛暨第四届MSW研究生论坛在重庆师范大学举行。

11月2日，协会在山西省太原市召开会长秘书长联席会、第六届理事会第四次会议。

11月3—5日，“中国社会工作教育协会2019年年会暨新时代我国社会工作高质量发展研讨会”在山西省太原市举行。本次会议由山西医科大学承办。全国百余所高校、科研院所和社会组织的社会工作专家学者600余人围绕社会工作高质量发展进行了研讨。

11月10日，由中国社会工作教育协会与中华女子学院、国际社会工作教育联盟、北京大学－香港理工大学中国社会工作研究中心联合主办的“社会工作教育与课程发展：国际经验与本土探索”会议在中华女子学院举行。来自国际社会工作教育联盟的专家和与会的国内专家学者就国际社会工作教育发展概况和中国社会工作教育现状做了分享交流。为期两天的工作坊就社会工作课程设计的框架与目标、社会工作实习设计与教学、社会工作教育研究在课程中的应用，以及社会工作课程设计中理论与实践结合等议题进行了研讨。

2020年

1月27日，协会发布《中国社会工作教育协会关于号召社会工作师生参与抗击新型冠状病毒疫情工作的通知》，号召会员单位社会工作师生积极行动，发挥社会工作专业的独特作用，根据自身情况，酌情以各种方式参与抗击疫情工作；同时，提出了协会组织高校社会工作专业师生参与疫情防控工作的原则，并做了工作部署。

1月31日，协会发布《社会工作参与新型冠状病毒肺炎疫情防控工作实务指引》。

2月，协会联合全国社会工作专业学位研究生教育指导委员会发布了《全国社会工作在线课程资源索引（第一版）》，供会员单位在疫情期间上课参考。同时，协会迅速行动，依托协会各专委会，组织建立起一支工作团队（湖北暨武汉市社会工作联合行动团队、武汉市江汉区北湖街“2+3”线上社区下沉抗疫服务团队、黑龙江省“1+4政社联动”新冠病毒社区防控社会工作团队、陕西社工抗击疫情专业支持服务体系建设工作团队等在内的11支团队），有序、有计划、有针对性地开展疫情防控社会工作服务。

2月13日，协会发布致全体在鄂社会工作师生的慰问信，向工作、学习和生活在湖北抗疫战区的所有社会工作教育工作者和社会工作专业学生表示慰问和致敬！

2月16日，协会发布中国社会工作教育协会社会工作督导专业委员会《抗疫期残障人士及其家庭社会工作服务指引》。

2月24日，协会号召全国高校社会工作师生认真学习习近平总书记2月23日《在统筹推进新冠肺炎疫情防控和经济社会发展工作部署会议上的讲话》："打赢疫情防控这场人民战争……要发挥社会工作的专业优势，支持广大社工、义工和志愿者开展心理疏导、情绪支持、保障支持等服务"。与此同时，联合中社社会工作发展基金会、中华社工网面向全国公开征集学习讲话精神的心得体会以及相关文章，以促进社会工作界更积极有效地参与疫情防控、支持经济社会发展。

3月3日，协会向中央国家机关工委递交了《中国社会工作教育协会党组织和协会领导在助力防控新冠肺炎疫情方面所做工作的报告》。

3月，为切实落实习近平总书记"发挥社会工作的专业优势"的指示，受武汉市民政局、武汉市社会工作联合会的邀请，由中国社会工作教育协会制作，副会长兼秘书长马凤芝教授、副会长向德平教授监制的《集中隔离点开展心理援助与社会工作服务岗前培训课程》面向武汉隔离点一线社工开课。同时，协会组建了60人规模的武汉"集中隔离点-社区"社会工作服务与心理援助督导团队，对武汉隔离点的10支社会工作团队提供岗前培训和督导等服务。

3月，协会联合华东理工大学出版社，推出了由协会组织编写制作的"社会工作参与新冠肺炎疫情防控系列在线课程"，内容包括与疫情防控相关的危机干预、医务社会工作、社区工作、哀伤辅导、下沉社区社会工作模式等专业课程。

3月，在民政部慈善事业促进和社会工作司的指导下，协会携手多巴安学习管理平台、华东理工大学出版社一同推出为期一周的《战疫情：社会工作在行动》主题宣传活动，采用抖音直播、以"社工大建哥"在线访谈方式呈现协会疫情防控社会工作的实践，邀请了15位社工学者就疫情议题与一线社工进行分享；社工周开始之际，协会还携手澎湃新闻开展为期一周的新闻报道，向社会大众介绍社会工作在此次疫情防控中的参与情况。

4月19日，协会联合武汉市社会工作联合会、北京大学-香港理工大学中国社会工作研究中心举办"'不在场'的临在——武汉'集中隔离点-社区'社会工作与心理援助督导工作研讨会"。会议邀请了近20位在前线服务的学者与实务工作者，分享武汉集中隔离点的社会工作实践与社会工作督导经验，超过1 100人通过腾讯会议等网络平台参与了此次会议。

4月25日，协会联合中国社会工作学会、中国社会学会社会福利研究专委会举办国际社区抗疫社会工作-志愿行动研讨会。此次会议由协会副会长、国际社区抗疫社会工作-志愿行动总协调人彭华民教授和国际社区抗疫多个团队联合发起，旨在研讨国际社区抗疫社会工作-志愿者行动的发展，组建国际社区抗疫的国际联合团队，展示国际抗疫行动的中国社会工作者的专业力量，讲国际社区抗疫的中国故事，共吸引社会工作学界和实务界近4 000多人线上参会。

5月17日，协会举办“战疫情社会工作服务暨行动研究项目（2020）”内部交流会。此项目是协会申办、香港凯瑟克基金批准的针对不同地区开展的全国性项目。香港凯瑟克基金理事阮曾媛琪、王玉芬小姐，协会副会长兼秘书长马凤芝教授、办公室主任秦小峰，以及10个项目组负责人参加了交流。10个项目组负责人介绍了项目的内容、运作机制、开展情况及项目目前的产出，并与基金会方讨论了项目存在问题及后续发展情况。

6月1日，为响应民政部办公厅《关于组织开展2020年社会工作主题宣传活动的通知》号召，在“六一”国际儿童节来临之际，协会与中国社会工作学会联合主办、北京市社会组织发展服务中心承办了“关爱保护儿童，社会工作在行动”专题研讨会。

7月，协会联合北京大学-香港理工大学中国社会工作研究中心翻译了《社会工作与社会发展全球议程（2020—2030）》的磋商提议，希望中国社会工作研究者、教育者和实务工作者能够立足国情与现实，在新十年《全球议程》中贡献中国的经验与智慧，助力中国社会工作与全球、现在与未来的对话。

8月10日，协会召开《社会工作与社会发展全球议程（2020—2030）》中国咨商会议。此次会议主要对2020—2022年“团结”主题的适切性以其他四个主题的制定方向展开讨论，增强中国参与构建全球议程的能力，在全球议程中体现中国声音、体现中国社会工作元素。来自社会工作领域的专家及国际社会工作教育联盟（IASSW）会员单位代表共300人出席了此次会议，11名专家代表进行了发言，形成了中国对全球议程的磋商意见。

8月15日，协会联合北京大学-香港理工大学中国社会工作研究中心、湖南师范大学公共管理学院、中华女子学院共同举办的社会工作教育者能力建设培训班系列（一）“社会工作教育的内在视界：理论、方法与实践”在线上开班。整个培训共五个系列，分别于2020、2021和2022年进行。

11月1日，协会联合中国社会工作学会、全国社会工作专业学位研究生教育指导委员会、北京大学-香港理工大学中国社会工作研究中心召开“疫情防控中的中国实践——社会工作在重大公共卫生灾害中的角色与功能：社会工作参与新冠肺炎疫情防控工作”学术会议，协会副会长马凤芝、顾东辉、向德平等出席并做了发言。

11月28日，协会联合全国社会工作专业学位研究生教育指导委员会举办第十二届全国社会工作大学生论坛暨第五届研究生论坛，论坛由江西财经大学承办。来自国内近百所高校的192位社会工作专业学生参加了线上线下论坛，十余所高校派指导教师参加了会议。参会学生围绕“社区治理”“社工抗疫”“金融社会工作”等主题各抒己见，分享了学术成果。

12月5—7日，协会在重庆四川外国语大学召开“回顾与前瞻：脱贫攻坚与乡村振兴-中国社会工作教育协会三年对口扶贫计划总结大会暨后2020反贫困社会工作学术研讨会议”。总结了社会工作教育三年对口扶贫计划的执行情况，交流了经验成果。协会还为参加社会工作教育对口扶贫的200所院校颁发了表彰证书。

2020年12月26日，协会召开第六届理事会第五次会议，对协会第六届理事会因受疫情影响延期换届进行了表决。协会向国家机关工委及民政部相关部门提交了延期换届申请表，12月31日收到民政部正式批复文件。

12月26—27日，协会召开2020年年会暨全面建成小康社会背景下社会工作研讨会，来自社会工作院校的近千名师生参加了本次会议，与会人员就社会工作参与反贫困、社会工作参与乡村振兴、社会工作参与疫情抗击等议题进行了发言。美亚联创进行了线上直播，观看人次达到了近万人次。

2021年

3月4日，协会发布《关于在2021国际社会工作日期间开展相关活动的通知》，号召会员单位以“汇聚社工力量　助力乡村振兴”为主题，以习近平新时代中国特色社会主义思想为指导，开展多种活动，宣传展示社会工作在助力乡村振兴、参与新冠疫情防控、协同社会治理等方面取得的良好成效。

3月27日，由全国社会工作专业学位研究生教育指导委员会、中国社会工作教育协会指导的第八届和第九届“林护杰出社会工作奖”颁奖典礼在线上隆重举办。协会“战疫情社会工作服务暨行动研究项目”获得“林护社会工作特别奖”，表彰协会项目团队在疫情防控工作中发挥社会工作专业优势、服务疫情防控工作的突出贡献。

3月30日，为贯彻落实《民政部办公厅关于组织开展2022年社会工作主题宣传活动的通知》，宣传社会工作专业优势，展示“五社联动”机制实践成果，在民政部慈善事业促进和社会工作司指导下，协会联合中国社会工作学会举办了2022年社会工作主题宣传活动“五社联动”机制下基层社区治理创新经验交流会。社会工作界的专家学者、实务工作者相聚线上，围绕“五社联动”机制下基层社区治理创新相关议题展开了深入的对话交流。

5月14日，协会联合中国社会工作学会和全国社会工作专业学位研究生教育指导委员会共同举办“社会工作高质量发展暨纪念习近平总书记在哲学社会科学工作座谈会重要讲话发表五周年座谈会”，协会在京副会长、社会工作院校（专业）负责人、各校MSW教育中心主任20多位专家出席了此次座谈会。参会专家从社会工作学科建设、我国社会工作教育体系新发展、社会工作本土化的挑战等角度分析社会工作发展的有利条件和问题困难，提出完善建议和发展方向。

7月5日，协会向会员单位发出《中国社会工作教育协会关于号召会员单位认真学习习近平总书记在中国共产党成立100周年大会上重要讲话精神的通知》，号召会员单位从中汲取智慧，凝聚力量，增强意识，坚定自信，不忘初心，共谱社会工作事业发展的新时代篇章。

7月25日，协会发出《携手同行　共克时艰—中国社会工作教育协会倡议书》，旨在深入贯彻习近平总书记对河南防汛救灾工作的重要指示，认真落实党中央和国务院的部署，广泛动员全国社会工作力量，有序支持紧急救援和疫情防控工作；同时，号召河南省的会员单位积极参与灾害救援和灾后恢复工作，向有需要的地区和群众伸出援手，为有需要的社群提供专业服务和社会支持。

7月27日，为深入学习贯彻习近平总书记在庆祝中国共产党成立100周年大会上的重要讲话精神，协会名誉会长王思斌、副会长兼秘书长马凤芝、副会长陈树强等6人于国家博物馆参加了“让党中央放心、让人民群众满意——新时代中央和国家机关党的建设成就巡礼展”。

7月28日，协会针对河南防汛救灾工作需要，线上举办“社会工作参与防汛救灾工作培训”系列课程。截至8月10日，共有33位高校社工教师及河南防汛救灾一线社工进行了课程分享。讲课内容涵盖社会工作在防汛救灾中的使命角色，防汛救灾中的社会工作需求评估、儿童青少年服务、城市社区服务、哀伤辅导、志愿服务管理、疫情中网络社会工作的搭建、运作与实操、社会工作教育参与防汛救灾与疫情防控的实践行动等，累计观看人次破万。

9月，协会申请的“2021年中央财政支持社会组织参与社会服务”项目“太阳花下”边疆留守儿童、事实无人抚养儿童关爱保护和家庭赋能社会工作服务示范项目获民政部正式立项，该项目是唯一由全国性社会组织实施的社会工作专业服务项目。

10月，协会“太阳花下”边疆留守儿童、事实无人抚养儿童关爱保护和家庭赋能社会工作服务示范项目接受了中期评估。

11月，协会正式启动了换届工作。

12 月 9 日，协会党建工作指导员宋娟同志来协会调研。

12 月 25—26 日，协会 2021 年会暨“中国特色社会主义社会工作发展研讨会”线上召开。协会名誉会长王思斌、常务副会长关信平、副会长兼秘书长马凤芝、副会长刘梦、顾东辉、陈树强、彭华民、王婴、向德平、张和清、庄勇、特邀发言嘉宾、协会理事单位、会员单位参加了本次年会。3 万余人次通过腾讯会议、线上直播的形式参与了本届年会。

12 月底，协会承担的“2021 年中央财政支持社会组织参与社会服务项目——太阳花下”边疆留守儿童、事实无人抚养儿童关爱保护和家庭赋能社会工作服务示范项目正式结项。

2022 年

1 月，协会线上召开了党史学习教育总结会议，会上领导班子对协会 2021 年的党史学习教育进行了总结与反思。

1 月 17—18 日，协会联合全国社会工作专业学位研究生教育指导委员会举办第十三届中国社会工作大学生论坛暨第六届研究生论坛，广西师范大学校副校长林春逸教授，协会名誉会长王思斌，协会常务副会长关信平，协会副会长彭华民、顾东辉出席开幕式。全国各地 300 多所高校近 400 名本硕博社会工作专业师生齐聚云端，参与学术研讨会。

1 月，协会召开会长会，按照社会组织最新章程示范文本商讨修改章程事宜，并于 1 月下旬在民政部社会组织管理局官网进行了章程核准的申报工作。

1 月 24 日，协会举办“太阳花下”边疆留守儿童、事实无人抚养儿童关爱保护和家庭赋能社会工作服务示范项目结项会议。各项目服务团队对执行情况、服务成效、存在问题做了报告，并针对各地情况提出了项目研究的方向性框架。

3 月协会发出通知，号召成员单位积极开展国际社工日宣传活动，庆祝世界社会工作日。

3 月 30 日，协会联合中国社会工作学会举办了 2022 年社会工作主题宣传活动：“五社联动”机制下基层社区治理创新经验交流会。社会工作界的专家学者、实务工作者相聚线上，展开了深入的对话交流。

3 月 31 日，协会与北京紫荆公益基金会召开毕节儿童项目合作研讨会，会上双方就项目背景、项目主要目标、项目内容、项目工作策略、项目组织框架等进行了探讨。

4 月，民政部社会组织管理局通过了我协会章程的会前预审。

5 月，协会完成 2021 年度社团年检报告的填写与提交。

5 月，协会按照《民政部关于开展全国性社会团体、国际性社会团体分支（代表）机构专项整治行动的通知》的要求，积极部署分支机构专项整治行动，并向民政部社会组织管理局提交自查报告。

5月20日，协会与美亚联创（北京）科技有限公司（简称“美亚联创”）举办了项目合作会议，会上对双方合作内容进行了讨论。

6月29日，协会与美亚联创线上举办“中国社会工作教育协会与美亚联创合作”协议签约会。协议约定，协会与美亚联创在推展社会工作教育、专业培训、信息平台建设方面开展友好合作，协会为美亚联创提供社会工作教育的咨询和智力支持，美亚联创为协会提供人力资源、相关技术支持。

7月6日，协会向会员单位发出了《中国社会工作教育协会关于会员单位助力乡村振兴项目摸底调查的通知》。11月，又向会员单位发出《中国社会工作教育协会社会工作助力乡村振兴行动方案》，要求会员单位根据民政部、国家乡村振兴局《关于动员引导社会组织参与乡村振兴工作的通知》（民发〔2022〕11号），国家乡村振兴局、民政部《社会组织助力乡村振兴专项行动方案》（国乡振发〔2022〕5号）的要求，积极参与乡村振兴工作。

7月14日，协会秘书处召开第一次党员会议，旨在组织开展秘书处党员活动，进一步强化党员意识、责任意识，加强协会党建工作。

7月16日，为推动社会工作在中国本土环境下有更加准确清晰的界定，根据人社部《关于对〈中华人民共和国职业分类大典（2022年版）〉（公示稿）进行公示的公告》，协会发出通知，号召会员单位积极参与《大典》公示稿意见反馈工作。

7月19日，协会召开《大典》公示稿社会工作相关描述专项研讨会，协会名誉会长、所有副会长、秘书长及中山大学蔡禾教授参加了此次会议。与会人员就《大典》公示稿修改建议进行了深入的探讨。

7月21日，协会向中央和国家机关行业协会商会党委提交《关于成立中国社会工作教育协会党支部的请示》，提名马凤芝同志为党支部书记候选人预备人选。

9月23—24日，协会线上举办“社会工作案例教学培训工作坊暨社会工作专业学位研究生教育高质量发展交流研讨会”，总结社会工作硕士教育发展的中国经验，研究课程思政、案例教学和产教融合及中国社会工作硕士教育高质量发展的问题和对策，探讨中国社会工作硕士教育的重要议题和知识创新。

10月10日，协会在《中国社会工作》10月上刊发表《非凡十年 / 中国社会工作教育协会：秉持初心　筑梦前行》文章，系统呈现和总结了党的十八大以来，我国社会工作教育事业的发展，社会工作教育服务国家发展战略的实践和经验。

10月12日，协会向中央和国家机关工委行业协会商会党建部提交了《关于我会第七届理事会负责人候选人建议人选的请示》。14 日提交《中国社会工作教育协会第七届理事会负责人候选人人选建议名单》。

10 月 25 日，经上级审批同意，按照《中国共产党章程》和有关规定召开中国社会工作教育协会党支部成立大会，进行协会党组织负责人选举。经无记名投票，选举协会副会长兼秘书长马凤芝同志为党支部书记，梁芳同志为组织委员，莫能嘉同志为宣传委员。协会名誉会长王思斌主持会议，中央和国家机关工委党建指导员赵美中参加了会议。同日，举办了协会党支部第一次会议暨主题党日活动。

12 月 29—30 日，协会线上举办 2022 年年会暨“中国式现代化与社会工作新使命研讨会”，承办大学为华东理工大学。年会举办期间，共计 35 000 余人次通过腾讯会议、线上直播的形式参与会议。

2023 年

1 月 11—12 日，协会线上举办“第十四届中国社会工作大学生论坛暨第七届研究生论坛”，论坛由重庆工商大学承办，来自全国 110 余所高校的 400 余名社会工作师生参加了本次论坛。

2 月初，协会党支部收到中央和国家机关工委党委《关于中国社会工作教育协会党支部选举结果的批复》（中协会党委〔2023〕25 号），正式同意马凤芝同志为中国社会工作教育协会党支部书记。

2 月 27 日，协会号召会员单位、社会工作师生在第十七个国际社会工作日到来之际，动员起来，积极响应民政部的要求，以习近平新时代中国特色社会主义思想为指导，以深入学习贯彻党的二十大精神、谱写新时代新征程社会工作发展新篇章为主线，以“五社联动”“一老一小”为落脚点，提炼专业发展成果，强化专业能力。

5 月 8—9 日，协会在南京理工大学举办“国际视野与中国实践：新时代中国社会工作专业学位研究生教育展望国际研讨会暨 MSW 教育整体增能三年计划启动仪式”，协会领导、国际社会工作教育联盟主席安娜玛丽亚·坎帕尼尼（Annamaria Campanini）、国际社会工作教育联盟前主席阮曾媛琪教授、特邀发言嘉宾以及社会工作院校代表百余人线下参会，另有 6 229 人次在线上观看了会议直播。

7 月，根据《社会组织助力乡村振兴专项行动方案》，民政部、国家乡村振兴局在社会组织自愿报名、有关部门推荐申报、160 个国家乡村振兴重点帮扶县同意对接的基础上，协会与四川省凉山州越西县进行结对帮扶。协会副会长兼秘书长马凤芝教授、副会长向德平教授在 7 月 17 日与越西县县委县政府商定工作计划，8 月 29 日代表协会与四川省民政厅、西南石油大学等合作单位在凉山州越西县城北感恩社区进行了对口帮扶签约仪式，12月26—27日又赴越西县开展“情系越西·暖冬行动”关爱慰问活动。

8月8—9日，协会在内蒙古工业大学新城校区举办“第十五届中国社会工作大学生论坛暨第八届研究生论坛——中国式现代化新阶段我国社会工作的发展与实践”，来自全国150多所高校、350余名同学参加。

9月，为酝酿第七届理事会单位建议名单做好基础工作，协会制定了《中国社会工作教育协会换届信息统计单位摸底表》，向会员单位收集相关信息。

9月4日，协会发布《关于发布中国社会工作专业核心能力框架和指标课题研究的通知》《关于发布中国社会工作专业学位研究生（MSW）教育状况调查研究课题的通知》。经评审，中山大学、华东理工大学、北京工业大学和南京理工大学团队获得课题立项。

9月15日，协会党支部书记、副会长兼秘书长马凤芝同志参加了中央社会工作部召开的全国性行业协会商会第二批学习贯彻习近平新时代中国特色社会主义思想主题教育部署会，开启协会为期6个月的学习党中央关于深入开展学习贯彻习近平新时代中国特色社会主义思想主题教育工作。

10月28—29日，协会与《社会工作》杂志社在南昌联合主办“中国式现代化与社会工作学科建设研讨会暨首届社会工作学术写作工作坊”，探讨新形势下社会工作学科发展的时代方位。

11月27日，协会在北京大学-香港理工大学中国社会工作研究中心举行中国社会工作教育协会“新时代中国社会工作专业学位研究生教育整体增能三年计划”之“社会工作专业学位研究生教育同行咨询”启动仪式，“全球社会工作教育”十一门系列课程也同时启动。

11月29日—12月1日，协会社会工作专业学位研究生教育同行咨询工作在中国青年政治学院、长春理工大学展开；2023年12月2—4日，协会社会工作专业学位研究生教育同行咨询工作在上海大学、西北师范大学展开。

12月9日，协会理事会换届大会在河南新乡举行，会议通过了协会第六届理事会工作报告、协会章程修改版；选举产生了协会第七届理事会理事单位、常务理事单位及理事会负责人。北京大学马凤芝教授当选协会第七届理事会会长，复旦大学顾东辉教授当选副会长兼秘书长，南京大学彭华民教授、华中科技大学向德平教授、贵州大学庄勇教授、华东理工大学何雪松教授、厦门大学童敏教授当选副会长。理事会改选后，协会扩大了学术委员会，建立了实务促进委员会。

12 月 9—10 日，协会在河南新乡召开 2023 年年会暨中国式现代化新阶段社会工作与社会治理现代化学术研讨会，400 余所高校近千名社会工作师生出席会议。

12 月 19 日，协会发出“关于积极参与甘肃、青海两省地震灾区救援工作致全体会员单位和社工教师的倡议书”，号召社会工作力量有序参与甘肃、青海灾区救援工作，并组织灾害社会工作实务能力建设系列培训、制作社会工作服务指引。

2024 年

1 月 9 日，“新时代中国社会工作专业学位研究生教育整体增能三年计划”中“社会工作专业学位研究生教育同行咨询”第二批示范院校工作启动会议在线上举行，协会会长马凤芝、副会长兼秘书长顾东辉和三年计划实施办公室的沈黎、史越，以及第二批示范院校的南京大学、厦门大学、华中科技大学、贵州大学社会工作专业的代表出席会议。第一批示范院校的代表分享了工作经验。

1 月 16 日，协会党支部召开专题组织生活会暨主题教育总结会议。

1 月 29 日，协会党支部召开 2023 年度党建工作述职评议工作会议，向中社部提交《中国社会工作教育协会党支部 2023 年度党建工作述职报告》。

2 月 5 日，协会党支部书记马凤芝同志参加中央社会工作部召开的全国性行业协会商会第二批学习贯彻习近平新时代中国特色社会主义思想主题教育总结会。

2 月 29 日，在第十八个世界社会工作日来临之际，协会向会员单位发出“关于在 2024 年世界社会工作日期间开展相关活动的通知”，号召会员单位、社会工作师生发挥社会工作专业优势，宣传社会工作专业作用，展示社会工作发展成果，让社会充分认识社会工作的价值，了解社会工作者的作用。

3 月，协会发出《关于开展社会工作高校结对意向摸底调查的通知》，征集各会员单位的参与意向。经过自愿报名、资格核查、商定名单等环节，确定了第一批入选名单。2024 年 4 月 30 日，发布《关于开展“伙伴社工高校”计划的通知》，公布了第一批“伙伴社工高校”名单。

3 月，协会发布“关于征集协会成立三十周年系列纪念活动的通知”，经过自愿报名、资格核查、商定名单等环节，确定了第一批入选名单。2024 年 5 月 6 日发布《中国社会工作教育协会关于公布协会成立三十周年系列纪念活动第一批入选名单的通知》。

4 月 13 日，协会与《社会工作》杂志社在南昌联合主办“中国社会工作发展自主话语体系建设研讨会暨第二届社会工作学术写作工作坊”，来自全国社会学、社会工作领域的专家学者和学生代表 130 余人参加了此次活动。

4 月 23 日，协会第七届理事会法律顾问聘任仪式在协会秘书处举行。马凤芝会长主持聘任仪式，并向北京中银律师事务所党委书记李征律师颁发了聘任证书。协会副秘书长陈洪涛和北京中银律师事务所助理赵依凡参加聘任仪式。

5 月 10 日，协会发布了中国社会工作教育协会成立三十周年（1994—2024）宣传海报及其简明解读。

5 月 12—14 日，协会社会工作专业学位研究生教育同行咨询工作在南京大学、贵州大学开展；5 月 16—18 日，协会社会工作专业学位研究生教育同行咨询工作在华中科技大学、厦门大学开展。

6 月 19 日，协会收到民政部社会组织管理局社会团体登记处《中国社会工作教育协会法定代表人离任审计报告》。

7 月 27—28 日，由协会主办、成都信息工程大学承办的第十六届中国社会工作大学生论坛暨第九届研究生论坛成功举办。论坛主题为“中国式现代化新进程中我国社会工作的发展与创新”，来自全国 183 所高校 510 余名师生参加了会议。

8 月 14 日，协会向中社部提交《社会工作专业教学研究人员和社会工作专业毕业生调查报告》。

8 月 21 日，协会接到民政部民社等〔2024〕3161 号文件：根据《社会团体登记管理条例》的规定，协会法定代表人变更为马凤芝。

附录二

中国社会工作教育协会
历届工作班子成员名单

第一届（1994.12.31—1999.11.23） 会长：袁方；副会长：王思斌、刘伟能、陆士桢、贾秀总；秘书长：王思斌；副秘书长：艾民知、张李玺、陈树强、黄新鲁

第二届（1999.11.23—2003.12.09） 名誉会长：雷洁琼 袁方；会长：王思斌；副会长：王来柱、陆士桢、张李玺、徐永祥；秘书长：史柏年；副秘书长：关信平、李洪涛、张友琴、夏学銮、钱宁、贾存福

第三届（2003.12.09—2008.11.21） 名誉会长：雷洁琼；会长：王思斌；副会长：关信平、陆士桢、张李玺、徐永祥、戚学森；秘书长；史柏年；副秘书长：王婴、李洪涛、向德平、张友琴、周沛、洪大用、夏学銮、钱宁、顾东辉

第四届（2008.11.21—2012.12.28） 会长：王思斌；副会长：关信平、陆士桢、张友琴、张李玺、钱宁、徐永祥、戚学森、史柏年；秘书长：史柏年；副秘书长：王婴、向德平、刘梦、顾东辉、隋玉杰、熊跃根

第五届（2012.12.28—2016.12.30） 会长：王思斌；副会长：史柏年、刘梦、关信平、邹文开、张友琴、钱宁、徐永祥、蔡禾；秘书长：史柏年；副秘书长：马凤芝、向德平、王婴、田毅鹏、向德平、陈树强、陈国庆、周昌祥、顾东辉、高鉴国、隋玉杰、彭华民、熊跃根

第六届（2016.10.30—2023.12.09） 名誉会长：王思斌；会长：徐永祥；副会长：马凤芝、关信平、刘梦、陈树强、王婴、顾东辉、彭华民、向德平、张和清、庄勇；秘书长：马凤芝；副秘书长：童敏、何雪松、高万红、刘莹、易松国、周昌祥、隋玉杰、史铁尔、高鉴国、田毅鹏

第七届（2023.12.09—） 名誉会长：王思斌；会长：马凤芝；副会长：顾东辉、彭华民、向德平、庄勇、何雪松、童敏；秘书长：顾东辉；副秘书长：高万红、刘莹、易松国、黄红、潘孝富、侯欣、陈洪涛、李敏、吴帆、程胜利、芦恒、卫小将、秦小峰、尹忠海、焦若水

附录三

中国社会工作教育协会历年团体会员名单

（附第一届第二届个人会员名单）

一、1994 年协会成立会员（20 个）

1—20：北京大学、中国人民大学、吉林大学、厦门大学、中华女子学院（原妇女管理干部学院）、中国青年政治学院、中国劳动关系学院（原中国工运学院）、中山大学、复旦大学、上海大学、云南大学、沈阳工程学院（原辽宁青年管理干部学院并入）、北京社会管理职业学院（原民政管理干部学院，现民政职业大学）、重庆城市管理职业学院（原民政部重庆民政学校）、北京青年政治学院、长沙民政职业技术学院（原民政部长沙民政学校）、上海青年管理干部学院（原上海青年政治学院-上海团校）、广东青年职业学院（原广东青年管理干部学院）、北京市民政学校、中国康复研究中心社会康复科（机构）

注：协会成立时原有 32 名会员，后因机构合并、撤销或失联等原因而保留（对外公布）上述会员，其余 12 所院校 / 单位如下：民政部社会福利与社会进步研究所、东南大学社会科学系社会保障与社会发展研究所、北京市社会学会社会福利组、民政部济南民政学校（后并入济南大学，2001 年重新加入）、广东省民政学校（现广东省民政职业技术学校）、北京行政学院、广东省妇女干部学校（现广东女子职业技术学院）、湖北省民政学校（现武汉民政职业学院，2010 重新加入）、吉林团校、陕西团校、四川团校、山东团校（现山东青年政治学院，2002 重新加入）

第一届理事会个人会员（以姓氏笔画排序）：王行娟、王青山、孔令智、卢谋华、陈一筠、陈云英、朱传一、苏驼、袁华音、袁辑辉、韩明谟

二、1996—2000 年批准会员（15 个）

21—35：郑州大学、南京理工大学（1996）、南京师范大学（1996）、南开大学（1997）、华东理工大学（1997）、安徽大学（1997）、华中师范大学、武汉大学、南京工业大学、贵州大学、山东女子学院（原中华女子学院山东分院）、浙江青年专修学院（浙江省团校，1997）、

上海市妇女干部学校（1997）、北京市妇女干部学校（1997）、天津青年职业学院

第二届理事会个人会员（以姓氏笔画排序）：马洪路、王来柱、王青山、王思斌、卢谋华、刘伟能、朱力、陆士桢、苏驼、张彦、张李玺、袁华音、唐钧、黄新鲁、谢遐龄、韩明谟、樊富珉

三、2001 年会批准会员（33 个）

36—68：山东大学、山东师范大学、广东财经大学（原广东商学院）、广西师范大学、上海师范大学、山东工商学院（原中国煤炭经济学院）、天津师范大学、天津理工学院、北京工业大学、华中农业大学、华中科技大学、西北师范大学、长春工业大学、吉林建筑大学、华南农业大学、安徽农业大学、安徽工程大学、苏州大学、武汉理工大学、杭州师范学院、郑州轻工业学院、南京大学、南京财经大学、济南大学、首都经济贸易大学、江苏师范大学、泰山学院、深圳大学、集美大学、重庆工商大学（原渝州大学）、福建师范大学、上海第二业大学、上海市社会工作培训中心

注：根据协会《中国社会工作教育通讯》记载，上海市妇女干部学校、安徽大学、郑州大学在 2001 年前已加入，所以，2001 年实际新加入团体会员为 33 个。

四、2002—2003 年（第二届理事会）批准会员（52 个）

69—120：北京师范大学、首都师范大学、中国政法大学、北京科技大学、江南大学、临沂大学、河北大学、西北大学、东北电力大学、河南师范大学、温州大学、安徽师范大学、西南石油大学、山东经济学院、青岛理工大学、广西科技大学、长春师范学院、浙江理工大学、广西民族大学、中南民族大学、福建医科大学、北京城市学院（原海淀走读大学）、浙江师范大学、青海师范大学、合肥工业大学、闽南师范大学、甘肃政法学院、宜宾学院、淮阴工学院、浙江工商大学、北京农学院、山西医科大学、南京工程学院、南京晓庄学院、浙江财经大学、江西财经大学、南昌大学、江汉大学、重庆师范大学、重庆理工大学、贵州民族大学、成都信息工程大学、安庆师范学院、北京理工大学、山东建筑大学、西华师范大学、山东理工大学、浙江树人大学、南京邮电大学（原南京人口管理干部学院社会工作系并入）、山东青年政治学院（山东省青年管理干部学院社会工作系）、昆明学院、柳州职业技术学院

五、2003 年会（第三届理事会）批准会员（28 个）

121—148：长春理工大学、淮阴师范学院、南通大学、南昌航空大学、云南农业大学、

苏州科技学院、兰州财经大学、华北电力大学、新疆大学、太原科技大学、西安邮电学院、贵州师范大学、贵州财经大学、贵州工业大学（后并入贵州大学）、华北理工大学、湖南农业大学、湖北师范大学、扬州大学、东北林业大学、黑龙江科技大学、西南民族大学、淮北师范大学、西南农业大学（并入西南大学）、海南热带海洋学院、内蒙古工业大学、天津职业大学、常州工学院、上海理工大学

六、2004年（第三届理事会第二次会议）批准会员（16个）

149—164：鲁东大学、西南大学、云南财经大学、江西师范大学、黑龙江大学、东北农业大学、哈尔滨商业大学、东北石油大学、黑龙江工程学院、上海应用技术大学、广州大学、广东工业大学、桂林理工大学、四川农业大学、北京建筑大学、山东大学威海分校

七、2005—2006年批准会员（26个）

165—190：青岛大学、延安大学、华东政法大学、河南财经政法大学、首都师范大学科德学院、中国矿业大学、中原工学院、商丘师范学院、山东财政学院、淮南师范学院、新疆师范大学、黑龙江八一农垦大学、上海政法学院、青海民族大学、内蒙古大学、内蒙古农业大学、湖北经济学院、长江大学、滨州学院、洛阳理工学院（原洛阳工业高等专科学校）、河南工程学院（原郑州经济管理干部学院）、浙江金融职业学院、广东女子职业技术学院（管理系）、上海科学技术职业学院、长沙民政职业技术学院（民政管理系）、福建警官职业学院

八、2007—2008年批准会员（38个）

191—228：石家庄学院、重庆科技学院、常州大学、南京林业大学、广西大学、安阳师范学院、大连交通大学、大连科技学院（原大连交通大学信息工程学院管理学部）、华东师范大学、沈阳师范大学、西南财经大学、河南科技大学、齐齐哈尔大学、上海立信会计金融学院、湖南商学院、湖北文理学院、湖北民族学院、广西师范学院、沈阳化工大学、四川理工学院、江西科技师范大学、铜陵学院、青岛科技大学、湖南女子学院、杭州师范大学钱江学院、北京师范大学-香港浸会大学联合国际学院、兰州大学、义乌工商职业技术学院、广州番禺职业技术学院、齐鲁师范学院、山东省淄博职业学院、深圳职业技术学院（现深圳职业技术大学）、杭州青年专修学院、社会工作杂志社、浦东社会工作中心、浙江省宁波市江北百合心理咨询中心、浙江舟山市博森咨询中心、山西师范大学（社会学系）

九、2010 年批准会员（26 个）

229—254：乐山师范学院、中央民族大学、西藏民族大学、唐山师范学院、海南大学三亚学院、咸阳师范学院、安阳工学院、洛阳师范学院、湘南学院、广东白云学院、湖北工程学院（原孝感学院）、泰山医学院（并入山东第一医科大学）、东莞理工学院城市学院、内蒙古师范大学、河南大学、成都理工大学、中国社会科学院研究生院（MSW）、河海大学（MSW）、武汉民政职业技术学院、珠海城市职业技术学院、内蒙古师范大学青年政治学院、陕西教育学院、江苏经贸职业技术学院、青岛华夏管理专修学院、广州科技贸易职业学院、湛江师范学院基础教育学院（湛江教育学院）

十、2011 年批准会员（30 个）

255—284：广东外语外贸大学、上海海洋大学、绵阳师范学院、哈尔滨学院、中央财经大学、曲靖师范学院、鞍山师范学院、华南师范大学、云南民族大学、北京工业大学耿丹学院、内蒙古科技大学、山西大学、内蒙古财经学院、上海商学院、信阳师范大学、云南大学滇池学院、玉溪师范学院、云南警官学院、四川师范大学成都学院、广东医学院（现广东医科大学）、武汉科技大学、西北农林科技大学、南京农业大学（MSW）、南京航空航天大学（MSW）、陕西师范大学（MSW）、中南大学（MSW）、重庆大学（MSW）、北京政法职业技术学院、重庆青年职业技术学院、上海城建职业学院（原上海工会管理职业学院）

十一、2012 年重庆年会（第五届理事会）批准会员（19 个）

285—303：河南农业大学、北华航天工业学院、井冈山大学、西北政法大学、河北科技大学、惠州学院、五邑大学、青岛农业大学、福州大学（MSW）、辽宁大学（MSW）、河南财税专科学校、中国环境管理学院、中山职业技术学院、上海长征医院、上海东方医院、山东省立医院、宁夏大学、国家开放大学、中国人民大学继续教育学院

十二、2013 年广州年会批准会员（13 个）

304—316：北京师范大学珠海分校、东北师范大学、东莞理工学院、福建江夏学院、新乡学院、岭南师范学院（原湛江师范学院）、郑州大学西亚斯国际学院基础部、广东理工职业技术学院、陕西警官职业学院、钟山职业技术学院、汕头大学妇女研究中心、甘肃惠群社会工作服务中心、中国传媒大学

十三、2014 年会批准会员（25 个）

317—341：齐齐哈尔医学院、大连海事大学、韩山师范学院、怀化学院、赣南师范大学、保山学院、铜仁学院、遵义师范学院、四川外国语大学、四川大学、安康学院、榆林学院、西安翻译学院、西北民族大学、北京师范大学社会发展与公共政策学院（MSW）、浙江大学（MSW）、华南理工大学（MSW）、西华大学（MSW）、广东女子职业技术学院（艺术系青少年社会工作专业）、兰州职业技术学院、山东管理学院、山东英才学院、江苏建筑职业技术学院、南京特殊教育师范学院、四川国际标榜职业学院

十四、2015 年会批准会员（8 个）

342—349：吉林大学珠海学院、楚雄师范学院、内蒙古医科大学、石河子大学、安徽理工大学、广东仲恺农业工程学院、吉林农业大学（MSW）、湘潭大学（MSW）

十五、2016 年（第六届理事会）批准会员（39 个）

350—388：西北工业大学、川北医学院、甘肃民族师范学院、广东药科大学、贵阳学院、黑龙江中医药大学、西安思源学院、佛山科学技术学院、黄河科技学院、廊坊师范学院、吉林师范大学、广东警官学院、邢台学院、安顺学院、黔南民族师范学院、黄冈师范学院、嘉应学院、哈尔滨工业大学（MSW）、哈尔滨工程大学（MSW）、中南财经政法大学（MSW）、湖南师范大学（MSW）、西安交通大学（MSW）、广州城市职业学院、天津城市职业学院、厦门城市职业学院、重庆商务职业学院、兰州文理学院、广东轻工职业技术学院、广东科学技术职业学院、广东行政职业学院、惠州城市职业学院、揭阳职业技术学院、茂名职业技术学院、海南政法职业学院、安徽城市管理职业学院、河南牧业经济学院、贵州幼儿师范高等专科学校、云南师范大学、社会工作与管理学报

十六、2017 年批准会员（4 个）

389—392：深圳经济特区社会工作学院、安徽警官职业学院、河北科技师范学院、上海纽约大学

十七、2018 年批准会员（14 个）

393—406：东南大学（MSW）、北华大学（MSW）、黑龙江省社会科学院（MSW）、湖南省委党校（MSW）、沈阳大学、闽江学院、潍坊科技学院、南昌工学院、河西学院、湖南人

文科技学院、深圳市龙岗区正阳社会工作服务中心、深圳慈善公益网、青翼社会工作网、京东公益社会服务中心

十八、2019 年批准会员（6 个）

407—412：西南政法大学、浙江万里学院、广州大学松田学院（现广州应用科技学院）、衡水学院、鄂尔多斯应用技术学院、广东第二师范学院

十九、2023 年（第七届理事会）批准会员（换届重新登记审批，367 个）

哈尔滨工程大学、哈尔滨工业大学、黑龙江社会科学院社会学所、北华大学、中共吉林省委党校（吉林省行政学院）、辽宁大学、清华大学、中国农业大学、中国社会科学院大学、上海纽约大学、浙江大学、中共浙江省委党校、福州大学、华南理工大学、中南财经政法大学、湖南师范大学、湘潭大学、中共湖南省委党校、中南大学、中共山东省委党校、东南大学、河海大学、南京航空航天大学、南京农业大学、中共江苏省委党校、兰州大学、宁夏大学、陕西师范大学、四川省社会科学院、重庆大学、东北林业大学、东北石油大学、黑龙江大学、黑龙江科技大学、东北师范大学、吉林大学、吉林建筑大学、吉林农业大学、长春工业大学、长春理工大学、长春师范大学、大连海事大学、沈阳化工大学、沈阳师范大学、北京大学、北京工业大学、北京建筑大学、北京科技大学、北京农学院、北京师范大学、首都经济贸易大学、首都师范大学、中国劳动关系学院、中国青年政治学院、中国人民大学、中国政法大学、中华女子学院、中央财经大学、中央民族大学、河北大学、河北科技大学、华北电力大学、包头师范学院、内蒙古大学、内蒙古工业大学、内蒙古科技大学、内蒙古农业大学、内蒙古师范大学、山西大学、山西医科大学、太原科技大学、南开大学、天津理工大学、天津师范大学、复旦大学、华东理工大学、华东师范大学、华东政法大学、上海财经大学、上海大学、上海师范大学、上海应用技术大学、上海政法大学、杭州师范大学、浙江财经大学、浙江工商大学、浙江理工大学、浙江师范大学、福建师范大学、福建医科大学、集美大学、闽南师范大学、厦门大学、东莞理工学院、广东工业大学、广东外语外贸大学、广州大学、华南农业大学、华南师范大学、深圳大学、中山大学、广西科技大学、广西师范大学、广西医科大学、南宁师范大学（原广西师范学院）、海南热带海洋学院、三亚学院、河南财经政法大学、河南农业大学、河南师范大学、信阳师范大学、郑州大学、郑州轻工业大学、中原工学院、湖北师范大学、湖北文理学院（襄樊学院）、华中科技大学、华中农业大学、华中师范大学、江汉大学、武汉大学、武汉科技大学、武汉理工大学、长江大学、中南民族大

学、赣南师范大学、江西财经大学、江西师范大学、井冈山大学、南昌大学、济南大学、鲁东大学、青岛大学、青岛科技大学、青岛理工大学、山东财经大学、山东大学、山东建筑大学、安徽大学、安徽工程大学、安徽农业大学、安徽师范大学、安庆师范大学、常州大学、江苏师范大学、南京大学、南京理工大学、南京师范大学、南京邮电大学、苏州大学、扬州大学、甘肃政法大学、西北民族大学、西北师范大学、青海师范大学、西安交通大学、西北大学、西北农林科技大学、西北政法大学、西藏民族大学、石河子大学、新疆大学、新疆师范大学、贵州财经大学、贵州大学、贵州民族大学、贵州师范大学、成都信息工程大学、四川大学、西华大学、西南财经大学、西南民族大学、西南石油大学、云南财经大学、云南大学、云南民族大学、云南农业大学、云南师范大学、四川外国语大学、西南大学、重庆工商大学、重庆师范大学、北京城市学院、哈尔滨商业大学、黑龙江八一农垦大学、黑龙江工程学院、齐齐哈尔医学院、吉林师范大学、鞍山师范学院、大连科技学院、沈阳大学、沈阳工程学院、北京工业大学耿丹学院、北京理工大学、北华航天工业学院、河北科技师范学院、衡水学院、廊坊师范学院、石家庄学院、鄂尔多斯应用技术学院、内蒙古财经大学、内蒙古医科大学、上海海洋大学、上海开放大学、上海立信会计金融学院、上海商学院、宁波工程学院、浙江树人大学、浙江万里学院、福建江夏学院、闽江学院、泉州职业技术大学、北京师范大学-香港浸会大学联合国际学院、东莞理工学院城市学院、广东白云学院、广东财经大学、广东第二师范学院、广东警官学院、广东医科大学、广州应用科技学院、韩山师范学院、惠州学院、岭南师范学院、五邑大学、仲恺农业工程学院、珠海科技学院（原吉林大学珠海学院）、广西警察学院、广西民族师范学院、桂林医学院、河池学院、广西民族大学、桂林理工大学、安阳工学院、安阳师范学院、河南财政金融学院、河南大学、河南科技大学、洛阳师范学院、商丘师范学院、郑州师范学院、湖南工商大学（原湖南商学院）、湖南女子学院、湖南人文科技学院、怀化学院、湘南学院、江西科技师范大学、南昌工学院、临沂大学、青岛恒星科技学院、青岛农业大学、山东第一医科大学、山东工商学院、山东管理学院、山东理工大学、山东师范大学、潍坊科技学院、淮北师范大学、淮南师范学院、铜陵学院、淮阴工学院、淮阴师范学院、江南大学、南京财经大学、南京工程学院、南京工业大学、南京林业大学、南京特殊教育师范学院、南京晓庄学院、苏州科技大学、甘肃民族师范学院、甘肃农业大学、河西学院、兰州财经大学、兰州城市学院、银川能源学院、青海民族大学、咸阳师范学院、延安大学、榆林学院、喀什大学（原喀什师范学院）、安顺学院、贵阳学院、凯里学院、黔南民族师范学院、遵义师范学院、成都大学、成都理工大学、川北医学院、乐山师范学院、绵阳师范学院、四川农业大学、宜宾学院、保山学院、楚雄师范学院、红河学院、昆明医科大学、曲靖师范学院、玉溪师范学院、西南政法大学、重庆科技大学、重庆理工大学、内蒙古师范大学青年政治学院、齐鲁师范学院、山东女子学院、山东青年政治学院、北京市协作者社会工作发展中心、高等教育出版社文科编辑部、中国康复研究中心（首都医科大学康复医学院）、唐山社会工作发展促进会、华东理工大学出版社、《社会工作与管理》编辑部、广州市大同社会工作服务中心、深圳慈善公益网、深圳市龙岗区正阳社会工作服务中心、河南省社会工作教育协会、《社会工作》编辑部、甘肃省社会工作教育协会、成都市同行社会工作服务中心、吉林司法警官职业学院、北京青年政治学院、北京社会管理职业学院、北京政法职业学院、天津城市职业学院、上海城建职业学院、上海科学技术职业学院、义乌工商职业技术学院、广东轻工职业技术学院、广东省外语艺术职业学院、广州城市职业学院、惠州城市职业学院、深圳职业技术大学、珠海城市职业技术学院、海南政法职业学院、武汉民政职业学院、长沙民政职业技术学院、山东商业职业技术学院、乌鲁木齐职业大学、重庆城市管理职业学院、重庆青年职业技术学院；邢台学院、嘉应学院、湖北工程学院（原孝感学院）、黄冈师范学院、上海高校智库华东理工大学社会工作与社会管理研究中心、上海市徐汇区中心医院、上海市中医医院、广州市阳光天使社会工作服务中心、深圳经济特区社会工作学院、兰州大学西北少数民族研究中心、四川天府社会工作学院、河北青年管理干部学院、山西青年职业学院、浙江工商职业技术学院、浙江东方职业技术学院、闽江师范高等专科学校、中山职业技术学院、湖南司法警官职业学院、江西青年职业学院、安徽城市管理职业学院、安徽警官职业学院、安徽职业技术学院、江苏建筑职业技术学院、南京城市职业学院、新疆科信职业技术学院、重庆护理职业学院、重庆商务职业学院、重庆幼儿师范高等专科学校

后记

为庆祝中国社会工作教育协会（以下简称“协会”）成立三十周年，协会组织编写了《中国社会工作教育协会三十年》一书。本书由协会名誉会长王思斌担任顾问，会长马凤芝、副会长彭华民、副会长兼秘书长顾东辉担任主编。全书主体共分七编八个部分。

第一编，中国社会工作教育重建与发展特色，王思斌编写。

第二编，中国社会工作教学与人才培养，顾东辉、庄勇主编，芦恒参加编写。

第三编，中国社会工作研究，彭华民、何雪松、童敏主编。彭华民、何雪松、童敏、冯元、郭伟和、刘玉兰、臧其胜、芦恒、李桥墩、匡梦叶、王天齐、史天琪、罗敏敏、邓洁参加编写。

第四编，聚焦国家重大战略的社会工作服务，史柏年、马凤芝主编，史柏年、马凤芝、顾东辉、何雪松、文军、张和清、史铁尔、王松、钟涛、蒋国庆、王志丽、陈涛、杨云娟、向德平、马烨、张昱、费梅苹、席小华、任文启、王景仟、苏光、黄红、姜薇、张红、宋雯、彭华民、王世清、王冠、熊贵彬、胡勇慧参加编写。

第五编，疫情防控社会工作，马凤芝主编，马凤芝、沈黎、韩旭冬、肖彦、彭华民、金英爱、林移刚、何珊珊、张洪英、陈红莉、黄红、刘莹、杨云娟、王淼、许莉娅、彭振、任敏、王婴、苗艳梅、魏爱棠、徐勇参加编写。

第六编，中国社会工作教育协会专委会与片区工作，马凤芝、彭华民主编。

学校与青少年社会工作专委会许莉娅、彭振，移民社会工作专委会武艳华、王毅杰，民族社会工作专委会任国英，家庭社会工作专委会马烨、程胜利，司法社会工作专委会张昱，儿童社会工作专委会童小军、花菊香，社会工作实验教学专委会张默、王晓慧，妇女社会工作专委会张李玺、矫杨，社会治理与社会工作专委会邓湘树、江海容，企业社会工作专委会刘丽红、原会建，社会工作伦理专委会赵芳、洪浏，社会工作理论专委会黄锐，高校教师领办社会工作机构专委会易松国，金融社会工作专委会方舒、李国武，医务社会工作专委会范斌、张一奇，社会工作督导专委会张洪英、董云芳，灾害社会工作专委会齐华栋、陈涛，老年社会工作专委会隋玉杰、吕楠，反贫困社会工作专委会向德平、田北海，社会工作历史专委会林顺利、张岭泉，残障与康复社会工作专委会郭微、叶晓彬，农村社会工作专委会张和清、尹忠海，高职高专专委会陈洪涛、赵学慧，参加专委会工作编写。

华北片区王婴、陈树强、侯欣，西北片区刘莹，东北片区黄红、芦恒，华中片区尹忠海、向德平，华南片区张和清，华东片区马良、顾东辉、何雪松、黄晨熹，西南片区庄勇、周昌祥、谭祖雪、高万红，山东片区程胜利，苏皖片区彭华民、王毅杰、武艳华，参加协会片区工作编写。

第七编，中国社会工作教育协会国际和境外合作项目，王思斌、马凤芝主编，秦小峰、史越、史柏年、沈黎参加编写。

结语，中国社会工作教育发展展望，马凤芝编写。

全书附录部分，协会大事记，由秦小峰、马凤芝统筹整理；协会历届工作班子及其成员名单、协会历年团体会员名单，以及第一届、第二届个人会员名单，由马凤芝、顾东辉、王思斌、彭华民、秦小峰统筹整理。

本书真实记录了协会三十年的工作剪影，从不同侧面立体呈现了中国社会工作教育发展的不平凡历程，微光处处，感人至深。本书也是一部中国社会工作教育发展的宏大叙事之作，内容非常丰富，犹如一幅波澜壮阔的历史画卷。本书从大纲到初稿，从修改到定稿，历经数次编辑和校对。全书由彭华民负责统筹，王思斌、马凤芝、顾东辉及有关参编人员作了多轮修改。协会各理事单位、各专业委员会、各社会工作服务团队及协会办公室等为本书的编写提供了大力支持。协会对大家的工作表示衷心感谢。

本书的出版得到华东理工大学出版社的鼎力支持，社科事业部和上海学术·专业出版中心“社会工作与社会治理出版中心”的全体编辑加班加点进行编校，因着他们的辛苦付出本书才得以顺利出版。张辉社长、刘军主任对本书编写给予了诸多指导和统筹安排，特别邀请知名专家进行整体装帧设计，为本书增色良多。

我们知道，一本书难以全面记录中国社会工作教育协会及其所伴随的中国社会工作教育独特而完整的发展轨迹，书中的内容难免挂一漏万，敬请广大读者批评指正。我们期待着，后续有更多学者能对中国社会工作教育的发展进行研究，继往开来，再续篇章。

本书编委会
马凤芝　彭华民　执笔
2024 年 10 月